THE NIV APPLICATION COMMENTARY

NIV 적용주석

크레이그 블롬버그 ● 고린도전서

솔로몬

NIV 적용주석 시리즈 - 고린도전서

2012년 11월 21일 초판 1쇄 발행
2014년 9월 30일 초판 2쇄 발행

지은이 | 크레이그 블롬버그
옮긴이 | 채천석
펴낸이 | 박영호
펴낸곳 | 도서출판 솔로몬

주소 | 서울시 동작구 사당 3동 207-3 신주빌딩 1층
전화 | 599-1482
팩스 | 592-2104
직영서점 | 596-5225

등록일 | 1990년 7월 31일
등록번호 | 제 16-24호

ISBN 978-89-8255-499-5 94230
ISBN 978-89-8255-449-0(세트)

THE NIV APPLICATION COMMENTARY

CRAIG L. BLOMBERG

NIV 1 CORINTHIANS

From biblical text... to contemporary life

이 시리즈는 성경의 영원한 메시지를 이 시대에 말하기를 추구하는 목사와 교사들을 위한 필수적인 도구가 될 것을 약속한다.

—빌리 그래함

NIV 적용주석 시리즈는 내가 바라는 사역의 열정과 동일한 목표—하나님의 말씀의 온전한 영향을 느낄 수 있도록, 메시지를 현대의 청중들에게 전하는 것—를 공유하고 있다.

—빌 하이벨스, 윌로우 크릭 교회

NIV 적용주석은 '하나님의 말씀을 행하는 자들' 을 양육하는데 진지한 목사와 여타 사람들을 위한 탁월한 자료다.

—릭 워렌, 새들백 교회

이 주석 시리즈는 진부하지 않다. 그것은 새로운 시대의 신선함으로, 친구의 포옹처럼 직접적으로 들려지고 전달될 수 있도록, 오래된 강력한 하나님의 말씀을 현재로 가져오는 일을 제대로 해내고 있다.

—유진 피터슨, 리젠트 대학

해석의 실타래에서 제대로 된 적용을 얻기 원한다면, NIV 적용주석은 바로 당신을 위한 것이다! 이 시리즈는 원 의미와 현대적 의미에서 탁월하다. 나는 이 주석을 전적으로(100%) 추천한다

—하워드 핸드릭슨, 달라스 신학교

NIV 적용주석 시리즈는 이전에 학자들이 다루지 않았던 것을 과감하게 다룬다—목사와 교사들이 매일 직면하는 성경적 적용의 실제적 세계로 나아간다. 이것이 바로 좋은 주석 시리즈가 가져야 하는 모든 것이다.

—레잇 앤더슨, 우드데일 교회 목사

이것은 21세기의 설교 주석이다.

–조지 브루샤바르, 베델 대학의 신학교 총장

성경의 세계에서 도시 중심가로 적절히 순회하는 주석이 드디어 나왔다.

–켄트 휴 박사, 일리노이주 휘튼 대학교회 목사

NIV 적용주석은 성경이 무엇을 의미하고, 그것을 어떻게 적용해야 하는지, 또 어떻게 반응해야 하는지를 알기 원하는 독자들에게 크게 봉사한다.

–스튜어트 브리스코, 엘름브룩 교회 목사

NIV 적용주석 시리즈는 하나님의 말씀을 설교하고 가르치는 모든 이들에게 매우 탁월한 도움이 될 것을 약속한다.

–J. I. 패커, 리젠트 대학

NIV 적용주석은 NIV 성경에 기반한 철저하고 권위 있는 주석의 긴급한 필요를 충족시킨다. 이 시리즈를 모든 복음주의 공동체의 도서관과 서재에서 곧 발견하게 될 것이다.

–제임스 케네디 박사, 코랄 리지 장로교회 담임목사

차례

시리즈 서문

NIV 적용주석 시리즈는 독특하다. 대부분의 주석들은 우리들이 사는 이 세상에서 성경의 세계로 거슬러 올라가는 여행을 한다. 이 주석들은 우리를 성경의 세계와 분리시키는 시간, 문화, 언어 그리고 지형의 장벽을 넘어설 수 있게 한다. 하지만 그것들은 과거로의 편도 티켓만을 제공할 뿐이고, 돌아오는 여행은 우리들이 알아서 할 수 있다고 가정한다. 이런 주석들이 성경의 각 권이나 구절의 '원 의미'를 설명하지만 '현대적 의미'를 탐구하는 데는 우리에게 거의 아무런 도움을 주지 못한다. 이런 주석들이 제공하는 정보가 가치가 있기는 하지만, 단지 절반의 임무를 다하고 있을 뿐이다.

최근에 몇몇 주석들이 다소 현대적인 적용을 주석의 목표 중 하나로 포함시켰다. 하지만 그 적용이 자주 피상적이며 도덕적인 데서 그치고 있다. 또 다른 주석집들은 주석이라기보다는 인쇄된 설교처럼 들린다.

NIV 적용주석 시리즈의 주된 목표는 고대의 메시지를 현대의 정황으로 가져오는 어려우면서도 중요한 임무를 가지고서 여러분을 돕는 것이다. 이 시리즈가 완성된 하나의 책으로서 적용에 초점을 맞추지만 저자들은 성경 구절의 원 의미에서 현대적 의미로 나아가는 '과정'을 통해서 독자들이 스스로 생각할 수 있도록 돕는다. 본 시리즈는 주석서이지 대중적인 강해서는 아니다. 이것은 참고서적이지 경건 서적은 아니다.

본 주석은 '원 의미', '상황잇기' 그리고 '현대적 의미'라는 세 항목으로 시리즈의 목표를 이룰 수 있도록 구성되었다.

원 의미

이 항목은 원래의 배경에서 성경의 의미를 이해하도록 돕는다. 여기서는 간결한 형태로 전통적인 주해의 모든 요소들을 논한다. 성경 본문의 역사적, 문학적, 문화적 배경들이 여기에 포함된다. 주석 시리즈의 저자들은 문법과 구문론 그리고 성경 단어들의 의미와 관련한 문제들을 논한다. 시리즈 저자들은 성경구절들의 주요한 개념들을 탐구하고, 성경의 저자들이 이 개념을 어떻게 발전시키는가를 연구한다.

이 항목을 읽고 나면 '원 청중'이 갖고 있었던 문제와 의문, 그리고 관심을 이해하게 되고, 성경의 저자들이 어떻게 이런 이슈들에 대처했는지를 알게 될 것이다. 이런 이해가 오늘날 성경 본문의 합법적인 적용을 행할 수 있는 기초를 제공해준다.

상황잇기

이 항목은 성경의 세계와 오늘날의 세계를 잇는 다리를 놓는다. 즉 성경 본문의 시간적인 측면과 초시간적 측면에 초점을 맞춤으로써 원래의 배경과 현대의 배경을 서로 연결시켜 준다.

하나님의 말씀은 시간적이다. 성경의 저자들은 구체적인 상황과 문제 그리고 질문들에 대해 이야기하였다. 여호수아의 저자는 진노하시는 전사이신 하나님의 손에 난공불락의 도성으로 보였던 여리고의 함락을 이야기함으로써 원 독자들의 용기를 북돋아 주었다(수 6장). 바울은 할례의 결과에 대해서 그리고 율법으로 의롭다함을 얻으려는 위험성을 갈라디아인들에게 경고하였다(갈 5:2-5). 히브리서의 저자는 그리스도가 모세, 아론계열의 제사장들, 그리고 구약성경의 희생제사보다도 우월하시다는 것을 독자들에게 확증하려고 애썼다. 요한은 초기 영지주의의 형태를 가르쳤던 자들의 "영을 시험해 볼" 것을 독자들에게 촉구했다(요일 4:1-6). 이와 같은 경우에 성경의 시간적인 본질이 추상적이 아니라 '구체적'인 상황에서 우리로 하여금 하나님의 말씀을 들을 수 있게 해준다.

하지만 성경의 시간적인 본질은 몇 가지 문제를 낳을 수 있다. 지금 우리의 상황과 난제와 의문들이 성경의 사람들이 직면했던 것들과 항상 직접적으로 연관이 있을 수는 없다. 따라서 성경 시대의 사람들에게 주어진 하나님의 말씀이 항상 우리와 연관이 있어 보이지는 않는다. 예를 들어, 할례가 칭의의 필수적인 요소라고 주장하면서 지금 당신보고 할례를 받으라고 언제 누가 그렇게 주장하였던가? 그리스도가 아론계열의 제사장보다 우월하다는 것에 오늘날 얼마나 많은 사람들이 관심을 쏟고 있는가? 초기 영지주의를 드러내도록 의도된 "실험"이 현대 문화에서 얼마나 가치가 있겠는가?

다행히도 성경은 시간적일 뿐만 아니라 '초시간적'이다. 하나님이 원 청중들에게 말씀하셨던 것처럼 성경 말씀을 통해서 지금 우리에게도 여전히 말씀하신다.

우리는 성경의 사람들과 공통된 인간성을 공유하고 있기 때문에 성경 시대의 사람들이 직면했던 문제들과 하나님이 그들에게 주셨던 해결책 속에서 '보편적인 특징'을 발견한다. 성경의 초시간적인 본질이 모든 문화의 모든 시간에 능력으로 말씀한다.

성경이 시간적이면서도 초시간적인 측면을 갖고 있음을 인식하지 못하는 사람들은 여러 가지 문제에 직면할 수 있다. 예를 들어, 히브리서와 갈라디아서 또는 신명기와 같은 시간적인 성경책으로 인해 지루함을 느낀 사람들은 오늘날 그런 책들이 의미 없어 보이기 때문에 다시는 그것을 읽지 않으려고 할 수 있다. 한편으로 성경의 초시간적인 본질을 확신하고 있지만 시간적인 요소를 분별하지 못하는 사람들은 멜기세덱의 반차를 좇은 제사장에 대해서 "열변을 토하지만" 청중들은 잠을 자고 있고, 설상가상으로 구약성경의 거룩한 전쟁을 오늘날의 하나님의 대적자들에게 물리적인 방식으로 적용하려고 시도할 것이다.

따라서 이 항목의 목적은 성경의 시간적인 본문에서 무엇이 초시간적인지(또는 무엇이 초시간적이 아닌지)를 여러분들이 식별하도록 돕는데 있다. 예를 들어, 구약의 거룩한 전쟁(성전, 聖戰)은 신약의 영적인 전쟁과 어떻게 관련이 있는가? 바울의 주요한 관심이 (그가 갈 5:6에서 말하고 있는 것처럼) 할례가 아니라면, 그는 무엇에 관심이 있는가? 아론계의 제자장직이나 멜기세덱에 대한 논의가 오늘날 우리와 관련이 없어 보인다면, 오늘날 이 구절에 담겨진 가치는 무엇인가? 1세기의 특정 이단을 분별하기 위해 맞추어진 실험으로 오늘날의 "영을 검증"하려면, 어떤 성경적 검증이 더 적합할 것인가?

하지만 이 항목은 성경 본문에서 어떤 것이 초시간적인지를 밝힐 뿐 아니라 초시간적인 것을 발견하는 방법을 알 수 있도록 돕는다. 주석 시리즈의 저자들은 본문에 함축되어 있는 것들을 명시적으로 밝힌다. 그들은 통상적으로 직관적인 과정을 취하여 논리적이고 정리된 방식으로 그것을 설명한다. 할례가 바울의 주요한 관심사가 아님을 우리는 어떻게 알 수 있는가? 성경 원문이나 배경의 어떤 단서가 바울의 진정한 관심이 더 깊은 차원에 속한 것임을 깨닫게 하는가?

물론 우리들과 원 독자들간의 역사적인 거리가 상당히 있는 구절들은 더 많은 취급을 요할 것이다. 하지만 역사적인 거리가 그리 길지 않거나 겉으로 보기에 거의 존재하지는 않는 구절들은 덜 주의를 기울여도 될 것이다.

마지막으로 덧붙여 말하고 싶은 것은 이 항목이 성경 본문의 '현대적 의미'를 논의하기 위한 방식을 준비하고 있기 때문에 이 항목과 뒤이어지는 '현대적 의미'

항목간에는 분명한 단절이나 예리한 구분은 주어지지 않는다. 하지만 두 항목들을 종합해서 읽을 때, 여러분들은 성경의 세계에서 오늘의 세계로 이동하는 강력한 감정을 체험하게 될 것이다.

현대적 의미

이 항목은 성경이 처음 작성되었을 때에 그러했던 것처럼 오늘날에도 성경의 메시지가 권능으로 역사하도록 만들어 준다. 당신이 예루살렘, 에베소, 또는 고린도에 대해 배운 것을 시카고, 로스앤젤레스, 또는 런던에서 오늘날 필요한 것들에 어떻게 적용할 수 있는가? 본래 헬라어, 히브리어, 아람어로 전해진 메시지를 우리 자신의 언어로 어떻게 명료하게 전달할 수 있는가? 본래 다른 시대와 문화에 전해진 영원한 진리를 취하여, 유사하지만 다른 필요를 갖고 있는 문화의 사람들에게 어떻게 적용할 수 있는가?

이런 목표를 이루기 위해서 이 항목은 몇 가지 핵심적인 영역에서 도움을 준다.

(1) 이 항목은 원 청중들이 직면했던 상황과 문제 또는 의문들에 상응하는 현대적인 문제들을 식별하도록 돕는다. 현대의 상황이 원 청중들이 직면했던 상황과 좀처럼 일치하지 않기 때문에, 당신의 적용이 연관성이 있으려면 유추적인 상황들을 찾아야 한다.

(2) 이 항목은 성경 본문을 오늘날 적용할 수 있는 다양한 배경들을 탐구한다. 개인적인 적용을 살피기도 하지만, 개인적인 관심을 넘어서서 대체로 사회와 문화에 대해 생각하도록 고무시킨다.

(3) 이 항목은 성경본문을 적용하는 데서 발생할 수 있는 문제나 난관들을 환기시킨다. 그리고 어떤 본문이 적용할 수 있는 다양한 합리적 방식들이 있다면 (즉, 기독교인들이 서로 일치하지 않는 영역이 있다면), 본 시리즈의 저자들은 독자들이 이런 다양한 견해들에 관심을 갖고, 스스로 이런 이슈들에 참여하도록 돕는다.

이런 목표를 추구하는 본 시리즈의 기고자들은 두 가지 극단을 피하였다. 하나는 이 주석이 얼마 지나지 않아 구식이 되지 않도록 너무 구체적인 적용을 피하는 것이고, 다른 하나는 현대인의 삶과 문화와 연관짓지 못하는 아주 일반적인 방식으로 성경 본문의 의미를 논하는 것을 삼가는 것이다.

무엇보다도, 본 주석 시리즈의 기고자들은 이 주석이 도덕책이나 설교집이 되지 않도록 상당한 노력을 기울였다. NIV 적용 주석 시리즈는 바로 써먹을 수 있는 설교 자료집을 제공하려 했다기보다는 당신이 하나님의 말씀을 능력으로 전달할 수 있도록 돕는 도구, 개념, 그리고 통찰을 제공하려 했다. 당신으로 하여금 이 목표를 이룰 수만 있게 한다면, 우리는 이 시리즈의 목적을 이룬 셈이다.

편집자 서문

오늘날의 역사와 거의 2000년간이나 동떨어져 있을지라도, 고린도 교회와 오늘날의 세계 사이에 많은 유사성이 있다. 우리가 고린도에 보내는 바울의 첫 서신을 읽고 또 크레이그 블롬버그의 탁월한 주석을 읽을 때 한 가지 강조되는 유사성이 나타난다. 고린도 교회는 분열을 일으키는 파당에 의해 곤란을 겪고 있었다. 바울은 결혼, 소송, 우상에게 바쳐진 고기, 예배, 그리고 기독교 교리에 관한 주제들에 대해서 기독교인들 사이에 있었던 강력한 견해의 차이를 다루어야 했다. 유사하게 오늘날의 세계—그리고 아주 자주 교회도 역시—새로운 동포주의에 해당하는 치명적인 분열의 위험 가운데 있다.

바울이 고린도에 제기한 해결책이 오늘날 우리의 딜레마에 도움을 줄 수 있는가? 절대적으로 그렇다! 바울에게서 고린도 교회에 조장된 분열은 세속적이고 미성숙한 방식이 작용하고 있었기 때문이다. 고린도의 교회가 무엇보다도 필요로 했던 것은 연합하는 지혜였다—어리석고 연약하며 세상에 대해서 순진해 보이지만, 사실상 모든 은혜의 하나님 안에 그 근원을 발견하는 지혜.

이 훌륭한 서신을 주석하는 과정에서 블롬버그 교수는 바울이 제기한 문제를 설명하고 전문가적인 분석을 제공한다. 각각의 경우에 세상의 지혜—인간의 이성, 절제가 없는 자유, 소송, 뚜렷한 이유가 없는 이혼은 현대인에게도 동등한 모습을 찾아볼 수 있다—는 하나님의 주신 지혜의 가치—순결, 용서, 화해, 그리고 상호적인 신실성—와 대조된다. 그때나 지금이나 신자들은 어떤 제한된 인간의 윤리적 제도를 따라서가 아니라, 하나님 나라를 세우는데 기여하는지에 따라서 결정하는 것을 배워야 한다.

바울의 일반적인 접근은 판단하는 일을 줄이고, "같이 문제를 해결하려는" 접근을 낳는다. 바울이 볼 때, 우리가 충성의 궁극적인 자원을 인식한다면, 함께 어울리고 연합하는 더 좋은 기회를 갖게 된다는 것이다.

아마도 바울이 "한 몸, 많은 지체"를 사용한 아름다운 이미지보다 이 책의 전반적인 목적을 더 잘 의인화한 것도 없을 것이다. 우리는 많은 면에서 다른 사람들과 다르다는 사실을 부인할 수 없다. 하지만 예수 그리스도는 결국에 우리가 모두 동일한 자원에 의해 만들어졌고, 또 그것을 주장할 수 있음을 가르치신다. 우리는 모두가 존재의 과정에서 한 몸, 한 근원에 빚지고 있다. 그것이 우리를 결국에 하나로 연합하게 한다.

저자 서문

바울이 고린도를 향해 쓴 첫 서신은 오늘날의 문화에서 "크리스천의 뜨거운 감자"라고 이름 붙일 수 있다. 이 서신에는 당시의 교회를 분열시키는 많은 논쟁들–가장 두드러진 것들은 성적인 부도덕성, 결혼과 이혼, 여성의 사역, 영적인 은사들–이 상세히 언급된다. 내가 이전 작품들에서 주로 복음서에 초점을 맞추어 다루었을지라도, 고린도에 대한 바울의 두 서신을 신학교와 대학교 수준의 교단 또는 다양한 배경을 갖고 있는 평신도들에게 규칙적으로 가르쳐왔다. 나는 설교할 기회가 주어지면 자주 고린도전서의 단락들을 그 기초로 사용했다. 따라서 NIV 적용주석에 기여해달라는 초대를 받았을 때 나는 무척 기뻤다. 내가 좋아하는 성경책 중에 하나인 고린도전서의 주석을 쓸 기회를 얻었기 때문이다. 나는 이 NIV 주석 시리즈의 형태가 이 서신과 오늘날의 세계의 상관성에 관한 논의를 독특하게 확장하게 되기를 소망한다.

NIV 적용주석 시리즈의 서문은 이 주석의 전반적인 목표를 설명하고 그 주석의 독특한 형태를 설명한다. 하지만 주석의 각 부분을 맡은 저자들은 확실히 다소 다르게 주어진 지침을 해석할 것이다. 나는 원 의미 항목을 최소한의 설명으로 뼈대를 논의하려고 애썼다. 나는 원 의미 항목에서 바울서신의 각 단위의 구조에 관한 간단한 개략을 포함시키고, 기록한 자의 사상에 관한 흐름을 논하며, 중요한 어휘와 표현들을 살피며, 본문의 주요한 요지들을 의역하고 요약한다. 또한 해당 단락에 대한 1세기의 정황과 주요한 해석이나 신학적 이슈들에 대한 짤막한 언급을 포함시킨다.

상황잇기 항목에서는 1세기의 고린도에서 서로 다른 시간이나 문화로 독자들을 이동하게 하는데 필요한 정보를 포함시킨다. 나는 고린도전서의 해당 본문에 의존해서 역사의 다른 시기에 그것의 해석에 관한 이야기를 하고, 그 주제에 관한 다른 성경의 가르침과 비교하며, 어떤 타당한 적용을 고려해야 하는지에 관한 주요한 해석적 문제를 제기한다. 또는 해당 단락의 형태를 언급하고 그것이 어떻게 바울이 강조하고 있는 것을 이해할 수 있도록 돕는지를 이야기한다. 상황잇기 항목에서 나의 주요한 목표는 주어진 단락의 원 상황을 초월하는 무시간적인 원리를 형성하는 것이다. 이 항목은 1세기의 의미나 21세기의 적용에만 좁게 초점을 맞추지 않고, 어느 자료든지 망라하게 될 것이다.

마지막 항목인 현대적 의미 부분은 성경 본문이 21세기의 교회와 세상과 어떤 상관성이 있는지를 언급한다. 나는 특히 서방세계에서 하지만 그것으로 제한되지 않는 예수 그리스도의 교회에 관한 폭넓은 단면과 상관이 있는 이슈들을 말하기 위해서 편협하게 좁은 관심을 갖는 것을 피하려고 애썼다. 그럼에도 불구하고 이 세상에 대한 어느 주석가의 경험도 제한적일 수밖에 없다. 아마도 독자들은 내가 언급한 것에서 나의 삶의 많은 부분들을 재구성할 수 있고, 내가 어떤 주제에 관심을 갖고 있는지를 인식하며, 내가 상고하지 않는 많은 중요한 적용들을 생각해낼 수 있을 것이다.

간단히 말한다면, 나는 잭 쿠하트첵의 성경 적용의 세 단계를 모델로 따르려고 애썼다. 즉 원 상황을 이해하고, 성경 적용이 반영하는 폭넓은 원리를 결정하며, 우리가 직면하는 상황에 이런 일반적인 원리들을 적용하려고 애썼다.[1] 불가피하게 이 일을 행하는 과정에서 중복이 있을 것이다. 나는 다른 항목에서 언급하는 것이 더 좋을 수 있는 많은 부분들을 인식하지만, 다양한 이유 때문에 지금 현재의 자리에 그 내용이 있는 것이 최선이라고 느꼈다. 주석을 읽는 독자들은 원하는 곳으로 가서 띄엄띄엄 읽을 수 있는 자유가 있지만, 특별한 단락에 대한 완전한 이해를 얻기 위해서는 해당 단락의 모든 세 항목들(원 의미, 상황잇기, 현대적 의미)을 적어도 살펴보아야 한다.

나는 다루고 있는 주제에 대한 많은 언급들을 지원할 수 있는 풍부한 각주를 제공함으로써 독자들이 보다 광범위하게 취급할 수 있게 하려고 애썼지만, 부담이 되거나 과도하게 "학문적"인 것처럼 보이게 만드는 각주들은 포함시키지 않았다. 하지만 학문적인 연구는 이 주석의 배후에 항상 깔려 있다. 왜냐하면 내가 헬라어로 된 고린도전서의 전체 본문을 해석하고 구성함으로써 이 작업을 착수했고, 다른 사람들이 말했던 것을 상세히 읽기 전에 각 단락에 대한 나 자신의 묵상에 관한 귀납적인 연구를 했기 때문이다.

---

1) Jack Kuhatschek, *Taking the Guesswork Out of Applying the Bible*(Downers Grove, Ill.: InterVarsity Press, 1990), 33.

나는 이 작품을 만드는데 많은 사람들이 도와준 것을 감사하고 싶다. 그들이 아니었다면 이 작품이 이와 같이 나올 수 없었을 것이다. 이 주석의 편집위원회 사람들은 전체 원고를 자세히 읽어주고 코멘트를 해주었다. 그 가운데 테리 먹, 잭 쿠하트첵, 스콧 맥나이트, 마리안 메이 톰슨, 클린 스노드그라스가 있다. 남부침례신학교에서 1993년에 방문교수로서 여름학기에 고린도전후서를 가르쳤을 때, 내 강의를 들었던 학생들은 토론 중에 내 자료에 관해서 상당히 많은 반응을 해주었고 다양한 방식으로 나의 사고를 예리하게 만들어주었다. 이 자료의 일부는 덴버 신학교에서 "현대적 주해의 긴장"이란 강의에서 지난 3년간 심도 있게 점검되었다. 1994년의 겨울학기 동안에 내가 이 책을 완성할 수 있도록 안식년을 허락해준 덴버 신학교의 교수들과 위원회에 감사를 드린다. 이 책을 마무리해가던 시간에 나는 가편집된 형태로 고린도전서에 대한 벤 위더링톤의 원고를 받아볼 수 있었다. 내가 참고문헌에서도 보여주고 있는 것처럼, 이 주석은 바울의 고린도전후서에 매우 가치 있는 책 중에 하나가 곧 될 것이다. 유감스럽게도 내가 주석하는 과정에서 이 책을 공식적으로 언급하지 못했지만, 몇 가지 경우를 제외하고는 그와 내가 난해한 해석적인 문제들에서 상당히 일치하고 있다는 사실을 앎으로써 나는 상당히 고무되었다.

다른 두 책도 최근에 나의 책상에 도달하였다. 다시금 나는 그것들을 참고문헌에만 마지막 순간에 넣었음을 말할 수 있다: 케빈 쿠아스트의 짧지만 믿을 수 있는 주석과 두안 리트핀의 고린도전서 1-4장을 특히 언급하고 있는 고대의 수사법에 관한 유익한 연구. 1994년의 5월에나 가서야 나는 그 책들을 나의 글에 반영할 수 있었다.

1993년의 추수감사절에 나의 아버지인 존 블롬버그가 75세의 나이에 갑작스럽게 심장마비로 세상을 떠났다. 그의 오랜 열정은 교육이었다. 그는 35년간을 공립학교에서 가르쳤고, 그로부터 10년 이상을 주일학교에서 더 가르쳤다. 그는 인생의 대부분을 고등학생들을 가르치는데 보냈다. 그는 내가 교육적인 경력을 쌓는데 대한 열렬한 팬이었고, 최근에는 나의 새로운 책들을 기다리곤 했다. 그는 이전에 나의 세 가지 책들을 읽고는 상세히 조언해주었다. 그는 아마도 이 주석에 대해서도 동일한 일을 했을 것으로 나는 확신한다. 그는 무게 있는 학문서와 대중적인 책들 사이에 갭을 연결해주는 책들에 대해서 기독교 출판사들이 매력을 느끼게 만드는 "교육 받은 평신도"를 대변했다. 그는 내가 엄격한 학문의 중요성을 경시하지 않게 하면서도 실천에 초점을 맞출 수 있게 했다.

나는 이 책이 내가 썼던 그 어떤 책보다도 이런 균형을 반영하고 있다고 생각한다. 따라서 나는 이 주석을 나의 아버지에게 헌정하는 바이다. 그는 우리 주님과 또 구속받은 무리들과 지금 놀라운 행복을 누리고 있다. 이 책이 다른 이들이 구원에 관한 더 큰 이해와 확신을 가질 수 있도록 돕는다면, 또한 다른 이들을 믿음으로 이끄는 방식으로 기독교적인 삶을 살 수 있게 한다면, 그것은 고인이 된 나의 아버지의 삶을 더욱더 기리는 것이 될 것이다. 그러나 오로지 하나님께만 영광이 있기를!

약어표

ABR—*Australian Biblical Review*

Bib—*Biblica*

BibRev—*Bible Review*

BSac—*Bibliotheca Sacra*

BT—*Bible Translator*

BTB—*Biblical Theology Bulletin*

CBQ—*Catholic Biblical Quarterly*

CTM—*Currents in Theology and Mission*

CTR—*Criswell Theological Review*

EvQ—*Evangelical Quarterly*

GTJ—*Grace Theological Journal*

HTR—*Harvard Theological Review*

Int—*Interpretation*

JBL—*Journal of Biblical Literature*

JETS—*Journal of Biblical Theological Society*

JSNT—*Journal for the Study of the New Testament*

JTS—*Journal of Theological Studies*

LouvStud—*Louvain Studies*

Louw and Nida, *Lexicon*—Johannes P. Louw and Eugene A. Nida, *Greek-English Lexicon of the New Testament*, vol. 1(New York: UBS, 1988)

Neot—*Neotestamentica*

NIDNTT—Colin Brown, ed., *The New International Dictionary of New Testament Theology*, 3 vols. (Grand Rapids: Zondervan, 1975-78)

NovT—*Novum Testamentum*

NTS—*New Testament Studies*

PRS—*Perpectives in Religious Studies*

RB—*Revue Biblique*

SJT—*Scottish Journal of Thelogy*

SWJT—*Southwestern Journal of Theology*

TrinJ—*Trinity Journal*

TynB—*Tyndale Bulletin*

VC—*Vigilae Cbistinanae*

ZNW—*Zeitschrift fur die newtestamentliche Wissenschaft*

서론

분열로 인해서 혼란한 교회를 상상해 보라. 강력한 리더들을 충성스럽게 추종하는 무리들이 서로 맞서기를 꺼려하지 않는다. 그리고 이들 가운데 한 사람은 계모와 관계를 맺고 있고, 그를 징계하기보다는 교회 안의 많은 사람들은 그러한 방식으로 행동하는 그리스도 안에서 그의 자유를 자랑한다. 신자들은 세속 법정에 서로 고소하고 어떤 이들은 창기의 집을 드나들기를 좋아한다. 이런 만연하는 부도덕에 대한 반작용으로 교회 안의 다른 파당은 기독교인의 이상으로서 독신—모든 신자들의 완전한 성적 금욕—을 장려하고 있다. 교회 안에서 남자와 여자의 역할에 대한 불일치가 혼란을 가중시킨다. 이 모든 것들로는 충분하지 않은 것처럼, 예언과 방언이 규칙적으로 발생하지만 항상 건설적인 방식으로 나타나지 않는다. 이런 미성숙한 크리스천들의 상당수가 심지어 그리스도의 육체적 부활을 믿지 않는다!

이것은 당신이 어디서 언젠가 들었던 것처럼 보이는가? 현대 교회가 이와 정확힌 동일한 문제를 직면하지는 않을 수 있지만, 고린도 교회에서의 모든 문제들은 오늘날에도 상당히 발생할 가능성이 있는 것들이다. 물론 여기서 표현한 것들은 1세기의 고린도 교회에 관한 묘사이지 현대 교회에 관한 묘사가 아니다. 하지만 우리가 이런 문제들의 본질과 바울이 이 문제들에 반응해서 영감스럽게 가르친 것들의 본질을 이해할 수만 있다면, 우리는 오늘날의 교회를 분열시키려고 위협하고 하나님이 교회에 의도하신 세상을 변화시키는 영향력을 갖지 못하게 하는 수많은 논쟁들에 대한 커다란 통찰을 얻을 수 있다.

하지만 1세기 고린도에 대한 바울의 메시지를 이해하는 것과 세상의 다른 부분과 역사의 다른 시기의 공동체에 타당한 적용을 발견하는 것은 또 다른 문제다. 바울은 고린도의 분열을 정죄하지만, 우리는 어떤 교회 무리의 배교나 이단에 의해 파생된 교단적인 분열을 정죄해야 하는가? 아마도 이상적인 것은 신자들이 서로 고소하지 않는 것이지만, 그들이 크리스천의 중재를 수용하지 않는다면 어떻게 할 것인가? 사람들이 변절하여 교인들에 대한 주요한 소송에서 이길 때 교회는 어떻게 그들을 출교할 수 있는가? 사실상 모든 신자들에게서 바람직한 것으로 독신을 장려하지 않는 세상에서 바울이 분명히 독신 생활을 선호하고 있는 것을 우리는 어떻게 적용할 수 있는가? 현재 사역하고 있는 교회로부터 돈을 받지 말 것을 바울이 모델로 삼고 있는 것을 오늘날 설교자들이 과연 따라야 하는가?

그러나 타당한 적용을 찾는 것은 단지 난해함만이 아니다. 서로 모순된 적용이 나타나고 있는 것으로도 보인다. 처음으로 복음을 듣고 반응했던 제3세계 크리스천들은 서방 선교사들이 고린도전서 11:3-16(남자와 여자의 머리 형태나 머리 덮개에 관한 문제)에서 현대적인 상관성을 분명히 찾지 않으면서 그 다음 단락인 17-34절의 심각성(성찬을 속되게 하지 않는 것에 관한 문제)을 열심히 강조하는 것은 왜 그러한지를 묻는다. 역으로 말해서 현대적이고 세속화된 문화에서는 거의 이슈가 되지 않을지라도, 대부분의 서방 사람들이 우상에게 바쳐진 고기를 먹는 것에 관한 바울의 가르침에 대해서 온갖 종류의 적용을 발견하려고 한다. 즉 크리스천 회중들은 술의 소비나 유흥과 관련한 선택에 관한 가르침의 근거로서 이 본문을 반복해서 듣게 된다. 그러한 적용이 과연 합법적인가?

한편으로 동일한 교회에 속한 많은 사람들의 지도자들이 현 세상에서 자주 관심사가 되고 있는 문제에 관한 바울의 명백한 가르침—은사의 활용에 관한 문제—을 무도하게 불순종해도 괜찮다고 느끼는 것으로 보인다. 이 문제에 관한 논의의 결론에서 바울은 결정적으로 선언한다. "그런즉 내 형제들아 예언하기를 사모하며 방언 말하기를 금하지 말라"(14:39). 그러나 많은 보수적인 교회들이 적어도 공중 예배 시에 소위 모든 "은사"를 금하고 있다. 하지만 이런 잘못을 하지 않는 교회는 바울의 다음 진술, 즉 문맥상 "만일 누가 방언으로 말하거든 두 사람이나 많아야 세 사람이 차서를 따라 하고 한 사람이 통역할 것이요"(27절)와 같은 명령을 포함하는 "모든 것을 적당하게 하고 질서대로 하라"(40절)를 거부하는 것으로 보인다. 우리는 어떻게 그러한 모순을 설명할 수 있는가?

이제 고린도전서와 그 말씀을 적용하는 문제의 상관성에 대해서 더 이상의 사례를 들어 확증할 필요는 없어 보인다. 하지만 우리가 이 서신의 원 의미와 현대적 의미에 관한 주석을 시작하기 전에 바울이 이 서신을 쓰게 된 상황을 점검할 필요가 있다. 뒤이어지는 언급은 포괄적인 서론을 형성하지는 않는다. 그것을 원한다면, 참고 문헌(pp. 37-41)에서도 추천한 것과 같은 전통적인 주석을 볼 필요가 있다. 다만 여기서는 이 서신의 배경을 이해하고 적절한 주석의 본론으로 나아가기 위해 필요한 배경적인 정보의 최소한을 설명할 뿐이다.

고린도 도시

고대의 고린도[1]는 그리스도가 이 땅에 계시던 때 몇 세기 전에 아가야로 알려진 남부 헬라 지방의 걸출한 도시였다. 이미 이 시대에 고린도 도시는 명성에서 아덴을 앞질렀다. 하지만 로마의 군대가 주전 146년에 쳐들어와서 이 도성의 주요한 부분들을 파괴함으로써, 그 도시는 율리어스 시이저가 도시를 재건하고 주전 44년에 로마 속주로 세울 때까지는 비교적 빈약하고 작은 공동체로 남아 있었다. 로마의 고린도는 주변 지역에 2만 명의 주변 인구가 있는 대략 8만 명으로 구성되었다.[2] 선원들이 남부 그리스의 위험스러운 해변을 따라 상당히 먼 거리를 항해하기보다는 짐을 내려놓고 육로로 갈 수 있는 해협을 끼고 있는 전략적인 위치 때문에 고린도는 재빨리 명성을 얻었다. 바울의 시대에 고린도는 그리스에서 가장 부유한 도시였고, 주요한 다문화적 도시였다. 매 2년마다 고린도에는 이스미안 경기가 웅장한 경기장에서 펼쳐졌는데, 이 경기는 올림픽 다음으로 유명했다. 18,000명이 앉을 수 있는 커다란 극장과 3천명을 수용할 수 있는 콘서트홀에는 자주 여러 형태의 드라마와 음악회가 열렸다. 근처의 농부들은 자신이 거두어들인 것을 도시의 커다란 상점에 넘길 수 있었고, 도시는 시골 사람들에게 필요한 서비스를 제공할 수 있었다.

도시를 바라볼 수 있는 높은 언덕은 아틀란타의 외곽에 있는 스톤 마운틴을 다소 연상케 하거나 남부 타코타의 마운트 러쉬모어를 약간 줄인 것에 해당하는데, 이 산의 정상에는 사랑의 여신인 아프로디테의 신전이 자리하고 있었다. 바울의 시대에 이 신전은 로마에게 파괴되기 전에 있었던 것보다는 더 작았고, 이전에 신전도 고대의 그리스 지리학자인 스트라보가 언젠가 거기서 작업했다고 주장했던 것처럼 일천 명의 신전 창기를 수용할 만큼 크지는 않았던 것으로 보인다. 하지만 다른 저자들은 "고린도 소녀"를 의미하는 헬라어가 어떻게 몸을 파는 여인의 비속어가 될 수 있었는지를 이해할 수 있을 정도로 그 도시에 상당한 규모의 창기들이 있었음을 증거한다. 고린도는 다른 종교적 사원들이 있었는데, 그중에 가장 두드러진 것은 치유의 헬라신인 아스클레피우스의 신전이다. 아울러 고린도에는 항해자의 애굽 여신인 이시스와 그녀의 헬라어 남성 파트너인 포세이돈을 숭배하는 곳

1. Jerome Murphy-O'Connor, *St. Paul's Corinth : Texts and Archaeology* (Wilmington : Glazier, 1983)은 바울이 고린도에 교회를 개척하는 일을 포함하여 그 시기 동안에 고린도에 대한 연구와 관련이 있는 고대의 그리스 로마 세계와 가장 연관된 텍스트들, 비명(碑銘)들, 문화유물들을 집합시켜 언급한다.

2. Donald Engels, *Roman Corinth* (Chicago : University of Chicago Press, 1990), 84.

이 있었다. 본질적으로는 덜 종교적이었지만, 개인주의, 동등성, 자유, 그리고 권위에 대한 불신이란 헬라의 이상이 그곳에 팽배해 있었다.

유대 회당의 잔존물은 그것이 그곳에 있었음을 입증해주는 단편이 될 수 있다. 발견된 단편들이 바울의 시대로까지 거슬러 올라가지는 않을지라도,[3] 사도행전 18:1-6에서 묘사된 것처럼 1세기 중반에 고린도에 적지만 유대인들이 있었음을 의심할 수 없게 만든다. 하지만 도시의 대다수처럼 교회의 대다수도 이방인으로부터 왔고, 이 이교도들은 수많은 문화를 배경으로 하고 있었다(참조. 7-17절). 교인의 대다수는 고린도에서 급격히 늘어나고 있었던 고대 로마 사회의 소수의 부유하고 강력한 사람들로부터 구성된 것이 아니라 평범한 상거래인들과 일꾼들로 이루어졌다(고전 1:26). 하지만 바울이 예루살렘 교회의 궁핍한 자들을 돕기 위한 헌금을 관대하게 낼 것을 교인들에게 주문하였다는 사실(16:1-2)은 많은 교인들이 매우 빈궁한 부류의 사람들은 아니었음을 암시한다. 고린도는 고대 세계에서 일부 두드러졌던 중류층 사람들의 교회였을 것이지만 우리는 이 "중류층"이 오늘날 우리들이 일반적으로 연관 짓는 것보다 더 낮은 삶의 표준을 따라 산 사람들이었음을 기억해야 한다.

그러나 고린도 교회의 소수 부유한 사람들은 수에 비해서 상당히 영향력을 행사한 것으로 보인다. 고린도는 많은 "후원자(패트론)들"이 있었던 것으로 유명하였다. 이 용어는 "고객"으로 분류할 수 있는 개인과 가정 그리고 단체를 지원하는 부유하고 영향력 있는 사람들을 일컫는 말이다. 후원자들은 땅과 직업과 돈 그리고 돈이 없는 사람들의 법적인 보호를 제공하고, 그들의 고객들은 오늘날 세계의 많은 주요한 도시에서 부패한 관료의 정치적 편향처럼 그들에 대한 긍정적인 여론을 만들고 정치적인 지원을 하는 것을 포함하는 다양한 봉사로 되갚았던 것으로 보인다. 고린도 교회에서의 분열, 성찬을 시행할 때에 부자가 가난한 자들을 소홀히 하는 것, 자신의 사역에 대해서 돈을 받는 것을 거부한 바울의 반응, 소송의 남발과 성적인 부도덕성은 후원자들의 이득과 평판에 득이 되었던 공동체의 사회적 관습을 깨뜨리지 않으려는 후원자들과 상당히 관계가 있었을 것이라는 상당한 증거들이 있다.[4] 고린도의 각 지역 가정교회들은 한 사람이나 그 이상의 후원자들에

---

3. 이것은 주요한 주석들에서는 거의 관찰하기 어려운 요지이지만, Richard E. Oster, Jr., "Misuse and Neglect of Archaeological Evidence in Some Modern Works on 1 Corinthians(1 Cor 7, 1-5; 8, 10; 11, 2-16; 12, 14-26)," *ZNW* 83(1992): 55-58에 의해서 강조된다.

4. 특히 Gerd Theissen, *The Social Setting of Pauline Christianity: Essays on Corinth* (Philadelphia: Fortress,

의해서 인도되었을 것이다. 바울, 베드로, 그리고 아볼로와 같은 크리스천 리더들에 대해서 그들이 경쟁적으로 충성한 것(1:12)은 계층의 분열에 따라서 이미 내재되어 있었던 갈등을 악화시켰을 것이다. 어쨌든 고린도 교회에 소수의 사회적인 엘리트들이 바울이 전달하고 있는 문제의 커다란 비중을 차지하고 있었을 것이다. 그들이 공식적인 후원자이든 아니었든 상관없이 말이다.[5] 고린도가 세속적인 것들에 크게 영향을 받고 있었다는 사실에 비추어 볼 때, 어떤 주석가가 그 도시가 "고대 세계에서의 뉴욕, 로스앤젤레스, 라스베가스"와 같은 도시와 견줄 수 있다고 말한 것은 당연하다고 볼 수 있다.[6] 그리고 또 다른 사람은 고린도 교회에 전달된 바울의 원리를 현대 세계의 도시 선교사역을 행하는 방법에 대한 패러다임으로 간주할 수 있음을 발견한다.[7]

서신의 정황

바울은 아덴에서 논쟁적인 설교를 한 직후에 고린도 교회를 2차 선교여행 중에 개척했다. 그는 장막을 만드는 일로 자신의 생계를 지원했는데, 이는 그가 고린도에서 만났던 동료 유대인인 아굴라와 브리스길라 부부와 같이 동업했던 일이었다(2-3절). 그는 관습대로, 회당에서 지역의 유대인들에게 그리스도를 전파하는 일을 시작했지만 그들이 반복해서 복음을 거절하자, 이방인이 살고 있는 곳으로 이동하여 도시의 비유대인들을 위해서 주로 사역했다(4-7절). 그런데 회당장(예배를 볼 때에 랍비를 도와주었던 평신도 지도자로서 일종의 "장로들의 장"으로서 기능했다)이 회심하여 그의 가족과 함께 갓 생성된 고린도 교회에 합세했다(8절).

어느 날 밤에 주님은 바울에게 환상 중에 나타나셔서 그가 고린도에 계속 머물 것을 독려하셨다. 많은 사람들이 주님에게로 나아올 것이기 때문이었다. 따라서 바울은 일년 육개월을 그곳에서 체류했는데, 이는 그가 복음을 전했던 다른 지역에 비해서 상당히 긴 기간이었다(9-11절). 그 교회에 얼마나 많은 사람들이 합세했는지를 우리는 알 수 없다. 가정교회가 최대 50명의 사람들을 수용할 수 있었을 것

1982); John K. Chow, *Patronage and Power: A Study of Social Networks in Corinth* (Sheffield: JSOT, 1992)을 보라.

5. David W. J. Gill, "In Search of the Social Elite in the Corinthian Church," *TynB* 44(1993): 323-37.

6. Gordon D. Fee, *The First Epistle to the Corinthians* (Grand Rapids: Eerdmans, 1987), 3.

7. William Baird, *The Corinthian Church: A Biblical Approach to Urban Culture* (Nashville: Abingdon, 1964).

이지만 얼마나 많은 분리된 가정교회가 있었는지를 알 길이 없다.

이 시기에 바울을 배척했던 유대인들은 고린도지방의 로마 총독이었던 갈리오가 바울을 구금하기를 위해서 애썼다. 하지만 갈리오는 바울과 그의 메시지가 로마에 어떤 위협도 가져다주지 않음을 인식하고서 유대인들의 이런 행동에 동의하지 않았다. 고대세계에 이방인의 반(反)셈족주의는 이런 반응에서 표면적으로 나타났는데, 일부 무리들이 갈리오의 반응을 바울을 괴롭혔던 유대 당국자들을 공격하는 구실로서 사용했기 때문이다(12-17절). 갈리오가 아마도 51년 여름부터 52년 여름에 이르는 일 년여 동안 이런 특별한 역할을 행했기 때문에, 우리는 바울이 고린도에 머문 시간을 거의 이 시기를 포함하는 것으로 확정할 수 있다. 그런데 바울이 고린도에 머문 기간을 갈리오가 고린도에서 총독으로 재직했던 시기인 50-51년으로 축소시킬 수도 있지만 그것은 가능성이 적어 보인다.[8]

고린도전서는 바울이 고린도에 체류한지 3년여가 지난 55년의 봄에 작성되었을 것이다(또는 갈리오가 재직한 연대를 한해 더 이른 것으로 본다면 54년이 될 수도 있다). 바울이 상당한 기간 동안 머문 그 다음의 주요한 거처지가 그의 3차 선교여행의 시작에 해당하는 에베소였기 때문이다. 그리고 사도행전 19:10-22은 바울이 2-3년 사이 동안 그곳에 머물렀음을 암시하지만 고린도전서 16:5-9은 보통 5월에 열렸던 유대인의 오순절 이전에 바울이 에베소서에 머문 마지막 몇 주나 몇 달 동안에 고린도서 서신을 썼던 것으로 독법하게 만든다. 이것은 고린도전서가 갈라디아서와 데살로니가 전후서 다음으로 바울이 쓴 네 번째 서신에 해당하게 만든다. 하지만 몇 가지 중요한 전개가 고린도로의 바울의 첫 번째 여행과 이 서신과의 사이에 발생했다.

첫째로 고린도전서는 바울이 고린도에 쓴 첫 번째 서신이 아니다. 고린도전서 5:9은 고린도인들이 오해했던 이전의 서신을 언급한다. 바울이 부도덕한 사람들과 관계하지 말라고 그 교회에 말했던 것을 제외하고는 우리는 그 서신의 내용을 알 수는 없다. 사실상 바울이 부도덕하고 회개하지 않는 신자들을 의미하고 있을 때, 고린도인들은 바울이 비그리스도인들에 대해서 말하고 있는 것으로 착각했다(10-11절).

그렇다면 왜 그 서신은 보존되지 않았는가? 아마도 그것은 폭넓은 크리스천 공

---

8. 가장 최근의 논의에 대해서는 Jerome Murphy-O'Connor, "Paul and Gallio," *JBL* 112(1993): 315-17을 보라.

동체에 충분히 가치 있는 것으로 간주할 만한 주요한 주제를 담지 않았을 것이고, 또 우리는 성경의 저자들이 지금 성경으로 형태가 나타난 것을 썼을 때만 영감을 부여받았음을 기억해야 한다. 그들이 쓰고 말했던 모든 것이 영감을 부여받은 것은 아니다.

둘째로 바울은 글로에라는 크리스천 여성의 가정의 일원이었던 사람들로부터 구두적인 보고를 받았다(1:11a). 이 사람들이 바울이 고린도 교회로부터 격려를 갖고 도착했다고 말하는 스데바나와 브드나도와 아가이고스일 가능성이 있지만(16:17), 또 다시 그들이 누구인지를 확증할 수는 없다. 어쨌든 바울은 혼란케 만드는 삶의 다양한 형태가 고린도 교회 안에 내재해 있음을 알았는데, 그 중에 가장 두드러진 것이 교인들간의 분열이었을 것이다(1:11b-12). 이런 분열에는 그들이 바울과 아볼로와 연관해서 그들 자신을 제휴시키는 일을 포함하고 있었고, 아볼로가 바울이 간 뒤에 고린도에서 사역했기 때문에(행 18:27-19:1), 게바(베드로)라 이름하는 크리스천 리더가 역시 그 도시에 왔을 가능성이 있다. 또는 이방인 크리스천들이 여전히 유대의 율법을 지켜야 한다고 전파했던 일부 유대주의자들이 베드로와 예루살렘의 사도들을 대변한다고 주장하면서 그 도시에 왔었을 수도 있다. 어쨌든 바울은 그를 방문한 자들로부터 성적인 부도덕성과 신자들 간의 소송에 관한 문제를 알았을 것이고, 따라서 그는 5-6장에서 그런 것들에 대해서 답변한다.

셋째로 바울은 고린도 교회를 분열시키는 구체적인 이슈들에 대해서 질문하는 교회의 일부나 모든 이들로부터의 편지를 받았다. 스데바나와 그 동료들이 그 서신을 전달하였을 수 있었으나 역시 우리는 그것을 확실히 할 수는 없다. 바울이 고린도전서에서 이 서신의 언급을 소개하는 방식은 고린도전서 7-16장이 제기되었던 문제들을 다루고 있음을 암시한다("너희의 쓴 말에 대하여는" —7:1).[9] 우리는 이런 문제들에 관한 고린도 교회 내에서의 다양한 그룹들의 입장을 추론할 수 있는데, 바울이 뒤이어지는 서술에서 그들의 관점을 자주 진술하고 있기 때문이다. 그것은 예를 들어, NIV의 각주가 바울의 말의 일부를 인용으로 묶는 7:1과 8:1의 대안적인 번역을 제기하고 있는 이유이기도 하다. 아마도 바울은 고린도 사람들의

---

9. 일부 주석가들은 "이제…대해서는"(now about, 7:1, 8:1, 12:1, 16:1, 12)이라는 공식어구로 소개되는 주제만이 사실상 바울이 받았던 서신에 있었고, 삽입된 주제들(머리 덮개, 성찬, 부활)은 바울의 개인적인 정보에 기인했을 것이라고 추측한다. 하지만 "이제…대해서는"의 목적이 바울이 받은 서신의 항목에 기인한다는 것을 가리키는 것으로 볼 수는 없다. 그것은 단순히 새로운 주제를 도입하는 몇 가지 방식 중에 하나일 뿐이다. 특히 Margaret M. Mitchell, "Concerning PERI DE in 1 Corinthians," *NovT* 31(1989): 229-56을 보라.

슬로건을 인용하고 그 다음에 그것에 대한 비판을 전개한 것으로 보인다. 이런 전략은 바울이 구두적인 보고에 대해서 반응하고, NIV가 각주만이 아니라 인용 부호를 본문에 삽입하고 있는 6:12-13에 보다 분명하게 나타나 있다.[10]

고린도 교인들이 갖고 있었던 핵심적인 문제들

얼핏 보기에 고린도의 갖가지 요소를 포함하는 모든 문제들이 한 가지 주요한 원인이 있었으리라고 가정하기가 어려워 보인다. 하지만 면밀히 살펴보면 그들의 분열이 공통된 원인으로부터 발생하고 있다는 사실을 알 수 있다. 확실히 그들의 분열은 되풀이해서 발생하고 있는 교만과 미성숙으로 특징지어진다. 자주 그러한 것처럼, 아주 미성숙한 사람들이 자신들을 꽤 성숙하다고 자주 생각한다. 풍자가 넘치는 단락에서 바울은 "너희가 이미 배부르며 이미 부요하며 우리 없이 왕 노릇하였도다"(4:8a)라고 외친다. 그리고 어느 누구도 그의 말의 논조를 포착할 수 있도록 보다 애석한 논조를 부연한다: "우리가 너희와 함께 왕 노릇 하기 위하여 참으로 너희의 왕 노릇 하기를 원하노라"(8b절). 그때에 우리는 적어도 고린도인들이 그들의 성숙에 대한 잘못된 견해를 가졌다고 말할 수 있다. "그들은 그들 자신이 인간의 잠재력의 극치에 도달했다고 단순히 생각했다."[11] 이와 관련된 인간의 자연스러운 성향은 "복음의 도전을 경시하고 그 위로를 지나치게 강조한다."[12]

이런 교만은 특히 소피스트(궤변가)로 알려진 사람들인 헬라 철학자들의 대중적인 고상함과 화려함과 연관되어 있었을 것인데, 이들은 자주 형상을 내용보다 더 가치 있는 것으로 여겼다. 고린도전서 1-4장의 상당 부분이 이런 문화의 궤변에 매우 영향을 받았던 교회에 대한 바울의 반응으로서 의미를 갖는다.[13] 다른 시기에

---

10. 이런 다양한 이전의 커뮤니케이션의 내용과 관련한 주장들을 포함하여 고린도전서를 이끌어가는 사건들의 가장 상세한 재구성은 John C. Hurd, *The Origin of 1 Corinthians*(New York: Seabury, 1965)을 보라. 추측을 하고 있기는 하지만 허드의 전반적인 접근은 사도행전 15장의 예루살렘 공회와 관련해서 서신의 특이한 연대를 제외하고는 설득력이 있다.

11. John M. G. Barclay, "Thessalonica and Corinth: Social Contrasts in Pauline Christianity," *JSNT* 47 (1992): 64.

12. Nigel Watson, *The First Epistle to the Corinthians*(London: Epworth, 1992), xxxiii.

13. D. A. Carson, Douglas J. Moo, and Leon Morris, *An Introduction to the New Testament*(Grand Rapids: Zondervan, 1992), 281-82. 본질적으로 철학과의 차이를 강조하고, 사회적 특권과 위상에 매혹된 교회란 측면에서 고린도의 역사적 맥락을 재구성하는 그리스 로마 수사학에 관한 주요한 연구는 Stephen M. Pogoloff, *Logos and Sophia: The Rhetorical Situation of 1 Corinthians*(Atlanta: Scholars, 1992)이다.

는 소피스트들의 수사학이 덜 거만하였을지라도, 계급의 구분을 지속시켰던 사회적인 신분과 특권을 소피스트들은 여전히 가치 있게 보았다.

고린도 교회의 막후 인물로서 후원자들의 역할은 고린도 교회의 많은 문제들에 기여하는 또 다른 요인임을 알려준다. 부자들이 낮은 계층의 사람들과의 우호성을 돈으로 사려고 하였을 때 교회 안으로 들어온 세속적인 리더십은 소송을 통해서 그들의 평판을 확장시키고, 그들 주변에 비그리스도인 세계의 찬사를 추구하고자 한다. 모든 이러저러한 관행들은 로마 사회에 침투했지만 십자가 중심의 복음과 양립할 수 없었던 모델에 의존했다. 그러므로 바울은 후원자와 관계성으로 얽히는 것을 삼갔고, 종의 리더십의 모델을 고수했다.[14]

사실상 도시의 많은 이교 종교에 빠져 있다가 갓 나온 고린도 교인들의 대부분은 그들을 둘러싼 범람하는 문화의 부도덕성에서 발생하는 많은 방식들을 즉시 단절시킬 수 없었다. 그리고 이런 문화와 종교들이 놀라운 다양성을 반영했을지라도, 어떤 관점들은 그리스 로마 세계 전체를 지배했다.

아마도 가장 두드러졌던 것은 물질적인 세계와 영적인 세계 사이에 이원론일 것이다. 특히 플라톤의 시대에서부터 헬라 철학에 깊이 뿌리를 내리고 바울의 사역이 끝난 직후에 영지주의로 정점에 이른 이 관점은 영과 물질 간의 깊은 분리를 낳았다. 오직 영만이 잠재적으로 선하고 구속적이며 물질은 본질적으로 악하다는 것이었다. 그렇다면 육체적인 욕망과 욕구에 대해서는 무엇을 말할 수 있었는가? 철학자들의 대다수는 육체를 부정하고 도덕에 있어서 금욕적이었다. 하지만 평범한 사람들의 대다수는 반대편 극단을 취하여 방종에 빠졌다. 물질이 본질적으로 구속적이 아니고, 종교가 주로 또는 오로지 영의 문제라면, 이 세상에 있는 동안에 육적인 쾌락을 왜 즐기지 않는가? 이런 관점으로부터 죽음 이후에 삶은 몸의 부활이 없고 단지 영의 불멸만 있는 것으로 제한된다. 따라서 많은 주석가들은 소피스트나 후원자로 설명할 수 있는 것보다 헬라주의와 헬라-유대 지혜에 더 깊이 뿌리 내리고 있는 것으로서 고린도 교회가 갖고 있었던 문제의 철학적인 배경을 언급한다.[15]

---

14. 상세한 설명은 Andrew D. Clarke, *Secular and Christian Leadership in Corinth : A Socio-Historical and Exegetical Study of 1 Corinthians 1-6*(Leiden : Brill, 1993)을 보라.
15. 특히 James A. Davis, *Wisdom and Spirit : An Investigation of 1 Corinthians 1.18-3.20 Against the Background of Jewish Sapiential Traditions in the Greco-Roman Period*(Lanham, Md. : University Press of America, 1984)을 보라.

고로 고린도 교회의 주요한 문제들의 대부분은 이원론적인 사상의 서로 다른 외보—금욕주의나 쾌락주의—로부터 기원하는 것으로 간주할 수 있다. 후자 곧 쾌락주의에는 자연스럽게 성적인 부도덕성(5장; 6:12-20), 우상에게 바친 음식을 먹는 것(8-10장), 성찬의 포도주를 먹고 취함(11:17-34)과 같은 일들이 나타나고, 이 모든 것들은 육체적인 탐닉과 관련이 있다. 또 다른 이들은 그리스도 안에서 가질 수 있는 자유를 주장했다. 이들은 다른 이들을 별로 상관하지 않고 자신의 권리를 강조하였는데, 여기에는 신자들을 향해서 소송을 하고(6:1-11), 머리 덮개와 관련한 사회적 관습을 깔보며(11:2-16), 영적인 은사의 시행에서 경쟁과 혼란(12-14장)이 있는 것을 포함한다. 전자, 즉 금욕주의의 범주에는 7장의 배경이 되고 있는 독신주의의 조장과 몸과 몸의 욕구의 잠재적인 선을 부정하는 15장의 배경이 되고 있는 육체적인 부활에 대한 불신이 나타난다. 1-4장에서 언급한 분열을 악화시킨 비물질적인 속성으로서 지식과 지혜에 대한 부풀려진 주장이 이에 해당한다.[16]

신학적인 관점에서 이런 잘못들을 "과도하게 실현된 종말론"이라 명명할 수 있다. "실현된 종말론"은 이 시대에 신자들에게 허용되는 하나님 나라의 복을 일컫는다. 따라서 과도하게 실현된 종말론은 고린도인들이 당대의 모든 복을 그들이 당시에 갖고 있었던 것과 앞으로 그리스도의 재림 후에 있게 될 것 사이에 여전히 남아 있던 갭을 적절히 인식하지 못하고 즉시 그 모든 것들이 가능한 것처럼 보았음을 함축한다.[17] 행위적인 관점에서 우리는 이런 현상을 과도한 "승리주의자"라고 칭할 수 있다.

그러므로 이 주석의 서론은 이 서신의 관계성을 언급했을 때인 처음 시작했던 곳으로 다시 돌아간다. 오늘날 특히 서방에서 예수 그리스도의 교회는 많은 면에서 과도하게 승리주의적인 것으로 보인다. 그것은 외적으로는 강력해 보인다. 유일한 기준이 마치 많은 수와 자산의 가치 그리고 물질적인 재원인 것처럼 말이다. 하지만 미국의 교회는 3천 마일이나 넓게 퍼져 있지만 그 깊이는 반 인치밖에 되지 않는다고 말할 수 있다! 적은 수의 사람들만이 초대교회가 겪었던 박해의 심각함을 경험하였을 뿐이다. 이 세상의 다른 부분에서는 여전히 많은 크리스천들이 박

16. 고린도에 나타난 이 특정적인 이원론은 완성된 영지주의나 헬라 지혜적 사색이라기보다는 원시적이고 초보적인 영지주의라고 칭하는 것이 가장 좋을 것이다. 특히 R. McL. Wilson, "Gnosis at Corinth"(pp. 102-14), and John Painter, "Paul and the πνευματικοί at Corinth"(pp. 237-50), both in *Paul and Paulinism*, eds. M. D. Hooker and S. G. Wilson(London: SPCK, 1982)을 보라.

17. 특히 Anthony C. Thiselton, "Realized Eschatology at Corinth," *NTS* 24(1977-78): 510-26을 보라.

해를 받고 있고 그 믿음이 참인지를 시험받고 있는 때(참조. 벧전 1:6-7), 서방의 크리스천들은 이런 도전을 받지 않는다. 여론조사가 반복해서 보여주고 있는 것처럼, 미국인의 80퍼센트 이상이 크리스천이라고 주장하고 그중에 30-40퍼센트가 "거듭난" 경험을 하였다고 주장한다.[18] 하지만 참된 영성의 실천이나 진정한 회심의 열매에 관한 많은 증거를 보기가 어렵다. 오히려 우리는 부도덕과 아주 유사한 행동들과 고린도인들을 특징지었던 "나의 권리를 요구합니다"와 같은 성향들을 보게 된다.

리더십의 세속적인 기준이 우리의 교회를 오염시키고 있다. 우리는 비즈니스 세계가 갖는 기획과 효율을 배울 수 있다. 하지만 성령이 우리를 인도할 여지를 남기지 않거나 인격적인 관계에서 용서와 긍휼을 보이지 않는다면 우리는 실패하는 것이다. 그리고 이득과 손실의 마진이 사역의 우선순위를 결정짓는 복음의 요구를 대신할 때, 우리는 기독교를 우상숭배로 대치시키는 것과 마찬가지다.

크리스천 사이언스, 기독교 연합 학교, 그리고 여타 "종교적 사이언스"에서부터, 범신론과 유사한 몸에서의 해방이 궁극적인 선이라고 말하는 힌두교와 불교의 동방 종교들에 이르기까지, 유사 영지주의적인 태도가 오늘날 우리 세계에 범람하고 있다. 여전히 미묘하게 아주 유사한 것들이 기독교의 사적인 형태 속에서 나타나고 있는데, 말하자면 믿음을 교회의 활동과 분리시켜 개인의 경건의 시간으로 전락시키고, 일터와 공적인 장소 또는 눈에 보이는 도덕성과 거룩성과는 무관하게 여긴다.

금욕주의적인 반발이 우리 시대에 범람하는 쾌락주의에 대항해서 자주 발생한다. 그들은 절대적인 절제를 다양한 실천들에 부과하고 기독교인의 라이프스타일의 핵심으로 율법적인 요건을 설정한다. 보통의 현대인, 심지어 보통의 크리스천도 '육체의' 부활을 기대하지 않는다. 몸이 없고 죽음에 가까운 경험을 수없이 주장하는 시대에 급증하고 있는 죽음 이후에 삶에 대한 대중적인 기대도 거의 예외 없이 몸과 분리된 사후세계를 상상하고, 보통 그것을 비교적 온건하고 차분한 전망으로 제시한다.

승리주의가 저변에 깔려 있다. 어떤 면에서 그것은 미국의 기독교적인 경험을 독특하게 특징짓는다.[19] 하지만 오늘날 이 승리주의는 소위 "건강과 축복"의 복음

18. 예를 들어, George Gallup, Jr. and Sarah Jones, *100 Questions and Answers: Religion in America* (Princeton: Princeton Religion Research Center, 1989), 68, 166을 참조하라.

이라는 이단에 자리를 내어주고 있다. "건강과 축복"의 복음은 교회의 보다 물질적인 부류에서 나타나고 있는데, 이는 80년대 초 이래로 기독교의 자유주의 진영보다도 복음주의에서 더 자주 발견된다. 그것은 후천년설—성령의 도우심으로 크리스천들이 그리스도가 재림하실 이 땅에서 하나님의 완전한 나라에 들어갈 수 있다는 견해—의 재유행 속에서 나타나고 있다. 나아가서 그것은 자주 목표기일을 갖춘, 대위임을 성취하기 위한 과도하게 낙천적인 시간표를 낳는다. 그것은 보다 극단적인 형태의 현대적 개혁주의를 역시 낳았고, 그 추종자들은 그리스도의 재림에서 크리스천의 정치적 실체를 진정으로 창출하는 것이 가능하고 바람직하다고 믿는다. 승리주의는 심지어 교회 성장 가이드북에도 침투해 있고, 스스로 돕는다는 자립이 이 시대의 치료법을 이끈다. 이런 것들이 명시적으로나 암시적으로나 영적인 성공이나 성숙을 보증하고, 만약 우리가 설명된 올바른 공식을 따른다면 문제들을 근절시킬 수 있다는 개념을 촉진시킨다.

하지만 이젠 그러한 사고방식에 대한 해독제—고린도인들에 대한 바울의 첫 번째 서신—로 나아가야할 때다. 하나님이 바라시는 우선순위에 따라서 삶을 질서 있게 할 수 있도록, 우리가 고린도전서를 적절히 해석하게 하나님이 도우시기를 소원한다.

19. Martin E. Marty, *Protestantism in the United States: Righteous Empire*(London: Macmillan; New York: Charles Scribner's Sons, 1986)을 보라.

고린도전서의 개요

I. 서론: 인사와 감사(1:1-9)

II. 서신의 본론(1:10-16:4)

  A. 바울이 고린도 교회에 대한 구두적인 보고에 답하다(1:10-6:20)

    1. 교회의 분열(1:10-4:21)

      a. 문제: 서로 견제하는 파들(1:10-17)

      b. 복음의 필연적인 중심으로서의 십자가(1:18-2:5)

      c. 필연적인 성장으로서의 크리스천의 지혜(2:6-3:23)

        i. 영적인 사람 대 본성적인 사람(2:6-16)

        ii. 영적인 크리스천 대 육적인 크리스천(3:1-23)

      d. 사도들에 대한 올바른 태도(4:1-21)

    2. 근친상간의 사례(5:1-13)

    3. 신자들 간의 소송(6:1-11)

    4. 일반적으로 성적인 부도덕성의 심각성(6:12-20)

  B. 바울이 고린도인들의 서신에 답하다(7:1-16:4)

    1. 결혼과 관련하여(7:1-40)

      a. 현재 또는 이전에 결혼한 사람들에게(7:1-16)

      b. 할례와 노예와의 유추(7:17-24)

      c. 결혼하지 않거나 결혼을 멸시하는 사람들에게(7:25-40)

    2. 우상에게 바친 음식과 관련하여(8:1-11:1)

      a. 문제에 대한 도입과 해결: 사랑으로 지식을 제어하라(8:1-13)

      b. 두 번째 적용: 사역을 위한 돈(9:1-18)

      c. 저변에 깔려 있는 동기: 가능한 한 많은 사람들을 구원하라(9:19-27)

      d. 간음의 위험성에 대한 사례들: 이스라엘의 우상숭배와 고린도에서의 우상 숭배(10:1-22)

e. 요약: 자유와 절제를 균형 잡기(10:23-11:1)

3. 예배와 관련하여(11:2-14:40)

a. 머리 덮개(11:2-16)

b. 성찬(11:17-34)

c. 영적인 은사(12:1-14:40)

i. 통일성 속에서의 다양성(12:1-31a)

ii. 사랑의 탁월성(12:31b-13:13)

iii. 예언과 방언: 명료성을 우선시하라(14:1-25)

iv. 예언과 방언: 질서를 우선시하라(14:26-40)

4. 부활과 관련하여(15:1-58)

a. 부활의 확실성(15:1-34)

b. 부활의 본질(15:35-58)

5. 예루살렘을 위한 헌금과 관련하여(16:1-4)

III. 결론: 여행 계획과 마지막 인사(16:5-24)

A. 바울과 그의 동역자들의 여행 계획(16:5-12)

B. 공식적인 끝맺음(16:13-24)

참고 문헌

선별된 참고 문헌들

아래에 나오는 내용은 고린도전서에 관한 주석과 관련한 문헌의 선별된 목록인데, 대체로 전반적으로 가치가 높다고 여기지는 것들을 앞에 두려고 했다. 각각의 참고 문헌은 범주, 관점 또는 내용에 관한 짤막한 주를 달았다. 이 목록에 나타나는 작품들은 이 주석의 각주에 처음 나타날 때에는 전체를 명기했고, 이후에는 짤막하게 언급했다. 이 주석에서 인용된 모든 다른 작품들은 그것이 단락에서 처음 나타날 때에는 전체를 명기했고, 그 단락에서 그 다음부터는 짧게 명기했다.

고린도전서에 관한 주석들

Fee, Gordon D. *The First Epistle to the Corinthians*. New International Commentary on the New Testament, rev. Grand Rapids: Eerdmans, 1987—대단히 복음적이고 방대할 정도로 상세하다. 아마도 어느 관점으로 볼 때도 고린도전서에 관한 가장 중요한 주석일 것이다.

Witherington, Ben III. *Conflict and Community in Corinth: A Socio-Rhetorical Commentary*. Grand Rapids: Eerdmans, 1994—특히 사회학적 문학적 구조에 민감하게 작성된 고린도전후서의 각 부분에 대한 역사적 배경 정보를 담은 가장 최근의 수집물이다.

Barrett, C. K. *A Commentary on the First Epistle to the Corinthians*. Harper' s New Testament Commentary. New York: Harper, 1968—영국인이 만든 주석 가운데 가장 위대한 것 중에 하나로서 온건한 접근방식을 취하고 있다. 피(Fee)와 위데링톤(Witherington)이 나타나기 전에 표준이 되는 작품이다.

Robertson, A. and Plummer, A. *A Critical and Exegetical Commentary on the First Epistle of St. Paul to the Corinthians*. International Critical Commetnary. Edinburgh: T &T Clark, 1911—헬라어 본문에 대한 지속적인 표준을 제공해

준다.

Morris, Leon. *The First Epistle of Paul to the Corinthians*. Tyndale New Testament Commentary. Grand Rapids: Eerdmans, 1985, rev.—짧지만 훌륭한 복음주의 강해서인데, 개정된 형태에서는 상당히 확장되었다.

Bruce, F. F. *1 and 2 Corinthians*. New Century Bible. London: Marshall, Morgan & Scott, 1971—위에 소개한 책들보다 훨씬 짧지만 탁월한 주해적 감각이 살아 있는 복음주의 학계의 거장이 쓴 책이다.

Prior, David. *The Message of 1 Corinthians*. The Bible Speaks Today. Downers Grove, Ill.: InterVarsity Press, 1985—국제적이고 타문화적인 통찰을 반영하는 학자-목사에 의한 현대적 적용이 뛰어난 책이다.

Watson, Nigel. *The First Epistle to the Corinthians*. [Epworth] London: Epworth, 1922—오랫동안 호주에서 교수로 봉직했던 학자에 의한 최신의 짧지만 정확한 주해서다.

Kistemaker, Simon. *Exposition of the First Epistle to the Corinthians*. New Testament Commentary. Grand Rapids: Baker, 1993—주요한 해석적 문제, 헬라 어휘, 그리고 실제적인 상고점 등에 대해서 특별한 항목을 배려하여 설명해놓고 있는 연구서다. 거의 새로운 근거를 제공하지 않고 개혁주의 신학 안에서 독법하지만 대단히 복음적이고 철저하다.

Snyder, Graydon F. *First Corinthians: A Faith Community Commentary*. Macon, Ga.: Mercer, 1992—원 의미와 더불어 성경신학과 역사적 의미에 관한 유익한 항목을 제공하는 메노파에 의한 새로운 작품이다.

Talbert, Charles H. *Reading Corinthians*. New York: Crossroad, 1987. 유대교와 그리스 로마 배경 그리고 문헌적 구조에 초점을 맞추는 중요한 짧은 연구서다.

Conzelmann, Hans. *1 Corinthians*. Hermeneia. Philadelphia: Fortress, 1975—현대 독일의 비평적인 작품의 번역서다. 다른 곳에서는 쉽게 접근할 수 없는 역사적인 상세함이 풍부하게 들어있으나 그 가치를 균일하게 만들 수 없을 정도로 해석적인 관점에서 특이하다.

Ellingworth, Paul and Howard Hatton. *A Translator's Handbook on Paul's First Letter to the Corinthians*. New York: United Bible Societies, 1985—헬라어가 필요 없는 사람들에게 특히 유익하다. 그것은 대안적인 번역에 대한 제기와 명료성을 가지고 RSV와 TEV를 언급한다.

Barclay, William. *The Letter to the Corinthians*. Daily Study Bible rev. Philadelphia: Westminster, 1975—스코틀랜드의 훌륭한 설교자 중 한 사람이 쓴 오래되었지만 가치 있는 강해와 적용이 들어 있다.

Murphy-O'Connor, Jerome. *1 Corinthians*. New Testament Message. 이 시대의 주요한 고린도전서 학자 중 한 사람인 온건하고 보수적인 로마 가톨릭 사람에 의한 매우 짧지단 수많은 상세한 연구에 기초한 작품이다.

Quast, Kevin. *Reading the Corinthian Correspondence: An Introduction*. New York: Paulist, 1994—주요한 가톨릭 출판사에서 발행한 짧지만 믿을 수 있는 복음적인 강해서다.

Chafin, Kenneth L. *1, 2 Corinthians*. Communicator's Commentary. Waco: Word, 1985—프라이어처럼 적용에 있어서 매우 유익하다. 주해는 덜 되어 있지만 탁월한 설교적 설명이 들어 있다.

Harrisville, Roy A. *1 Corinthians*. Augsburg. Minneapolis: Augsburg, 1987—중요한 현대 루터파 학자에 의한 중도적인 강해서다.

Ruef, John. *Paul's First Letter to Corinth*. Westminster Pelican Commentary. Philadelphia: Westminster, 1971—간결하고 알기 쉽게 작성되어 있는데, 많은 부분을 꾸준히 주석하기보다는 선별적으로 주석한다. 주해적인 특징은 적은 편이다.

Grosheide, F. W. *Commentary on the First Epistle to the Corinthians*. New International Commentary, orig. Grand Rapids: Eerdmans, 1953—그로샤이데는 이 시리즈가 개정되기 이전에 피(Fee)의 전임자다. 오래 되었지만 여전히 때로 유익하다.

Héring, Jean. *The First Epistle of Saint Paul to the Corinthians*. London: Epworth, 1962—오래된 중요한 프랑스 작품의 번역서인데 점차적으로 시대에 뒤쳐지고 덜 유용적이다.

Orr, William F. and James A. Walther. *1 Corinthians*. Anchor Bible. Garden City: Doubleday, 1976—저명한 주석 시리즈에서 덜 실제적인 책 가운데 하나이지만 때로 유용한 통찰이 담겨 있다.

Patterson, Paige. *The Troubled Triumphant Church*. Nashville: Thomas Nelson, 1983—과도하게 해석하는 경향이 있지만 영향력 있는 남부 침례파 사람에 의해 작성된 탄탄하고 대중적인 기반이 있는 강해서다.

Vines, Jerry. *God Speaks Today.* Grand Rapids: Zondervan, 1979—또 다른 중요한 남부 침례파 설교자가 고린도전서를 강해하였으나 이것은 근본적으로 책으로 만들어진 설교이다. 많은 설명들이 꽤 시대에 뒤떨어진다.

Mare, W. Harold. "1 Corinthians." In *The Expositor's Bible Commentary*, ed. Frank E. Gaebelein, vol. 10. Grand rapids: Zondervan, 1976. pp. 173-297—이 시리즈의 다른 중요한 작품과 달리 이 주석은 약간 빈약하다. 때로 잘못된 것도 있다. 그럼에도 불구하고 저자는 자신의 고고학적 전문성을 살려 어떤 단락에서는 꽤 유익한 의미를 담아낸다.

MacArthur, John F. *1 Corinthians.* Chicago: Moody, 1984—미국의 주요한 설교가 중에 한사람이 작성한 설교이지만, 그의 설명은 때로 건전한 주석을 압도한다.

고린도전서의 일부에 관한 주해서

Carson, D. A. *The Cross and Christian Ministry: An Exposition of Passages from 1 Corinthians.* Grand Rapids: Baker, 1993—미국의 유명한 복음주의 신약학자가 고린도전서 1-4장과 9장에 관한 가치 있는 주해와 적용을 담고 있다.

Carson, D. A. *Showing the Spirit: A Theological Exposition of 1 Corinthians 12-14.* Grand Rapids: Baker, 1984—영적인 은사의 곤란한 문제에 대해서 위의 책과 동일한 문제를 다루며 해석에서 멋진 균형을 이룬다.

Liftin, Duane. *St. Paul's Theology of Proclamation.* Cambridge: University Press, 1994—고대 수사학에 비추어 1-4장을 학문적으로 다루고 있다.

Martin, Ralph P. *The Spirit and the Congregation: Studies in 1 Corinthians 12-15.* Grand Rapids: Eerdmans, 1984—위에서 언급한 칼슨의 두 번째 책과 질적으로 차이가 있지만 거의 근접한다.

고린도전서의 핵심 주제들에 대한 연구서들

Ellis, E. Earle. *Pauline Theology: Ministry and Society.* Grand Rapids: Eerdmans, 1989—이 장들은 그리스도의 몸, 영적인 은사, "종말론적인 여성" 등등의 문제를 다룬다. 지극히 생산적이고 영향력 있는 미국의 복음주의자에 의해 작성되었다.

Green, Michael. *To Corinth with Love.* London: Hodder & Stoughton, 1982—주요한 영국성공회 목사-학자에 의한 고린도전후서의 아주 주요한 주제들에 대한

연구서다.

Grudem, Wayne A. *The Gift of Prophecy in 1 Corinthians*. Washington, D.C.: University Press of America, 1982—개정된 캠브리지 논문, 그 주제에 관한 포괄적이고 균형 잡힌 논증을 제공한다.

Hemphill, Kenneth S. *Spiritual Gifts*. Nashville: Broadman, 1988—오늘날 남부 침례파에 속하는 주요한 목사-학자 중 한사람이 작성한 책으로서, 학문적으로 탄탄하고 균형이 잡혀 있으며, 쉽게 읽을 수 있다.

Hurley, James B. *Man and Woman in Biblical Perspective*. Grand Rapids: Zondervan, 1981—고린도전서에 관한 캠브리지 논문에서 나온 이 작품은 구조적인 관점에서 이 주제에 관한 최상의 취급을 담고 있다.

Keener, Craig S. *Paul, Women and Wives*. Peabody, Mass.: Hendrickson, 1992—인류평등주의 주제에 관한 주해적으로 아주 건전하고 역사적으로 상세한 논증을 담고 있다. 키너는 네셔널 뱁티스트(National Baptist) 영역에서 떠오르는 별이다.

Schatzmann, Siegfried. *A Pauline Theology of Charismata*. Peabody, Mass.: Hendrickson, 1987—온건한 은사적 관점에서 출원하는 탁월한 성경 신학이 들어 있다.

고린도전서 1:1-9

1 하나님의 뜻을 따라 그리스도 예수의 사도로 부르심을 받은 바울과 형제 소스데네는
2 고린도에 있는 하나님의 교회 곧 그리스도 예수 안에서 거룩하여지고 성도라 부르심을 받은 자들과 또 각처에서 우리의 주 곧 그들과 우리의 주 되신 예수 그리스도의 이름을 부르는 모든 자들에게
3 하나님 우리 아버지와 주 예수 그리스도로부터 은혜와 평강이 있기를 원하노라
4 그리스도 예수 안에서 너희에게 주신 하나님의 은혜로 말미암아 내가 너희를 위하여 항상 하나님께 감사하노니
5 이는 너희가 그 안에서 모든 일 곧 모든 언변과 모든 지식에 풍족하므로
6 그리스도의 증거가 너희 중에 견고하게 되어
7 너희가 모든 은사에 부족함이 없이 우리 주 예수 그리스도의 나타나심을 기다림이라
8 주께서 너희를 우리 주 예수 그리스도의 날에 책망할 것이 없는 자로 끝까지 견고하게 하시리라
9 너희를 불러 그의 아들 예수 그리스도 우리 주와 더불어 교제하게 하시는 하나님은 미쁘시도다

원 의미

고대의 그리스 로마 세계에서 전형적인 서신은 저자가 자기 자신과 수신자를 밝히고 간략한 인사말을 전하는 서언으로 시작했다.[1] 이 서신은 바울에게서 출원하는데, 그는 그리스도에게로 전향한 바리새파 유대인(행 9:1-31)으로서 비(non)유대 세계에서 기독교의 선구적인 개척자 중에 첫 번째 세대가 되었다(행 13-28장).[2] 그는 자신을 "부름 받은 자"(1절)와 동일시하거나 "사도"로 위임받은 것으로 간주하는데, 누가는 예수의 열두 제자 중에 한 사람으로서 "사도"란 말을 사용하고 있지는 않고(행 1:21-26), 교회 개척의 사명을 위해 하나님에 의해 보냄 받은 자를 나타낸다. 바울은 나중에 사도권을 영적인 은사와 동일시한다(고전

1. 고대의 그리스 로마 서신들의 탁월한 분석과 그 사실에 비추어 신약성경의 서신을 평가한 것에 대해서는 Stanley K. Stowers, *Letter-Writing in Greco-Roman Antiquity*(Philadelphia: Westminster, 1986)을 보라.
2. 뛰어난 간략한 개관은 Richard N. Longenecker, *The Ministry and Message of Paul*(Grand Rapids: Zondervan, 1971)이다.

12:29). 이 소명은 바울 스스로가 선택한 것이 아니라, "하나님의 뜻"에 전적으로 따른 것이었다. 이 서신은 "우리의 형제" 즉, 동료 크리스천인 소스데네를 언급하는데, 만약 그가 나중에 회심하였다면 사도행전 18:17의 회당장일 수 있다. 그는 이 서신을 실제적으로 작성하는데 관여하였다기보다는 바울이 이 서신을 작성하고 있을 때에 배석한 것으로 보인다.[3]

이 서신의 수신자들은 고린도의 크리스천들이다. 그들은 몇몇 가정 교회를 포괄할 수 있지만 바울은 그들을 집합적인 전체, 즉 하나님이 구원하신 사람들의 모임이나 "교회"로서 언급한다. 2절에 "거룩하여지고"는 바울서신에서 자주 그러한 것처럼 "거룩하게 되다"를 의미한다기보다는 하나님에 의해 구별된 것을 의미한다. 그 용어는 다음 어구인 "성도로 부름을 받은"과 사실상 동의어다. 바울은 기독교적인 삶에서 무엇보다도 중요한 목적들을 고린도인들에게 상기시킨다. 그 다음에 그는 설사 모든 사람들이 즉시 그의 서신을 읽을 수 없었을지라도, 모든 곳에 모든 크리스천들을 포괄하는 것으로 서신을 일반화시킨다. "우리의 주 곧 그들과"는 모든 신자들이 예수 그리스도 안에서 공유하는 영적인 연합을 강조한다.

"은혜"(3절)는 의례적인 그리스 로마 형태의 인사를 반영하고, "평강"은 전형적인 유대적 인사를 반영한다. 그러나 각기 신학적인 논조를 역시 암시한다. 은혜는 그저 주는 선물이며, 평강은 삶의 모든 측면에서 건강함을 가리킨다. 바울은 은혜와 평강의 기원에 대한 언급을 추가함으로써—유일하고 참된 살아 계신 하나님이 예수 그리스도 안에서 계시하셨다—이 의례적인 인사를 기독교화시킨다.

고대의 그리스 로마 서신의 두 번째 항목은 기도나 감사의 말이었다. 사람들은 수신자들이 복되고 그의 가족들이 번성하고 있음을 알게 된데 대해서 하나님이나 신들에게 전형적으로 감사했을 것이다. 바울은 그의 서신의 대부분에서 이런 의례를 채택하지만 주로 영적인 복에 중점을 둔다.[4] 바울이 하나님께 "항상" 감사한다고 말할 때(4a절), 그는 "반복해서", 또는 "내가 기도할 때마다"를 의미한다. 하나님의 "은혜"에 대한 그의 감사(4b절; "선물"이라는 동일한 어근에서 출원한다)는

3. 바울이 1인칭 복수를 사용한 것이 보통 "나와 다른 사도들" 또는 "나와 다른 크리스천들"을 함축하거나 단순히 편집적인 "우리"이기 때문에 대부분의 주석가들이 이 견해에 동의한다. Jerome Murphy-O'Connor, "Co-Authorship in the Corinthian Correspondence," *RB* 100(1993): 562-79은 1:18-31과 2:6-16에서 "우리" 형태의 배후에 소스데네가 있음을 발견한다.

4. 특히 Peter T. O'Brien, *Introductory Thanksgivings in the Letters of Paul*(Leiden: Brill, 1977); 참조. D. A. Carson, *A Call to Spiritual Reformation: Priorities from Paul and His Prayers*(Grand Rapids: Baker, 1992)을 보라.

5-7절에 영적인 은사에 대한 그의 언급을 준비시킨다. 바울은 고린도의 크리스천들이 특히 언변과 지식의 영적 은사—가장 두드러진 것으로는 지식과 지혜의 말, 예언, 그리고 방언—와 관련하여 "풍족한" 것을 감사한다(12:8-10). 믿음과 회개로 그의 설교에 고린도인들이 반응했을 때 이 일이 발생했고 따라서 그들은 성령을 받았고, 그들 중에 성령의 은사가 배분되기 시작했다. 결국에 바울의 메시지의 진정성이 확립되었다(6-7절). 또한 "너희가 모든 은사에 부족함이 없이"(7절)란 말은 "너희가 어느 은사를 행사하는데 부족함이 없다"를 의미한다.

바울이 교회 안에 분쟁이 있고 이 모든 은사들을 남용하고 있을 때 어떻게 그토록 감사하고 긍정적인 생각을 가질 수 있었는가? 8-9절이 대답해준다. 하나님의 성품이 그 보증을 제공해준다. 하나님은 아무리 그의 백성들이 미성숙해보일지라도 그들을 궁극적으로 완전하게 하시겠다는 약속에 충실하시다(8a, 9절). 주님이 재림하시고 남아 있는 성경적 약속의 모든 것이 성취되는 때, 신자들은 아무런 책망할 것이 없는 자가 될 것이다(8b절). 지난 죄에서 사함 받은 그들은 다가올 삶을 위해서 온전히 준비될 것이다. 심지어 지금도 그의 백성들은 예수와 인격적인 관계로 들어갈 때, 설사 시작하는 단계에 있을지라도, 재형성되는 과정에 있다.

상황잇기

성경책의 모든 것을 적용하려고 함에 있어서 가치가 있는 것보다 비교적 주변부에 것들을 이용하려고 하기가 쉽다. 이런 유혹은 주어진 서신의 일련의 설교를 멋지게 시작하기를 원하는 설교자에게 그 서신의 시작에서 특히 강하게 나타난다. 이런 문제에 관한 해결책은 서신의 저자가 인사와 감사에서 무엇을 강조하고 무엇을 단순히 의례적으로 적고 있는지를 결정하는 것이다.

우리가 이미 보았던 것처럼, 저자의 이름, 수령자, 그리고 짤막한 인사는 의례적이었다. 따라서 우리는 이 서신의 초기 부분에 "은혜"와 "평강"에 너무 많은 신학적 의미로 독법해서는 안 된다. 이는 사람들이 "굿바이"(goodbye)라고 말할 때, "하나님이 너와 함께 하시기를"을 의미한다(그것이 그 용어의 어원일지라도 말이다)고 가정할 수 없는 것과 같다. 우리는 역시 "고린도의 하나님의 교회"에 대한 바울의 인사에 너무 많은 것을 두어서는 안 된다. 즉 이 말이 그 지역 교회의 완전성에 관한 것을 보여주는 것처럼 여겨서는 안 된다. 그 대신에 우리는 바울이 의례적인 것들을 깨뜨리고 있는 방식들을 살피고 이런 양상들을 강조해야 한다.

그렇게 함으로서 우리는 1절에서 "부름을 받은", "사도", "하나님의 뜻"이란 용어와 관련하여 바울이 그의 권위를 강조하는 것에 관심을 두고 있음을 감지할 수 있다. 저자의 신원에 관한 이런 묘사들을 추가하는 것은 의례적인 것이 될 수는 없다. 고린도의 많은 사람들이 그의 권위를 거부했으므로(1:12), 바울은 그의 서신의 시작에서 즉시 이 사실을 강조하는 방법을 추구하고 있는 것이다. "부름을 받은"이란 용어를 그가 사용한 것은 비교적 드문 일이다. 보통 그는 하나님이 구원하신 모든 신자들에 대해서 그 용어를 적용하곤 했다—하나님의 그의 소유로 삼으신 자들[5]을 지칭하는 것으로 말이다. 바울처럼 어떤 이들에게는 그런 일이 가능할 수 있을지라도, 모든 크리스천들이 회심에서 그들이 발견하기를 추구하는 독특한 소명이나 위임이 주어진다는 성경적인 증거는 없다. 오히려 바울은 12장에서 모든 신자가 적어도 한 가지 영적인 은사를 부여받는 방식을 개요한다. 우리의 은사를 발견하는 것은 하나님 나라에서 봉사하고 적재적소에 쓰임 받는 독특한 자원을 결정짓는 적절한 방법이다. 1절에서 바울이 특이하게 추가하고 있는 것은 그의 권위를 강조하지만, 그의 서신 전체를 통해서 가끔씩 여담으로 쓰고 있는 전략을 온화하게 보여준다.

이 서신에서 특이한 것은 고린도인들의 영적인 상태와 그들에 대한 하나님의 목적에 관한 바울의 언급이다. 특히 우리가 고린도인들에 대해서 더 많이 알게 될 때, 그들이 그 용어의 전통적인 의미에서 "성별된"이나 거룩한 것 같지 않음이 분명해지기 때문이다. 바울은 여기서 해결의 실마리를 암시한다—교회가 "하나님의 것"이며(2절), 어떤 특별한 지도자나 회중에 속하지 않는다는 것을 인식하는 것. 고린도인들은 자신들이 그들의 종교적인 우주의 중심이 아니라 단지 "우리 주의 이름을 부르는 모든 곳에 있는 사람들"의 커다란 바퀴의 한 톱니일 뿐임을 인식해야 한다. 동일하신 주님이 모든 것을 관장하시는 주님이시고, 그는 연합을 추구하고 파당을 추구하지 않는 모든 시공간 속의 그리스도인들에게 영감을 주신다.

바울의 감사는 당대의 관습보다 비교적 길고 보다 신학적이다. 바울의 감사는 그가 하나님의 많은 복에 대해서 하나님을 찬미하고 이어질 편지의 주제에 대한 논조와 단계를 설정할 수 있는 기회를 제공해준다. 그의 인사말에서처럼, 우리가 현대적인 적용에서 강조해야 할 것을 식별하기 위해서 바울의 강조가 어디에 있는지를 알 수 있도록 비의례적이고 일반적이지 않는 것들을 다시금 살펴보아야 한다.

5. 특히 William W. Klein, "Paul's Use of *Kalein*: A Proposal," *JETS* 27(1984): 53-64; idem, *The New Chosen People*(Grand Rapids: Zondervan, 1990), 199-209을 보라.

확실히 이 감사의 가장 두드러진 특징은 바울이 분쟁과 은사의 남용으로 갈등하고 있는 교회에 대해서 하나님이 지체들에게 주신 것을 감사하면서 어떻게 그처럼 긍정적일 수 있느냐하는 것이다. 이런 놀라운 사실을 우리는 바울이 사용하는 어휘들에서 알 수 있다. "풍족하므로"(5절)는 풍자가 넘치는 단락인 4:8에서 다시 나타날 것이다: "너희가 이미 풍성하며." 그 구절에서 바울은 성숙에 대한 그들의 잘못된 견해를 책망하지만, 여기서는 그들의 다양한 부요함에 대해서 하나님을 진정으로 찬미한다. 12-14장은 말과 지식의 은사가 영적인 은사들과 함께 고린도인들의 문제의 핵심적인 일부를 형성하고 있음을 분명히 하지만, 여기서 그는 그들이 그 은사들을 받은 것을 감사한다. "지식"은 영지주의의 발전을 예기(豫期)하면서 엘리트주의적이고 비교(秘教)적인 형태로 교회 안에 어떤 이들에 의해서 정의된 "지혜"와 긴밀하게 연관되어 있다. 하지만 바울은 영적인 은사들이 성령의 임재의 표시이기 때문에 감사를 전할 수 있다. 그것은 명목상의 기독교—알맹이가 없는 고백—가 아니다. 또한 생명력 없는 정통주의도 아니다. 성령이 고린도인들 속에서 활동하시고 있다. 그들이 이 은사들을 다소 혼란스러운 방식으로 사용하고 있을지라도 말이다.

7b절은 세 가지 면에서 중요하다. 첫째로 고린도에서 과도하게 실현된 종말론(서론의 32쪽을 보라)은 대부분의 사람들이 그리스도의 재림을 전혀 "열심히 기다리고" 있지 않았음을 의미했다. 바울의 진술은 소수만이 신실하게 행하고 있거나 주관적인 행위보다도 객관적인 상태를 언급하고 있음을 역시 반영한다. 따라서 다시금 바울은 긍정적인 방향으로 그들을 가리키기 위해서 대부분의 사람들이 지금 행하고 있는 것보다 마땅히 행해야 할 것을 선택한다. 둘째로 이 어절은 모든 영적인 은사들이 예수께서 다시 오실 때까지 지속될 것임을 강력하게 암시한다. 은사에 대한 신실한 실천은 그리스도인들이 주님이 다시 오실 때까지 마땅히 해야 할 것이다. 은사들은 이 시대를 위한 사역에서 신자들이 갖추어야할 특징적인 형태이다.[6] 셋째로 그리스도의 재림을 그들에게 상기시킴으로써 바울은 8절이 보다 분명하게 함축하고 있는 것을 준비시킨다: 일반적으로 교회는 아직 완벽하지 않고, 특별히 이 일은 가야만 하는 먼 길이 놓여 있다.

인간의 허약함보다 하나님의 능력과 잘못 진행되고 있는 것보다 옳게 진행되고 있는 것에 초점을 맞춤으로써 우리는 하나님의 은혜와 신실하심에 대한 찬미를 강

---

6. E. Earle Ellis, *Pauline Theology: Ministry and Society*(Grand Rapids: Eerdmans, 1989), 26-52.

화시켜야 한다. 이 찬미는 개인적으로만이 아니라 공적으로 발생해야 한다. 그리함으로써 우리가 하나님께 감사하는 사람들이 우리의 말하는 것을 들음으로써 또 우리가 주님 앞에서 그들에 대해서 말하고 있는 것을 앎으로써 용기를 얻을 수 있다. "다른 이들의 삶속에서 심지어 동의하지 않음을 느끼는 사람들의 삶속에서조차도 하나님이 역사하시는 것에 대해서 하나님께 감사하는 것은 하나님의 자비의 수령자가 되었다는 우리의 인식에 대한 확고한 증거가 된다.[7] 그렇게 함으로써 우리는 다른 이들, 특히 우리에게 영적인 권위와 책임의 자리가 부여된 사람들을 온화하게 교정하는 우리의 책임을 포기하지 않는다(갈 6:1). 우리의 진보를 배격하는 인간의 자유가 우리에게 성공을 보증할 수 없게 할 수 있을지라도, 우리가 교정하려고 하는 것을 가장 잘 수용할 수 있는 길을 소망함으로 준비한다.

바울의 인사와 감사에서 나타나는 주요한 타문화적인 원리는 관심을 필요로 하는 문제들을 언급하기 전에 기독교적인 범주에서 옳은 것에 초점을 맞추는 것이다. 이것은 여전히 완전함을 기다리고 있는 그리스도인들을 포함하여 인간의 변덕스러움에 초점을 맞추기보다는 하나님의 신실하심에 초점을 맞춤으로써 가능하다. 심각한 권위주의와 한편으로 전혀 간섭하지 않으려는 무간섭주의(*laissez-faire*)를 삼가면서, 모든 시대에 크리스천 리더들은 권위와 기지(tact, 빌레몬에 대한 그의 고전적인 서신을 보라)에 관한 바울의 조합을 모방할 필요가 있다.

현대적 의미

바울의 인사에서 신학적인 강조(1-3절)는 그의 서신이 전개될 때 보다 명확하고 확실하게 나타날 것이므로 상세한 적용은 뒤에 이어지는 주석으로 미뤄둔다. 하지만 우리는 여기서 몇 가지 일반적인 언급을 할 수 있고, 감사에 대해서 구체적인 몇 가지 적용을 말할 수 있다(4-9절).

7절에서 바울의 언급은 영적인 은사에 대한 현재의 논쟁에 중요한 통찰력을 제공해준다. 먼저 아주 미성숙한 신자들일지라도 어떤 면에서 은사가 주어져 있기 때문에 모든 크리스천들은 그리스도와 그의 교회에 주의 사역을 위한 나름의 기회를 가지고 즉시 사용되어질 수 있다. 물론 우리가 이미 받은 은사의 사용을 위해서 훈련을 받을 필요가 있을지라도, 많은 사람들이 오늘날 추구하는 것처럼 부가적인 은사나 경험을 추구할 필요는 없다. 그리고 하나님은 우리가 성장할 때 부가적인

7. Fee, *First Corinthians*, 37.

은사들을 우리에게 부여하시기를 은혜롭게 선택하실 것이다. 하지만 우리의 주요한 임무는 하나님께 신실하게 순종하고 우리가 이미 부여 받은 것을 하나님의 백성들을 위해서 사용하는 것이다.

둘째로 진정으로 개인적인 것은 진정으로 집합적이다. 지식과 관련해서 몸으로서의 교회는 필요로 하는 모든 지혜와 통찰과 분별과 진리에 접근할 수 있다.[8] 한편으로 모든 은사가 전체 기독교 세대를 위한 것이라면, 소위 일부 표적의 은사들이 닫혀 있는 현대의 회중들에 대해서 진지한 질문을 해야 한다. 그들은 성경이 그들에게 부여하기를 원하시는 복을 놓칠 심각한 위험에 있는 것으로 보인다. 물론 그러한 결론은 논쟁이 되고 있다. 아마도 우리는 은사적이든 아니든 간에 은사와 재능을 과도하게 사용하고 남용하는 편에서 잘못을 저지르고 있는 상호간의 교제가 은사와 재능을 사용하지 않는 잘못을 저지르는 사람들보다 하나님께 덜 책망을 받는다는 것에 재빠르게 동의할 수 있다. 미성숙하지만 자라고 있는 자녀가 삶의 어떤 영역에서 단순히 성숙해가기를 거부하는 자녀들보다 훨씬 더 부모들을 기쁘게 한다.[9]

동시에 우리는 거짓되게 성숙을 주장하고 이미 성숙함에 도달했다는 감정을 갖거나 상당히 긴 시간 동안에 죄 없는 완전함에 이르렀다고 하는 주장들에 대해서 경각심을 가져야 한다. 웨슬리파와 거룩 운동파들의 현대판 자손들이 주기적으로 주장하는 것처럼 말이다.[10] 이런 완전함에 이르는 성숙은 그리스도가 다시 오실 때에나 가능하다(8b절). 우리들 대부분에게서 이 사실은 커다란 위로와 격려를 사실상 제공해야 한다. 우리 시대의 복잡하고 스트레스가 가득한 세상에서 대부분의 크리스천들은 부적합과 미성숙의 감정을 갖고서 그들의 삶에서 끊임없이 죄를 인식하면서 투쟁한다. 하지만 하나님은 신실하시다: "너희 속에 착한 일을 시작하신 이가 그리스도 예수의 날까지 이루실 줄을 우리가 확신하노라"(빌 1:6).

8-9절도 소위 "영원한 보증"이란 논쟁이 있는 중요한 의미를 담고 있다. 성령이 참으로 거하시는 사람들은 변화를 경험할 것이다. 이 과정을 시작한 사람들은 하나님이 그 일을 완수하시기 위해서 신실하실 것이라는 확신을 가질 수 있다. 물론

---

8. David Prior, *The Message of 1 Corinthians* (Downers Grove, Ill.: InterVarsity Press, 1985), 24-25.
9. 이 주제에 관한 최근에 합리적으로 잘 균형이 잡힌 몇 가지 논의에 대해서는 Jack Deere, *Surprised by the Power of the Spirit* (Grand Rapids: Zondervan, 1993)을 보라.
10. 실로 그러한 주장은 사실상 성립이 되지 않는다. 데일 무디(Dale Moody, *The Word of Truth* [Grand Rapids: Eerdmans, 1981], 324)가 제기한 것처럼, "완전한 성화는 추구하기에는 좋지만 그것을 이루었다는 자기 의가 확실히 뒤따른다."

그러한 구절이 성령의 은사에 관한 어떤 증거도 보여주지 못하고 입술로만 고백하는 신자들에게는 보증이 되지 못한다. 영원한 보증은 그들의 헌신이 피상적으로 보이는데도 그리스도인이라고 주장하는 모든 이들에게 당연하게 적용될 수 있는 교리는 아니다.

바울이 집합적으로 교회에 대해서 말하고 있음을 주목하는 것이 역시 중요하다. 우리 시대에 "독자적"인 크리스천들이 많은 때에, 성경이 지역교회와 분리된 어느 크리스천도 이곳과 다른 어느 곳에서도 상정하지 않고 있다는 사실을 상기하는 것이 중요하다. 따라서 하나님은 집합적이든 개인적이든 그의 백성들을 완전하게 하는 과정 속에 있다.

고린도전서 1:10-17

10 형제들아 내가 우리 주 예수 그리스도의 이
름으로 너희를 권하노니 모두가 같은 말을
하고 너희 가운데 분쟁이 없이 같은 마음과
같은 뜻으로 온전히 합하라
11 내 형제들아 글로에의 집 편으로 너희에 대
한 말이 내게 들리니 곧 너희 가운데 분쟁이
있다는 것이라
12 내가 이것을 말하거니와 너희가 각각 이르되
나는 바울에게, 나는 아볼로에게, 나는 게바
에게, 나는 그리스도에게 속한 자라 한다는
것이니
13 그리스도께서 어찌 나뉘었느냐 바울이 너희
를 위하여 십자가에 못 박혔으며 바울의 이
름으로 너희가 세례를 받았느냐
14 나는 그리스보와 가이오 외에는 너희 중 아
무에게도 내가 세례를 베풀지 아니한 것을
감사하노니
15 이는 아무도 나의 이름으로 세례를 받았다
말하지 못하게 하려 함이라
16 내가 또한 스데바나 집 사람에게 세례를 베
풀었고 그 외에는 다른 누구에게 세례를 베
풀었는지 알지 못하노라
17 그리스도께서 나를 보내심은 세례를 베풀게
하려 하심이 아니요 오직 복음을 전하게 하
려 하심이로되 말의 지혜로 하지 아니함은
그리스도의 십자가가 헛되지 않게 하려 함
이라

원 의미

10절은 두 주요한 부분으로 나뉘는 이 서신의 실제적인 본론으로 들어간다—바울이 구전으로 들었던 고린도인들에 대한 정보에 대한 답변(1:10-6:20)과 고린도인들이 바울에게 보냈던 서신에 대한 그의 답변(7:1-16:4).

전반부에서 바울은 고린도 교회를 오염시키고 있는 그가 들었던 네 가지 문제들에 대해서 언급한다—파당(1:10-4:21), 근친상간(5:1-13), 신자들간의 소송(6:1-11), 그리고 보다 일반적인 성적인 부도덕성(6:12-20). 익명이지만 아마도 고린도 교회의 식구일 것으로 보이는 글로에 가정의 사람들이 이런 문제들에 관한 소식을 그에게 가져왔다(1:11). 또한 스데바나, 브드나도, 아가이고와 동일인일 것으로 보이는 이 사신들(16:17)이 후자의 세 가지 문제들을 설명했을 것이다. 7:1에서 바울은 고린도인들이 그에게 작성해서 보냈던 문제들로 전환하고 있기 때문이다.

바울은 네 문제 중에 첫 번째 문제를 가장 길게 다룬다. 아마도 고린도인들이 다양한 정도로 분열하고 있음이 모든 다른 문제의 기저에 깔려 있다고 보았기 때문일 것이다. 고린도전서 1:10-17은 본질적인 문제(경쟁하는 파당들)와 바울의 본질적인 해결책(연합에 대한 호소)을 진술한다. 고린도전서 1:18-4:21은 그 연합이 아주 중요한 이유를 설명하고, 어떻게 그 일을 이룰 수 있는지를 다룬다. 본질적으로 이 단락은 연합을 이루기 위한 네 가지 방도를 제공한다: 그리스도의 십자가에 초점을 맞춤(1:18-2:5), 참된 영적 지혜를 이해함(2:6-16), 모든 신자들의 근본적인 동등성을 인식함(3:1-23), 기독교 지도자들을 적절하게 대함(4:1-21).

연합에 대한 바울의 근본적인 호소(10절)는 몇 가지 중요한 표현과 관련이 있다. 그는 교회의 모든 사람들이 "동의하는"(직역하면 그들 모두가 "동일하게 말하고 있는"을 의미한다) 예수의 "이름"(권위나 권세)으로 교회를 권면한다. 그들은 경쟁하는 당이나 파에 대한 정치적인 용어인 "분쟁"을 없애야 한다.[1] 그들은 "완벽하게 하나가" 되어야 한다. 이 동사는 의논과 선택의 개념을 포함하고 있는 용어들인 "마음"과 "뜻"에서 "하나로 회복되어지는"[2]이라고 더 잘 번역될 수 있을 것이다. 이 두 표현들은 의지와 지각을 포함한다.

11-12절은 고린도인들의 파당의 성격을 설명한다. 사람들은 서로 다른 기독교 리더들과 제휴함으로써 다투고 있다. 우리는 여성의 이름인 것을 제외하고는 글로에에 대해서 아는 것이 없다. 그 이름은 자주 유복한 사람에 대해서 사용되고 있었을 뿐이다. 그녀가 고린도 교회의 지체였다고 가정하는 것은 자연스럽다. 그의 "집편"에 있는 사람들은 그녀의 아들들이나 노예들일 수 있었다. 어떤 이들은 그녀가 그 교회의 일종의 리더였다고 추측한다. 하지만 우리는 그녀가 크리스천이었는지조차도 확실히 알 수 없다. 단지 그녀가 에베소에서 살았고, 그녀에게 속한 전달자들이 고린도로 여행했고, 이 소식을 가지고서 바울에게로 돌아갔다는 것을 간신히 알 수 있을 뿐이다.

서로 경쟁하는 파를 결성한 이유는 분명하지 않다. 안디옥에서 베드로와 바울의 분쟁에 비추어서(갈 2:11-14), 많은 이들이 보다 율법적인 복음과 보다 율법에서 자유로운 복음 간에 신학적인 논쟁을 살핀다. 우리가 사도행전 18:24-28에서 알 수 있는 아볼로는 은사가 있는 연설가였다. 아마도 고상한 수사학과 사색적인 지혜를 높이 샀던 사람들은 아볼로를 환호했을 것이다. 하지만 바울과 베드로 그

1. Margaret M. Mitchell, *Paul and the Rhetoric of Reconciliation* (Tubingen: Mohr, 1991), 75.
2. C. K. Barrett, *The First Epistle to the Corinthians* (New York: Harper & Row, 1968), 42.

리고 아볼로가 이 시점에서 서로 다투고 있었다는 아무런 증거가 없다. 그리고 성찬에서 "가진 자"와 "갖지 못한 자" 사이에 불균형(11:17-34)은 부자(아볼로에게로?)와 가난한 자(다른 파의 지도자에 속하는 한 사람 또는 몇 사람)의 노선을 따른 대립이 분쟁의 보다 근본적인 요인이었을 것이다(p. 26-27의 서론을 보라).

아울러 주목할 가치가 있는 것은 네 파당 중에 세 파가 바울과 제휴하지 않았다는 사실이다. 바울의 권위는 교회의 상당한 사람들에 의해서 위험에 처해 있었을 것이다. 그리스도파는 어느 인간 지도자를 과도하게 칭찬하기를 거부했던 자들이었거나 그것 역시 파당의 일종이었는가? 나머지 사람들을 그리스도파에 포함시킨 것은 후자 즉, 그들도 파당이었을 것임을 암시한다. 유사하게 바울은 다른 사람들과 경쟁하는 요지로서 사람들이 자신의 이름을 내세운 것을 기분 나쁘게 여겼을 것이다. 만약 고린도의 교회가 도시의 여러 다른 곳에서 모이는 다양한 가정 교회를 포괄하고 있었다면, 경쟁의 원인은 지역적인 나눔에 의한 것일 수도 있었다.

이런 보고에 대한 바울의 최초의 반응은 모두 "아니오"란 대답을 함축하고 있는 세 가지 수사적인 질문으로 구성되어 있다(13절). 그리스도가 나뉘어있지 않으신데 어찌 그의 백성들이 나뉠 수 있는가? 바울이나 어느 다른 인간 지도자가 세상의 죄를 지고서 십자가에 죽지 않았으므로 그리스도인들이 없어질 권위를 가진 자들을 그토록 높일 수 있는가? 기독교의 세례는 바울과 베드로 또는 아볼로의 이름으로 주어지지 않고 예수의 "이름"(다시금 권위나 권세가 함축되어 있다)으로 주어졌다. 따라서 14-16절에서 바울이 고린도에서 얼마나 많은 사람들에게 세례를 주었는가를 상기하고자 할 때 이 마지막에 주목한 주제를 확장시킨다. 그 대답은 바울이 소수의 사람들에게만 세례를 주었다는 것이다.

여기서 서로 경쟁하는 파의 성격에 대한 또 다른 단서를 엿볼 수 있다. 신앙의 연수가 어린 크리스천들이 자신들을 주님에게로 데리고 왔던 특별한 지도자들을 우상시하였을 것이다. 우리는 바울이 복음을 전파하고 난 후에 아볼로가 고린도에 와서 전파했음을 알고 있다(행 19:1). 따라서 베드로나 베드로의 제자들 중에 어떤 사람이 역시 고린도에서 복음을 전파했을 가능성이 상당히 있다. 그리스보는 사도행전 18:8의 회당장일 가능성이 높다. 가이오는 거의 확실히 바울이 로마서 16:23에서 칭찬했던 교회의 지도자였을 것이다(그는 요한삼서의 수령자와는 구분된다). 스데바나에 관해서는 우리는 고린도전서 16:15-17에서 언급된 것 이외에는 그에 대해서 아무것도 알지 못한다.

세례는 초대교회의 삶에서 주요한 역할을 했다. 그것은 죄로부터의 회개를 의미하는 외적인 의식과 기독교 공동체로의 입문을 상징했다. 신약 전체에서와 마찬가지로 여기서 세례가 선포 사역과 회심의 반응에 배경이 되고 있다. 바울은 많은 사람들을 세례하지 않았음을 말함으로써 자신은 이 책임을 다른 사람들에게 위임했음을 보여준다. 스데바나의 "집사람"이란 언급(16절)은 사도행전 16:15, 32의 가정에서의 단체적인 세례를 상기시킨다. 따라서 17a절은 상대적인 우선성을 가리키는 것일 뿐이다. 바울의 주요한 소명은 세례를 주는 것보다는 복음을 전파하는 것이었다.

17b절은 1:18-2:5의 주요한 개념을 형성하는 사상을 도입한다. 크리스천의 선포의 초점은 세례나 어떤 다른 교리보다 십자가의 메시지에 분명히 중심을 두어야 한다. 아무리 다른 것들이 중요할지라도 말이다. "인간의 지혜의 말"(Words of human wisdom)은 속죄의 거룩하게 변화시키는 메시지와 구분하여 단순히 "육신적"인 것을 가리키는데 사용하는 "인간"이란 용어를 가지고서 보다 문자적인 "말의 지혜"를 해석한 것이다(하지만 개역개정은 NIV 성경과 달리 "말의 지혜"로 직역되어 있슴-옮긴이).[3] 바울은 여기서 확실히 다음과 같은 사실을 강조하고 있다.

> 복음에는 지중해 도시의 시장에서 들을 수 있었던 순회하는 소피스트들이 제공한 수사적인 감식력의 화려한 연출의 여지가 없다. 그러한 수사적인 기법은 자신의 꾀로 인해 청중들과 거리를 두게 하고, 십자가의 능력을 빼앗기는 것이다.[4]

하지만 그리스 로마의 수사학이 만개하고 있지 않았을 때조차도, 바울이 수용할 수 없었던 것-사회적인 권력의 입장에서 당대의 아름답고 강력한 사람들을 소중히 여기는 것-은 근본적으로 반(反) 기독교적인 세계관에 기초하고 있는 것들이었다.

상황잇기

분열을 다루는 원리가 이 단락의 몇 부분에서 부상하고 많은 문화들 속에 그것을 적용할 수 있다. "호소"로 시작함으로써, 바울은 그의 방식을 요구하고 전혀 문제들을 언급하지 않는 두 실수를 피한다. 그가 갖고 있는 권위는 오로지

3. 특히 Richard A. Horsley, "Wisdom of Word and Words of Wisdom in Corinth," *CBQ* 39(1977): 224-39을 보라.

4. Watson, *First Corinthians*, 8.

"우리 주 예수 그리스도"(10절)로부터 온다. 1세기 교회들은 교회론적인 권위가 부여된 독재적인 결정이나 단순히 다수의 원리에 의해서 작용되지 않았다. 사도행전은 교인들이 "한 마음"(헬. '호모두마돈'—참조. 행 1:14; 4:24[참조. 32절]; 15:25)이 될 때만이 교회가 결정을 하였음을 반복해서 언급함으로써 그 이상을 강조한다.

바울은 특별한 한 파를 지원하지 않는다. 그렇게 하는 것은 문제를 악화시킬 것이다. 그 대신에 그는 분파를 없애고 조화를 창출하는 방식을 좇는다. 하지만 그는 모든 문제에 대해서 관점의 일치를 주장하지 않는다. 행동의 단일성을 요구하지도 않는다. 12-14장에서 영적인 은사의 다양성에 관한 그의 강조가 "똑같은" 크리스천을 요구하지 않는 것처럼 말이다. 협력, 상호적인 관심, 평화로운 공존, 사랑 속에서의 교화—이 모든 것들이 분열에 대한 긍정적인 해독제다.

바울은 그의 청중들이 이미 자신들이 어떤 상태에 있는지를 알고 있었기 때문에 분파적인 결합의 성격에 대해서 상세히 설명하기를 삼간다. 하지만 그 내용을 생략한 것은 확실히 섭리적이었다. 경쟁적인 입장이 무엇이었는지 그 내용을 구체적으로 거명하지 않음으로써 우리는 그 본문을 적용할 때 폭넓게 일반화시킬 수 있다. 예를 들어, 만약 우리가 베드로파가 유대주의자였음을 확실하게 알았다면, 바울의 가르침을 오늘날 이 유추적인 그룹에만 적용하려는 유혹을 받았을 것이다. 사실상 바울은 수많은 경우의 분쟁에도 불구하고 연합에 헌신하고 있으므로 우리가 이 단락을 적용함에 있어서 그의 원리가 어떤 구체적인 갈등을 초월하고 있다는 것을 알 필요가 있다.[5]

하지만 우리는 각 그룹이 대변하고 있는 것을 추측하여 가장 유사한 것에 조명해 볼 수 있다. 율법주의는 금세기에도 많은 크리스천 범주에서 성장을 저해했다. 본질보다 외관을 높게 보려는 유혹은 동등하게 수없이 있어 왔다. 항상 교회의 창시자를 신실하게 따르는 자들이 있을 것이지만 그 전통을 전위로 너무 강하게 붙잡음으로써 흔히 불화가 있어 왔다. 유사하게 인간 창시자들(예를 들어, 루터파, 웨슬리파, 메노파)과 교단을 연결하는 명칭을 거부하는 교회들은 오직 그리스도만을 섬기려 하는 주장들로 인해서 종파나 소교단이 되었다(예를 들어, '그리스도의 제자', '그리스도의 교회', '현대 성도들의 예수 그리스도 교회').

5. 그러한 적용에 관한 뛰어난 사례에 대해서는 1:18-4:21과 9:19-27에 관한 D. A. Carson, *The Cross and Christian Ministry: An Exposition of Passages from I Corinthians*(Grand Rapids: Baker, 1993)을 보라.

13절에서 속죄의 유일성을 바울이 상기시킨 것은 주기적으로 발생하는 경쟁적인 주장에 대항하는 수단이 된다. 구체적으로 말하면 바울이 이 부분에 대해서 집중하고 있는 설명의 양으로 보건대, 우리는 13-17절에서 오직 구원을 가져다주는 중요한 수단의 단계로 세례를 올려놓는 것을 경고하고 있음을 발견할 수 있다.

한편으로 세례는 개신교 전통에서 자주 갖는 것보다 초대교회에서 보다 중심적인 역할을 했다. 세례는 거의 회심에 뒤를 이었고(예. 행 8:36), 성경의 저자들은 '세례' 를 회개의 환유(한 대상을 유사하게 관련된 대상으로 대치시키는 것)로 자주 사용했다(예. 롬 6:3-4). 그리고 유아 세례를 가장 정확히 설명하는 자들조차도 유아 세례 관행의 명확한 성경적 증거가 없고 그것은 교회 생활의 첫 세대 이후에 발전된 다른 교리로부터 발원한 신학적인 추론이라는 것을 인정한다.[6] 예를 들어, 가정의 세례에 대해서 우리가 사도행전으로부터 알게 되는 한 가지 구체적인 항목은 모두 "믿을" 만큼 충분히 나이가 들었음을 누가가 함축하는 빌립보의 간수에 관한 이야기에서다(행 16:34).

다른 한편으로 여기 고린도전서에서 바울은 세례가 구원을 파생시키거나 보증하지 않는다는 것을 명확히 한다(고전 10:1-12). 그리고 고린도에서 분명히 보는 것처럼, 분쟁적이 되어서 세례가 과도하게 강조되었다. 세례가 곧 중생이라는 교리(구원 받기 위해서는 세례를 받아야 한다는 주장)는 비성경적이다. 하나님 나라의 대의를 위한 협력적이고 사랑스러운 사역을 가로막는 세례자와 유아세례자간의 엄격한 경계를 설정하는 것도 역시 비성경적이다.

17절은 두 형태의 대조를 설정하는 논쟁의 길을 열어준다. (1) 단순히 인간적인 것 대 하나님으로부터 분명히 나오는 것, (2) 크리스천이라고 주장하는 것(하지만 기껏해야 미성숙하고 십자가 중심적이 아니기 때문에 최악의 경우는 노골적으로 거짓된) 대 마음에 십자가를 품은 참되고 성숙한 기독교인. 앞으로 신자가 되려는 많은 사람들과 더불어 고린도인들을 놀라게 했던 것은 그들의 기독교에 대한 브랜드(표시)가 미성숙하고 심지어 거짓된 것들의 범주에 해당한다는 바울의 주장이다.

요컨대 바울은 10-17절에서 연합을 촉진하고 분열을 피할 수 있는 열쇠들을 소개한다—인간 지도자를 높이기보다 그리스도에게 초점을 맞추는 것. 그렇게 함으로써 우리는 교만과 경쟁보다는 겸손을 촉진하는 십자가 지향적이 된다. 우리가 십자가와 십자가가 나타내는 모든 것을 인식할 때(육체의 부활과 높아지심으로 변

6. 예를 들어, Geoffrey W. Bromiley, *Children of Promise*(Grand Rapids: Eerdmans, 1979)을 보라.

호된, 구원을 필요로 하는 죄인들을 위한 신인[神人]의 대속하는 희생), 우리는 기독교적인 믿음의 핵심을 영원히 형성하는 근본적인 진리의 핵심과 하나가 된다. 그때에 우리는 세례와 같은 내적 진리의 외적 표지들인 대부분의 다른 교리들이 주변부로 밀려나는 것을 인식한다. 우리는 이 세상에서 덜 핵심적인 문제들이 하나님의 백성들 사이에 교제와 봉사를 가로막는 장벽이 되지 않게 해야 한다.

현대적 의미

기독교 교파의 역사에 관한 진지한 질문을 하지 않고서는 10-17절을 충분히 숙고할 수는 없다. 교회의 진영이 아주 이단적이거나 불순종적일 때 신실한 주님의 제자들이 스스로 거리를 두고 새롭게 시작하였던 때가 확실히 있었다. 개신교는 이에 대한 고전적인 사례로서 종교개혁을 자주 가리킨다. 일부 교회 역사가들이 에라스무스에 의해 이미 전조되고 루터의 전략적인 비타협에 의해 억눌려진 변화의 바람으로 보건대, 루터가 다른 세대를 위해서 로마 가톨릭 교회 내에서 좀 더 인내하며 노력했다면 그러한 일이 발생했을 것인지를 의아해할지라도 말이다.

확실히 개신교 교단의 다수, 즉 개신교의 커다란 부류들의 대부분에서 갈려나온 수많은 하부 그룹들은 개별적인 경쟁, 반복, 그리고 자주 지형적이거나 윤리적인 노선을 따른 조급한 마음에 의해 적지 않게 생겨났다. 스니더가 말한 것처럼, "신학적인 다양성이 문제라기보다는 서로 타협하지 않는 마음을 발전시킨 분리적인 행위가 문제다."[7]

예수 그리스도 교회의 비연합은 오늘날 복음의 증거를 상쇄시키는 가장 커다란 요인 중 하나다. 요한복음 17장에서 예수는 그의 제자들이 연합할 것을 기도하셨다. 에베소서 3장에서 바울은 고대 중동의 커다란 사회학적 분열을 넘어서서 교회가 연합할 것을 설명한다–유대인 대 이방인. 연합된 교회의 복음적인 잠재력은 이 세상의 가장 강력한 반 기독교적 세력으로까지 확장될 수 있다(엡 3:9-10). 이 연합이 비기독교적인 세계에 영향력을 갖는 유일한 방법은 그 연합이 실제적이게 만드는 것이다.

교회는 서로 관계할 수 있는 어떤 다른 자연적인 이유가 없는 사람들이 서로 사랑으로 나아올 수 있는 장소가 되어야 한다. 그런데 오히려 교회가 오늘날 서방 사회에서 가장 분리된 양상을 자주 보이고 있다.[8] 동종의 사람들로 그룹을 짓는 것이

7. Graydon F. Snyder, *First Corinthians: A Faith Community Commentary* (Macon, Ga.: Mercer, 1992), 25.

전도의 효과가 있다손 치더라도 충분히 성숙한 교회는 상이한 인종, 민족, 사회경제적 신분, 그리고 사회적인 신분의 사람들을 통합해야 한다.[9] 51퍼센트의 사람들로 결정하려고하기보다는 중요한 문제에 만장일치적인 접근을 가질 수 있도록 노력해야 한다. 말하자면 멤버들의 다수가 동의하고 다른 이들이 이 다수의 의견에 자신들의 관심을 복속시키기를 동의할 수 있어야 한다.[10]

교회 안에 인간 지도자들의 주위에서 경쟁을 촉진하고, 예수의 참된 복음을 보존하는 일에 근본적이지 않은 문제로 인해서 분열하는 것은 확고하게 일소시켜야 한다. 오늘날 세대 간의 갭과 사역의 철학에 대한 논쟁은 대안적인 봉사와 프로그램을 교회 내의 서로 다른 그룹을 위해서 가질 때에 해결할 수 있다. 사람들이 자연적으로 좋아하지 않는 노래를 부르기를 배우고 자신들이 가장 우선순위를 두고 있지 않은 활동들을 지원하기를 동의할 때 훨씬 더 강력한 복음의 증거가 나타날 수 있다. 나아가서 교회의 지도부는 하나의 통일된 몸 안에서 모든 이들의 필요를 충족시키는 사역과 예배의 경험을 조합하기를 추구해야 한다.

유명한 크리스천 지도자들의 영향은 역시 커다란 문제를 일으킨다. 교인들이 자신의 목사와 지도자들은 조심스럽게 검증하면서도, 라디오와 텔레비전에 나오는 설교자들이나 싱어들의 모든 말씀(또는 노래)이 성경에 반하는지 검증하지도 않고 무조건 따르는 "그루피"(애호가)를 형성하고 있다.

특히 세계교회협의회(WCC) 내에서 현대의 에큐메니칼 운동은 복음주의자들이 기독교 연합을 보여주기 위한 새로운 외부적 구조를 창출하는 일에 소심하게 만들었다. 확실히 바울은 자칭 크리스천을 촉진시키는 에큐메니칼의 "저급한 잣대"를 관용하지 않았다. 하지만 이것이 세계교회협의회의 목표는 아니었고, 적지 않은 복음주의자들이 그 운동에 참여했다.

아울러 보수적인 크리스천들은 믿음의 근본을 보존하는 교리적인 진술을 갖지만 사실상 모든 개신교회 지체들의 온전한 참여를 허락하는 파라처치 단체들을 만드는데 탁월했다. 가톨릭과 정통교회 범주의 갱신운동에서 일부 파라처치 단체들

---

8. 현재에 타문화적인 다양성을 모델로 하여 교회를 몸소 목회하면서 이런 분리에 대항하는 가장 뚜렷한 대변자 중에 한 사람은 Anthony T. Evans. *America's Only Hope: Impacting Society in the '90s*(Chicago: Moody, 1990)이다.
9. 교회 성장 운동 안에서 이전의 구조에 대항한 보다 균형 잡힌 관점에 대해서는 Thom S. Rainer, *The Book of Church Growth: History, Theology, and Principles*(Nashville: Broadman, 1993)을 보라.
10. 초대교회의 모범에 의존하여 이런 연합을 촉진하는 유용한 주장이 Luke T. Johnson, *Decision-Making in the Church: A Biblical Model*(Philadelphia: Fortress, 1983)에 나타난다.

도 역시 기독교계의 이런 부류들의 지체들을 인정할 것이다. 우리가 제도교회 바깥에 믿음의 근본과 주변 사이에 이런 특징을 인정한다면, 하물며 교회 내에서 그것을 인정하지 못할 것이 있는가?

세례에 관한 견해, 주의 성찬, 천년왕국 또는 휴거, 여성들의 사역, 영적인 은사, 그리고 수많은 여타 사례들이 주어진 공동체나 지역의 다양한 교회들 사이에서 하나님 나라의 더 커다란 목적을 이루기 위한 강력한 네트워크와 협력을 이루는 일에 방해가 되어서는 안 된다.[11] 많은 새로운 교회들이 더 오래되고 성장하는 교회들처럼 건물에서 교단의 명칭을 없애버리고 "공동체 교회"의 정체성을 선호함을 강조하고 있다. 초교파적인 교회가 그들의 교단으로부터 전수받은 사역의 옛 모델에 제한을 받는 교회들보다 자주 더 잘 성장한다. 설사 초교파가 아니라 교단과 제휴를 갖더라도, 그들 교회는 잠재적으로 분열적인 교단적 충성을 소중히 여기지 않는다.[12]

교단들은 가까운 형제들과의 합병이 갖는 이득을 진지하게 생각해보고, 그들을 서로 먼 관계로 분리시키는 이슈에 대해서 심각한 질문을 해보아야 한다. 남부 인디아의 교회는 서로 다른 교단들이 믿음의 근본을 타협하지 않고서 공식적으로 합병할 수 있는 방식에 관한 20세기의 모델로 역할한다. 공산 혁명 이후에 중국의 토착 교회는 대부분의 서방 교단들의 구분을 없애는 일이 필요함을 여실히 보여주었다. 물론 자연히 그들이 그들 자신의 새로운 교단을 창출하였을지라도 말이다.

복음화가 적게 이루어진 세계의 지역에서 일하는 선교단체들은 세력들이 서로 협력하고 합세해야할 필요를 자주 느낀다. 이들은 최근에 후원자들의 명단을 서로 공유하기조차 한다.

제도적인 교회, 특히 개별화된 서방교회는 언제 사소한 언쟁을 제하고 성경에 나타난 연합을 보다 생생하게 보이기를 시작할 것인가? 고대와 현대의 적지 않은 불신자들이 기독교의 분열된 신앙이 그 진리를 반영할 수 없다는 근거 위에서 복음을 거부했다는 사실을 기억할 필요가 있다.

---

11. 침례주의자와 유아세례파를 여전히 분리시키는 많은 장애물들을 제거할 수 있는 방식에 관한 훌륭한 제안에 대해서는 David Bridge and David Phypers, *The Water That Divides*(Downers Grove, Ill.: InterVarsity Press, 1977)을 보라.
12. 문제가 되는 많은 이슈를 다룬 것으로는 Leith Anderson, *Dying for Change*(Minneapolis: Bethany, 1990)을 보라.

고린도전서 1:18-2:5

18 십자가의 도가 멸망하는 자들에게는 미련한
것이요 구원을 받는 우리에게는 하나님의 능
력이라
19 기록된 바 내가 지혜 있는 자들의 지혜를 멸하
고 총명한 자들의 총명을 폐하리라 하였으니
20 지혜 있는 자가 어디 있느냐 선비가 어디 있
느냐 이 세대에 변론가가 어디 있느냐 하나
님께서 이 세상의 지혜를 미련하게 하신 것
이 아니냐
21 하나님의 지혜에 있어서는 이 세상이 자기
지혜로 하나님을 알지 못하므로 하나님께서
전도의 미련한 것으로 믿는 자들을 구원하시
기를 기뻐하셨도다
22 유대인은 표적을 구하고 헬라인은 지혜를 찾
으나
23 우리는 십자가에 못 박힌 그리스도를 전하니
유대인에게는 거리끼는 것이요 이방인에게
는 미련한 것이로되
24 오직 부르심을 받은 자들에게는 유대인이나
헬라인이나 그리스도는 하나님의 능력이요
하나님의 지혜니라
25 하나님의 어리석음이 사람보다 지혜롭고 하
나님의 약하심이 사람보다 강하니라
26 형제들아 너희를 부르심을 보라 육체를 따라
지혜로운 자가 많지 아니하며 능한 자가 많
지 아니하며 문벌 좋은 자가 많지 아니하도다
27 그러나 하나님께서 세상의 미련한 것들을 택
하사 지혜 있는 자들을 부끄럽게 하려 하시
고 세상의 약한 것들을 택하사 강한 것들을
부끄럽게 하려 하시며
28 하나님께서 세상의 천한 것들과 멸시 받는
것들과 없는 것들을 택하사 있는 것들을 폐
하려 하시나니
29 이는 아무 육체도 하나님 앞에서 자랑하지
못하게 하려 하심이라
30 너희는 하나님으로부터 나서 그리스도 예수
안에 있고 예수는 하나님으로부터 나와서 우
리에게 지혜와 의로움과 거룩함과 구원함이
되셨으니
31 기록된 바 자랑하는 자는 주 안에서 자랑하
라 함과 같게 하려 함이라

2:1 형제들아 내가 너희에게 나아가 하나님의 증
거를 전할 때에 말과 지혜의 아름다운 것으
로 아니하였나니
2 내가 너희 중에서 예수 그리스도와 그가 십
자가에 못 박히신 것 외에는 아무 것도 알지
아니하기로 작정하였음이라
3 내가 너희 가운데 거할 때에 약하고 두려워
하고 심히 떨었노라
4 내 말과 내 전도함이 설득력 있는 지혜의 말
로 하지 아니하고 다만 성령의 나타나심과
능력으로 하여
5 너희 믿음이 사람의 지혜에 있지 아니하고
다만 하나님의 능력에 있게 하려 하였노라

원 의미

고린도전서 1:18-2:5은 17b절을 설명해준다—참되고 만개한 기독교는 타락하고 죄스러운 세상의 근본적인 가치와 대조되고, 고린도인들의 자기중심적인 분파주의에 필요한 해독제를 제공해준다. 고린도전서 1:18-25은 하나님의 지혜와 세상의 지혜간의 본질적인 대조를 제기한다. 그러고 나서 고린도전서 1:26-2:5은 참된 복음이 십자가에 중심한 메시지라는 바울의 주장을 변호한다. 기독교인이 되기 이전에 그들의 배경(1:26-31)과 그들 가운데서 바울이 처음에 사역한 것을 수납함으로써(2:1-5), 고린도인들의 경험에 호소함으로 말이다.

고린도전서 1:18은 이 항목(18-25절)의 첫 단락의 요지를 요약하는 논제를 제공한다. 19절은 바울의 논제에 대한 성경적인 지원을 제공한다. 그 다음에 20-25절은 이 세상이 십자가 중심적인 복음을 대체로 거부한 이유와 그럼에도 불구하고 고린도인들이 그것을 믿어야 하는 이유를 설명하기 시작한다.

바울의 논제는 이 세상에는 두 종류의 사람들이 있다는 것을 확증한다—멸망할 과정에 있는 사람들과 구원의 과정에 있는 사람들(18절). 이들은 각기 복음의 메시지에 서로 대칭되는 방식으로 반응할 것이다. 19절은 지원을 위해서 이사야 선지자가 피상적이고 위선적인 신앙에 대해서 이스라엘을 심판하시리라는 하나님의 뜻을 선포한 문맥인 이사야 29:14을 인용한다. 이 구절에서 "폐하리라"(frustrate)는 "거부하다, 거절하다, 무시하다, 무효로 하다, 제쳐두다, 깨뜨리다"를 의미하는 말에서 나온다.[1] 20a절은 겉으로 볼 때에 학식이 있다고 하는 자들을 책망한다. "지혜 있는 자", "선비", "변론가"는 대체로 동의어로 의도되고 있다. 이 중에 선비와 변론가는 문자적으로는 "서기관"과 "논쟁가"를 더욱 의미한다.[2] 바울은 헬라와 유대의 현명하다고 하는 자들을 이런 명칭으로 언급하고 있다.[3]

20b절은 바울이 '기독교의' 지혜, 지식, 학문, 또는 철학을 깔보고 있지 않음을 분명히 한다. 사실상 2:6-16은 신자들에게 적절한 지혜를 설명할 것이다. 바울은 "이 세대"나 "이 세상"—그리스도에게서 떠난 죄스러운 인간과 유사한 표현—의 연사, 법률 전문가, 현학자들의 궁극적인 멸망을 예고하고 있다.

21절은 18절의 진술이 어떻게 발생했는지를 설명한다. 타락하고 세상적인 지혜

1. Barclay M. Newman, *A Concise Greek-English Dictionary of the New Testament* (London: United Bible Society, 1971), 4.
2. Markus Lautenschlager, "Abschied vom Disputierer: Zu Bedeutung von συζητητής in 1 Kor 1, 20," *ZNW* 83(1992): 276-85은 "변론가"보다 "철학적인 탐구자"를 더 선호한다.

에 속한 사람들이 하나님을 거부했음으로 하나님은 어리석어 보이는 구원의 계획으로 불순종한 인간에게 확증을 주셨다(참조. 롬 1:18-32). 하지만 하나님은 전지하심 속에서 전체 계획이 "하나님의 지혜 속에" 있을 수 있도록 이 모든 것을 예기(豫期)하셨다.

22절은 기독교가 어리석다고 본 바울 당대의 두 주요한 인종적 그룹을 거명한다. 많은 유대인들이 예수의 주장에 대한 극적이고 이적적인 확증을 바랐지만 예수는 그것을 주기를 거부하셨다(예. 마 12:38-42). 많은 헬라인들이 사색적인 철학을 가장 높은 인간의 이상으로 생각하고서 수사학과 이상(理想)과 엘리트의식에 대한 동등한 강조를 두었다. 그러한 사람들에게서 십자가는 걸림돌이었고(직역하면 "오욕"), 어리석은 것이었다(23절). 많은 유대인들이 십자가를 예수가 자신의 죄로 인해 하나님에 의해 저주를 받은 궁극적인 증거로 간주했다(신 21:23). 많은 헬라인들이 그리스도의 죽음의 이야기에 관한 수많은 양상들—고난을 당하는 하나님, 완전한 질서에 관한 이상이 파괴됨, 범죄한 메시아, 그리고 인간의 사색에 기초하지 않는 하나님으로의 길—을 어리석다고 여겼다.

하지만 성령이 감동하시고 확증하신 사람들은 어떤 인종적인 배경을 갖든지 간에 십자가에서 그들의 삶을 변화시키는 거룩한 지혜와 능력을 발견한다(24절). 복음이 인간적인 기준으로 어리석어 보이는 것으로 끝나게 해서는 안 된다. 인간의 방식을 초월하는 전능하시고 전지하신 하나님의 방식을 예상해야 한다. 따라서 NIV는 25절에서 그 말씀을 명확히 해준다. "하나님의 어리석음이 사람보다 지혜롭고 하나님의 약하심이 사람보다 강하니라." 하나님에게서 어리석고 연약해 보이는 것이 인간이 이룬 가장 위대한 성취를 능가한다.

고린도전서 1:26-31은 처음 구원 받았을(부름을 받았을) 때 그 사회에서 고린도인들의 대부분의 상태를 대조시킨다. 그들 가운데는 현명해 보이는 철학자들이나 수사학자들도 많지 않았고, 정부, 군사, 또는 종교적 범주에서 세력이 있는("영향력이 있는") 자가 많지 않았으며, 부유한 가족에서 태어난 자가 많지 않았다(26절). 많은 노예들과 자유민들이 고린도로 들어왔다. 교회의 대다수가 사회의 가장 가난한 부류의 출신은 아닐지라도(서론의 pp. 25-27 각주 7까지), 그들은 능력이 있고 세력이 있는 범주의 사람들은 아니었다. 따라서 바울은 그들을 26절의 세 가지 속

3. 덜 가능성이 있지만 여전히 그럴 법한 것은 이 칭호의 삼자 관계가 바리새 학교('베트 미드라쉬')의 세 지도자들에 상응한다는 견해다: 현자('바캄'), 서기관('소페르'), 그리고 주석자('다르산'). Martin Hengel, *The Pre-Christian Paul*(Philadelphia: Trinity, 1991), 42을 보라.

성과 직접적으로 대조되게 "어리석은", "연약한", 그리고 "천한"(27-28절)이란 용어를 사용할 수 있었다.

그런 다음에 바울은 그러한 사람들에 대한 강한 사람들의 관점을 부연한다—그들은 "멸시를 받고" "없는 것들이다." 하지만 이들은 하나님이 대부분 구원하고 지혜 있다 하고, 강한 자들을 부끄럽게 하며, 있다고 하는 이들을 "폐하려"고 선택한 사람들이다. 요컨대 바울은 자기만족에 의해서 자랑하는 어떤 근거도 제거하고 있다(29절). 만약 세상이 그들 자신의 성취를 자랑할 수 없는 사람들을 불행하다고 여긴다면, 그리스도 안에서의 복이 훨씬 커다란 보상을 가져다줄 것이다. 그리스도 안에서 신자들은 참된 지혜를 받는다: 십자가의 지혜와 모든 혜택들(30절)—하나님 앞에서 설 수 있는 의("의"), 도덕적인 정결("거룩"), 죄의 노예상태에서 해방("구속"). 크리스천들은 바울이 여기서 인용하고 있는 예레미야 9:24에서처럼 그들 자신의 성취가 아니라 주 안에서(31절) 적합하게 자랑할 수 있다. 이 인용은 흥미롭게도 "지혜로운 자는 그 지혜를 자랑치 말라 용사는 그 용맹을 자랑치 말라 부자는 그 부함을 자랑치 말라"(렘 9:23)는 구절에 앞서 나온다. 그리고 이것들이 바울이 고린도전서 1:26에서 설명하고 있는 세 가지 범주다.[4]

부정적이든 긍정적이든, 자랑에 대한 바울의 언급은 그의 서신에서 중요한 모티브를 형성한다. 자기 자신에 대해서 자랑하는 것은 그리스 로마의 궤변법에서 주요한 역할을 하고 세속적인 리더십에서는 더욱 일반적이다.[5] 일부 철학자들은 이런 자랑의 대부분의 이기적인 형태를 비판했고, 또 다른 철학자들은 그 자랑의 수사학적인 화려함을 칭찬했다. 대부분의 사람들은 통상적으로 의로운 자랑의 한 형태는 약함 속에서 자랑하는 것이라는데 동의했다. 이 주제는 특히 고린도후서 10-13장에서 고린도인에 대한 바울의 편지에서 뚜렷하게 나타난다.[6]

고린도전서 2:1-5는 고린도인들에게 바울이 그들과 함께 있을 때 그의 사역의 형태와 내용을 상기시킴으로서 이 단락을 아우른다. 1a절에서 "superior"(뛰어난, "아름다운"—개역개정)은 아마도 "말"과 "지혜"를 수식한다. 바울은 세상적인 기준에 의하면 보통 수준의 설득하는 형태로 그의 메시지를 제시하려고 했다는 것을

4. 이 전체 단락에서 예레미야서 구절의 결정적인 역할에 관한 흥미로운 연구에 대해서는 Gail R. O'Day, "Jeremiah 9:22-23 and 1 Corinthians 1:26-31: A Study in Intertextuality," *JBL* 109(1990): 259-67을 보라.

5. Andrew D. Clarke, *Secular and Christian Leadership in Corinth* (Leiden: Brill, 1993), 95-99.

6. 특히 Christopher Forbes, "Comparison, Self-Praise, and Irony: Paul's Boasting and the Conventions of Hellenistic Rhetoric," *NTS* 32(1986): 1-30을 보라.

부인하지 않는다. 고린도후서 10:10은 이런 이해를 확증해주는데, 바울은 고린도의 일부 사람들이 "그 몸으로 대할 때는 약하고 말이 시원치 않다"라고 주장하는 것을 바울이 언급하고 있기 때문이다. 초기 사본들은 1b절에서 "증거"와 "신비"라는 용어로 균등하게 나누어진다. 후자를 바울이 사용하였다면 그것은 6절에서 그 용어가 다시 나타나는 것을 준비시키지만 전자가 원문에 가까울 것이다. 바울이 가르친 유일한 교리가 십자가였던 것처럼 2절을 절대적으로 취할 수는 없고(참조. 부활이 동등하게 중요하다는 고전 15:3-8), 바울은 그의 가르침에서 단지 십자가의 중심성을 언급하고 있을 뿐이다. 고린도에서 특히 십자가의 겸손을 더욱 품고 부활의 승리주의를 누그러뜨릴 필요가 있다.[7]

3절은 바울이 두려워하지 말 것을 주님이 확신시키는 것과 함께 바울의 개인적인 부적합성을 강조한다(행 18:9-10). 여기서 그의 "연약함"은 그의 육체의 가시를 암시하는 것일 수 있다(고후 12:7)—끊임없이 따라다니는 육체의 질병. 4절의 "설득력 있는 지혜의 말"은 다시금 세상적인 지혜와 설득을 가리킨다. 그것들이 "성령의 능력"과 대조되기 때문이다. 5절은 1:29절과 31절 사이에 대조를 보충하고 그의 전략의 합리성을 재진술한다. 우리는 다음에 이어지는 말로 4-5절에서 바울의 내용을 의역할 수 있다.

> 나의 말과 선포가 당신이 '피스티스'(믿음)을 가질 수 있도록 설득적이라 할지라도, 당신의 믿음은 뛰어나고 현명한 웅변을 소유함으로써 얻어지는, 명예로운 사람들의 견해에 기초해서 당신에게 영향을 미치는 수사학으로 인해 얻어진, '그노시스'(지식)가 아니다. 오히려 당신의 믿음은 어떤 견해에 기초한 영리한 논증보다 훨씬 더 확실한 것에 기초해 있다. 당신의 믿음은 증거의 가장 절대적인 형태—하나님의 영과 능력의 확실한 증거—에 기초해 있다.[8]

요컨대 고린도인들은 모든 사람들에게 아주 어리석어 보이는 그리스도의 십자가에 초점을 맞춤으로써 믿음에 오게 되었다. 그들은 인간 지도자를 극대화시킴으로써 교회를 분열시키기보다 그리스도의 십자가에 대한 초점으로 이제 돌아와야 한다.

---

7. 보다 일반적으로 바울의 십자가 신학에 대해서는 Charles B. Cousar, *A Theology of the Cross: The Death of Jesus in the Pauline Letters*(Minneapolis: Fortress, 1990)을 보라.
8. Stephen M. Pogoloff, *Logos and Sophia*(Atlanta: Scholars, 1992), 140.

상황잇기

바울이 이 단락에서 말하고 있는 문제들은 거의 모든 사회에서 나타난다. 그것들은 인간의 본성을 반영하고 있는 것이지 단순히 특별한 어떤 문화에 나타나는 상태가 아니기 때문이다. "바울의 복음"을 거부하는 마음에 자리하고 있는 자기중심주의는 인간의 죄의 핵심이다. 결과적으로 시간에 구애받지 않는 무수한 원리가 이 본문에 나타난다. 바울은 특히 세 가지 질문을 제기하는데, 그 대답은 2:6-3:23에서 바울의 가르침과 균형을 이룬다. (1) 크리스천은 지혜를 소유하기를 추구해야 하는가(대답: 그 지혜가 십자가 중심적이라면 그렇다—참조. 2:6-16과 함께 1:18-2:5), (2) 경건한 지혜를 가진 크리스천은 어떤 특별한 직위를 부여받는가(대답: 아니다. 하지만 그들은 심판날에 더 큰 칭찬을 받을 것이다—참조. 3:1-23과 함께 1:26-31), (3) 우리는 우리의 말을 통해서 참된 지혜를 인식할 수 있는가(대답: 그렇다, 그 지혜가 사람들에게 십자가를 가리킨다면 말이다; 만약 그 지혜가 자신의 논리와 수사에 빠진다면 아니다—2:1-5).[9]

18-25절은 오순절에 예루살렘(행 2:1-41)과 20년 뒤에 데살로니가(살전 1:4-10)에서의 놀라운 성공과 어울리지 않으며, 우리에게 대다수의 사람들이 적극적으로 복음에 응답할 것을 예상할 수 없게 만든다. 역으로 말해서 기독교가 대중적이 된다면, 우리는 기독교를 약화시켜서 십자가의 걸림돌을 제하여버리지는 않았는지를 확실히 할 필요가 있다.

이 단락은 적절한 자리에 변증을 두고 있다. 믿음을 위한 설득적인 논증을 시도하는 것은 항상 가능하지만 성령의 확증하시는 역사만이 사람들을 그리스도에게로 데려올 수 있다. 설교나 변증에서 십자가의 걸림돌은 사람들 앞에서 생각이 없거나 사랑이 없는 것과 같은 불필요한 걸림돌을 두는 것이 아니다. 머피 오크너는 "복음을 듣게 하려는, 사람들의 입맛에 맞게 고침으로써 기분 좋게 하려는 어떤 시도도 복음을 왜곡시키는 것이다. 이런 경우에 그 기준은 '타락한' 인간의 기대가 되기 때문이다."[10] 그렇게 함으로써 복음이 능력을 상실하게 된다.

바울이 비판하는 지혜는 "세상에 속한"(20절) 것이기 때문에 이 단락에서 반지성주의의 근거를 취하려고 해서는 안 된다. 하지만 바울은 '불경건한' 지식주의 대해서 단호하게 맞선다. 21-25절은 그러한 불경건이 각기 흥미를 더하면서 세 가지

9. 나는 이런 질문을 형성한 것에 대해서 James A. Davis, "1 Corinthians 1-6"(Unpublished manuscript, 1993): s.v. 1:18-2:5, "양식/구조/배경"에 빚을 지고 있지만 그 대답은 내가 만든 것이다.

10. Jerome Murphy-O'Connor, *1 Corinthians*(Wilmington: Glazier, 1979), 14.

다른 형태를 취할 수 있음을 지적한다. 사람들은 하나님을 노골적으로 배격한다(21절). 또는 그들은 이적의 표지를 요청하거나 추상적인 철학에 가담함으로써 잘못된 장소에서 하나님을 찾는다(22-23절). 또는 그들은 하나님과 인간의 질적인 차이를 인식하지 않고서 자신들의 이미지로 하나님을 재구성하려고 한다(25절). 표적과 관련해서, 하나님은 사람들이 믿을 수 있으리라는 소망으로 그 표적을 부여할 것을 선택하실 수 있으나(요 20:31), 하나님은 좀처럼 인간이 요구한 대로 응답하시지 않는다. 그는 사람들이 그런 표적이 없이도 믿음을 위한 충분한 증거를 갖고 있음을 제기하신다(요 20:29).

21절은 구원과 정죄를 다루는 흥미로운 삼중주를 제시한다. 첫째로 인간은 자신의 운명에 대해서 직접적으로 책임이 있다. "세상의 지혜를 통해서는 하나님을 알지 못하였다", 구원 받는 자는 "믿는 사람들이다." 둘째로 "전도"의 중간적인 매개 대(對) 구원을 꾀하거나 불필요한 구원을 주장하는 경쟁적인 수단이 있다. 하지만 궁극적으로 모든 것은 하나님에게로 귀결된다("하나님의 지혜에서는…"). 성경은 일관되게 선택의 교리가 인간의 자유나 책임을 손상시키지 않고 하나님의 주권을 허락하고 있음을 말한다. 참으로 하나님의 선택적인 목적은 확실히 그러한 자유로운 활동 즉, 말씀을 선포하는 일에 영향을 받는다.

전반적으로 1:18-25은 종교적인 지혜에 대한 고린도인들의 주장과 사실상 타락한 인간의 영역인 지혜가 서로 면밀히 가깝다는 것을 보여준다.[11] 거짓된 종교 특히 기독교로 가장한 것들은 세속주의와 같이 공허하고 그것이 진정한 색깔을 감추고 있기 때문에 더욱 위험스럽다. 바울은 성령이 이 신자들 속에 거하시기 때문에 이런 동일시를 온전히 하지는 않는다. 그러나 그는 십자가가 하나님에게 도달하려는 모든 인간의 시도를 최종적으로 부정하는 것을 대변함을 엄격하게 상기시킨다. 그 진리는 인간의 최대한의 지성과 능력으로 '성취되는' 것이 아니라 믿음과 신뢰의 겸손한 부복 속에서 오는 은혜로 '받아질' 수 있다.[12]

교회 역사에서 모든 시대의 부자와 힘 있는 자는 26-31절의 논리적인 추론이 많은 사람들이 현명하고 영향력이 있거나 부유하지 않다고 하는 것이라면, 소수의 사람들만이 그러함을 가리키는 것으로 생각하기를 좋아한다. 우리는 고린도가 초대교회의 많은 곳들에서보다 부유했다는 것을 이전에 지적했다(19-20을 보라). 그

---

11. Peter Lampe, "Theological Wisdom and the 'Word About the Cross'," *Int* 44(1990): 117-31.
12. John B. Polhill, "The Wisdom of God and Factionalism: 1 Corinthians 1-4," *RevExp* 80(1983): 330.

러나 이 모든 것은 여기서 바울이 전달하고자 하는 주요한 뜻과는 반대된다. 물론 부유하면서 크리스천이 되는 것이 가능하지만, 자주 이 시대에 교회는 문화와 정치와 거의 타협하지 않았으므로 신자들의 대다수는 이 세상의 상류층 출신의 사람들이 아니었다.[13] 콘스탄틴 이전 시대에서부터 급진적인 종교개혁 시대, 미국으로 과거에 종교적으로 이주한 이민자들에서 오늘날 세상의 2/3가 기독교인이 되는 급속한 성장에 이르기까지 이러한 흐름은 놀랍게도 계속 순환되고 있다. 유복한 사람들은 하나님에 대한 필요를 자주 인식하지 않는데, 그들은 자신들의 모든 필요를 충족시키는 그들의 방법을 돈으로 살 수 있다거나 조정할 수 있다고 믿기 때문이다.[14]

역으로 말해서 성경은 어느 곳에서도 어떤 사회경제적인 차원에서 모든 사람들의 구원을 보증하지는 않는다. 하지만 성경은 세상에서 가난하고 억압 받고, 주변부에 있는 사람들에 대한 하나님의 특별한 관심을 끊임없이 반영한다. 야고보서 2:5은 초대 기독교의 사회학적 구성을 지적함에 있어서 고린도전서 1:26-31과 유사하다. 하지만 하나님이 "가난한 자들을 선택하실" 때, 그들은 "하나님을 사랑하는 자들"이었고, 그들이 도움을 필요로 하고 자신들이 인격적으로 부족함을 인식하고 있었다. 따라서 그들은 참되시고 살아계신 하나님께로 전향할 수 있었다. "가난한"이란 용어의 주요한 히브리어는 '아나임'인데, 그것은 정확히 이 두 요소들—물질적인 가난과 영적인 가난[15]을 정확히 조합하고 있다. 역사적으로 크리스천들은 "가난한 자들"이 물질적으로 부유한 자들을 포함할 수 있었던 것처럼 영해했고, 또한 구원이 마치 그리스도 안에서 명확한 믿음과 구별되어 주장할 수 있었던 것처럼 그 용어를 정치적으로 해석하는 두 잘못을 여기서 조심해야 했다.

고린도전서 2:1-5는 특히 바울과 일반적으로 기독교에 대한 심각한 오해를 피

---

13. 예를 들어, Bruce L. Shelley, *The Gospel and the American Dream* (Portland: Multnomah, 1989)을 참조하라.

14. 충분한 역사에 대해서는 Robert G. Clouse, Richard V. Pierard, and Edwin M. Yamauchi, *The Two Kingdoms: The Church and Culture through the Ages* (Chicago: Moody, 1993)을 보라. 부차적인 의미에 대해서는 L. L. Welborn, "On the Discord in Corinth: 1 Corinthians 1-4 and Ancient Politics," *JBL* 106(1987): 110을 참조하라: 확실한 것은 이 세상의 정사에 얽매이는 것을 피하고 종교를 실제적인 정치와 가능한 한 분리시키려는 [바울의] 시도는 역사적인 의미 속에서 입증되었다. 그 반향을 '시비타스 테레나'(세상의 도성)에 관한 어거스틴의 부정적인 평가와 마키아벨리와 루소의 정치적인 자연주의에서 들을 수 있다.

15. 누가복음 6:20과 함께 마태복음 5:2을 참조하라. 이 구절들이 서로 모순되지 않는 이유는 정확히 '가난한' 이란 용어의 이런 이중적인 의미에 있다.

하기 위해서 보다 큰 문맥 속에서 읽어야 한다. 수사학적인 비평은 바울이 얼마나 문학적인 기술에 잘 훈련되었는지를 점차적으로 보여준다. 고린도전서가 바울이 독자들에게 그의 메시지를 설득하기 위해서 의도한 수많은 고안물들을 사용하면서 매우 세심하게 작성되어 있기 때문에 1절을 절대적인 말로 취할 수는 없다.[16] 따라서 바울은 인간의 웅변을 사용하고 있다. 복음에 메시지와 성령의 거룩한 역사에 부복하는 한, 이것은 본질적으로 중립적이다. 하지만 이런 자격이 있는 도구를 사용함에 있어서조차도 바울은 당대의 많은 것들과 거리를 두고 있다. 그가 "복음의 메시지를 더 잘 전달하는 수단으로서가 아니라 회중을 기분 좋게 달래려는 장식으로서 문학적인 특징들을 사용하는 설교의 방법들을 경계할 것"을 주장하고 있기 때문이다.[17] 이 단락이 설교자들에게 그들의 메시지를 사려 있게 준비하지 않아도 된다는 주장을 하고 있지는 않다. 그것은 영적인 능력으로 선포하기 위해서 우리들에게 설교학적인 기술만으로 준비해서는 안 된다는 사실을 상기시키고 있을 뿐이다. 오직 성령이 먼저 우리에게 주어진 문맥으로부터 확신을 주실 때만이 우리는 다른 이들에게 그것을 선포하는 권리를 갖는다.

사도행전 17:22-31이 사실상 복음의 효과적인 상황화의 훌륭한 모델을 사실상 대변하고 있을지라도, 고린도전서 2:2은 아덴에서의 빈약한 수용으로 인해서 바울이 좌절한 것에 나타나는 일종의 정책의 전환으로 여겨서는 안 된다. 하지만 도시의 철학자들은 통상적으로 기독교 메시지를 수용적으로 듣는 사람들이 아니다. 그러므로 소수의 반응도 긍정적이다. 3-5절은 바울의 말씀 전파에 관한 신학을 형성하는데 중심적인 역할을 한다. "선포"가 선구자로서 기능해야 하고, 주님의 권위를 가지고 권위 있게 그 소식을 선언해야 한다. "하지만 인간적인 기준에 의해서 측정됨으로써 하나님의 권위가 명확하게 보이지 않으므로 선구자로서 설교자는 공격을 받기 쉬운 위치에 있다. 따라서 전파는 내용과 형식에서 연약한 중개자가 될 수 있다."[18] 하지만 여전히 사람들을 구원하고 교회가 확립되는 것으로 전파는

16. 특히 1-4장에 관해서는 K. E. Bailey, "Recovering the Poetic Structure of 1 Cor. 1, 17-2,2," *NovT* 17(1975): 265-96(다른 곳에서보다 1:18-30에서 더 설득력이 있다)을 보라; J. Bradley Chance, "Paul's Apology to the Corinthians," *PRS* 9(1982): 145-55(바울의 사도권에 관한 변호로서 1:4-6:20의 기능에 관해서); Benjamin Fiore, "Covert Allusion' in 1 Corinthians, 1-4," *CBQ* 47(1985): 85-102(이 장들에서 수사적인 기능과 연설의 특징에 관해서).

17. Timothy H. Lim, "'Not in Persuasive Words of Wisdom, but in the Demonstration of the Spirit and Power'," *NovT* 29(1987): 149.

18. J. W. Beaudean, *Paul's Theology of Preaching* (Macon, Ga.: Mercer, 1988), 118.

그 능력을 보여준다.

1:18-2:5에서의 대조를 영광의 신학 대 십자가의 신학이란 측면에서 요약할 수 있다. 영광의 신학은 참된 기독교와 특별한 정치적인 파당이나 일정, 물질적인 부, 또는 우둔한 리더십 사이에서 균형을 이끈다. 십자가의 신학은 깨어진 마음을 붙들어주고, 상실한 자에게 능력을 주고, 이 세상에서 사랑받지 못하는 자들을 사랑하는 것을 추구한다.[19] 요컨대 1:18-2:5은 십자가 발밑의 땅으로 사람들을 이끈다. 우리들이 그리스도가 기꺼이 고난 받아야 하는 고통을 경험하였다는 것을 실제적으로 이해한다면, 어찌 우리 자신을 높이거나, 세상 지도자들을 높일 수 있는가?

오늘날 이 단락을 적용하는 것으로 나아갈 때, 우리는 이 세상에서 교회 안팎의 높은 자와 권세 있는 자가 누구인지를 묻고 비이기적인 목적을 위해서 그들의 힘을 진정으로 사용하고 있는지를 알기 위해서 멈추어 생각할 필요가 있다. 우리는 기독교인과 비기독교인들 가운데서 우리 자신을 억압 받고 있는 자들과 동일시하고, 우리들이 그들에게 풍성하고 적절한 관심을 주고 있는지를 살펴야 한다. 예를 들어, 일부 가난한 자들은 일부 부자만큼이나 자기중심적일 수 있다. 한편으로 우리는 "가치 있는 가난한 자들"만을 도우려는 것을 조심해야 한다. 하나님은 우리를 도우시기 전에 우리가 자격이 있는지를 기다리시지 않기 때문이다.[20] 무엇보다도 우리는 당대 문화의 설득력 있는 방식으로 그리스도의 보속의 죽음의 중심성을 전달하는 방법을 찾아야 한다.

현대적 의미

얼마나 많은 현대의 설교들이 사실상 십자가 중심적인지를 의심하게 만든다. 우리의 설교는 신자들에게 우호적이고 교회 성장을 위해서 구도자들에게 민감한 기교를 사용하고 있다. 이런 기교들 가운데는 오직 형태만 영향을 받고 복음의 본질에는 영향을 미치지 않을 수 있지만 어떤 기교들은 의심을 할 수밖에 없다. 많은 사람들이 인간의 죄와 악한 행위에 대한 개인적인 책임을 무시하는데, 부패한 사회적 영향에 비난의 화살을 돌리기 때문이다. 그러한 사람들은 그리스도 십자가의 진정한 의미를 정확히 들어야할 필요가 있다. 긍정적인 사고와 할 수 있다

19. Molly T. Marshall, "Forsaking a Theology of Glory: 1 Corinthians, 1:18-31," *Ex Auditu* 7(1991): 101-4의 이 주제에 관한 특히 예리한 해석을 참조하라.

20. Robert Lupton, *Theirs is the Kingdom* (San Francisco: HarperCollins, 1989), 60-61의 이 주제에 관한 도전적인 취급을 보라.

는 정신은 빈약한 자기 이미지를 갖고 있는 사람들에게 제한적으로 사용할 수 있을 뿐이고,[21] 그리스도 안에서 회개와 신뢰를 적절히 대치할 수는 없다.

물론 그러한 대항문화적인 태도는 교회 내의 사람들에 의해서조차 어리석은 것으로 낙인찍힐 수 있다. 세속적이고 자유적인 마음을 가진 종교적인 학자들과 개똥철학자들은 복음주의 기독교를 가장 끊임없이 욕되게 하는 무리들의 전선에 서 있다. 그들은 모든 심각하고 부도덕한 이념을 용인하지만 반차별적인 캠페인에서 '본 어게인' 크리스천들을 포함시키는 것을 거부한다. 우리들은 이에 놀라워할 필요가 없고, 단지 기독교를 그들의 세속적인 대응자와 유사하게 만들려는 끊임없는 위험을 피하여야 한다. 전문가적인 목회에 대한 과도한 강조, 직업을 얻는 지배적인 기준으로 더 높은 교육을 추구함, 교회 성장을 위해서 순전히 시장지향적인 전략, 그리고 의도적으로 기도와 성경공부와 죄에 대한 고백을 피하는 크리스천 카운슬링의 치유적인 모델이 그러한 모방의 위험성을 설명해준다. 십자가에 못 박히신 그리스도가 우리를 통해서 역사하시지 않는다면, 우리는 영적인 무능에 이르게 된다는 솔직한 고백을 하는 것과는 위의 각 사례들은 거리가 있다.[22]

현대의 교회는 이적과 표적의 균형 잡힌 신학을 형성하려고 역시 애쓰고 있다. 12-14장은 이런 주장을 확장하게 될 것이지만, 여기서 언급할 수 있는 최소한은 우리가 하나님을 상자 안에 가두려고 해서는 안 된다는 것이다. 즉 하나님이 반드시 이적을 행사해야 한다고 주장하거나(또는 하나님이 그렇게 하시지 않는다면, 그 사람은 분명히 적합하지 않은 믿음을 가졌다고 주장하는 것) 하나님이 더 이상 이적을 행하시지 않는다는 것을 안다는 식으로 하나님을 제한시켜서는 안 된다.[23] 지혜를 좇는 헬라인들의 탐욕과 유사한 것이 뉴에이지 운동의 다양한 분야에서[24] 그리고 보다 비공식적인 교육을 원하는 사람들에게 세미나와 연구에 몰두하는 것을 포함한 학위에 굶주린 사회에서 반영된 현대의 영지주의에서 직접적으로 파생하고 있다.

---

21. 예를 들어, 놀만 빈센트 필과 로버트 슐러와 같은 사람들이 자주 독소적이지만 대단히 성공적인 사역을 한 장점이 있다.
22. Os Guinness, *Dining with the Devil: The Megachurch Movement Flirts with Modernity*(Grand Rapids: Baker, 1993)의 다소 과도한 비판을 참조하라.
23. 균형 잡힌 관점에 대해서는 Lewis b. Smedes, ed., *Ministry and the Miraculous*(Pasadena: Fuller Theological Seminary, 1987)을 보라.
24. 특히 Douglas Groothuis, *Revealing the New Age Jesus*(Downers Grove, Ill.: InterVarsity Press, 1990)을 보라.

인기를 얻기 위한 동일한 기준—지혜, 권력, 돈—이 우리 문화에 상존해 있다. 이런 것들이 학교에서 동료들로부터 누가 인기를 얻을 것인지를 결정한다. 이런 것들이 가장 효과가 있는 광고의 유혹에 핵심을 형성하고 있다. 교회 안에 이런 것들이 침투하지 못하도록 제어해야 한다. 많은 서방의 기독교가 복음을 한정시키고 이 세상에 영적으로 '물질적으로' 가난하고 궁핍한 자들에 대한 성경의 중심적인 초점을 상실하는 "제한적인 포로"가 되어 있다. 건강한 교회는 지역적으로 세계적으로 균형 잡힌 조화 속에서 예산의 상당한 부분과 관심을 복음전도와 사회적 행위로 확장함으로써 이런 흐름과 싸울 것이다.[25] 그리고 고린도전서 1:30은 우리의 관심을 분리할 수 없는 또 다른 우선권에 관한 한 쌍—올바른 지식과 올바른 행위—으로 방향을 돌리게 한다. 오늘날 교회 안팎의 아주 많은 사람들이 내적인 영성과 외적인 도덕성 사이에 금을 긋는 고대 헬라 철학자와 아주 유사하게 닮아가고 있다.

고린도전서 2:1-5은 기독교인의 전파와 리더십의 형태에 관한 질문을 우리에게 제기한다. 믿음의 근본적인 문제들은 강력한 선포를 요하게 만들고, 주변적인 문제들은 보다 융통성을 갖게 만든다. 그런데 선포의 권위적인 스타일과 행정이 말씀의 권위를 대신할 수는 없다. 고도로 윤색된 용어가 본질적인 말씀의 명확성과 정확성을 압도할 수는 없다. 많은 큰 교회들에서 진정한 예배를 더욱 드릴 필요가 있고, 보여주는 퍼포먼스를 줄일 필요가 있다.

지난 150년 동안에 북아메리카에서 세 아주 위대한 복음전도자—무디, 빌리 선데이, 빌리 그래함—를 비교하는 것은 흥미롭다. 무디와 그래함은 고상한 수사학을 가지고 청중들에게 감동을 주려고 하지 않은 것으로 잘 알려져 있다. 자주 그들의 설교는 아주 단순하다. 이들에 비하면 선데이는 번득이는 스타일로 유명하지만 그도 여전히 매우 근본적인 복음의 메시지를 전달했다. 이 모든 세 전도자가 십자가와 개인의 회심의 필요성에 초점을 맞추었다. 결과적으로 그들은 수많은 "낙심한" 사람들에게 용기를 주었고 무수한 사람들이 그들의 설교를 통해서 주님께로 나아왔다.

한편으로 서방의 선교는 다른 나라의 토착적인 기독교인들 또는 이 나라의 저소득층이 사는 도시에 가난한 자들과 소수민족들을 다루는데 자주 실패한 제국적

---

25. 자세한 것은 Ronald J. Sider, *One-Sided Christianity*(San Francisco: HarperCollins; Grand Rapids: Zondervan, 1993)을 보라.

이고 승리주의적인 관점에서 벗어나고 있는 중이다. 바울은 자신의 부족함을 깊이 느끼고 있는 이 세상의 모든 곳에 있는 사람들에게 스스로를 의존하지 않고 하나님의 능력에 의존할 때 하나님이 그들을 능력 있는 방식으로 사용하신다는 커다란 용기를 주고 있다.[26]

26. 이 주제에 관한 보다 학문적인 연구에 대해서는 David A. Black, *Paul: Apostle of Weakness*(New York: Lang, 1984)을 보라. 서방의 크리스천들이 사역하는 방식에 대한 도전적인 실제적 적용은 Alice F. Evans, Robert A. Evans, and William B. Kennedy, *Pedagogies for the Non-Poor*(Maryknoll, N.Y.: Orbis, 1987)을 보라.

고린도전서 2:6-16

6 그러나 우리가 온전한 자들 중에서는 지혜를
말하노니 이는 이 세상의 지혜가 아니요 또 이
세상에서 없어질 통치자들의 지혜도 아니요
7 오직 은밀한 가운데 있는 하나님의 지혜를
말하는 것으로서 곧 감추어졌던 것인데 하나
님이 우리의 영광을 위하여 만세 전에 미리
정하신 것이라
8 이 지혜는 이 세대의 통치자들이 한 사람도
알지 못하였나니 만일 알았더라면 영광의 주
를 십자가에 못 박지 아니하였으리라
9 기록된 바 하나님이 자기를 사랑하는 자들을
위하여 예비하신 모든 것은 눈으로 보지 못
하고 귀로 듣지 못하고 사람의 마음으로 생
각하지도 못하였다 함과 같으니라
10 오직 하나님이 성령으로 이것을 우리에게 보
이셨으니 성령은 모든 것 곧 하나님의 깊은
것까지도 통달하시느니라
11 사람의 일을 사람의 속에 있는 영 외에 누가
알리요 이와 같이 하나님의 일도 하나님의
영 외에는 아무도 알지 못하느니라
12 우리가 세상의 영을 받지 아니하고 오직 하
나님으로부터 온 영을 받았으니 이는 우리로
하여금 하나님께서 우리에게 은혜로 주신 것
들을 알게 하려 하심이라
13 우리가 이것을 말하거니와 사람의 지혜가 가
르친 말로 아니하고 오직 성령께서 가르치신
것으로 하니 영적인 일은 영적인 것으로 분
별하느니라
14 육에 속한 사람은 하나님의 성령의 일들을
받지 아니하나니 이는 그것들이 그에게는 어
리석게 보임이요, 또 그는 그것들을 알 수도
없나니 그러한 일은 영적으로 분별되기 때문
이라
15 신령한 자는 모든 것을 판단하나 자기는 아
무에게도 판단을 받지 아니하느니라
16 누가 주의 마음을 알아서 주를 가르치겠느
냐 그러나 우리가 그리스도의 마음을 가졌느
니라

원 의미

지금까지 바울은 1:24에서 도입된 "지혜"에 대해서 거의 부정적으로 말하였다. 이 단락은 이런 인상을 바로잡고 은혜를 입은 지혜는 기독교의 진리와 양립할 수 있다는 것을 분명히 한다. 그는 두 서로 다른 사람의 쌍을 대조시킴으로써 이 요지를 전개한다: 그리스도인 대 비그리스도인(2:6-16)과 영적인 그리스도인 대 육적인 그리스도인(3:1-23). 모든 그리스도인이 그들 안에 성령이 사신다는 단순한 사실에 의해 이 지혜를 갖지만, 그들이 육체의 정욕—그들의 타락한 인간적 본성—을 따라 행동하기보다 성령께 자신을 복종시킬 때에 적절히 가능하다.

복음에 대해서 어리석을지라도(1:18-25), 고린도인들은 그들의 분열을 극복하기 위해서 알아야 하는 지혜가 있다. 이 지혜의 내용은 심오하게 십자가 중심적인 기독교다(1:23을 상기하라). 고린도전서 2:6-10a는 이 지혜의 주제를 소개하고 신자들의 수용과 불신자들의 거부를 다룬다(1:18-25의 대조와 유사함). 그 다음에 10b-16절은 성령을 가진 사람들과 성령을 갖지 못한 사람들을 대조시킴으로서 이 반응을 상술한다.

6a절의 "온전한 자들"은 "이 세상의 통치자"(6b절)와 반대되는데 바울의 "지혜의 말씀"(6a절)이 "이 세상의 지혜"(6b절)와 대조되는 것과 마찬가지다. 성숙(온전)하지 않는 자들은 불신자들이기 때문에 이 문맥에서 온전한 자들은 적어도 원리상으로 모든 크리스천들이어야 하고 일부 엘리트적인 그룹의 신자들을 가리키지 않는다. 하지만 아이러니한 것은 고린도인들이 이런 실제에 따라서 사는 것이 아니라 마치 그들이 여전히 구원받지 못하고 세상의 가치에 사로잡혀 사는 사람과 같다는 것이다.

"통치자"는 우리의 영광스러운 주님을 십자가에 못 박은 가야바와 빌라도에 비견되는 그 시대의 종교적이고 정치적인 권세자를 적어도 일컫는다(8절). 하지만 그들은 복음의 반대하는 악마적인 세력들을 일컫기도 한다(사탄이 "공중의 권세 잡은 자"라는 엡 2:2을 참조하라).[1] 그러므로 6절의 말미에 "없어질"은 이 세상과 그 세력들의 궁극적인 덧없음을 가리킨다(참조. NRSV: "멸망하게 될").

"은밀한 가운데 있는 하나님의 지혜"(7a절)는 직역하면 "신비 속에 있는 지혜"이다. 하지만 신약성경에서 '지혜'란 말은 한때에 숨겨져 있었으나 이제 드러나게 된 복음의 요소를 주로 가리킨다.[2] 십자가에 못 박힌 메시아에 대한 개념은 구약성경 시대에는 분명하게 이해되지 않았고 바울의 시대에서 예수를 배척하던 사람들에 의해서 여전히 이해되지 않았다(8절). 하지만 이것은 놀라운 일이 아니다. 이사야는 하나님이 자기 백성들을 위해서 주시는 구원을 둘러싸고 예상치 못한 일이

---

1. Wesley Carr, "The Rulers of this Age-1 Corinthians II. 6-8," *NTS* 23(1976-77): 20-35은 이 명사의 복수가 신약성경에서 그렇게 사용되지 않는다고 지적하면서 이것을 강력하게 논쟁한다. 하지만 그는 초기 영지주의(그것은 자주 '아르콘테스'를 유사 천사나 악마적 존재에 대해서 사용했다)의 영향과 자주 악마적인 세력을 포함하고 있는 "이 시대의 권세"나 "이 세상"을 둘러싼 다수의 신약성경의 개념을 경시한다.

2. 특히 Raymond E. Brown, *The Semitic Background of the Term "Mystery" in the New Testament*(Philadelphia: Fortress, 1968)을 보라. Chrys C. Caragounis, *The Ephesian "Mysterion"*(Lund: Gleerup, 1977)은 하나님의 방식에서 불가사의한 요소를 역시 이 용어가 언급한다는 강력한 사례를 제공한다.

일어날 것을 예언했다(9절에서 인용되고 의역된 사 64:4; 52:15). 그리고 하나님은 이 놀라운 사건들을 적극적으로 반응하는 사람들을 위해서 오랫동안 준비하셨다(7b절). 그리스도에게로 사람들을 데려오시는 성령은 이제 그들에게 언젠가 알려지지 않았던 것을 드러내신다(10a절).

성령을 소유한 자들과 성령을 소유하지 못한 자들 간의 대조(10b-16절)는 삼단논법으로 시작한다—사실이라면, 두 전제가 특별한 결론과 관련이 있는 세 부분으로 나뉜 논증(10b-12절). (1) 대전제는 다른 사람에게 그 마음이나 생각을 털어놓지 않는다면, 오직 그 사람의 영이나 마음만이 그의 생각을 알 수 있음을 지적한다(11a절). 이는 하나님이나 인간이나 마찬가지다(10b, 11b절). 그러므로 "찾다"(10b절)는 "생각을 알다"(11b절)와 동등하다. (2) 소전제는 크리스천들은 그들 안에 살아 계신 하나님의 영을 갖고 있음을 재진술한다(12a절). "세상의 영"(12a절)은 직접적으로 사단을 가리키는 것이라기보다는 타락한 인간 본성과 이념을 가리킨다. (3) 결론적으로 기독교인들은 성령이 은혜롭게 그들에게 주시는 것에서 하나님의 생각을 알 수 있다는 논리가 뒤따른다(12b절).

13-16절은 1:18-2:5의 기본적인 대조를 재진술한다. "인간의 지혜"(13a절)에서 "인간"은 '단순히' 인간적인 자들, 즉 중생하지 못한 자들을 가리킨다. 13b절은 해석하기가 아주 까다롭지만 NIV는 그것을 포착한 것으로 보인다. NIV의 각주는 다음과 같은 번역을 전달해준다: "영적인 진리를 영적인 사람들에게 해석하기."[3] 다행히도 전반적인 의미는 양 독법에서 고유한 채로 남는다(참조. 살전 4:9).

"육에 속한 사람"("성령이 없는 사람"—NIV, 14절)은 "영"이나 "생명"을 의미하는 명사 '사이키'에서 나온 형용사인 '사이키코스'를 해석한 말이다. KJV는 "본성적인 인간"이란 번역으로 유명하다. 다시 말해서 타락으로부터 전수받은 세상적인 존재의 구속받지 못한 평범한 상태에 있는 사람을 일컫는다. 그러한 사람은 기독교의 진리를 "수용하지 못한다." 이 어구는 14b절에서 묘사된 "분별"이 주로 인식적이라기보다는 의지적임을 보여준다.

반면에 "신령한 자"(15a절)는 성령을 '가진' 사람, 따라서 크리스천들을 일컫는

---

3. 헬라어는 '프뉴마티코이스 프뉴마티카 순크리논테스'라고 읽는다. 두 번째 형용사는 분명히 중성이고 첫 번째 어휘도 역시 중성이나(13a절에서 로고이스[말들]을 가리킨다]) 남성일 수 있었다. 세 번째 가능성은 '순크리노'를 "[다른] 영적인 것들과 영적인 것들을 비교할" 수 있었던 "비교하다"로 번역하는 것이다. Simon J. Kistemaker, *Exposition of the First Epistle to the Corinthians*(Grand Rapids: Baker, 1993), 90-91을 참조하라.

다(참조. 12:13). "판단하다"는 "분별하다"와 동일한 동사에서 출원함으로 그것을 해석하는데 도움이 된다. 신자들은 모든 면에서 하나님의 관점을 가져올 수 있는 능력을 갖고 있다.[4] 15b절은 전체 맥락에 비추어 해석해야 한다. 크리스천들은 하나님의 관점을 고려하지 않는 것, 즉 '단순히' 인간적인 평가에 종속되지 않는다. 하지만 바울은 4:3-5에서 동료 신자들에 의한 평가조차도 잠정적이라는 것을 말하는데, 궁극적으로 계수하시는 유일한 심판자는 하나님이시기 때문이다. 16절은 하나님의 불가해성에 관해서 이사야 40:13을 인용함으로써 이 단락을 아우르지만, 이 신비의 일부가 메시아 시대에 제거되었다는 7절과 10-12절의 사상을 반향하고 성령이 신자들 안에 사심으로써 신자들에게 그리스도의 생각을 가져오신다고 증거한다.

상황잇기

분열의 상처를 치유하기 위한 바울의 호소를 유념해야 하는 세 번째 방식이 여기에 나타난다(1:10-17). 첫 번째 두 방식과 더불어—크리스천은 올바른 것(1:1-9)과 십자가에 못 박히신 그리스도(1:18-2:5)에게 집중해야 한다—이제 바울은 그들이 진정으로 경건한 지혜에 초점을 맞추어야 한다고 주장한다(2:6-16). 이 항목에서 바울은 고린도인들이 영적인 엘리트주의를 정당시하기 위해서 사용했던 많은 전문적인 용어들("지혜", "성숙", "은밀한", "영적인")을 그대로 사용하면서 그 용어들이 모든 신자들에게 해당될 수 있는 것을 포함할 수 있도록 재정의하고 있다.[5] 그러므로 이 항목을 적용할 수 있는 열쇠 중의 하나는 바울이 이 용어들을 어떻게 재적용했고, 또 오늘날의 세계에 어떻게 그 용어들을 번역할 수 있느냐를 정확히 이해하는 것이다.

분명히 바울은 "모든 크리스천들이 실제적으로 그러하지는 않을지라도, 그들이 잠재적으로 완전하거나 그리스도 안에서 성숙하다"[6]는 것을 주장하기를 원한다.

---

4. Harold Mare, "1 Corinthians," in *The Expositor's Bible Commentary*, ed. Frank E. Gaebelein(Grand Rapids: Zondervan, 1976), 10:203은 두 번의 사용에서 '아나크리노'를 "지적인 영적 결정을 만드는" 것으로 유익하게 정의한다.

5. 이 용어들이 영지주의 이전의 경향에 의해 영향을 받은 헬라나 유대 범주에서 어떻게 사용되었는가에 대해서는 Birger A. Pearson, *The Pneumatikos-Psychikos Terminology in 1 Corinthians*(Missoula, Mont.: Scholars, 1973); Richard A. Horsley, "Pneumatikos vs. Psychikos: Distincitons of Spiritual Status Among the Corinthians," *HTR* 69(1976): 269-88을 보라.

6. Barrett, *First Corinthians*, 69.

그러므로 바울의 재정의는 흔한 오해, 즉 지식이나 은사와 관련한 신자들의 두 범주를 그가 설정하고 있음을 확증하는 본문에 관한 흔한 오해를 차단해야 한다. 3:1-4에서 그는 두 종류의 크리스천을 구분하는 용어를 도입할 것이지만, 그 구절들에서 대조는 "자연적"(natural)인 과 "영적인"(spiritual) 것 간의 대조가 아니라, "육적인"(carnal)과 "영적인"(spiritual) 것 간의 대조다. 다시 말해서 그는 2장에서보다 3장에서 더 좁게 '영적인' 이란 용어를 사용할 것이다. 여기서 우리는 저자가 아직 언급하지 않았으므로 상정할 수 없는 것에 비추어 단락을 해석하는 해석학적 실수를 저질러서는 안 된다. 2:6-16에서 영적인(또는 성숙한) 사람은 십자가에 못 박힌 그리스도를 구세주로 받아들이는 사람이다. 그는 그리스도를 거부한 자연적인(그러므로 미성숙한) 사람과 대비된다. 어느 시대에서든 크리스천의 행위는 그 신분과 일치해야 한다. "우리는 그리스도의 십자가에서 물러나서는 안 되고 오로지 십자가에 대한 더 심오한 이해로 들어가게 하는"[7] 진리를 배워야 한다.

이 세상의 통치자는 악마적인 세력을 포함한다면 6절은 로마서 13:1-7의 중요한 자질을 제공한다. 정부는 하나님에 의해 임명된 것이지만, 비그리스도인 통치자들은 악마의 명령을 행할 수도 있다. 그러므로 신자들은 인간 권세자들보다 하나님을 순종해야하는 딜레마에 직면할 수 있다(행 5:29; 참조. 단 1, 3, 6장). 하지만 경건치 못한 권세자들의 강력한 세력이 궁극적으로 영원히 정죄를 받고 하나님의 사람들을 해롭게 하는 모든 그들의 능력을 빼앗기게 될 것임을 크리스천은 확신할 수 있다.

7-8절의 은밀한 것은 분명히 모든 신자들에게는 "열려진 비밀"이다. 9절은 10절에 비추어 해석해야 한다. 언젠가 상상할 수 없었던 것이 이제 드러나게 되었다. 따라서 대체로 교회에 알려지지 않은 어떤 비교적인 지식을 촉진하기 위해서 이 구절을 사용하는 것은 전적으로 정당하지 않다. 또한 9절도 역시 종말 사건의 가공적인 재구성을 지원하기 위해서 그리스도의 재림에 정당하게 적용될 수도 없다. 교회에서 합의된 지혜로부터 분기하는 것으로 보이는 가장 최근의 '인간' 의 계획이나 제안을 지원하기 위한 것으로 합법적으로 귀속시킬 수도 없다. 실로 10a절은 인간적인 추측을 통해서 하나님께 이르려는 모든 시도에 대해서 경고한다.

10b-12절은 바울이 의도했던 것보다 인간 본성과 성령의 교리에 관해서 더욱더 가르치는 것으로 자주 제기되었다. 확실히 여기서 그렇게 이끌어낼 만한 타당한

---

7. Prior, *1 Corinthians*, 51.

추론들이 있다. 사람의 "영"(spirit, 보통 신약성경에서 사람의 "혼"[soul]과 동의어다)은 보이지 않고 몸의 죽음 이후에도 생존하는 인간 존재의 비물질적인 부분이다. 하지만 생명이 있는 동안에 그리고 부활한 육체와 함께 다시 연합하는 사람의 영은 인간 존재의 물질적인 양상과 필수적으로 관련되어 있다. 간단히 말해서 모든 인간에게 몸과 영/혼간에 궁극적인 분리가 있지만, 양 요소는 근본적으로 서로 관련이 있다. 헬라 철학은 자주 근본적인 관련을 소홀히 하지만, 현대의 심리학은 자주 몸과 영혼의 궁극적인 분리를 간과한다.[8]

성령이 생각을 드러내는 일에 있어서 인간의 영과 유사한 것은 성령이 신성의 필수적인 일부임을 역시 보여준다. 신성은 단순히 하나의 세력이 아니라 인격적인 특징을 지닌다. 하지만 이 모든 인격적이고 영적인 관찰들은 바울의 주요한 초점이 아니라 그가 가르치고 있는 것에서 단지 추론한 것일 뿐이다. 이 구절들에서 성경의 영감에 관한 교리를 언급하거나 추론하는 것은 바람직하지 못하다. 문맥으로 볼 때 바울의 요지는 오직 당사자만이 자신이 표현하지 않은 사랑을 알 수 있음으로 우리가 하나님과 교제하고 그의 생각을 알 수 있는 유일한 방법은 그의 내주하시는 성령을 통해서라는 것이다. 심지어 성령과 교통할 때조차도 우리는 하나님이 드러내기를 선택하신 것("하나님께서 우리에게 은혜로 주신 것들", 12b절)만을 알 수 있다.

13-16절의 대조는 교회 역사에서 상당히 남용되어왔다. 1:18-20에서처럼 이 대조는 '경건치 못한' 지식주의의 모든 형태를 배격하고 있을지라도 반지성주의를 합법화하는데 사용할 수는 없다. 표준적이고 상식적인 해석학의 원리를 떠나서 성경 속에서 하나님의 계시를 포함하는 그의 뜻을 해석하려고 시도하는 일에 이 대조를 정당화시킬 수는 없다.

그러나 이 구절들은 하나님의 존재와 그리스도 안에서 믿음을 통해서 가능한 구원의 전제에 적어도 열려 있는 성경에 대한 공감적인 독법과 기독교에 대한 평가가 깊은 차원에서 성경의 신앙을 이해하는데 필수적인 전제조건임을 상기시킨다.[9]

하지만 성령은 본래의 역사적이고 문헌적인 배경에서 해석된 단락의 명백한 의

---

8. 이런 인류학적인 이원론에 관해서는 특히 John W. Cooper, *Body, Soul, and Life Everlasting*(Grand Rapids: Eerdmans, 1989)을 보라.

9. 특히 Peter Stuhlmacher, "The Hermeneutical Significance of 1 Cor 2:6-16," in *Tradition and Interpretation in the New Testament*, ed. G. F. Hawthorne and O. Betz(Grand Rapids: Eerdmans, 1987), 328-47을 참조하라.

미와 대조되는 것을 가르치지 않는다. 그리고 이 의미는 시간을 내어 연구하고자 하는 마음을 가진 사람이라면 누구나 다—신자건 불신자건—접근할 수 있다.[10] 성경의 언어와 고대 역사와 문헌에 능숙한 많은 비그리스도인들이 성경의 특별한 단락을 아주 훌륭한 기독교 주석가들처럼 적절하게 의미를 해독하고 자주 능력이 덜한 기독교 해석자들보다 더 잘 해독할 수 있다. 하지만 비그리스도인들이 소유하지 못한 "명철"이 가장 완전한 종류의 이해(하나님의 말씀을 '행하고 순종하려' 는 의지)를 가져오게 하는 것으로 성경이 일관되게 증거한다(참조. 14a절).

15절도 역시 심각한 오해를 불러일으킨다. 이와 동일한 서신에서조차도 바울은 다른 곳에서 그들 가운에 악명 높게 불순종하는 자들을 판단하고(5:3-5), 주님으로부터의 말씀이라고 주장하는 사람들을 평가하며(14:29), 주의 성찬을 받을 만큼 적절하게 행동하고 있는 지를 스스로 살필 것(11:27-32)을 신자들에게 명한다. 그러므로 여기서 그는 자신들의 잘못된 행위로 인해서 신자들을 비판할 권리가 없는 비그리스도인들에 의해서(또는 세상적인 기준을 사용하는 크리스천들에 의해서) 부당하게 평가되지 않는 것을 주로 생각하고 있다. 그들은 판단하는데 사용하는 기준들을 수용하고 있지 않기 때문이다. 한편으로 크리스천들은 주요한 관심사가 가정을 올바르게 지켜야하는 것일지라도, 그들은 진리나 비그리스도인의 믿음과 행위에 대한 잘못을 합법적으로 평가할 수 있다(5:12-13).

현대적 의미

바울 서신 중에 이 항목은 "교회에 적용하는 일에 있어서 상당히 불행한 역사를 지속시켰다…영적인 엘리트주의의 모든 형태, '더 깊은 삶의 운동', 그리고 '두 번째 축복 교리' 는 이 본문에 호소했다. 그런 것들은 바울의 의도와는 거의 180도 다른 것들임에도 불구하고 말이다."[11] 이 슬픈 흐름은 전반적으로 기독교에서 널리 용인되지 않는 특정한 교리들을 강조하는 분파적인 범주들(예를 들어, 몰몬교[12])과 어떤 영적인 은사들을 특별히 경험한 것을 6-10a절의 은밀한 지혜

10. 탁월한 평신도가 소개한 성경적인 해석의 원리에 대해서는 Gordon D. Fee and Douglas Stuart, *How to Read the Bible for All It's Worth* (Grand Rapids: Zondervan, rev. 1993)을 보라. 더 자세한 개요에 대해서는 William W. Klein, Craig L. Blomberg, and Robert L. Hubbard, Jr., *Introduction to Biblical Interpretation* (Dallas: Word, 1993)을 참조하라.

11. Fee, *First Corinthians*, 120.

12. 예를 들어, 특히 Stephen E. Robinson, *Are mormons Christians?* (Salt Lake City: Bookcraft, 1991), 96-97을 참조하라.

와 연관시키는 은사주의적인 범주들에서 계속되고 있다.

하지만 엘리트주의적인 태도가 더 극성을 부렸다. 전문화 시대에서 우리는 행복하고 건강한 기독교의 열쇠를 집합적으로 또는 개인적으로 복음전도의 새로운 기술, 어떤 영적인 훈련들에 대한 실천, 교회 성장 전략, 자조(自助)적인 치유, 주일학교 교과과정, 음악의 형태나 예배 형태 등등에서 발견할 수 있다고 주장하는 것을 많이 듣게 된다. 소위 "열쇠들"이 신자들의 믿음과 실천의 중요성을 넘어서서 강조되고 그리스도의 십자가를 겸손하고 핵심적으로 붙잡지 않을 때, 그것들은 엘리트주의가 되고 잠재적으로 교회를 분열시킬 수 있으므로 거부되어야 한다.

또한 교회는 정치적인 영역에서 단일한 문제에 목숨을 거는 것처럼 단일한 주제에 더욱 집중한다. 어떤 이는 모든 교회의 병에 대한 치유책으로서 변증들이 가르쳐져야 한다는 주장을 끊임없이 펼친다. 다른 이는 외국 선교가 모든 다른 헌신보다도 앞서야 한다고 반복해서 주장한다. 셋째로 어떤 이는 유명한 기독교 인사의 글들에 사로잡혀 그들이 전혀 실수가 없는 것처럼 고무시킨다. 넷째로 사회적인 활동만을 되뇌인다.

이런 목록을 무한하게 확장할 수 있지만 그것은 분쟁과 궁극적으로 이단들이 어떻게 시작되는지를 예증해준다—인간에 대해서 하나님이 계획하신 일정의 한 양상을 너무 강조하여 다른 중요한 균형 잡힌 양상들을 간과한다. 아주 많은 크리스천들이 오늘날 그러한 불균형을 관용하고 있는 것은 지역교회에 효과적이고 포괄적인 가르침의 사역이 부족한데 원인이 있다. 아울러 신자들이 스스로는 더 이상 배울 수 없다고 확신하고서 그들을 가르치는 전문가와 세미나들을 필요로 한다는 감정을 갖는데 원인이 있다.[13]

10b-16절은 동등하게 위험한 수렁인 초지성주의와 반지성주의 사이에 좁은 길을 걷도록 요청하고 있다. 일반적으로 복음주의 교회는 후자에 더 자주 빠지는 경향이 있고, 자유주의 교회는 더 자주 전자에 빠지는 경향이 있다. 하지만 핵심적인 예외 현상들이 양 진영의 전통에서 발생한다. 학문적인 범주에서 성경에 관한 수준 높은 연구는 더 보수적인 영역에서조차도 자주 믿음을 대신했다. 또는 적어도 우리는 상호 관계를 고려하지 않고 종교적인 진리를 구획으로 나누고, "그리스도가 모든 삶의 영역에서 일관된 원리임을 강조하는 것"을 잊어버린다.[14]

---

13. 기독교의 진리를 잘못된 것과 구분하려는 건설적인 조언이 있는 간단한 서론적인 매뉴얼은 Robert M. Bowman, Jr., *Orthodoxy and Heresy*(Grand Rapids: Baker, 1992)이다.

14. Michael Green, *To Corinth with Love*(London: Hodder & Stoughton, 1982), 90.

한편으로 일반 대중적인 차원에서 자유주의 교회에 속한 많은 평신도들이 의미 있는 해석학적인 이해 없이 성경을 읽는다. 전반적으로 반지성주의는 더 범람하고 있는 위험한 일일 것이다. "너무 자주 우리 모두에게 영향을 주는 논의에서 교회가 불안정한 제도의 역할을 하고 모든 참된 지혜의 하나님을 매주 예배하기 위해서 모이는 사람들의 역할을 하지 않는다."[15]

성령('사이키코스')이 없는 사람들에 관한 윌리엄 바클레이의 정의는 시간을 초월하여 적용된다. 이런 종류의 사람들은 "마치 육체적인 몸을 넘어서서는 아무것도 존재하지 않고 물질적인 필요 이외에는 다른 필요가 없는 것처럼 산다." 그러한 사람은 "성적 충동을 만족시키는 것보다 더 중요한 것은 없다고 생각하므로, 정숙의 의미를 이해하지 못한다." "물질적인 것들을 축적하는 것을 삶의 최상의 목표로 두고 있는 사람은 관대함이라는 것을 이해하지 못하고, 이 세상을 넘어서는 생각이 없는 사람들은 하나님의 것을 이해할 수가 없다."[16] 확실히 성적인 부도덕성, 물질주의, 그리고 무신론은 바클레이가 20세기 중반에 처음 이 말을 했었을 때보다 오늘날 서방 세계에서 더욱더 범람하고 있다.

14-16절은 두 극단 사이에서 중간적인 경로로 운행할 것을 우리에게 요청한다. 첫째는 우리가 올바른 방법과 논증을 사용한다면 사람들이 믿음에 반응해야할 것이라고 믿는 복음전도와 선교의 형태다. 둘째는 교회의 역사를 통해서 공통된 진리였던 것을 별개로 하고 천국으로 "핫라인"(긴급직통전화)을 가져야 한다고 주장하는 순진한 개인주의다.

이 단락에서 1인칭 복수를 계속 사용한 것은 의도적이다. 바울은 오늘날 모든 크리스천들이 공유하고 있는 것을 아주 미성숙한 고린도인들과 나눈다. 하나님과 교신하고 그의 뜻을 이해하며 성경의 근본적인 진리를 분별할 수 있는 능력.[17] 성경의 정확하고 쉽게 이해가 되는 많은 번역들과 간단한 언급에서부터 무거운 주석에 이르는 도움 되는 연구서들로 가득한 시대에 살고 있는 세대들이 교회 역사에서 가장 성경적으로 문외한인 사회 중 하나가 되었다는 것은 매우 아이러니하다. 우리가 일련의 특출한 지도자들에게 의존할 때, 우리는 거짓 가르침을 거부할 수 없게 되고, 우리가 좋아하는 권세자들의 부도덕한 행위를 규제할 수 없게 된다.

---

15. Kenneth L. Chafin, *1, 2 Corinthians*(Waco: Word, 1985), 47.
16. William Barclay, *The Letters to the Corinthians*(Philadelphia: Westminster, 1956, rev. 1975), 28.
17. Wendell Willis, "The 'Mind of Christ' in 1 Corinthians 2, 16," *Bib* 70(1989): 110-22은 16절이 적절한 '커뮤니티'(공동체) 생활에 대한 암묵적인 호소임을 올바르게 강조한다.

크리스천들이 상호의존적인 공동체를 형성한다면, 우리는 바울이 천거했던 것과 매우 유사한 지혜의 상당 부분을 이 세상의 2/3 속에서 발견할 수 있다는 것을 인정해야 한다. 여기서 가난하고 소외된 크리스천들의 누추한 환경은 십자가에 못 박히신 그리스도를 중심하는 것밖에는 그들이 선택할 여지가 없게 만든다. 부유한 신자들은 가난한 형제들과 자매들에게 듣고 성경적인 지혜에 관한 그들의 관점으로부터 배울 수 있을 것이다. 성경의 지혜는 전반적인 기준에 의해서 부유하고 힘 있는 자의 범주에 들어가는 사람들에게는 자주 모호하다(1:27을 상기하라).

스펜서의 말은 그러한 대화로부터 부상하는데, 조심스럽게 상고할 만한 가치가 있다. "영적인 사람은 십자가에 못 박히신 그리스도를 따라 살아가는 사람들이다. 이는 과도하게 부유한 삶에서 떠나 하나님의 통치를 촉진하기 위해서 필요하다면 멸시 받고 소외될 수 있다는 생각을 갖는 것"을 포함한다. 그러므로 "남부와 북부 아메리카와 여타 지역에 살고 있는 이 세상의 억압 받는 크리스천들은 세상에 의해서 성공적으로 간주되는 크리스천들보다 더 '영적' 일 수 있다. 그들은 이미 바울의 모범을 본받는 일에 더 가까이 와 있기 때문이다." 아울러 "참된 억압은 이 세상의 또 다른 속임수인 오만의 함정으로 이끌지 않는다. 하나님의 영을 듣기 위해서 우리는 예언적인 삶을 살아야 하고 십자가에 죽으신 주님을 따를 준비가 항상 되어 있어야 하며, 그러한 삶을 사는 다른 이들에게 항상 들을 수 있어야 한다."[18]

18. Aída B. Spencer and William D. Spencer, "The Truly Spiritual in Paul: Biblical Background Paper on 1 Corinthians 2:6-16," in *Conflict and Context: Hermeneutics in the Americas*, ed. Mark L. Branson and C. René Padilla(Grand Rapids: Eerdmans, 1986), 247-48.

고린도전서 3:1-23

1 형제들아 내가 신령한 자들을 대함과 같이
너희에게 말할 수 없어서 육신에 속한 자 곧
그리스도 안에서 어린 아이들을 대함과 같이
하노라
2 내가 너희를 젖으로 먹이고 밥으로 아니하였
노니 이는 너희가 감당하지 못하였음이거니
와 지금도 못하리라
3 너희는 아직도 육신에 속한 자로다 너희 가
운데 시기와 분쟁이 있으니 어찌 육신에 속
하여 사람을 따라 행함이 아니리요
4 어떤 이는 말하되 나는 바울에게라 하고 다
른 이는 나는 아볼로에게라 하니 너희가 육
의 사람이 아니리요
5 그런즉 아볼로는 무엇이며 바울은 무엇이냐
그들은 주께서 각각 주신 대로 너희로 하여
금 믿게 한 사역자들이니라
6 나는 심었고 아볼로는 물을 주었으되 오직
하나님께서 자라나게 하셨나니
7 그런즉 심는 이나 물 주는 이는 아무 것도 아
니로되 오직 자라게 하시는 이는 하나님뿐이
니라
8 심는 이와 물 주는 이는 한가지이나 각각 자
기가 일한 대로 자기의 상을 받으리라
9 우리는 하나님의 동역자들이요 너희는 하나
님의 밭이요 하나님의 집이니라
10 내게 주신 하나님의 은혜를 따라 내가 지혜
로운 건축자와 같이 터를 닦아 두매 다른 이
가 그 위에 세우나 그러나 각각 어떻게 그 위
에 세울까를 조심할지니라
11 이 닦아 둔 것 외에 능히 다른 터를 닦아 둘
자가 없으니 이 터는 곧 예수 그리스도라
12 만일 누구든지 금이나 은이나 보석이나 나무
나 풀이나 짚으로 이 터 위에 세우면
13 각 사람의 공적이 나타날 터인데 그날이 공
적을 밝히리니 이는 불로 나타내고 그 불이
각 사람의 공적이 어떠한 것을 시험할 것임
이라
14 만일 누구든지 그 위에 세운 공적이 그대로
있으면 상을 받고
15 누구든지 그 공적이 불타면 해를 받으리니
그러나 자신은 구원을 받되 불 가운데서 받
은 것 같으리라
16 너희는 너희가 하나님의 성전인 것과 하나님
의 성령이 너희 안에 계시는 것을 알지 못하
느냐
17 누구든지 하나님의 성전을 더럽히면 하나님
이 그 사람을 멸하시리라 하나님의 성전은
거룩하니 너희도 그러하니라
18 아무도 자신을 속이지 말라 너희 중에 누구
든지 이 세상에서 지혜 있는 줄로 생각하거
든 어리석은 자가 되라 그리하여야 지혜로운
자가 되리라
19 이 세상 지혜는 하나님께 어리석은 것이니
기록된 바 하나님은 지혜 있는 자들로 하여
금 자기 꾀에 빠지게 하시는 이라 하였고
20 또 주께서 지혜 있는 자들의 생각을 헛것으
로 아신다 하셨느니라
21 그런즉 누구든지 사람을 자랑하지 말라 만물
이 다 너희 것임이라
22 바울이나 아볼로나 게바나 세계나 생명이나
사망이나 지금 것이나 장래 것이나 다 너희
의 것이요
23 너희는 그리스도의 것이요 그리스도는 하나
님의 것이니라

원 의미

이 단락에서 바울은 2:6-16에서 소개한 고린도인들의 믿음의 성장에 관한 열쇠가 경건한 지혜에 있다는 주제를 계속한다. 하지만 이제 그는 그리스도인(성령을 가진 사람들)과 비그리스도인(성령이 없는 사람들)을 대조하는 것에서 두 종류의 크리스천들—성령의 지배를 받는 사람과 그렇지 못한 사람들—을 비교하는 것으로 전환한다.

후자는 분파적인 것으로 3:1-4에서 묘사된다. 그들의 다툼은 십자가 중심적인 복음을 욕되게 할 뿐 아니라 하나님의 속성과 특성에 견준 모든 신자들의 근본적인 동등성을 인식하지 못한 것이다. 바울은 들판의 농부(3:5-9a)와 성전과 같이 거룩하고 가치 있는 건물을 짓는 일꾼(3:9b-17)에 관한 비유로 이 동등성을 설명하고 있다. 고린도전서 3:18-23은 1-4절과 인클루시오(포괄문, 어떤 본문에서 항목의 시작과 끝을 특징짓는 반복)를 형성하는데, 4절과 22절이 뛰어난 리더들과 고린도인들이 자신을 제휴시키는 것을 가리키고 있기 때문이다. 따라서 18-23절은 그러한 경쟁이 불필요하고 부적절하게 만들면서 모든 영적인 복에 대해서 신자들이 접근할 수 있음을 강조함으로써 3장을 아우른다.

따라서 3:1-4에 "신령한"(spiritual)과 "육신에"(worldly)의 대조는 2:6-16의 대조와는 다르다. 1절에서 "육신에"는 3절에서와는 약간 다른 헬라어를 사용하고 있지만 둘 다 비하적이다.[1] KJV는 둘 다 "육적인"(carnal)으로 번역하고 있는데, 즉 "육적으로" 또는 시기와 분쟁이 나타나고 있는 이 문맥에서 인간의 죄스러운 본성에 의해 지배되는 것으로 번역한다. 고로 "영적인"은 단순히 성령을 의미한다기보다는 성령에 '사로잡힌' 것을 의미한다. 바울이 고린도에서 일 년 반 동안 체류하고 나서 그는 이 어린 크리스천들이 행동에서 더욱 변화가 있기를 바랐다. 그런데 그가 고린도에서 있은 지 만 삼년이 지난 지금 그들의 언쟁은 변명의 여지가 없다. 그들의 미성숙은 아기들만이 먹는 음식을 먹음으로써 유아처럼 행동하는 어른과 유사하다(2절). 또한 이 비유를 바꾸어서 말한다면, 그들은 성령이 거주하고 있는 사람들이라기보다는 중생하지 못한 사람들과 같이 행동하고 있다("단순한 사람", "사람을 따라 행함"—개역개정, 3b절). 4절은 긴급한 구체적인 문제를 상기시키고 1:12의 두 표제를 반복한다.

1. 1절에서 이 용어는 '사르키노스'이고("육체에 속한"이나 "육체의 성격을 가진"), 3절에서는 '사르키코스'("육체로 구성된"이나 "육체적인 활동으로 가득한")이다—Mare, "1 Corinthians," 206.

5-9a절은 고린도인들의 분열이 갖는 또 다른 문제를 명확히 한다. 그들은 십자가에 못 박히신 그리스도에게 초점을 맞추는 것과는 정반대로 행동하고 있을 뿐 아니라(1:18-2:5의 요지), 교회의 성장을 야기하시는 하나님의 역할과 비교해서 모든 크리스천 지도자들이 상대적으로 사소한 역할을 맡은 단순한 "종"(5절)이라는 사실을 간과하고 있다.

5b절은 분파주의가 고린도인들의 서로 다른 그룹을 주님에게로 몸소 이끄는 사람들에 대한 충성과 각기 관련이 있다는 1:13-17에서부터 우리가 의심했던 것을 확증해준다.

6-7절은 교회를 밭으로 교회의 지도자들을 그 밭에서 일하는 일꾼으로 비교한다. 특히 1세기에 농부들은 한 해의 성공적인 수확을 거두는 일에 자신들이 기여하는 것은 하나님이나 신들의 손에 직접적으로 달려 있는 것으로 보이는 자연의 변덕과 비교할 때 사소한 것임을 잘 인식하고 있었다. 따라서 7a절은 절대적인 진술이 아니라 상대적인 진술이다. 하나님의 역할에 비교할 때 인간의 역할은 영향력이 작다. 그리고 다양한 기능이 있을지라도(5b, 6a, 8b절), 모든 경건한 지도자들은 교회의 성장이라는 공통된 목적(직역하면 "한 가지" —8a절)을 갖고 있다.

그러므로 9a절은 바울과 아볼로가 하나님과 동등하다는 것을 가르치고 있는 것이 아니라 하나님에 대한 봉사에서 그들이 동료 사역자들이며 따라서 서로 동등하다는 것으로 해석해야 한다.[2] 실로 9절의 헬라어에서 모두 세군데서 '데오스'란 용어가 강조적으로 위치함은 "동역자", "밭", 그리고 "집"이 소속하고 있는 분으로서 하나님을 바울이 강조하고 있음을 분명히 해준다.

9절의 끝 부분은 새 단락의 시작으로서 10-15절에 속한다. NIV는 "하나님의 집"이란 말에 앞서 있는 헬라어로 "당신은…이다"(you are)라는 말을 생략한다. 바울이 교회와 그 지도자들을 6-9a절에서 농업적인 비유를 가지고 묘사했던 것처럼 그는 이제 건축의 개념으로 전환해서 그것을 묘사한다(9b-17절). 여기서 다시금 하나님의 주권적인 인도하심이 전면에 나오게 된다(10절). 바울은 자신을 "건축 전문가", 직역하면 "지혜로운 기술자"나 "책임 기술자"로 비견한다. "건축가"란 용어는 영어의 "건축자"에서 유래한 말이지만 헬라어에서 그것은 청사진을 그리는 사람

2.. W. H. Ollrog, "συνεργός, συνεργέω," in *Exegetical Dictionary of the New Testament*, ed. Horst Balz and Gerhard Schneider(Grand Rapids: Eerdmans, 1993), 3:304는 '수네르고스'를 여기서 "문맥이 분명히 보여주는 것처럼 하나님의 동료 '사역자'가 아니라 선포하는 선교 '사역'에서 하나님의 대변자인 바울처럼 행하는 사람"으로 정의한다.

이라기보다는 현장의 감독자를 일컫는다.[3] 물론 참된 기독교적 건축물의 기초는 예수 그리스도의 십자가 중심적인 복음이다(11절).

그러나 이런 건축물의 기초를 놓은 아주 다른 두 가지 방식이 있다. 금이나 은이나 값나가는 돌들은 쉽게 불타지 않는 고귀한 것들을 반영한다. 나무나 풀이나 짚은 덜 가치 있고 불에 재빨리 타버린다(12절). 고대 세계에서 사람들은 전자의 자료를 가지고 성전을 만들었고 통상적인 집은 후자의 자료를 가지고 만들었다. 13절은 "그날"(즉, 주의 날 또는 심판날)을 그러한 불과 비견한다. "나타나다"(13b절)는 아마도 "공적"(work)이 아니라 "그날"을 가리킬 것이다. 그리스도가 다시 오실 때 모든 신자들은 그 앞에 나타나서 "각기 육체로 있을 때 나쁘든 좋든 간에 행한 일에 따라서 합당한 것을 받게 될 것이다"(고후 5:10).[4]

"그가 세운 것"(14a절)은 "그가 세운 공적"을 말한다. 바울은 여기서 행위에 의한 구원을 가르치고 있는 것이 아니라 크리스천들이 구원에 따라서 삶을 살았던 방식에 대한 그리스도의 평가를 언급하고 있다(8b절의 주제를 더 자세히 상술함). 이 공적들은 믿음에서 나오는 것이고 하나님을 기쁘시게 하고 하나님 나라를 우선해서 선택하며 이 세상에서 하나님의 목적을 발전시키는 모든 것을 포함한다.[5]

신자들의 보상에 관한 본질은 여기서 구체적으로 명기되지는 않지만(14b절), 4:5에서는 그것을 "하나님의 칭찬"으로 묘사한다. 예를 들어, 사람들은 자연스럽게 달란트 비유에서 충실한 종에 대한 주인의 칭찬의 말을 생각한다: "잘 하였도다, 착하고 충성된 종아"(마 25:21, 23). 또는 주님 안에서 죽은 사람들의 선한 행실에 뒤따르는 요한계시록 14:13의 심상을 생각한다.[6] 그러한 사람들은 영원이 지속되는 관계를 형성하는데 상당한 시간을 소비한 것을 인정하는 보상을 받는다.

NIV에서 15절을 시작하는 "it"은 사람의 "공적"으로 헬라어에서 제기된다. 따라서 이 공적은 "해를 받다"의 표현되지 않은 목적어에 대한 가장 근접하고 자연스

---

3. 이 의미와 이 단락과 관련한 용어의 의미에 대해서는 Jay Shanor, "Paul as Master Builder: Construction Terms in First Corinthians," *NTS* 34(1988): 461-67을 보라.

4. Harm W. Hollander("The Testing by Fire of the Builders' Works: 1 Corinthians 3.10-15," *NTS* 40[1994]: 89-104)은 바울이 그의 이미지를 *Testament of Abraham* 13에서 가져왔지만 의로운 자와 악한 자의 심판에 대한 용어를 신자들의 두 종류로 재적용시켰다고 믿는다.

5. 주석가들은 자주 이 행위를 교리나 교육, 특별히 교회를 위한 사역, 또는 기독교인의 성품에 관한 양상들로 제한하려고 한다. 그러므로 더욱 유익한 것은 Leon Morris, *The First Epistle of Paul to the Corinthians*(Grand Rapids: Eerdmans, 1985), 65이다: "아마도 [이 해석 중에] 어느 것도 완전히 잘못된 것은 아니지만 이 언급을 꽤 일반적으로 보는 것이 가장 좋다."

6. 참조. Gaston Deluz, *A Companion to 1 Corinthians*(London: Darton, Longman & Todd, 1963), 40.

러운 선행사가 된다. 프라이어가 말한 것처럼, "확실히 모든 크리스천의 공적은 질적으로 혼합되어 있다. 확실히 우리는 우리의 공적이 많이 불타버리는 것을 보게 되는 놀라운 슬픔을 겪을 것이다."[7] 하지만 바울은 그리스도의 심판석 앞에 우리가 설 때(주님 앞에서 수치를 피하는 것은 오늘 현재를 살아가고 있는 충실한 자들의 동기 중에 하나라고 말하는 요일 2:28을 참조하라) 그리고 우리가 얼마나 많이 삶을 영원한 가치가 없는 활동에 소비했는지를 깨달을 때, 축소된 칭찬과 늘어난 수치(羞恥)라고 할 수 있는 보상의 손실을 염두에 두었을 것이다.[8] 그러한 신자들은 구원을 받으나 간신히 또는 바울의 비유를 사용하면 불타는 집에서 도망쳐 나온 것과 같다(15b절).

성전 이미지가 값비싼 돌과 금속으로 지어진 건물의 비유에 함축되어 있다면(9b-15절), 바울은 16-17절에서 그것을 명확하게 한다. 교회는 단순한 어떤 건물이 아니라, 가장 거룩하고 가치 있는 구성물에 속한다. 물론 바울은 문자적인 거주 장소를 의미하지 않고 고린도 교인들의 몸을 의미한다. 이 두 구절들에 나오는 모든 "너희는"은 복수이고 집합적으로 이 크리스천들은 한 성전을 형성한다. 16절에서 "너희 안에"는 "너의 중에"로 더 잘 번역될 수 있을 것이다. 유대와 이방인 성전들이 하나님(또는 신들)이 거하는 곳으로 믿어졌던 것처럼, 크리스천의 교제는 성령이 특별히 임재하시는 곳이다. 17a절이 아주 위압적으로 말하고 있는 것은 바로 그 때문이다. 여기서 바울은 교회를 파괴하려[9] 하는 어느 누구에 대해서도 경고한다. 이들은 이전 단락에서 빈약한 건축 자료를 사용하였던 사람들과는 분명히 다른 사람들이다(잠재적으로는 고린도의 파당을 이끈 지역의 리더들이나 후원자들이다). 여기서 이 사람들은 그 구성물을 손상시키려 하고 있다. 하나님은 그들을 가만 두지 않으실 것이다. 하나님은 그들을 멸하실 것이다(즉, 정죄할 것이다).

18-23절은 분열을 없애야 한다는 그의 호소를 반복함으로써 이 장을 마감한다. 사실상 세상의 기준으로는 어리석어야 하고 바울이 설명하는 경건한 지혜를 품어야 할 때, 분쟁하는 고린도인들은 자기증진의 사회적 표준을 따라 자신들이 지혜

7. Prior, *1 Corinthians*, 60. 참조. TEV: "어느 사람의 행위가 불타게 된다면, 그때에 그는 그 행위를 상실하게 될 것이다."

8. 특히 William F. Orr and James A. Walther, *1 Corinthians* (Garden City: Doubleday, 1976), 173을 참조하라.

9. 현재시제는 Barrett, *First Corinthians*, 91이 제기한 것처럼 역시 능동(시도된 행위를 언급하는)일 것이다. '퓌데이로'는 첫 번째 사용에서 '더럽히다'로 번역할 수 있었지만 두 번째 사용에서는 그 용어를 "멸하다"로 번역해야 한다.

있다고 생각함으로써 스스로 속고 있다(18-19a절).

이런 올바른 행위를 취하지 못하는 사람들의 무익한 결과가 19b-20절에서 인용된 욥기 5:13과 시편 94:11의 두 성경에 의해서 다시 강조된다. 이 두 구약성경의 문맥에서 죄스럽고 불경건한 행위를 생각할 때 바울은 모든 지혜로운 사람들을 정죄하고 있는 것이 아니라 단지 하나님 없이 지혜로울 수 있다고 생각하는 사람들을 정죄하고 있는 것이다.[10]

21-23절은 그러한 태도가 무익한 마지막 이유를 조명한다. 고린도인들은 예수 안에서 그들이 정당하게 필요로 하거나 원할 수 있는 모든 것을 갖고 있다. 참으로 바울은 그들이 주장하는 것을 전도시킨다. 그들은 인간 지도자들에게 속하지 않는다. 종으로서 그들의 지도자들(5절)이 그들에게 속한다. 그들이 하나님 아버지의 주권을 공유하고 있는 그리스도 안에 있는 것처럼 현재와 미래에 창조된 다른 모든 것들이 이 그들의 것이다(참조. 롬 8:38-39).

상황잇기

3장의 우선하는 주제는 분열을 극복하는 네 번째 방법을 제기한다: 무한하게 거룩하고 완전한 하나님의 기준과 비교할 때 모든 크리스천들의 근본적인 동등성과 부족한 위치를 인식하는 것(첫 세 방식에 대해서는 이전의 p. 80을 보라). 확실히 3:1-4은 "신령한" 사람이란 주제를 계속하고 있기 때문에 2:16-26과 때로 궤를 같이 한다. 유사하게 4:1-5도 심판에 대한 언급 때문에 3:5-23과 때로 연계할 수 있다. 하지만 이런 주제적인 중복에도 불구하고, 크리스천의 삶을 사는 올바른 방법과 잘못된 방법 간의 대조로 가득 차 있는 3:4과 22의 포괄문(인클루시오)은 3장을 독립적인 단위로 구분 짓게 만든다.[11]

우리가 오늘날 3:1-4을 적용하기 위해서 해결해야 하는 주요한 문제는 현대의 기독교에서 누가 고린도의 "육적인"(carnal) 크리스천에 상응하느냐에 관한 문제다. 이 육적인 크리스천의 정체성을 이해하는데 있어서 피해야할 두 상존하는 위험성이 사실상 있다. 첫째는 바울과 전적으로 모순되게 이 범주를 아주 무시해버리는 것이다. 육적인 크리스천과 같은 것은 없다고 주장하는 사람들이 있다.[12] 그

10. 시편 기자는 사실상 "[죄인된] 인간의 생각"을 말한다. 바울은 가장 이 교훈을 배울 필요가 있었던 고린도에서의 하위집단을 가리키는 것으로 "지혜 있는"을 대치시킴으로써 이런 관찰을 보다 명확하게 한다.

11. 특히 Brendan Byrne, "Ministry and Maturity in 1 Corinthians 3," *ABR* 35(1987): 83-87을 참조하라.

12. John F. MacArthur, Jr.은 이런 개념과 자주 연관되었다. *The Gospel According to Jesus*(Grand Rapids:

렇게 하는 것은 '육적인' 이란 용어가 여기 성경에서 직접적으로 나오고 있기 때문에 불행한 방법을 취하는 것이다.

두 번째 위험성은 바울이 제기하는 것보다 훨씬 넓은 방식으로 '육적' 이란 용어를 정의하는 것이다. 따라서 아무리 피상적일지라도 믿음의 고백을 하는 사람들은 뒤이어지는 삶의 방식과는 상관없이 진정한(하지만 육적인) 크리스천으로 간주할 수 있다는 것이다.[13] 우리는 바울이 여기서 그러한 사람들에 대해서 말하고 있지 않다는 것을 기억해야 한다. 이 고린도인들은 성령을 받았고, 그 은사를 경험했으며 지혜와 지식에서 자랐지만(1:7; 12:13), 그들이 배운 것과 경험한 것을 지금 건설적인 방식보다는 파괴적인 방식으로 사용하고 있다. 게다가 바울 당대의 세계에서 영성은 개인적인 경건보다는 그룹의 행동과 더욱 관련이 있었다.[14] 신약성경은 신자의 교제와 연관되지 않은 크리스천을 알지 못한다. 이것은 사람들이 교회에 가지 않는다면 구원 받을 수 없다는 것을 의미하지 않지만, 바울이 육적인 크리스천을 말했을 때 그가 이처럼 통상적으로 교회에 가지 않는 사람들을 염두에 두었을 가능성을 배제할 수 없다.

부차적인 문제는 바울이 육신(또는 세속 또는 미성숙한 행위)을 새로이 크리스천이 된 사람들이 아니라 성숙할 수 있는 시간을 가졌던 사람들을 용인하는 것으로 생각할 수 있느냐 하는 것이다. 이런 접근이 널리 언급될지라도, 그것은 타당하지 않을 것이다.[15] 이는 히브리서 5:12이나 보다 긍정적인 함축을 취하고 있는 베드로전서 2:2에 비추어 2절에서 젖과 단단한 음식 간의 바울의 대조를 독법한 것에서 자주 기인한다. 하지만 이 서신들은 바울이 고린도전서를 썼을 땐 아직 작성되지 않았다. 그리고 1절에 "신령한"이 사랑, 기쁨, 평강, 인내 등등의 열매를 보여주면서 성령에 의해서 지배를 받는 것을 의미한다면(갈 5:22-23), 그러한 영성은

Zondervan, 1988), 97, n. 2에서 그가 말하는 것은 고전 3:3이 "기독교의 특별한 부류를 설정하기 위해서 의미한 것"이 아니라는 것이다. 그가 이렇게 해석한 이유를 아는 것은 어렵지 않지만 그의 각주에 있는 나머지 설명은 "이들이 격렬한 불순종 속에서 살고 있는 사람들은 아니었음을 단순히 설명한다." 그러나 그는 "바울이 육신과 불순종이 그들의 삶에 규율이었음을 주장하지 않는다"고 부연한다. 사실상 그는 그 분류를 부인하지 않는다.

13. Charles C. Ryrie, *So Great Salvation* (Wheaton: Victor, 1989), 59-66은 일부 사람들처럼 극단적이지 않지만 이 고린도인들이 크리스천이 된 지 이미 4-5년이 지난 것에 기초해서 육신의 연장된 기간에 관한 가능성을 여전히 변호한다. 하지만 그것은 본문에 나와 있지 않은 가정에 기초하고 있는 것이다—이 신자들이 이 모든 시간 동안 계속해서 육적인 상태에 머물러 있었다.

14. 이 주제를 결정적으로 다루고 있는 책은 Bruce J. Malina, *The New Testament World: Insights from Cultural Anthropology* (Atlanta: John Knox, 1981)이다.

15. 특히 Fee, *First Corinthians*, 124-27을 보라.

모든 신자들이 회심의 순간에서부터 모든 뒤이어지는 삶의 단계에서 가능하다. 또한 사람들이 성령의 인도를 저항할 때마다 역시 육신에 있게 된다.[16]

많은 크리스천들이 육을 전적으로 부인하는 견해에 대해서는 문맥을 벗어나서 이 개념을 해석했다고 올바르게 강조한다. 육적이거나 세속적인 기독교는 갈라디아서 5:19-21이 "죄스러운 본성의 행위"—성적인 부도덕성, 불순함, 타락, 우상숭배, 주술, 미움, 분열, 질투, 분노, 이기적인 야망, 분열, 파당 등등—라 불린 것을 행함으로써 그의 죄악된 본성에 의해 지배되는 것에 지나지 않는다(롬 1:29-31과 고전 6:9-10의 악에 대한 목록을 참조하라).

크리스천이 여전히 죄스러운 본성을 갖고 있음을 부정하는 사람들은 로마서 6-8장의 두 강조와 상충된다. 거기서 크리스천들은 죄에 대한 실제적인 승리를 약속받았으나 사람들의 충성을 얻기 위해서 성령과 경쟁하기를 계속하는 옛 자아를 죽일 것을 반복해서 요청받는다. 하지만 하나님의 뜻에 결코 순복하지 못하는 사람은 그 사람이 과거에 한 때 어떤 고백을 했든지 간에 육적인 크리스천이라기보다는 2:14의 "자연적인"(natural) 인간을 더욱 가리킬 것이다. 다시금 우리는 고린도인들이 그들의 삶에서 상당한 변화와 영적인 능력을 보았지만 별로 중요치 않은 싸움을 위하여 이 승리를 버리고 있었다는 것을 바울이 진술하는 1:6-7을 기억해야 한다.

피(Fee)는 정확하게 이 올바른 균형을 포착한다: "바울이 그의 고린도 친구들을 신자로 생각하고 있고 그들이 사실상 그와 다르게 행하고 있다고 하는 것은 의심의 여지가 없다. 그러나 바울의 전반적인 관심은 그들을 변화시키는데 있다. 모든 크리스천들이 아직 성숙하지 않았다고 해서 그러한 행위를 용인할 수는 없는 것이다." 다시금 "신령한 사람은 성령 안에서 걷는다. 그들이 달리 행하고 있다면 그들은 '세속적'이고 그것을 중단할 것을 요청받는다. 세속적인 상태에 그대로 '머무는' 것은 선택할 수 있는 종류의 것이 아니다."[17]

3장의 나머지 부분의 적용에 영향을 미치는 주요한 해석적인 논쟁은 바울이 하늘에서의 보상의 정도를 가르치고 있느냐에 대한 논쟁이다. 여기서 바울의 비유는

---

16. James Francis, "As Babes in Christ' -Some Proposals Regarding 1 Corinthians 3.1-3," *JSNT* 7(1980): 57을 참조하라: "성숙은 성령을 받았던 모든 크리스천들에게서 가능하고, 바울은 그들이 받았던 것을 새롭게 깨달았다는 점에서 고린도인들이 성장하기를 촉구하고 있다." 역으로 말해서 "바울은 그들이 명철을 증진시키지 못한 것 때문이 아니라(어떤 이들은 그들의 지식에 대해서 과도하게 자랑하였다), 그들이 알고 깨달았던 것이 그들의 기독교적인 삶에 활기를 주지 못하는 것에 대해서 그의 독자들을 책망하고 있다."

17. Fee, *First Corinthians*, 128.

상당히 보편적이다. 어느 시기에 어느 곳에 있는 사람이든 심고 거두는 이 근본적인 개념을 이해한다. 그리고 성전은 많은 문화 속에서 사람들에 의해서 거룩한 장소로 인정받고 간주되어 오고 있다.

특히 크리스천 지도자들을 포함하여 크리스천의 근본적인 동등성이라는 5-9a절의 주제는 8절과 12-15절의 심판에 대한 바울의 가르침을 이해하기 위해서 강조되어야 한다. 인간적인 관점에서 하나님의 백성들 중에 훌륭한 복음전도자와 충실한 고난자가 사형수 감방에서 회심한 중죄인보다 훨씬 자격이 있다고 상상하는 것은 자연스럽다. 하지만 우리가 자격이 있다고 주장하는 것은 처음부터 패배를 촉진하는 것이다. 하나님이 요구하시는 완전과 비교할 때 인간들 사이에서의 차이는 히말라야의 에베레스트산과 대서양의 마리아나 트렌치 사이에 고도와 같다—이는 이 땅의 관점에서는 상당히 큰 것으로 보이지만 다른 유성에서 바라볼 때는 사소한 것에 지나지 않는다! 확실히 수행의 다양성은 있을지라도(5b, 8b절), 이런 궁극적인 차원의 요소를 없앨 수는 없다(7절).

왜 5절에서 바울과 아볼로만이 거론되고 있는가? 혹자는 11절에서 다른 터 위에 세운다는 언급이 베드로가 교회가 세워지는 돌이 될 것이라는 그리스도의 약속에 비추어(마 16:18) 베드로를 지나치게 높이고 있었던 자들을 암묵적으로 비판하고 있다고 생각한다. 하지만 이는 지나치게 예민한 것으로 보인다. 다른 이들은 아볼로파가 (거짓) 지혜를 눈에 띄게 붙잡았기 때문에 가장 곤란하게 했을 것이라고 주장한다. 이런 주장이 가능성이 있기는 하지만 우리는 너무 강하게 이런 독법을 밀고나가서는 안 된다. 바울과 아볼로는 고린도에서 몸소 복음을 전했던 유일한 두 라이벌 지도자였다. 게바가 22절에서 다시 나타난다는 것을 주목할 때 더욱 가능성이 있는 것은 바울이 파벌의 전체적인 목록을 주기보다는 대표적인 목록만을 주고 있을 것이라는 해석이다.

바울이 농사와 건축을 하는 일꾼들을 교회 지도자들에 적용하고 있기 때문에 어떤 이들은 이 이미지의 적용을 소수의 신자들에게로 제한하려는 유혹을 받는다. 그렇다고 할 때 13-15절의 심판을 모든 인류의 마지막 심판과 구분되는 것으로 분류하는 것이 가능하다.[18] 하지만 "그날"은 모든 사람들이 그리스도의 재림에서 직면해야 하는 우주적이고 공적인 계수 이외에 다른 어떤 것으로 쉽게 전환될 수 없

18. 예를 들어, Craig A. Evans, "How Are the Apostles Judged? A Note on 1 Corinthians 3:10-15," *JETS* 27(1984): 149-50.

다(참조. 마 25:31-46에서는 구원과 정죄에 대한 선언이 믿음의 임재와 부재를 보여주는 행위에 대한 평가와 조합된다). 모든 신자들이 사역의 어떤 작은 영역에서 잠재적으로 리더인 것으로 볼 때, 그리고 모든 이들이 궁극적으로 교회의 성장이나 정체에 어떤 방식으로든 기여하는 것으로 볼 때, 이 구절의 심판을 어느 선별된 크리스천 그룹으로 제한하는 것은 너무 구속(拘束)하는 것으로 보인다.

얼핏 보기에 11절은 사도와 선지자가 교회의 터가 된다는 에베소서 2:20과 단호히 모순되는 것으로 보인다. 이런 긴장은 많은 이들이 에베소서의 바울 저작권을 부인하는 몇 가지 이유 중에 하나가 된다. 하지만 그러한 저항은 비유적인 용어의 융통성을 완전히 간과한 것으로 보인다. 그리스도가 궁극적인 터라면 인간적인 관점에서 교회를 세우고 복음을 선포하는 사람들이 새로운 회중의 성장을 위한 필연적인 기반을 역시 형성한다(참조. 고전 12:28). 매우 비평적인 사람들에는 심지어 10절과 11절간에도 잠재적인 긴장이 있다: 바울이 터를 놓고 있는가(복음의 선포) 아니면 그것은 (예수의 완전한 사역 속에서) 이미 놓여 있었는가? 분명히 둘 다 사실인데, 교회 개척의 어느 양상을 강조하기를 원하느냐에 달려 있다.[19]

12절의 해석자들은 여섯 가지 개별적인 건축 자료를 알레고리화(영해) 하지 않도록 조심해야 한다. 그것의 의미는 상대적으로 불에 견디는 세 요소와 쉽게 불타버리는 세 요소를 집합적으로 대조시키는 것이다. 그런데 이 불을 문자적으로 해석해서는 안 된다. 15b절의 "as"("처럼", 같음)가 바울이 여전히 비유적인 차원에서 적고 있음을 분명히 말해준다. 역사적으로 이 단락은 연옥 교리를 지원하기 위해서 전통적인 로마 가톨릭 신학이 사용한 가장 중요한 신약 본문에 해당한다. 하지만 현대의 가톨릭 학자들도 이런 해석이 합법적이지 않다는 것을 점차적으로 인식하고 있다. 이 본문에서 어느 것도 심판을 넘어서서 지속되는 연옥의 '과정'을 언급하지 않는다. 그러나 이런 관찰이 천국에서 다양한 정도로 신분이나 구조를 말하는 흔한 개신교 교리도 동등하게 의심스럽게 만든다.[20] 확실히 모든 사람들은 심판날에 그리스도로부터 칭찬과 비난을 다양한 정도로 받을 것이지만 이 단락에서 어느 것도 그러한 서로 다른 반응이 영원히 존속된다고는 전혀 제기하지 않는

19. Archibald Robertson and Alfred Plummer, *A Critical and Exegetical Commentary on the First Epistle of St. Paul to the Corinthians* (Edinburgh: T & T Clark, 1929), 61-62.

20. 실로 이런 개념은 연옥에 관한 가톨릭의 개념을 피하기 위한 시도로 부분적으로 발전했다—Emma Disley, "Degrees of Glory: Protestant Doctrine and the Concept of Rewards Hereafter," *JST* 42(1991): 77-105을 보라.

다. 영원한 보상을 가르치는 것으로 취할 수 있는 신약의 다른 본문들도 면밀히 살펴볼 때 신자들이 그리스도의 심판석 앞에서 이와 동일한 잠정적인 차이가 있으나 구분 없이 하늘의 복을 누리거나 이 땅에서 다양한 혜택을 얻는 것을 가리킨다. 우리의 영원한 행복이 이 땅의 삶에서의 행위에 달려 있다는 개념은 믿음의 성숙이나 성장의 차원에 대해서 정직한 모든 이들에게 근본적으로 약화되어야 한다.[21]

그리스도의 심판석에 관한 오해는 자주 육신에 관한 오해와 연계된다. 믿음을 고백하지만 믿음의 어떤 열매도 보이지 않고 여전히 구원받을 수 있다는 명백한 부정의(injustice)는 그러한 사람은 어떤 점에서 천국에서 배제될 것이라고 가정함으로써 개선될 수 있는 것으로 보인다. 1-4절과 13-15절이 그러한 사람이 전혀 크리스천이라고 인정하지 않고 있다면, 그때에 그러한 사람이 심지어 구원받지 않았다고 강조함으로써 그 긴장이 완화된다.

따라서 우리는 영원한 "퇴보"가 주님과 영원히 같이 있기를 원하는 사람들을 위한 가능한 선택이라는 거짓된 소망을 사람들에게 주기 위해서 육적인 크리스천의 범주를 사용하지 않도록 매우 조심해야 한다. 이런 결론은 칼빈주의-알미니안주의의 논쟁에서 양 관점의 혜택을 보지 못한다는 것을 역시 강조하는 것이 중요하다. 양 진영은 불신앙과 불순종으로 죽은 사람들은 잃어버린바 된다는 것을 인식한다. 그들은 그러한 사람들이 이전에 구원받았는지 받지 않았는지에 대해서 인정하는 것에서 단지 다를 뿐이다.

16-17절에서 피해야할 주요한 잘못은 개체적인 해석이다. 나중에 6:19은 신자들이 각기 성령의 작은 성전이라는 것을 가르칠 것이다. 하지만 이 단락은 하나님이 거주하시는 것으로서 공동체적으로 교회만을 말하고 있다.

부차적인 잘못은 하나님의 성전을 파괴하려는 사람들을 이전 단락의 빈약한 건축자와 동일시하는 것이다. 조잡한 건축물도 적어도 일종의 건물을 세우려고 하는 것이지만 바울이 16-17절에서 경고하는 사람들은 건물을 '헐려고' 하고 있다.

---

21. 더 자세한 것은 Craig L. Blomberg, "Degrees of Reward in the Kingdom of Heaven?" *JETS* 35(1992): 159-72을 보라. John B. Polhill, "The Wisdom of God and Factionalism: 1 Corinthians, 1-4," *RevExp* 80(1983): 335: "보상은 은혜에 의한 구원의 교리와 조화시키기가 어렵고 쉽게 행위 신학으로 돌아갈 수 있다. 다시금 "천상의 실제적인 지위의 다양한 형태와 같은 천상의 계급구조나 물질적인 측면에서 등급을 매기는 것으로 이것을 보지 않는 것이 최상이다. 바울과 예수는 주의 칭찬과 같은 것을 염두에 두었을 것이다: "잘하였다 착하고 충성된 종아"(눅 19:17). Watson, *First Corinthians*, 33: "아마도 이 보상은 어느 사람의 행위가 존속되는 것을 보는 만족이고 그 벌은 그 행위가 불속에서 풀어지는 것을 보는 치욕일 것이다."

9b-15절과 16-17절 사이에 전환은 다음과 같이 보인다: 하나님은 심판날에 여러 다른 종류의 신자들에게 각기 다르게 반응하실 것이지만 두려워해야할 진정한 위험성은 교회를 분열시키고 무너뜨리려는 자들에 대한 영원한 멸망이다. 바울은 고린도의 어느 누구에게도 이 선을 넘었다고 말하지는 않지만, 그는 일부 사람들이 이런 극단적인 상태로 나아갈 잠재성이 있는 활동에 대해서 분명히 경고하고 있다. 다시 한 번 이것은 참된 크리스천이 그들의 구원을 상실할 수 있다는 것을 필연적으로 함축하지는 않는다. 그것은 교회를 분열시키는 자는 그들이 이전에 어떤 고백을 했다손 치더라도, 참으로 거듭나지 않은 그들의 행위를 증거한다는 요한에 동의하고 있을 가능성이 있다(요일 2:19). 중요한 것은, 특히 어떤 이의 행동이 복음이 촉진하는 연합의 영과 근본적으로 반하고 있을 때 바울이 모든 교회의 구성원들이 예수의 참된 제자라는 것을 당연시하지 않고 있다는 사실이다.

"멸하다"(17절)란 용어를 단순히 잠정적인 심판을 가리키는 것으로 희석시킬 수 없고, 또한 다른 곳에서의 바울, 신약성경의 나머지 부분, 1세기 유대교, 그리고 사도적 교부들의 일관된 증언에 비추어 볼 때, 영혼소멸설을 지원하는 것으로 취할 수도 없다.[22] 영원한 정죄에 대한 보다 흔한 용어에 비하여 바울이 이 용어를 선택한 이유는 그 벌이 이 범죄에 적합하다는 것을 보이기 위해서다. 하나님의 성스러운 기업을 없애려는 자들은 스스로 멸망을 자초할 것이다. 전반적으로 이 두 구절들은 "교회를 가볍게 여기고 교회를 세속적인 지혜와 분열로 파괴하는 자들에 대해서"[23] 모든 신약성경 가운데서 가장 강력한 경고를 형성한다.

18-23절은 바울의 논의를 보다 긍정적인 논조에서 절정에 이르게 한다. 분열과 심판의 두려움은 참된 신자들에게는 불필요하다. 그들이 현재에 부분적으로 그리고 미래에 완전하게 만유의 모든 영적인 복에 온전히 접근할 수 있기 때문이다. 이것은 크리스천이 믿음과 순종 속에서 인내할 수 있게 한다. 다른 이들이 그들의 믿음과 행위를 조롱할 때에도 말이다(18-19a절). 하나님에 대항해서 자신을 높이는 자들은 영원히 멸망에 이를 것임을 앎으로써 신자들은 평안을 가질 수 있다(19b-20절).

욥기 5:13("간교한 자로 자기 궤휼에 빠지게 하시며")의 인용은 엘리바스의 말 가운데 하나다. 욥의 다른 친구들처럼 엘리바스도 항상 하나님의 관점을 믿을 만

---

22. 특히 William V. Crockett, "The Metaphorical View," in *Four Views on Hell*, ed. William Crockett(Grand Rapids: Zondervan, 1992), 43-81과 그의 "Response to Clark H. Pinnock," pp. 171-74을 보라.

23. Fee, *First Corinthians*, 146.

하게 해석하지는 못한다. 하지만 이 특별한 진술은 엘리바스가 욥에게 그것을 잘못 적용하고 있을지라도 일반화시킬 수 있는 진리를 담고 있다.

그러고 나고 21-23절은 신자들이 왜 서로 다투지 않아야하는지에 대한 궁극적으로 합리적인 논지를 전달해준다—지금이나 장래에 신자들이 접근할 수 없는 영적인 복을 다른 이들이 가질 수 없다. 바울은 이런 경쟁을 지혜롭지 못하게 촉발시킨 다양한 기독교 리더들을 초월해서 사람들이 두려워해야 하는 모든 우주적인 세력들, 즉 가장 두드러진 것으로는 미래의 불확실성과 죽음의 불가피성을 포함하는 것으로 일반화시킨다. 요컨대 참된 신자를 위한 심판은 이 장에서 현재에 자주 영광스럽지 못한 노고에 대한 보상으로 그리고 참되게 그리스도와 연관되지 못한 자들에게는 위협으로 끊임없이 긍정적인 형태로 기능한다.[24]

현대적 의미

CCC(Campus Crusade For Christ)는 고린도전서 2:6-3:4의 개념을 자연적이고 육적이고 영적인 사람들에 대한 유명한 원형 다이아그람으로 일반화시켰다. 자연인은 삶의 어느 곳에서도 그리스도의 십자가를 갖지 않고 자기 자아가 그 사람의 중심에 자리하고 있다. 육적인 그리스도인은 자신의 삶의 내부에 십자가를 갖고 있지만 여전히 자아가 중심에 자리하고 있다. 영적인 그리스도인은 십자가를 마음의 중심에 두고 자기 자아는 주변에 있다.[25] 이런 다이아그람은 유익한 점과 잘못 호도하는 문제를 동시에 안고 있다. 그것은 신자들이 삶의 모든 영역에서 그리스도를 자동적으로 중심에 두지 않는다는 것을 우리에게 상기시킨다. 크리스천은 어떤 문제에서 그리스도 중심적이 되지 않을 수도 있고, 그들이 심각하게 죄를 지을 때마다 본질적으로 그리하는 것이다. 이 다이아그람은 또한 그리스도인과 비그리스도인의 근본적인 차이를 올바르게 포착한다. 자아가 불신자의 마음의 중심에 항상 자리하고 있지는 않다는 것을 지적하는 것이 필요할지라도 말이다. 그들의 마음에 보다 고귀한 가족 중심적이고 휴머니즘적인 관심이 자리하고 있을 수

---

24. 이것은 Paul's Use of Apocalyptic Judgment Language in 1 Cor. 3:5-4:5라는 부제가 달린 David W. Kuck(*Judgment and Community Conflict*[Leiden: Brill, 1992])에 의한 매우 유익하고 상세하게 설명된 연구의 중심적인 주제이다.

25. 예를 들어, *Sharing the Abundant Life on Campus*(San Bernardino: Campus Crusade for Christ International, 1972), 209-17을 보라. 그것은 "당신은 성령으로 충만한 삶에 대한 놀라운 발견을 했는가?"(Have You Made the Wonderful Discovery of the Spirit-Filled Life?)라는 널리 사용되고 있는 소책자를 다시 만든 것이다.

있지만, 여기서 말하고자 하는 요지는 하나님이 그들의 마음에 없다는 것이다.

그러나 다이아그람은 그리스도인들로 가득한 방안이 육적인 크리스천과 영적인 크리스천으로 나뉠 수 있었음을 의미하는 것으로 해석할 때 오도되는 경향이 있다. 육적이거나 세상적인 것이 그 사람의 죄스러운 본성에 순응하는 것을 의미하는 반면에 영적인 것은 내주하시는 성령에 순응하는 것을 의미한다면, 그때에 진정한 신자들은 어느 순간에는 자주 영적이기도 하고 얼마 지나지 않아서 육적일 수 있다. 또는 그 반대가 될 수도 있다. 아마도 어떤 이는 다른 이들보다 더 오래 한 상태에 머무를 수 있다. 많은 성숙한 신자들이 오랜 시간에 걸쳐서 하나님의 영에 의해서 '변화' 되었다(참조. 롬 12:1-2). 그리함으로써 그들은 옛날과 달리 훨씬 덜 죄를 짓는 반면에 많은 미성숙한 신자들은 훨씬 덜 변화를 경험했다. 그러나 성령에 반하여 아주 오랜 동안 세상적인 것에 거하는 것은 그들의 구원에 의문을 불러일으킬 수 있으며 반면에 동등하게 아주 오랜 동안 죄를 짓지 않았다고 주장하는 것은 모든 인간이 일반적으로 범하는 하나님의 완전한 기준을 의식적으로 그리고 무의식적으로 범하는 죄의 양을 하찮게 여기는 것이 된다.

"주되심(lordship)의 구원"에 대한 현재의 논쟁도 유사한 잘못을 대변한다.[26] 인간이 삶의 어느 시점에서 '구세주' 로 그리스도를 영접하고 어느 다른 시점에서 그리스도를 '주' 로 인식한다는 두 단계의 가정은 성경적인 정당성이 없다. 어느 누구도 새로운 주인에게 충성하여 자신의 전체 자아를 내려놓지 않고서 그리스도에게 올 수는 없다. 한편으로 예수를 따를 때에 관련된 모든 것을 이해하거나 예상할 수 있는 방식으로 이 부르심을 설명해서도 안 된다. 유사하게 어떤 구체적인 영역에서 죄에서 승리하지 못한다고 해서 자동적으로 그 사람의 구원에 문제를 발생시키지는 않는다. 성경적인 균형을 유지하는 역설적인 진술은 구원이 절대적으로 은혜로 주어지나 사람들에게 전체 삶을 지불하게 한다는 것이다.[27]

오랜 시간 동안 육적일 수 있고, 보상이 덜하지만 천국으로 슬며시 들어갈 수 있다는 견해는 일부 보수적인 범주에서 두드러져 보인다. 이런 범주들은 심판에 관한 많은 성경적인 표상들 사이에 민감한 차이를 낳게 하는 경향이 있다. 예를 들어, 그리스도의 심판석은 그리스도의 재림 시에 모든 인류의 심판과 자주 분리된다. 하지만 이미 지적했던 것처럼 13절의 용어는 그럴 것 같지 않다. "중간 시기"

---

26. 특히 MacArthur, *Gospel According to Jesus*과 Ryrie, *So Great Salvation* 사이에 대조에서 특히 그러하다.
27. 이 논쟁에 대한 잘 균형 잡힌 평가와 묵상은 Darrell L. Bock, "A Review of *The Gospel According to Jesus*," *BSac* 146(1989): 21-40을 보라.

동안에 그리스도와 우리의 경험이 다가올 부활, 심판, 그리고 그 나라의 충만함과 어떻게 관련이 있는가에 관한 문제는 분명한 성경적 대답이 부족하기 때문에 우리를 힘들게 하지만, 성경이 분리하지 않은 것을 분리하는 유혹을 이겨내야 한다.

아마도 신자들에게서 마지막 심판은 그들이 죽음 이후에 운명에 대해서 이미 알고 있었던 것을 공개적으로 선포하고 신원해주시는 날이다. 크리스천에게서 심판날은 신자들을 다양한 서열로 분리시키도록 의도되어 있지 않다는 개념을 강화시킨다. 아이러니하게도 은혜에 관한 성경적인 교리를 보존하기를 가장 원하는 사람들이 자주 행위가 주되심의 구원을 강조하는 사람들보다 신자들의 운명을 결정하는데 훨씬 두드러진 역할을 하게 만든다.[28] 나의 후학들 가운데 한 사람이 말한 것처럼 많은 보수적인 기독교가 보다 폭넓은 의뢰인을 붙잡으려고 애쓰는 멋진 컨츄리 클럽을 상기시켰다. 그러므로 이 클럽은 첫 해 동안에 멤버십(회원) 비용은 완전히 공짜라는 것을 강조했다. 하지만 그 후에 당신은 코빠지게 돈을 지불했다!

3:5-23에서 분파주의에 대한 바울의 경고를 1-2장의 논의에서 이미 상당히 조명하고 적용했다. 5절은 사역의 핵심적인 정의(종됨)를 미리 알려주는데, 4장에서 이 논의를 상세히 다루게 될 것이다. 3:5-23의 핵심적인 특징, 즉 이 세상에서 하나님의 일에 대해서 모든 신자들이 기여할 수 있는 동등성과 근본적인 중요성을 여기서 더 자세히 살펴볼 필요가 있다.

밭과 건축물의 비유는 모든 크리스천들이 교회의 교화를 위한 영적인 은사들을 행할 수 있다는 12-14장에서 몸의 비유를 바울이 더욱 발전시키는 것을 미리 예상하게 만든다(참조. 엡 4:11-13). 모든 지체들이 사역한다는 이 정신은 오늘날 성장하는 교회들에게 더욱더 적용되고 있지만[29] 아직 소수의 교회들과 교회 안의 소수 지체들만이 그 권세를 사용하는 경향이 있다. 교회의 터로서 그리스도의 심상(11절)은 예수에 대한 충성을 고백하지만 믿음의 근본적인 정통 교리, 즉 가장 두드러지게는 성경의 참된 예수에 관한 교리를 결여하고 있는 잘못된 기독교 이단과 조직을 따르는 것을 경고하는 갈라디아서 1:6-9과 같이 기능한다.

22-23절에서의 송영과 유사한 13-15절의 그리스도의 심판석에 관한 긍정적인

---

28. Zane C. Hodges, *Grace in Eclipse: A Study on Eternal Rewards*(Dallas: Redención Viva, 1985); 그리고 Joe L. Wall, *Going for the Gold: Reward and Loss at the Judgment of Believers*(Chicago: Moody, 1991)에서 가장 두드러지는 것처럼 말이다.

29. 이런 시행에 관한 훌륭한 제기에 대해서는 Frank R. Tillapaugh, *Unleashing Your Potential*(Ventura: Regal, 1988)을 보라.

기능은 많은 크리스천들을 괴롭히는 죽음 이후에 삶과 죽음의 두려움을 경감시켜 준다. 누구도 하나님을 노하게 해서는 안 되고 하나님의 책망을 들어서는 안 되지만 천국에서 영원한 서열이 없다면, 죄책감에 의한 동기부여는 기독교 사역에서 덜 중요한 것이 되어야 한다. 사실상 점차적으로 이런 사고방식이 발생하고 있는 좋은 징조들이 있다.[30]

한편으로 16-17절은 적절하게 주의를 기울이지 않은 중요한 경고를 담고 있다—회중을 끊임없이 분열시키고, 크리스천들에 대항하여 이단 싸움과 "마녀 사냥"에 참여하며 동료 사역자들과 협력하기보다는 적대해서 자신의 왕국을 건설하기를 추구하는 강성의 교회 지도자들은 스스로 노골적인 배교의 길로 가고 있는 것이다. 고린도에서 분파를 일으키고 있는 리더들과 그들의 팬들처럼, 그러한 사람들과 추종자들은 바울이 육신이라고 말한 자들과 심지어 영원한 정죄를 받은 자에 후보로 올린 사람들로 보통 생각할 수 없고, 많은 면에서 그들은 안에서부터 고린도 교회에 싸움을 일으키고 파괴하는 사람들과 가장 유사한 현대인일 것이다.[31] 덜 극단적인 예를 든다면, 제리 바린의 정곡을 찌르는 말이 이에 해당한다: "오늘날 미국의 많은 사람들은 무리들을 세우려고만 하지 교회를 세우기 위해서 대가를 지불하려고 하지 않는다."[32]

아울러 심판의 두려움에서 자유함이 참된 신자들에게 심오한 영향을 미쳐야 한다. 우리의 문화는 매년 행동 중심적인 평가를 더욱 부추긴다. 경쟁이 우리의 놀이, 학교, 운동, 그리고 일터를 감염시키고 있다. 성인들은 안전성이 덜하고 항상 수행평가를 당해야만 하는 직장에서 오랜 시간을 일하고 있다. 늘어난 레저와 재창조의 시간이 있는 주 30여 시간의 노동을 추구했던 한 세대 전에는 예상할 수 없었던 일이다. 놀랍지 않지만, 그럼에도 비극적이게 경쟁과 서로간의 비교 그리고 이룬 일에 기초한 보상이 개인적이든 집합적이든 크리스천의 삶의 많은 양상을 역시 지배하고 있다. 너무 많은 크리스천들이 하나님을 그들의 가정과 일터에서 알고 있는 공사장의 감독처럼 관련지으려고 생각한다. 마치 매일의 복이나 벌을 그들의 충성과 순종의 차원에 따라서 받을 수 있는 것처럼 말이다. 하지만 그리스도가 하

30. 탁월한 사례는 S. Bruce Narramore, *No Condemnation*(Grand Rapids: Zondervan, 1984)이다. 하지만 때로 그는 추를 반대편 극단으로 너무 진행시키기도 한다.

31. Paige Patterson, *The Troubled Triumphant Church*(Nashville: Thomas Nelson, 1983), 55을 참조하라: "어떤 점에서 기독교의 창시자인 예수와 동일시되기보다 기독교 지도자들과 더 강력하게 동일시되려는 경향은 그리스도 안에서 아직 유아적인 상태에 머물러 있다는 다른 확실한 통찰을 보여준다."

32. Jerry Vines, *God Speaks Today*(Grand Rapids: Zondervan, 1979), 73.

셨던 것처럼 교회가 조건 없이 사람들을 사랑하고 반문화적인 라이프스타일을 모델로 삼기를 결정할 때 얼마나 자유함이 있겠는가?[33]

우리는 크리스천의 삶을 살기 위한 주요한 동기로서 감사에 대한 기본적인 종교개혁(그리고 특히 루터파)의 강조를 역시 회복할 필요가 있다. 물에 빠져서 죽을 뻔한 사람을 구조해준 이와 친구가 되는 데는 더 이상의 동기가 필요치 않다. 우리를 위해서 십자가에 죽으신 그리스도가 우리가 그를 섬겨야 하는 모든 동기를 제공해준다. 만약 우리가 그 이상의 동기를 필요로 한다면, 우리는 복음의 가장 기본적인 논리를 이해하지 못한 것이고(참조. 롬 6:1), 하나님의 용서하심을 적절히 적용하지 못한 것이다. 그러할 경우에 보상의 상실만이 아니라 천국에 들어가지 못할 것이라는 두려움이 그 사람의 동기를 부여하게 될 것이다.[34]

은혜의 교리는 기독교를 여타 종교와 구분케 하는 분기점이다. 교회가 행위에 의한 의를 끊임없이 주장하는 세력들을 막아서는 어려운 시간을 가진 것은 당연하다. 은혜는 부당하고, 우리는 받을 만한 것을 가져야 한다고 주장하는 것이 타락한 인간의 본성에 중심적으로 있다. 하지만 자신의 죄성에 대해서 정직한 자는 참으로 그런 주장을 할 수 없을 것이다. 하나님의 은혜로 가득한 복음이 "좋은 소식"이 되게 하는 것은 우리가 받아야 마땅한 것을 받을 수 없다는 것이다. 12-15절은 하나님이 그의 교회가 성장할 때 양뿐만 아니라 질적인 것을 바라신다는 통계에 사로잡힌 사회를 상기시킨다. 하지만 참된 진보는 더 큰 보상을 얻기 위한 바람으로라기보다는 그리스도가 이미 제공하신 구원에 대한 기쁨의 반응으로 신자들이 하나님에게 순종할 때 발생한다(참조. 눅 14:12-14; 17:7-10).

따라서 우리는 "만물"(21절)을 갖고 있고, 21b-22절에서 바울이 "만물"을 정의하는 방식은 신자들이 어떤 복을 차단하게 만들 여지를 거의 없게 만든다. 그러한 약속은 오늘날 전세계에 있는 모든 크리스천들을 형성하는 배척받고 소외되고 고통당하는 제자들이 이 세상의 고통을 참을 수 있게 만들어준다.

---

33. 이 단락에서 그 개념들에 대한 설명은 Chap Clark, *The Performance Illusion*(Colorado Springs: NavPress, 1993)에서 훌륭한 논의와 실제적인 제안을 보라.

34. 이것 또는 이와 관련한 주제들의 주요한 국제적인 평론집은 *Right with God: Justification in the Bible and the World*, ed. D. A. Carson(Grand Rapids: Baker, 1992)이다. 바울은 야고보처럼 그의 방식에서 선한 행위들이 구원하는 믿음에서 나온다는 것을 가르친다. P. T. 오브리엥은 "지난 이십여 년간에 있었던 바울에게서의 칭의와 일부 중요한 이슈들"(pp. 69-95: 특히 pp. 89-95를 보라)이란 제목이 붙은 이 책의 글에서 믿음에 의한 칭의와 행위에 의한 심판에 대한 최근의 접근을 유익하게 개요한다. 그는 그것들을 "동일한 문제의 두 대칭"이라고 올바르게 결론내린다(p. 94).

우리는 너무 자주 이런 사실 속에서 지속적인 만족을 발견하려고 하지 않고 더욱더 소유물을 축적하려고 애쓰고 있다. 하지만 우리가 현재의 역경을 사소한 것으로 만들게 될 영원한 보상을 깨달을 때 제한된 물질을 위해서 경쟁하지 않아야 한다(참조. 고후 4:17; 롬 8:18). "출생률이 현저히 떨어졌던 세대의 사람들"은 세상의 나머지 사람들이 오랫동안 알았던 것—"그 모든 것을 갖고 있다"라고 할 만큼의 충분한 물질적인 풍요로움은 없다—을 점차적으로 깨닫고 있다. 하지만 영적으로 그것은 정확히 그리스도가 약속하신 것이다. 영원을 얻기 위해서 실로 "어리석은 자"(18절)가 될 만한 가치가 있다!

고린도전서 4:1-21

1 사람이 마땅히 우리를 그리스도의 일꾼이요
하나님의 비밀을 맡은 자로 여길지어다
2 그리고 맡은 자들에게 구할 것은 충성이니라
3 너희에게나 다른 사람에게나 판단 받는 것이
내게는 매우 작은 일이라 나도 나를 판단하
지 아니하노니
4 내가 자책할 아무 것도 깨닫지 못하나 이로
말미암아 의롭다 함을 얻지 못하노라 다만
나를 심판하실 이는 주시니라
5 그러므로 때가 이르기 전 곧 주께서 오시기
까지 아무 것도 판단하지 말라 그가 어둠에
감추인 것들을 드러내고 마음의 뜻을 나타내
시리니 그때에 각 사람에게 하나님으로부터
칭찬이 있으리라
6 형제들아 내가 너희를 위하여 이 일에 나와
아볼로를 들어서 본을 보였으니 이는 너희로
하여금 기록된 말씀 밖으로 넘어가지 말라
한 것을 우리에게서 배워 서로 대적하여 교
만한 마음을 가지지 말게 하려 함이라
7 누가 너를 남달리 구별하였느냐 네게 있는
것 중에 받지 아니한 것이 무엇이냐 네가 받
았은즉 어찌하여 받지 아니한 것 같이 자랑
하느냐
8 너희가 이미 배 부르며 이미 풍성하며 우리
없이도 왕이 되었도다 우리가 너희와 함께
왕 노릇 하기 위하여 참으로 너희가 왕이 되
기를 원하노라
9 내가 생각하건대 하나님이 사도인 우리를 죽
이기로 작정된 자 같이 끄트머리에 두셨으매
우리는 세계 곧 천사와 사람에게 구경거리가
되었노라
10 우리는 그리스도 때문에 어리석으나 너희는
그리스도 안에서 지혜롭고 우리는 약하나
너희는 강하고 너희는 존귀하나 우리는 비천
하여
11 바로 이 시각까지 우리가 주리고 목마르며
헐벗고 매맞으며 정처가 없고
12 또 수고하여 친히 손으로 일을 하며 모욕을
당한즉 축복하고 박해를 받은즉 참고
13 비방을 받은즉 권면하니 우리가 지금까지 세
상의 더러운 것과 만물의 찌꺼기 같이 되었
도다
14 내가 너희를 부끄럽게 하려고 이것을 쓰는
것이 아니라 오직 너희를 내 사랑하는 자녀
같이 권하려 하는 것이라
15 그리스도 안에서 일만 스승이 있으되 아버지
는 많지 아니하니 그리스도 예수 안에서 내
가 복음으로써 너희를 낳았음이라
16 그러므로 내가 너희에게 권하노니 너희는 나
를 본받는 자가 되라
17 이로 말미암아 내가 주 안에서 내 사랑하고
신실한 아들 디모데를 너희에게 보내었으니
그가 너희로 하여금 그리스도 예수 안에서
나의 행사 곧 내가 각처 각 교회에서 가르치
는 것을 생각나게 하리라
18 어떤 이들은 내가 너희에게 나아가지 아니할
것 같이 스스로 교만하여졌으나
19 주께서 허락하시면 내가 너희에게 속히 나아
가서 교만한 자들의 말이 아니라 오직 그 능
력을 알아보겠으니
20 하나님의 나라는 말에 있지 아니하고 오직
능력에 있음이라
21 너희가 무엇을 원하느냐 내가 매를 가지고
너희에게 나아가랴 사랑과 온유한 마음으로
나아가랴

원 의미

이 장을 가지고 바울은 고린도인들이 분열 가운데 연합하는 일에 대한 호소를 결론짓는다. 그는 그 논의를 충분한 설명을 위한 범주로 가져온다. 사도들을 대하는데 있어서 잘못된 방식을 다루는 것으로 시작해서(사도들을 과도하게 높이고 있다), 그는 이제 사도들에 대해서 생각해야 하는 올바른 방식을 설명한다. 성경이 그들을 판단할 것이고(6-7절), 특히 동족일지라도(14-21절) 그들은 부당하게 고통을 당하는(8-13절) 신실한 종들이다(1-5절).

1절은 사도들의 종됨의 본질을 설명하기 위해서 두 용어를 가지고 3:5-23의 주제 중 하나를 선택한다. 고린도인들은 기독교 설교자들을 경쟁자로 볼 것이 아니라 그들을 돕는 자요 감독자로 인식해야 한다. "종"(1절)은 이전에 사용한 일반적인 용어가 아니라(3:5), "공적인 자리에 있는 어떤 이를 돕는 자"를 가리키는 말이다.[1] "맡은 자들"(2절)은 헬라어 '오이코노모스'("청지기")를 반영해준다—주인이 자리를 비우고 없을 때에 전체 재산을 책임 맡은 자로서 부유한 지주의 종 가운데 가장 서열이 높은 자. 아울러 두 단어들은 바울, 아볼로, 베드로, 그리고 그들의 동료들을 하나님께 주로 책임이 있는 종들로, 하지만 맡은 책임에 대한 권한이 있는 자로 비교한다. "비밀"(1b절)은 2:7에서와 같은 "신비"다—복음의 양상들이 언젠가 감추어져 있었으나 이제 드러났고, 그것은 그리스도의 십자가를 중심으로 하고 있다.

청지기의 핵심적인 임무는 주인에게 충성하는 것이지 아래 사람의 모든 요구에 눈치를 보는 것이 아니다(2절). 3절은 문맥 속에서 이해해야 한다. 바울에 대한 고린도인들의 견해는 바울에 대한 하나님의 견해보다 덜 중요하다. 심지어 자기 자신의 평가도 하나님의 평가에 미치지 못한다. "나의 양심은 깨끗하다"(4절, "내가 자책할 아무것도 깨닫지 못하나"—개역개정)는 "나 자신의 마음에 거슬리는 것을 인식하지 못한다"라고 완만하게 변역할 수 있다. "인식하다", "깨닫다"라는 동사는 "양심"과 동일한 어근에서 나온다—일상적인 헬라어는 "일반적으로 잘못된 것을 행할 때 우리가 느끼는 고통스러운 도덕적으로 잘못된 부정적 느낌을 일컫는다."[2]

1. Paul Ellingworth and Howard Hatton, *A Translator's Handbook on Paul's First Letter to the Corinthians*(New York: United Bible Societies, 1985), 75. 많은 주석가들은 이 용어('휘페레테스')를 그 어원("노 젓는 사람")에 따라서 정의하는 오류를 범하지만 이런 의미로 그리스 문학에서 이 용어를 사용한 것은 알려져 있지 않다. D. A. Carson, *Exegetical Fallacies*(Grand Rapids: Baker, 1984), 27-28을 보라.
2. Colin Brown, "Conscience," in *New International Dictionary of New Testament Theology*, vol. 1(Grand Rapids: Zondervan, 1975), 351.

모든 인간의 판단은 하나님의 전지하신 지각을 결여하고 있을 뿐 아니라 미성숙하다(5절). "정한 시간"("때가 이르기 전"—개역개정)은 "주가 오실 때", 심판 날로 정의된다. 오직 그때서야 크리스천들이 행한 일에 대해서 온전하게 정당한 평가가 가능하면서 모든 사실들이 알려지고, 인간의 마음의 모든 생각과 의도가 드러날 것이다(참조. 마 10:26). 이 일들은 잘못됨과 편향적인 생각을 갖는 인간 판단자에게는 감추어져 있을 뿐 아니라 고린도인들의 바울에 대한 평가처럼 "그 마음을 잘못 인도하고 독소적이게 하는 어둠의 세력이 있다." "만약 이것이 바울을 참소하는 자들이 무지하였음을 드러내는 사실의 문제였다면 그것은 곧 드러날 수 있었다."[3]

다시금 바울은 특별한 언급을 하기 위해서 자신과 아볼로를 선택한다(참조. 3:5과 이전의 언급들, p. 87). 그들이 고린도인들에게 분명히 잘 알려진 원리에 모범이 될 수 있을 것이므로, 바울은 전체 교회가 따르기를 바라는 마음으로 이 이야기를 한다(6절).[4] 바울에게서 "기록된 말씀"은 보통 그의 성경, 즉 우리의 구약성경을 일컫는다. 그러나 "기록된 말씀 밖으로는 넘어가지 말라"는 구체적인 구절이 없음으로 그는 아마도 성경적인 기준 안에 머물고 자만하지(NIV, "교만하다") 말 것을 보다 일반적으로 언급하고 있을 것이다. 또는 바울은 당시에 유명했던 잠언을 인용하는 것일 수 있는데, 그럴 경우에 "기록된 것"은 적대하는 파당들을 중재하는 규율이나 어린이들이 쓰기를 배울 때 조심스럽게 문자들을 살피는 것을 가리킨다.[5] 그러나 각 경우에 일반적인 의미는 그대로 남아 있다: 적절한 행위를 준수하고, 경쟁을 삼가라. 7절은 "어느 한 사람도", "전혀 아무것도 아닌" 그리고 "그럴 만한 이유가 없는"이란 대답을 예상할 수 있는 세 수사적인 질문으로 이 호소를 강조한다. 이중에 첫 번째 것은 "누가 다른 사람들보다 너를 뛰어나게 만들었는가?"라는 의

---

3. Nigel Turner, *Grammatical Insights into the New Testament* (Edinburgh: T & T Clark, 1965), 132.

4. 6절에서 "적용했다"(applied)로 번역된 용어는 보통 "변환시켰다"를 의미한다. 이것은 바울이 고린도의 파당들의 지역 리더들에 대해서 참으로 이야기하고 있음을 몇몇 저자들에게 암시했지만 자신과 아볼로에 대한 그의 언급을 덜 직접적이게 만든다. David R. Hall, "A Disguise for the Wise μετασχηματισμός in 1 Corinthians 4.6," *NTS* 40(1994): 143-49.

5. 이 세 견해에 대해서는 각기 Morna D. Hooker, "'Beyond the Things Which Are Written': An Examination of 1 Cor. IV.6," *NTS* 10(1963-64): 127-32; L. L. Welborn, "A Conciliatory Principle in 1 Cor. 4:6," *NovT* 29(1987): 320-46; C. H. Talbert, *Reading Corinthians* (New York: Crossroad, 1987), 8을 보라. 6b절은 인정하기가 꽤 어려운데, 그것은 직역하면 "적성된 것을 넘어서지 않고 우리 안에서 배우기 위해서"라고 독법하고 있기 때문이다. 텍스트에 대한 추측적인 수정은 멋지기는 하지만 텍스트적인 증거를 결여하고 있고 따라서 설득력을 얻지 못한다.

미를 전달한다. 아울러 세 질문들은 모든 영적인 은사들과 자연적인 축복이 하나님으로부터 나오며, 따라서 고린도인들이 자랑할 만한 근거가 없음을 그들에게 상기시킨다.

8절에서 바울은 급격하게 분위기를 전환하여 아이러니와 풍자를 드러내면서 독설을 퍼붓는다. 7절의 세 질문들은 세 가지 외침으로 변한다. 8b절은 8a절을 문자적으로 취해서는 안 된다는 것을 명확히 해준다. 대부분의 고린도인들은 건강하지도 부유하지도 않았다. 오히려 바울은 고린도인들의 오만과 오도된 성숙에 대한 개념을 반영하고 있다. 아마도 교회 소수(하지만 분열적인 리더들의 다수)[6]의 물질적인 차원에 해당하는 것을 바울이 부유하고 왕노릇 하는 것으로 고린도인들을 묘사한 것은 그들의 영적인 자기 평가와 보다 직접적으로 관련이 있다.

여기에 고린도 교회에 영향을 미친 득세한 "과도하게 실현된 종말론"(메시아 시대의 복의 모든 것이 이미 도래했다는 개념)을 보여준 핵심적인 본문 중 하나가 있다. "너희는 원하는 모든 것을 갖고 있다"는 말은 과식으로 인해 "포만해져" 있음을 의미하는 동사를 번역한 것이다. "왕노릇하다"는 직역하면 "통치하다"로 독법할 수 있다. 메시아 시대의 모든 복이 참으로 즉시 왔다면, 바울과 그의 동료들은 이 고린도인들이 주장했던 동일한 자유를 미완성 상태에서 경험하였을 것이다.

오히려 9-13절은 사도들의 고난에 관한 통절한 목록을 전달해주고 있다. "내가 보건대"("내가 생각하건대"—개역개정)는 독자들에게 9절에서 바울이 사용하는 두 은유를 경각시킨다. 첫째로 바울은 자신과 자신의 동료들을 승리의 과정에서 적군에 의해 전쟁 포로로 잡힌 자로 비유한다(참조. 고후 2:14-15). 둘째로 그는 그러한 포로로 인한 빈번한 결과를 상상한다—대부분의 공통된 결과는 운동 경기장에서 칼잡이들이나 야수들에게 던져지는 죽음이었다. 9절의 헬라어는 NIV가 공급하는 많은 단어를 배제하고 있지만(직역하면, "하나님이 사도들을 죽이기로 작정하신 것 같이 우리를 맨 마지막에 두셨는데, 우리를 구경거리가 되게 하셨기 때문이다"), 삽입된 단어들은 바울의 의도를 그럴듯하게 반영하는 것으로 보인다. 10절에서 바울은 고린도인들이 그를 그들과 꽤 다른 사람인 것처럼 보는 방식을 조롱하는 아이러니를 사용하는 것으로 되돌아가고 있다. 물론 어떤 차원에서 그의 진술은 사실일 수 있다: 세상의 기준으로 그는 어리석고, 약하며, 명예롭지 못하다

6. 그것에 관해서는 특히 Peter Marshall, *Enmity in Corinth: Social Conventions in Paul's Relations with the Corinthians*(Tübingen: Mohr, 1987), 209을 보라.

(1:26을 상기하라). 하지만 영적으로 그는 정확히 그 반대다. 유약하고 빈약하며, 영예롭지 못한 것은 고린도의 교회다.

11-12a절은 바울의 고난에 대해서 보다 직설적인 목록을 제공한다. 이 가운데 어떤 것들은 복음에 대한 적대로 인한 것이고, 또 어떤 것들은 고대의 순회사역자들의 분투적인 삶의 방식으로 인한 것이다(참조. 고후 11:23b-29). 12a절은 9장이 풀어놓을 바울의 사역에 대한 비판을 미리 예상하게 만들어준다. 12b-13a절은 경건하지 못하게 대한 자들을 경건한 형태로 대응하는 방식에 관한 훌륭한 모델을 제공하고, 이는 산상수훈에서 예수의 말씀을 몇 가지 생각나게 한다(참조. 마 5:38-48과 특히 눅 6:28).

13b절은 과장법을 도입한다. 아이러니하게 고린도인들의 바울에 대한 견해는 비기독교 세계의 견해와 자주 일치한다. "더러운 것"과 "찌꺼기"는 세탁의 과정에서 제거되어지는 것들을 가리킨다—때, 오염, 찌꺼기. 혹자는 여기서 구약성경의 희생적인 용어에 대한 암시를 보려고 애쓰지만 그런 것들은 나타나 있지 않다. "지금까지"는 헬라어에서 문장의 맨끝이 와 있고, 많은 고린도인들이 주장하는 것과 달리 그 나라의 충만함이 아직 도달하지는 않았음을 함축하면서 이 단락을 매듭짓는다. 요컨대 고린도인들이 상대적으로 번성한 그들의 상태를 하나님의 복을 반영하는 것이라고 생각하는 반면에, 바울은 그리스도인의 신실함의 보다 정확한 척도로서 복음을 위해서 그가 고난 받은 것을 가리킨다.[7]

바울이 풍자를 갑작스럽게 시작했던 것처럼, 이제 갑작스럽게 논조를 부드럽게 전환한다(14-17절). 고린도가 일반적으로 사도들 특히 바울을 바라보는 올바른 방식은 그를 특별한 친척으로 간주하는 것이다. 그들의 지역 지도자들은 오직 "가디언"(직역하면 "인도자, 교사"—어린이가 집에서 학교에 가고 다시 안전하게 돌아오는 것을 관장하는 헬라의 노예들)일 뿐이지만 바울은 그들의 영적인 아버지다(15절). 이런 부모에 관한 이미지는 14-21절의 모든 내용을 연합시키고 바울의 우려와 강력한 경고를 설명해준다. 15절에서 "일만"은 헬라어의 '뮤리오스("수많은")를 번역한 것이고, 그것은 헬라어의 수에서 가장 높은 단위의 수이고, 구(舊) RSV의 "무수한"과 동의어다. "많지 아니하고"는 동등하게 비유적이다. 사실상 그들은 오직 한 아버지 즉, 바울(만약 그가 고린도에서 그를 이어 사역했던 다른 복

---

7. 그 출발점으로 고전 4:10-13을 취하여 박해에 관한 바울의 신학을 탁월하게 해석한 것에 대해서는 Anthony T. Hanson, *The Paradox of the Cross in the Thought of St. Paul* (Sheffield: JSOT, 1987)을 보라. 또한 John S. Pobee, *Persecution and Martyrdom in the Theology of Paul* (Sheffield: JSOT, 1985)을 참조하라.

음전도자들을 생각하지 않고 있다면 말이다)을 갖고 있다.

16절은 자신을 닮으라는 바울의 요청을 소개한다. 고대 세계에서 아버지가 아들에게 장사를 가르치고 도제로서 자기 밑에서 배우게 했던 것처럼 말이다. 바울은 11:1에서 이 요청을 반복할 것인데, 그때는 제한을 둘 것이다("내가 그리스도를 본받는 자 된 것 같이"). 고린도 교회의 개척자로서 그리고 주님에게로 그 교회의 많은 구성원들을 이끄는 책임이 있는 자로서 이 회중들에 대한 바울의 독특한 관계 때문에 그는 그들의 영적인 성장을 관장할 수 있는 권위와 독특한 책임이 있다. 그는 올바른 크리스천의 삶에 모범이 되기 위해서 다시금 몸소 그들을 보기 원하지만 주님이 그가 에베소에서 좀더 머물 것을 원하신다고 그는 믿는다(고전 16:8-9). 그러므로 그는 소심함을 극복하고 곧 도착할 그의 개인적인 대리자인 디모데를 그리로 보냈다(참조. 16:10-11; 행 19:22).

사도행전 16:1-4에 처음 나타나는, 바울이 특히 사랑하는 선교 여행 동역자이자 제자인 디모데는 다른 곳에서도 유사한 임무로 보내졌고(살전 3:2; 빌 2:19), 결국 에베소 교회의 목회자가 되었다(딤전후서). 그러므로 디모데는 바울이 "나의 행사"(17절)라고 묘사한 적절한 크리스천의 삶의 모범적인 행위를 통해서 고린도인들을 경각시킬 것이다.[8]

18-21절에서 바울은 마지막 경고를 가지고 그의 서신의 이 네 장을 매듭짓는다. 그는 주님이 원하시면(참조. 고전 16:5-7) 곧 올 것이다. 설사 고린도인들 가운데 일부가 그가 오지 않을 것이라고 주장하고 있지만 말이다(18-19a절). 그는 "말"은 빈약하다는 사실에 그들에 동의하지만, "바울의 편지들은 중하고 힘이 있으나 그 몸으로 대할 때는 약하고 말이 시원치 않다"라는 그들의 주장을 반박한다(고후 10:10). 그가 몸으로 대할 때 그들에게 온유하게 말한다면 그것은 사랑으로 인한 것이다(21b절). 그러나 필요하다면 그는 비유적으로 말해서 매를 가지고 올 것이다(NIV: "채찍"). 마치 바울 시대에 신실한 아버지들이 자녀들을 훈련하는 도구로서 대중적으로 사용하던 것처럼 말이다.

그러나 궁극적으로 중요한 것은 하나님의 통치의 임재에 걸 맞는 참된 영적인 능력의 임재다(19b-20절). 이 왕적인 능력은 좁게 상정해서는 안 된다. 그것은 고린도인들이 행하고 있다고 생각하였던 왕적인 역할과 완전히 대비되게 영적인 은사들을 교화하는데 사용되고, 그리스도에게로 사람들을 데리고 와서 훈련하며 도

---

8. 더 자세한 것은 Boykin Sanders, "Imitating Paul: 1 Cor 4:16," *HTR* 74(1981): 353-63을 보라.

덕적인 삶과 적절한 겸손의 의식을 갖게 하는 것을 포함한다(8절).

상황잇기

4장에서 바울은 분열을 이기고 연합을 촉진하는 다섯 번째 이자 마지막 방법을 제기한다. 하나님 아래서 회중들을 돕는 종으로서의 교회 지도자들에 대한 정확한 이해. 그들을 과도하게 높여서도 안 되겠지만 그들을 목회적으로 돌보는 부여된 권위를 가진 자로서 존중해야 한다. (첫 네 이유들에 대해서는 이전의 pp. 77, 90을 보라).

이 장을 적용하는 열쇠는 바울이 어떻게 지도자들에 대한 고린도인들의 접근에서 불균형을 교정하고 있는가를 인식하는데 달려 있다. 단순하게 취할 때 바울의 교정은 똑같이 하지만 반대편 방향으로의 불균형으로 이끌 수 있었다. 하지만 성경 전반에 비추어 볼 때, 우리는 교회 지도자들을 그럼에도 불구하고 권위를 가진 '종' 으로서(1-5절), 따라야 하지만 반석으로 두어서는 안 되는 '모범자' 로서(6-7절), 그리고 고난에서 구조를 받는 '고난자' 로서(8-13) 여길 수 있다. 엄중함과 부드러움을 동시에 가진 부성적인 균형은 이 장에서 이미 충분히 설명했다(14-21절).

1절에서 "종"("맡은 자", "일꾼")에 대한 두 용어는 사실상 권위와 교회 지도자의 복종 사이에서 적절한 균형을 전달하는데 사실상 적합하다. 바울이 여기서 후자에 더 초점을 맞추고 있을지라도 말이다. 한편으로 교인들은 매우 작은 결정들을 너무 세심하게 살핌으로써 비전, 열정, 리더십, 성장을 억눌러 그들의 목회자들의 손발을 묶어서는 안 된다. 다른 한편으로 지도자들은 복음의 십자가 중심적인 기준을 붙잡아야 하고, 복음과 조화되는 한, 돌보고 있는 교인들의 다수의 바람을 소홀히 해서는 안 된다. "종의 사역"의 개념은 다양하게 정의되나 그 개념이 내포하고 있는 반권위주의적인 핵심은 대단히 성경적이고 교회 생활의 모든 영역에서 반드시 필요하다.[9] 안드류 클라크는 그 개념을 리더십의 '임무' 지향적인 개념으로 요약하는데, 이는 리더십에서 '사람' 의 지위에 대한 세속적인 사회에서의 강조를 피하기 위해서다.[10]

9. 이 주제에 관한 가장 균형 잡힌 취급 중에 하나는 James E. Means, *Leadership in Christian Ministry*(Grand Rapids: Baker, 1989)이다. p. 58에서 그는 영적인 리더들을 "개인과 그룹이 참된 필요를 충족시키는 성경적으로 합당한 목표를 형성하고 이루게 하는 방식으로 기독교 제도와 몸으로서의 사람들과의 관계를 발전시키고, 그들의 윤리적인 영향에 의해서 다른 이들에게 동기를 부여하고, 그렇지 않았다면 결코 이룰 수 없었던 것을 이루게 한다"라고 정의한다.

2절은 사역에서 또 다른 중요한 기준을 강조한다—신실성. 하나님은 우리가 세속적인 기준에 의해서 성공적이 되도록 요구하지 않는다. 심지어 영적인 차원에서도 우리가 바라는 것만큼 자주 성공을 허락하시지도 않는다. 오히려 그는 외적인 결과와 상관없이 항상 신실할 것을 우리에게 요청하신다. 3절은 2:15과 예리하게 대조되고 그 구절처럼 문맥 속에서 그 뜻을 얻어야 한다.[11]

2:15에서 지적했던 것처럼, 고린도전서는 고린도 공동체가 행해야 하는 판단의 적절한 형태에 대한 많은 언급을 포함하고 있다(이전 p. 82을 보라). 다음 두 장들은 그러한 판단에 대한 두 주요한 사례들을 설명할 것이다: 교회의 징계(5:1-13)와 교회 구성원들 중에서 법적인 논쟁에 대한 크리스천의 중재(6:1-11). 하지만 여기서 바울은 인간의 판단은 인간의 행위에 대한 하나님의 견해와 '상대적으로' 무의미한 것으로 비교된다. 이 균형은 2-6절에서 비교되고 있는 마태복음 7:1의 균형과 유사하다. 우리는 부당하거나 위선적으로 판단적이 되어서는 안 되지만, 우리가 자신의 문제들을 다룰 준비가 되었을 때, 온유한 심정으로 역시 다른 이들의 죄를 다루는 것이 적절하고 필수적이다(참조. 갈 6:1).

유사한 제한이 3b-4a절에 적용된다. 양심이나 도덕적 인식이 개인의 죄를 인식하고 그들을 회개에 이르게 하는데 매우 긍정적인 역할을 할 수 있다. 하지만 인간의 모든 다른 부분들처럼 양심이 죄에 의해서 부패되었다. 깨끗한 양심도 거짓된 기억의 생산물일 수 있거나 더 나쁘게는 도덕적 실패의 은폐나 부인일 수 있다. 역으로 말해서 일부 사람들의 양심은 부당한 가책으로 그들을 부담 갖게 하면서 거짓되게 그 자신을 고발할 수 있다(참조. 요일 3:20).

3-4절의 함축적인 제한은 역시 5절로도 옮겨진다. 교회 안이든 바깥이든 인간 행동에 대한 중간 평가가 규칙적으로 필요하지만 그것들은 때로 심판날까지 드러나지 않는 정보에 의해 항상 교정될 준비가 되어 있어야 한다. 고전적인 사례는 궁극적으로 누가 구원을 받게 될 것인가 하는 문제와 관련이 있다. C. S. 루이스의 말을 의역하면, 천국에는 세 가지 놀라운 것이 있다—누가 천국에 있을 것인지, 누가 천국에 없을 것인지, 그리고 당신이 천국에 있을 것인지! 3장에서처럼 바울은 여기서 신자들에게 심판의 긍정적인 역할을 조명한다. 어둠속에서 감춰진 것들이 불가피하게 부정적인 것이 될 수 있을지라도 말이다. 그럼에도 불구하고 신자들은

10. Andrew D. Clarke, *Secular and Christian Leadership in Corinth* (Leiden: Brill, 1993), 119.
11. Robertson and Plummer, *First Corinthians*, 76은 이 구절들 사이에 차이를 설명하는 것으로서 T. C. Edwards(1885)을 인용한다: "자기를 아는 것이 진리를 드러내는 것보다 더 어렵다."

"하나님으로부터 칭찬을 받을" 것이다. "전지하신 주님은 다른 재판관은 전혀 발견할 수 없는 곳에서 인정을 위한 대의를 발견할 것이다."[12]

6a절의 불확실한 의미로 보건대, 이 절반의 구절에서 과도하게 교의적인 적용을 이끌어내는 것을 조심해야 한다. 하지만 이 말씀의 목적은 6b절에서 분명하게 나타난다. "기록된 말씀 밖으로 넘어가지 말라"에서 함축된 가정은 7절에서 함의된 배은망덕으로 이끌 수 있다는 사실이다. 이 구절은 펠라기우스와의 싸움에서 그리고 인간의 타락, 불가항력적인 은혜, 예정의 개념에 대한 전개에서 어거스틴에게 아주 중요했다. 하지만 이것이 널리 합법적인 신학적 추론이었을지라도, 고린도인들의 오만을 다루는 바울의 직접적인 요지를 넘어서는 것이다. 그렇지만 7절은 하나님 앞에서 근본적으로 동등한 것으로 모든 신자들을 바라보는 3장의 이해를 지원해주는데, 회심 후에 그들이 소유하거나 행한 어느 것도 공로에 의한 보상의 자격을 부여하지 못한다.

8-13절은 고난의 아이러니를 순전히 조명한다. 신약성경은 신자들이 고난이나 순교를 추구할 것을 신자들에게 명하지 않는다. 실로 예수와 바울도 자주 그런 것들을 피하셨다. 그리고 그리스도는 특히 제자들에게 할 수 있는 한 박해를 피할 것을 명하셨다(마 10:23). 성경은 그리스도인의 고난이 보속하는 가치가 있다고 말하지 않는다. 그리스도의 십자가의 사역은 그런 점에서 전적으로 유일하다. 골로새서 1:24에서 바울의 진술인 "내가…그리스도의 남은 고난을 그의 몸된 교회를 위하여 내 육체에 채우노라"는 그리스도의 보속에서 어떤 부족한 부분이 있었다는 것이 아니라 그리스도 안에서 신자들이 참아내야 하는 고난의 양을 가리킨다.

한편으로 성경은 고난에 관한 긍정적인 가치를 지적한다. 고린도인들에 대한 바울의 다음 서신은 하나님이 그의 백성들이 왜 고난을 당해야하는지에 대한 이유를 확증하는 목록을 제공한다. 하나님이 주신 위로로 다른 이들을 위로하게 하고(고후 1:4), 지켜보는 세상으로 하여금 대응하는 우리의 능력 속에서 초자연적인 근원을 인식하게 만드는데(4:7-12), 어느 날 그들을 기다리고 있는 영광스러운 보상(4:17; 5:1-10)과 하나님의 능력이 자주 인간의 연약함 속에서 완전해지기 때문이다(12:9).

산상수훈에서 그리스도는 "의로 인해 핍박을 받은 자는 복이 있나니 천국이 저희 것임이라"(마 5:10) 선언하셨다. "의로 인해"란 어구는 하나님의 복이 잘못된

12. F. F. Bruce, *1 and 2 Corinthians* (London: Marshall, Morgan & Scott, 1971), 48.

행위와 거짓된 가르침 또는 기지의 부족으로 인해서 박해받는 사람들에게로까지 확대되지 않는다는 것을 우리에게 상기시킨다(참조. 벧전 3:13-17). 우리는 신앙적인 박해가 자동적으로 우리의 대의를 옳게 확증해주는 것이라고 가정하는 오류를 범하지 않아야 한다.

다른 한편으로 거의 확실히 일부 육체적인 고난에 대한 언급인 "육체의 가시"에 대한 바울의 진술로 보건대(고후 12:7-10), 바울의 원리를 자연적인 재앙, 질병, 지체부자유로 인한 고난에 대한 것으로 확장하는 것은 합법적이다. 즉 우리 자신의 죄나 게으름으로 인한 것이 아닌 것으로 그 고난을 확대시킬 수 있다. 설사 죄로 인한 고난일지라도, 하나님은 은혜로 우리의 실수를 넘어가시고 그것으로부터 배우게 하시고 자라게 하신다.[13]

여기 고린도전서 4:11에서 바울이 언급하고 있는 네 고난 중에 세 가지는 본질적으로 그의 복음 전파로 인해 오는 것이 아니라("매 맞으며"는 한 가지 예외일 것이다), 더욱 일반적으로 고대 세계에서 순회 사역자에 있었던 위험에 속한다. 순회 사역자들은 다른 이들의 양식에 자신을 의탁하였기 때문이다. 사역이 덜 순회적이고, 여행이 덜 위험하며, 덜 가난한 세상에 속한 우리들은 많은 굶주림과 배고픔과 집 없음이나 손으로 하는 노동을 예상할 필요가 없다. 하지만 이 세상의 많은 부분에서 이런 상태가 여전히 우세한 곳이 있다. 그곳의 목회자들은 이중 직업을 가져야 하고, 빈약하게 사례를 받으며, 신자들이 적은 관계로 장거리를 여행해야 숙박할 곳을 찾을 수 있으며, 소수의 자원으로 빈약한 상태에서 사역할 수밖에 없다.

하지만 조만간 몸으로 증거하는 모든 신실한 신자들이 그들의 증거로 인해 박해와 적대를 직면할 것이다(딤후 3:12). 따라서 그리스도의 고난을 공유하는 것은 그의 영광을 공유하는데 필수조건이다(롬 8:17). 박해의 본질은 다양하게 다를 것이고, 때로 바울이 직면했던 것보다 육체적으로는 덜 심각할 것이다(어떤 다른 이들에게는 더 심각할 수도 있다). 하지만 공통된 특징은 확실히 어리석고, 유약하고, 비천하며(10절), 모욕을 당하고 비방을 받는 것으로(12-13절) 생각되는 것을 포함한다. 목회자들과 기독교 리더십에서 뛰어난 여타 사람들은 그러한 심각한 박해를 받을 것을 예상해야 하고, 적절히 은혜로운 대답으로 모범을 보여야 한다. 이것이 지위, 능력, 위신, 또는 부(wealth)가 전임사역자로 들어가기 위한 타당한 동기가

13. 이 주제에 관한 몇 가지 탁월한 서론적인 취급에 대해서는 D. A. Carson, *How Long, O Lord? Reflections on Suffering and Evil* (Grand Rapids: Baker, 1990)을 보라.

될 수 없는 이유다.

예리한 대조를 이루는 부성적인 관심은 기독교 사역을 위한 가장 근본적이고 합법적인 동기를 형성한다. 14-21절의 부성적인 심상은 데살로니가전서 2:11에서도 나타나지만 그것은 모성적인 심상을 대칭시킴으로써 문맥을 균형짓는다(살전 2:7). 따라서 고린도인들에 대해서 바울의 아버지 됨은 성(性)적인 것과 관련이 있는 것이 아니라 양성(兩性)의 경건한 부모들에 의해서 자녀들에게 시행되는 권위와 사랑과 상당히 관련이 있다.[14]

더욱 눈에 띄는 것은 자녀들이 본받아야 하는 부성적인 모델의 이미지다. "나를 닮으라"(16절)고 고린도인들에게 요청한 것은 주제넘음의 극치를 대변하거나, 아니면 기독교인 제자들을 생산하는 방식에 관한 모든 시대의 가장 심오하고 도전적인 통찰을 반영한다. 바울의 삶과 가르침에 비추어 볼 때, 후자가 바람직하다. 성화의 길을 따라 진보하는 것은 새로운 신자들이 매일의 삶의 모든 양상에서 본받아야할 일관되고 긍정적이고 성숙한 크리스천 모델을 가질 것을 요청한다. 나아가서 이것은 보다 성숙한 크리스천들이 주변의 어린 신자들에게 삶을 개방하고 투명해야함을 시사한다. 예수와 열두 제자 그리고 바울과 그의 선교 동역자들에게서 보는 것처럼 신자는 경건한 삶의 양식을 진정으로 목격할 수 있을 정도로 자신이 훈련하고 있는 사람들과 같이 일하고 살아가는 것이 이상적이다. 이것은 그 길을 가는 신자들이 완벽함을 보여야 한다는 것을 함축하지 않는다. 죄를 다루는 방법에서—회개하고 용서를 구하는 일에서—덕스러운 행동으로 모범을 보이는 것만큼 중요한 것은 없다.

부성적인 사랑은 훈련할 권리를 갖는다—그러므로 18-21절. 바울은 우리의 행동이 말과 일치해야 한다는 것을 경각시킨다. 만약 그렇지 않다면, 제재하는 행위가 필요하다. 하지만 이런 제재하는 행위가 적절한 균형을 이루어야 한다. 규율이 없는 모든 사랑은 사랑을 받는 자들을 망치게 하고 여전히 죄 가운데 있도록 방자

---

14. 이 요지는 성의 이슈에 특히 민감한 현대적인 환경에서는 자주 흐려진다. 따라서 예를 들어 Eva M. Lassen("The Use of the Father Image in Imperial Propaganda and 1 Corinthians 4:14-21," *TynB* 42[1991]: 127-36)은 보다 민주적인 헬라적 배경에 비추어서 로마서와 고린도서에서의 계급적이고 부성적인 강조를 올바르게 강조한다. 하지만 이 저자가 아버지의 모습에 대한 바울의 호소가 그의 회중에 대한 그의 권위적인 관계를 강조하는 것이라고 결론지을 때, 그녀는 바울이 호소하고 있는 것은 남성의 권위보다 부성적이라는 사실을 상실한다. 한편으로 Prior(*1 Corinthians*, 67-68)가 아버지로서 바울의 역할은 권위적인 뉘앙스를 갖지 않으며, 달리 주장하는 것은 우리 시대에 교회의 성장과 건강에 가장 강력한 장애가 되는 "거짓 가르침"을 대변한다고 격렬하게 주장할 때 이는 목욕한 물과 함께 아기를 버린다.

하게 만든다. 하지만 사랑에 의해 조절되지 않는 규율은 사람들을 교회, 그리고 자주 하나님으로부터 멀어지게 하는 거친 권위주의를 낳고, 그들이 도망할 기회를 갖는 순간을 만든다.

현대적 의미

기독교 사역자들(1절)에게서 권위주의와 섬김의 양 극단 사이에서 완벽한 균형은 오늘날 드문 일이 되고 있다. 많은 교회들이 강력한 리더들을 떠받들고 있고, 반면에 다른 교회들은 진정한 결정의 권한을 공식적 또는 비공식적 교회의 권위에 둠으로써 목회자들이 교회를 이끌지 못하게 만든다. 뛰어나지만 "실족한" 리더들이 교회의 규율에 복종하기를 거부하는 것은 전자 곧 권위주의의 병폐를 보여준다. 교회 직원들, 부교역자들의 급속한 이직률은 자주 후자의 병폐를 보여준다.

성공의 세속적인 기준이 성경적인 기준을 어둡게 만든다. 상상할 수 있는 거의 대부분의 기준이 바울이 2절에서 조명하고 있는 신실성과 관계없는 것을 높이 쳐주고 있다—예산, 수입, 규모와 교회 건물의 외관, 기독교 인사들의 출석, 또는 프로그램의 수. 보다 "영적인" 차원에서조차도 우리는 회심, 세례, 또는 교회 구성원들의 증가가 성숙하고 순종적인 사역으로 인한 결과임을 보여주는 것이라고 자주 스스로 속는다. 우리의 전략이나 기호의 부족으로 말미암아 복음에서 멀어진 사람들의 수와 "뒷문"으로 교회를 떠나는 사람들의 수를 동등하게 고려할 때만이 통계치로 잡은 첫 그룹이 중요한 의미가 있는지를 결정할 수 있다.

수적으로 성장하고 있는 교회들이 영적으로 건강하지 않을 수도 있고, 오히려 수적으로 적은 교회들이 개인적으로 집합적으로 거룩함에서 성숙할 수 있다. 때로 제어할 수 없는 외적인 세력들이 수적인 성장 부족의 원인이 될 수 있다. 고전적인 사례로서 윌리엄 케리와 아도니람 허드슨이 인도와 미얀마에서 얻은 광범위한 영적 열매들을 오랫동안 기다렸음을 생각할 수 있고, 오늘날 현대의 교회 성장 전략가들이 그 열매가 익는 것을 볼 만큼 사람들을 충분히 오랫동안 신실하게 남아 있게 하는지가 의문이 든다.[15]

심지어 성경적인 방법으로조차도 개인과 교회를 판단하지 않는 것과 자주 세속적인 기준으로 삶의 모든 세세한 부분들을 판단하는 것 사이에 미묘한 균형을 유

15. 이와는 대비되게 사도 요한은 서머나(계 2:9-10)와 빌라델비아(3:8-10)에서 신실한 크리스천들을 예견한다.

지하기가 역시 어렵다. 따라서 역시 우리들은 우리들 가운데 죄를 다루지 않는 것과 죄를 끊임없이 없애려는 노력에서 과도하게 대하거나 판단하는 것 사이에서 곡예를 벌여야 한다(3-5절). 마태복음 7:1("비판을 받지 아니하려거든 비판하지 말라")이 비기독교인들에게조차도 아주 잘 알려져 있는 성경의 구절인 요한복음 3:16을 대신하는 것으로 보이고, 그것은 거의 항상 문맥에서 벗어나서 오용되고 있다. 예를 들어, 동성애적인 삶의 방식을 지지하는 항의자들은 가족의 성경적 가치를 재발견하려는 그리스도인들의 집회에 피켓을 들고 항의하며, 마태복음 7:5("먼저 네 눈 속에서 들보를 빼어라 그 후에야 밝히 보고 형제의 눈 속에서 티를 빼리라")을 제대로 인식하지 못하고 자신들의 포스터에 이 구절을 붙인다.

근본적으로 개인주의적이고 대단히 민주적인 우리 사회에서 "양심이 당신을 인도하게 하라"가 성경적인 진리와 유사하게 들린다. 4절은 그것이 그렇지 않다는 것을 분명하게 밝혀준다. "만인 제사장직"과 "영혼의 능력"이란 신학적인 개념이 종교개혁을 형성한 자들이 의도했던 것보다 훨씬 더 넓게 자주 적용되고 있다. 성경은 하나님과 직접적으로 관련되고 구원에 이르기 위해서 성경을 충분히 이해하며 다른 인간들처럼 하나님이 보시기에 가치 있는 것으로 각 개인의 능력이 있음을 가르친다. 하지만 이런 주제들이 색다르고 개인적인 성경의 해석을 지원하는 것으로 점차적으로 왜곡되고, 규율을 행사하고 회개하지 않는 범법자들을 교회에서 제함으로써 기준을 유지하려는 기독교 기관의 권리를 도전하는 것으로 잘못 사용되고 있다.[16]

6절이 뒤이어지는 성경의 기준을 언급하는 것이라면, 그때에 우리는 현대 세계의 형편없는 성경적 지식, 즉 교회에 다니는 사람들조차도 십계명의 대부분을 암송하지 못하고 사복음서의 이름을 대지 못하거나 누가 산상수훈을 말했는지를 밝히지 못할 정도로 무지한 것을 확실히 언급할 수 있다.[17] 또한 성경에 대한 불순종이 만연하고 있음은 놀랍지 않다. 이런 와중에 기독교 교육이 마땅히 상승해야 하는 때, 많은 교회들에서 그것이 쇠퇴하고 있다. 따라서 우리는 강대상의 사역이 성

---

16. 특히 Timothy George, "The Priesthood of All Believers and the Quest for Theological Integrity," *CTR* 3(1989): 283-94을 참조하라.

17. George Gallup, Jr. and Sarah Jones, *100 Questions and Answers: Religion in America* (Princeton: Princeton Religion Research Center, 1989), 42: 여론조사에 참여한 미국의 42퍼센트 만이 다섯 계명만을 언급할 수 있었고, 46퍼센트 만이 사복음서의 이름을 댈 수 있었으며, 42퍼센트 만이 산상수훈을 누가 말했는지를 알았다.

경의 주요한 가르침의 요소를 포함할 필요가 있고, 어른들과 어린이들의 주일학교, 가정의 교제 그룹, 일대일 제자훈련 프로그램 등등도 마찬가지로 그러해야 한다.[18]

사회의 대부분이 스스로 자랑하지 말라는 우리의 배움에 역행한다(7절). 우리는 많이 배운 것에 신임을 주고, 심지어 교육과 직업에서 우리가 이루어놓은 것을 이력서와 직업평가서를 통해서 광고한다. 놀랍지 않게 그러한 광고가 의식적으로 무의식적으로 크리스천의 삶으로 전이되어, 우리의 사역과 교회들이 자랑할 수 있는 통계치에 포함된다. 전문적인 교회와 파라처치 사역자들이 특히 그런 일중심주의의 경향을 보이는 것으로 보인다.

이런 유혹에 굴복하기보다 우리는 하나님의 능력주심과 보호하심을 떠나서는 아무런 가치 있는 것을 이룰 수 없음을 매일 상기하는 것이 필요하다. 이는 우리의 성공에 대한 모든 자랑을 위선적이게 하고 모든 우리의 과다한 활동을 주제넘은 것으로 간주하게 만든다. 재물과 안락한 삶 때문에 어떤 면에서 다른 나라사람들보다 더 낫다고 생각하는 많은 미국인들이 있는데, 그들이 어느 곳에 태어날 것인지를 선택하지 않았다는 사실을 의미 있게 생각하지 않았기 때문이다.

8절에서 고린도인들에 대한 바울의 설명에 잠복해 있는 승리주의는 현대적으로 상응하는 많은 것들이 있다(여기서 우리가 논의한 것과 더불어 서론의 pp. 32-34를 참조하라). 우리의 영적인 건강 그리고 우리가 영적으로(그리고 육체적으로, 도덕적으로 그리고 기술적으로) 발전할 수 있다는 과도한 평가가 서방 사회에 번지고 있다.

역으로 말해서 세계 역사에서 가장 유복한 문화의 혜택을 경험하고 있는 우리들이 고난의 적극적인 가치를 빈약하게 이해하고 있다(9-13절). 고린도인들처럼 우리는 규칙적으로 고난이 영광보다 앞서 있어야 한다는 사실을 자주 이해하지 못한다. 마이클 그린은 "서방의 교회가 고난에 부름을 받을 때까지는 나약하고 무기력하게 있을 것이다"라고 예견한다. 우리는 고난을 통해서 우리의 삶의 가장 의미 있는 교훈을 배워야 할 것이다. 아울러 "예수가 이 길을 걸으셨다면, 우리를 위한 다른 길은 없다. 하지만 고린도인들처럼 우리는 그 길을 받아들이는 것을 마지못해하고 있다."[19] 교육, 미디어 등과 같은 대중적인 영역에서 복음주의 기독교에 대

---

18. 이런 일을 실천하는 것에 대해서는 예를 들어, Lawrence O. Richards, *Creative Bible Teaching* (Chicago: Moody, 1970); Howard G. Hendricks, *Teaching to Change Lives* (Portland: Multnomah, 1987)을 보라.
19. Green, *Corinth*, 127.

한 점증된 적대감으로 보건대, 미국 교회가 점차적으로 그런 찌꺼기를 정화시키고 이 길을 걷기를 배울 가능성이 적어 보인다.

그러나 이런 순간에 우리는 소위 "건강과 축복의 복음"과 같은 서방의 이단들을 교묘하게 만들고 있다. 그것은 기도의 정책을 일컫는 말로 가득하다. 하지만 가난과 병으로 찌든 제삼세계 문화와 기독교 공동체에 속해 있는 사람들은 누가 그러한 도매급의 성경의 왜곡을 믿을 수 있을 것인지를 거의 납득하지 못한다.[20] 4:1-13을 진지하게 취한다면 선교전략이 역시 바뀔 것이다. 가난한 공동체에서 서방의 삶의 기준을 유지하는데 덜 돈을 사용하고, 다른 이들의 필사적인 영적 물리적 필요를 채워주는데 더 많이 사용할 것이다.[21]

확실히 하나님이 오늘날 기적을 행하시지 않는다고 믿거나 기적을 행하실 수 없는 것처럼 행하는 억압적인 패배주의는 동등하게 인정할 수 없다. 치유에 대한 기도는 암 진단을 받은 사람에게 완전히 적절한 반응이다—즉시 장례를 준비하는 것보다는 훨씬 적절한 것이다! 하나님은 모든 종류의 고난에 기적의 치유를 가져오시지는 않는다. 그러한 기적은 예외적인 것이고 통상적인 것이 아니다. 하지만 치유에 대한 기도의 부족보다 더 심각한 것(또는 적어도 주목을 끄는 것)은 설교자와 방송설교자가 모든 아픔의 원인을 죄로 귀속시키고 치유를 위해 기도하였지만 치유를 받지 못하였을 때 그것을 그들의 믿음의 부족으로 돌리고 비난하는 것이다. 칼 플랜크는 간결하게 이 문제에 필요한 균형을 개요한다.

> 열정이나 무익함이란 단어는 모두 고난의 신학에 해당하지 않는다. 그러나 값싼 확신의 순진함과 좌절의 오만은 더욱더 관대한 아이러니를 확대시킨다. 삶과 죽음의 밀접성을 쥐고 있는 세상은 신학이 역설을 통해서 말할 것을 요구하고, 좋은 신앙 속에서 그렇게 하게 만든다.[22]

플랜크는 신학이 고난을 정죄하거나 높이지 않아야 한다는 것을 부연한다. 고난은 적이다. 하지만 그것은 "소중함을 낳는다."

---

20. 지극히 공감적이면서도 적절한 비판에 위해서는 Bruce Barron, *The Health and Wealth Gospel*(Downers Grove, Ill.: InterVarsity Press, 1987)을 보라.
21. 특히 Jonathan J. Bonk, "Doing Mission out of Affluence: Reflections on Recruiting *'End of the Procession'* Missionaries from *'Front of the Procession'* Churches(1 Corinthians 4:1-13)," *Missiology* 17(1989): 427-52을 보라.
22. Karl A. Plank, *Paul and the Irony of Affliction*(Atlanta: Scholars, 1987), 93.

우리는 역시 박해를 잘 다룰 줄 모른다. 특히 분파에서 작은 소수파는 마치 자신들의 신실함을 확증해주기라도 하는 것처럼 세상과 다른 크리스천 그룹에 의한 배척을 영광스럽게 여긴다. 조용한 다수파는 배척이 두려워서 거의 그 믿음을 증거하지 못한다. 올바른 중간적인 입장은 크리스천들이 담대하지만 사랑스럽게 삶의 모든 걸음걸이에서 하나님의 진리를 대변하고, 어떤 결과가 있든지 간에 그것을 수용하는 것으로 부름을 받았다는 것을 인식하는 것이다. 복음에 호의적인 정치적 사회적 요소들이 쇠퇴하고 있을 때에도 작은 서광이 점증하는 어둠 속에서 밝게 빛난다. 우리 사회가 복음주의 기독교인들을 제외하고는 우리 문화의 모든 용인할 수 있는 소집단들에 대한 차별에 대해서 강력하게 말하고 있다는 사실에서 강력한 아이러니를 발견할 수 있다.[23] 그러한 무일관성은 모든 다른 이념들에 대항하는 기독교의 유일한 주장과 능력을 간접적으로 증거해준다.

심지어 더욱 아이러니하고 호도되고 있는 것은 세상의 무기를 가지고 싸우라고 크리스천들에게 요청하는 것이다. 공격적인 흑인들, 유대인들, 여성들, 동성연애자들, 그리고 다른 다양한 소수파들이 때로 자신들에 대해서 차별하는 사회에 대단히 민감하게 반응하는 이유 중의 하나는 그들이 자주 적용한 공격적인 정치적 법적 전략 때문이다. 즉 십자가 중심적인 복음의 촉진을 주장하는 크리스천들에게는 적용할 수 없는 전략 때문이다. 우리는 어떤 전쟁—광고주에 대항해서 불매운동을 벌이고, 공적인 기도와 성경 연구에 대한 우리의 권리를 주장하거나 "정치적으로 올바른" 연설을 위해서 어떤 구속적인 명령을 극복하는 것 등—에서 이길 수 있다. 그러한 항거의 제한된 수는 사회의 대다수의 여론이 형성될 때 때로 유익하다. 하지만 많은 경우에 우리는 배 바깥으로 나가서 전쟁에서 질 수 있는데, 우리가 싸우는 사람들을 소외시킴으로써 그들이 영원히 그 나라의 잠재적인 시민이 되지 못하게 할 수 있다.[24]

---

23. Contrast Stephen L. Carter, *The Culture of Disbelief*(New York: Basic Books, 1993)은 미국 헌법 수정 제1조(언론·종교·집회의 자유를 정한 조항-옮긴이)와 우리의 민주적인 전통의 확장과 일치하는 것으로서 종교적인 공동체의 특별한 역할을 보존할 것을 요청한다.

24. 사도행전에서 바울의 행위에 관한 연구는 특히 교훈적이다. 바울은 로마 시민으로서 그의 법적인 권리를 다른 이들에게 혜택이 되거나 일반적으로 복음의 진전이 위험에 처해 있을 때만 주장한다. 사도행전 16:37(그는 감옥에 들어가기 전에 로마 시민임을 호소할 수 있었으나 그렇게 하지 않았다), 22:25-29(그는 주요한 논쟁을 로마의 지도자가 아니라 유대 지도자들과 하고 있다는 것을 알았다), 그리고 25:10-11(하나님이 로마로 그가 가기를 원하시고 계심을 이미 알았다[23:11])을 참조하라. 사도행전의 지배적인 패턴은 박해가 시작되면 바울은 저항 없이 주어진 지역을 단순히 떠났음을 알 수 있다.

14-21절의 중심을 이루고 있는 기독교인의 행위에 관한 부성적인 모델에 관한 주제는 임시적이고, 분열적이며, 사건 지향적인 사회에서 제자도를 위한 심오한 가능성을 제시한다. 그러나 다시금 기독교 영역에서의 추세는 거의 단일하게 복음의 패턴보다는 우리 문화의 패턴을 따르는 것으로 보인다. 학문 기관들이 지식을 더욱더 구획으로 나누고 교육을 강의실로 제한하는 시점에서 신학교는 교회를 돕는 교육의 더 훌륭한 모델을 만들어야 한다.[25] 목회자의 평균 재직 기간이 점차 감소하고 있는 시점에서 우리는 춥거나 덥거나 한 공동체에서 오랫동안 신자들에게 헌신할 준비가 되어 있는 사람들을 필요로 한다. 일부 기독교 지도자들이 보여주는 행위나 흥미에 기초한 사역을 하는 경향을 보이고 있는 때에 우리는 더욱더 투명하고 사람들과 어울리는 사람을 필요로 한다—그리고 삶의 방식이 모방할 가치가 있는 사람을 더욱 필요로 한다. 리더십이 한 사람의 손에 상당히 달려 있는 시점에서 우리는 증폭에 의한 성장의 모델을 발견할 필요가 있다—일련의 팔로워들(제자들)에게 삶을 헌신함으로써 그들이 같은 형식으로 다른 제자들을 생산해내게 해야 한다(참조. 딤후 2:2). 상처를 입은 사람들이 돈을 받은 시간으로 "고객들"과의 접촉을 제한하는 상담자들에게 의뢰하는 시점에서, 우리는 사무실 안과 밖에서 동료 신자들을 자유롭게 오게 할 수 있는 상담 기술을 가진 사람들을 포함하는 세심한 크리스천들을 필요로 한다. 크리스천들은 수많은 삶의 걸음걸이에서 성숙한 크리스천의 삶과 관련한 것들을 모범적으로 보일 필요가 있다. 신자들이 참된 공동체 속에서 더욱 살수록 이런 이들이 훨씬 더 많이 발생할 것이다. 현재에 가정교회 운동의 상승은 모방을 통해서 제자를 길러내는 이런 강점을 발견케 하는 잠재성을 갖고 있다.[26]

무엇보다도 크리스천의 삶의 모범은 불가피할 때 고난을 수용하는 것이다: "우리는 믿음과 신실함을 위한 고난을 피하지 않거나 찾아가는 봉사의 삶 속에서 우리의 가르침을 승화시켜야 한다. 만약 우리가 단순히 말뿐이라면, 거짓 사도들에 지나지 않을 것이다"[27](참조. 19-20절).

18-21절은 5장이 더 자세하게 상술할 인내와 훈련에 필요한 균형을 상기시킨다.

---

25. *Acts for Today*(London: Hodder and Stoughton, 1993), 174에서 Michael Green의 자극적인 주장을 참조하라.
26. 예를 들어, Christian Smith, *Going to the Root: 9 Proposals for Radical Church Renewal*(Scottdale, Pa.: Herald, 1992)을 보라.
27. William D. Spencer, "The Power in Paul's Teaching(1 Cor 4:9-20)," *JETS* 32(1989): 61.

만약 기독교인 부모들이 "과감하게 훈련하기" 위해서 1960년대에 허용되었던 것을 발견하고 있다면,[28] 분열자들이 1세기 고린도에서 했었던 방식으로 오늘날 교회를 분열시키는 오만한 권력투쟁가들에 대항해서 온유하지만 확고한 저항을 행사할 수 있는 유사한 발견을 시작할 필요가 있다.

28. Tyndale House, Wheaton, in 1970에 의해 본래 출판되고 여러 번 재판과 개정을 거듭한 James Dobson의 아주 유명한 책의 제목이기도 하다.

고린도전서 5:1-13

1 너희 중에 심지어 음행이 있다 함을 들으니
그런 음행은 이방인 중에서도 없는 것이라
누가 그 아버지의 아내를 취하였다 하는도다
2 그리하고도 너희가 오히려 교만하여져서 어
찌하여 통한히 여기지 아니하고 그 일 행한
자를 너희 중에서 쫓아내지 아니하였느냐
3 내가 실로 몸으로는 떠나 있으나 영으로는
함께 있어서 거기 있는 것 같이 이런 일 행한
자를 이미 판단하였노라
4 주 예수의 이름으로 너희가 내 영과 함께 모
여서 우리 주 예수의 능력으로
5 이런 자를 사탄에게 내주었으니 이는 육신은
멸하고 영은 주 예수의 날에 구원을 받게 하
려 함이라
6 너희가 자랑하는 것이 옳지 아니하도다 적은
누룩이 온 덩어리에 퍼지는 것을 알지 못하
느냐
7 너희는 누룩 없는 자인데 새 덩어리가 되기
위하여 묵은 누룩을 내버리라 우리의 유월절
양 곧 그리스도께서 희생되셨느니라
8 이러므로 우리가 명절을 지키되 묵은 누룩으
로도 말고 악하고 악의에 찬 누룩으로도 말
고 누룩이 없이 오직 순전함과 진실함의 떡
으로 하자
9 내가 너희에게 쓴 편지에 음행하는 자들을
사귀지 말라 하였거니와
10 이 말은 이 세상의 음행하는 자들이나 탐하
는 자들이나 속여 빼앗는 자들이나 우상 숭
배하는 자들을 도무지 사귀지 말라 하는 것
이 아니니 만일 그리하려면 너희가 세상 밖
으로 나가야 할 것이라
11 이제 내가 너희에게 쓴 것은 만일 어떤 형제
라 일컫는 자가 음행하거나 탐욕을 부리거나
우상 숭배를 하거나 모욕하거나 술 취하거나
속여 빼앗거든 사귀지도 말고 그런 자와는
함께 먹지도 말라 함이라
12 밖에 있는 사람들을 판단하는 것이야 내게
무슨 상관이 있으리요마는 교회 안에 있는
사람들이야 너희가 판단하지 아니하랴
13 밖에 있는 사람들은 하나님이 심판하시려니
와 이 악한 사람은 너희 중에서 내쫓으라

원 의미

바울이 고린도 교회에 대해서 받았던 구두적인 보고에 반응해서 언급한 두 번째 주요한 주제가 여기서 시작된다. 그는 이 문제를 교회 안에 있었던 심각한 분열보다도 간략하게 다룬다(1:10-4:21). 여전히 5-6장은 성적인 죄(5:1-13), 소송(6:1-11), 그리고 다시 성적인 죄(6:12-20)를 논하는 ABA 형태로 구성된 보다 범위가 넓고 느슨하게 연관된 단위로 간주할 수 있다. 이 모든 세 항목에서 공통된 것은 그리스도 안에서 자유를 남용하고 있는 방임적이고 쾌락적인 진영에 대한 모습이다. 이 그룹은 물질적인 세상의 의미를 비하하고 다가올 시대의 모든 복의 도래를 과장한다. 더욱 나쁜 것은 교회가 이런 그들의 죄악된 행위를 적절히 점검하고 판단하기를 거부하고 있다. 그처럼 5장은 고린도인들의 오만을 반복해서 언급함으로써 4장의 말미와 연관짓는다(참조. 5:2과 함께 4:18-19). 바울의 논의는 자연스럽게 세 장으로 나뉜다: 심판의 선언(1-5절), 합리적인 설명(6-8절), 오해의 교정(9-13절).

고린도 교회 안에 있었던 문제의 혐오적인 상태가 바울의 생각을 이끌었다. 1절에서 "보고되었다"는 직역하면 "들었다"이다. 우리는 그 소식이 얼마나 널리 순회되었는지를 알 수 없지만, 적어도 바울의 귀에 이르렀다. "성적인 부도덕성"은 헬라어의 '포르네이아'를 번역한 것이고, 이는 성적인 죄에 대한 용어로 가장 일반적으로 쓰인다. 그러나 문맥상 죄는 근친상간의 문제임이 분명하다. 관련되어 있는 남성이 교회 안의 분열적인 리더들이나 후원자들 중 한 사람이었다면, 사람들이 왜 그에 대해서 조치를 취하는 것을 마지못해 했으며, 왜 바울이 그렇게 당황해 했는지를 잘 이해할 수 있다. "있다"(has)는 계속 진행 중인 성적인 관계를 암시한다. "아버지의 아내"는 이 여인이 그 사람의 어머니가 아니라 계모였음을 암시한다. 그녀는 그녀의 남편보다 훨씬 젊었을 것이고, 따라서 남편의 아들에게 매력을 느꼈을 것이다. 만약 아들이 후원자였다면, 그는 부유하였기에 그 간통이 여인에게 상당한 재정적 이득을 가져다주었을 것이다. 또한 아버지가 죽었을 수 있고, 그의 재산이 아내보다는 아들에게 전달되었을 수 있다. 아들이 합법적으로 그 여인과 결혼했는지를 결정하기가 어렵다.[1] 이런 종류의 근친상간은 유대법에서 엄격하게 금하고 있었다(레 18:8). 그리스 로마 세계가 보통 도덕적으로 느슨하였음에도 불구하고, 이런 종류의 근친상간은 비교적 드물고 그리스 로마에서도 역시 널리 정죄되었던 성적 죄의 한 형태였다.[2]

이 문제에 대한 교회의 반응은 그 사건보다도 더 나쁘거나 잘못되었다. 그들 사이에서 죄를 탄식하는 것이 아니라[3] 크리스천으로서 사실상 그들이 새로이 발견

1. 모든 상세한 설명에 대해서는 Andrew D. Clarke, *Secular and Christian Leadership in Corinth* (Leiden: Brill, 1993), 74-85을 참조하라.

2. 많은 주석가들이 사위와 결혼한 한 여인에 대한 키케로의 약간 과장된 분노를 인용한다: "오! 이 한 경우를 제외하고는 모든 경험에서 있을 수 없고 믿을 수 없는 이 여인의 죄를 생각해 보라"(*Pro Cluentio* 15). Talbert, *Corinthians*, 13-14는 이 주제에 관한 다른 관련된 유대 그리스 로마의 관점에 관한 좋은 목록을 제시한다.

한 "계몽적인" 관용을 뽐내고 있었다(2절). 바울은 두려움으로 반응한다. 그들은 이 남자를 그들("교제") 가운데서 쫓아내야 한다. 여인을 쫓아내는 일을 언급하지 않은 것으로 보아서, 그녀는 새로 시작된 교회의 일원이 아니었음을 암시한다.

3-4절에서 바울은 그 상황에 대해서 심판을 선언하는 권위를 주장하고, 그렇게 함으로써 그리스도 예수의 능력과 권위를 반영한다. 바울이 육체적으로 함께 있지는 않을지라도, 그의 생각은 일찍이 그들과 함께 있었고, 이 서신을 통해서 그들은 그의 의도와 바람을 알았다. "주 예수의 이름으로"가 헬라어에서 4절에서 시작하고, 그것이 "판단하다"나 "이런 일 행한 자"를 역시 수식할 수 있었다. 만약 이 중에 후자를 수용한다면, 고린도에서의 문제는 훨씬 더 끔찍한 상태를 이룬다: 그 남자가 그리스도 안에서 그의 잔류를 언급하면서 자신의 죄를 예수의 권위에 호소함으로써 정당화시켰을 것이다. 그러나 이 문장은 헬라어에서 매우 복잡해서 확실히 알기 어렵다.[4]

정확히 바울이 고린도인들에게 5절에서 무엇을 명하였는지는 매우 논쟁이 된다. 그것이 '적어도' 출교나 교제하지 말 것과 관련이 있다는 데는 모두 동의한다. 현대의 지배적인 견해는 바울이 그 사람의 육체적인 죽음을 상정하고 있을 것이라고 본다. 아마도 그는 성적으로 심각하게 전이되는 질병을 가졌거나 바울은 아마도 하나님이 그를 다른 고린도인들(참조. 11:30)과 아나니아와 삽비라처럼(행 5:1-11) 보다 직접적으로 벌하셨을 것을 가정했을 수도 있다. 따라서 "사탄에게 내주었으니"는 그의 몸이 죽은 것을 가리킬 것이고(참조. NIV 각주), 그때에 바울이 심판 날로 왜 건너뛰었는지를 설명해준다: 심각한 징계는 그 사람이 완전히 배교하는 것을 막아주고, 그가 여전히 영원 속에서는 구원을 받게 될 것임을 확증해준다.

다른 한편으로 이 단락에 대한 최근의 많은 연구에서 소생하고 있는 초대교회의 지배적인 관점을 눈여겨 볼만하다. 헬라어는 직역하면 "그의 '몸'이 멸망하지 않도록"이라고 독법할 수 있다. 하지만 바울이 육신과 영을 대조할 때, 그는 통상적으로 몸 대 영혼을 가리키지 않고 신자의 옛 본성 대 새 본성을 가리킨다(또는

3. Brian S. Rosner, "'ΟΓΧΙ ΜΑΛΛΟΝ ΕΠΕΝΘΗΣΑΤΕ': Corporate Responsibility in 1 Corinthians 5," *NTS* 38(1992): 470-73은 히브리 배경에 비추어 바울의 말을 집합적인 책임에 관한 것으로 간주하는 그럴듯한 사례를 만든다. 즉 "교회가 그들 자신의 책임인 것처럼 잘못을 저지른 형제들의 죄를 고백한다"는 의미에서 애곡해야 한다는 것이다

4. 3-4절을 부자연스럽게 직역하면 "몸으로는 떠나 있으나 영으로는 같이 하고 있는 나는 너희가 함께 모였을 때 (우리) 주 예수의 이름으로 현재에 이 일을 행한 사람을 이미 판단했고, 주 예수와 함께 나의 영은…"이라고 독법할 수 있을 것이다.

죄 지향적인 사람 대 하나님 지향적인 사람).[5] 디모데전서 1:20에서 바울은 두 신자를 사단에게 어떻게 넘겨주었는가를 설명하는데, 그들이 망령되지 않도록 가르침으로써 아마도 죽지 않기 위해서다. 그리고 좋은 사례는 고린도후서 2:5-11; 7:8-13의 회개하는 죄인을 고린도전서 5장에서 언급한 사람과 동일인으로 간주하는 것이다.[6] 양 사건에서 바울의 목적은 분명히 치료적이다.[7]

6-8절은 유월절 의식 전에 모든 누룩이 든 떡을 가정과 성전에서 제거한 유대인의 관습에 호소한다(출 12:15). 바울은 이 심상을 하나님이 그의 새로운 가정/성전—교회—에 요구하시는 '도덕적'인 정결에 적용한다.[8] 대중적인 격언이었던 것을 6절에서 인용하고 있는(참조. 갈 5:9) 바울은 심각한 죄가 전체 교인들에 영향을 미친다는 것을 분명히 한다. 유월절 사상이 바울에게 히브리서 기자가 나중에 상술하는 심상인 완전한 희생제물로서의 그리스도를 상기시킨다(7절). 예수의 보속은 죄에 대해서 우리를 자유케 하려고 의도하지 않고 우리를 죄에서부터 구원하기 위해서였다. 바울이 그의 서신의 많은 곳에서 그리하기를 좋아했던 것처럼, 그는 그의 청중을 "마땅히 되어야할 자가 되라"고 요청한다—하나님이 그리스도 안에서 그들을 생각하여 선택하신 방식에 따라서 행하라(참조. 특히 롬 6-8장). 이것은 모든 형태의 악을 제하고("악"과 "악의"는 둘 다 죄에 대해서 빠짐없이 논하는데 사용되는 일반적인 용어다) 하나님의 참된 기준에 진정으로 합하는 방식으로

---

5. Anthony C. Thiselton, "The Meaning of ΣΑΡΞ in 1 Corinthians 5.5: A Fresh Approach in the Light of Logical and Semantic Factors," *SJT* 26(1973): 204-28은 "육체"를 여기서 남자의 공공연한 "자기만족"을 일컫는 것으로 유익하게 말한다. NIV의 번역에 호응하는 주요한 논증에 관한 훌륭한 개관에 대해서는 Fee, *First Corinthians*, 210-13; 또한 N. George Joy, "Is the Body Really to Be Destroyed?(1 Corinthians 5.5)," *BT* 39(1988): 429-36과 James T. South, "A Critique of the 'Curse/Death' Interpretation of 1 Corinthians 5.1-8," *NTS* 39(1993): 539-61을 참조하라.

6. 고린도후서에서의 남자는 다른 사람이어야 한다고 자주 논박된다. 고린도후서에서는 그것이 바울에 대한 개인적인 모욕의 문제이기 때문이다. 하지만 고린도전서와 후서 사이에 중개되는 사건에 비추어 볼 때, 고린도후서에서 바울이 그의 말에 대해서 설명하는 개인적인 "부연"을 바울과 이 남자가 갖고 있다고 거의 생각할 수 있다. 특히 Colin Kruse, *The Second Epistle of Paul to the Corinthians*(Grand Rapids: Eerdmans, 1987), 41-45, 81-84을 보라.

7. Barth Campbell("Flesh and Spirit in 1 Cor 5:5: An Exercise in Rhetorical Criticism of the New Testament," *JETS* 36 [1993]: 331-42)은 6-11절에서 집합적인 언급에 비추어 이 육체는 교회에서의 죄악된 요소를 가리키고, 영을 구원한다는 것은 공동체적인 영성의 회복이라고 믿는다. 이런 흐름을 따른 부가적인 의미가 있을 수는 있으나 그러한 정의를 주요한 것으로 보기는 어렵다.

8. Brian S. Rosner, "Temple and Holiness in 1 Corinthians 5," *TynB* 42(1991): 132-45는 고린도전서 3:16-17이 바울의 명령을 이해하기 위한 신학적인 구조를 형성한다고 주장한다: 근친상간한 남자는 하나님의 거룩한 성전을 더럽혔고, 하나님 백성들인 구약성경의 총회에서 의식적으로 더럽혀진 사람들이 배제된 것처럼 그 모임에서 추방되어야 한다.

행동하는 것을 의미한다(8절).

9-13절은 분명한 오해나 아마도 바울의 이전 서신에 대한 의도적으로 그릇된 설명을 규명함으로써 이 항목을 마감한다(이에 관해서는 서론의 p. 29을 보라). 9절과 11절에서 시작된 동사들은 단순과거시제이고 아마도 이 서신의 내용을 가리키면서 "내가 썼다"라고 번역되어야 한다. 바울이 매우 부도덕한 자들과 사귀지(문자적으로는 "함께 섞이는 것") 말 것을 그들에게 말했을 때, 그는 믿는다고 고백하는 크리스천들을 언급하고 있는 것이지 불신자를 자처하는 자들을 말하고 있지 않다.

이 요지를 명확히 하기 위해서 바울은 성적인 부도덕성과 더불어 몇 가지 심각한 죄를 일반화시키고 열거한다(10-11절). "탐하는 자들"과 "속여 빼앗는 자들"은 "무력으로 다른 이의 재산"을 가로채는 자들을 가리키는데 함께 사용된다.[9] 아마도 이것은 6:1-11의 문제를 미리 예상케 만든다. "우상 숭배하는 자들"은 거짓 신들을 예배하는 모든 이들을 일컫는 바울의 일반적인 용어다. "모욕하는 자들"은 "욕하는 자들"로 번역할 수 있고, 특히 하나님이 적합하게 위임한 권위를 반대하고 조롱하는 자들을 일컫는다. "술취한 자들"은 이 목록의 다른 용어들처럼 삶의 방식이 그러한 행동으로 일관되게 특징지어지는 사람을 함축한다. 고린도인들은 반복적으로 죄를 회개하기를 거부하는 사람들을 그들의 동료에서 제해야 하고, 심지어 교제의 식탁과 같은 교회 바깥에서 밀접하게 모이는 행위조차도 그들과 갖지 않아야 한다.

12-13절은 9-11절의 명령에 대한 논리를 설명해준다. 교회의 판단은 교회 구성들에게로 제한된다. 하나님이 불신자들의 죄를 상관하실 것이고, 실로 그들의 운명은 그리스도인들이 그들의 고통을 추가해야 하는 것이 아니라 그들을 그리스도께 맡기기를 추구해야할 만큼 충분히 나쁜 상태가 될 것이다. 그러므로 바울은 처음 시작했던 곳으로 다시 돌아가서 고린도인들에게 근친상간을 저지른 범법자를 쫓아낼 것을 상기시키면서 결론을 맺는다. 그러나 어느 "사람"이란 말이 헬라어에서 나타나지 않으므로 바울이 여기서 악명 높게 끊임없이 죄를 저지르는 어느 사람이라도 그들의 삶에서 내쫓을 것을 요청하는 것으로 여기서 일반화시키고 있을 것이다.

9. Ellingworth and Hatton, *First Corinthians*, 103.

상황잇기

이 장에 나타나는 지배적인 질문은 1세기 고린도와는 다른 배경에서 교회의 징계를 어떻게 언제 적용할 수 있느냐는 문제다.[10] 마태복음 18:15-18은 그 주요한 단계를 개요한다: 사적인 대화, 증인이 참석한 상태서의 논의, 그리고 전체 교회에 의한 공개적인 취급. 여기 고린도전서에서처럼 최종적인 행동은 일련의 교회지도자들이 일방적으로 취급하는 것이 아니라 전체로서 교회의 몸과 일치를 보는 것이다. 각각의 경우에 그 목표는 문제를 만드는 것이 아니라 문제를 해결하는 것이다. 그러나 어느 것도 작용하지 않는다면, 출교가 예수가 명하신 마지막 단계다. 바울은 고린도에서 이미 다른 모든 것을 시도했다고 추정하고 있었는가? 아니면 더욱 그럴듯하게는 그가 고린도 교회의 전반적인 태도로 볼 때 그러한 주요한 단계가 불가능하고 성공적일 수 없다는 것을 깨달았는가? 그러나 5절의 관점으로 볼 때, 재적응케 하는 목적이 징계에 있음은 의문의 여지가 없다.

그 사람의 죽음이 고려되고 있지 않다면, 그를 어떻게 다루어야 하는가? 예수는 "그를 이방인이나 세리로 취급할 것"(마 18:17)을 말씀하신다. 예수가 그러한 사람들과 사귀셨을지라도 정통적인 유대인들은 그렇지 않았으므로, 문맥상 예수의 말씀은 분명히 내쫓는 것을 가리킨다. 그러나 심지어 다른 유대인들조차도 그러한 사람들을 자기들의 관점을 갖게 하려고 애썼다. 기독교는 출교자를 불신자로 대하는 것으로 보인다(당사자가 인정하지 않을지라도 말이다). 다시 말해서 그러한 사람들은 성찬에 참여하거나 신자들만을 위해서 준비된 여타 기독교 모임에 참여해서는 안 된다. 그러나 그들에게 어느 것이 발생한 것처럼 취급하지 않는 한, 그들은 불신자들이 환영받는 예배에 앉아있도록 허락되었다.

친구들과 동료 교우들은 비기독교인들을 복음화하는데 참여하는 것처럼 그들에게 회개를 촉구하고 다가가기를 계속해야 한다. 그러나 밀접한 사회적 관계는 전과 달라야 한다. 친밀한 관계가 불가피하게 제한될 수밖에 없다. 그 사람이 어떤 잘못을 인정하고 회개하기를 거부하는 한 말이다(참조. 살후 3:14-15에서 요구된 균형). 교제를 끊으라는 전반적인 요지는 교회의 비난의 심각성과 관련하여 당사자가 충격을 받아서 행위를 바꾸려는 자극을 받아야 한다. 만약 출교가 어떤 문화

10. 특히 유익한 두 연구들은 J. Carl Laney, *A Guide to Church Discipline*(Minneapolis: Bethany, 1985)과 John White and Ken Blue, *Healing the Wounded: The Costly Love of Church Discipline*(Downers Grove, Ill.: InterVarsity Press, 1985)이다.

에서 이런 영향을 가질 수 없다면, 징계에 대한 다른 대안적인 형태를 찾아보아야 한다.[11]

징계의 그러한 잠재적인 심각한 조치를 어떤 죄에 대해서 시행해야 하는가? 근친상간은 분명히 1세기 고린도에서 심각한 사례였다. 10-11절은 크리스천이라고 주장하는 사람들에 의한 매우 심각한 범죄들을 특징적으로 보여준다. 데살로니가후서 3:6, 14-15에서 바울은 일하기를 거부하고 신자들의 삶을 방해하는 게으른 자들을 삼갈 것을 경고한다. 디도서 3:10과 로마서 16:17에서는 분열을 일으키는 자들을 피해야 한다고 말한다. 그것은 마치 바울이 서로 "분담해야" 하는 교회를 쪼개려고 하는 사람들에게 말하는 것과 같다. 고린도전서 5:6-8은 몇몇 암묵적인 지침을 제공한다: 교회의 징계는 주어진 죄가 전체 회중을 전염케 할 심각한 가능성이 있을 때 필요하다. 바울이 고린도전서 1-4장에서 제기했던 것들을 포함하여 교회의 연합에 대한 모든 성경적인 이상에도 불구하고, 정결이 더 높은 우선순위를 취한다.[12] 그러나 "정결"은 너무도 자주 더 중요한 문제들로 인해서 쪼개지는 교회들이 제기한 근거였다. 고린도전서 1-4장은 확실히 아주 심각한 상황을 제외하고는 이런 이유에 호소하지 못하게 경고한다.

순차적으로 이 장의 특별한 설명들 몇 가지를 살펴보는 것으로 나아갈 때, 우리는 먼저 1절에서 당시 사회에서 교회의 평판에 대한 관심을 보게 된다. 바울 당대의 이교도들이 근친상간을 아주 범죄적인 것으로 보통 간주하였다면, 크리스천들 사이에서 그것을 관용하는 것은 교회의 증거를 심각하게 손상시킬 것이다. 만약 범법자가 교회의 리더였다면, 타락한 목사나 장로의 징계와 회복에 대한 부가적인 문제가 제기된다. 그들이 갖고 있었던 우월한 역할이 주는 영향 때문에 그러한 리더들의 징계는 더욱 확고해야 하고, 회복되기 이전에 다른 교회 구성원들보다 더 길게 시험의 기간을 가져야 한다고 말할 수 있는 좋은 사례를 만들 수 있다.[13]

판단을 행사하는 바울의 명령(2-5, 7, 13b절)은 2:15과 4:3에서의 그의 가르침에 중요한 요건을 제공해주는데, 그것에 대해서는 이미 언급했다(pp. 81-82, 109-111을 보라). 그러나 이 판단의 성격과 상관없이 다른 초대 기독교의 가르침과 실천은 그것과 일치한다. 본래 교회의 징계는 항상 치료적인 것을 의도하고 있었고

---

11. 예를 들어, Walter A. Trobisch, "Church Discipline in Africa," *Practical Anthropology* 8(1961): 200-206을 참조하라.
12. 특히 Adela Y. Collins, "The Function of 'Excommunication' in Paul," *HTR* 73(1980): 251-63을 보라.
13. 이에 관해서는 Jack W. Hayford, *Restoring Fallen Church Leaders*(Ventura: Regal, 1988)을 특히 보라.

(결코 보증된 것은 아닐지라도 말이다), 단순히 또는 주로 형벌적이 아니었다.[14] 그러므로 설사 "통상적인 업무"는 계속할 수 없을지라도, 죄를 범한 사람과 전적으로 접촉을 단절할 수는 없다.

죄에 대한 긍정적인 도덕적 해독제는 "순전함과 진실함"으로 8절에서 묘사된 순결이다. 이 용어들은 "악과 악의"가 사악함을 나타내는 것과 동일한 방식으로 기독교적인 덕성을 포괄하는 넓은 용어들은 아니다. 오히려 그 용어들은 위선이 복음의 신빙성을 손상시킨다는 것을 상기시키지만(따라서 신실성에 대한 필요성), 신실함만이 어떤 이를 구하는 데는 부적절하다. 그 사람의 신뢰가 의존할 수 없는 곳에 두어질 수도 있기 때문이다(따라서 진리의 필요성). 하지만 빌립보서 1:15-18에서 바울은 복음이 잘못된 동기를 가진 사람들에 의해서도 전파됨을 기뻐하고, 반면에 빌립보서 3:2-11에서는 신실하게 이단을 촉진시키는 사람들을 몹시 꾸짖는다. 다시 말해서 순전함(신실성)과 진실함(진리)은 동등한 가치에 속하지 않는다. 만약 한 가지만 보존할 수만 있다면, 우리는 진리를 붙들어야 한다.

9-13절에서 고린도인들의 기준을 바꾼 것은 사회에서 교회의 역할에 대한 심오한 의미를 갖는다. 그 일의 첫 번째 책임은 전반적으로 사회의 기준을 부과하려고 하기보다 지켜보는 세상 앞에 하나님의 반문화적인 기준을 모델로 보여주는 것이다. 로마 제국에서 크리스천들은 그 땅의 법에 영향을 줄 수 있는 기회가 거의 없었다. 하지만 민주주의 사회에서 신자들은 법적인 과정을 통해서 이념적이고 윤리적인 확증을 촉진할 수 있는 '시민'으로서의 권리와 책임을 갖는다. 신자들이 민족을 "기독교화하는" '교회로서'의 유일한 위임을 갖고 있지는 않을지라도, 그들은 예언적으로 당대의 도덕적 문제에 대해서 사회에 말할 수 있고 말해야 한다. 다른 한편으로 바울의 말은 주변 세계에서 "빛"과 "소금"으로서 기능하지 못하는 교회가 되게 하는 분열주의의 형태를 강력하게 경고한다.[15]

11절은 끊임없이 부도덕한 사람들이 고백하는 믿음의 실제를 의문하게 만든다. 확실히 어떤 이는 주님에 대한 심각한 불순종 속에서도 참된 신자일 수 있으나, 바울은 특히 6:9-10에 비추어 많은 자들이 크리스천인 것처럼 위장하고 있으리라고

---

14. 이에 관해서는 특히 G. W. H. Lampe, "Church Discipline and the Interpretation of the Epistle to the Corinthians," in *Christian History and Interpretation*, ed. W. R. Farmer, C. F. D. Moule과 R. R. Niebuhr(Cambridge: Cambridge University Press, 1967), 337-61을 보라.
15. 균형 잡힌 접근에 대해서는 John Gladwin, *God's People in God's World*(Leicester: InterVarsity Press, 1979)과 함께 Alan Storkey, *A Christian Social Perspective*(Leicester: InterVarsity Press, 1979)을 참조하라.

의심한다. 그것에 대해서는 아래에서(pp. 140-141) 언급할 것이다. 특히 언급한 구체적인 죄들은 1세기 중반에 고린도의 이교도들을 특징지었으므로 변화된 삶의 양식의 증거가 끊임없이 그러한 악을 행하는 사람들 사이에서 상당히 실종되었다.

많은 이들이 교회의 징계에 관한 전반적인 개념을 재고하기를 계속하고 출교를 불쾌하고 사랑스럽지 못한 것으로 확실히 간주한다. 하지만 그러한 사람들은 죄를 전적으로 미워하시는 하나님을 이해하지 못하고, 거룩에 대한 하나님의 무한할 정도로 완전한 기준을 아는데 실패한다. 나아가서 우리는 매우 부도덕한 행위로 인한 파괴적인 결과에 과감하게 맞서지 못하는 입으로만 고백하는 신자들을 길러내는 값싼 은혜를 삼가야 한다. 그런 이들은 죄를 제어하지 못함으로써 자기 자신을 손상시킬 뿐 아니라 교회도 파괴한다.

당연하게 교회가 규칙적으로 성장하고 건강한 데는 사랑이 있으면서도 확고한 교회의 징계가 시행되는 곳이었다. 윌리엄 바클레이에 대한 일련의 인용은 모든 사회의 진리에 해당하고 이 장에서 바울의 가르침과 균형을 이룬다: "죄에 대해서 우리의 눈을 닫는 것은 항상 해야 할 친절한 일이 아니다, 그것은 우리를 손상시킬 것이다…징계는 죄에 대항하는 우리의 안전의식이 우리의 존재 속에서 충격을 받게 되는 상태라고 말할 수 있다…하지만 징계는 그것을 행사하는 사람의 만족을 위해서 시행되어서는 안 되고 죄를 지은 사람의 교정을 위해서 그리고 교회를 위해서 시행되어야 한다."[16]

현대적 의미

현대교회의 커다란 흐름은 사실상 고린도전서 5장을 전적으로 무시한다. 확실히 이는 로마 가톨릭의 스페인 종교재판소, 재세례파에 대한 루터와 쯔빙글리의 파문, 또는 최근에 개신교 근본주의자들의 모든 종류의 도덕적으로 중립적인 관행에 대한 율법적 적용처럼 과거 시대에 이 장을 남용하고 과다하게 적용한 일에 대한 반작용이라고 볼 수 있다. 하지만 필요하다면 출교를 포함한 교회의 징계를 거부하는 것은 아주 과도하게 반응하여 교회의 건강을 심각하게 위험에 빠지게 하는 일이 된다.

우리는 때로 처벌을 받지 않고 교회 지도자들이 성적인 범죄를 지으며, 교인들에게 사기를 치는 비극적인 일을 하는 시대에 살고 있다. 그리고 징계와 회복의 기

16. Barclay, *Corinthians*, 44-46.

간이 설정되면 그들은 교회의 조건에 동의하기를 거부한다. 여전히 어떤 다른 경우에 그러한 기간이 마음과 행위의 진정하고 지속적인 변화를 보일 만큼 적절해 보이지 않는다. 일부 크리스천 지도자들은 실족한 지도자들을 은혜와 용서의 이름으로 가능한 한 빨리 회복시켜야 한다는 철학을 승인한다! 그러나 용서와 교제의 회복이 회중을 이끌거나 목회하는 특권을 그들에게 자동적으로 부여할 수는 없다. 디모데전서 3:1-13에서 감독과 집사에 대한 기준이 신실한 결혼생활과 건전한 가정생활을 포함하여 현재에 그 사람의 삶을 특징짓고 그것이 오랫동안 지속된 특징이라고 추정할 만큼 충분히 오랜 기간 품고 있었던 성품으로서 가장 잘 이해된다(특히 10절을 참조하라).[17]

물론 오늘날 성경적인 비(非) 교제의 효과를 추구하는 것에 따른 가장 커다란 문제는 본래 연관되었던 추방의 요소다. 안하무인격의 부도덕한 자를 출교하는 몇몇 교회들이 보통 그 사람이 거리로 내려가거나 다른 도시로 이동해서는 이전 교회를 떠났던 이유에 거의 관심을 기울이지 않거나 전혀 기울이지 않는 다른 교회에 합세하는 것을 목도하게 된다. 심지어 교회들은 비윤리적이거나 불법적인 행위로 말미암아 다른 사역지에서 쫓겨난 목회자를 그러한 행위가 어떻게 발생했는지를 찾으려는 질문들을 충분히 하지 않은 채로 그 사람을 기용한다. 교인이나 교회 직원이 되는 것은 관련된 교회가 그 사람이 해결하지 않고 어떤 문제로부터 도망하지는 않았는지를 결정하기 위해서 그 사람의 과거를 충분히 알 필요가 있다. 교회들 간에 민감하면서도 솔직한 협력과 네트워크가 "접촉을 멀리하는" 본래의 영향이 우리의 잠정적인 세상에서 재생산을 이룰 가능성이 있는지를 결정하는데 아주 중요하다.[18]

역으로 말해서 죄를 멀리 할 수 있도록, 크리스천 친구들과 지기들과 떨어져서 홀로 남기를 원하는 사람들에 대한 사랑스럽고도 일관된 접촉이 그 사람의 부적절한 행위를 단절시키는데 필요할 것이다.[19] 어떤 목사는 교회 생활의 여타 양상들에서 요구되는 봉사에 따른 활동을 하지 못하게 하는 "일시적인 유예"는 징계의 보

17. 예를 들어, Thomas D. Lea and Hayne P. Griffin, Jr., *1, 2 Timothy, Titus*(Nashville: Broadman, 1992), 109-10; C. H. Dodd, "New Testament Translation Problems II," BT 28(1977): 112-16을 보라.

18. 이것을 실행하기 위한 훌륭한 실제적인 제안을 Jay E. Adams, *Handbook of Church Discipline*(Grand Rapids: Zondervan, 1986), 99-118에서 발견할 수 있다.

19. 사람들은 Bill Milliken, *Tough Love*(Old Tappan, N.J.: Fleming Revell, 1968)에서 개요된 자녀에 대한 부모의 "엄한 사랑"의 사례를 생각한다. 그러나 보다 일반적으로 크리스천 교제에서 실제적이 되기 위해서는 문제가 발생하기 전에 교제의 강력한 유대(bond)가 발전되어야 할 것이다.

다 효과적인 형태를 입증해주었음을 발견한다.[20]

이런 점에서 중요한 법적 질문들이 즉시 관심을 집중시킨다. 이 시대는 소송이 남발하는 시대다. 교회로부터 쫓겨나거나 심지어 덜한 정도로 징계를 받은 교인들이 자주 돌아서서 그 교회를 고소하고, 고린도전서 6:1-11의 말씀을 심각하게 도전하는 행위를 함으로써 자신들의 이전의 죄를 복잡하게 만든다. 많은 사회적 세력들이 복음주의 기독교를 차별하는 시대에, 출석하던 이전 교회를 고소하는 사람들에게서 재판관과 배심원들이 많은 돈을 얻는데 열심이고, 이로 인해 자주 그 교회들이 심각한 재정적 어려움에 봉착하게 된다.[21]

교회가 성경적으로 위임된 징계를 실천하고 실천해야 하는 법적인 방식들이 있다.[22] 교회의 제도나 법에 징계에 관한 절차를 명시하고, 잠재적인 모든 구성원들이 그 절차를 읽고 동의해야하며, 교인의 조건 가운데 교회에 고소할 권리를 유예하는 형식에 사인하게 하는 것이며, 나아가서 교회는 정해진 정책을 세심하고도 일관되게 시행해야 한다. 또한 불법적인 행위를 지역 권위자들에게 드러낼 수 있는 비밀에 대한 목사의 특권과 책임을 결정할 수 있는 명문화된 교회법들을 세심하게 연구하고 따라야 한다.

5장에 처음 발설된 근친상간의 구체적인 문제는 오늘날 크리스천 범주에 한 스캔들로서 다시 한 번 부상했다. 몇몇 지역들에서 교회 안에 이런 일이 빈번함은 교회 바깥의 사람들과 별로 구분 지을 것이 없게 되었다. 많은 비서방 문화에서 근친상간이 여전히 타부가 되고 있을지라도, 서방에서는 그것이 누구도 행할 수 없는 사회적 타부가 되지 않고 있다. 그럼에도 불구하고 세속세계에서조차도 성적인 죄와 다른 방식으로 근친상간의 범죄를 다루고 있고, 기독교 범주에서 그런 일이 부적합하게 발생할 때 사랑스럽지만 강력한 징계가 심각하게 필요하다.[23]

많은 현대인들에게서 '부도덕'(immoral)이란 말은 성적인 범죄와 동의어로 사용된다. 따라서 우리는 이 용어에 대한 성경적 정의가 인간의 죄스러운 행동의 온전한 범주를 포괄한다는 10-11절의 바울의 말을 상기할 필요가 있다. 아울러 우리

---

20. Michael E. Phillips, "Creative Church Discipline," *Leadership* 7, no. 4(1986): 46-50.

21. 예를 들어, Karl F. Pansler, "Church Discipline and the Right of Privacy," in *Christian Ministries and the Law*, ed. H. Wayne House(Grand Rapids: Baker, 1992), 65-78에서 묘사된 것처럼 말이다.

22. Jay A. Quine, "Court Involvement in Church Discipline," *BSac* 149(1992): 60-73, 223-36; Laney, *Discipline*, 136-38과 Pansler, "Church Discipline"에 의한 유익한 논의를 보라.

23. 범법자와 희생자를 위한 도움에 대해서는 Earl D. Wilson, *A Silence to be Broken*(Portland: Multnomah, 1986)을 보라.

는 징계의 행위가 재정적인 비행이나 사기, 심각한 이단, 반복적으로 남용되는 중독적 행위, 권위에 대한 장기적인 불순종, 다양한 심각한 사회적 죄에 대해서도 동등하게 적용될 필요가 있다. 바울이 그의 다양한 "악의 목록"에 이런 모든 것들을 포함시킨 것은 다른 죄들보다 더 심각하게 성적인 죄를 올려놓거나 열거된 비성적(nonsexual)인 죄들을 다소 사소한 것으로 간주하지 못하게 우리를 경각시킨다.

"속여 빼앗는 자들"(10절)과 분리시켜 11절의 목록에 탐욕이란 말을 넣은 것은 현대 세계가 얼마나 자주 성경적 이상과 동떨어져 있는지를 상기시킨다. "맘몬"(돈과 다른 물질적인 자원들)이 인간의 충성에 대해서 하나님과 가장 경쟁하는 자가 되었다(참조. 마 6:19-34; 눅 16:1-13; 딤전 6:3-10). 부유한 서방인들이 엄청난 돈을 개인과 교회의 부채를 갚는데 매주 소비할 때 하나님의 우선권이 얼마나 왜곡되어 있는가? 즉 수많은 돈이 빌딩, 시설, 음식 그리고 내부를 장식하는 데 소비하면서도, 지구상의 수많은 사람들이 육체적 정신적 영양실조에 걸려서 죽고 있다! 물론 모든 저당이나 교회 건물 프로그램이 죄스러운 것은 아니다. 하지만 지금보다도 훨씬 더 생각해야 하는, 덜 돈이 들어가면서도 더 책임을 다할 수 있는, 창조적인 대안들이 많이 있다.[24] 프라이어가 지적한 것처럼, "만약 제삼세계 크리스천들에게 서방 교회의 가장 흔하고 파괴적인 죄가 무엇인지를 묻는다면 그 대답은 변함없이 '탐욕'이라고 말할 것이다." 다시금 "제3세계의 관점에서 서방의 교회는 오늘날 방종만이 아니라 독선의 죄를 역시 짓고 있다. 많은 이들이 죄와의 타협과 복음의 비효과성이 밀접하게 연관되어 있다는 사실을 인식하기를 거부함으로써 죄의 심각성에 무지하다."[25]

그러나 우리 시대의 우상숭배는 물질적인 차원을 넘어선다(10-11절). 뉴에이지의 혼합주의, 사업과 경영의 세속적인 모델을 전적으로 따름, 정도를 벗어난 교회성장이나 카운슬링 기법, (이적과 기적의 놀라운 표적을 요구하는) "능력 종교"의 극단적인 형태들, 교회가 마땅히 해야 할 일을 정부에 위탁함, 그리고 일련의 다른 오용된 협약 등이 참되고 성경 중심적인 영적 활성화를 가로막고 있다.[26] "모욕하는 자"(11절)의 크리스천의 범주에는 권위에 대항하는 불순종, 반대자의 견해에 대

---

24. Tom Sine, *Wild Hope* (Dallas: Word, 1991), 282-84과 이 책의 전반을 보라.

25. Prior, *1 Corinthians*, 80, 83.

26. 예리한 개요와 이 우상숭배들에 대한 다소 과장된 비판에 대해서는 Os Guinness and John Steel, *No God but God* (Chicago: Moody, 1992)와 Michael Horton, ed., *Power Religion* (Chicago: Moody, 1992)을 보라.

한 잘못된 전달, 그리고 인격 살인이나 비방이 포함된다.

비그리스도인 죄인들과의 교제와 회개하지 않는 그리스도인 죄인들과의 비 교제에 대한 바울의 전반적인 대조는 현대 교회의 상당한 부분에서 거의 왜곡되어 왔다. 우리는 기독교적인 대안을 통해서 세속적인 제도와 활동과 일종의 분리를 촉진시켰다. 따라서 우리는 기독교 학교, 교회 모임, 기독교 스포츠 리그, 교회에 기반한 에어로빅 활동 등 기독교인들만의 모음에서 삶의 대부분을 보낸다. 요컨대 우리는 비그리스도인들과 전혀 친밀한 방식으로 교제할 필요를 갖지 않는다![27] 참으로 기독교로 전향한 대부분의 미국의 성인들이 새로운 활동과 지기들과의 관계 속에서 거의 지내므로 몇 년 내에 그들이 친구간의 교제를 통한 의미 있는 복음전도에 참여할 만큼 비그리스도인들을 사실상 알지 못하게 된다.[28]

새벽 3시에 창기들을 위한 생일파티를 열어주는 토니 캄폴로의 하나님 나라의 성경적 비전은 이러한 현상과 대조를 이룬다.[29] 또한 우리나라와 다른 나라에서 행해지고 있는 수많은 저소득층 지역 사역은 집 없는 자들에게 안식을 제공하기를 추구하고 있고, 실업자들에게 직업을 찾아주며, 매우 가난한 자들에게 건강을 돌볼 수 있는 길을 열어주며, 불량배들로 가득한 곳에 아이들을 위한 대안적인 놀이를 제공해주고 있다. 이는 예수의 이름으로 복음의 빛을 우리 사회의 눈에 띠게 죄로 가득한 부분에 가져오는 것을 목표로 삼고 있다. 하지만 물론 교외의 잘 사는 지역의 사람들도 역시 상당한 문제를 안고 있고, 동등하게 궁핍하고 구원이 필요한 자들이다. 우리가 어디에 살든지 간에, 기독교인의 교제는 지금 현재 사는 곳에서 빠져나와 이 세상의 부도덕하고 불신적인 세계와 규칙적으로 관계를 갖는 활성화를 필요로 한다. 그리고 기독교 조직에서 풀타임으로 일하는 사람들은 일터에서 빠져나와 대중 학교와 조직들에 자원함으로써 비그리스도인 이웃들과 시간을 갖는 노력을 해야 한다.

12-13절도 소위 종교적인 권리를 주장하는 정치적인 어젠더와 상당히 대조된다. 우리는 기독교적인 윤리와 반문화적 삶의 양식을 우리의 개인적인 삶과 지역교회에서 모델로 삼으려는 우리의 에너지를 희생시키면서까지, 반낙태의 합법화,

---

27. 참조. Prior, *1 Corinthians*, 83: "불신자들과의 적절한 만남을 위한 일정을 열어놓기 위해서 크리스천들이 수많은 교회 모임을 절제할 전적인 필요성이 있다."

28. 이에 관해서는 특히 Joseph C. Aldrich, *Life-Style Evangelism* (Portland: Multnomah, 1981)을 보라.

29. Anthony Campolo, *The Kingdom of God Is a Party* (Dallas: Word, 1990), 3-9. 캄폴로가 묘사한 이 이야기가 실제로 발생했는지에 대한 상충적인 보고들이 있지만, 이 비전은 올바른 목표를 향하고 있다.

공립학교에서의 기도를 위한 캠페인, 복음적으로 올바른 정치적 채점표와 상당히 일치하는 정치인을 뽑는 것 등을 통해서 사회를 기독교화하려고 노력했지만 대체로 비성공적이었다.

에베소서 3:4-11은 명백한 정치적이거나 사회적인 활동과 완전히 분리하여, 서로 가깝지 않거나 서로 사귀어야할 인간적인 이유가 없는 사람들을 통합해야 하는 기독교 공동체의 복음을 위한 잠재성을 상기시킨다. 정결을 유지하기 위해서 자신의 집을 은혜롭게 깨끗하게 하지만 중생하지 못한 자들에게 동일한 순종의 기준을 요구하지 않는 거룩한 교회가 세속적인 세상에 심오하게 영향을 미칠 수 있다. 프라이어가 한 말을 다시 한 번 인용하면, "세상은 그러한 교회를, 즉 심각하게 죄를 취급하고 충만하게 용서를 누리며, 모였을 시에 하나님의 권위와 다루심에 대한 경외를 기쁨의 찬미와 조합하는 교회를 보기를 기다리고 있다." 하지만 "우리가 세상의 남성과 여성과 희생적이고 사랑어린 접촉을 하기를 거부한다면, 절대로 그런 일이 일어나지 않을 것이다."[30]

30. Prior, *1 Corinthians*, 79. 다른 대안은 끔찍할 것이다. 한 가능한 시나리오가 William Pannell, *The Coming Race Wars?*(Grand Rapids: Zondervan, 1993)에서 묘사된다.

고린도전서 6:1-11

1 너희 중에 누가 다른 이와 더불어 다툼이 있
는데 구태여 불의한 자들 앞에서 고발하고
성도 앞에서 하지 아니하느냐
2 성도가 세상을 판단할 것을 너희가 알지 못하
느냐 세상도 너희에게 판단을 받겠거든 지극
히 작은 일 판단하기를 감당하지 못하겠느냐
3 우리가 천사를 판단할 것을 너희가 알지 못
하느냐 그러하거든 하물며 세상 일이랴
4 그런즉 너희가 세상 사건이 있을 때에 교회
에서 경히 여김을 받는 자들을 세우느냐
5 내가 너희를 부끄럽게 하려 하여 이 말을 하
노니 너희 가운데 그 형제간의 일을 판단할
만한 지혜 있는 자가 이같이 하나도 없느냐
6 형제가 형제와 더불어 고발할 뿐더러 믿지
아니하는 자들 앞에서 하느냐
7 너희가 피차 고발함으로 너희 가운데 이미
뚜렷한 허물이 있나니 차라리 불의를 당하는
것이 낫지 아니하며 차라리 속는 것이 낫지
아니하냐
8 너희는 불의를 행하고 속이는구나 그는 너희
형제로다
9 불의한 자가 하나님의 나라를 유업으로 받지
못할 줄을 알지 못하느냐 미혹을 받지 말라
음행하는 자나 우상 숭배하는 자나 간음하는
자나 탐색하는 자나 남색하는 자나
10 도적이나 탐욕을 부리는 자나 술 취하는 자
나 모욕하는 자나 속여 빼앗는 자들은 하나
님의 나라를 유업으로 받지 못하리라
11 너희 중에 이와 같은 자들이 있더니 주 예수
그리스도의 이름과 우리 하나님의 성령 안
에서 씻음과 거룩함과 의롭다 하심을 받았느
니라

원 의미

바울은 법적 과정이 교회 바깥에서보다 교회 내에서 어떻게 작용해야 하는지에 관한 두 번째 사례로 전환한다. 그가 여기서 언급하고 있는 방종하는 그룹의 죄는 세속 법정에 동료 크리스천을 고소하는 행위와 관련이 있다. 요컨대 그는 두 가지 요지를 만든다. (1) 분쟁이 중재를 필요로 한다면 기독교 공동체 내에서 발생해야 한다, 그리고 (2) 세속적인 배경에서든 기독교적 배경에서든 보상을 요구하기보다 불의를 당하는 것이 더 낫다.

이 항목은 지금 진행되고 있는 것에 대한 바울의 불쾌감으로 시작한다. 5절은 1절의 "너희 중에"와 "다른 이"가는 동료 신자들을 가리킨다는 것을 보여준다. "다툼"은 직역하면 "문제, 행위 또는 일"이지만 문맥상 분명히 법적인 불평을 함축한다. 대부분 헬라의 소송은 재산의 다툼과 관련이 있었다. 8절에서 "속이다"란 동사는 "사기 치다"를 의미함으로 재산이나 거래와 관련한 일종의 불평이 문제가 되었던 것으로 보인다.[1] 이것이 고린도에서 일어나고 있었다면, 이 논쟁은 회중 가운데 유복한 소수 신자들 사이에서 있었을 것이다(다시금 후원자들 가운데 말이다). 고린도 교인들의 대다수는 당시에 자기 땅이나 집이 없었기 때문이다.[2] "성도"는 특히 도덕적인 신자들에 대한 것이 아니라 크리스천들을 가리키므로 "불의한 자"는 일반적으로 비기독교인들을 가리킨다. 따라서 여기서 함축된 로마 법정에서 부패에 관한 특별한 비판은 없다. 그러한 부패가 흔했을지라도 말이다. 사실상 바울은 고린도에 있을 때 로마 총독인 갈리오로부터 받았던 정당한 대우를 감사함으로 상기했다(행 18:12-17).

2-3절은 "점감법"적인 주장을 하는 논리와 유사한 사례를 제공한다. 다니엘 7:22에 의존하고 있는 바울은 고린도인들에게 비기독교 세계(사람들과 천사들)를 예수가 심판하실 것임을 상기시킨다. 따라서 신자들은 자신들의 범주에서 세속적인 분쟁을 다루는데 유능해야 한다. "지극히 작은 일"(2절)은 고린도인들의 소송이 심각한 죄와 관련이 없다는 것을 의미하는 것이 아니라, 단지 '모든' 인간의 소송이 심판날에 비추어 볼 때 사소하다는 것을 의미하는 것이다.

4절의 NIV의 번역은 NIV 각주의 대안적인 독법과는 다르다: "교회 안에 작은 자들을 재판관으로 임명하느냐?"(참조. NASB, RSV, NEB). 이 번역이 옳다면, 신자의 논쟁에서 재판관으로 비그리스도인을 세우는 것보다 적은 능력의 크리스천을 세우는 것이 낫다는 것을 의미할 것이다. 하지만 더 그럴싸한 것은 바울이 수사적인 질문으로 절정에 이르게 하면서, "…이라면, 그때에"를 형성하는 2b절의 유사한 질문을 형성했다는 것이다. NIV 각주의 독법은 비그리스도인 재판관을 가리킬 것이다. "경히"는 직역하면 "멸시를 받는"이고, 그때에 아이러니하게도 "경히"는 비기독교적 사법 제도를 이용함으로써 재정적인 이득을 얻을 때를 제외하고서 비기독교적 사법 제도에 대한 고린도인들의 통상적인 태도를 가리킬 것이다.[3]

---

1. 1절의 "논쟁"이 5장의 문제를 검토하고 있다는 것은 덜 가능한 선택에 속한다: 5장에서 부도덕성이 여기서 소송을 야기했다. 이런 주장에 대해서는 Peter Richardson, "Judgment in Sexual Matters in 1 Corinthians 6:1-11," *NovT* 25(1983): 37-58을 보라.
2. 특히 Alan C. Mitchell, "Rich and Poor in the Courts of Corinth: Litigiousness and Status in 1 Corinthians 6.1-11," *NTS* 39(1993): 562-86을 보라.
3. Reginald H. Fuller, "First Corinthians 6:1-11: An Exegetical Paper," *Ex Auditu* 2(1986) 100의 의역을 참조하라: "교회 백성으로서, 만약 그렇지 않았다면, 당신이 경멸할 수 있었던 바로 그 사람에게 당신의 경우

5절은 4:14과 대조를 이룬다. 이제 바울은 고린도인들에게 수치를 줄 준비가 되어 있다. 그들의 소송은 그들의 분열보다도 더 그를 화나게 만든다. 그것이 지켜보는 세상 앞에서 그들의 증거를 근본적으로 손상시켜서 교회를 조롱하고 거부하게 만드는 것이기 때문이다. "너희 가운데 그 형제간의 일을 판단할 만한 지혜 있는 자가 이같이 하나도 없느냐"는 아이러니가 철철 흐르는데, 고린도인들이 그토록 현명하다고 주장해 왔기 때문이다(4:10). 그러나 바울은 건설적으로 중재할 수 있도록 교회 안의 경건한 자들(소수?) 중에서 참된 크리스천의 지혜(2:6)의 표지와 법적인 훈련을 간직한 자가 있음을 꽤 진지하게 믿었을 것이다. 5절에서 "신자들"("형제들"—개역개정)은 6절에서처럼 "형제"를 가리킨다.

7-8절은 바울의 두 요지를 보다 근본적으로 살핀다. "고발하다"(7절)는 "판단하다"로 더 잘 번역할 수 있고, 세속적인 맥락으로 제한되지 않는다. 교회 안이든 바깥이든 자신의 권리를 요구하는 태도는 그리스도의 가르침(마 5:39-42)과 모범(벧전 2:23)에 직접적으로 대비된다. 두 크리스천이 불일치를 세속적인 소송과 기독교적인 재판에 이르지 않고서는 해결하지 못한다면, 근본적으로 어떤 것을 상실하고 있다. 따라서 동료신자에게 배상을 요구함으로써 동료 신자를 소외시키기보다 불의를 당하는 것이 더 낫다—하나님이 어느 날 모든 불의를 변호해주실 것이다.

소송을 촉발시키고 심지어 그 소송들에 의해 악화되는 사기와 불의의가 바울로 하여금 자연스럽게 보다 일반적으로 "악한"(9절; 7-8절에 "불의를 당하고", "불의를 행하는"과 동일한 헬라어 어근에서 출원한다) 자들에 대해서 생각하도록 이끈다. 따라서 5:10-11에서처럼 그는 결과적으로 어떤 사람의 구원을 의심케 하는 행동의 소용돌이 속으로 빠지지 않도록 경고한다.

또 다른 악의 목록이 나타나는데, 그것은 고린도인들의 흔히 잘못될 수 있는 것들로 독특하게 다듬어져 있다. 바울이 5장에서 언급하고 있는 것과 동일한 항목들이 새로운 네 항목과 더불어 다시 나타난다. 그들이 공통적으로 갖고 있는 것이라면, "그것은 모두 다른 이들의 권리는 생각지 않고서 무자비한 자기만족의 형태를 대변하는 것으로 보인다."[4] "도적"은 소송을 생각하는 것에서 자극을 받은 목록에서는 당연히 나타날 수 있다. "간음하는 자"는 일반적으로 "성적으로 부도덕한 자들"에 대한 언급에 자연스럽게 뒤따라 나온다. 또한 역시 "탐색하는 자"나 "남색하

를 재판하게 사실상 세우고 있는가?"

4. Watson, *First Corinthians*, 56.

는 자"가 나오는데, 이 두 용어는 남성의 동성연애 행위에서 하나는 보다 수동적인 것으로 다른 하나는 보다 적극적인 파트너를 일컫는 것으로 더 잘 이해할 수 있다.[5] 특별한 영역에서 계속된 죄를 짓는 개인들에게 붙일 수 있는 명사를 사용함으로써 바울은 일시적인 행위가 그 사람의 구원을 빼앗아가지는 않는다는 것을 명확히 한다. 프라이어가 설명한 것처럼, "바울은 불의의 순간적인 행위에 대해서 말하는 것이 아니라 진리와 빛의 나라와 분리되었음을 가리키는 사람들이 상습적으로 추구하는 사람의 전반적인 삶의 방식에 대해서 말하고 있다"[6](참조. 요일 3:4-10).

바울은 보다 희망적인 논조로 결론을 맺는다(11절). 그러한 행위가 많은 고린도인들이 기독교인이 되기 이전에 삶을 특징지었지만 이제 그들은 그러한 행위들을 일반적으로 버렸다. 그러므로 그들은 서로 소송하는 것을 포기할 수 있어야 한다. 하나님이 그들에게 부여하시고 그들이 점차적으로 적합하게 성장하고 있는 새로운 거룩한 특징을 강조하기 위해서 바울은 그들이 씻음 받았고(내적으로만이 아니라 세례의 외적 의식의 사상에 의해서도), 거룩해졌으며("거룩함"), 의롭다("의롭다 하심")고 선언되었음을 상기시키는 것으로 이 항목을 끝맺는다. 예수와 하나님의 영의 중보는 이 단락을 아우르는 중요한 암묵적인 삼위일체적 언급을 제공한다.

상황잇기

처음에 이 단락에서 나타나고 있는 문맥적인 제한과 제한의 결여를 관찰하는 것이 중요하다. 한편으로 크리스천들이 정부나 단체와 같은 세속적인 제도나 비그리스도인들을 고소할 수 있는지에 대한 질문을 명확하게 풀 수 있는 대답은 없다. 그러나 6-8절은 불신자들의 눈에 소송이 기독교에 가져오는 잠재적인 불신과 관련하여 특히 가져올 수 있는 폭넓은 원리를 함축한다.

물을 수 있는 핵심적인 질문은 바울이 사도행전에서 로마의 법을 이용한 것과 그렇지 못한 것이 보여주는 것처럼(이전의 p. 118, 각주 24를 보라), 복음을 어떤 소송이 촉진할 수 있느냐 없느냐 하는 것이다. 약한 자들을 위한 정의를 추구하는 것과 자신에게 행해진 잘못을 보복하려는 것 사이에는 중요한 차이가 있다.[7] 한편

---

5. 예를 들어, David E. Malick, "The Condemnation of Homosexuality in 1 Corinthians 6:9," *BSac* 150(1993): 479-92을 보라.

6. Prior, *1 Corinthians*, 89.

7. Fee, *First Corinthians*, 238은 비그리스도인에게조차도 소송은 마지막 의뢰가 되기를 소망해야 한다고 유익하게 지적한다. 오직 "소송이 사기를 당한 사람과 그렇게 될 수도 있는 모든 다른 사람들을 위한 관심에 서라면, 그것은 충분히 정당하다."

으로 '기독교인'의 범주에서 바울이 말한 금지에 대한 제한은 없다. 다시 말해서 나의 항의가 재산과 관련되어 있지 않기 때문에 바울의 원리가 나의 경우에 적용되지 않는다고 말하는 것은 타당하지 않다. 6-7절에서 묘사된 불명예가 여전히 남아 있다.

비기독교인을 고소하지 않아야 하느냐 그렇지 않느냐를 결정하는데 사용하는 기준은 동료 신자들이 야기한 문제에 대해서 기독교 공동체 내에서 보상을 추구해야 하느냐 하지 않아야하느냐를 결정하는 것과 유사한 기준을 적용할 수 있다. 때로 그러한 불만이 합법적이므로 해결을 추구해야 하지만, 교회 내에서 그렇게 해야 한다. 광야 유랑 시에 모세가 재판관을 임명한 것에서부터 법정으로 기능하는 회당과 장로들의 최근 랍비적인 사용에 이르기까지 바울의 유대적 유산은 그에게 알맞은 모델을 제공했다. 그리스 로마 세계는 소송이 유행했지만 유대인들은 이교 법정을 사용하는 것을 금했다.

역사적으로 크리스천들 사이에서 중세의 가톨릭은 교회 법정을 아주 복잡하게 만들어서 자주 이와 유사한 모델을 시행했다. 하지만 종교개혁 이래로 개신교와 점차적으로 로마 가톨릭도 교회를 명백히 종교적인 언쟁을 해결하는 데만 교회를 활용했고, 다른 모든 것들에 대해서 국가를 활용하게 했다. 세속적인 공동체와 교회 공동체에서 '대안적인 논쟁의 해결' 운동이 최근에 다소 이런 흐름을 바꾸기를 시작했다. 그러나 (5:9-13의 언급과 대조되게) 여기에 기독교적인 대안이 바람직할 뿐 아니라 의무적인 한 부분이 있다.

2a절과 3절에서 바울의 요지(신자들이 세상과 천사를 심판하는 것에 관한)는 2b절과 4절에 그의 대조적인 질문(교회를 위한 재판관을 제공하는 일에 유능한 것에 관한)과 관계가 있다. 그러나 그것은 우리에게 이스라엘의 열두 부족을 재판하는 열두 제자들에 대한 언급이 있는 마태복음 19:28이 사도들에게 특별한 특권을 제공하고 있지 않다는 것을 상기시킨다. 모든 신자들이 모든 구속받지 못한 인류를 심판하는데 관여할 것이다.

일반적으로 1-6절은 5:12b의 중요한 사례를 제공하고(크리스천은 교회 바깥의 사람이 아니라 안쪽 사람들을 심판해야 한다), 다시금 2:15와 4:3을 모든 형태의 판단에 대한 절대적인 금지로 취할 수는 없음을 상기시킨다(이전의 pp. 79, 110-111

---

8. 참조. S. Bruce Narramore, *No Condemnation*(Grand Rapids: Zondervan, 1984), 26-34; Paul Tournier, *Guilt and Grace*(New York: Harper and Row, 1962), 63-71.

를 보라). 6:2(성도가 세상을 판단할 것이다)과 5:12a(크리스천은 교회 바깥의 사람들을 판단하지 않아야 한다)의 겉으로 보이는 모순은, 전자가 신자들이 그리스도의 재림시에 행하게 될 것을 언급하고 있고, 후자는 신자들이 주의 재림 이전에 해서는 안 될 것을 말하고 있다는 것을 알게 된다면 사라지게 된다. 가책에 의한 동기(5절)는 고대 지중해 세계처럼 수치가 지배하는 문화가 아닌 곳에서 적용하는 것은 문제가 있다. 크리스천의 자기 평가는 중요하고 거짓된 가책은 파괴적일 수 있다. 하지만 어떤 사람이 참으로 객관적으로 가책을 느낄 때 수치의 제한된 양—죄를 저지른 것을 인식하게 하는—은 그 사람으로 하여금 적절한 회개로 이끈다.[8]

7-8절은 크리스천의 삶의 주요한 요소를 보다 일반적으로 강조한다—다른 이들을 섬기기 위해서 자신의 권리를 자발적으로 포기하는 것(참조. 빌 2:1-11). 8-10장은 이 주제를 상세하게 전개할 것이다. 8절은 외관상 합법적으로 보이는 소송이 적절한 보상을 넘어서서 원고가 주장하는 것으로 자주 변질됨을 상기시킨다. 세속의 법적 이론들은 관련된 당사자들이 거의 불가피하게 소송의 모든 과정에서 비인간화된다는 것을 때로 인식했다.[9]

3:16-17처럼 9-11절을 단순히 과장된 경고가 아니라 진정한 경고로 간주해야 한다. 11절은 바울이 고린도 교회의 다수가 참으로 구원을 받았다고 생각했음을 암시하지만, 만약 그가 그의 교인들 가운데서 적어도 소수의 무리가 신자로 위장하고 있으리라는 두려움을 갖지 않았다면, 사악한 자들이 그 나라를 기업으로 받지 못하리라는 그의 두 번의 확증(9-10절)은 무의미할 것이다. 물론 "영원한 보증"에 대한 칼빈주의-알미니안의 논쟁을 이 단락으로 해결할 수는 없고, 그것을 두 전통의 어느 것에도 일치시킬 수 있는 해석으로 동등하게 적용할 수 있다.

지금까지 9-10절의 악의 목록을 둘러싼 가장 커다란 논쟁은 동성애적인 범죄에 대한 두 용어와 관련이 있다. 로마서 1:24-27에서처럼 동성과 이성의 죄는 어느 것이 다른 하나보다 더 심하거나 덜 하다고 주장하는 방식으로 주어져 있지 않다. 어느 누구도 이 구절들을 어느 사람이 크리스천으로서 동시에 동성애적인 행동에 참여할 수는 없음을 주장하기 위해서 사용할 수는 없다. 그것은 간음을 저지르거나 탐욕을 보이는 사람이 동일한 일을 하고 있다고 말하는 것과 같다. 그러나 이 각각의 경우에 크리스천들은 그들의 행동을 죄스러운 것으로 인식하고 그것을 바꾸려

9. Robert D. Taylor, "Toward a Biblical Theology of Litigation: A Law Professor Looks at 1 Cor. 6:1-11," *Ex Auditu* 2(1986): 105-16, 특히 110-13.

고 해야 한다. '일관된' 불순종은 이전에 믿음의 고백을 의심스럽게 만든다. 고린도전서의 이 구절은 단지 남성만 언급하고 있을지라도, 로마서 1장의 단락은 바울이 남성과 여성의 동성애 범죄를 동시에 다루고 있음을 분명히 한다.

아울러 성향보다는 행위가 이 목록을 지배하고 있다는 것을 강조하는 것이 중요하다. 고대 세계가 명백한 동성애적인 성향을 알지 못했고 단지 행위만을 알았다고 주장하는 것은 잘못일지라도,[10] 그 사람의 성향이 반드시 실제적인 죄로 이끌 수 없다는 것은 사실이다. 독신은 이성의 영구적인 파트너를 찾을 수 없는 성향의 사람들을 위한 이성의 결혼에 대한 성경적으로 합당한 대안으로 여전히 남아 있다. 바울이 묘사하고 있는 동성애적인 행위의 유형을 남색(특히 성인 남성이 어린 소년과 관계하는 것)이나 동성의 창기(서로 지속적인 관계를 통해 헌신하지 않는 개인들 사이의 이득을 위한 일시적인 성)로 제한하는 것은 언어적으로 역시 타당하지 않다.[11]

9-10절에 열거된 모든 죄들은 자기 방종과 자기 섬김이라는 공통된 특질들을 공유하고 있다. 영적인 관점에서 그것들은 자기 파괴적이다. 그러므로 크리스천들은 지난날의 이런 것들을 멀리 해야 함을 확실히 해야 한다(11절). 물론 바울은 그들이 항상 그렇게 하지는 않는다는 것을 알고 있지만 그는 자신이 좋아하는 논리로 다시금 호소한다: "너희가 참으로 되어야 할 것이 되라."

현대적 의미

5장과 더불어 고린도전서 6장은 기독교 범주에서 당연한 것들인데도 잘 알려져 있지 않거나 순종하지 아니한 가르침을 포함한다. 우리 사회는 사람들을 고소하는 정열에 있어서 고대의 고린도인들과 유사하거나 오히려 능가하고 있다. 크리스천들은 싸움에 가담하여 동료 신자들을 법정으로 데려가고 심지어 흔하게 교회와 파라처치 단체를 고소하여 보험 회사의 "깊은 호주머니"를 꺼내게 만든다. 배심원들은 그러한 단체를 고소한 원고인들에게 상당한 돈을 안겨주고, 때로 심각한 재정난으로 패배한 당사자들을 몰아간다.

더 넓은 차원에서 보면, 자신의 권리를 양도하는 건전한 개념은 자신의 권리를

10. James B. De Young, "The Source and New Testament Meaning of ΑΡΣΕΝΟΚΟΙΤΑΙ, with Implications for Christian Ethics and Ministry," *Master's Seminary Journal* 3(1992): 191-215이 증거하는 것처럼 말이다.
11. 특히 David F. Wright, "Homosexuals or Prostitutes? The Meaning of Arsenokoitai(1 Cor. 6:9, 1 Tim. 1:10)," *VC* 38(1984): 125-53을 보라; 참조. Talbert, *Corinthians*, 23-25.

주장하는데 빠져 있는 문화에서는 일종의 치욕으로 보인다. 여성의 권리, 시민의 권리, 동성연애자의 권리, 자유 신학, 심지어 소위 미 헌법의 "소외되지 않을 권리"는 모두 중요한 기독교적 요소들을 담고 있지만, 그것들은 상당히 세속적인 심지어 반(反) 기독교적인 영향에 빚을 지고 있다.[12]

그럼에도 불구하고 법정 바깥에서 고소 문제를 해결하고, 공식적인 소송을 전적으로 피하려는 새로운 법적 방식을 사용하기 위해서 세속적인 영역에서 점증하는 캠페인인 '대안적인 논쟁의 해결 운동'의 고무적인 표지들이 있다. 기독교 범주에서 많은 화해적 봉사와 노력이 전국적인 차원에서 어떤 곳에서는 지역적인 사역으로서 발생하고 있다.[13]

교회는 다음과 같아야 한다.

> 믿음 공동체는 화해의 기술을 교인들의 특질이 되게 해야 할 뿐 아니라 화해의 과정을 전세계로 퍼지게 해야 한다. 갈등 다루기 세미나, 희생자와 가해자를 위한 화해 프로그램, 그리고 대학의 평화단은 새로운 시대의 삶을 증거하고 옛 것에 사로잡혀 있는 사람들을 위한 새로운 방식을 제공한다.[14]

합법적인 불만을 가질 때, 심지어 동등하게 갚아주어야 한다는 동료 크리스천들의 격려에도 불구하고, 고소를 하지 않음으로써 바울의 말을 순종하는 공식적으로 보고되지 않은 많은 크리스천들의 이야기가 있다. 확실히 신문과 방송은 크리스천들의 싸움에 관한 흥미 있는 이야기들을 벌떼 같이 달려들기를 좋아하면서도, 보다 긍정적인 차원에서 신자들을 묘사할 수 있는 수많은 사건들과 사역들은 다루지 않는다.[15] 우리의 더러운 옷을 공개적으로 씻지 않으려 하는 염려는 확실히 타당하다.

9-11절은 3:1-4에서 논의한 육신에 관한 잘못된 정의와 올바른 정의에 관한 문

---

12. Mark A. Noll, *One Nation Under God?*(San Francisco: Harper and Row, 1988); with Richard A. Fowler and H. Wayne House, *Civilization in Crisis*(Grand Rapids: Baker, 1988)을 참조하라.
13. 특히 크리스천의 화해 과정에 대한 설명을 위해서는 H. Wayne House, "Reconciling Disputes Among Christians," in *Christian Ministries and the Law*, ed. H. Wayne House(Grand Rapids: Baker, 1992), 79-88을 보고, 북아메리카의 크리스천 화해 사역에 관한 모범에 대해서는 "Appendix D," 219-20을 보라.
14. Snyder, *First Corinthians*, 77.
15. 이것은 James D. Hunter, *Culture Wars*(New York: Basic Books, 1991)에서 훌륭하게 문서화된 공론의 넓은 양극화의 일부다.

제를 새롭게 제기해준다. 성경은 확실히 하나님이 동성연애를 만드셨다고 자주 제기되는 주장을 변호하지 않는다. 유전적인 요소가 동성연애적인 성향에 기여하고 있다고 하는 것은 중요할 수 있으나, 알코올중독, 폭력, 또는 다양한 질병들의 본질적인 성향처럼 그러한 요소는 창조의 부산물이 아니라 타락의 부산물이다.[16] 동등하게 중요한 것은 유전적인 성향들이 성경의 표준과 하나님 앞에서 비도덕적인 행위에 대한 우리의 책임을 면제시켜주지는 않는다. 알코올 중독의 성향이 있는 사람은 다른 사람들보다도 절대금주와 같은 더 진지한 제한을 스스로에게 두어야 한다. 그렇다고 그들의 술주정이 도덕적으로 용인될 수 있음을 의미하지 않는다. 동성연애적인 습성을 갖고 있는 사람들은 더 조심스럽게 자신을 관찰하여, 하나님이 지정하신 삶의 방식을 떠나 죄 속에 빠지지 않게 해야 한다.

아울러 "밝혀진" 일관되게 나타나는 사회적 요소들은 육성(nurture)-본성(nature) 논쟁에서 "육성"(nurture)이 너무 자주 과소평가되어 왔다는 것을 암시한다.[17] 결국에 동성연애의 상당한 양이 대를 이어 나타나고 있지 않기 때문에 수학적인 단순한 법은 동성연애가 설사 지배적으로 유전적인 요소가 있었다할지라도 수많은 세기가 흐르는 동안에 사실상 소멸되었다는 확고한 결론에 이르게 한다.

한편으로 보수적인 크리스천들이 다른 죄인들보다 동성연애자를 더 남용스럽게 죄인으로 자주 취급했다는 사실을 부인할 수 없다. 동성애자들에 대한 차별이 있는데—예를 들어, 성적인 행위와 관련이 없는 직업에서 그들의 고용 기회를 제한하는 것 등—그런 것들은 마땅히 반대되어야 한다. 특히 우리의 교회 내에서 참으로 동성자에 대한 혐오가 있다(그들의 도덕적인 상태에 대한 견해가 아니라 동성의 행위와 관련한 두려움). 그러나 "정치적으로 상정된" 운동이 동성애 혐오에 관한 범위를 상당히 과장하고, 성경적인 표준을 견지하려고 사랑으로 긍휼로 바라보는 신자들도 그 범주에 부정확하게 적용시켰다.

11절은 다른 중요한 요소를 이 논의에서 상기시킨다: 동성연애를 하나님의 도우심으로 떨쳐버릴 수 있다. 고린도인들의 경험과 현대의 경험들은 모두 동성연애자들이 "올바르게" 되어서 이성과의 결혼을 이룰 수 있음을 보여준다. 설사 그것이

16. 보다 일반적으로 동성연애의 신학에 관한 균형 잡힌 취급에 대해서는 Richard F. Lovelace, *Homosexuality and the Church*(Old Tappan, N.J.: Fleming Revell, 1978)을 보라.

17. 남성 동성연애에서 긍정적인 성인 남성 역할 모델의 부재(不在)가 특히 흔하다. 특별히 Elizabeth Moberley, *Psychogenesis: The Early Development of Gender-Identity*(London: Routledge, Kegan, and Paul, 1983); idem, *Homosexuality: A New Christian Ethic*(Greenwood, S.C.: Attic Press, 1983)을 보라.

자주 긴 과정과 힘든 투쟁을 요하는 것일지라도 말이다.[18] 화해를 돕는 단체들처럼 이런 변화를 촉진시키는 전국적이고 지역적인 사역들이 더욱 늘어나고 있다.[19] 이런 사역들을 대단히 환영해야 하고 모든 크리스천들은 그것을 열렬하게 지원해야 한다.

동일한 원리가 에이즈 희생자들을 위해서 일하고 있는 사람들과 단체에 자주 적용된다. 여기서도 크리스천들은 두 가지 비성경적인 극단을 취하는 경향이 있다. 어떤 이들은 이 질병을 죄에 대한 하나님의 직접적인 심판으로 돌리고, 따라서 사랑이나 의료적인 연구를 통해 간섭하려는 뚜렷한 이유를 찾지 않는다. 그러나 이는 무고한 혈우병 환자와 자신의 죄로 말미암지 않고 그 질병에 감염된 사람들을 부당하게 정죄한다. 또한 그것은 질병과 하나님의 작용을 보통 성경에서 제시한 것보다 더 직접적인 상관관계를 두는 것이 된다. 하나님은 심판날로 그의 보수하심을 미뤄두시고 있다.

한편으로 에이즈는 성경의 성적 윤리를 폭넓게 따랐다면 그리고 결혼 이전에 바이러스에 대한 적절한 검사가 시행되었다면, 이 땅에서 표면적으로 사라질 수 있었던 질병이다. 그런데 성교육과 육체의 건강에 대해 대단히 전념하는 문화에서 이성의 결혼 이외에 성적인 금욕을 촉진하는 것이 멸시를 받고 거부되는 것은 얼마나 비극적인가! 종교적인 토대를 떠나서도 성적인 금욕은 우리의 세속적인 사회가 갈망하는 바람직한 결과를 이룰 것이다. 하지만 물론 인간의 자유가 방종에 빠지지 않게 하는 "불가능한" 대가를 치러야 할 것이다.

---

18. 예를 들어, William Consiglio, *Homosexual No More*(Wheaton: Victor, 1991); Darlene Bogle, *Strangers in a Christian Land*(Old Tappan, N.J.: Fleming Revell, 1990)과 Gerard van der Aardweg, *Homosexuality and Hope*(Ann Arbor, Mich.: Servant, 1985)을 참조하라.

19. 사람들은 엑스더스 인터네이셔널의 산하에 전국적인 네트워크 단체를 특히 생각한다. 교회가 "게이와 레즈비언의 치유와 희망을 촉진하게 하는 접근의 좋은 선집에 대해서는 J. Isamu Tamamoto, *The Crisis of Homosexuality*(Wheaton: Victor, 1990)을 보라.

고린도전서 6:12-20

12 모든 것이 내게 가하나 다 유익한 것이 아니
요 모든 것이 내게 가하나 내가 무엇에든지
얽매이지 아니하리라
13 음식은 배를 위하여 있고 배는 음식을 위하
여 있으나 하나님은 이것 저것을 다 폐하시
리라 몸은 음란을 위하여 있지 않고 오직 주
를 위하여 있으며 주는 몸을 위하여 계시느
니라
14 하나님이 주를 다시 살리셨고 또한 그의 권
능으로 우리를 다시 살리시리라
15 너희 몸이 그리스도의 지체인 줄을 알지 못하
느냐 내가 그리스도의 지체를 가지고 창녀의
지체를 만들겠느냐 결코 그럴 수 없느니라
16 창녀와 합하는 자는 그와 한 몸인 줄을 알지
못하느냐 일렀으되 둘이 한 육체가 된다 하
셨나니
17 주와 합하는 자는 한 영이니라
18 음행을 피하라 사람이 범하는 죄마다 몸 밖
에 있거니와 음행하는 자는 자기 몸에 죄를
범하느니라
19 너희 몸은 너희가 하나님께로부터 받은 바
너희 가운데 계신 성령의 전인 줄을 알지 못
하느냐 너희는 너희 자신의 것이 아니라
20 값으로 산 것이 되었으니 그런즉 너희 몸으
로 하나님께 영광을 돌리라

원 의미

9-11절은 성적인 윤리의 폭넓은 영역, 즉 12-20절이 이제 취하고 있는 주제에 자연스러운 전환을 제공한다. 여기서 5-6장에서 방종하는 자들의 세 번째 잘못이 나타난다. 근친상간 하는 자(5:1-13)와 신자들에 대해서 소송하는 자(6:1-11)를 언급한 다음에 바울은 이제 일반적인 성적인 부도덕성을 다루는 것으로 나아가는데, 특히 고린도인들에게 악명 높았던 창녀의 문제를 예로 든다.

12절에서 바울은 이 서신의 나머지 부분을 통해서 자주 나타나고 있는 패턴으로 시작한다—고린도인들의 슬로건을 인용하고 그것에 제한된 인정을 주며, 그 다음에 그것을 실제적으로 설명한다. 고린도인들의 슬로건(NIV가 인용부호를 두고 있는 12-13절의 세 언급들)은 모두 네 가지 특징을 공유하고 있다. (a) 짧고 공감적이며 잠언적이다, (b) 교회의 방종하는 자들을 다룬다, (c) 바울은 구체적인 맥락에서 그것들을 언급할 수 있었으나, (d) 문맥과 별도로 그것들을 활용한다.

12절은 첫 번째 슬로건을 두 번 인용한다(참조. 10:23). "모든 것이 내게 가하나." 바울은 크리스천의 율법으로부터의 자유에 관한 맥락에서 이것을 언급하였을 것이다. 13절의 슬로건("음식은 배를 위하여 있고 배는 음식을 위하여 있으나")은 유대 음식법에서의 자유에 관한 보다 구체적인 언급을 반영할 수 있었다. 하지만 이런 맥락과 별도로 그 슬로건들은 사실상 고린도인들이 분명히 행하고 있었던 죄를 사람들에게 생각나게 한다. 그러므로 바울은 고린도인들이 도덕적인 원리들에 여전히 순복해야 한다는 것을 설명한다—그들이 모세 법의 모든 613개의 명령을 순종하기 때문이 아니라, 모세의 법들이 혜택을 주고 진정으로 자유를 줄 수가 없기 때문이다. 12b절은 영어로 "모든 것이 나의 권세에 있고 나는 어느 것에 의해서도 휘둘림을 당하지 않을 것이다"라고 번역함으로써 가장 근접할 수 있었던 헬라어의 언어유희를 반영한다.[1]

다음의 고린도인들의 슬로건(13절)은 NIV가 말하고 있는 것처럼 독법해야 하는지, "하지만 하나님이 그들을 모두 폐하실 것이다"라고 부가적인 것들을 첨가해야 하는지 분명하지가 않다. NIV는 더 긴 슬로건에 대한 바울의 반응이 될 수 있었던, 다음 문장이 시작하는 또 다른 "but"—"그러나 그 몸"(But the body)—을 생략한다. 어쨌든 고린도인들은 음식과 배에서 서로 만들 수 있었던 비교적 정확한 관찰로부터 몸과 성적인 방종이 밀접하게 관련되어 있음을 분명히 추론할 수 있었다. 결국에 먹는 것과 성행위를 하는 것은 이 세상의 삶으로 제한되는 것으로 보인다. 하지만 바울은 그렇지 않다고 선언하는데, 육체의 부활에선 먹어야만 사는 배는 필요치 않지만, 거의 확실히 육체의 부활은 있을 것이다! 그리고 성적인 부도덕성은 18절이 설명하는 것처럼 과식이 영향을 줄 수 없는 방식으로 사람의 전체 몸에 영향을 준다. 따라서 그 몸은 성적인 불결이 아니라 거룩하게 주님에게로 헌신되어야 한다(13b-14절).

15-17절은 삼단논법을 형성한다(세 부분의 논증에서 두 부분은 전제이고 나머지 한 부분은 필연적으로 뒤따르는 결론이다). (1) 그리스도인의 몸들은 그리스도의 지체들이다, (2) 성교는 두 인간을 한 몸으로 합하게 만든다(창 2:24에서 이미 말씀한 것처럼), (3) 따라서 창기와의 성교는 그리스도의 지체를 창기와 합하게 만든다.

분명히 이것은 그러한 행위를 한 사람이 구원받지 못한다는 것을 의미하지는

1. Morris, *First Corinthians*, 96.

않는다. 오히려 바울은 그리스도의 완전한 거룩성을 매춘과 같은 불순한 것과 섞이는 데 대한 그의 전적인 반감을 표현하고 있다. 매춘은 궁극적인 헌신을 대변하는 분과 쾌락의 일시적인 성적인 관계를 대변하는 행위의 기괴한 연관을 만들어버린다. 더욱 나쁜 것은 이런 성행위는 더 큰 선에 대해서 절대적으로 헌신하지 않는 사람에 의한 인간의 남용을 대변하는 것이다.

바울은 "음행('포르네이아')을 피하라"는 강력한 현재 시제 명령(계속 행위가 진행되는 것을 암시함)으로 이런 기괴한 불일치에 대해서 반응한다. 포르네이아는 이성간의 결혼 속에서 합해지는 것이 아닌 두 사람간의 성교의 행위를 담고 있는 헬라어에서 성적인 죄에 대해서 가장 널리 쓰이는 용어다(18a절). 그러나 얼핏 보기에 이런 명령에 대한 그의 다음 이유는 명백히 잘못된 것처럼 보인다(18b절). 확실히 과식과 술취함, 스스로 신체의 일부를 절단하는 것, 그리고 자살도 역시 자기 자신의 몸에 대해서 죄를 짓는 것이다. 이런 문제에 대한 해결책이 "몸"('소마')이란 용어에 있는데, 그 용어는 자주 신체적인 사람과 사람 사이의 교제를 갖는 것을 내포한다. 브렌단 비르네가 이렇게 설명한다.

> 부도덕한 사람은 사람 사이에 가장 밀접한 육체적 소통의 도구를 의미할 수 있는 그 사람의 기능을 왜곡시킨다. 그는 육체적 소통의 유일한 능력에 대해서 죄를 짓고 있고, 이런 점에서 자신의 몸에 대해서 특별한 방식으로 죄를 짓고 있는 것이다. 모든 다른 죄들은 이런 점에서 몸 '바깥에'로 비교할 수 있다—이 구절에서의 '몸'은 전반적으로 이 단락을 통해서 부여되고 있는 것으로 보이는 강력한 성적 뉘앙스를 갖는다. 어느 다른 죄도 그렇게 아주 밀접한 방식으로 몸의 소통이라는 능력에 개입되지 않는다.[2]

19-20절은 개별적인 신자들의 몸과 거룩을 내포하고 있는 성전의 이미지를 재적용시킨다. 3:16-17에서처럼, 바울은 "너희[복수] 몸[단수]"을 문자적으로 적고 있다. 하지만 12-17절의 문맥으로 보건대, 문법학자들이 소위 "배분의 단수"라고 부르는 것을 사용해서, 그는 여전히 여기서 개인의 몸들에 관해서 이야기하고 있는 것으로 보인다. 20절은 신자들이 하나님께 (그들을 값 주고 사신) 구원에 대한 감사로 말미암아 영광을 돌리기 원하게 하는 예수의 보속을 암시한다.

---

2. Brendan Byrne, "Sinning Against One's Own Body: Paul's Understanding of the Sexual Relationship in 1 Corinthians 6:18," *CBQ* 45(1983): 613.

상황잇기

바울은 도덕적인 절대성이 기독교 시대에 있다고 믿는다(참조. 갈 5:19-23). 하지만 율법의 시대와 성령의 시대 사이에 근본적인 대조는 그리스도 안에서 하나님과의 올바른 관계에 의해 태어난 내적인 태도로 사랑하는 것과 외적인 기준의 긴 목록에 의해 살아가는 것과 관련이 있다. 고린도의 슬로건에 해당하는 의미가 어거스틴의 유명한 잠언인 "하나님을 사랑하고 네가 기뻐하는 대로 하라"에서 나중에 포착된다. 하지만 그 잠언은 쉽게 남용될 수도 있다. 자신의 그리고 다른 사람의 복리에 진정으로 관심이 있는 크리스천들은 많은 것들이 본질적으로 해롭거나 중독적인 것임을 인식하게 된다. "크리스천의 믿음이 중요한 사실은 그것이 죄가 없는 사람을 만든다는 것이 아니라 죄를 짓지 않는 사람을 만든다는 것이다."[3] 게다가 "자신의 자유를 표현해야 하는 사람은 자신이 자유로운 사람임을 보여줄 필요가 있다는 속박 속에 사실상 있다. 진정으로 자유로운 사람은 아무것도 입증할 것이 없다."[4]

몸에 관한 바울의 확증은 인간의 몸을 포함하는 물질적인 세계가 희망이 없는 것이라고 주장하는 이원론의 형태를 반박한다. 여기서 바울은 그러한 철학의 쾌락주의적인 성장을 논박하고, 7장에서 그는 그것의 금욕적인 대응부와 다툰다. 크리스천은 영원을 구원하기를 추구하지만 몸은 아니라고 하거나 이 땅의 청지기에 대해서 무관심한 분절된 복음을 항상 조심해야 한다. 하나님 나라가 시작되었을 때, 우리는 다가올 삶에서 완전하게 될 우리의 몸을 돌보아야 하는 일을 우선적으로 이 삶에서조차 모범을 보이기를 시작해야 한다.

성적인 부도덕성과 특히 매춘은 거의 모든 시대와 문화에서 문제가 된다. 그러나 20절은 바울의 논의를 다른 적용을 제기하는 것으로 일반화시켜서 마감하게 만든다. 한편으로 우리는 18절이 견지하는 성적인 죄의 독특한 심각성을 상실하지 않아야 한다. 과식의 영향은 땀의 수고와 칼로리의 감소에 의해서 보통 바꿀 수 있다. 하지만 불법적인 성적인 죄의 영향은 돌려놓을 수가 없다(물론 그것이 사함 받을 수 있을지라도 말이다). 기억, 감정, 그리고 집착이 인생을 통해서 남을 수 있고, 과도한 성생활이 어떤 방식으로든 우리의 감각을 무디게 하거나 무감각하게 만들 수 있다.

3. Barclay, *Corinthians*, 56-57.
4. Prior, *1 Corinthians*, 96.

성에 대한 바울의 신학은 하나님의 형상으로 만들어진 피조물이 가질 수 있는 위엄과 보호를 다룸으로써 더욱 인간화시킨다. 바울은 성이 인간의 심리에 독특한 영향을 준다는 것을 이해하고 있다. 성이 인간들 사이에 상호적인 관계의 친밀함을 반영하고 있기 때문에 상호적인 헌신을 영구적으로 보존할 수 있어야 한다.[5] 하나님은 창조의 질서로서 일생동안 이루어지는 일부일처제의 원리를 설정하셨다. 이 원리는 모든 문화와 인간 역사의 기간을 초월한다(16절). 창세기에서의 인용은 성교가 함축하는 친밀성과 헌신을 확증하는 것으로 문맥 속에서 독법해야 한다. 그렇다고 성 자체가 결혼을 형성한다고 주장하는 것으로 정당성을 부여할 수는 없다. 그것은 역시 창세기 2:24의 전반부의 인용을 역시 필요로 한다. "남자가 부모를 떠나 그 아내와 연합하여 둘이 한 몸을 이룰지로다"—부모에서 배우자에게로 궁극적인 인간의 충성이 전이되는 것을 뜻한다.

'포르네이'를 피하라는 강력한 명령(18절)은 요셉이 보디발의 아내에게서 도망한 것처럼 문자적으로 행동할 필요가 있다(창 39:12). 그것은 부적절하게 매력을 느낀 사람과의 친밀한 관계를 거부하고 강력한 성적인 요구를 쉽게 일으키는 육체적인 접촉의 관계를 삼가며, 잡지나 텔레비전 그리고 영화와 같이 음란물들을 접할 수 있는 장소를 피하는 일을 요한다. 또한 이 원리를 정신적인 차원에서 참되고 고귀하고 올바르며 순결하고 칭송할 만하며 탁월하거나 칭찬할 만한 가치가 없는 일을 하는 것에 적용할 수 있다(빌 4:8).

현대적 의미

5:1-13에서 적용하였던 많은 것들이 여기서도 역시 적합하다. 상당히 반문화적인 주제들이 이 구절들에서도 지속된다. 1960년대에 성적인 혁명이 있은 후로 우리 현대 세계의 많은 부문들이 "좋게 느껴지면 그것을 하라"는 사고방식을 취했다. 하지만 사람들이 이런 윤리를 채택할 때, 가정은 파괴되고 성적인 탐닉이 많은 것들을 압도한다. 또한 우리가 특히 서방에서 과식을 일삼을지라도 세계의 다른 곳에 우리의 형제와 자매들이 굶고 있다. 우리의 몸에 대한 다른 지배적인 남용은 술취함, 줄담배, 약물 남용, 적절한 운동이나 다이어트의 부족, 그리고 일중독이 포함된다.

---

5. Bruce, *1 and 2 Corinthians*, 64은 D. S. Bailey를 인용한다: 16절은 "1세기의 기준에 의해서는 전적으로 예외적인 인간 성욕의 심리학적인 통찰을 보여준다…그는 인간 성욕은 바로 그 본성 때문에 자기 노출과 자기 헌신의 독특한 양식을 형성하는 방식으로 전체 개성을 참여시키고 표현하는 행위라고 주장한다."

성에 대한 크리스천의 견해—이성간의 결혼을 제외하고는 금욕하는 것—은 바울의 주요한 논증을 차치하고서라도 이 세상에서 훌륭한 의미를 갖는다. 에이즈병이 이성간의 난잡한, 특히 창녀와 그런 부류의 사람들과의 성문화로 인해 발발했다 다른 성적으로 전파되는 질병이 여전히 전세계에 퍼지고 있다. 원치 않는 임신과 잠재적인 유산의 위험성은 이런 문제를 더 복잡하게 만든다. 그러나 성을 남편과 아내로 제한하게 하는 기독교의 가장 핵심적인 이유는 상호간의 관계의 밀접성을 함축해야 하는 영구적인 헌신과 관련이 있다. 무수한 방식으로 사람들이 하나님을 도전하고, 자신들이 아무런 헌신 없이 성행위를 할 수 있고 어느 쪽에도 파괴적인 영향을 미치지 않는다고 확신 있게 주장하고, 그들은 되풀이해서 자신들의 선택을 후회한다. 하지만 이것은 우리들이 시험하고 그 다음에 되돌려놓을 수 있는 죄가 아니다. 우리는 하나님이 가장 잘 아신다는 것을 믿어야 한다. 사람들이 크고 작건 간에 유혹에 굴복하면, 물론 하나님의 은혜가 상당한 치유를 가져올 수 있을지라도, 결코 전적으로 사라지지는 않는 정신적이고 감정적인 상처가 남게 된다.[6]

하지만 결혼할 기회를 갖지 못한 사람들의 경우에는 어떠한가? 그들은 몸의 강력한 요구 중 하나인 성적인 욕구를 어떻게 적절히 방산할 수 있는가? 여전히 논쟁이 되고 좀처럼 기독교인들이 공개석상의 토론에서 다루지 않을지라도, 자위의 제한적 사용이 가장 적절한 대답이 될 수 있을 것으로 본다. 성경 본문은 이런 문제에 대해서 직접적으로 언급하지는 않을지라도, 성적인 죄가 공통적으로 갖는 것이 전적으로 헌신할 수 없는 다른 사람에 대한 성적 남용이라면, 자위는 이런 남용을 면할 수 있게 해줄 수 있을 것이다. 확실히 자위행위도 역시 중독적이고 탐욕적일 수 있을지라도, 강력한 충동을 주기적으로 진정시켜줌으로써 상호간의 부적절한 성행위를 사실상 차단할 수 있을 것이다.[7]

---

6. 성의 기독교 신학에 관한 두 탁월한 취급은 Tim Stafford, *The Sexual Christian* (Wheaton: Victor, 1989)과 Randy C. Alcorn, *Christians in the Wake of the Sexual Revolution: Recovering Our Sexual Sanity* (Portland: Multnomah, 1985)이다. 163-72에서 올콘은 보다 최근의 세속적인 영역에서 60대의 자유방임에 대항하는 반발을 논한다. "기독교인의 결혼에서 혼외정사를 막고 치유하는" 일을 위한 도움에 대해서는 특히 Henry A. Virkler, *Broken Promises* (Dallas: Word, 1992)을 보라.

7. 현대 기독교 작가의 상당수가 동의한다. 예를 들어, Jack O. Balswick and Judith K. Balswick, *The Family: A Christian Perspective on the Contemporary Home* (Grand Rapids: Baker, 1989), 184-87; Clifford and Joyce Penner, *The Gift of Sex* (Waco: Word, 1981), 230-36; Lewis B. Smedes, *Sex for Christians* (Grand Rapids: Eerdmans, 1976), 160-64, 243-46을 보라.

고린도전서 7:1-16

1 너희가 쓴 문제에 대하여 말하면 남자가 여
자를 가까이 아니함이 좋으나
2 음행을 피하기 위하여 남자마다 자기 아내를
두고 여자마다 자기 남편을 두라
3 남편은 그 아내에 대한 의무를 다하고 아내
도 그 남편에게 그렇게 할지라
4 아내는 자기 몸을 주장하지 못하고 오직 그
남편이 하며 남편도 그와 같이 자기 몸을 주
장하지 못하고 오직 그 아내가 하나니
5 서로 분방하지 말라 다만 기도할 틈을 얻기
위하여 합의상 얼마 동안은 하되 다시 합하
라 이는 너희가 절제 못함으로 말미암아 사
탄이 너희를 시험하지 못하게 하려 함이라
6 그러나 내가 이 말을 함은 허락이요 명령은
아니니라
7 나는 모든 사람이 나와 같기를 원하노라 그
러나 각각 하나님께 받은 자기의 은사가 있
으니 이 사람은 이러하고 저 사람은 저러하
니라
8 내가 결혼하지 아니한 자들과 과부들에게
이르노니 나와 같이 그냥 지내는 것이 좋으
니라
9 만일 절제할 수 없거든 결혼하라 정욕이 불
같이 타는 것보다 결혼하는 것이 나으니라
10 결혼한 자들에게 내가 명하노니 (명하는 자
는 내가 아니요 주시라) 여자는 남편에게서
갈라서지 말고
11 (만일 갈라섰으면 그대로 지내든지 다시 그
남편과 화합하든지 하라) 남편도 아내를 버
리지 말라
12 그 나머지 사람들에게 내가 말하노니 (이는
주의 명령이 아니라) 만일 어떤 형제에게 믿
지 아니하는 아내가 있어 남편과 함께 살기
를 좋아하거든 그를 버리지 말며
13 어떤 여자에게 믿지 아니하는 남편이 있어
아내와 함께 살기를 좋아하거든 그 남편을
버리지 말라
14 믿지 아니하는 남편이 아내로 말미암아 거룩
하게 되고 믿지 아니하는 아내가 남편으로
말미암아 거룩하게 되나니 그렇지 아니하면
너희 자녀도 깨끗하지 못하니라 그러나 이제
거룩하니라
15 혹 믿지 아니하는 자가 갈리거든 갈리게 하
라 형제나 자매나 이런 일에 구애될 것이 없
느니라 그러나 하나님은 화평 중에서 너희를
부르셨느니라
16 아내 된 자여 네가 남편을 구원할는지 어찌
알 수 있으며 남편 된 자여 네가 네 아내를
구원할는지 어찌 알 수 있으리요

원 의미

바울은 고린도인들이 자신에게 써서 보냈던 문제들로 방향을 돌릴 때 이 서신의 본론의 두 번째 부분의 전반부를 시작하게 된다. 이것은 결혼(7장), 우상에게 바쳐진 음식(8:1-11:1), 공중 예배 시의 문제들(11:2-14:40), 부활(15장), 그리고 유대 크리스천들을 위한 헌금(16:1-4)을 포함하다. 고린도인들의 관심은 질문이나 도전으로 풀이할 수 있지만 어쨌든 바울은 교정을 필요로 하는 상당한 문제들을 인식한다.

사도는 고린도인들이 제기했던 순서대로 그들의 문제에 단순히 응답할 수 있었으나, 그는 5-6장에서 언급했던 성적인 주제 직후에 결혼에 대한 관심을 의도적으로 앞에 둔다. 어쨌든 그는 5-6장에서 언급된 문란한 성생활의 문제와는 정반대의 문제점을 이제 지적한다. 여기서 교회의 금욕적인 흐름은 독신의 덕을 주창하고 있다.[1]

이 7장을 올바르게 이해할 수 있는 열쇠는 7:1이 바울이 6:12과 13에서 그랬던 것처럼, A.D. 200년 경에 오리겐이 이미 인정하였던 요지인 고린도인들의 슬로건이나 입장을 마지못해 그리고 제한적으로 인정하고 있음을 인식하는 것이다.[2] 1-16, 17-24, 25-40절은 ABA 구조를 형성하는데, 크리스천들이 "마땅히 되어야 할 것이 되는" 것이 좋다는 삶의 유추적인 상황에 관한 논의를 둘러싸고 독신 주창자들에 대한 두 부분의 명확한 반응으로 이루어져 있다. 독신과 결혼의 문제에 관해서 적용하고 있는 바울의 중심적인 요지는 신자들이 자신의 결혼 상태를 급하게 서둘러서 바꾸려 해서는 안 된다는 것을 강조한다. 더 구체적으로는 삶의 모든 걸음걸이에서 금욕을 해야 할 여지가 있지만 그것은 자주 제한적이다. 결혼에서 규칙적인 성적인 관계가 지배적이 되어야 한다. 성에 탐닉하거나 제한하는 양 극단 사이에서 균형을 이루는 바울은 결혼을 과대하게 강조하는 유대 범주와 금욕주의

---

1. 어떤 저자들은 이 금욕 운동을 한 특별한 성에 더욱 연관 지을 수 있는 이유를 식별할 수 있었다고 생각했다. Margaret Y. MacDonald, "Women Holy in Body and Spirit: The Social Setting of 1 Corinthians 7," *NTS* 36(1990): 161-81은 34절에서 그리스 후대의 그리스 로마 기독교 금욕주의에서처럼 여성이 성을 가장 삼가는 자가 되는 증거를 발견한다. 한편으로 Jerome Murphy-O'Connor, "The Divorced Woman in 1 Cor. 7:10-11," *JBL* 100(1981): 601-6은 이혼에 관한 10-11절의 이면에는 적어도 금욕주의적인 남편이 핵심적인 문제가 되는 것으로 믿는다.
2. 특히 Fee, *First Corinthians*, 266-357을 보라. 더 짤막하게는 W. E. Phipps, "Is Paul's Attitude Toward Sexual Relations Contained in 1 Cor. 7.1?" *NTS* 28(1982): 125-31을 참조하라. 여기서 주장한 흐름을 따른 전체 장의 훌륭하고 짤막한 설명에 대해서는 David E. Garland, "The Christian's Posture Toward Marriage and Celibacy: 1 Corinthians 7," *RevExp* 80(1983): 351-62을 보라.

를 이상화하는 헬라의 추세(특히 영지주의) 사이에서 민감하고 중재적인 입장을 취한다.

바울은 전체 장의 논리로 "네, 하지만"(Yes, But) 논법을 사용한다. NIV의 각주("여성과의 성적인 관계를 갖지 않는 것이 남자에게 좋다")는 두 가지 근거에서 1b절에 대한 가장 그럴법한 의미를 전달해준다. 첫째로 그것은 1절을 고린도인들의 언급으로 인식한다. 둘째로 그것은 헬라어 완곡어법인 결혼이 아니라 성교를 가리키는 "touch"를 번역하고 있다. 2절은 바울의 제한을 제공한다: 성적인 금욕은 대체로 결혼한 부부들에게는 부적절하다. 배우자를 "갖는"(have) 것은 배우자를 "획득하다"를 의미하기보다는 "성적인 관계에 참여하는" 것을 의미한다. "각 남자"(each man)와 "각 여자"(each woman)는 "각기 결혼한 사람"을 가리킨다. 자기 아내와 성행위를 가질 수 없을 정도로, 창기와 정부(mistress)와 많이 관계했던(6:12-20을 상기하라) 고린도인 남성들에 대한 상황을 여기서 엿볼 수 있다.

3-7절은 고린도에서 금욕지향적인 파당에 대한 바울의 첫 번째 적용을 풀어놓는다. 그들은 결혼하였을지라도 성적으로 완전히 제한할 것을 주장했지만 바울은 금욕의 매우 제한적인 역할만을 상정한다. 남편과 아내가 자주 성관계를 가짐으로써 좌절을 당하거나 다른 유혹에 넘어가지 않게 해야 한다.

"결혼의 의무를 다하라"(3절)는 "빚진 것을 되갚으라"고 직역할 수 있다. 사람의 "몸"(4절)은 6:18에서처럼 상호간의 소통의 도구라는 폭넓은 의미를 갖는다. "주장하지 말라"는 "권위를 행사하지 말라"고 번역해야 한다. 결혼한 사람은 더 이상 자신의 몸을 자신이 주장하지 않고 상대 배우자에게 자신의 몸에 대한 권위를 복종시켜야 한다. "분방하지 말라"(개역개정, 5절)는 "속이지 말라"고 독법해야 한다—즉, 다른 이의 것을 자신의 것으로 속이는 것. 바울이 관용할 수 있는 유일한 예외는 양 당사자가 제한된 시간 내에 주님과의 교제에 집중하기 위해서 성행위를 삼가는 것에 동의하는 것이다. 하지만 이때조차도 바울은 "권도"(양해)의 방식을 통해서 말한다(6절). 그는 결혼한 부부가 서로 성을 삼가는 것을 결코 주장하고 있지 않다.[3]

7절은 8절이 명확하게 하고 있는 것을 미리 암시해주고 있다: 바울은 현재에 독

3. 어떤 이들은 6절을 2절을 돌아보는 것으로 또는 2-5절의 모든 것을 검토하는 것으로 간주한다. 그 경우에 결혼은 바울이 독신을 선호하는 것에 대한 양보가 된다. 하지만 5절이 6절에 대한 가장 가까운 선행사를 형성하고 그 안에 명백한 양보를 포함한다는 점을 고려할 때, 2절에 대한 우리의 해석에서 이것은 불가능하고, 심지어 2절에 관한 보다 전통적인 이해에서도 여전히 덜 그럴듯하다.

신이며 그는 이 방식을 좋아하고 있다. 그는 독신의 즐거움을 모든 이들이 공유할 것을 희망하고 있지만 오직 일부 사람들만이 이 은사를 소유하고 있고 다른 이들은 결혼에 대한 은사를 갖고 있음을 인식하고 있다.

8-9절에서 바울은 현재에 결혼한 사람에게서 이전에 결혼했던 사람에게로 방향을 전환한다. "결혼하지 아니한"은 남성 복수인데, 마치 "과부들"이 여성 복수인 것과 마찬가지다(8절). 25-38절이 결혼하지 않았던 사람들을 언급하는 것으로 보건대, 그리고 "홀아비"에 대한 명백한 헬라어가 1세기에 사용되었던 것으로 보건대, 우리는 여기서 "결혼하지 아니한 사람"을 아내가 죽은 남성들을 가리키는 것으로 이해할 수 있다.

물론 금욕주의자들은 홀아비와 과부들이 결혼하지 말 것을 말하였을 것이다. 바울은 그렇게 하는 것은 좋은 행동을 취한 것이지만 만약 그렇게 하는 것이 성적인 부도덕성으로 이끈다면 좋은 행동이 되지 못한다는 것을 다시금 확증한다. "cannot"(없거든)은 헬라어에서는 없는 것이고 다소 잘못된 것으로 이끌 수 있다. 본문은 사실상 "만약 그들이 스스로를 제어할 수 없다면, 결혼해야 한다"라고 직역할 수 있다. "정욕"(9b절)은 헬라어 '푸루마이'("불타다")를 해석하려는 NIV의 시도이고 아마도 정확할 것이다(참조. 고후 11:29에서 바울의 애타는 마음). 하지만 그것은 "지옥에서 불타다"로 번역할 수도 있었고, 이는 고린도전서 6:9-10과 평행일 수 있었다.

8-9절은 바울이 독신임을 명확히 한다. 그의 말을 여기서 과부와 홀아비로 제한한다면, 그의 아내는 역시 죽었을 것이다. 랍비들은 거의 항상 결혼했고, 산헤드린의 회원들은 반드시 결혼해야 했다. 사도행전 22:3은 가말리엘 문하에서의 바울의 랍비 훈련을 언급하지만 그가 그 훈련을 완성했는지를 알 수 없다. 사도행전 26:10에서 바울은 산헤드린에서 "나의 표를 던졌다"라는 말을 하지만 그 용어는 산헤드린에 동의하였다는 관용어로 사용될 수 있었다. 따라서 바울이 언젠가 결혼했었을 수 있지만 우리는 그것을 확실히 할 수는 없다.

10-16절에서 바울은 결혼했던 사람들을 언급하는 것으로 방향을 돌리지만 이번에는 금욕주의자들에 의한 또 다른 제기에 비추어서 언급한다. 독신을 주창하는 파당은 성행위를 하지 않고 배우자와 살 수 없다면 이혼할 것을 사람들에게 고무시켰다. 이 부분에서 이런 부류들의 편을 드는 바울의 생각은 급격하게 소진된다. 불신 파트너가 크리스천 배우자와 동행하지 않으려 할 때만 바울은 그러한 단절을 허용할 수 있다(15-16절). 그러므로 10-11절은 양 당사자가 신자인 결혼을 가리키

는 것으로 보인다.

바울의 삽입구인 "명하는 자는 내가 아니요 주시라"(10절)는 초대 기독교 전통에서 널리 알려진 예수님의 말씀을 암시한다(참조. 막 10:11-12). 이미 이혼한 사람들은 헤어진 파트너와 다시 화해할 가능성을 열어놓기 위해서 다시 결혼하지 말아야 한다. 10-16절에 나오는 "갈리는", "이혼한", "떠난"으로 번역된 단어들은 상호 호환해서 사용할 수 있다. 이 사실을 유사한 평행 구절로도 알 수 있다. 즉 10a절("아내는 남편과 갈리지 말고")과 11b절("남편이 아내와 이혼해서는 안 된다")와의 평행구, 그리고 12-13절("불신자가 같이 머물기를 원할 때 이혼해서는 안 된다")와 15절("불신자가 떠나기를 원하면 그렇게 해주어야 한다")는 대조적인 평행구가 이를 증명해준다. 합법적인 이혼 절차 없이 고대에 많은 배우자들이 결혼에서 떠났지만 결과는 동일하였다. 10절에서 아내가 "갈리는" 것과 남편이 11절에서 "이혼하는" 것 사이에 어떤 차이가 있다면, 그것은 남자가 합법적으로 이혼할 수 있었지만 여자는 떠나는 것만이 방책일 수밖에 없었음을 가리킨다.

그러나 12-16절에서 바울은 믿지 않는 사람과의 결혼에 관한 문제를 언급한다. 고린도에서 새로운 회심자들 가운데는 둘 중에 한 사람만이 크리스천인 많은 커플들이 있었다. 어떤 신자들은 불신자와의 성적인 관계가 자신들을 더럽힐 수 있음을 두려워했던 것으로 보인다. 바울은 이런 생각에 동의하지 않고, 불신자 파트너가 같이 살기를 원한다면, 신자는 이혼을 주도해서는 안 된다는 것을 제기한다(12-13절). 여기서 그는 예수님의 말씀을 인용하고 있는 것이 아니라 하나님이 그에게 영감을 주시거나 인도하신 감각에 직접적으로 의존하고 있다(참조. 25, 40절).[4] 14절은 결혼을 보존하여야 한다는 바울의 주장에 대한 논거를 제기한다: 가족의 한 멤버가 주님을 따름으로 오는 비그리스도인 배우자와 자녀들에게 파급되는 복이 있다. 여기서 "거룩하게 되다"(sanctified, holy)는 16절이 증거하는 것처럼 "구원받다"를 의미하지 않는다. 오히려 그것은 가정의 나머지 사람들에 대한 "신자의 삶이 미치는 도덕적 영적 영향"을 일컫는다. 다른 가족 구성원들을 "하나님의 헌신의 대상으로서…매우 특별하게 구별 지으면서" 말이다.[5]

4. 그러므로 대부분의 주석가들. Peter Richardson, "'I Say, Not the Lord': Personal Opinion, Apostolic Authority, and the Development of Early Christian Halakah," *TynB* 31(1980): 65-86에게서 이 구분은 이전의 (예수의 가르침의) 구두 전승과 기독교 "할라카"(새 환경에 의해 요구되는 준 법적 결정) 사이에 있다. 하지만 어쨌든 두 종류의 진술에 관한 정도를 구분하는 시도는 실패한다.

5. Patterson, *Troubled, Triumphant Church*, 118, 119-20.

그러나 그리스도에 대한 새로운 충성을 갑작스럽게 갖는 결혼에서 한 파트너에 의해 나타나게 되는 긴장은 비그리스도인 파트너를 때로 조급하게 만들 수 있다. 그러한 사람이 배우자와 이혼하기를(또는 단순히 떠나기를) 선택한다면, 크리스천 파트너는 그 분리를 억지로 막으려고 해서는 안 되었다(15a절).[6] 자주 그것은 어찌할 도리가 없었다. "하나님은 화평 중에서 우리를 부르셨다"(15b절)는 것은 불신자를 떠나게 하는 바울의 허용에 대한 또 다른 이유를 제공해준다. 비그리스도인 파트너는 같이 머묾으로써 구원을 보증 받지는 못하고, 서로 다른 충성에 의해 생기는 끊임없는 긴장은 배우자와 하나님으로부터 불신자들이 소외되는 것을 가중시킬 것이다(16절).[7]

상황잇기

성경 구절 가운데 고린도전서 7장보다도 역사적으로 남용된 내용은 없을 것이다. 고린도 교회의 금욕주의적인 흐름의 문맥을 이해하지 않고서 사람들은 쉽게 바울을 결혼과 성적인 관계를 과도하게 부정적인 견해를 가진 것으로 치부한다. 대조적으로 우리는 에베소서 5:21-33이 덜 "상황적인" 차원의 문서에서(즉, 언급된 교회의 직접적인 상황과 거의 관계없이) 결혼에 관한 매우 숭고하고 긍정적인 초상을 제시하고 있다는 사실을 잊지 않아야 한다. 고린도인들에 대한 바울의 반응이 기묘한 것은 그가 금욕주의와 쾌락주의의 양 극단을 삼가고 미혼이나 결혼 생활을 아주 대단하게 높이지 않는다는 것이다. 그가 독신으로 남아 있기를 주창할 때, 즉 그가 독신에 대한 제한적인 동의를 줄 때, 그것은 고린도인들이 사용한 것과는 전적으로 다른 논거를 갖는다(바울은 주로 신학적인 이유보다도 실제적인 이유를 주고 있다).

---

6. 특히 R. L. Roberts, "The Meaning of Chorizo and Douloo in 1 Corinthians 7:10-17," *RestQ* 8(1965): 179-84을 보라.

7. 15b절을 삽입구로서 15a절과 함께 12-14절에 대한 진전된 근거를 제공하는 것으로 취하는 것이 역시 가능하다. 그때에 하나님은 화평 중에 결혼을 보존하는 것으로 사람들을 부르셨을 것이다. 예를 들어, 16절은 NIV에서보다 NRSV에서처럼 더 긍정적으로 번역할 수 있다: "아내들이여, 너희는 남편을 구원할 수 있다. 남편들이여 너희는 아내를 구원할 수 있다." 하지만 이는 17절에 "그럼에도 불구하고"(nevertheless)를 거의 의미가 없게 만들어버린다. 우리는 그것을 바로 이전의 16절이 아니라 15a절과 대조되는 것으로 취해야 한다. 우리가 주었던 번역이 훨씬 더 직설적이고 그럴듯하다. 15b절이 시작하는 (NIV에서 반영되지 않은) '데'는 "그러나"가 아니라 느슨한 연결사인 "그리고", "이제", 또는 "실로"로 번역할 필요가 있다. 이 모든 문제들에 관한 도움을 위해서는 특히 Sakae Kubo, "1 Corinthians VII.16: Optimistic or Pessimistic?" *NTS* 24(1978): 539-44을 보라.

바울은 묘하게 줄타기를 함으로써 그의 목회적인 천재성을 보여준다. 그가 독신생활을 선호하였던 것으로 보건대, 그가 독신주의자의 편에 빠져서 자기처럼 되라고 주장하기가 쉬웠을 것이다. 또한 그가 유대교에서 양육 받음으로써 오는 "결혼 지향적"이고 고린도에서 손쉬운 성적 유혹으로 보건대, 하나님의 창조의 선하심과 반대되는 것으로 그가 금욕을 주창하는 자들을 도매급으로 정죄하고 동료 크리스천의 어깨에 불가능한 짐을 두려는 유혹을 동등하게 받았을 수 있다. 하지만 그는 이런 방침 중에 어느 것도 취하지 않고, 그는 양 편의 강점과 약점을 인식하면서 중간적인 길을 걷는다. 현대의 신학적이고 윤리적인 논쟁은 크리스천 지도자들이 바울과 동일한 길을 취할 것을 요구한다.

1절에서 고린도인들의 슬로건에 대해서 바울이 제한을 두는 것으로 2절을 간주할 때 우리는 결혼에 대한 불명확한 견해를 취한 것으로 바울을 비난할 수 없다. 2절이 결혼에 대한 이유로 취할 수 있을지라도 그것은 이 장에서 언급된 유일한 주요한 이유는 아니다(참조. 26-35절). 그러나 이전에 지적했던 것처럼 2절은 이미 결혼한 사람들에게 파트너에 대한 성적인 혜택을 억제하지 말 것을 명함으로써 3-7절에 대한 길을 준비시킨다. 여기서 주목할 만한 것은 결혼의 상호성에 대한 이 장에 나오는 많은 진술 중에 첫 번째 진술이다: 남편과 아내는 동등한 특권과 책임이 있다(참조. 3-5, 8-9, 10a/11b, 12-16, 28, 32-34절). 이것은 그러한 상호관계가 명확하지 않았을 때조차도(예. 10b-11a절) 다른 진술들 속에 내재되어 있고 다른 특별한 성적 언급들은 사실상 총칭적으로 다루어져야 한다는 것을 강력하게 암시한다—즉, 남편과 아내에게 동등하게 적용된다(1, 7, 25, 29, 36-38, 39-40절).

고대의 대단히 가부장적 사회에서 이런 상호성은 상당히 눈에 띤다. 대부분의 비그리스도인 남편들은 자신들의 몸이 아내에게 속했다는 개념에 놀랐을 것이다(4절). 이 구절들은 바울이 어떤 역할 차이를 상정하지 않았음을 입증하지는 못 한다—다른 본문들이 이런 논쟁의 결과를 결정지을 수 있을 것이다(예. 엡 5:21-33). 하지만 이런 강조점은 양 당사자가 하나님이 보시기에 본질적으로 동등하며, 그러한 동등성이 가져다주는 존중으로 서로를 대해야한다는 강력을 확증을 전달해준다.

3-5절은 결혼에서 성의 역할을 이해하는데 아주 중요하다. 그것은 한 파트너가 다른 파트너에게 "빚을 지고" 있다는 것이다. 따라서 성을 뇌물이나 선한 행위에 대한 보상으로서, 또는 협박이나 벌로 억제되는 것으로서 사용해서는 안 된다. 남편과 아내는 서로의 감정적 육체적 상태에 민감해야 하고 섹스를 억지로 강요해서

는 안 된다. 하지만 파트너는 다른 배우자의 필요를 채워주려고 끊임없이 노력해야 한다. 바울이 여기서 요구하고 있는 상호적인 일치와 복종은 사실상 결혼의 모든 영역에 적용되어야 한다(참조. 엡 5:21). 바울이 일시적인 금욕을 허락하고 있는 예외적인 상황은 영적 훈련(기도, 묵상, 성경공부 등등)이 신자들의 삶에서 행하는 중심적인 역할을 지나가는 말로 조명해준다. 금식을 통한 제한된 금욕이 특히 집중된 기도의 에너지와 시간을 강화시킬 수 있다. 하지만 금식할 때 신약성경의 어느 곳에서도 모든 신자들에게 요구되는 관행으로서 성적인 금욕을 필연적으로 요구하지는 않으며, 또한 금식의 전반적인 종교적 가치를 의문한다(특히, 골 2:20-23; 딤전 4:1-5).

7절에서 모든 이들이 자기와 같기를 바라는 바울의 마음은 모든 이들이 구원받기를 바라시는 하나님의 마음과 유사하다(벧후 3:9). 그것이 반드시 일어날 것을 의미하지 않는 단순한 바람이란 점에서 말이다. 하지만 구원의 경우에 대안적인 다른 경우는 바람직하지 못하다. 여기서 바울은 하나님이 등등하게 바람직한 선택을 낳을 수 있는 은사를 다른 신자들에게 주신다는 것을 재빠르게 승인한다. "은사"('카리스마')란 용어는 1:7에서 사용된 것과 일치하는데, 영적인 은사들은 12-14장의 대표적인 목록으로 제한되지 않는다는 것을 우리에게 상기시킨다. 독신이나 결혼의 역량은 교회의 교화를 위해서 하나님이 우리에게 은혜롭게 부여하시는 능력이다. 이는 가르치고, 베풀며, 방언으로 말하는 것과 마찬가지로 신자의 은사에 속한다(참조. 마 19:10-12). 다른 은사들처럼 독신의 은사는 어떤 기간 동안만 지속될 수 있다. 한편으로 우리는 결혼의 은사를 추구할 수 있으나 그것을 맘대로 획득할 수는 없다. 독신과 결혼은 일부 다른 은사들과 다른 것은 그것이 선택적이 아닌 신자들에 대한 여타 의무를 포함하고 있기 때문이다. 예를 들어, 어느 누구도 독신의 은사를 갖지 않았다고 주장함으로써 혼전 섹스를 변명할 수는 없다. 결혼하지 않았다면, 좋든 싫든 간에 섹스를 삼가야 한다.

바울이 스스로 제어하지 못하는("절제하지 못하는") 사람에 대해서 말하고 있다는 9절에 대한 우리의 해석이 옳다면, 다시금 자주 제기되는 것보다 바울이 결혼에 대해서 훨씬 덜 부정적이었던 것으로 보인다. 하지만 NIV의 "스스로 통제하지 못하는"에서처럼 "cannot"이 삽입된 것이라 할지라도, 9절은 여전히 아직 이루어지지 않은 다른 이와의 결혼에 대한 한 가지 타당한 이유를 제공해준다. 불필요한 정욕을 피하는 것은 여전히 중요한 고려사항이 된다. 인간은 성적 존재로 창조되었고 하나님은 독처하는 것을 대부분의 사람들에게서 의도하지 않으셨다(창

2:18; 참조. 1:27-28). 성적인 기쁨은 누려야 하지만 결혼관계의 적절한 제한 속에서 이루어져야 한다. 바울은 자신의 개인적인 선호에도 불구하고 과부와 홀아비가 재혼해야 한다는 그의 인식은 다소 더 적극적으로 풀어놓은 디모데전서 5:14에서의 젊은 과부에 대한 그의 조언과 일치한다("그러므로 젊은 과부는 시집가서 아이를 낳고 집을 다스리고 대적에게 훼방할 기회를 조금도 주지 말기를 원하노라").

이혼에 대한 신약성경의 가르침에 대한 적용은 여기서의 10-16절만이 아니라 복음서 특히 마태복음 5:31-32와 19:1-12에서의 예수의 가르침을 숙고할 필요가 있다. 예수는 '포르네이'(간음, 마 5:32; 19:9)의 경우에 이혼을 분명히 요구하신다. 물론 그렇게 하도록 명하시지는 않았을지라도 말이다. 그리고 대부분 문맥적으로 적절한 '포르네이'의 의미는 "성적인 부도덕성"이다. 그것은 흔히 결혼한 사람들 중에서 간통이라고 일컫는 것이다. 이 두 본문의 문법이 덜 명확할지라도, 예수도 역시 이런 경우에 재혼을 허락하신 것으로 보인다.[8]

그런데 왜 바울은 예수의 "예외적인 구절"을 언급하지 않는가? 그는 오직 마가복음에 포함된 형태로만 예수의 가르침을 알고 있는가?(막 10:11-12) 또는 유대인들, 헬라인들, 그리고 로마인들이 모두 이혼과 재혼이 간음했을 경우에 허락되었다는데 동의했기 때문에 그 사실을 전제하고 있는가? 우리는 확실히 할 수는 없다. 그러나 일반적인 해석학적 관찰로 볼 때도 분명해 보이는 것은 바울이 이혼과 재혼에 대한 예수의 선언을 모든 상황을 망라하는 것을 의도한 것으로 해석하고 있지 않고 있고, 또 그는 두 번째 예외를 추가하는 것을 편하게 느끼지 못했을 것이다. 실로 예수의 말씀은 분명히 유대인의 논쟁에 대해서 반응한 것이고 이교도와 결혼한 크리스천(또는 유대인)의, 헬라적 세계의 독특한 상황을 상정하지 않았음이 마태복음 19:1-2으로 볼 때도 명확하다. 그러나 바울의 문맥은 간음에 대한 언급으로 보아서 동등하게 상황적이다. 그리고 아래의 논의는 그것이 "비그리스도인과의 결혼"이 아니라 15절에서 이혼을 합법화한 유기임을 암시함으로써 바울의 조언은 신자에 의한 유기에 동등하게 적용해야 할 것이다. 여기에는 이혼과 재혼을 허락할 수 있는 또 다른 상황이 있느냐 하는 문제가 남는다.

이 문제에 대답할 수 있는 유력한 접근은 간음과 유기가 이혼을 허락하게 하는 어떤 공통점이 있느냐를 물을 때에 발생한다. 우리가 결혼(떠나서/결합하고 한 몸

---

8. 이 단락과 다음 단락에서 채택된 관점의 상세한 설명에 대해서는 Craig L. Blomberg, "Marriage, Divorce, Remarriage, and Celibacy: An Exegesis of Matthew 19:3-12," *TrinJ* 11 n.s.(1990): 161-96을 보라; 특히 고린도전서 7:10-16에 관해서는 pp. 186-94를 보라.

이 되다: 6:16을 상기하라)의 기본적인 성경의 정의를 상기한다면, 간음이 한 몸이 된 독특한 관계를 훼손시킨다는 것을 주목할 가치가 있고, 유기는 한 배우자와 결합하지 못하게 만든다(아울러 성관계를 갖지 못하게 한다). 이는 이 두 행위들이 공유하고 있는 것이 사실상 법적인 이혼이 발생하기 전에 결혼을 와해시키는 것임을 암시한다. 이혼이 다른 것들에 허락되어지는 것을 결정하기 위해서 우리는 어떤 다른 상황이 동등하게 그 결합을 훼손시켜 결혼을 망가뜨리고 이혼이 사실상 이미 발생한 것을 법적으로 인정하는 것에 불과한지를 물어야 한다.

그러한 상황의 목록들을 만들려하기보다(예를 들어, 어떤 이들은 육체적 남용, 장기적인 알코올 중독이나 약물 중독, 정신이상, 심각한 알츠하이머 병 등등을 포함시킨다), 각각의 상황을 간음과 유기를 포함하여 사례별로 살펴야 한다. 가능하다면 화해가 이상적이기 때문이다. 물론 이혼을 합법화하는 다른 환경의 가능한 문을 열어놓는 것이 그런 자유를 상당히 남용할 위험성이 있기는 하다. 하지만 그러한 예외들을 묵인하는 것을 법적으로 거부하는 것은 더 심각한 육체적 정신적 손상을 가져올 수 있다.

다른 항목들이 12-16절의 설명에서 부상한다. 12절에서 바울의 삽입구("이는 주의 명령이 아니라 나")는 "제한된 예수 전승을 사도요 은사자인 바울의 편에서 새롭고 개정된 환경에 주권적으로 적용하는 것을 반영한다. 12절의 '나' 와 10절의 '내가 아니라 주님' 은 단일한 권위를 갖는다."[9] 다시 말해서 그 이상의 어떤 다른 구속하는(binding) 것은 없다. 너무 자주 독자들은 12-16절에서 바울의 가르침에 관한 영감이나 권위를 부적절하게 의문했는데, 이것이 오류가 있을 수 있는 바울의 즉흥적인 견해일 수 있다는 근거에서다. 40절에서 이 장에 대한 바울의 아이러니한 결론은 사실상 그의 전체 서신을 성령이 영감하셨다는 강력한 서약이다.

14절은 유아세례를 지지하는 일부 크리스천들에 의해서 호기심 있게 적용되는 역사를 가졌다. 한편으로 신자들의 세례를 지지하는 자들은 크리스천 부모들의 자녀들을 노골적인 이교도들과는 약간 다른 것으로 자주 다루었다. 적어도 이 본문은 하나님이 한 성인 지체가 하나님의 복의 특별한 수령자로서 신자인 가족 단위를 바라보시고 있다는 것을 암시한다. 그들은 하나님의 말씀을 배울 기회를 갖게 되고, 모델이 되는 크리스천의 삶을 보며, 그리스도를 위한 결심을 만들 수 있다. 자녀들이 책임을 질 수 있는 나이에 이를 때 그들 자신의 믿음을 내면화시킬 것을

---

9. Roy A. Harrisville, *1 Corinthians* (Minneapolis: Augsburg, 1987), 110.

격려 받는 것처럼, 그들은 외부자가 아니라 내부자처럼 자신을 느끼게 만드는 교회와 가정의 기독교적 환경 속에서 양육 받아야 한다.[10] 더 넓게는 "기독교와 접촉하는 모든 사람들과 관련한 기독교의 영향이 있다." 그리고 "신자와 불신자 사이의 결혼관계에서 신자가 죄의 영역에 접촉되기보다는 불신자가 은혜의 영역에 접촉된다."[11]

주요한 문제가 15a절을 싸고 나타난다. 신자가 이혼이 허락되는 경우에 결혼을 보존하는 일에 억압을 받지 않는다면, 자유롭게 재혼할 수 있는가? 39절은 과부를 언급하는데 유사한 용어를 사용한다. 남편이 죽었다면 여자는 더 이상 그 결혼에 "얽매이지" 않고 다른 짝을 찾을 수 있다. 속박에 대한 동사는 문맥에서 서로 다르지만 외관상 동의어다. 만약 재혼이 유대와 그리스 로마의 범주에서 합법적으로 이혼한자에게 보편적으로 부여되었다면, 바울은 그것이 자신의 의도였다면 그것을 금하는 일에서 더욱더 명확하게 하였을 것으로 보인다. 그렇다면 11a절은 비합법적으로 이혼한 자들을 일컫는 것으로 이해해야 한다. 하지만 우리는 이 본문에서 명확한 대답을 이끌어낼 수 없음을 인정해야 한다.

유사한 논쟁이 15b절을 싸고 발생한다. "하나님은 화평 중에서 너희를 부르셨느니라"는 진술이 결혼의 보존을 가리킨다면, 분명히 합법적인 이혼에 대한 기준으로 그 어구를 사용할 수는 없다. 하지만 이미 제기했던 것처럼, 파트너가 같이 살기를 원치 않을 때 유기를 막으려고 애쓰지 않는 것을 가리킨다면, 그때에 그 어구는 다른 문맥에 적용할 수 있는 가능성을 제기해준다. 그러나 이혼의 근거가 되지 않는 모든 종류의 사소한 논쟁들을 가정의 화평을 가로막는 것이라고 말할 수 있었음으로, 이 기준은 지극히 극단적인 경우에만 적용해야 한다.

현대적 의미

오늘날 크리스천들은 모든 신자들을 위한 이상으로서 성의 완전한 금욕을 주창하지는 않는다. 오늘날 우리의 문제는 금욕적인 방향이 아니라 고린도 교회의 쾌락주의적인 방향에 있다. 따라서 고린도전서 7장의 적용은 이런 변화된 상황이 나타내는 것을 조심스럽게 살필 필요가 있다. 아마도 이런 성적인 금욕주의에 대한 가장 근접한 유추는 전통적인 로마 가톨릭의 범주에 있다. 그들은 여전히

10. Paul K. Jewett, *Infant Baptism and the Covenant of Grace*(Grand Rapids: Eerdmans, 1978), 122-37은 특히 14절의 해석과 적용에 특히 유익하다.

11. Barclay, *Corinthians*, 63-64.

독신을 사제와 다양한 종교적인 봉사자들의 요구조건으로 고집하고 있다.

바울과 어떤 다른 성경 저자도 이런 일괄적인 요구조건을 정당화하고 있지 않다. 그러나 개신교도들은 독신생활을 부적절하게 강등시킴으로써 이런 극단에 대한 과도한 반작용을 자주 보이고 있다. 일부 교회들은 목사가 결혼하지 않는다면 청빙하지 않는다. 심지어 독신의 평신도들은 자주 교회에서 이등급의 신자에 속한 것처럼 느끼는 경우가 많다. 최근에 독신 그룹의 붐은 그들의 외로움을 경감시키는 일을 하고 있지만, 그것이 교회 안에 결혼한 성인들과 가족들의 더 큰 세계로 독신자들을 통합시키는 일을 성공적으로 할 수 있을지는 의문이다.[12]

결혼 내에서도 금욕을 주창하는 구체적인 문제(2-7절)도 우리의 현대적인 경험에서는 꽤 낯설다. 하지만 일부 크리스천들은 성을 본질적으로 더러운 것으로 간주하기를 계속하고 있고, 어떤 다른 이들은 성을 결혼 관계에서 부적절한 방법으로 활용하고 있다(보상이나 벌로서 말이다). 연구서들은 결혼한 부부가 보다 젊은 자나 중간 연령대의 성인들이 규칙적으로 경험하는 3-4일의 주기보다도 덜 자주 섹스를 갖는다는 것을 끊임없이 제기한다(보통 한 주간에 한번이나 이보다 덜 자주).[13] 성적인 욕구를 은밀하게 만족시키는 현대 세계의 많은 기회로 보건대, 유혹에 조심하라는 바울의 관심(2, 5절)은 동등하게 적절하다. 영적인 헌신을 위해서 잠정적으로 금욕을 선택하는 일은 바울의 세계가 어떻게 다른가를 보여주는 또 다른 사례다. 이런 조치는 영적인 훈련, 특히 기도에 관한 강조를 재발견하게 하고,[14] 통상적이지 않는 강력한 하나님과의 교제를 위한 장소가 필요하다는 것을 보여준다.

8-9절은 이전에 결혼했던 크리스천 싱글들 간에 필요한 중요한 균형을 반영해준다. 유감스럽게도 요즈음, 특히 이혼한 사람들 사이에서 성을 권리로서 주장하지만 결혼을 다시 생각하기를 거부하는 태도를 보이는 것을 흔히 듣게 된다. 성적 요구에 대한 적절한 분출로서 제한적인 자위행위에 관한 선택에 비추어(이전의 p. 150를 보라), 어느 누구도 결혼 외의 섹스가 권리라거나 옳다라고 합법적으로

12. 미국에서 크리스천 싱글의 역사적 사회학적 개요에 대해서는 Carolyn A. Koons and Michael J. Anthony, *Single Adult Passages: Uncharted Territories*(Grand Rapids: Baker, 1991)을 보라. 싱글로서 균형 잡힌 크리스천의 삶에 대한 실제적인 제안에 대해서는 Rhena Taylor, *Single and Whole*(Downers Grove: InterVarsity Press, 1984)을 보라.

13. 예를 들어, Herbert J. Miles, *Sexual Understanding Before Marriage*(Grand Rapids: Zondervan, 1971), 72을 참조하라.

14. 가장 최근에 특히 가치 있는 작품인 Richard J. Foster의 *Prayer: Finding the Heart's True Home*(San Francisco: HarperCollins, 1992)에서 아주 두드러진다.

주장할 수는 없다. 여전히 재혼이 좋을 수 있고, 심지어 중요하며, 이는 상호간의 성적 친밀성을 누리는 것만이 아니다. 독신 부모들의 점차적인 증가는 자녀들을 키우며, 부가적인 수입을 올리며, 외로움을 극복하는 일에 도움을 받을 필요가 있음을 보여준다. 하지만 이런 이유 중에 어느 것도 재혼의 정당성을 충분히 증거해주지 못한다. 이는 새로운 배우자를 '나의' 필요를 충족시키는 수단으로 간주하는 것이기 때문이다. 다른 이의 복리에 대한 전적인 헌신(4절)만이 건강한 결혼을 위한 적절한 토대를 놓을 수 있다.

물론 이혼과 재혼의 통계치는 더욱더 늘어나고 있고, 놀라움을 금치 못하게 만든다.[15] 이런 주제들에 관한 성경적 가르침을 종합하려는 시도는 오늘날 적어도 네 진영으로 크리스천들을 재빨리 나뉘게 만든다: 이혼과 재혼이 허락될 수 없다고 믿는 사람들, 이혼이 때로 허락되나 재혼은 허락되지 않는다고 믿는 사람들, 간음과 도망(또는 불신자의 도망)의 경우에 이혼과 재혼이 허락된다는 사람들, 그리고 이혼과 재혼은 다양한 이유를 허락해야 한다는 사람들.[16] 나아가서 이 네 주요한 입장 가운데서도 더 세부적이고 중간적인 입장들이 있다. 그러나 종교개혁시대 이래로 이 가운데 세 번째 입장이 개신교의 범주를 지배했고, 이전에 제기했던 것처럼 아마도 가장 올바를 것이다. 성경적 원리를 공고히 하려는 많은 크리스천 사역자들이 이혼 후에 모든 재혼을 금지하는 견해(또는 역시 모든 이혼을 금지하는 견해)는 목회적으로 말할 때 현대 세계에 적용할 수 없는 것이라고 제기한다.[17]

그러나 다양한 경우에 합법적인 마지막 호소로서 이혼을 주창하는 자들이 이런 "탈출구"를 하나님이 바라시는 것보다 훨씬 더 발전시켜 적용하고 있다는 것을 인정해야 한다. 이혼을 생각하는 사람들은 자신들이 모든 대안적인 것들을 사용해보았다고 자주 느낀다. 그들이 진정으로 그렇게 시도해보기도 전에 말이다. 크리스천 친구들, 동료 그룹들, 그리고 교회들은 격려하고 양육하고 대면할 수 없는 지점으로까지 나아가기 전에 부부들을 도와야 하고 부부들이 생각해보지 못했던 선택들을 제시할 수 있어야 한다. 나아가서 부부들은 그러한 선택들을 탐구하는데 열려 있어야 한다. 그중에는 자격 있는 크리스천 심리 치료사들로부터 조언을 같

15. Andrew Cornes, *Divorce and Remarriage: Biblical Principles and Pastoral Practice*(Grand Rapids: Eerdmans, 1993), 7-48은 최근의 개요를 제공한다.
16. 특히 H. Wayne House, ed., *Divorce and Remarriage: Four Christian Views*(Downers Grove: InterVarsity Press, 1990)을 보라.
17. 특히 Craig S. Keener, …*And Marries Another*(Peabody, Mass.: Hendrickson, 1991)을 보라. 그의 주해적이고 목회적인 기술은 이 책을 이혼과 재혼의 주제에 관한 가장 좋은 책으로 만들어 놓았다.

이 또는 혼자서 받을 수 있는 일들을 포함할 수 있다. 우리는 교회에서 이혼을 회복시키기 위한 활동보다는 결혼을 풍성하게 할 수 있는 경험을 위한 활동을 더욱 필요로 한다. 물론 이혼에서 회복하기 위한 활동도 필요할지라도 말이다.

우리가 많은 노력을 기했음에도 불구하고, 이혼하지 말아야 한다고 성경의 지혜가 제기할 때조차도 사람들은 이혼할 것이다. 그러한 경우에 기독교 공동체는 오늘날 양극단을 형성하고 있는 손쉬운 인정이나 용서의 전적인 부족이라는 두 잘못을 피할 수 있어야 한다. 잘못한 사람의 편에서 진정으로 회개하는 태도를 갖지 않거나 가짐이 크리스천의 반응이 갖추어야 할 양 형태의 스펙트럼을 결정하게 만든다. 우리는 사람들이 부적절하게 이혼하거나 재혼했는지 그리고 그들이 진정으로 회개하였는지를 결정하는 어려운 질문을 교회에 등록하기 전에 물을 필요가 있다.

우리는 이혼한 지 오래 지나서도 개인적인 문제들로 괴롭힘을 당하고 있는 사람들을 도울 준비가 되어 있어야 하며, 한편으로 자신은 어떤 잘못도 하지 않았다고 오만하게 고집하는 사람들을 대면할(또는 궁극적으로는 교제를 끊을) 준비가 되어 있어야 한다. 한 번도 결혼하지 않은 사람을 포함하여 어느 나이의 싱글도 너무 손쉽게 결혼하려 하거나 잘못된 동기로 결혼하려고 하는 일을 조심해야 한다. 나이든 독신 그룹에서 이혼한 사람들이 데이트 과정에서 너무 일찍 재혼을 제안하고, 또 많은 싱글들이 "단지 친구가 될" 반대 편 성의 결혼하지 않은 친구들을 찾는 것이 얼마나 어려운지를 토로하는 것을 듣게 되는 것은 슬픈 일이다. 주로 한 번도 결혼하지 않은 사람들을 포함하는 젊은 독신 그룹에서 이와 동일한 보고를 듣게 되는 것은 더욱더 슬픈 일이다.[18]

12-14절은 결혼을 보존하려는 우리의 온갖 노력에 대한 또 다른 이유를 우리에게 상기시킨다—자녀들에게 미치는 이혼의 영향. 바울이 "부정한"과 "거룩한" 이란 용어를 사용할 때 그것이 그가 고려하고 있는 특별한 이슈들을 넘어서는 것이라 할지라도, 아버지나 어머니와의 규칙적인 상호작용을 상실한 어린 나이의 자녀들에게 미치는 길고도 해로운 영향은 건강하지 않고 따라서 거룩하지 못한 범주로 그들을 떨어뜨린다.

새로운 결혼과 혼합된 가정이 독신 부모보다 나을 수 있다. 하지만 통계치는 그

18. Cornes, *Divorce and Remarriage*, 313-49은 이 주제에 관한 탁월한 목회적 적용을 제기한다. 바울에 대한 그의 해석이 우리들과는 입장이 다르지만 말이다.

들이 본래의 핵가족보다 더 자주 깨어질 때, 그것이 점차적으로 해결책이 아니라는 것을 보여준다.[19] 불행하게 결혼해 있는 것보다 행복하게 이혼해서 사는 것이 더 낫다는 논거가 점차적으로 통상적인 것이 되어가고 있지만, 이런 주장에는 몇 가지 근거에서 오류가 있다: (1) 이혼하는 것이 행복하다고 생각한 대부분의 사람들이 그렇지 않았다, (2) 스스로 행복하다는 사람들조차도 자녀들과 이전 배우자의 영향을 적절히 고려하지 않는다, (3) 전체적인 주장의 전제는 자기중심적이고 근본적으로 비이기적인 크리스천의 삶의 본질과는 직접적으로 대조된다.

15-16절은 현대적인 데이트 관습과 논쟁을 담고 있다. 성경 어디에서도 비그리스도인과 결혼하지 말라고 명확하게 금하고 있지는 않을지라도(고후 6:14-7:1은 아마도 율법주의와 이교도 예배의 부적당한 멍에를 가리킬 것이다), 39절은 재혼을 생각하는 크리스천 과부들에게 결혼에 대한 제한을 둔다. 그리고 16절은 복음을 전하고자 하는 동기가 데이트나 결혼에 적절하지 않다는 것을 우리에게 상기시킨다. 그것이 성공하리라는 것을 보증할 수 없기 때문이다. 확실히 크리스천은 복음을 용인하게 하려는 것 이외에 다른 이유를 갖지 않는다면 가까운 비그리스도인 친구를 갖는 것이 필요하고, 이런 맥락에서 대단히 스스럼없는 만남을 위한 한정된 장소가 있을 수 있다. 하지만 성공적인 결혼은 전심으로 그리스도를 섬기려하는 신자와 회심하지 않으려 하는 비그리스도인들에게는 심히 어려운 공통된 헌신을 요구한다.

19. 물론 이런 상황들은 해결될 수 있다. 탁월한 지침을 위해서는 예를 들어, Beth E. Brown, *When You're Mom #2*(Ann Arbor: Servant, 1991)을 보라.

고린도전서 7:17-24

17 오직 주께서 각 사람에게 나눠 주신 대로 하
나님이 각 사람을 부르신 그대로 행하라 내
가 모든 교회에서 이와 같이 명하노라
18 할례자로서 부르심을 받은 자가 있느냐 무할
례자가 되지 말며 무할례자로 부르심을 받은
자가 있느냐 할례를 받지 말라
19 할례 받는 것도 아무 것도 아니요 할례 받지
아니하는 것도 아무 것도 아니로되 오직 하
나님의 계명을 지킬 따름이니라
20 각 사람은 부르심을 받은 그 부르심 그대로
지내라
21 네가 종으로 있을 때에 부르심을 받았느냐
염려하지 말라 그러나 네가 자유롭게 될 수
있거든 그것을 이용하라
22 주 안에서 부르심을 받은 자는 종이라도 주
께 속한 자유인이요 또 그와 같이 자유인으
로 있을 때에 부르심을 받은 자는 그리스도
의 종이니라
23 너희는 값으로 사신 것이니 사람들의 종이
되지 말라
24 형제들아 너희는 각각 부르심을 받은 그대로
하나님과 함께 거하라

원 의미

17-24절이 지금까지 7장에서 바울의 논증에 대한 주요한 요약을 형성하고, 그것을 두 유추적인 상황에 적용하고 있다. 이 장이 ABA 형태(p. 152를 보라)를 형성하고 있다면, 그때에 이 단락은 요약만이 아니라 그의 논증의 중심적인 초점(B 부분)을 제공하고 있다. 주요한 요지가 이 단락의 처음(17절)과 중간(20절) 그리고 끝(24절)에 진술되고 있고, "크리스천이 되었기 때문에 단순히 당신의 삶의 외적인 환경을 바꾸려고 서두루지 말라"로 의역할 수 있다.

"유지하라"(retain, "행하라"—개역개정)는 "걸으라, 행하라"이다. "주님이 할당하신 삶의 자리"("오직 주께서 각 사람에게 나눠 주신 대로")는 그 사람의 결혼, 사회경제, 또는 육체적 상황을 가리킨다. "하나님이 각 사람을 부르신"은 약간 잘못된 번역이다. 헬라어는 사실상 "하나님이 그를 부르셨던 대로"로 독법한다. 다시 말해서 전체 구절은 우리가 어떤 상태이든지간에 주님에게로 나올 때 즉시 그 상황을 바꾸려 하지 않고 있는 그대로 그 자리에서 충실하게 역할해야 한다.

18-19절은 할례 대 무할례의 사례에 이 원리를 설명한다. 유대주의자들은 이방

인 크리스천들이 할례를 받게 하려고 애썼지만(행 15:1), 그리스 로마 세계에서 수용되기를 추구했던 많은 유대인들이 자신을 무할례자로 보이게 하기 위해서 사소한 외과적 과정을 감행했다.[1] 할례가 유대교에서 가장 기본적인 의식적 요구사항 중 하나였을지라도, 할례는 이제 신자들의 도덕적 요구와는 아무런 상관이 없는 것이 되었다(참조. 행 15:1-21). 할례에 대한 신약성경의 상응부는 세례로 상징되는 구원이다(골 2:11-15).

크리스천은 "오직 하나님의 계명을 지킬 따름이니라"(19절)는 적어도 문자적으로 모세 율법의 모든 613개의 조항을 지키는 것을 의미하는 것은 아니지만, 이 모든 것들이 신자들에게 어떤 방식으로든 상관이 있다(딤후 3:16). 여기서 바울은 예수와 사도의 말씀과 행위에 비추어 새로운 시대를 위한 율법의 재해석과 적용을 가리킨다.[2]

21-23절은 "너희가 있는 그대로 거하라"는 주제의 두 번째 사례다. 여기서 바울은 로마의 노예와 자유민들의 경험을 서로 대조시킨다. 어떤 것이 다른 것보다 더 본질적으로 주님을 더 손쉽게 섬기는 것이라고 말할 수 없다. 여기에는 겉으로 볼 때 노예가 그리스도 안에서 자유로울 수 있고, 겉으로 볼 때 자유민이 그리스도의 종일 수 있다는 영적인 의미가 들어 있다. 하지만 할례의 경우에는 추가하지 않았던 예외조항을 바울은 추가한다. "네가 자유롭게 될 수 있거든 그것을 이용하라."[3] 육체적인 노예제도가 하나님을 기쁘시게 하지 못하는 억압의 형태이므로 자유를 얻을 기회가 발생할 때 그것을 붙잡아야 한다.

고대 로마의 노예제도는 1800년대의 미남부의 역사에서 알고 있는 제도와는 항

---

1. 이런 절차를 위한 동기부여와 본질에 관한 묘사에 대해서는 Robert G. Hall, "Epispasm: Circumcision in Reverse," *BibRev* 8.4(1992): 52-57을 보라. 로마의 체육관(짐나지움)은 운동 경기의 센터였고, 로마의 목욕탕(마치 레크리에이션 센터의 "온수 욕조"와 같다)은 거래와 정치를 논하는데 자주 사용되었다. 남성들은 이 두 상황에서 발가벗은 몸으로 있었고, 유대인들은 즉시 식별될 수 있었다. 할례의 수술은 남성 성기의 위에 느슨한 피부를 없애고 그 상처를 봉합함으로써 일종에 표피를 대신하게 하였다.
2. 신약성경 시대에 구약성경의 율법의 역할에 관한 기독교적 관점의 개요에 대해서는 Wayne G. Strickland, ed., *The Law, the Gospel, and the Modern Christian*(Grand Rapids: Zondervan, 1993)을 보라. 제시된 다섯 견해 중에서 가장 설득력이 있는 것은 Douglas J. Moo, "The Law of Christ as the Fulfillment of Moses: A Modified Lutheran View," 319-76이다. William W. Klein, Craig L. Blomberg, and Robert L. Hubbard, Jr., *Introduction to Biblical Interpretation*(Dallas: Word, 1993), 279-83을 참조하라.
3. 헬라어는 사실상 "당신이 자유롭게 될 수 있을지라도, 대신에 [현재의 노예의 상태]를 사용하라." 하지만 S. Scott Bartchy, *ΜΑΛΛΟΝ ΧΡΗΣΑΙ: First-Century Slavery and 1 Corinthians 7:21*(Missoula, Mont.: Scholars, 1973)은 이 견해가 상당히 그럴 것 같지 않다는 것을 문법과 역사적인 근거 위에서 결정적으로 보여주었다. 노예들은 주인이 해방을 부여하기를 결정하였다면 그것을 거절할 수 없었고, '에이 카이'는 "일지라도"보다 "실로 그렇다면"으로 더 자연스럽게 번역된다.

상 유사하지 않다는 것을 상기할 가치가 있다. 확실히 잔인한 주인이 있었으나 때로 일부 노예들은 중세 유럽의 부유한 가정에서 도제로 살았던 종과 유사하였다. 어떤 노예들은 정부의 관료, 교사, 무역업자, 또는 예술가들이었다. 미남부의 노예들과 달리 많은 이들이 그들 자신의 자유를 살 수 있었고, 그렇게 할 수 있었던 많은 노예들이 그렇게 하지 않고 자유의 불안한 변화보다는 주인의 보호를 오히려 좋아했다.[4]

여전히 바울은 인간을 소유하는 것이 그리스도 안에서 그들의 신분에 근본적으로 모순된다는 것을 알고 있고(참조. 몬 10-16절), 그는 모든 신자들이 육체적이거나 영적인 노예상태로 되돌아가지 않을 것을 상기시키는데, 그리스도의 보속은 이런 노예상태로부터 그들을 구원하기 위해서 의도되었다(23절).

상황잇기

성과 결혼의 특별한 이슈를 초월하여 일반화시킴으로써 바울은 우리가 17-24절의 적용을 폭넓게 해야 한다는 것을 보여준다. "당신이 심겨진 곳에서 꽃을 피라"는 잠언은 폭넓은 다양한 정황에서 적용할 수 있다. 다시금 우리는 삶의 여러 다른 상황에 있는 일련의 사람들과 관련지음으로써 그리고 그의 주변 사회가 과도하게 강조했던 신분적인 상징들을 축소시킴으로써 바울이 기하고 있는 목회적인 융통성을 감탄하지 않을 수 없다.

21b절("네가 자유롭게 될 수 있거든 그것을 이용하라")은 17, 20, 24절에서 "너희는 각각 부르심을 받은 그대로"가 절대적이지 않다는 것을 보여준다. 하지만 전체 장을 통해서 바울은 새로운 크리스천들이 하나님을 기쁘시게 하는 열쇠가 마치 자신들의 외적인 환경을 바꾸어야 하는 것인 양 급격하게 삶을 바꾸려는 행동을 취하지 않게 한다. 사도행전 16:3에서 바울은 절반이 유대인인 디모데에게 할례를 행하게 하는데 자유로움을 느꼈는데 이는 유대 공동체에 복음을 전하는데 방해가 되려하지 위함이었음을 우리는 상기할 수 있다. 하지만 유대주의자들이 구원의 전제조건으로써 자신들의 생각을 부과하려고 주장하였을 때, 바울은 단호하게 그들과 맞서 싸웠다(행 15:1; 갈 2:11-14).

여기서 19절은 유대적 배경을 가진 사람들에게는 상당히 놀라운 일이었는데(확

4. 신약성경 시대의 노예에 관한 균형 잡히고 짤막한 설명은 Carolyn Osiek, "Slavery in the Second Testament World," *BTB* 22(1992): 174-79에서 나타난다. 주요한 자료와 함께 상세한 설명에 대해서는 Thomas WIedemann, *Greek and Roman Slavery*(Baltimore: Johns Hopkins, 1981)을 보라.

실히 그들에게 할례는 하나님의 중심적인 계명 중 하나였다), 이는 바울이 유대주의자들로부터 얼마나 멀리 떨어져 있었는가를 조명해준다. 우리가 바울 안에 있는 도덕적 절대성을 상실하지 않아야할지라도 하나님의 뜻에 대한 그의 이해는 외적으로 부과된 율법의 의문이 아니라 성령의 인도하심에 근본적으로 뿌리내려 있다(참조. 특히 고후 3:6-18).[5]

21절은 노예제도를 찬성하는 자들에 의해 상당히 남용되어온 긴 역사를 가지고 있다.[6] 골로새서 3:22-25과 에베소서 6:5-8에서 유사한 내용을 가지고 오기도 한다. 만약 바울이 노예폐지론자였다면, 그는 왜 보다 직접적으로 그것에 대해서 말하지 않았는가? 한 가지 대답은 예수처럼 그는 국가에 대해서 직접적으로 도전하지 않고, 주목하는 세상에 더 좋은 삶의 방식의 모범을 보였던 제자들의 반문화적 공동체를 형성하는데 주로 관심이 있었기 때문이다. 다른 한 가지 대답은 기독교가 아직 미미한 상태에 있었고, 노예제도가 고대 로마 제국에서 아주 커다란 제도였기 때문일 것이다. 노예제도를 완전한 형태로 반대를 시도하는 것은 기독교의 존재를 위협할 만큼 반생산적이었을 것이다. 하지만 바울은 억압하는 사회적 제도를 위협할 수 있었던, 그리스도 안에서 혁명적인 대안의 씨를 심었다.[7]

역사를 통해서 반노예적인 운동들은 기독교에서 상당한 자극을 자주 받았다는 것은 의미가 있다. 설사 성경이 인간 존재의 그러한 학대에 대해서 겉으로 확실하게 드러내지 않고, 또 교회의 어떤 파들은 노예해방을 자주 방해했을지라도 말이다.[8] 그러나 가장 근본적인 차원에서 성경의 조심스러운 접근은 육체적인 자유보다 영적인 자유가 궁극적으로 어떤 사람이 다가올 시대에 어떻게 살 것인지를 결정한다는 사실에서 유래하고, 이 삶은 이 시대의 환경을 무의미한 것으로 약화시킨다(고후 4:17; 롬 8:18). 빌립보서 4:10-19에서 우리는 이 원리를 가난이나 부의 차원에도 적용할 수 있다.

노예 대 자유인의 사례는 할례와 무할례보다도 독신 대 결혼의 문제와 사실상

---

5. 더 자세한 것은 Stephen Westerholm, "'Letter' and 'Spirit': The Foundation of Pauline Ethics," *NTS* 30(1984): 229-48을 참조하라.

6. 폐지에 관한 논쟁에서 성경과 노예제도에 관한 것에 대해서는 특히 Willard M. Swartley, *Slavery, Sabbath, War and Women*(Scottdale, Pa.: Herald, 1983), 31-64을 보라.

7. 노예제도에 관한 빌레몬서의 영향에 관해서는 특히 F. F. Bruce, *Paul: Apostle of the Heart Set Free*(Grand Rapids: Eerdmans, 1977), 401을 참조하라: "이 서신이 행한 것은 노예제도가 시들해주고 사라질 수 있었던 분위기를 우리에게 제공하는 것이다."

8. 충분한 역사에 대해서는 David B. Davis, *Slavery and Human Progress*(Oxford: Oxford University Press, 1984)을 보라.

상응한다. 여기서 앞의 두 사례(노예 대 자유인과 독신 대 결혼)는 근본적인 도덕성의 문제이고, 바울은 어떤 상황에서는 한 상태가 다른 상태보다 선호된다는 것을 보여준다. 하지만 모든 이 세 대조는 "어느 종류의 상태도 궁극적으로 하나님과 관련이 없다"는 바울의 중심적인 주제를 강화시킨다. 오히려 "정확히 우리의 삶이 우리의 상황이 아니라 하나님의 소명에 의해 결정되기 때문에 우리는 '하나님 앞에' 있는 사람들로서 배우기를 계속해야 하고, 믿지 않는 배우자를 두었든 독신이든, 노동직에 있든 사무직에 있든, 어떤 사회 경제적 상태에 있든 간에, 하나님의 소명을 그 상황에서 거룩하게 해야 한다.[9]

현대적 의미

쉬나이더는 현대 사회에 이 단락을 적용하는 일에 있어서 우리가 경험하는 핵심적인 긴장을 요약해준다. "바울의 사상은 서방 세계의 자율적인 사고와 상당히 대조된다. 바울에게서 사회적 협력과 조화를 이루지 않는 자유란 있을 수 없다."[10]

이 구절들은 이미 획득한 신분에 만족하지 않고 항상 더 많은 돈과 권력과 영향력과 사람들의 삶을 지배하기를 추구하도록 가르치는 현대적인 개인주의를 직접적으로 도전한다. 현대의 개인주의는 부유한 사람들 사이에서 대단히 일시적이고 유동적인 사회적 지위의 향상을 지향하는 일을 포함하는데, 이들은 일반적으로 사다리를 올라갈 때 다른 사람을 밀쳐내는 것처럼 많은 가난하고 억압당하는 자들이 늘어나는 것을 상관하지 않는다.

반대편 위험성은 수동성이다. 21a절은 다른 이들을 희생시켜서 우리가 그 일을 하지 않거나 행복에 대한 열쇠와 보상받는 크리스천의 삶이 우리의 현 신분에 변화를 요구하는 것을 상정하지 않는 한, 이 세상에서 우리의 영역을 확장시킬 것을 격려한다. 확실히 우리는 기독교 전임사역자의 일을 위해 세속적인 직업을 떠나는 것이 '자명한 일'로서 반드시 해야 할 바람직한 일이라고 새로운 크리스천에게 주장하는 경향을 삼가야 한다.

크리스천들이 회심 후에 영예롭고 생산적일 수가 없는 직업들은 본질적으로 부도덕한 일들이다—매춘, 비열한 일, 협박, 조직적인 범죄, 마약거래 등등. 물론 이

9. Fee, *Fist Corinthians*, 322.
10. Snyder, *First Corinthians*, 109.

런 일들과 경계선 속에 있는 일들도 있다. 예를 들어, 도박을 위한 카지노를 운영하든지, 핵무기를 제조하는 일에 참여하는 것이다. 크리스천들은 그러한 일을 하는 것에 동의하지 않아야 하겠지만 바울의 가르침이 여기서 이런 문제들을 목표로 하고 있는지는 확실하지 않다.

한편으로 크리스천들은 복음을 오로지 세상적인 것에 초점을 맞추는 것으로 전락시키지 않는 한, 그리스도의 이름으로 억압하는 사회적 제도로부터 '다른 이들'을 자유롭게 하는 일을 추구하는 것은 전적으로 적합하다. 확실히 급진적인 자유주의 신학들의 일부 세력은 복음을 오로지 세상적인 것에 초점을 맞추게 하는 문제가 있다. 하지만 극단주의자들의 이런 잘못이 그들이 지지하는 대의를 무효로 만들 수는 없다.[11] 노예제도는 제3세계의 일부분에서 아직도 현존하고 있고, 특히 젊은 여성들이 매춘으로 팔려가는 것처럼, 여타 지역에서는 노예제도와 유사한 것들이 재유행하고 있다. 알코올, 약물, 성, 심지어 종교에 대한 중독이 많은 서방인들을 사로잡고 있다. 보다 미묘한 우상숭배와 이념들이 훨씬 더 많은 수의 사람들을 포로로 사로잡고 있다. 이런 모든 것들에 대항하여 바울의 말은 오늘날도 여전히 진리로 울려 퍼지고 있다. "너희는 값으로 사신 것이니 사람들의 종이 되지 말라"(23절). 그리고 억압하는 정부 하에서 고통 받으며 또 부당한 경제적 구조에 의해 빈곤한 사람들은 복음이 그들의 물리적 영적 상황에 대한 소망을 견지한다는 소식을 귀담아들을 필요가 있다. 그러나 그들을 자유케 하려고 애쓰는 크리스천들은 그들의 노력에 역행하는 일종의 폭력적인 참여에 유혹을 당하기보다 "장기적으로" 천천히 노력할 필요가 있다.[12]

---

11. 성경적으로 균형 잡힌 해방 운동의 연구에 대해서는 Orlando E. Costas, *Liberating News: A Theology of Contextual Evangelization*(Grand Rapids: Eerdmans, 1989). Thomas D. Hanks, *God So Loved the Third World*(Maryknoll, N.Y.: Orbis, 1984)도 일반적으로 역시 유익하다.

12. Andrew Kirk, *The Good News of the Kingdom Coming*(Downers Grove, Ill.: InterVarsity Press, 1983)과 John M. Perkins, *Beyond Charity: The Call to Christian Community Development*(Grand Rapids: Baker, 1993)의 일반적으로 유익한 묵상을 참조하라.

고린도전서 7:25-40

25 처녀에 대하여는 내가 주께 받은 계명이 없
으되 주의 자비하심을 받아서 충성스러운 자
가 된 내가 의견을 말하노니
26 내 생각에는 이것이 좋으니 곧 임박한 환난
으로 말미암아 사람이 그냥 지내는 것이 좋
으니라
27 네가 아내에게 매였느냐 놓이기를 구하지 말
며 아내에게서 놓였느냐 아내를 구하지 말라
28 그러나 장가 가도 죄 짓는 것이 아니요 처녀
가 시집 가도 죄 짓는 것이 아니로되 이런 이
들은 육신에 고난이 있으리니 나는 너희를
아끼노라
29 형제들아 내가 이 말을 하노니 그때가 단축
하여진 고로 이 후부터 아내 있는 자들은 없
는 자 같이 하며
30 우는 자들은 울지 않는 자 같이 하며 기쁜 자
들은 기쁘지 않은 자 같이 하며 매매하는 자
들은 없는 자 같이 하며
31 세상 물건을 쓰는 자들은 다 쓰지 못하는 자
같이 하라 이 세상의 외형은 지나감이니라
32 너희가 염려 없기를 원하노라 장가 가지 않
은 자는 주의 일을 염려하여 어찌하여야 주
를 기쁘시게 할까 하되
33 장가 간 자는 세상 일을 염려하여 어찌하여
야 아내를 기쁘게 할까 하여
34 마음이 갈라지며 시집 가지 않은 자와 처녀
는 주의 일을 염려하여 몸과 영을 다 거룩하
게 하려 하되 시집 간 자는 세상 일을 염려하
여 어찌하여야 남편을 기쁘게 할까 하느니라
35 내가 이것을 말함은 너희의 유익을 위함이요
너희에게 올무를 놓으려 함이 아니니 오직
너희로 하여금 이치에 합당하게 하여 흐트러
짐이 없이 주를 섬기게 하려 함이라
36 그러므로 만일 누가 자기의 약혼녀에 대한
행동이 합당하지 못한 줄로 생각할 때에 그
약혼녀의 혼기도 지나고 그같이 할 필요가
있거든 원하는 대로 하라 그것은 죄 짓는 것
이 아니니 그들로 결혼하게 하라
37 그러나 그가 마음을 정하고 또 부득이한 일
도 없고 자기 뜻대로 할 권리가 있어서 그 약
혼녀를 그대로 두기로 하여도 잘하는 것이니
라
38 그러므로 결혼하는 자도 잘하거니와 결혼하
지 아니하는 자는 더 잘하는 것이니라
39 아내는 그 남편이 살아 있는 동안에 매여 있
다가 남편이 죽으면 자유로워 자기 뜻대로
시집 갈 것이나 주 안에서만 할 것이니라
40 그러나 내 뜻에는 그냥 지내는 것이 더욱 복
이 있으리로다 나도 또한 하나님의 영을 받
은 줄로 생각하노라

원 의미

25-40절은 고린도에서 금욕을 주창하는 파들에 반응해서 성과 결혼의 주제로 되돌아간다. 39-40절에 과부들에 대한 바울의 말과는 달리 이 장의 이 부분은 결혼하지 않았던 사람들에게 전적으로 초점을 맞춘다. 25절은 이 새로운 범주를 도입한다. "처녀들"은 여기서 결혼 적령기의 젊은이들을 일컫는 것이지, 필연적으로 성교를 갖지 않는 사람들을 가리키지 않는다. 25b절은 12절의 삽입구와 유사하다. 각각의 경우에 바울은 예수의 말씀을 인용하지 않고 하나님이 그에게 신뢰할 수 있는 조언으로 영감을 주신 것이라고 믿는다.

26b절과 27b절은 "있는 그 상태에서"라는 주제를 반복한다. 이 젊은이들이 8-9절의 과부와 홀아비처럼 독신이기 때문에, 바울은 금욕에 대해서 더 열정적일 수 있다. 그러나 그는 금욕에 대한 그의 열정이 결혼한 자들에게로 전이되지 않는다는 것을 그들에게 재빨리 상기시키고(27a절), 성과 결혼이 본질적으로 죄스러운 것이라고 가르치는 고린도의 사람들에 대항하여 그는 "당신이 장가가도 죄 짓는 것이 아니요 처녀가 시집가도 죄 짓는 것이 아니로되"(28a절)라고 확증한다. 여기서 "당신은"은 아마도 젊은이들을 일컬을 것이다. 28b절에서 "처녀들"은 여성이며 젊은 여성들임을 동일하게 재확증하고 있다.

25-28절은 바울의 조언에 대한 두 가지 새로운 이유를 소개해준다. 첫 번째는 29-31절에서 설명되는 "현재의 위기"(26a절, "곧 임박한 환난"—개역개정)를 다룬다. 두 번째는 "육신에 고난이 있으리니"(28c절)와 관련이 있고, 이는 32-35절에서 상술된다. 어떤 이들은 현재의 위기가 고린도에서 있었던 기근이나 박해의 독특한 역사적 상황을 일컬어야 한다고 생각했다.[1] 하지만 우리가 말할 수 있는 한, 50년대 중반에 고린도 시는 로마 세계에서 어느 도시만큼 번성했다. 그리고 고린도의 크리스천들이 대부분의 1세기 크리스천들보다 적지 않게 박해를 받았다는 지침도 없다. 따라서 29-31절을 26a절을 설명하는 것으로 이해하는 것이 더 좋은데, 그럴 경우에 NRSB의 독법인 "임박한 위기"가 더욱더 유용하다. 바울은 그리스도의 첫 번째 오심 이후에 그의 두 번째 오심이 바로 곧 올 수 있다고 알고 있다("시간이 짧다"—29a절, "그 때가 단축하여진 고로"—개역개정). 그렇다고 이것은 바울이 어느 날짜를 설정했음을 의미하지 않는다. 또한 주님이 바울의 생전에 다시 올 수 있다

1. 특히 Bruce W. Winter, "Secular and Christian Responses to Corinthian Famines," *TynB* 40(1989): 86-106을 보라. 이전의 기근의 오래 끄는 영향이 상당히 의미가 있었는지를 결정하기는 어렵고, 29-31절과의 조화는 우리가 여기서 26절에 대한 어떤 다른 관계를 찾아야할 것 같지 않게 만든다.

는 것을 필연적으로 기대했던 것도 아니다. 오히려 그는 신약성경의 다른 저자들처럼 C. E. B. 크란필드가 적절하게 의역한 것을 인식했다.

> 재림은 필연적으로 몇 달 내 또는 몇 년 내에 일어나야한다는 의미에서가 아니라 그것이 어느 순간에도 발생할 수 있고, 역사의 '그' 결정적인 사건이 이미 그리스도의 사역, 죽음, 부활, 그리고 승천에서 발생했기 때문에 뒤이어지는 모든 사건은 일종의 에필로그 즉, 그것이 매우 오랜 시간 지속될지라도 실상은 짧다는 의미에서 가까이에 있다.[2]

따라서 모든 크리스천들은 종말의 불확실성으로 말미암아 주님을 섬기는 일에 긴급성을 인식해야 한다. 종말 이후에는 더 이상 그리스도에게로 사람들을 오게 할 수 없고, 성숙한 제자로 훈련하지 못할 것이다. 바울은 결혼의 산란함이 이런 긴급성을 흐트러트릴 수 있다는 것을 역시 인식하고 있다. 따라서 결혼을 선택하는 사람들은 더 이상 효과적으로 그리스도를 섬기지 못할 정도로 그들의 가정에 너무 사로잡혀서는 안 된다(29b절). 동일한 것이 다른 통상적인 인간의 활동에도 적용된다—"우는 자들은 울지 않는 자 같이 하며 기쁜 자들은 기쁘지 않은 자 같이 하며 매매하는 자들은 없는 자 같이 하며 세상 물건을 쓰는 자들은 다 쓰지 못하는 자 같이 하라"(30-31절). 이 모든 것들은 합법적인 노력이지만 모든 것들이 덧없다. 따라서 크리스천들은 비그리스도인들보다 이 세상의 일에 덜 연루되어야 한다. 바울이 이루기를 추구하는 균형은 한 저자가 그를 "세속적인 금욕"이라고 칭하게 만든다.[3]

32-35절은 결혼하지 않았던 사람들이 독신으로 남을 격려하기 위한 바울의 두 번째 논거를 풀어놓는다. 그리스도가 즉시 오시지 않는다할지라도 배우자와 자녀들에 대한 염려를 좇아 사는 것은 교회와 세상에서 다른 이들의 필요를 돕는 시간을 빼앗아간다(32-34절). 하지만 다시 한 번 바울은 그가 바라는 것을 절대화하지 않고 또한 금욕을 주창하는 파들의 입장을 제한 없이 인정하지도 않는다. 35절은 결혼이 적절할 때와 적절하지 않을 때를 결정하기 위해서 전체 장에서 가장 중요

---

2. C. E. B. Cranfield, "The Parable of the Unjust Judge and the Eschatology of Luke-Acts," *SJT* 16(1963): 300-301. 특히 고린도전서 7장의 종말론에 관해서는 Jeremy Moiser, "A Reassessment of Paul's View of Marriage with Reference to 1 Cor. 7," *JSNT* 18(1983): 103-22; Guy Greenfield, "Paul and the Eschatological Remarriage," *SWJT* 26(1983): 32-48을 참조하라.
3. Vincent L. Wimbush, *Paul: The Worldly Ascetic* (Macon, Ga.: Mercer, 1987).

한 단서를 제공한다. "이치에 합당하게 하여 흐트러짐이 없이 주를 섬기"는 것이 바람직하다. 바울은 그의 청중을 어떤 식으로든 "제한하기"(직역하면 그들 "주변에 코를 풀다")를 원치 않는다.

36-38절은 결혼하지 않는 사람의 한 구체적인 종류에 초점을 맞춘다. 그러나 NIV 각주가 보여주는 것처럼 이 용어는 두 개의 꽤 다른 방식을 취할 수 있을 만큼 모호하다.[4] 초대교회는 거의 예외 없이 이 구절들을 각주에서처럼 자기 딸을 결혼으로 내어주느냐 그렇지 않느냐를 생각하는 아버지를 가리키는 것으로 해석했다. 38절에 "결혼하다"('가미조')란 용어는 이 장에서('가메오'—9, 10, 28, 33, 34, 36, 39절)와 그것이 "결혼으로 내어주다"(마 22:30[평행. 막 12:25; 눅 20:35]; 마 24:38[평행. 눅 17:27])를 의미하는 비교적 드문 성경의 출현에서 다른 곳에 사용된 것과는 다르다. 하지만 그것은 성경 외적인 헬라어에서도 드물고, 동일한 접미사('이조')를 갖는 다른 동사들이 신약성경의 시기에 그것의 사역형의 의미를 상실하고 있었다.

"부적절하게 행하다"(36절)는 아버지와 딸의 관계에서는 부적절하였을 성적인 설명을 암시하는 단어를 번역하고 있다. "마음을 정하고 또 부득이한 일도 없고 자기 뜻대로 할 권리가 있어서"라는 37절에서의 모든 용어는 정략결혼의 관습이 고려되고 있다면 이상하게 들릴 것인데, 왜냐하면 아버지가 이런 방식에서는 통상적으로 머뭇거리지 않기 때문이다.

그러므로 NIV의 본문을 따라서, 두 사람이 약혼남과 약혼녀를 가리키는 것으로 취하는 것이 더 좋다.[5] 그리스 로마 사회의 흐름도 1세기에는 정략결혼과는 결정적으로 거리가 있었다. 그러나 그때조차도 모호성이 있다. 혹자는 이 구절들을 "영적인" 결혼에 대한 생각을 함축하는 것으로 간주하는데, 그 경우에 이성의 두 사람이 성적인 관계 없이 같이 살기를 동의하는 것이 될 것이다. "오래 같이 지내고"("혼기도 지나고"—개역개정)는 사실상 "과도하게 섹스를 하다"를 의미하고 여성보다는 남성을 가리키는 것일 수 있었다. 하지만 대체로 NIV가 아마도 옳을 것이다. 약혼한 커플들은 금욕주의를 주창하는 자들을 유념할 필요가 없고 결혼을 삼

---

4. 각주는 "혼기가 지난 딸을 그냥 두는 것이 옳지 않다는 생각이 들 경우 딸을 시집보내도록 하십시오. 그것은 죄가 되지 않습니다. 특별한 이유로 딸을 시집보내지 않도록 결정을 내렸다면 그것도 잘한 일입니다. 그러므로 딸을 시집보내는 것도 잘한 이유이지만 시집보내지 않는 것은 더 잘한 일입니다"라고 독법한다.

5. 이 견해에 대한 가장 철저한 변호는 Werner G. Kümmel, "Verlobung und Heirat bei Paulus(1. Cor 7, 36-38)," in *Neutestamentliche Studien für Rudolf Bultmann*, ed. Walther Eltester(Berlin: Töpelmann, 1954), 275-95이다. 상당한 길이의 이와 비교할 수 있는 영어 책은 존재하지 않는다.

가서도 안 되지만, 그들이 그렇게 할 것을 선택한다면, 그것도 역시 용인할 만하다. 참으로 7-8, 26, 40절에서 바울은 독신 생활에 대한 그의 선호를 반복하지만(38절), 그는 독신생활을 명문화하려는 것을 거부한다.

39-40절은 평생 헌신하는 것으로서 일부일처제를 재확증함으로써 이 장을 마무리한다. 이 구절들은 이 장에서 재혼에 대한 명백한 언급을 역시 담고 있다. 크리스천 과부들 그리고 의미상 홀아비들은 그들이 동료 신자들인 한, 재혼할 자유가 있다. 8절에서처럼 바울은 독신생활에 대한 그의 선호를 반복하지만 그것을 절대화하지 않을 것이다. "나도 또한 하나님의 영을 받은 줄로 생각하노라"(40b절)는 바울 편에서의 어떤 의심을 반영하는 것이 아니라 자신들만 참된 영적인 통찰을 얻었다고 느꼈던 고린도인들에 대한 다소 비꼬는 듯한 측면을 대변한다.

상황잇기

바울은 고린도에서 쾌락주의자들과 금욕주의자들 사이에서 그의 조심스런 행보를 계속한다. 우리가 원 의미와 현대적 의미로 이동하는 전반적인 방식에서 1-16절에서 언급했던 대부분이 여기에서도 역시 적용된다. 아울러 다양한 다른 구체적인 것들이 관심을 끌게 한다.

첫째로 12절에서처럼 25-26절과 40절은 바울 서신의 다른 부분보다 덜 영감된 것으로 간주해서는 안 된다. 그는 이전의 어느 기독교인의 권위를 인용하지 않고 하나님의 인도하심에 따른 그의 감각에 의존하고 있음을 단순히 인정하고 있을 뿐이다. 둘째로 26절의 "현재의 위기"가 1세기 고린도의 독특한 역사적 문제를 반영하는 것으로 취한다면, 그때에 바울의 뒤이은 언급은 물론 상황적이 될 것이다. 하지만 우리가 29-31절을 그리스도의 두 도래 사이에 신자들이 경험하는 특징적인 긴장으로 그 위기를 보여주는 것으로 간주하는 것이 옳다면, 그때에 바울의 조언은 교회 역사를 통해서 어느 시대와 장소에서도 동등하게 타당하다. 셋째로 27절은 "지금 있는 곳에서"의 두 진전된 사례를 담고 있지만 28절이 그들 중에 하나만을 한정하고 있는 것은 의미가 있다. 다시 말해서 바울이 결혼하기를 선택한 사람들이 죄를 짓는 것이 아님을 강조하고 있을지라도, 그는 "그러나 이혼하더라도, 당신은 죄를 짓지 않았다"라고 적지는 않았다. 이전에 논의했던 매우 제한적인 상황을 제외하고서 말이다(이전의 pp. 159-160을 보라).

29-31절을 바울이 경시하고자 하였던 극단적인 금욕주의를 조장하는 것으로 만들어서는 안 된다. 하지만 그것은 이 세상에 관심을 두는 것이 하나님 나라의 우선

권에서는 뒷자리에 속한다는 것을 암시한다. 빈센트 빔부시는 이런 균형을 "중간 도로의 윤리"로 유용하게 특징짓는다.

> "중간도로의 윤리"는 크리스천 영성의 모든 모델의 숙제요 도전이다. 크리스천의 믿음의 요구가 공격적인 사회적 변화의 세속적인 일정과 동등하다는 사람들에게는 바울의 방식과 바울에 따른 크리스천들은 당혹스럽게 유약하고 부적절할 것이다. 크리스천의 믿음이 우선해서 내적인 경건의 전개를 요구하는 사람들에게는 바울의 방식과 바울에 따른 크리스천들은 수준 이하의 세속적인 타협으로 보일 것이다.[6]

그러나 하나님의 말씀을 순종하는데 관심이 있는 사람들은 세상 속에 있는 것과 세상에 속해 있지 않는 것의 바울의 균형을 위해 노력할 것이다.

32-35절은 결혼을 할 것이냐 말 것이냐를 결정하려는 어느 시대 어느 문화의 사람들을 위한 중요한 지침을 제공한다. 사회가 제시하는 무수한 다른 기준을 채택하지 않고 크리스천들은 독신이든 결혼을 했든 간에 어떤 상태에서 주님을 가장 잘 섬길 수 있느냐를 스스로 물어보아야 한다. 마이클 그린은 다음의 질문을 물을 것을 추천한다: "내가 결혼한다하더라도 주님에게 동등하게 유용할 수 있는가, 또는 결혼하는 것이 주님에 대한 나의 유용성을 불가피하게 축소시키지는 않는가?" 그때에 그는 "우리가 일단 결혼하면, 기독교와 관련한 시간의 양은 줄어들지만 그 질은 확장된다. 여하튼간에 내가 나의 기독교 생활과 봉사에 결혼이 미치는 영향의 문제를 정직하게 대면하지 않는다면, 나는 결혼할 권리가 없다"라고 언급한다.[7]

동일한 문제가 자녀들을 가질 것이냐 말 것이냐(또는 얼마나 많은 자녀들을 가질 것이냐)의 결정을 둘러싸고 일어난다—우리에게 그러한 선택이 허용된다면 말이다. 하나님 나라를 위해서 자발적으로 자녀를 갖지 않는 것은 많은 결혼한 커플들이 선택하는 옵션은 아니지만 확실히 기도해 볼 만한 가치가 있는 선택이다.[8] 세속적인 추구를 떠나 희생적으로 재정을 바치는 것과 같은 영역에서 예수를 마지못해 따르도록 배우자와 자녀들이 크리스천들에게 영향을 줄 수 있지만, 한편으로 배우자와 자녀들은 그의 개인적인 삶을 크게 확장시킬 수 있다. 가정을 돕는 그의 능력을 확장시키고, 그에게 가정에서 올바른 제자도를 실천할 수 있는 무수한 기

---

6. Wimbush, *Paul*, 97.
7. Green, *Corinth*, 116.
8. 특히 Diane Payette-Bucci, "Voluntary Childlessness," *Direction* 17.2(1988): 26-41을 보라.

회를 제공함으로써 말이다.

36-38절의 적용 부분은 어느 번역을 취하느냐에 분명히 달려 있다. 이것이 자기 딸을 "결혼하게" 하려는 아버지를 상고하게 하는 것이라면 중매결혼이 없는 사회에 이것을 적용하는 일은 축소될 것이다. 만약 이것이 약혼한 커플이라면, 유대인들이 그랬던 것처럼 심히 구속하는(얽어매는) 것으로(그것을 깨기 위해서 이혼을 필요로 하는 것으로) 바울이 약혼을 생각하지 않았다는 것을 알게 된다. 만약 "오래 사귀다"("혼기가 지나고"—개역개정)가 정확한 번역이라면, 36절은 나이가 든 커플은 젊은 커플보다 약혼의 기간을 줄여야 한다는 것을 암시할 것이다. 어느 번역을 채택하든 간에 바울의 "네, 하지만"의 논리는 다시금 명확하다.

이 장을 아우르는 39-40절은 결혼이 일생의 헌신과 관련이 있다는 것을 강조한다. 그것은 가볍게 결혼하거나 가볍게 해체시켜서는 안 되는 또 다른 이유를 제공한다. 디모데전서 5:11-15은 바울이 고린도에서와 아주 동일한 문제를 다루고 있지 않기 때문에 결혼에 대해서 약간 더 긍정적으로 들리게 만든다.

바울이 과부와 홀아비가 재혼하는 것을 가끔 격려하였다면, "한 아내의 남편"(딤전 3:2, 12)으로 번역된 교회 지도부에 대한 기준이 재혼을 배제하는 것으로 의도되었을 가능성은 없다는 것을 주목할 가치가 있다. 아울러 디모데전서 3장에서의 표현들은 배우자의 죽음 후에 재혼한 사람들은 포함시키고 성경적으로 합법적인 이혼을 한 후에 재혼한 사람들은 제외시키는 것을 언어적으로 문맥적으로 정당화시키고 있지도 않다. 따라서 "한 아내의 남편"을 "결혼하였다면, 현재의 결혼에 대한 신실성이 있어야 한다"는 것과 동등한 것으로 그것을 이해하는 것이 더 좋다.[9]

현대적 의미

많은 서방의 크리스천들이 주님의 일을 전적으로 헌신하기 위해서 결혼하지 않을 가능성에 대해서 적절한 상고하지 않는다. 사실 우리는 그렇게 하는 일을 더 많이 필요로 한다. 세계적으로 영향력 있는 성공회 목사인 존 스토트나 널리 알려져 있는 남침례교 선교사인 로티 문(Moon)과 같은 경우는 한 사람의 생애가 가족의 요구에서 자유로울 때 얼마나 많은 것을 이룰 수 있는지를 보여준다. 존 웨슬리에서부터 현대의 일중독주의자에 이르는 많은 크리스천 설교자들은 가정을

9. 특히 C. H. Dodd, "New Testament Translation Problems II.," *BT* 28(1977): 112-16을 보라.

소홀히 함으로써 결혼이 무너져가는 것을 지켜보는 고통을 겪는 것보다 결혼하지 않았으면 더 나았을 것이다. 윌리엄 케리의 놀라운 선교 사역이 아내인 도로시로 인해서 빼앗겼던 희생 때문에 퇴색되었다.[10] 이런 마음의 고통은 그 대가를 지불할 준비가 되어 있지 않은 커플들이 결혼하지 않았으면 피할 수 있었다.

우리 대부분의 사람들에게서 독신이든 결혼했든 간에 세상의 끝이 우리의 일생에서 온다면, 우리는 현대의 크리스천들이 좀처럼 반영하지 않는 주님의 일에 대한 긴급성을 가졌을 것이다. 그리고 만약 주님이 그의 오심을 연기하실지라도, 갑작스러운 죽음은 우리가 남아 있는 시간을 하나님을 섬기기 위해서 더욱더 바칠 것을 요구한다.

29-31절은 이 나라에서 복음주의 운동이 빈약하고 과소평가되었을 때 더 긴밀하게 따랐었다. 오늘날 복음주의자들의 수가 급증하고 풍요로워짐으로써 많은 크리스천들이 "세상일에"(31절) 매우 "사로잡히고" 그들이 "그들의 것을 끝까지 간직할 수 있는" 것처럼 물질적인 소유물을 사는 것으로 보인다. 물론 제삼세계 크리스천들은 이 영역에서 바울의 명령에 대한 순종과 관련하여 심오한 교훈들을 자주 우리에게 가르쳐준다. 그들이 그러한 물질주의에 덜 유혹을 받기 때문이다. 우리는 사회가 보내는 모든 메시지에 대항하여 우리들 앞에 31b절("이 세상의 외형은 지나감이니라")을 간직해야 한다. 이 세상의 삶은 영원과 비교할 때 양동이에 떨어지는 무한히 작은 물방울과 같다는 것을 말이다. 우리의 삶과 자원을 투자할 가치가 있는 것은 이 세상을 능가하는 것들이다.[11]

많은 커플들이 오늘날 35절의 기준에 의해서 자신들이 결혼하는 것이 더 낫다고 솔직하게 증명할 수 있다. 배우자들은 팀사역에 참여할 수 있고, 같이 할 수 있는 일에 은사를 보충적으로 사용할 수 있으며 서로 지원하고 격려할 수 있다(참조. 전 4:12). 하지만 점증하는 크리스천 가족에서 특히 각자가 맡은 매일의 책임으로 인해 가정에 시간을 내어주지 못할 때, 남편과 아내가 서로 다른 방향으로 갈라지고 점차적으로 분리된다. 요즈음 신학교의 많은 배우자들이 파트너의 현재와 미래의 사역에 헌신하지 않는 것으로 보인다. 그 대신에 그들이 독자적으로 다른 곳에서 일할 수 있음을 주장한다. 이런 이들이 기독교 전임사역을 준비하는 사람들에게서 사실이라면 평신도들에게 그것은 훨씬 더 많이 적용되지 않겠는가?

---

10. 이에 관해서는 James R. Beck, *Dorothy Carey*(Grand Rapids: Baker, 1992)을 보라.
11. 이 원리를 시행하기 위한 모든 종류의 실제적인 제안에 대해서는 Ronald J. Sider, ed., *Living More Simply*(Downers Grove: InterVarsity Press, 1980)을 보라.

자녀에 관한 일은 이런 문제를 더 가중시킨다. 우리는 사역에 함께 참여하는 전 가족의 역할 모델을 결사적으로 필요로 한다. 자녀들을 원하지만 가질 수 없는 사람들에게서 입양을 하는 것은 크리스천의 봉사와 헌신의 주요한 형태가 될 수 있었다. 그런데 거의 모든 미국의 도시가 어느 누구도 양자를 삼기 원치 않는 혼합적이거나 신체적으로 부족한 어린이들의 긴 목록을 갖고 있다. 반면에 백인 중류층의 자녀가 없는 커플들은 유력한 가문의 일원으로서 건강한 백인 유아들을 생각하면서 길게 기다리고 있는 목록을 형성하고 있다. 하지만 양자를 삼은 것이든 생물학적이든 간에 경건한 자녀를 양육하는 것이 그 자체로 사역이 될 수 있지만, 비그리스도인 배우자의 경우에서처럼(16절), 기독교 부모들의 자녀들이 반드시 주님을 영접하리라는 보증은 없다. 크리스천들이 세상을 기독교화하기 위해서 대가족을 가져야 한다는 개념은 25-35절에서 바울의 우려에 의해서 그리고 그러한 일을 시도했지만 그들의 자녀들이 다른 신들에게 충성하는 것을 서글프게 지켜보는 많은 이들의 서글픈 간증에 의해서 논박되고 있다.

36-38절은 현대의 데이트 패턴을 확실히 말해준다. 전체 세계의 기준으로 볼 때, 미국인들은 다양한 파트너들과 진지한 관계를 갖는 긴 기간에 이어서 상대적으로 짧은 약혼 기간을 갖는다. 반면에 많은 다른 문화들은 자주 반대편 성과의 훨씬 더 일상적인 관계가 선행되며, 진지한 관계로 시작하는 긴 약혼기간을 갖는다. 바울의 명령은 이런 접근의 어느 것도 필연적으로 선호하지 않지만, 약혼이 급속하게 들어갈 수 없는 진지한 문제라는 것을 암시한다. 그렇다고 약혼에 들어가더라도 그것이 결혼의 언약만큼 구속력이 있는 것은 아니다. 조심스러운 사고와 기도가 결혼을 완성하기 위해서 계속되어야 한다. 성적인 좌절이나 죄로 이끄는 정도로 긴 약혼기간을 갖지 않는 것과 하나님의 뜻이 이루어지는 것인지를 확신할 수 없이 결혼 생활에 커플이 들어갈 정도로 짧은 것 사이에서 균형을 유지해야 한다. 결혼 전과 약혼 전에 카운슬링을 하는 사례가 최근에 급증하는 것은 이런 균형을 이루는 방향으로의 훌륭한 발걸음이 될 수 있다.[12]

대체로 39-40절의 현대적 적용은 우리가 8-9절에서 언급한 것을 반복한다. 이 구절들은 결혼이 통상적으로 약속을 서약하는 일생의 신실함에 대한 성경적인 요청을 역시 강조한다. 우리가 기분이 좋지 않을 때도 결혼을 보존하는 수많은 이유가 있지만, 현대인들이 자주 간과하는 한 가지는 우리의 약속을 지키는 문제다.

---

12. 이 과정에 대한 소개는 H. Norman Wright, *Premarital Counseling* (Chicago: Moody, 1981)을 보라.

"사랑에 빠지는 것"이 결혼에 대한 적절한 근거를 형성하지는 않는다. "사랑을 느끼지 못하는 것"이 이혼에 대한 권리를 그 사람에게 부여하지 못한다. 워렌 위어스비는 결혼을 생각할 때 대답해야하는 다섯 가지 질문을 제시한다. 그것은 이 장에서 바울의 관심사를 적절하게 요약해주고 있다: "하나님으로부터 나의 은사는 무엇인가? 나는 신자와 결혼하고 있는가? 주변 환경이 결혼이 합당함을 보여주는가? 결혼이 그리스도를 위한 나의 봉사에 어떻게 영향을 줄 것인가? 나는 이런 삶의 연합에 들어갈 준비가 되어 있는가?"[13] 이 질문들은 현대의 기독교 가정들, 젊은이 그룹들, 그리고 독신자 모임에서 훨씬 더 많은 관심을 필요로 한다.

13. Warren W. Wiersbe, *Be Wise*(Wheaton: Victor, 1983), 85.

고린도전서 8:1-13

1 우상의 제물에 대하여는 우리가 다 지식이
있는 줄을 아나 지식은 교만하게 하며 사랑
은 덕을 세우나니
2 만일 누구든지 무엇을 아는 줄로 생각하면
아직도 마땅히 알 것을 알지 못하는 것이요
3 또 누구든지 하나님을 사랑하면 그 사람은
하나님도 알아 주시느니라
4 그러므로 우상의 제물을 먹는 일에 대하여는
우리가 우상은 세상에 아무 것도 아니며 또
한 하나님은 한 분밖에 없는 줄 아노라
5 비록 하늘에나 땅에나 신이라 불리는 자가
있어 많은 신과 많은 주가 있으나
6 그러나 우리에게는 한 하나님 곧 아버지가
계시니 만물이 그에게서 났고 우리도 그를
위하여 있고 또한 한 주 예수 그리스도께서
계시니 만물이 그로 말미암고 우리도 그로
말미암아 있느니라
7 그러나 이 지식은 모든 사람에게 있는 것은
아니므로 어떤 이들은 지금까지 우상에 대한
습관이 있어 우상의 제물로 알고 먹는 고로
그들의 양심이 약하여지고 더러워지느니라
8 음식은 우리를 하나님 앞에 내세우지 못하나
니 우리가 먹지 않는다고 해서 더 못사는 것
도 아니고 먹는다고 해서 더 잘사는 것도 아
니니라
9 그런즉 너희의 자유가 믿음이 약한 자들에게
걸려 넘어지게 하는 것이 되지 않도록 조심
하라
10 지식 있는 네가 우상의 집에 앉아 먹는 것을
누구든지 보면 그 믿음이 약한 자들의 양심
이 담력을 얻어 우상의 제물을 먹게 되지 않
겠느냐
11 그러면 네 지식으로 그 믿음이 약한 자가 멸
망하나니 그는 그리스도께서 위하여 죽으신
형제라
12 이같이 너희가 형제에게 죄를 지어 그 약한
양심을 상하게 하는 것이 곧 그리스도에게
죄를 짓는 것이니라
13 그러므로 만일 음식이 내 형제를 실족하게
한다면 나는 영원히 고기를 먹지 아니하여
내 형제를 실족하지 않게 하리라

원 의미

바울은 이제 그에게 보내진 고린도인들의 서신에 의해 제기된 두 번째 이슈를 언급한다(7:1을 보라). 마을의 상점에서 팔리는 대부분의 고기는 이교 신전 의식에서 살육된 희생제물에서 출원했다. 그러면 이 의식들은 음식을 자동적으로 오염시켰는가? 그리스도인들은 그것을 사먹을 수 있는가? 만약 친구의 집에서 그런 것들이 제공된다면 그것을 먹을 수 있는가? 다양한 사회적 사건들에 대해서는 어떠한가—결혼식, 파티, 클럽 등등. 축제를 위해서 그런 행사들은 신전의 큰 식당을 자주 사용하였다. 그리스도인들은 이런 행사들에 참여하여 고기를 먹을 수 있는가? 이 신전들의 보다 명백하게 종교적인 의식들에 대해서는 어떠한가? 분명히 이런 이슈는 오늘날 서방사람들이 얼핏 생각하는 것처럼 그렇게 단순하거나 무의미한 것이 아니었다.[1]

고린도전서 8:1-13과 10:14-11:1은 분명히 이런 주제를 언급한다. 얼핏 보기에 9:1-10:13은 그렇게 보이지 않지만 자세히 살펴보면, 이 구절들은 결국에 바울의 논증의 통합적인 일부를 형성한다. 고린도전서 8:1-13은 그 문제를 도입하고 두 가지의 해결책을 소개한다: 본질적으로 반 기독교적 의미가 연루되지 않을 때 원리적으로 먹을 수 있는 자유, 하지만 다른 크리스천들이 그의 자유로 인해 손상을 입을 때 자발적인 제한. 그때에 고린도전서 9:1-18은 사역을 위해 돈을 받는 문제를 논함으로써 도덕적으로 중립적인 영역에서 사랑에 의해 촉발된 자유의 원리에 관한 두 번째 적용을 제시한다. 고린도전서 9:19-27은 이런 "삶의 불투명한 영역"에서 바울의 행동 전체에 대한 근본적인 원리를 설명함으로써 일반화시킨다—더 많은 사람들을 그리스도에게로 데려오기 위한 것. 고린도전서 10:1-13은 부도덕한 방종으로 자유를 사용하지 말 것을 경고함으로써 다가올 항목에서의 바울의 절대적인 금지를 준비시킨다. 그러고 나서 고린도전서 10:14-22은 우상에게 바쳐진 고기의 문제에 관한 바울의 한 가지 완고한 요건을 제시한다: 명백하게 이교도의 종교적인 의식을 행하는 것에서 우상에게 바쳐진 고기를 먹어서는 안 된다. 고린도전서 10:23-11:1은 8:1-13의 두 핵심적인 원리를 반복함으로써 이 논의를 완전한 범주로 가져오지만 궁극적으로 자유를 선호하여 이런 가치의 균형을 넌지시 보여준다.[2]

현재의 항목은 세 가지 은밀한 항목으로 나뉜다. 1-3절은 6:12-13과 7:1-2에서의 접근과 유사한 바울의 "예, 하지만" 논증을 제공한다. 4-6절은 "예"를 확장한다: 크리스천의 지식에 기반한 자유의 주제(참조. 1a절). 7-13절은 크리스천의 사랑에 기초한 자발적인 제한의 주제를 설명한다. 10:25-30에서 시장과 사적인 식사

---

1. 아주 상세하고 유익한 배경 정보와 주해적 논의가 Wendell L. Willis, *Idol Meat in Corinth*(Chico, Calif.: Scholars, 1985)에서 나타난다.
2. H. Probst(*Paulus und der Brief* [Tübingen: Mohr, 1991])은 8:1-11:1이 그리스 로마의 서신적인 수사학의 표준적인 순서를 따름으로써 완전한 연합 즉 거의 세밀한 서신을 형성한다고 관찰한다: 8:1-13은 서론을 형성하고, 9:1-18은 이야기적인 논의를 9:19-10:17은 논쟁 그리고 10:18-11:1은 이어지는 명령을 형성한다.

에 대한 바울의 명백한 언급으로 보건대, 그가 처음부터 아주 넓은 범위의 맥락을 고려하고 있다고 가정하는 것이 합리적이다. 원리상 신자들이 용인할 수 있는 맥락에서 8:10의 신전에서 먹는 것에 대한 그의 명백한 언급으로 보건대, 그가 본질적으로 명백하게 종교적이지 않았던 신전 경내에서의 사회적인 모임을 고려하고 있음이 명백해 보인다.[3]

1절은 그 문제를 도입한다. "음식"은 13절이 그 주제를 좁히는 것으로 보이지 않도록 "고기"를 언급하는 것으로 이해해야 한다. 각각 희생제사로 드렸던 짐승의 고기의 일부는 성전 제단에서 태워졌고, 일부는 성전 의식 가운데 먹었으며, 일부는 집에서 소비하기 위해서 고린도의 상점에서 팔려졌다.

"우상의 제물에 대하여는 우리가 다 지식이 있는 줄을 아나"(1a절)는 NIV 각주가 제기하는 것처럼(너희들이 말하는 것처럼 "우리 모두 지식을 갖고 있으나") 또 다른 고린도인들의 슬로건을 대변한다. 7절은 그러한 지식이 바울이 소위 더 약한 형제들이라고 부르는 사람들 사이에서는 보다 제한적이었음을 지적할 것이다. 그러므로 이 슬로건은 교회의 보다 금욕적인 세력보다는 더욱더 방종하는 세력과 일치하는 "더 강한" 고린도인들의 입장을 아마도 대변한다.

"지식"은 '그노시스'를 번역한 것이고 1-4장에서처럼 교만한 인간의 종교적 사색을 일컫는 것으로 해석해야 한다. 이전의 슬로건에서처럼, 바울은 동의할 수 있지만 즉시 제한을 두지 않을 수 없다(1b-3절). 지식이 아니라 사랑이 크리스천의 행위의 기초를 형성해야 한다. "만일 누구든지 무엇을 아는 줄로 생각하면"(2절)은 "어떤 것이 있다고 생각하는 사람"이란 우리의 관용구와 유사하다. 2절에 동사 시제의 의미는 "그가 지식을 획득했다고 생각한다면, 그는 아직 진정한 의미에서 지식을 얻은 단계에 이르지 못했다"라고 의역할 수 있다.[4] 크리스천의 지식은 우리

---

3. 여기서 채택된 사건들의 재구성은 Bruce N. Fisk, "Eating Meat Offered to Idols: Corinthian Behavior And Paulie response in 1 Corinthians 8-10," *TrinJ* 10 n.s.(1989): 49-70을 긴밀하게 따른다. 전통적으로 주석가들은 10절을 적절히 설명하지 않고서 8장을 시장의 정황과 사적으로 집에서 먹는 것으로 자주 제한시켰다. Gordon D. Fee, "Εἰδωλόθυτα Once Again: An Interpretation of 1 Corinthians 8-10," *Bib* 61(1980): 172-97은 처음부터 불법적인 성전의 행위가 독점적으로 고려되고 있다고 주장한다. 양 관점이 모두 부적절한 생략을 시도하고 있는 것으로 보인다. Talbert, *Corinthians*, 56은 8:1-13; 10:14-11:1에서 ABBA 구조를 보는데(A=시장의 고기[8:1, 4; 10:23-11:1]; B=성전의 행위[8:10; 10:14-22]), 그것은 우리의 접근 방식을 지원해준다. Ben Witherington, "Not So Idle Thought About *Eidolothuton*," *TynB* 44(1993): 237-54은 피(Fee)의 견해에 대한 부가적인 지원을 최근에 열거하지만 피스크와의 상관관계는 설명하지 않는다. 피스크를 지원하는 것으로는 Kistemaker, *First Corinthians*, 269-74을 보라.
4. Ellingworth and Hatton, *First Corinthians*, 160.

를 사랑하시는 하나님의 우선적인 선택에 의해서 생산되는 '아가페' 사랑과 분리할 수 없다(3절).

4-6절은 이 희생제사 음식을 먹을 수 있는 크리스천의 자유에 대한 기초를 제공한다―고기를 바친 우상은 객관적인 영적 실체가 없다. 일신론에 대한 유대적인 이해와 하나님의 주권을 섭렵한(예. 신 6:4; 10:17) 바울은 우주에는 오로지 한분 참된 하나님만 계시다는 것을 직설적으로 선포한다. 더 강한 고린도의 크리스천들이 이에 동의하였을 것이고 고기를 먹을 자유를 지원하기 위해서 이 논리를 사용하였을 것이다. 바울은 모든 사람들이 그가 믿는 것처럼 믿지는 않으리라는 것을 인식한다. 많은 신화적 존재와 신비적인 주(lords)들이 열렬하게 숭배되고 있었다. 영지주의는 신적인 "방산(放散)"을 믿었고, 황제는 자신을 신이라 부르기 시작했고, 희생제사를 요구했다(5절). 그러나 사실상 이렇게 주장하는 신들이나 주들은 이스라엘의 하나님과 주 예수의 아버지와 달리 이 세상의 창조와 부양이나 구속과 아무런 관련이 없다(6절).

7-13절은 크리스천의 자유의 행사에 대한 바울의 제한을 설명한다: 자유가 동료 신자들의 약한 양심을 더럽힐 수 있다. 따라서 사랑이 자유를 제한해야 한다. 고린도의 크리스천들의 일부는 개인의 집에서도 그리고 거의 확실히 신전의 식당이 아닌 곳에서도 그 고기가 갖고 있는 과거의 종교적인 연관성을 상기하지 않고서는 우상에게 바쳐진 고기를 먹을 수 없었다. 이는 신전의 의식을 제외하고는 고기를 먹는 것을 규칙적으로 접할 수 없었던 교회의 약한 멤버들에 대한 특별한 관심이었을 것이다. 약한 멤버들에게서 고기는 여전히 본질적으로 종교적인 연관성을 내포하고 있었다. 그들의 "연약한 양심"은 빈약하게 발전된 도덕성이나 예절에 대한 감각이 아니다. 현대에 이런 표현에 대한 사용이 자주 함축하는 것처럼 말이다. 오히려 그것은 그리스도 안에서 신자들의 자유에 두었던 과도한 제한이었다. 그들의 내적인 사고는 불필요하게 그들을 정죄했고, 죄책감이나 더럽힘의 감정으로 이끌었다(7절).[5] 그들이 믿음으로부터 나오지 않았던 것을 행한다고 압박감을 느꼈기 때문에 그들에게서 그것은 죄였다(롬 14:23).

8절은 바울의 제한을 존속시킨다. 도입적인 "하지만"(but)은 아마도 "그리고"(and)로 번역해야 할 것이다. 여기에 바울이 그 관행을 "다루지" 못하는 사람들이 있을 때 우상에게 바쳐진 고기를 자발적으로 삼갈 것을 제기하는 세 가지 이유 중

---

5. 특히 Paul W. Gooch, "'Conscience' in 1 Corinthians 8 and 10," *NTS* 33(1987): 244-54을 보라.

에 첫 번째가 나온다. 정확히 그것은 도덕적으로 중립적인 문제이기 때문에 고기를 먹음으로써 본질적으로 영적인 이득이 있는 것도 고기를 먹지 않는다고 불이익이 있는 것도 아니다. 따라서 동료 크리스천에 대한 관심이 우선순위를 차지해야 한다.[6]

9절에서 "그러나"는 다시금 온화한 순접으로 간주해야 한다(예를 들어, "게다가"). 9-12절은 고린도인들이 서로를 죄로 이끄는 방식으로 행해서는 안 된다는 요지를 만드는데 협력한다. 9절은 이 단락에 대한 논제적 진술을 제공한다. "걸림돌"과 "죄를 짓게 하는 것"(13절)은 동의어이고 서로를 설명해준다. "너희의 자유의 실행"은 직역하면 "너희의 권위"나 "너희의 권리"로 독법할 수 있다. 요컨대, 9절은 크리스천들이 동료 크리스천들을 죄짓게 하는 방식으로 자신들의 권리를 주장하지 못하도록 촉구한다.

10절은 "더 강한" 고린도인들은 적절한 한계를 긋고 신전으로 가는 유혹을 받지 않고 상점에서 고기를 먹을 수 있었지만, "더 약한" 크리스천들은 그렇지 못했음을 의미하는 것으로 자주 이해된다. 따라서 도덕적으로 중립적이었던 것을 "더 약한" 크리스천들이 본질적으로 죄스러운 것을 행하도록 이끌었다는 것이다. 그러나 더 바람직한 것은 로마서 14:23의 원리("믿음으로 좇아 하지 아니하는 모든 것이 죄니라")가 다시금 적용된다. 강한 자들이 합법적으로 시행한 것(집이나 종교적인 의식이 치러지지 않는 신전의 부분에서 먹는 것)을 약한 신자들은 좋은 양심으로 그리할 수 없었으므로 그들에게서 고기를 먹는 것은 죄였다. "담력을 얻어"는 "교화를 얻다"라는 동사의 특이한 용법을 반영한다. 아마도 강한 자들이 느끼기에 약한 자를 세울 수 있었던 것이 사실상 약한 자들로 하여금 파괴적인 것을 하게 하였다.

따라서 11절은 자발적인 절제에 대한 두 번째 이유를 설명한다. 자신의 자유를 자랑하는 것이 사실상 약한 자의 영적인 삶을 손상시키고 있었다. "멸망하나니"는 아마도 "멸망의 과정에 있게 되는"으로 더 잘 번역할 수 있다. 본질적으로 선악을 판단할 수 없는 문제가 사실상 크리스천의 구원을 어렵게 할 수 있었다고 바울이 생각했다고 하기는 의심스럽다. 오히려 그는 강한 신자들의 행위가 "크리스천의

6. 8절의 일부와 모든 것이 고린도의 "더 강한 형제들"에 관한 또 다른 슬로건으로 자주 간주되어졌지만 아마도 그들은 먹는 것이 하나님께 자신을 맡기는 것이라고 생각했을 것이다. 증명할 수는 없을지라도, 그들이 "우리가 먹지 않는다면 더 나쁘고, 먹는 다면 더 좋다"라고 주장했고, 바울은 그들의 말을 암시하지만 두 어절들을 부정하고 있다는 것이 가능하다(Willis, *Idol Meat*, 98).

성화에 장애"가 되는 것으로 보았을 것이다[7](참조. 롬 14:15). 그러한 손해는 보속의 목적과 정반대되는 것이다. 12a절은 다른 이들의 약한 양심을 상처 내는 것으로 여기서 묘사된 파괴의 유형을 상술하고 확증한다.

12b절은 절제에 대한 세 번째 이유를 전달한다: 그리스도에 대해서 죄를 짓지 않는 것. 마태복음 10:42과 25:40에서처럼 동료 신자들에 대한 대우가 주님에 대한 대우에 상응한다. 따라서 바울은 이 장을 조건적인 확실함으로 결론을 짓는다. 선악을 판단할 수 없는 영역에서 자유를 행사함이 동료 크리스천으로 하여금 죄로 사실상 이끌 수 있을 것으로 믿는 적절한 이유가 있을 때, 절제하는 것이 항상 옳다. 바울은 자신의 사례로 이 원리를 모델화하고 그것을 마가복음 9:42("누구든지 나를 믿는 이 소자 중 하나를 실족케 하면 차라리 연자 맷돌을 그 목에 달리우고 바다에 던지움이 나으리라")에 상응하는 말로 강조한다.

상황잇기

8절의 원리와 적용의 완전한 이해는 9-10장에 대한 바울의 논증을 다 살피지 않고는 어렵다. 그때나 가서야 다른 이들의 구원으로 이끄는 방식으로 행동하는 복음적인 원리(특히 9:19-23을 보라)가 바울이 이 세 장들에서 말하고 있는 모든 것에 기초가 되고 있음을 명확히 알게 될 것이다. 하지만 상당한 진전을 여기서 만들 수 있다. 세 가지 초시간적인 원리들이 이 장을 지배한다: 한 그리스도인에게 안전한 것이 다른 그리스도인에게 안전할 수는 없다, 참된 판단은 지식만이 아니라 항상 사랑을 필요로 한다, 신자들은 주변의 사람들에게 해가 된다면 확실한 자유를 주장할 권리가 없다.[8]

여기서 적용들은 우상에게 바쳐진 고기에 관한 구체적인 문제를 훨씬 넘어설 수 있지만, 그 적용들은 본질적으로 선한 것인지 나쁜 것인지를 포함하지 않는다. 오히려 고린도전서 8장은 크리스천의 삶의 명확하지 않은 영역에 대해서 말한다. 때로 성경은 어떤 이슈가 근본적으로 부도덕하다든지 선악을 판단할 수 있는 것에 명확한 선을 긋는다. 예를 들어, 간음은 항상 잘못된 것이지만 술을 먹는 것은 그것이 술취함이나 약한 형제들을 상처주는 것으로 이끈다면 잘못된 것이다.

또 다른 경우에 어떤 단락은 직접적으로 그 문제에 대해서 언급하지 않는다. 크

7. Judith M. Gundry Volf, *Paul and Perseverance: Staying in and Falling Away*(Louisville: Westminster/Knox, 1990), 97.

8. 참조. Barclay, *Corinthians*, 76.

리스천들은 의문되는 관행이 본질적으로 이교의 종교적 요소(또는 반기독교적)를 갖고 있는지 또는 관련된 사람들을 필연적으로 파괴적이고 해롭게 하는지를 물어야 한다. 더욱 적극적으로는 의문되는 관행이 이런 검증에 비추어 용인할 수 있다면 우리의 참여가 불신자들이 누리는 사회적 활동과 교제를 배양함으로써 비기독교 세계에 복음전도를 확장하는가?(참조. 9:19-23) 여기서 두 위험성이 여전히 상존한다: 크리스천이 세상의 소금과 세상의 빛이 되지 못하게 하는 분리주의(마 5:13-16)와 결과적으로 손해를 입은 이교도의 관행을 채택한 혼합주의.

1:18-2:5에서처럼 지식에 대한 바울의 진술(1-3절)을 반지성주의로 생각해서는 안 된다. 이 문맥에서 '그노시스'("지식")는 다른 이들(특히, 다른 크리스천들)에 대한 관심을 버리고서 자유와 인간의 독립성을 강조하는 것이다. 지식보다 사랑이 바울의 윤리의 중심에 있고(참조. 갈 5:14), 사랑이 인간 덕성의 최고를 이룬다.[9] 그 사랑이 없이는 모든 영적인 은사들이 가치가 없다(고전 13장). 이런 종류의 사랑은 희생적인 자기 드림이고 그리스도의 십자가 행위에 중심을 두고 닮아간다. 그것은 주로 멋진 감정, 가족 관계, 또는 단순한 민족주의에 중심을 두고 있지 않다. 신자들이 성숙해지면 질수록, 그들은 하나님의 기준에 자신들이 얼마나 미치지 못하는지를 알고 자신을 의존하는 것이 아니라 하나님을 더욱 의존한다(3절).

4-6절의 정확한 이해는 우상에게 바쳐진 음식에 대한 바울의 절대적인 금지와 악마적인 세계의 실재에 대한 그의 믿음의 여지를 남겨두어야 한다(10:18-22). 하지만 악마들은 이교의 종교적인 의식 속에서 보통 무지함으로 인해 숭배되는 영적인 실체들이고, 그것들은 본질적으로 음식이나 신상에 거하지 않는다. 우상의 단순한 소유나 우상에게 바쳐진 음식의 단순한 소비는 종교적인 헌신의 행위가 추가되지 않는다면 해로울 것이 없다.

4-6절도 정령주의, 다신론, 또는 단일신교의 모든 형태들과 다른 유일신의 강력한 변호를 형성한다.[10] 5절과 6절의 대조는 6절의 "우리에게는"이 암시하는 것처럼 두 주관적인 실재에 대한 인식에 있지 않고 거짓된 인식과 참된 인식에 있다. 1절에 "우리가 아는"이 "우리에게는"을 설명해준다. 신자들은 이교도들이 알지 못하는 것—우주에는 오직 한 분 하나님이 계신다는 것—을 알고 있다. 6절도 아버지

9. 특히 Victor P. Furnish, *Theology and Ethics in Paul*(Nashville: Abingdon, 1968); idem, *The Love Command in the New Testament*(Nashville: Abingdon, 1972)을 참조하라.

10. 1세기 고린도의 종교적 장면에 비추어 상세한 설명을 하는 Bruce W. Winter, "Theological and Ethical Responses to Religius Pluralism-1 Corinthians 8-10," *TynB* 41(1990): 209-26을 보라.

와 아들의 강력한 연관을 담고 있다. 그것은 아버지와 아들에 대한 중요한 교리를 전달해준다. 아버지는 창조주이시고, 그리스도인들이 경배하는 궁극적인 주인이시다(참조. 10:26). 아들은 창조의 대리자이시고 우리에게 매일의 양식을 공급하는 분이시다(참조. 10:31).

7-13절에서 적용할 수 있는 핵심적인 이슈는 참으로 약한 양심을 갖고 있는 사람들을 인식하는 것과 관련이 있다. KJV에서 13절의 잘못된 번역("고기가 나의 형제를 '범하게 한다면")에도 불구하고 이 문맥에서 어느 것도 "더 약한 형제들"을 특별한 행위로 인해서 단순히 죄를 지은 사람으로 정당화할 수 없다. 심지어 "전문적인 더 약한 형제"[11]—자신은 도덕적으로 중립적인 행동에 빠지지 않을지라도 그런 행동들을 금하는데 열심인 크리스천 율법주의자—에게로 이 원리의 적용을 정당화할 수 없다. 오히려 더 약한 형제나 자매는 다소 도덕적으로 중립적인 행위에서 더 강한 신자를 모방하지만 그렇게 한 것에 대해서 양심의 가책을 느끼거나 더 나쁘게는 본질적으로 죄가 되거나 파괴적인 것으로 이끌림을 받는 크리스천이다. 따라서 더 강한 신자의 자유는 사실상 약한 형제의 영적인 성장과 성숙에 해를 끼치는 결과를 가져온다. 잭 쿠하츠섹크는 고린도전서 8장의 적절한 유추는 세 가지 요소를 가져야 한다고 지적한다: (a) 그리스도인의 자유에 대한 위협, (b) 잠재적인 걸림돌, (c) 사실상 죄로 이끌림을 받을 수 있는 그리스도인 형제나 자매.[12]

7-13절의 적용은 바울이 여기서보다도 더 직접적으로 "강한 자"의 자유를 강조할 10:25-30에 대한 여지를 역시 남겨두어야 한다. 강한 자가 약한 자에게 상처를 주지 않아야 한다면, 약한 자도 강한 자를 정죄로 참소하지 않아야 한다. 이런 주제에 관한 바울의 다른 주요한 가르침의 단락인 로마서 14:1-14:13은 이 두 명령을 조심스럽게 균형을 잡는다. 사실상 로마서의 두 번째 주요한 단락(12:1-15:13)을 포괄하는 권면적인 자료에는 순차가 있다. 첫 번째로 모든 신자들에게 요구되는 몸과 마음의 필연적인 변화가 나온다(12:1-2). 그 다음에 각각의 신자는 자신들의 영적인 은사들을 발견하여 그것들을 신실하게 사용해야 한다(12:3-8). 그러나 고린도전서 12-13장에서처럼 영적인 은사들은 사랑 안에서 행해져야 한다(12:9-

11. 이 용어는 Joseph C. Aldrich, *Life-Style Evangelism* (Portland: Multnomah, 1981)에 의해 고린도전서 8장의 원리에 관한 적용의 탁월한 논의(pp. 39-76)에서 사용된다.

12. Jack Kuhatschek, *Taking the Guesswork out of Applying the Bible* (Downers Grove, Ill.: InterVarsity Press, 1990), 68-70. 예를 들어, 쿠하츠섹크는 수염을 기르는 크리스천을 반대하는 사람들은 스스로 수염을 기르는 것을 절대로 생각하지 않음으로써 이 목록의 세 번째 요소가 부족하고 "더 약한 형제"의 원리를 적용하지 못한다고 지적한다.

13:14). 사랑이 중립적인 이슈들에 대한 그리스도인의 다양성을 서로 관용하는 일을 촉진시켜야 한다(14:1-15:13).[13] 고린도전서 8:7-13의 문맥에서 이것은 8절의 역순이 본문에 아무런 영향을 미치지 못한다는 것을 의미한다: 우리의 행동이 다른 이들을 죄로 이끄는 것을 제외한다면, "음식을 삼가는 것이 하나님께 우리를 가까이 데려가지 못하고, 우리가 먹는다고 할지라도 더 나쁜 것이 아니며, 먹지 않는다고 더 좋은 것이 아니다." 더 나아가서 바울은 갈라디아서 5장과 골로새서 2:18-23에서 자유와 관용의 문제를 강조한다.

자유방임과 율법주의 사이에 이 중요한 균형은 양극단보다 유지하기가 훨씬 더 어렵다는 것을 항상 보여준다. 어떤 행위를 단순히 금지하는 것이나 그것을 무차별적으로 관용하는 것은 훨씬 덜 생각과 관심을 필요로 한다. 하지만 바울의 방식은 훨씬 더 참된 실제와 계시를 울려 퍼지게 한다.

> 두려움으로 말미암아 약한 자는 공동체를 스스로 부과한 게토로 만들 것이다. 강한 자는 자유의 파괴적인 사용으로 말미암아 교회가 주변의 행위와 구분되지 않는 행동양식을 갖게 만들 것이다. 양 그룹이 범람하면 교회의 정체성과 선교는 심각하게 훼손을 당한다. 바울의 반응은 고린도인들의 비전이 그리스도 안에 뿌리를 내리고 더 넓은 세계에 서로 책임의식을 갖는 것에 초점을 맞추는 것이었다. 그의 열정적인 사려 깊음은 '헤 아가페 오이코도메이'[사랑이 세워준다]의 완벽한 모범이다.(VII, 1)[14]

동시에 바울의 중요의 원리는 살인, 도둑질, 혼외정사, 과식, 동성연해, 또는 성경이 분명히 항상 잘못되었다고 말하는 일련의 다른 죄들에는 적용될 수가 없다. 예를 들어, 즉시 중독적이고 고로 파괴적인 마약의 사용에 그것을 적용할 수는 없다. 심지어 크리스천의 자유가 어떤 행위들에 문을 열어놓을 수 있을 때조차도, 심지어 누구도 그들에 의해서 상처를 받지 않을 때조차도 그 행위가 하나님을 영화롭게 하거나(10:31) 자기 또는 다른 이들에게 유익이 되지 않는 방식이라면(10:33), 그것은 그리스도인들이 관련되지 않아야 한다는 것을 의미한다. 우리는 "내가 어느 정도까지 행동할 수 있는가?"라고 묻기보다는 "무엇보다도 나의 동기

---

13. 특히 Robert Jewett, *Christian Tolerance: Paul's Message to the Modern Church* (Philadelphia: Westminster, 1982)에서 이 주제에 관한 유익한 논의를 보라.

14. Jerome Murphy-O'Connor, "Freedom or the Ghetto(*1 Cor.*, VII, 1-13; X, 23-XI,1)," *RB* 85(1978): 573-74.

가 무엇인가?"라고 물어야 한다. "핵심적인 것은 신자의 근본적인 차이와 근본적인 동일성 사이에 균형을 유지하는 것으로 보인다. 우리의 근본적인 차이는 거룩(온전)이지 율법주의나 외향주의가 아니다. 오직 거룩함이 근본적인 동일성을 그리스도인들을 위한 합법적인 선택이 되게 한다."[15]

고린도전서 8장에서 바울의 가르침을 다른 두 핵심적인 신약성경의 단락과 비교하는 것은 흥미롭다. 바울은 사도행전 15:1-29의 (유대인들의 양심적인 주저함을 위해서 우상에게 바쳐진 음식을 삼가도록 안디옥과 수리아와 길리기아에 있는 이방인 크리스천들에게 요청한 결정으로 끝을 맺은) 예루살렘 공의회의 "포고"를 여기서 인식하지 않고 있음을 드러낸다. 이미 6년 전에 전달되었던 이 결정(A.D. 49)이 물론 아가야(또는 많은 유대 인구를 갖지 않은 여타 지방들)에게는 이 포고문이 수신되지 않았다. 바울은 그 포고를 고린도에 적용할 필요를 분명히 느끼지 않았는데, 아마도 포고의 긍정적인 이득들—유대인들에게 복음의 길을 여는 것—이 더 이상 주요한 관심사가 아니었던 곳에는 율법주의에 너무 많은 양보를 하고 있음을 그가 느꼈기 때문일 것이다.

다른 관련된 단락은 갈라디아서 1-2장인데, 바울은 거기서 사람들의 구원을 곤란하게 만들었던 율법주의의 보다 심각한 형태를 몹시 꾸짖는다. 약한 양심에 너무 사로잡혀서 구원의 선행조건처럼 어떤 행위를 요구하거나 다른 행위를 금할 때, 바울은 더 이상 고린도에서처럼 가만히 있을 수가 없이 가장 강력한 용어로 그러한 가르침을 정죄해야 했다.

현대적 의미

우상에게 바쳐진 음식은 다양한 아프리카, 라틴 아메리카, 아시아 문화의 크리스천들에게 긴급한 관심사다. 이 문화의 사람들이 점차적으로 서방 문화로 유입될 때, 그들이 이런 이슈들을 가지고 온다. 또한 어떤 것들은 유추적이다: 조상들을 추모하는 다양한 의식에 참여할 것인가 말 것인가, 타종교를 상기시키는 방식으로 예배를 드릴 것인가 말 것인가(예를 들어, 동쪽을 향해 기도하는 자리에 엎드려 부복하는 것) 등등이 있다. 하지만 이 주석을 읽는 대부분의 독자들에게 우상에게 바쳐진 고기와 다른 세계의 종교 속에서 유추를 찾는 것 등은 인생의 일백 가지 도덕적 딜레마에서 별다른 순위를 차지하지 못할 것이다! 하지만 여전히 관련

15. Aldrich, *Evangelism*, 63.

된 주요한 원리가 있음을 깨달을 때, 모든 부분에서 적용을 위한 관심을 가질 수 있다.

어떤 현대적 유추는 우상의 신전에서 고기를 먹는 것과 때로 관련이 있는 명백한 종교적 연관성이 있다. 예를 들어, 프리메이슨주의(Freemasonry, 우애적 이해) 단체는 그 핵심에 비기독교적 의식을 독특하게 갖고 있지만 그 단체와의 피상적인 연결을 순전히 세속적인 차원에서 유지할 수 있고, 그 단체는 많은 자애적이고 인간주의적인 활동에서 상당히 훌륭하다. 그러므로 크리스천들이 이런 단체와 연관되는 것에 서로 의견이 일치하지 않을 수 있다. 크리스천들이 더 커다란 원리에 동의하지 않는 한, 이런 불일치에 대한 여지는 항상 남아 있다.[16]

유사한 논쟁이 로마 가톨릭과 동방 정교의 성찬에 개신교인들의 참여를 둘러싸고 일어날 수 있다. 또는 그 반대 현상이 발생할 수 있다. 에큐메니즘의 시대에도 모든 교회가 전임자들이 성찬으로 의미했던 것을 의미하지 않을 수 있다. 각각의 크리스천들은 이 특별한 의식이 성취한다고 믿고 있는 것에 비추어 자신이 좋은 양심으로 참여할 수 있는지를 알기 위해서 각각의 정황을 판단해야 한다.

크리스천의 묵상, 세속적인 묵상, 그리고 (초월적인 묵상을 포함하여) 힌두교나 불교의 묵상을 다르게 만드는 경계선은 무엇인가? 적어도 어떤 범주에서는 하지만 모든 범주는 아닌 마녀나 이교의 관행으로 이끌 수 있는 던전과 드라곤(중고교 대상의 모의 게임의 일종-옮긴이)과 같은 게임에 우리가 어느 정도까지 참여할 수 있는가? 그 대답은 정황에 따라 다를 것이다.[17]

그러나 고린도전서 8장의 가장 흔한 현대적 적용은 명백하게 반기독교적 신앙이나 의식으로 이끌 수 있는 활동과는 보통 관련이 없다. 그것은 과도함이나 죄로 이끌 수 있는 활동과 관련이 있지 그 자체가 죄와 관련이 있는 것은 아니다. 이런 것들에는 음주, 과도한 옷차림을 하는 것, 어떤 종류의 음악을 듣는 것, 담배를 피우는 것, 항상 그렇지는 않지만 때로 도박과 연관된 게임을 하는 것, 정부, 교육, 공원 등등을 지원하기 위한 복권을 사는 것, 혼전에 다양한 종류의 신체적 접촉을 갖는 것 등등이 있다.[18]

---

16. 반대로는 예를 들어, Forrest D. Haggard, *The Clergy and the Craft*(N.p.: Missouri Lodge of Research, 1970)을 보라; John Ankerberg and John Weldon, *The Secret Teachings of the Masonic Lodge*(Chicago: Moody, 1989)도 마찬가지다.
17. 이런 저런 환타지 역할 게임의 위험성에 관한 지침에 대해서는 John Weldon and James Bjornstad, *Playing with Fire*(Chicago: Moody, 1984)을 보라.

다른 이들은 주일날에 행해지거나 행해질 수 없는 것과 관련한 안식일적 규제를 다룬다. 주일이 기독교적 안식일이나 쉼의 날이 아니라 그리스도의 부활을 예배하고 기념하는 날인데도 말이다(특히, 골 2:16-17은 안식일을 기독교인들이 더 이상 문자적으로 지키지 않는 의식법과 연관시키고 있음을 보라).[19] 그러나 서방 기독교의 더 커다란 부분은 이 문제에서 고린도인들의 "강한 자"와 유사하다. 그들은 그들의 자유를 자랑하고, 예배, 교제 그리고 기독교적 교육의 확대된 교육에 규칙적으로 참여할 필요를 진지하게'취하지 않는다.

타문화적 경험은 우리가 언젠가 생각하기에 성경적이었던 많은 전통들이 그렇지 않다는 것을 보여주는데, 우리는 유사한 상황에서 다른 이들의 문제를 조롱하지 않도록 조심해야 한다. 따라서 세상의 많은 부분에서 술에 대한 미국 복음주의의 불편함은 거의 이해하기가 어렵다. 이전의 소련연방에서 여인들이 화장이나 장식품을 달고 다니는 것은 대부분의 복음주의자들에게서 추문에 해당했고, 남자가 거룩한 입맞춤(그것도 입술에 말이다)으로 다른 남자와 인사하는 것이 흔하였다. 아프리카와 인도의 어떤 부분에서는 서방의 선교사들 때문에 설교자가 아주 더운 날일 때조차도 하얀 셔츠나 넥타이를 하지 않고서 교회에 나타나는 것은 죄스러운 것으로 생각하고 있다. 일부다처제가 여전히 관행이 되고 있는 문화에서 여럿의 아내를 두고 있으나 이제 크리스천이 된 남자를 어떻게 다루어야할지에 대해서 선교사들 사이에서 논쟁이 된다.

서방의 자유주의 세계에서 음주와 담배 그리고 맹세를 선택하는 "강한 자"는 약한 자를 이런 관행에 참여하기를 거부하는 "약한" 근본주의자들이라고 자주 조롱한다. 율법주의가 보통 보수적인 기독교의 극단과 자주 연관이 있을지라도, 동등하게 엄격한 좌성향의 율법주의가 있다. 이 율법주의는 "정치적으로 올바른" 사람들 또는 논쟁이 되는 영역에서 불일치의 여지를 남기지 않는 사회적 행위나 생태적 관심에 대한 접근을 주장하는 사람들 속에서 아주 분명하게 나타난다.

어떤 크리스천들은 다른 사람들이 언제 상처를 받을 수 있을지를 알지 못한다는 근거 위에서 도덕적으로 중립적인 행위를 금하는 일종의 율법주의를 주장한다.

---

18. J. Robin Maxson, *Decision-Making and the Will of God*(Portland: Multnomah, 1980), 382-83과 더불어 Garry Friesen은 20세기 미국의 상황에서 그가 개인적으로 경험했던 그러한 활동들의 길고 서글픈 유머러스한 목록을 준다.
19. 참조. Craig L. Blomberg, "The Sabbath as Fulfilled in Christ," in *The Sabbath in Jewish and Christian Traditions*, ed. Tamara Eskenazi, Daniel Harrington, and William Shea(Denver: Denver University Center for Judaic Studies, 1991), 196-206.

고린도전서 10:25-30은 이런 관심을 더욱 직접적으로 언급하지만, 여기서는 그러한 율법주의는 자주 손상적인 결과를 갖는다는 것을 지적할 수 있을 것이다. 예를 들어, 제리 파인스는 자녀들이 알코올 중독 성향이 있는 소수의 사람들 속에 포함될 수 있는 데도 온건한 음주를 용인할 수 있는 것으로 가르칠 수 있다는 근거 위에서 자기 가정에서조차도 완전한 금주를 장려한다.[20] 그러나 바인스는 그러한 엄격한 양육에 대하여 행위나 믿음에서 율법적인 가정과 교회에 반항하는 자녀들의 아주 흔한 패턴을 고려하지 못하고 있다. 일반적으로 책임 있는 행동과 도덕적으로 중립적인 문제에서의 온건함을 자녀와 성인들에게 교육하는 것이 성숙한 크리스천을 생산하는데 있어서 절대적인 금지나 방종적인 허락보다 훨씬 더 성공적임이 입증되고 있다.[21]

사랑이 없는 지식(1절)이 학술적이고 목회적인 영역에서 특히 범람하고 있는데, 성경적이고 신학적인 전문가들은 교육받지 못한 평신도들을 쉽게 깔보는 경향이 있다. 학자들과 목회자들을 기용하는 기준이 그러한 남용을 부추긴다. 밀라드 에릭슨은 대단히 반문화적이지만 2-3절에 대해서 상당히 충실한 말을 하였다. "교수를 선발하는 투표에서, 탁월하지만 영적으로 빈약한 학자들과 학문적으로 최소한의 요건만을 충족하고 있지만 그리스도에 대해서 따뜻하고 성숙한 헌신을 갖고 있는 학자들 사이에서 선택해야 한다면, 나는 기꺼이 후자를 선택할 것이다."[22] 교회는 목회자를 찾는데 동일한 기준을 적용하기를 고려해야 할 것이다.

4-6절은 다원주의를 관용하는 것이 절대적인 요건인 것처럼 간주하는 세대에 동등하게 반문화적이다. 성경은 폭넓은 의미에서 예수 그리스도의 아버지 하나님 외에 어느 것에 궁극적인 충성을 하는 것을 가리키는 우상숭배를 비판한다. 레슬리 뉴비긴은 크리스천과 타종교나 타 이념의 고수자들 사이에서 건설적인 대화에 대한 유익한 모델을 제공한다. 하지만 그는 기독교가 다른 종교에서는 얻을 수 없는 유일하게 구원을 주는 진리를 담고 있다는 확증을 결코 포기할 수 없음을 우리들에게 분명히 말해준다.[23]

우상이 살아 있는 영적 존재가 아니기 때문에, 현대의 영적 전쟁 운동의 특별한

---

20. Vines, *God Speaks Today*, 133.
21. 더 자세한 것은 Donald E. Sloat, *The Dangers of Growing Up in a Christian Home*(Nashville: Thomas Nelson, 1986)을 참조하라.
22. Millard J. Erickson, *The Evangelical Mind and Heart*(Grand Rapids: Baker, 1993), 48.
23. Lesslie Newbigin, *The Gospel in a Pluralist Society*(Grand Rapids: Eerdmans, 1989).

세력들이 자주 그리하는 것처럼, 단순히 인간의 손재주를 사단의 행위인 것으로 너무 돌리지 않도록 조심해야 한다.[24] 그러나 고린도전서 10:20-21이 현대의 세속주의를 특징짓는 보다 우월한 위험성—마귀의 존재를 부인하고 이교 종교에서 마귀의 영향을 전적으로 부정하는 것—을 역시 경고한다.

7-13절도 득세하고 있는 경향에 대해서 공격한다. 이 사회는 권리를 양보하기보다 주장하게 하는 수많은 표지들로 우리를 공격한다. 하지만 "자신의 권리를 주장하고, 심지어 크리스천으로서 자신의 권리를 주장하는 것은 참된 하나님 이외에 다른 어떤 것을 예배한다는 표시다."[25] 고린도전서 10:25-30은 "강한 자"가 자신의 자유를 행사할 여지가 있음을 분명히 하지만, 여기서 확실히 "강한 자" 중에 한 사람인 바울은 알드리쉬가 "자신은 참여하지 않는 성숙한 형제"라 부르는 행위를 모범으로 보이고 있다.[26] 술의 현대적인 남용에 대항하여 사회적인 선언으로서 금주를 지지하는 입장에 서는 것이 이와 유사하다고 볼 수 있다.[27]

하지만 바울은 이 관점을 절대화하지 않고 그것을 모든 크리스천들에게 부과하지 않으므로 우리도 마땅히 그리해야 한다. 하지만 애석하게도 오늘날 교회는 허용 대 율법주의의 문제에 대해서 점차적으로 극단적이 되어 가는 것으로 보인다. 분명히 부도덕한 행위가 한편에서 관용되고, 분명히 옳고 그름을 논할 수 없는 행위가 다른 한편에서 금지된다. 우리는 사람들을 교육하고 각 사례마다 책임 있는 선택에 대한 모델을 제공할 필요가 있다. 우리의 가르침과 모범은 선이 비방을 받지 않도록 기독교의 사랑의 윤리에 기초해야 하고, 우리 자신보다 다른 이들의 복리를 먼저 두어야 한다(롬 14:16).

---

24. 교리적이 아니고 가상적으로 기획 의도했던 프랭크 페레티의 작품들에 의해 아이러니하게 영감을 받은 흐름이다. 이 주제에 관한 균형 잡힌 관점에 대해서는 Clinton E. Arnold, *Powers of Darkness* (Downers Grove: InterVarsity Press, 1992)을 보라.
25. N. T. Wright, "One God, One Lord, One People: Incarnational christology for a Church in a Pagan Environment," *Ex Auditu* 7(1991): 45-56.
26. Aldrich, *Evangelism*, 43.
27. 예를 들어, Norman L. Geisler, "A Christian Perspective on Wine-Drinking," *BSac* 139(1982): 46-56.

고린도전서 9:1-18

1 내가 자유인이 아니냐 사도가 아니냐 예수
우리 주를 보지 못하였느냐 주 안에서 행한
나의 일이 너희가 아니냐
2 다른 사람들에게는 내가 사도가 아닐지라도
너희에게는 사도이니 나의 사도 됨을 주 안
에서 인친 것이 너희라
3 나를 비판하는 자들에게 변명할 것이 이것
이니
4 우리가 먹고 마실 권리가 없겠느냐
5 우리가 다른 사도들과 주의 형제들과 게바와
같이 믿음의 자매 된 아내를 데리고 다닐 권
리가 없겠느냐
6 어찌 나와 바나바만 일하지 아니할 권리가
없겠느냐
7 누가 자기 비용으로 군 복무를 하겠느냐 누
가 포도를 심고 그 열매를 먹지 않겠느냐 누
가 양 떼를 기르고 그 양 떼의 젖을 먹지 않
겠느냐
8 내가 사람의 예대로 이것을 말하느냐 율법도
이것을 말하지 아니하느냐
9 모세의 율법에 곡식을 밟아 떠는 소에게 망
을 씌우지 말라 기록하였으니 하나님께서 어
찌 소들을 위하여 염려하심이냐
10 오로지 우리를 위하여 말씀하심이 아니냐 과
연 우리를 위하여 기록된 것이니 밭 가는 자
는 소망을 가지고 갈며 곡식 떠는 자는 함께
얻을 소망을 가지고 떠는 것이라
11 우리가 너희에게 신령한 것을 뿌렸은즉 너희
의 육적인 것을 거두기로 과하다 하겠느냐
12 다른 이들도 너희에게 이런 권리를 가졌거든
하물며 우리일까보냐 그러나 우리가 이 권
리를 쓰지 아니하고 범사에 참는 것은 그리
스도의 복음에 아무 장애가 없게 하려 함이
로다
13 성전의 일을 하는 이들은 성전에서 나는 것
을 먹으며 제단에서 섬기는 이들은 제단과
함께 나누는 것을 너희가 알지 못하느냐
14 이와 같이 주께서도 복음 전하는 자들이 복
음으로 말미암아 살리라 명하셨느니라
15 그러나 내가 이것을 하나도 쓰지 아니하였고
또 이 말을 쓰는 것은 내게 이같이 하여 달라
는 것이 아니라 내가 차라리 죽을지언정 누
구든지 내 자랑하는 것을 헛된 데로 돌리지
못하게 하리라
16 내가 복음을 전할지라도 자랑할 것이 없음은
내가 부득불 할 일임이라 만일 복음을 전하
지 아니하면 내게 화가 있을 것이로다
17 내가 내 자의로 이것을 행하면 상을 얻으려
니와 내가 자의로 아니한다 할지라도 나는
사명을 받았노라
18 그런즉 내 상이 무엇이냐 내가 복음을 전할
때에 값없이 전하고 복음으로 말미암아 내게
있는 권리를 다 쓰지 아니하는 이것이로다

원 의미

바울은 크리스천의 자유가 자신의 권리를 자발적으로 양도함으로써 승화된다는 원리의 두 번째 사례로 이제 전환한다. 하지만 이 사례는 임의적으로 말한 것이 아니다. 그것은 고린도인들이 바울을 도전하고 있는 주요한 방식 중의 하나를 반영해준다. 고린도인들은 바울의 사도적 권위를 의심하고 있었는데(2-3절), 그가 그의 사역에 대해서 그들에게 책임을 지우고 있지 않기 때문이다(참조. 고후 11:7). 순회하는 그리스 로마 철학자들과 종교 교사들은 네 가지 방식 중에 하나로 자신의 먹을 것을 공급받았다: 비용을 청구함, 잘 사는 가정에 머무름, 구걸 또는 장사에 참여함. 이 중에 마지막 것은 가장 흔치 않지만, 철학자에게 자신이 원하는 대로 가르칠 수 있는 커다란 자유를 주는 것으로 일반적으로 인정했다.[1]

고린도 교회의 강력한 후원자들(패트론들)은 바울이 자신들의 돈을 받고 그들을 존중하며 그 보답으로 정치적인 지지를 보내주기를 확실히 바랐을 것이다. 하지만 바울이 이를 거부하고 자비량 선교에 의존하였을 때(참조. 행 18:1-4), 그들은 그들의 후원과 조화를 이루려 하지 않는 바울의 의지를 그가 다른 순회 설교자들이나 사도들과 동등한 권위를 갖지 않았음을 보여주는 것이라고 비난했다.[2]

따라서 1-2a절은 자신의 봉사에 대한 청구를 할 수 있는 바울의 권리를 좀더 상세히 설명하는 것으로 나아간다. 하지만 12b-18절은 바울의 "예, 하지만"의 논리에 맞게 그리고 그의 실제적인 행위를 변호함으로써 바울이 왜 사실상 이 권리를 포기하였는지를 설명한다. 19-27절은 8:1-13과 9:1-18에서 이 문제에 대한 바울의 행위의 이면에 있는 폭넓은 원리를 정리한다. 하지만 이 구절들도 교차대구법을 완성시킴으로써(ABBA 패턴) 9장의 시작과 긴밀하게 연결되어 있다. 1a절에서 바울은 두 가지 문제를 제기한다: "내가 자유인이 아니냐"(A), "사도가 아니냐"(B). 그러고 나서 1b-8절은 두 번째 질문에 대한 대답을 주고—물론 그는 사도다(B)—19-27절에서는 첫 번째 질문(A)에 반응해서 그의 자유에 대한 본질을 설명한다.

1절의 네 질문들은 모두 상호적으로 연관되어 있다. 만약 어느 대답이 부정적이라면, 모든 바울의 주장은 곤란에 처한다. 하지만 사실상 바울은 자유인이고, 사도이며, 예수를 보았고, 그는 영적으로 고린도인들을 양육하였다. 마지막 두 질문은

---

1. Ronald F. Hock, *The Social Context of Paul's Ministry* (Philadelphia: Fortress, 1980)을 보라. 특히 고린도전서 9:1-19에 관해서는 pp. 59-62을 보라.
2. 바울에 대한 참소의 상세한 재구성에 대해서는 Marshall, *Enmity*, 282-340을 보라.

그의 사도적 권리를 지원한다. 그는 부활하신 주님을 보았고(참조. 15:7-8; 행 1:22b의 기준을 충족시킴), 유대인과 이방인들에게 복음을 전파하는 구체적인 위임을 받았다(행 9:15-16). 따라서 2절이 논리적으로 뒤따른다. 누구라도 바울의 사도권을 의문하는 고린도인들은 그들 자신의 영적 존재를 의문하는 것이다!

3-12a절은 더 진전된 수사학적 질문을 통해서 바울의 공식적인 변호를 지원한다. 수사학적 질문에 대한 각각의 대답은 명확하다. 첫째로 바울은 4-6절에서 세 질문을 통해서 사역에 대한 물질적인 공급을 받을 수 있는 그의 권리를 재주장한다. 4절의 "음식"은 "음료"와 조합되어 있기 때문에 더 이상 우상에게 바쳐진 고기를 가리키지 않고, 물질적인 자양분과 영양과 관련이 있다–초대 크리스천들이 순회 설교자들에게 제공했던 주요한 방식들 중에 하나(참조. 눅 10:7a). 5절은 이 순회 설교자들의 대부분이 결혼하였고, 여행 시에 자기 아내를 데리고 다녔다는 것을 함축한다. 지역의 크리스천들이 순회설교자들의 아내도 역시 돌보아야 했다는 것은 자연스럽고 적합하였다. 주님의 형제들에 대해서는(아마도 요셉과 마리아의 육신의 자녀들), 마가복음 6:3을 보라. 마가복음 1:30은 베드로(게바)가 결혼하였다는 것을 확증해준다. 그는 고린도인들의 파당 가운데 하나와 연관되어 있었기 때문에 "다른 사도들"과 달리 구별되게 언급되었다(1:12을 상기하라). 바울이 그의 사도성을 의문하였기 때문이 아니다. 바울이 5절의 질문을 의역한 방식("우리가 믿는 아내를 가질 권리가 없느냐")은 바울이 순회사역을 처음 시작하였을 때 결혼한 상태에 있었으나 곧 그의 아내가 죽은 것은 아닌지 의문하게 만든다(7:8 하에서의 논의를 상기해보라).[3] 그때에 6절은 바울의 핵심적인 불만에 이른다. 보다 직역하면, 그것은 "바나바와 나만이 일하지 않을 권리가 없겠는가?"라고 독법할 수 있다.

7-12a절에서 바울은 사실상 자신의 봉사에 대해서 청구할 권리를 가진 일련의 이유를 설명하기를 시작한다. 이는 13-14절까지 진행된다. 이 모든 것들은 다섯 가지 논증과 일치한다. "공통된 관행, 성경의 교훈, 본질적인 정의, 유대적 관습과 그리스도의 명령."[4] 7절은 전쟁, 농사, 그리고 목자의 영역에서 인간의 경험에 따른 공통된 관습에서 세 유추를 제시한다. 바울의 시대에는 이 세 가지 사례에 대한 논리를 거의 논쟁하지 않았을 것이다.

3. 고로 Snyder, *First Corinthians*, 132.
4. Prior, *1 Corinthians*, 153.

8-11절은 9절이 명확하게 인용하고 있는 신명기 25:4로부터 논증한다. "단순히"(Merely, "어찌"—개역개정)는 8절의 정확한 보간법이고, 9b절에서도 역시 쉽게 추가할 수 있었다("하나님께서 어찌('단순히') 소들을 위하여 염려하심이냐"). 그때에 10a절은 "확실히 하나님은 이것을 우리를 위해서[도] 말씀하신다"라고 독법해야 한다. 바울은 모세의 율법에서의 이 인용을 황소와 관련이 없다고 주장하는 것이 아니라 단지 그것을 동물들에게로만 한정할 수 없음을 제기하고 있다. 10-11절은 씨와 씨심기의 비유에서 예수에 의해 선호되었던 이미지를 사용하여 복음을 전하는 자는 곡식을 심는 자와 같고 제자를 만드는 것은 추수하는 것과 같음을 명확히 하고 있다. 따라서 황소에게 밭을 갈 때 망을 씌어서는 안 된다면, 전파자들도 자신이 사역하는 사람들로부터 지원을 받지 못하여 먹지 못하는 일이 없어야 한다(참조. 갈 6:6; 롬 15:27).

12a절은 세 번째 종류의 논증으로 바울의 변호의 공식적인 부분을 아우른다. 고린도인들은 다른 지도자들과 순회 기독교 사역자들과 관련하여 바울이 지금까지 말했던 모든 것의 논리를 이미 인정했다. 따라서 그들이 무엇보다도 그들의 영적인 재탄생에 책임이 있는 사람에 대해서 동일한 권리를 거부하는 것은 아이러니와 부당함의 극치다.

12b절은 바울이 "예, 하지만"의 "하지만"의 부분으로 이동할 준비가 되어 있는 것처럼 시작한다. 그러나 13-14절은 보수를 받을 바울의 권리를 변호하는 마지막 두 논증을 제공함으로써 이전의 논증을 존속시킨다: 유대 성전에서 제사장과 레위인들(참조. 민 18:8-31)과 예수의 생애 동안에 그의 강력한 말씀들(눅 10:7b절). 하지만 이 두 사례들도 순전히 물질적인 보상만이 아니라 사역에 대한 영적인 보상을 암시함으로써 15-18절에 대한 단계를 설정한다.[5] 성전의 사례는 그리스 로마의 제의도 역시 제사장들에게 그들이 바친 고기의 일부를 주었기 때문에 이전에 이교도였던 사람들에게 좋은 의미를 만들어주었을 것이다. 이런 예증은 8장의 주제로 되돌아가고, 10:14-22의 논의를 위한 단계를 설정해준다.

13-14절의 "중지" 후에 바울은 12b절의 주제를 재진술하고("내가 이 권리를 하나도 쓰지 아니하였고"—15a절), 그가 그의 사역에 대한 봉급을 거부한 이유를 설

---

5. Harry P. Nasuti, "The Woes of the Prophets and the Rights of the Apostles: The Internal Dynamics of 1 Corinthians 9," *CBQ* 50(1968): 251-54. 다시 말해서 7-11절의 유추는 순전히 세속적이고 13-14절의 유추는 성스럽다.

명하기를 계속한다. 12b절이 이미 본질적인 이유를 주었었다: 그는 가능한 모든 불순한 동기의 보수나 재원의 남용을 삼가기를 원한다(참조. 고후 2:17). 15b절은 그의 "변호"가 그의 정책을 이제 바꾸기를 희망하는 미묘한 암시가 아니라는 것을 분명히 한다. 15c절은 헬라어에서 파격구문(문법적으로 완전하지 않은 문장)의 형태로 감정적인 격발을 형성한다. 직역하면 그것은 "나는 죽는 것이 더 나을 것이다—어느 누구도 나의 자랑을 헛된 데로 돌리지 못할 것이다!" "자랑"은 여기서 주님이 바울의 연약함에도 불구하고 행하신 일에 대한 적절한 자부심의 의미를 담고 있다(참조. 1:31; 고후 10:12-12:10).

그러나 바울은 전파의 사역에서 당연하게 자랑할 수는 없다(16절). 하나님이 전파하는 그의 삶에 대한 저항할 수 없는 소명을 주셨다(참조. 렘 20:9). 따라서 17a절("내가 내 자의로 이것을 행하면")은 단순히 가정법이고, 17b절("내가 자의로 아니한다 할지라도")는 사실상 바울의 경우에 사실인 것을 표명하고 있다(참조. 눅 17:7-10). 18a절은 17절에 속하여 더 긴박한 평행을 만들고 있는 것으로 보이고, 아마도 그것은 이렇게 번역하는 것이 유익할 것이다: "내가 이것을 자발적으로 행한다면 내가 보상을 가질 것이나, 내가 비자발적으로 하나님으로부터 위임을 받는다면, 그때에 나의 상은 무엇인가?"[6]

18절의 나머지 부분은 이 질문에 대답한다: 바울이 사례를 받는 것은 사례금의 수락이 항상 가져올 수 있었던, "그의 사역에 대한 단순히 인간적인 부과로부터 전적인 자유를 가져다주는 것으로 나타난다."[7] 이 구절에서 "쓰다"('카타크라마이')란 말은 표준적인 헬라어('크라오마이')보다 더 강력한 용어이고, "충분한 사용"이나 심지어 "남용"으로 번역하는 것이 더 낫다. 바울은 자신이 당시에 사역하고 있었던 교회들로부터 돈을 때로 받았지만(참조. 빌 4:10-19), 그는 그때조차도 돈을 요구하지 않았다.

상황잇기

바울이 사역을 위해서 돈을 받을 것을 격려하거나 그리하지 않은 이유들은, 우리가 귀담아 들으려 한다면, 현대의 물질주의적인 세계에 많은 말을 해준다. 애석하게도 이는 많은 크리스천들이 바울의 가르침을 순종하지 않으려하는, 즉

6. Ellingworth and Hatton, *First Corinthians*, 180.
7. Fee, *First Corinthians*, 421.

성적인 도덕성보다도 더 심각하게 순종하지 않는 영역이다. 중요한 원리는 주어진 사례에 대한 실제적인 선택이 그런 상황의 특별성에 의해서 인도된다 할지라도, 그것은 문화를 초월한다. 다시금 그의 "복음주의적인 원리"는 크리스천의 사역을 재정적인 보상과 연결시킴에 있어서 신자들이 죄로 이끌림을 당하지 않는데 관심을 두고 있음을 감지하는 것이 어렵지 않다.

전임 기독교 사역자들의 사역으로 인해서 개별적으로 그리고 집합적으로 혜택을 입고 있는 신자들은 1-12a절에서의 바울의 요청을 심사하고 유념할 필요가 있다. 그러한 사역자들은 그들의 근본적인 필요를 공급받는데 너무 얽매여서 전심으로 그들의 사역에 헌신하지 못할 수 있다. 그러나 회중들은 자신들의 개인적인 취양을 요구하는 방식으로 마치 봉급을 제공하는 것으로 생각해서는 안 된다. "교회는 사역자들에게 봉급을 지불하는 것이 아니라 그들이 자유롭게 봉사할 수 있도록 자원을 제공하는 것이다."[8]

한편으로 전임사역자라 불리는 사람들은 항상 12b—18절을 고려해야 한다. 사례를 받거나 요청하는 것이 복음의 확산을 저해할 때마다, "자비량"(텐트 메이킹)이 항상 선호된다. 다른 직업을 갖고서 사역하는 것은 상당한 이득이 있다—신자들의 어느 그룹에게도 재정적인 부담을 부과하지 않음으로써 인간들의 "휘둘림"에서 자유롭고, 재정을 남용하거나 재정적인 이득을 위해 사역한다는 비난을 받지 않을 수 있다.

9장이 사도의 권리를 주로 다루고 있을지라도, 14절은 우리가 바울의 원리를 전임 복음 사역자들의 어느 누구에게도 적용할 수 있도록 일반화시킨다. 심고 거두는 비유를 갖는 9-11절은 그러한 사역이 전임사역자가 아닐 경우에도 필요하다는 것을 암시한다. 농사의 유추에서 어느 것도 일꾼이 얼마나 오래 일하였는지를 제기하지 않고, 바울의 텐트 메이킹(장막을 만드는 일) 활동은 그에게 "임시직"(파트타임)의 라벨을 붙여도 될 정도이다. 따라서 교회의 필요를 충족시키기 위해서 일꾼들이 자원해서 "휴식시간"에 일하는 것이 적합한 것처럼, 특별한 일에 대해서 다양한 기독교 사역자들에게 사례를 하는 것은 적합하다.

현재에 사역하고 있는 교회가 아니라 다른 교회들로부터 도움을 받아들이는 바울의 모델은 자기 교회에서는 사례 없이 사역하면서도 다른 곳에서 선물이나 사랑의 헌물을 받는 기독교 순회 사역자들의 흔한 관습과 부분적인 유사성이 있다. 더

---

8. D. A. Carson, *When Jesus Confronts the World* (Grand Rapids : Baker, 1987), 125.

가까운 유사한 경우가 다른 곳에서 전임 사역을 하기 위해서 다른 지역의 하나 또는 그 이상의 교회에서 지원을 받는 선교사들의 관행에서 나타난다. 하지만 이런 모델 중에 어느 것도 절대화할 수 없는데, 첫 번째 그리스도인들은 서로 다른 장소에서 서로 다른 방법을 사용했기 때문이다.[9] 그러므로 어떤 방법도 어떤 기관이나 신자들의 그룹에 유일하게 적합한 관행으로 확정할 수는 없다.

어떤 사람들은 은사, 특화된 전문성, 특이한 직무 또는 그들에게 권위를 자의로 주는 다른 사람들의 존경으로 인해서 그들의 권위를 가질 수 있다. 이런 형태 중에 마지막 것이 가장 영적으로 적합하고 바울이 고린도인들로부터 받아야 했다고 주장하는 것이다(2절). 하지만 애석하게도 바울은 이런 종류의 존경을 주장하는 일을 축소시킬 수밖에 없었다. 여전히 모든 사역자들은 바울의 사례로부터 배울 수 있다. 그들의 직무, 교육, 또는 개성이 이미 그들에게 어떤 것을 부여하였든지 간에, 그들의 신실한 사역과 회중들에 대한 은혜로운 사랑이 그들을 강화시켜야 한다.

4-6절은 우리들에게 사역하는 사람들에 대한 공급이 순전히 돈이 되어야 할 필요는 없다는 것을 상기시킨다. 역사적으로 교인들은 그들의 목사와 가족들에게 자주 집을 제공했고, 음식을 공급했으며, 다른 물질적인 공급을 했다. 이런 구조는 장점과 약점이 있다. 그것은 은사를 제공하는 자가 그들의 도움이 어디에서 필요한지를 확실히 알 필요가 있고, 한편으로 목회자들이 보다 유동적인 자산을 처분하는 적절한 방식을 선택하지 못하게 할 수 있다. 5절은 결혼한 자들에 의한 순회 사역은 가능한 한 가정의 구성원들이 포함되어야 한다는 것을 건강하게 상기시킨다(7:35을 보라). "사역자 과부"(또는 사역자 홀아비)는 정의상 거의 모순에 해당한다. 이 구절에서 형용사 "믿는"은 7:39을 강화시킨다. 선택이 주어졌을 때, 크리스천들은 동료 크리스천들과 결혼해야 한다.

바울이 8-11절에서 채택하고 있는 해석은 많은 곤란을 야기하였다. 그는 어떻게 황소에 대한 명령을 실로 설교자들에게 적용할 수 있는가? 우리가 바울이 신명기 25:4의 원 본문의 '의미'가 사람에 대한 것이었다고 주장하고 있지 않다는 것을 이해한다면, 우리의 불편함은 상당히 해소된다. 바울 당대에 존재했던 랍비 전승은 이 단락, 그리고 다른 곳에서 유사한 구약의 심상을 인간에게 적용시켰다. 12절

9. 더 자세한 것은 Dean S. Gilliland, *Pauline Theology and Mission Practice*(Grand Rapids: Baker, 1983), 246-56을 참조하라. 배제되는 한 원리는 교회를 개척한 사람들에게 영구적으로 재정적으로 의존하는 교회 개척의 원리다.

에서처럼 그 논리는 "더 작은 것에서 더 큰 것으로" 이동하는 것이다. 하나님이 일에 대해서 짐승에게 보상하시는데 관심을 두셨다면, 하물며 그가 같은 형상으로 만드신 사역자들에게 관심이 더 있으시지 않겠는가?[10]

홍미롭게도 디모데전서 5:18에서 바울은 다시금 신명기 25:4을 누가복음 10:7과 연관시키는데, 그 문맥에서 교회의 일에도 관여할 뿐 아니라 설교와 가르침의 영역에도 참여하는 장로들에게 이중적인 영예(재정적인 보상을 포함하는)를 준다고 명백하게 설명하고 있다. 12a절은 넓은 범위의 적용을 갖는 공평한 취급과 일관성을 가리켜준다. 모든 지도자들, 실로 모든 사람들을 편애나 편파성이 없이 대하는 것(참조. 약 2:1-4)은 기독교인들의 모임에서 연합과 역동성을 보존하는데 핵심적인 요소다.

12b절은 영적인 일에 대한 사례를 거절할 때 알아야 하는 단서를 제공한다. 그 원리가 민감하게 적용되어야 할지라도 말이다. 어떤 사람이 그의 돈을 다루는 방식에 대해서 소수 신자들의 비판은 아주 필요한 사역에 자금을 쓰지 않음으로써 행해지는 잠재적인 손해보다 그리 중요하지 않다. 한편으로 크리스천들이 돈에 대해서 호소할 때 불신자들이 폭넓게 조롱함은 이를 심각하게 듣고 자발적으로 우리의 권리를 양도하는 바울의 원리를 적용할 수 있다.

13-18절에 스며있는 영적인 봉사에 대한 본질적으로 영적인 보상이란 주제는 무수한 자원자들과 오랜 세월에 걸쳐서 제대로 사례를 받지 못한 기독교 사역자들의 경험과 조화를 이룬다. 때로 기독교 사역은 복음이 정치적인 연루와 타협할 때, 상당한 양의 재정적인 보상과 명성을 얻었다(p. 68를 참조하라). 하지만 대체로 경력으로서 사역을 선택했던 신자들은 더 높은 봉급과 안락한 삶의 방식을 버렸다. 그들이 다른 직업이나 경력을 선택했더라면 그와 같은 것들을 누렸을 것이다. 바울이 느꼈던 의무감으로 소명을 받은 사람들은 그들이 직면한 모든 장애에도 불구하고 어떤 다른 일도 그들을 만족시킬 수 없었다고 고백할 것이다.

전임사역자가 되려는 사역자들에 대한 좋은 시험은 다른 어떤 것을 한다면 더 행복할 수 있을 것을 상상할 수 있느냐를 스스로 질문해 보는 것이다. 만약 그 대답이 '예' 라면 그는 기독교 전임사역자에 소명을 받지 않은 것이다. 바울의 의무감이 없다면 고난이 닥칠 때 쉽게 포기하기가 쉽다.[11] 평신도들조차도 그들의 영적인

10. 특히 D. Instone Brewer, "1 Corinthians 9:9-11: A Literal Interpretation of 'Do Not Muzzle the Ox,'" *NTS* 38(1992): 554-65을 보라.

은사를 확인하고 하나님께 대한 순종과 교제의 삶을 살려 한다면, 교회를 받들고 세상에서 교회의 일을 하는데 그 은사를 활용하는 자유로운 시간을 내기를 자연스럽게 원할 것이다. 실로 그들은 그러한 자유로운 시간을 만들기 위해서 아주 열심히 노력할 것이다.

모든 신자들이 그들 안에 소망을 품고 있을지라도, 바울의 개인적인 의무감(15-18절)을 물론 모든 이들에게 적용할 수는 없을 것이다(벧전 3:15). 그러나 우리 각자는 근면과 관대함과 정직함으로 우리의 영적인 은사를 사용하도록 부름을 받고 있다—요컨대 우리의 소명을 따라서(롬 12:3-8). 그리고 권위 있는 자리에 있는 사람들은 역시 베드로가 동료 장로들에게 한 말을 순종해야 할 것이다: "너희 중에 있는 하나님의 양 무리를 치되 부득이함으로 하지 말고 오직 하나님의 뜻을 좇아 자원함으로 하며 더러운 이를 위하여 하지 말고 오직 즐거운 뜻으로 하며 맡기운 자들에게 주장하는 자세를 하지 말고 오직 양 무리의 본이 되라"(벧전 5:2-3).[12]

현대적 의미

현대 세계는 감상주의에 대한 강력한 반항과 권위주의에 대한 지독한 순응을 오가고 있다. 놀랍지 않게 교회도 이런 세력의 성쇠를 모방하고 있다. 고린도전서 9장에서 바울의 말은 세 번째 방식을 제시한다. 현대사회의 민주적인 흐름과 근본적인 인류평등주의에도 불구하고, 크리스천 사역자들은 자신들의 보호에 맡겨진 사람들에게 진정한 영적인 권위를 보유하고 있다. 하지만 이 권위는 자기의 이득이 아니라 다른 이들의 이득을 위해서 사용해야 하고, 복음을 조롱하고 거부하는 세상에 그 복음을 촉진하기 위한 것으로 사용해야 한다. 많은 기독교 조직에서 심각한 "상하" 구조는 종됨의 사역이라는 바울의(또는 예수의) 모델로부터 지지를 받을 수 없다(이전에 pp. 109-110의 논증을 상기하라).

특히 "자비량 사역"은 선교 영역에서 건강한 회귀를 만들고 있다. 자비량 사역은 기독교 사역자들의 더 많은 영역에서 진지한 선택으로 취해질 필요가 있다. 복

11. 15-18절에서 바울의 말은 사역에서 봉급을 받는 사람들은 영적인 보상이 없다는 것을 의미하지 않는다. 13-14절이 어떤 환경에서는 물질적인 보상이 적절하다는 것을 방금 제기했기 때문이다. 그 사람의 동기와 다른 사람들의 반응이 핵심이다(참조. 마 6:1)
12. 이와 관련한 이슈에 대한 탁월한 자료는 James E. Means, *Effective Pastors for a New Century: Helping Leaders Strategize for Success*(Grand Rapids: Baker, 1993)이다.

음에 "닫힌" 나라는 없다. 정부가 선교사 비자를 금하는 국가들에 대해서 이 표현을 자주 사용할지라도 말이다. 비즈니스, 산업, 또는 외국어로서 영어를 가르치는 것 등으로 해외에서 그들의 기술을 사용할 준비가 되어 있는 크리스천들은 오히려 전문적인 복음 사역자들에게 아주 적대적인 지역에도 손쉽게 들어갈 수 있다. 말과 행위에 의한 그들의 증거는 전통적인 선교사들이 노력해도 할 수 없었던 장벽을 깨뜨릴 수 있다. 그리고 선교사 비자를 허락하는 나라에서조차도 무엇보다도 실제적인 기술이나 사업에 참여하는 사람들이 복음의 많은 전선에서 새로운 문을 열게 하는 보다 친근한 교제를 발견한다.

해외로 서방의 가족을 보내는 비용이 점점 늘어나고 개인적으로 잘 알지 못하는 선교사들을 후원하기를 거리끼는 많은 교회들이 늘어나고 있음을 볼 때, 앞으로 선교사가 될 분들과 이미 현존하는 선교단체들은 현재보다도 자비량 선교의 모델을 더 많이 고려하는 것이 보다 효과적이고 공감적으로 보인다.[13] 고린도전서만이 아니라 전반적으로 바울의 사역과 메시지는 공식적인 선교나 복음적인 위임에 대한 관심보다는 그리스도가 그들의 삶을 변화시킨 방식으로 매일의 삶을 걸으며 자발적으로 선포하고 나누는 사람들의 모델이 스며있다.[14] 물론 제삼세계의 상황에선, 많은 크리스천들이 "덤으로" 사업과 사역을 열심히 할 수밖에 없다.

서방세계에서 "고향"에서조차, 이중적인 직업을 갖는 사역이 점차적으로 필요하다. 많은 경우에 노동자 계층이나 가난한 이웃들이 모여 사는 어린 교회의 작은 회중들에게 그들의 사역자들을 전적으로 지원하도록 요청할 수는 없다. 설사 그들이 이런 요청을 받을 때조차도 자주 그렇게 할 수가 없다. 더 많은 사람들이 일찍 은퇴하고 은퇴 후에 건강한 삶을 누리려 함으로, 교회는 방문, 복음전도, 상담 등등과 같은 사역들에 명목상의 보수로 나이든 분들을 고용하여 그 일을 계속할 필요가 있다. 연금이 부족한 곳에는 교회가 그것을 보충할 수 있고, 조기에 은퇴한 노인들은 자의로 상당한 시간을 자원하여 봉사할 수 있는 수단을 가질 수 있다.

교외에 거주하는 부유한 사람들은 자발적인 실제적 사역에 쉽게 동기부여를 받지 못하나, 12절은 그것을 촉진시킨다. 세속적인 교육과 미디어에 많이 영향을 받

13. 시행에 대한 중요한 제안이 Don Hamilton, *Tentmakers Speak: Practical Advice from Over 400 Missionary Tentmakers*(Ventura: Regal, 1987)에서 나타난다. Roger S. Greenway, *Discipling the City*(Grand Rapids: Baker, 1992), 216-18이 제기한 전통적인 선교사역의 비용에 대한 놀라운 통계치와 청지기 정신의 문제를 참조하라.
14. 이에 관해서는 특히 Paul Bowers, "Church and Mission in Paul," *JSNT* 44(1991): 89-111을 보라.

은 비기독교 세계의 부유한 많은 이들이 아주 보수적인 기독교인들이 자기를 위한 목적으로 부자들에게서 돈을 뜯어내려고 속임수를 쓰고 있다고 생각한다. 기부를 위해서 청중들에게 끊임없이 열변을 토하는 라디오와 텔레비전 사역자들이 이런 유형을 떨쳐버리지 못한다. 많은 텔레비전 사역자들이 "우리는 당신의 돈을 원합니다"를 전하는 스크린 상의 전화번호를 전달하기 위해서 진정으로 전달해야 할 메시지를 산란하게 만들고 있다. 자주 그들이 받는 돈의 의심스러운 지출은 이런 문제를 가속화시킨다.

그러한 사역을 "계속" 하려면, 철저한 재정 공개와 책임이 필수적이다. 그렇게 할 때조차도 동일한 기부자들의 돈을 위해 경쟁하는 대단히 중복적인 많은 파라처치 사역들이 진정 필요한지를 사람들은 의문할 것이다. 한 지역의 텔레비전과 라디오가 한 지역의 청중들만을 위해서 같이 그 같은 노력을 할 수 없는가? 선교 단체가 소수의 건강한 단체로 통합될 수 없는가? 기독교 출판사들이 유익하지만 과도한 생산으로 인한 중복 출판을 막을 수 있도록 그들의 판매를 연합해서 결정할 수는 없는가?

그럼에도 불구하고 자비량은 상당한 약점이 있다. 자비량은 적지 않게 복음전도, 제자도, 설교, 강의 등등에 바쳐야 하는 시간을 상쇄시킬 수 있다. 사례를 받는 전문사역자들은 가까운 미래에 지구상에서 사라지지는 않을 것이다. 어떤 범주에서는 목사들이 하나님께 더 의존할 것이라는 희망 속에서 그들을 가난하게 두어야 한다는 교회들의 철학과 같은 옛 신화가 여전히 존재하고 있다. 가능한 한, 가난과 부의 양 극단은 사라져야 하지만(잠 30:8), 그것이 가능하지 않을 때 사역자들은 은혜롭게 만족함으로 자신의 몫을 져야 한다(빌 4:11-13). 어떤 교회들은 회중이나 공동체의 평균 임금을 목사들에게 지불하는, 부분적으로 유익한 정책을 채택했다. 목사의 사례가 다음 해에 더 낮아지지 않도록 재정적인 기초에 그러한 사람들을 설정하는 것은 나쁘지 않지만, 그럼에도 불구하고 이런 정책은 평균 임금을 벌지 못하는 사람들에 대한 복음전도를 약화시킬 수가 있다!

더 좋은 가이드라인은 기본적인 필요가 항상 충족될 수 있도록 충분히 사례하면서도 목회자가 그들이 취할 수 있는 돈 때문에 그 사역에 들어가도록 유혹을 받지 않게 하는 것이다. 많은 커다란 교회의 담임목사들과 저명한 크리스천 상담가, 그리고 유명 인사들은 이런 가이드라인과는 사실상 거리가 멀 것이다. 신학생들은 사역을 맡기 전에 그들에게 교회가 얼마나 많이 주어야하는지를 논하는 이야기를 자주 듣는다. 놀랍지 않게 작은 가난한 교회들이 목사를 찾는데 어려움을 겪고 있다. 어떤 교회의 목사 청빙위원회는 인터뷰하는 과정에서 너무 일찍 사례비나 부수입에 관한 문제를 묻는 후보자들을 청빙하지 않는다는 방침을 정했다. 이러한 조심성은 현명할 수 있다.[15]

15. pp. 205-208 사상의 많은 것에 대한 성경적 기초는 Jouette M. Bassler, *God and Mammon: Asking for Money in the New Testament*(Nashville: Abingdon, 1991), 특히 65-69을 보라. "하나님이 우리를 거짓된 부의 약속에서 어떻게 자유롭게 하시는가"에 대한 현대적인 통찰에 대해서는 David Neff, ed., *The Midas Trap*(Wheaton: Victor, 1990)을 보라.

고린도전서 9:19-27

19 내가 모든 사람에게서 자유로우나 스스로 모
든 사람에게 종이 된 것은 더 많은 사람을 얻
고자 함이라
20 유대인들에게 내가 유대인과 같이 된 것은
유대인들을 얻고자 함이요 율법 아래에 있는
자들에게는 내가 율법 아래에 있지 아니하나
율법 아래에 있는 자 같이 된 것은 율법 아래
에 있는 자들을 얻고자 함이요
21 율법 없는 자에게는 내가 하나님께는 율법
없는 자가 아니요 도리어 그리스도의 율법
아래에 있는 자이나 율법 없는 자와 같이 된
것은 율법 없는 자들을 얻고자 함이라
22 약한 자들에게 내가 약한 자와 같이 된 것은
약한 자들을 얻고자 함이요 내가 여러 사람
에게 여러 모습이 된 것은 아무쪼록 몇 사람
이라도 구원하고자 함이니
23 내가 복음을 위하여 모든 것을 행함은 복음
에 참여하고자 함이라
24 운동장에서 달음질하는 자들이 다 달릴지라
도 오직 상을 받는 사람은 한 사람인 줄을 너
희가 알지 못하느냐 너희도 상을 받도록 이
와 같이 달음질하라
25 이기기를 다투는 자마다 모든 일에 절제하나
니 그들은 썩을 승리자의 관을 얻고자 하되
우리는 썩지 아니할 것을 얻고자 하노라
26 그러므로 나는 달음질하기를 향방 없는 것
같이 아니하고 싸우기를 허공을 치는 것 같
이 아니하며
27 내가 내 몸을 쳐 복종하게 함은 내가 남에게
전파한 후에 자신이 도리어 버림을 당할까
두려워함이로다

원 의미

19-27절에서 바울은 우상에게 바쳐진 고기와 사역을 위한 돈에 대한 그의 태도를 강조하는 복음적인 원리를 명확하게 한다. 어쨌든 그는 불신자를 그리스도께 데리고 오는데 방해가 되는 불필요한 장벽들의 근거를 없애기를 원한다. 19-23절은 "여러 사람에게 여러 모양이 된 것"이라는 측면에서 이 원리를 상술한다. 24-27절은 다양한 문화적 도덕적 상황에 자신을 적용시키는 것과 관련한 영적인 훈련을 묘사한다.

19-23절의 주요한 사상은 본질적으로 여섯 번 진술된다: "가능한 한 많은 사람들"(19절)을 얻거나 구원하는 것, "유대인들"(20a절), "율법 아래 있는 사람들"(20b절), "율법을 갖지 않은 사람들"(21절), "약한 자들"(22a절), "일부 사람들"(22b절).

인간의 "긴장"이나 굴레에서 자유롭게 됨은 바울로 하여금 가장 넓은 범주의 사람들에게 최대의 봉사를 하게 한다(19절).

20-22a절의 네 구체적인 사례들은 상당히 유사하다. "율법 아래 있는 사람들"은 아마도 하나님을 경외하는 이방인들과 인종적인 유대인들만이 아니라 유대교로 개종한 자들을 포함한다. "율법을 갖지 않은 사람들"은 분명히 유대적 영향에서 자유로운 이방인들을 가리킨다. "약한 자들"이 누구인지는 덜 분명하다. 8장에서 약한 자들은 크리스천들을 가리켰지만, 여기서 바울은 구원을 필요로 하는 사람들을 이야기하고 있는 것으로 보인다. 그는 1:27에서와 로마서 5:6에서처럼 사회의 무기력한 자들을 가리키는 것으로 이 용어를 사용하고 있는가? 하지만 이 의미는 이 문맥에서는 맞지 않는 것으로 보인다. 바울이 우상에게 바쳐진 고기를 먹는 것에 관한 논의를 결론짓는 10:32("유대인에게나 헬라인에게나 하나님의 교회에나 거치는 자가 되지 말고")의 명확한 순서로 보건대, 그는 아마도 여기서도 같은 순서로 동일한 세 그룹을 언급하고 있을 것이다. 율법 아래 있는 사람들과 율법을 갖지 않은 사람들을 언급한 후에 "약한 자"는 약한 양심을 가진 크리스천들, 즉 온화한 율법적 양심을 가진 사람들을 가리킬 것이다. 그러므로 바울은 크리스천의 믿음의 보다 성숙한 형태를 얻는다는 폭넓은 의미에서 "얻다"를 사용하고 있음이 틀림없다.[1]

바울은 그리스도의 죽음으로 율법의 시대가 끝나게 되었음을 이해한다(갈 3:19-4:7). 성경은 예수를 따르는 자들과 여전히 상관관계가 있지만(딤후 3:16), 그리스도가 행하신 것에 비추어 성경을 해석해야 한다(롬 10:4). 그럼에도 불구하고 유대인과 율법 아래에 있는 사람들에게 바울은 그의 행위가 구원의 증거나 어떤 면에서 영적인 성숙의 증거가 아님을 분명히 하면서 모세 율법의 모든 것에 여전히 종속되어 있는 것처럼 때로 행동한다(참조. 행 16:1-3; 21:20-26). 따라서 그는 사실상 비 그리스도인인 유대인들이 믿는 것과 같은 "율법 아래"에 있지 않다. 이방인들에게 그는 그의 유대적 양심을 부과하거나 유대적 의식을 따르게 하지 않지만 그는 반율법주의가 되지 않도록 삼가고, 하나님의 무수한 도덕적 원리를 위반하지 않도록 조심한다.

크리스천에게서 하나님의 뜻은 그리스도의 법으로 요약할 수 있다(21절; 참조.

1. 특히 Kenneth V. Neller, "1 Corinthians 9:19-23: A Model for Those Who Seek to Win Souls," *ResQ* 29(1987): 129-42을 보라.

갈 6:2). 그리스도의 법은 아마도 예수의 명백한 가르침과 그리스도의 행위에 비추어 적용할 수 있는 구약성경의 율법을 포함한다.[2] 22b-23절은 마지막으로 융통성에 관한 바울의 원리를 반복하면서 그리고 그의 행위의 부가적인 합리성을 지적하면서 이 단락을 요약한다. 15-18절에서처럼 바울이 그의 사명을 이루고 그 결과를 보는데 따른 본질적인 복—죄인들이 구원을 받는 것—이 있다.

24-27절은 9:19-23보다도 10:1-13에 속한 것으로 취급할 수 있다. 하지만 복음의 복을 나눈다는 주제가 계속되고 있고, 엄격한 훈련의 비유는 바울이 15-18절에서 상술한 단일한 마음을 가진 사람의 열정에 적합하다. 따라서 바울은 경주나 복싱경기로 일반적으로 크리스천의 삶(예를 들어, 딤후 4:7에서 그리하는 것처럼)을 생각하고 있는 것이 아니라, 여러 사람들에게 여러 모양이 되었고 자발적으로 자신의 권리를 양호하였다는 이 특별한 임무를 언급하고 있다. 고린도인들은 규칙적인 운동에 따른 연습과 경쟁에 관한 비유를 잘 알고 있었을 것이다. 그 도시에서 매 2년마다 이스미안 경기가 개최되었기 때문이다.[3]

24-26a절에서 바울은 경주하는 모든 사람들이 일등상—"영원히 지속되지 않는"("썩어질"—개역개정) 면류관(사실상 솔나무)—을 받지 못한다는 것을 상기시킨다. 그러면서 그는 교회의 어느 구성원도 영적이고 부패하지 않는 면류관을 받지 못하게 되지 않기를 바란다. 이것은 비유이기 때문에 우리는 이 언급을 너무 멀리까지 유추해서는 안 된다. 바울은 심판날에 오직 한 신실한 크리스천이 있을 것임을 상상하고 있지 않다. 그러나 그는 사명을 이루는 경주를 시작하는 사람들이 그 경주를 완성하지 못하고 자격을 상실할 수 있음을 인식하고 있다(27절). 따라서 그는 그의 투쟁을 복싱경기에서 상대방을 쓰러뜨리려면 주먹을 허공에 너무 많이 내던져서는 안 된다고 비유한다(26b절).

그때에 27절은 이 두 유추의 영적인 의미를 상술한다. 27a절은 바울이 결과적으로 금욕주의를 촉진하고 있음을 함축하지 않는다. 오히려 그는 영적인 훈련과 자기 경계를 언급하고 있다. 그의 사역이 무익하지 않도록 하기 위해서다. 27b절은 그의 구원을 상실하거나(롬 8:31-38에 견준 독특한 사상), "그 상"이 영원한 생명

---

2. 율법에 관한 바울의 신학은 대단히 논쟁적인 주제다. 아마도 최근의 논의를 대부분 개요하고 있는 가장 주해적으로 타당한 연구는 Thomas R. Schreiner, *The Law and Its Fulfillment: A Pauline Theology of Law* (Grand Rapids: Baker, 1993)이다.

3. 이 단락의 상세한 설명을 대해서는 Victor C. Pfitzner, *Paul and the Agon Motif* (Leiden: Brill, 1967), 82-98을 보라.

을 넘어서는 일종의 보상을 가리키는(문맥적인 지지를 거의 받지 못하는 개념) 바울의 염려로 간주할 수 있다. 더욱 그럴법한 것은 "상실할까"("버림이 될까" —개역개정, '아도키모스')를 고린도전서에서 심판날의 맥락에서 시험에 대한 다른 언급에 비추어 해석해야 한다는 것이다(고전 3:12-15). 거기서 바울은 하나님이 신자들의 행위를 "시험하시고"('도키마세이', 13절), 상응하는 칭찬이나 책망(pp. 88, 95의 논의를 보라)을 주신다고 말한다. 하지만 하늘에서의 구원이나 영원한 신분에는 전혀 위험이 없다.[4]

상황잇기

19-27절을 적용하는 열쇠는 바울의 복음적인 원리에 분명하게 초점을 맞추는 것이다. 19-23절은 불신자들을 전도하고 교제를 갖는 전략을 위한 중요한 원리를 제공하고 있다. 물론 그것이 과장될 수 있을지라도 말이다. 바울은 순전히 상황윤리를 촉진하고 있지 않다. 이 구절들은 도덕적으로 중립적인 문제에 관한 더 커다란 논의의 일부를 형성하고 있다(8:1-11:1). 따라서 우리는 "모든 사람들에게 여러 모양"이란 그의 전략을 근본적인 도덕성이나 부도덕성에 관한 문제에 적용할 수는 없다. 바울은 "도둑에게 도둑같이"나 "간음자에게 간음자처럼 되었다"라고 말하고 있지 않다. 오히려 그 반대로 항상 올바른 덕성들, 예를 들어, 성령의 열매(사랑, 기쁨, 평강, 인내, 온유, 양선, 신실, 자기 제어, 자비, 갈 5:22-23)의 열매를 실천하는 일을 멈추지 않았다.

그러나 우상에게 바쳐진 음식을 먹는 것과 모든 영역에서 문화적으로 모호한 많은 것들과 같은 도덕적으로 명확하지 않은 삶의 영역에서 바울은 사람들에게 복음을 전하는 일에 방해가 되지 않도록 주변의 비기독교인들의 사회적 관습에 민감하게 재고하였다. 그는 문화의 모든 양상들이 본질적으로 악하다고 가정하지 않고 복음의 상황화라고 일컫는 것을 실천하고 있다—복음의 내용을 보존하기 위해서 그 메시지의 '형태'를 변화시키는 것. 그때에 기독교가 더 잘 이해되고 수용되는 적합한 변화를 대변한다.[5] 유감스럽게도 많은 시대의 기독교인들이 동료 교회 구

---

4. 참조. Prior, *1 Corinthians*, 164; Morris, *1 Corinthians*, 138; Judith M. Gundry Volf, *Paul and Perseverance: Staying in and Falling Away*(Louisville: Westminster/John Knox, 1991), 233-47.

5. 이 과정의 가장 균형 잡히고 유익한 연구들 중에 하나는 David J. Hesselgrave and Edward Rommen, *Contextualization: Meanings, Methods, and Models*(Grand Rapids: Baker, 1989)이다. 또한 John R. W. Stott and Robert Coote, eds., *Down to Earth: Studies in Christianity and Culture*(London: Hodder & Stoughton, 1981)을 참조하라.

성원들의 율법주의에 더욱더 민감하여, 당대의 사회적 관습들을 재빨리 비난하고 그리스도에게로 사람들을 데리고 와야 하는 자신을 스스로 소외시킨다.

갈라디아서 2:11-21과의 비교는 교훈적이다. 어떤 이들은 안디옥에서 베드로에 대한 바울의 접근이 고린도전서 9:19-23과 조화를 이루지 못한다고 주장한다. 유대인들에게 유대인처럼 되었다고 인정하는 바울이 어째서 유대인들이 있는 곳에서 이방인 동료와의 식탁 교제에서 베드로가 물러선 일에 대해서 그토록 책망할 수 있는가? 그러나 약간의 증거들이 그 대답을 신속하게 해준다. 안디옥에서 유대주의자들은 의식적인 율법이 구원을 위해서 필요하다는 것을 주장하고 있었다(행 15:1). 이 시점에서 그들의 양심을 포기하는 것은 이방인 신자들에게 잘못된 신호를 줄 수 있었을 것이고, 따라서 복음의 순전한 기초를 위험스럽게 할 수 있었다—행위가 아니라 은혜에 의한 구원. 하지만 고린도에서 바울이 적용하고 있는 원리는 행위적인 의를 촉진하고 있는 신자나 개인이 아니다. 사실상 바울의 "복음적인 원리"—가능한 한 많은 사람들을 구원하려는 그의 바람—는 안디옥과 고린도에서의 정반대적인 행위를 설명해주는 통일된 동기다. 여기서 그는 그리스도 안에서 믿음으로 나아오는 더 많은 사람들이 있기를 바라는 마음에서 정확히 도덕적으로 중립적인 문제들에서 고린도의 이교도들을 수용하고 있다.[6]

세상의 종교와 문화들은 때로 반기독교적인 영성과 연루되어 있지만 많은 면에서 그렇지 않은 관행들을 포함한다. 이런 것들 가운데는 바쳐진 음식, 날들, 축제, 옷과 결혼식, 오락의 형태, 사회적 기능 등등의 것들이 있다. 이런 것들 중 하나에 참여할 때에 복음이 본질적으로 상쇄된다면 크리스천들은 삼가야 한다. 금욕하는 것이 신자들을 비그리스도인 친구와의 거리를 부적절하게 멀게 만든다면 그것을 하지 말아야 한다. 기독교의 본질에 대한 비기독교인들의 오해를 극복하는 것은 복음전도적인 과정에서 중요한 일부를 형성하고 자유와 기쁨에 대한 그리스도인의 주장을 더욱더 효과적이게 만든다.

이전에 지적했던 것처럼, 24-27절은 기독교의 모든 양상에 즉시 적용할 수 있는 것은 아니다. 그것은 복음을 더 많은 사람들이 듣게 하기 위한 융통성과 수용성에 관한 바울의 자발적인 패턴에 관한 맥락에서 나타나고 있다. 여전히 11:1에서 그는 모든 신자들에게 이런 패턴에서 자기를 닮을 것을 격려할 것이다. 따라서 우리

6. 고린도전서 9장과 갈라디아서 2장간의 대조에 관해서는 특히 David [sic] Carson, "Pauline Inconsistency: Reflections on 1 Corinthians 9.19-23 and Galatians 2.11-14," *Churchman* 100(1986): 6-45을 보라.

는 이 구절들을 우리의 자유를 주장하고 우리의 권리를 자발적으로 포기하는 것이 중요할 때를 알 수 있도록 그때그때마다 삶의 정황을 평가하는 훈련이 필요하다는 것을 일반화시키고 적용시킨다.

이 선택들—분리주의나 방종—중에 하나를 채택하는 것은 훨씬 더 쉽고 덜 생각이 필요하다. 그러나 이런 행동은 복음의 가장 적합한 관심과는 상관이 없게 된다. 자기 훈련이란 바울의 운동에 대한 비유는 그가 도덕적으로 중립적인 문제에 대해서 각 사례마다 더욱더 활발한 접근을 갖도록 요청하고 있음을 명확히 해준다.

훈련을 열심히 하는 희생은 바울의 "복음적인 원리"가 우리의 삶의 모든 것에 스며들어야 하고, 모든 삶의 우선순위를 결정지어야 한다는 것을 역시 상기시킨다. 때로 우리는 입으로 우리의 믿음을 공유하고, 우리의 도덕적 헌신을 설명하지만, 삶의 모든 것은 바울이 여기서 설명하고 있는 자유와 제한의 균형을 타락한 세상을 위해 모범을 보이는 것과 관련이 있다. 어쨌든 교회나 세상에서 우리는 균형 잡힌 그리스도인의 삶의 가치를 보이거나 세상을 구원하기 위해서 우리의 문화에 적응할 의무와 관련하여 "아무것도 하지 않는 자"가 되어서는 안 된다.[7] 27절은 이 항목을 적절하게 상기시킴으로써 마감한다. 우리는 이 영역 중에 어느 것도 우리의 성공을 당연시 하지 않아야 하고, 또한 하나님이 이 땅에서 우리의 날 수를 확장하시는 한, 성실하고 자기 절제적인 그리스도인의 삶에서 "떠나지" 말아야 한다.

현대적 의미

19-23절에 비추어 볼 때, 복음전도의 확실한 패턴을 공식으로 정의하기는 어렵다: 소책자를 사용하기, 일련의 질문들, 또는 우리가 그리스도를 나누기 원하는 사람들에 대한 일괄적인 접근. 바울의 모델은 "교제적인 복음전도"와 아주 밀접하다—불신자에게 다가가서 친해지고, 그들을 단순히 회심의 잠재적인 대상으로만이 아니라 하나님이 그의 형상대로 창조하신 것으로 소중히 여기는 것.[8] 우리가 각 사람의 독특한 소망과 생각에 익숙했을 때, 우리는 그들의 관심에 대해서 가장 직접적으로 말할 수 있는 방식으로 복음을 정황화시킬 수 있다.

물론 정황화(상황화)는 선교학자와 선교사들 사이에서 요란한 말이다. 다른 문

7. 복음주의자들이 자주 가장 소홀히 하는 영역인 예술과 관련하여 이런 접근의 훌륭한 모범에 대해서는 Leland Ryken, *Culture in Christian Perspective: A Door to Understanding and Enjoying the Arts*(Portland: Multnomah, 1986)을 보라.

8. Aldrich, *Evangelism*은 이 모델에 대해서 다시금 전반적으로 유익하다.

화의 사람들에게 다가가고자 할 때, 복음의 진리를 일정한 규격의 통에 담지 않아야 할 필요는 너무도 분명하고 정확하다. 현대의 유대 기독교는 안식일(토요일) 예배, 유대의 주요한 절기를 기독교식으로 바꾼 것들, 대중적인 음악과 춤, 핵심적인 히브리 용어들의 사용 등등을 유용하게 포함시킨다. 때로 그런 일이 다양한 유대 의식들을 지켜야한다고 주장하는 율법주의로 빠지기도 하지만 통상적으로는 그런 일은 삼가고 있다. 현대의 팔레스타인과 아랍의 기독교는 때로 이슬람에서 흔한 자세로 기도하는 일을 합법적으로 인식하고 있고, 모양에서 사원과 유사한 예배하는 집을 사용하기도 하고, 자주 서방의 믿음과 선교를 특징짓는 요란한 형태와는 대비되는 규칙적인 묵상과 헌신의 시간을 강조하기도 한다. 하지만 이런 크리스천들은 회교도 이웃들의 믿음으로 변환되는 개념으로, 지혜롭지 못하게, 소통하는 방식으로 이슬람의 독특한 특징을 닮지 않도록 조심해야 한다![9]

비교적 동종의 세속적인 배경에서 살며 일하고 있는 많은 서방 크리스천들에게서 19-27절의 가장 주요한 교훈은, 교우관계를 배양하고 오락이나 여유로운 시간에 참여하면서, 상당한 시간을 같이 보내는 동료들의 선택과 관계가 있다. 많은 크리스천들이 피상적인 형태에 머물러 믿음을 나누지 않을 만큼 충분히 비그리스도인들을 잘 알지 못하고 있다. 많은 교회들이 무수한 교회 활동에 참여할 것을 독려하는데, 신실한 제자들은 타락한 세상에 머물러 있을 시간이 없다는 것이다. 하지만 세상에서 더 많은 시간을 보내고 교회에서 덜 시간을 보내는 것이 더 좋을 수 있다. 그렇게 하는 것이 그리스도에 대한 헌신이나 성숙한 크리스천의 삶의 부족을 반영하지 않는 한 말이다.[10]

아울러 마이클 그린이 정곡을 찌른 것처럼, "바울은 서방 세계에서 교회에 중산층이 많은 것을 관용하지 않았을 것이다. 그는 빈약한 신출내기들에게 복음을 전하는데 더 역동적이었을 것이다. 그는 술집에서 그리스도에 대해서 더 많이 이야기하고 파티와 같이 열린 공간에서 더 그리스도를 말하였을 것이다."[11] 우리 시대에 부랑자와 열악한 사람들에 대한 사역—과부, 가난한 자와 소수 인종자들, 죄수

9. 회교도 땅에서 복음적인 상황화에 대해서는 특히 Phil Parshall, *New Paths in Muslim Evangelism*(Grand Rapids: Baker, 1980)을 보라.

10. 참조. Prior, *1 Corinthians*, 162: "모든 배경의 사람들을 그리스도께로 돌아오게 하기 위한 바울의 다양성은 안락한 모임의 기독교 하위문화와 거룩한 대화 그리고 지역의 이교 문화 사이에 문화적인 갭을 넘어설 것을 우리에게 도전한다. 현대적인 이교도와의 동일시와 육화(incarnation)의 의무는 교회가 직면한 가장 커다란 임무 중에 하나다.

11. Green, *Corinth*, 96.

들, 창녀들, 동성연애자들, 에이즈 환자들—은 바울이 아주 도전적으로 제시한 "모든 사람에게 여러 모양"의 비전을 보충하기를 시작하고 있다.

24-27절은 쾌락과 오락과 레저를 즐기는 시대에는 소귀에 경읽기다. 거의 모든 교회가 매주일 텔레비전, 지역이나 국가적인 스포츠 행사, 그리고 야외 활동과 경쟁하고 있으므로 목사들은 이 주간에 누가 교회에 출석할지를 염려한다. 주일 오전 이외에 다른 시간에 특히 복음전도와 방문 사역에 신자들을 헌신케 하는 것이 아주 역동적인 리더들조차도 쉽지 않은 일이 되고 있다.

하지만 바울은 신자들의 복음적인 삶의 방식을 엄격한 훈련과 경쟁적인 노력을 위해서 통상적인 방식을 희생하는 운동선수에 비교하고 있다. 크리스천들이 장기간의 목회사역, 선교사역, 장로나 집사로서의 봉사, 또는 다른 다양한 오랜 사역에 거의 헌신하지 않는 시대에 우리는 그리스도와 신자들의 특별한 지역 교회에 그러한 헌신을 하는 사람들을 필요로 한다. 동일한 일이 개인적인 영성 훈련과 모든 하나님의 명령에 대한 거룩한 순종에도 역시 필요하다.

고린도전서 10:1-22

1 형제들아 나는 너희가 알지 못하기를 원하지
아니하노니 우리 조상들이 다 구름 아래에
있고 바다 가운데로 지나며
2 모세에게 속하여 다 구름과 바다에서 세례를
받고
3 다 같은 신령한 음식을 먹으며
4 다 같은 신령한 음료를 마셨으니 이는 그들
을 따르는 신령한 반석으로부터 마셨으매 그
반석은 곧 그리스도시라
5 그러나 그들의 다수를 하나님이 기뻐하지 아
니하셨으므로 그들이 광야에서 멸망을 받았
느니라
6 이러한 일은 우리의 본보기가 되어 우리로
하여금 그들이 악을 즐겨 한 것 같이 즐겨 하
는 자가 되지 않게 하려 함이니
7 그들 가운데 어떤 사람들과 같이 너희는 우
상 숭배하는 자가 되지 말라 기록된 바 백성
이 앉아서 먹고 마시며 일어나서 뛰논다 함
과 같으니라
8 그들 중의 어떤 사람들이 음행하다가 하루에
이만 삼천 명이 죽었나니 우리는 그들과 같
이 음행하지 말자
9 그들 가운데 어떤 사람들이 주를 시험하다가
뱀에게 멸망하였나니 우리는 그들과 같이 시
험하지 말자
10 그들 가운데 어떤 사람들이 원망하다가 멸망
시키는 자에게 멸망하였나니 너희는 그들과
같이 원망하지 말라
11 그들에게 일어난 이런 일은 본보기가 되고
또한 말세를 만난 우리를 깨우치기 위하여
기록되었느니라
12 그런즉 선 줄로 생각하는 자는 넘어질까 조
심하라
13 사람이 감당할 시험 밖에는 너희가 당한 것
이 없나니 오직 하나님은 미쁘사 너희가 감
당하지 못할 시험 당함을 허락하지 아니하시
고 시험 당할 즈음에 또한 피할 길을 내사 너
희로 능히 감당하게 하시느니라
14 그런즉 내 사랑하는 자들아 우상 숭배하는
일을 피하라
15 나는 지혜 있는 자들에게 말함과 같이 하노
니 너희는 내가 이르는 말을 스스로 판단하라
16 우리가 축복하는 바 축복의 잔은 그리스도의
피에 참여함이 아니며 우리가 떼는 떡은 그
리스도의 몸에 참여함이 아니냐
17 떡이 하나요 많은 우리가 한 몸이니 이는 우
리가 다 한 떡에 참여함이라
18 육신을 따라 난 이스라엘을 보라 제물을 먹
는 자들이 제단에 참여하는 자들이 아니냐
19 그런즉 내가 무엇을 말하느냐 우상의 제물은
무엇이며 우상은 무엇이냐
20 무릇 이방인이 제사하는 것은 귀신에게 하는
것이요 하나님께 제사하는 것이 아니니 나는
너희가 귀신과 교제하는 자가 되기를 원하지
아니하노라
21 너희가 주의 잔과 귀신의 잔을 겸하여 마시
지 못하고 주의 식탁과 귀신의 식탁에 겸하
여 참여하지 못하리라
22 그러면 우리가 주를 노여워하시게 하겠느냐
우리가 주보다 강한 자냐

원 의미

바울은 크리스천이 삶을 살 때에 엄격하게 자기 제어를 하지 못할 위험성(9:24-27)을 이제 예를 들어 설명한다. 고린도전서 10:1-13은 우상숭배적인 축제에 고린도인들이 참여할 수 있다는 사실을 경고하기 위해서 이스라엘 백성들이 광야에서 지낼 시에 지었던 많은 죄의 사례를 든다(10:14-22). 이 평행은 특히 흥미로운데, 이스라엘 백성들을 모세로부터 '고기'를 자주 요구했기 때문이다(출 16:3; 민 11:4). 1-5절은 이스라엘 백성들이 받았던 네 특권을 묘사하는데, 그 특권이 뒤이은 복을 보증하지는 못했다. ⓐ 구름으로 하나님이 인도하심, ⓑ 홍해를 건넘, ⓒ 광야에서 만나와 메추라기를 먹음, ⓓ 초자연적으로 제공 받은 물. 7-10절은 이와 동일한 이스라엘 백성들 가운데 많은 이들이 신실하지 못했고 그들의 죄로 인해 고통을 당했던 네 방식을 상기시킨다. 우상숭배, 부도덕성, 하나님을 시험함, 그리고 불평. 6절과 11절은 이스라엘이 겪은 경험이 유사하게 행동하지 못하도록 고린도인들을 경고해야 하는 유사한 것들로 두 항목을 강조한다. 12-13절은 요약적인 경고(12절)로 역사가 반복하지 않아야하는 약속(13절)을 균형지음으로써 이 항목을 마감한다.

1절에서 바울은 '그노시스'(지식)에 대한 고린도인들의 주장에 대한 또 다른 미묘한 비판을 행하는데, 사실상 그들이 "무지하다"고 주장한다. 이런 실패를 교정하기 위해서 바울은 그들의 영적인 전임자들의 행동을 상기시킨다. 이스라엘이 애굽을 떠난 후에 하나님은 그들을 낮에는 구름으로 밤에는 불기둥으로 인도하셨다(출 13:21-22). 하나님은 홍해의 물을 가르시고 이스라엘 백성들이 마른 땅으로 걸을 수 있게 하셨다(14:22-29). 물을 구름과 바다와 연관시킴은 바울이 일종에 "모세에게 속한" 세례로 이 구원을 생각하도록 촉발시킨다(2절). 분명히 이스라엘 백성들은 실제적인 물로 침수를 받지 않았고, 여기서 세례는 영적인 공동체의 지도자와의 일치와 충성을 암시한다. 바울은 전치사 "into"(속한)를 "그리스도에 속한" 세례의 개념(갈 3:27; 롬 6:3)과 일치시키기 위해서 사용한다. 이는 "세례"가 신자들의 몸의 교제를 시작시킨다는 사실을 상기시킨다.

이스라엘 백성들은 하나님이 하늘로부터 만나를 먹게 하시고(예. 출 16:4, 35) 갈라진 반석에서 물을 먹게 하셨을 때(출 17:6; 민 20:11) 초자연적인 복을 경험했다. 그렇지 않았다면 그들은 굶주리고 목말라서 죽었을 것이다. 기독교적인 관점에서 바울은 그리스도가 하나님의 선존재하신 아들로서 인식한다. 즉 창조와 구속에서 성부 하나님과 함께 활동하시고 광야에서 하나님의 백성들을 위한 물질적 영적 자양분을 공급하신 대리자로서 인식한다(4b절).[1] 하지만 이 이적 중에 어느 것도 이스라엘의 자녀들이 약속된 땅에 이를 수 있는 보증이 되어주지는 못했다. 사실상 성인들 가운데 여호수아와 갈렙만이 가나안 땅에 들어갈 수 있었다. 불순종이 이스라엘 백성들이 약속된 땅에 들어가지 못하고 광야에서 죽게 했다(5절).

6절에서 바울은 고린도인들에게 이런 사례로부터 배울 것을 권면한다. "악한 일에 마음을 두지 못하게 하는"은 직역하면 "우리가 악을 좇는 탐욕을 갖지 못하게 하는"이라고 독법할 수 있다. 7-10절의 네 부차적인 사례들은 이런 부적절한 탐욕의 보다 구체적인 형태를 설명해준다. 첫째로 바울은 출애굽기 32:6을 인용하는데, 이는 모세가 시내산에서 율법을 받고 있는 동안에 금송아지를 이스라엘 백성들이 숭배한 이야기의 일부다(7절). 둘째로 그는 민수기 25:1-9의 에피소드를 언급하는데, 이때에 이스라엘의 남자들은 모압 여인들과 부도덕한 성적 행위를 했다(8절).[2] 셋째로 그는 민수기 21:4-9절을 암시하는데, 이때에 이스라엘 백성들은 광야에서 고난 받는 것에 대해서 모세와 하나님을 원망했다(9절).[3] 넷째로 그는 이스라엘 백성들의 특징적인 원망과 불평을 상기시키는데, 가장 두드러진 것은 민수기 16:41-50에서 이스라엘 백성들은 고라의 불순종에 대해서 하나님이 심판하시는 것을 반대함으로써 부가적으로 14,700명이 죽음을 당하는 일을 초래했다(10절). 하지만 민수기 14:26-35도 역시 고려할 수 있는데, 원망이 광야에 있는 동안에 20세 이상 되는 거의 모든 사람들이 죽게 되는 예언을 초래했기 때문이다. "멸망시키는 천사"는 양 단락에서 언급되고 있지 않지만, 하나님이 애굽의 장자를 치신 출애굽기 12:23의 용어로 보건대 바울의 추론은 자연스럽다.[4]

---

1. 하나님이 이스라엘의 광야 여정의 시작과 끝에 반석에서 물을 제공했기 때문에 유대 전승은 물줄기나 우물이 하나님의 백성들이 여행할 시에 그들을 뒤따를 것이라는 사실을 발전시켰다. 광야여행 중에 반석의 개념에 대한 이런 믿음에서 물줄기가 제공될 수 있다는 귀결이 나온다(E. Earle Ellis, *Prophecy and Hermeneutic* [Tübingen: Mohr, 1978], 209-12). 그러나 더욱 가능한 것은 바울이 이 전승을 "그리스도가 그의 백성들을 이 기간에 영적인 새로움의 자원으로 동반하셨다"는 그의 믿음과 대조시키고 있다(Bruce, *1 and 2 Corinthians*, 91).
2. 민수기 25:9은 24,000명이 죽은 것을 언급하고, 바울은 23,000명이 죽은 것을 언급한다. Morris, *1 Corinthians*, 141은 이렇게 설명한다: "둘 다 분명히 어림수이고, 바울은 그것을 통해 재판관들에 의해 죽임을 당한 자들을 허락한 것을 말하고 있다(민 25:5)"
3. 중요한 초기 사본들은 "우리가 그들이 했던 것처럼 그리스도를 시험해서는 안 된다"라고 독법한다. 만약 이 독법을 본래의 것으로 인정한다면(고로 예를 들어, NRSV), 그때에 우리는 바울이 구약성경 시대에 하나님의 활동에 내재하신 그리스도를 간주한 것으로 4절과 유사한 또 다른 사례를 갖게 된다.
4. 6-10절에서 모든 사례가 우상의 축제에 고린도인들이 참가한 위험성에 상응하는 이스라엘의 불순종에서 우상숭배의 역할을 가리킬 가능성에 관한 논의에 대해서는 Wayne A. Meeks, "'And Rose Up to Play': Midrash and Paraenesis in 1 Corinthians 10:1-22," *JSNT* 16(1982): 64-78을 보라.

11절은 아주 중요한 6절의 경고를 반복한다. 크리스천은 모든 이전 세대들이 준비하였던 인류 역사의 클라이맥스적인 시대를 살고 있기 때문이다.

12절은 고린도인들에 대한 이 경고의 의미를 요약한다—그들이 실족하고 자격을 상실하지 않도록 9:27에서 바울이 말한 것처럼 스스로 안전하게 섰다고 생각하는 사람들도 조심해야 한다. 결국에 고린도에서 이교의 신전 축제는 유사한 우상숭배와 성적인 죄 그리고 하나님을 시험하는 것과 관련이 있다. 그리고 고린도인들의 분쟁은 서로를 원망하는 것으로 확실히 정의할 수 있다. 그럼에도 불구하고 1-12절은 13절의 놀라운 약속에 의해서 아주 균형이 잘 잡혀 있다. 우리를 죄로 유혹하는 환경이 모든 시대의 하나님의 백성들이 경험했던 것과 질적으로 다르지 않으며, 우리는 결코 그런 것들에 굴복해서는 안 된다. 항상 도피구가 있고, 그것을 우리가 직면하는 모든 어려운 상황에도 불구하고 죄를 짓지 않고 인내할 수 있는 방법으로 정의할 수 있다.[5]

이제 14-22절은 8장에서 시작했던 고린도에서 고기를 먹는 문제로 분명히 회귀한다. 그 음식 자체는 도덕적으로 중립적일지라도 바울은 한 가지 절대적인 금지 조항을 만든다: 명백하게 이교도를 숭배하는 의식을 행하는 곳에서 그 음식을 먹는 것은 항상 잘못된 일이다. 그러한 경우에 고기를 먹는 것은 우상숭배다(14절). 성적인 부도덕성이 그러한 숭배에 자주 수반되었다. 이는 7절의 평행을 더 명확하게 만들어준다. 바울은 고린도의 크리스천들에게 동일한 결론에 이를 것을 호소한다. 그들의 분열에도 그는 그들의 지각이 이 경우에 승리하게 될 것임을 신뢰한다(15절).

바울은 자신의 입장을 명확하게 하기 위해서 기독교(16-17절)와 유대교(18절)의 거룩한 음식에서 두 가지 추가적인 유추를 제공한다. 성찬의 요소—떡과 포도주—를 "먹는 것"은 부활하신 주님과 연관을 맺고 그의 피와 상한 몸의 은혜를 입는 것이다. 15-16절에서 "참여"는 동료 신자들의 교제와 그리스도 안에서 동역자 됨을 포함한다. 성찬의 떡은 거짓 종교와 고린도인들을 구분케 하는 그리스도 안에서의 연합을 상기시킨다. 또한 고대 유대교에서도 역시 성전에서 희생의 고기를

5. 칼빈주의와 알미니안주의 논쟁에서 이 구절의 의미에 관한 유익한 철학적 연구는 David M. Ciocchi, "Understanding Our Ability to Endure Temptation: A Theological Watershed," *JETS* 35(1992): 463-79이다. 그는 이 구절의 의미에 관한 분명한 개요도 전달해준다: "하나님의 신실성은 어느 초인간적인 유혹이 신자의 삶에 들어오지 않을 것이고, 어느 신자의 시험도 그 시험을 견뎌낼 수 있는 그의 능력에 비례할 것임을 보증해준다."

먹는 사람들은 야훼 하나님과 교류할 수 있었고, 동물의 희생과 연관된 잠정적인 용서를 덧입을 수 있었다.[6]

고린도의 종교적인 신전 축제에 대한 적용이 자연스럽게 뒤따라 나온다(19-22절). 이교도들은 크리스천들의 성찬 참여를 소름끼치게 생각나게 하는 방식으로 자신들이 숭배하는 영적인 존재와 역시 교류한다. 이런 평행을 그리면서 바울은 한 가지 문제제기를 예기(豫期)한다. 그는 우상이 객관적이고 영적인 존재가 아니라(8:4)는 이전의 주제와 지금 모순을 일으키고 있지 않다. 하지만 그는 악마—타락한 천사들—가 이교도 의식의 진정한 실체라는 것을 율법으로부터 알고 있다. 그들은 그것을 무지하게 숭배하고 있다(참조. 신 32:17). 이전에 인용한 구약성경의 사례들처럼 이런 종류의 우상숭배에 크리스천들이 참여하는 것은 하나님의 심각한 심판을 불러일으킬 수 있다.[7]

상황잇기

고린도전서 10:1-22은 개신교도들이 세례와 성찬이 기독교 예배의 두 독특한 "성사" 또는 "성례"라는 개념을 이끌어내는 단락이다. 부수적인 증거가 이 두 의식의 공동체적인 의미와 실천에 나타난다. 세례는 근본적으로 그리스도에 대한 충성에 기초하여 언약 '공동체' 로 들어가는 입문에 해당한다.[8] 초대 크리스천들은 교제의 공동적인 의미를 강조하기 위해서 떡을 떼고 잔을 돌리는 예수의 실천을 따랐다. 어느 곳에서도 그것을 그렇게 항상 해야 한다는 명령이 성경 본문 상에는 없을지라도 말이다. 그러나 일반적으로 10:1-22은 전혀 성례나 성사에 대한 것이 아니다. 바울은 이 기독교 의식에 대해서 결론을 이끌어내기 위해서 유대와 이교도의 관행을 논증하고 하고 있는 것이 아니고, 이교도의 우상 숭배적인 축제에서 발생하는 악마와의 교류를 증거하기 위해서 기독교와 유대 의식에 본질적인 '교제' 의 양상을 논증하고 있다.[9]

---

6. 이 문맥에서 16-18절의 의미에 관해서는 특히 W. A. Sebothoma, "Κοινωνία in 1 Corinthians 10:16," *Neot* 24(1990): 63-69을 보라.
7. Brian S. Rosner, "'Stronger than He?' The Strength of 1 Corinthians 10:22b," *TynB* 43(1992): 171-79은 민수기 14:13-19과 신명기 32:36-38이 하나님과 이스라엘의 각각의 능력을 암시한다고 지적한다. 그리고 이 본문들이 바울의 이전 사례들의 배후에 있는 것으로 보건대, 22절에서 그의 마지막 수사적인 질문이 자연스럽게 뒤따라 나온다. 우리는 하나님보다 더 강하다고 생각하고, 하나님의 인내로 무사할 것으로 생각하는가? 확실히 아니다!
8. 특히 William B. Badke, "Baptised into Moses-Baptised into Christ: A Study in Doctrinal Development," *EvQ* 60(1988): 23-29을 보라.

따라서 성찬의 의미에 대한 교리적인 결론은 예수의 성찬을 묘사하는 공관복음서의 세 본문(마 26:17-30; 막 14:12-26; 눅 22:7-38)으로부터 또는 고린도전서 11:17-34로부터 유래해야 한다. 아마도 여기서 1-22절로부터 추론할 수 있는 것은 성찬과 세례에 대한 고린도인들의 잘못된 신념의 본질을 다루는 것이다. 가장 그럴듯한 것은 그들 사이에 "강한" 크리스천들이 이 의식에 참여함으로써 그들이 영적인 위험성에서 면제를 보증 받고 따라서 그들이 자유롭게 우상의 축제에 참여할 수 있다고 생각한 것이다. 바울은 구약성경을 정교하게 유추하여 이를 강력하게 반대한다: "장엄한 영적 경험에 참여하는 것이 하나님의 백성들로 하여금 윤리적인 책임을 경감시키지 못한다."[10]

장엄한 영적 경험이 중대한 도덕적 실패와 하나님의 심판에서 자유를 보증해주지 못한다. 9:27에서 자격이 없다는 의미가 12절에서의 실패의 본질을 아마도 결정지어야 한다.[11] 거기서 바울이 구원의 상실을 두려워했던 것 같지는 않다. 1-11절에서 구약성경의 사례가 이런 생각을 확증해준다. 영적으로 말해서 성경의 어느 단락도 여호수아와 갈렙만이 40년 동안 "구원받은" 유일한 이스라엘 백성들이었다고 가르치지 않는다.

오히려 육체적인 죽음과 이 세상에서의 복의 상실이 일관되게 고려되고 있다. 따라서 11장도 성찬(30절)을 훼손함으로써 일부 고린도인들이 병에 걸리고 죽은 것을 묘사하고 있을 것이다. 동시에 3:16-17은 바울이 그의 교회의 모든 사람들이 필연적으로 구원을 받았음을 당연시하지 않았음을 상기시킨다. 따라서 하나님의 잠정적인 심판을 받은 사람들은 역시 그의 영원한 진노를 불러일으킬 것이다.

6절과 11절은 구약성경의 이야기의 핵심적인 기능 중 하나를 알려준다(참조. 롬 15:14). "인물 연구들"이 사소한 행위와 부수적인 설명에서 너무 많은 교리를 짜냄으로써 남용될 수 있을지라도, 모든 성경 이야기의 중요한 목적 중에 하나는 바람직한 행위와 바람직하지 않은 행위를 예증하는 것이다. 성경의 중요한 이야기들에서 주요 인물들의 대부분을 영웅이나 비극이란 문자적 용어로 분류할 수 있다—모방할 가치가 있거나 피해야할 가치가 있는 사례들.[12] 이 두 구절들에서 "모범"이라

9. 따라서 포도주의 물리적인 잔에 대한 복을 기원할 필요성과 그리스도의 몸과 피의 계속 진행되는 희생으로서 유카리스트에 대한 필요성에 대한 전통적인 로마가톨릭의 추론들은 바울의 추론의 방향(다른 근거 위에서는 주해적으로 허둥댄다)을 전적으로 바꾸어놓는다.

10. Richard B. Hays, *Echoes of Scripture in the Epistles of Paul* (New Haven: Yale, 1989), 91.

11. Robertson and Plummer, *First Corinthians*, 208.

고 번역된 단어가 역시 "모형"을 의미할 수 있었기 때문에 일부 사람들은 바울이 상응하는 신약성경 사건들의 전조를 의도한 것으로 구약성경을 바라보는 일종의 모형론을 사용하고 있다고 이해했다. 하지만 그것은 고린도인들이 이와 동일한 잘못에 '빠져야' 했다는 일종의 운명주의를 함축할 것인데, 13절은 그들이 그렇게 될 필요가 없다는 것을 구체적으로 약속한다. 따라서 "본보기적인 경고"가 이 유추를 설명할 수 있는 더 좋은 방법이다.

독자들은 4절에서 바울의 의미를 오랫동안 고민했다. 그는 우리가 곧바로 수용할 수 없는 일종의 유대 해석학을 사용하고 있는가? 그는 정경 외적으로 오래 전부터 내려오는 자료를 믿고 있는가? 불확실하다는 사실에 비추어 볼 때, 한쪽 편으로 기울어 실수를 범하지 않는 것이 가장 좋다. 신약성경의 저자들은 구약성경을 "창조적인 방식"으로 규칙적으로 사용한다. 가장 흔한 것 중에 하나는 구약성경이 하나님에 관해서만 말하고 있는 곳에 그리스도가 역사하고 있다고 보는 것이다. 하지만 일단 그리스도가 영원 전부터 신성의 일부를 형성하셨다는 것을 믿는다면, 이런 동등성은 자연스럽게 되고, 특히 하나님이 그의 백성들에게 구원을 주신다는 문맥에서 더욱더 그러하다. 그것은 예수의 1세기 사명의 핵심이기 때문이다. 바울은 흔한 유대의 해석학적 방법과 전승에 반응하여 개정한다. 여기서 그는 "신령한 반석"(또는 우물)의 이야기를 하나님이 이적적으로 공급하시는 영적인 능력의 확증으로 전환시키고 있다.[13]

7절은 KJV에서 "백성이 앉아서 먹고 마시고 일어나서 뛰논다"고 번역하고 리빙바이블은 "뛰논다"는 말 대신에 "춤춘다"라고 번역한 것으로 특히 잘 알려져 있다. NIV는 이 의미를 더 잘 포착했다: "이교도의 음주에 빠지다." 먹고 마시는 것이 본질적으로 부도덕하지 않은 것처럼 뛰놀거나 춤추는 것이 본질적으로 부도덕하지는 않지만 우상숭배적인 예배의 맥락에서는 모두 잘못되었다.

1-12절의 인접한 경고와 비교할 때 비록 짧을지라도, 13절은 이전 구절과의 중요한 균형을 제공해주는데, 자신들이 고난의 시간에 불신실할 것을 두려워하는 사람들에게 특히 그러하다. 이전 사례들의 심각성과 일반적인 본질로 보건대, 이 구

---

12. 이런 면에서 특히 유익한 것은 Leland Ryken의 수많은 작품들인데, 그중에 적어도 가장 초기 작품 중에 하나인 *The Literature of the Bible*(Grand Rapids: Zondervan, 1974), 45-78, 95-106이 있다.
13. 신자들이 오늘날 어떻게 구약성경을 유사하게 다룰 수 있거나 다룰 수 없는가에 대한 평가적인 언급과 주장들이 있는 구약성경에 대한 신약성경의 사용에 관한 개요는 William W. Klein, Robert L. Hubbard, Jr.과 Craig L. Blomberg, *Introduction to Biblical Interpretation*(Dallas: Word, 1993), 120-32을 보라.

절을 보편적으로 적용해야 한다. 우리의 시험이 외적으로 독특하다 할지라도, 우리는 하나님의 백성들이 역사를 통해서 참아내었던 것과 동일한 영적 투쟁에 직면하고 있다. 우리가 하나님의 능력을 의지하고 스스로 시험을 이기려 하기보다는 우리 자신을 그의 내주하시는 성령의 능력에 내어놓는 한, 하나님은 우리가 다룰 수 없는 시험을 허락하시지 않는다.

시험에 대한 인내는 사람마다 다양하게 다르다. 분명히 우리는 "탈출구"를 거부하고 유혹에 순복하기를 선택할 수도 있지만, 그 자유는 우리가 죄를 지을 때 하나님 앞에서 책임이 있게 한다. 그리고 탈출구가 필연적으로 곤란한 상황의 제거가 아니라 그 상황들을 "이겨낼" 수 있는 능력임을 강조하는 것이 중요하다. 다른 주요한 신학적 진리들을 역시 여기서 상고할 수 있다. 하나님은 어느 누구도 시험하지 않으시고(약 1:13), 우리가 성숙할 수 있도록(약 1:2-4) 시험과 시련을 허락하시며(눅 4:1), 포기하거나 죄에 굴복하지 않을 수 있는 능력을 위해서 기도하도록 우리를 격려하신다(마 6:13).

1-13절에 비추어 볼 때, 14-22절은 기독교와 이교도의 예배가 각각의 배경에서 정반대의 영적 존재 때문에 서로 근본적으로 양립할 수 없다는 한 가지 중심적인 진리를 표현한다. 이 진리를 도전적으로 무시하는 "강한" 크리스천들은 하나님의 혹독한 벌을 받을 위험성이 있다. 이교도의 유혹에 저항할 수 없다고 느끼는 약한 신자들은 시험을 극복할 수 있도록 하나님께 의존할 수 있다. 악마의 세계는 악마에 사로잡힌 사람들에 대한 주님의 축사(逐邪)가 나오는 신약성경에서 잘 알려져 있다. 하지만 악마적인 영향의 두 번째 더욱더 특징적인 사례들이 여기에 있다. 그것은 반 기독교적인 종교들의 배후에 있는 영적 세력이다(참조. 고후 4:4, "이 세상의 신"으로서 사탄은 모든 불신자들의 마음을 어둡게 한다).

현대적 의미

고린도전서 10:2은 세례가 곧 중생이라고 주장하는 이단, 즉 신앙 공동체에 세례를 받는 것이 구원의 요건이거나 구원을 보증한다는 견해와 싸울 수 있는 성경의 아주 중요한 구절 중에 하나다. 복음주의 진영에서 세례가 곧 중생이라고 주장하는 견해는 '그리스도의 교회'의 일부 진영과 다양한 독립 침례파 그룹에서 제기된다. 주요한 로마 가톨릭, 성공회파, 루터파 교회에서 공식적인 교리는 후속되는 견진성사가 유아세례를 효력 있게 하는데 필요하다는 견해를 유지하지만, 그러한 범주에서는 느슨한 용어로 "세례 받는" 것을 "그리스도인이 되는" 것과 동일시한다.

너무 어려서 견진성사를 행하기 어려운 어린이들의 구원에 대한 문제는 그들이 세례를 받았는지의 여부에 자주 좌우되고 있다. 그리고 견진성사는 청소년기에 진정으로 구원하는 믿음을 경험하지 않고서 자신들의 부모를 기쁘게 하기 위해서 그 성사를 감행할 것을 예상할 수 있기에 때로 의미 없는 의식이 될 수도 있다. 침례교파의 범주에서는 그 의식에 앞서서 어린이들에게 미묘한 압박을 줄 수 있는 방식으로 그들을 위한 예비적인 세례 교육반을 운영함으로써 믿음의 고백에 대해서 진지할 수 있도록 그들이 준비시킨다. 심지어 아이들의 헌신례가 때로 침례파에서 유아세례의 대안으로 떠오르는데, 이는 일종의 의식이 아주 중요하다고 여기는 가족의 구성원들을 달래기 위한 것이다. 어쨌거나 세례의식을 받는 사람이 신실하게 고백하는 그리스도의 참된 구원하는 믿음에 대한 공적 확증으로서 세례나 견진성사를 자발적으로 취할 수 있도록 그들을 돌보는 일은 분명 필요하다.[14]

또한 성찬은 많은 크리스천 전통에서 유사적인 마술로서 간주되어져 왔다. 예전적인 교회들은 특히 어떤 이가 죽어가고 있을 때 그의 삶에서 가장 최근에 지은 죄에 대한 용서를 얻기 위해서 성찬에 참여할 필요를 자주 강조한다.

기독교 안에서 명목주의는 그리스도보다 교회의 우선성을 강조하고 살아계신 예수에 대한 관계보다 의식을 더 강조하는 것으로 적절히 특징지어진다. 수많은 미국인들이 그들에게 부여된 '크리스천' 이란 칭호를 갖고 건물 안에서 매주일 예배를 드리는데, 진정으로 거듭나지 않고서 그들은 그렇게 의식을 행함으로써 하나님과 올바른 관계를 이루었다고 생각한다. 어떤 이들은 이교도 특히 뉴에이지 운동과 유사한 영성을 공유하고 있고, 또 어떤 이들은 지옥에 대한 성경의 교리가 없는 내세에 대한 매력을 공유한다.

이런 모든 관행에 비하여 고린도전서 10:1-22은 세상에 대해서 말한다. 중요한 것은 내적인 영적 실제들이다. 외적인 의식이나 심지어 초자연적인 경험도 구원이나 기독교인의 성숙을 보증하지 못한다(3-5절). 이 세상에서 그 사람의 중요한 결정과 상관없이 세상의 쾌락적인 본성을 "보여주는" 육체 바깥의 경험이나 유사 죽음을 경험했다는 점증하는 수를 생각해보라.[15]

14. 의식의 심각한 오해를 반영하는 가장 심각한 관행 중에 하나는 장례식장에서 친척들의 염려를 달래기 위한 방법으로서 죽은 자의 몸에 세례를 베푸는 것이다. 이는 기껏해야 이 절차를 요구한 사람들을 세례의 의미에 대해서 철저히 오해하게 하고, 잘못하면, 그들이나 다른 이들이 그리스도를 믿지 않고서도 천국에 갈 수 있다는 거짓된 소망을 전달할 수 있다.

5:10-11에 대한 우리의 논의는 여기 7-10절에서 구약성경의 사례들과 유사한 수많은 현대적인 우상숭배에 이미 초점을 맞추었다. 이런 관행들은 성 지향적인 대체물을 선호하여 인간에 대한 하나님의 유일한 계시를 거부한다. 그리고 금송아지를 숭배했던 이스라엘 사람들처럼 그들은 물질주의와 거짓 종교의 교리들을 좇아서 맴돌기를 계속한다.

현대의 우상숭배는 세상만이 아니라 교회에도 침투하고 있다. 많은 수의 크리스천들이 교회 성장, 자금 일으키기, 사업 마케팅 전략과 같은 최근의 세속적인 경향을 좇고 있다. 미국의 크리스천들을 포함한 여론조사는 우리가 가장 바라는 두 가지 것은 모조적인 "건강과 부"의 복음이 전달한다고 주장하는 더 많은 돈과 더 좋은 건강임을 보여주었다.[16] 더 많은 사람들이 영적인 건강과 일치하는 친구들의 육체적인 건강을 위해서 기도한 사도 요한의 기도를 할 수 있다면 좋을 것인데 말이다. 영적인 건강이 삶에서 더 우선되는 것임을 알고서 말이다(요삼 2절).

우리는 오늘날 기독교의 모습에 산재하고 있는 타락한 지도자들, 특히 그들의 성적인 죄의 결과를 생각하지 않고서는 12절을 독법할 수 없다. 그러나 바울의 경고는 이보다 훨씬 넓게 확장된다. 독선적인 만족과 자민족중심적인 오만은 중산층의 서방 기독교를 특징짓고 있다. 하지만 도심의 가난한 이들과 제삼세계의 교인들은 그들의 외적인 환경이 더욱 빈약할지라도, 그리스도에 대한 더 깊은 충성과 헌신을 때로 보인다. 우리는 성화에 대한 형식적인 사고방식을 조심해야 한다. 마치 "그리스도인의 성숙에 대한 열 가지 기본 단계"에 대한 성경 공부 책의 빈칸을 채우는 것이 우리를 영적인 목적지에 재빠르게 도달케 하는 것처럼 생각해서는 안 된다.

하지만 우리가 너무 냉소적이지 않도록 13절은 빈약한 영적 신분을 고통스럽게 인식하는 사람들을 위한 커다란 희망을 제공한다. 우리는 기술의 유례없는 발전, 정보의 홍수, 새로운 육체적 감정적 질병, 자연 재해, 그리고 인간들의 전쟁이 있는 시대에 살고 있다. 우리가 이런 요소들이 인간 역사에서 전에는 알지 못했던 규모로 고통을 야기한다는 것을 깨달을지라도, 신자들이 직면하는 시험들은 전혀 새로운 것이 아님을 확신할 필요가 있다. 외적인 환경은 다를지라도 영적인 운행은 불변하다. 다른 이들이 경험했던 것보다 "나의 문제"를 다르거나 더 나쁜 것으로 보

---

15. 사람들은 Elisabeth Kubler-Ross, *On Death and Dying*(New York: Macmillan, 1969)에서 맨 처음 논의된 경험들을 특히 생각하는데, 이 작품은 유사한 장르의 유사 과학적인 문학의 전체 학문을 낳았다.
16. James Patterson and Peter Kim, *The Day America Told the Truth*(New York: Prentice Hall, 1991), 53.

려는 인간의 경향은 명확하게 잘못된 것으로 드러나고 있다. 자신의 죄의 본성이 불순종의 가장 직접적인 원인이라는 것을 인식하기보다 하나님, 부모, 사회 또는 마귀에게 책임을 돌리는 현대인들의 경향(약 1:14)은 이 본문과 역행한다.

우리는 시험에 굴복해서는 안 되고, 어느 누구에게도 우리 죄의 책임을 돌릴 수는 없다. 이 시대에 역기능적인 가정의 급격한 상승으로 인해서 어떤 요소들이 다른 이들보다 더 큰 시험을 발생시킬 수 있지만, 궁극적으로 우리는 우리가 선택한 자유에 대해서 책임이 있다. 신자들에게 이런 선택 중의 하나는 죄로부터의 하나님의 피난처를 받아들이는 것이다. 아마도 우리의 문화는 13절의 끝부분을 이렇게 다시 쓸 것이다. "당신이 시험을 받을 때, 당신이 더 이상 그것에 맞서지 않을 수 있도록 어떤 통로를 주실 것이다." 하지만 그것은 물론 하나님이 지금 바울이 쓰도록 영감하신 것과는 반대다.

신자들의 연합을 보여주려고 의도된 바로 그 식사(16-17절)가 역사에서 기독교회에 가장 분열적인 의식 중 하나가 되었다는 사실은 역시 아이러니다.[17] 아주 근본적인 교리적 차이를 제쳐두고 불신자들(교회 구성원일지라도)이 성찬에 참여할 수 있다고 교회가 동의할 때조차도 다른 교단에선 여전히 참된 크리스천들이 성찬에서 제외되고 있음을 우리가 인식할 때 이 아이러니는 더욱 상승한다(더 자세한 것은 pp. 271-275를 보라). 주의 식탁이 부활하신 그리스도와의 교제와 연합을 상징하고 촉진한다면, 그때에 그것은 '모든' 신자들에게 하지만 '오직' 신자들에게 열려 있어야 한다.

위생이 허락하는 한, 공동으로 떡과 잔을 나누는 행위는 특히 분열되고 분리된 개인주의적인 사회에서 교회가 제공할 수 있는 연합의 중요한 상징으로 보존되어야 한다. 건강에 대한 관심이 이런 공동적인 행위를 위험스럽게 하지만 모든 참여자들이 동시에 음식을 나누는 것은 상징주의적인 의미를 보존할 수 있다. 각 사람이 장엄한 분리 속에서 개별적으로만 먹고 마시는 행위는 참여한 동료 신자들을 거의 생각하지 않고 오로지 하나님과만 소통하는 적은 도움만이 있을 뿐이다.

본질적으로 우상숭배적인 것들에 대항하는 19-22절에서 바울의 절대적인 금지는 8장에서 논의된 중립적인 관행들과는 달리 모든 것들에서 현대적인 유추를 발견할 수 있다(이전의 pp. 192-196을 보라). 본질적으로 부도덕하고 불법적이거나

17. 특히 David Bridge and David Phypers, *Communion: The Meal That Unites?*(Wheaton: Harold Shaw, 1983)을 보라.

파괴적인 여타 관행들처럼, 명백하게 이교적인 의식들은 신자들이 가서는 안 되는 제한구역이다.

하지만 선악을 판단할 수 없는 것조차도 자주 부도덕한 것에 자리를 내줄 수 있다. 이런 연관성으로 인해서 중립적인 행위조차도 최초에 금할 것을 명하는 이유가 바로 이 때문이다. 술 마시는 것이 술취함으로 이끌 수 있고, 오랜 시간 동안의 일이 일중독을 이끌 수 있으며, 갱단과의 교제가 범죄적인 행위에 가담케 하거나 그런 이들에 의해 희생당할 수 있고, 부모에 대한 과도한 존중이 조상숭배로 이어질 수 있으며, 과도한 애국주의가 국가에 대한 숭배를 낳을 수 있고, 텔레비전을 시청하는 것이 보다 의미 있는 활동을 대치할 수 있으며, 물질적인 상품들에 대한 열정이 물질주의로 이끌 수 있으며, 약에 대한 과신이 약물중독을 낳을 수 있다. 기타 등등. 상황 윤리가 이 시점에서 우세해서는 안 된다. 동시에 우리는 8:1-13과 10:23-11:1의 강조를 가까이에서 유지해야 한다. 모든 음주, 영화, 카드 게임 등등을 금했던 율법주의로 회귀하지 않도록 말이다.

21절에서 반영된 혼합주의는 수많은 현대적인 정황을 유사하게 찾을 수 있다. 온 세상의 이념들의 "가장 좋은 것"을 조합함으로써 어떤 완전한 신앙을 낳을 수 있다고 생각하는 바하이교와 같은 것들이 있다. 보다 심각한 것은 모든 또는 대부분의 종교들이 적어도 어떤 구원적인 진리를 담고 있다고 믿는 것이다. 다시 말해서 우주의 참된 하나님을 알고, 많은 서로 다른 종교적 길을 통해서 하나님과 함께 하는 영원을 경험하는 것이 가능하다는 것이다.[18] 이런 접근들은 두 주요한 종교를 나란히 비교할 때, 모두 근본적으로 양립할 수 없거나 논리적으로 모순된 주장이 기저에 있다는 사실을 관찰하지 못한 것이다. 코란이 하나님으로부터의 참된 계시라면, 신약성경의 전달은 변질되어서 예수가 선지자에서 하나님의 아들로 그리고 알라가 나누일 수 없는 분에서 삼위일체로 변화된다. 힌두교나 불교가 참이라면, 그때에 완전한 복은 영원을 위한 인격적이고 의식적인 존재라기보다는 무로 해체되는 것과 관련이 있다. 일관된 세계관을 가지려면, 상충하는 주장들 사이에서 선택을 필요로 한다.

14-22절도 현대 문화의 대중적인 견해를 도전하며, 고대 이교도—미국의 토착 종교들, 여신 숭배, 지구 숭배, 백마녀 등등—가 저급한 영성을 갖고 있음을 발견케

---

18. 이 관점의 고전적인 현대적 해석은 John Hick and Paul Knitter, eds., *The Myth of Christian Uniqueness: Toward a Pluralistic Theology of Religions* (Maryknoll, N.Y.: Orbis, 1987)이다.

한다. 서로 상황이 맞지 않을지라도, 바울이 오늘날 살아 있다면, 그는 이런 영성들을 무가치한 것으로 여겨야 한다고 말했을 것이다. 우리가 고대 문화의 문명을 찬탄하고(그 대부분이 명백히 종교적이다), 그것들을 존중하기 위해서 무수한 박물관과 전시장을 열고 있을지라도, 바울은 아테네로 가서 그가 모든 곳에서 보았던 거짓 신들의 기념비들을 슬퍼했다(행 17:16). 공통된 근거를 찾았을지라도, 그는 아테네인들이 다신론적인 믿음을 넘어서서 예수 그리스도 안에서 유일하게 드러난 살아계시고 참되신 한 분 하나님에 대한 지식으로 나아가게 할 책임을 분명히 느꼈다(21-23절).[19]

19. 이 문제에 관한 책임 있는 복음적인 논의를 Terry Muck, *Alien Gods on American Turf*(Wheaton: Victor, 1990), 특히 pp. 89-114에서 발견할 수 있다.

고린도전서 10:23-11:1

23 모든 것이 가하나 모든 것이 유익한 것은 아
니요 모든 것이 가하나 모든 것이 덕을 세우
는 것은 아니니
24 누구든지 자기의 유익을 구하지 말고 남의
유익을 구하라
25 무릇 시장에서 파는 것은 양심을 위하여 묻
지 말고 먹으라
26 이는 땅과 거기 충만한 것이 주의 것임이라
27 불신자 중 누가 너희를 청할 때에 너희가 가
고자 하거든 너희 앞에 차려 놓은 것은 무엇
이든지 양심을 위하여 묻지 말고 먹으라
28 누가 너희에게 이것이 제물이라 말하거든 알
게 한 자와 그 양심을 위하여 먹지 말라
29 내가 말한 양심은 너희의 것이 아니요 남의
것이니 어찌하여 내 자유가 남의 양심으로
말미암아 판단을 받으리요
30 만일 내가 감사함으로 참여하면 어찌하여 내
가 감사하는 것에 대하여 비방을 받으리요
31 그런즉 너희가 먹든지 마시든지 무엇을 하든
지 다 하나님의 영광을 위하여 하라
32 유대인에게나 헬라인에게나 하나님의 교회
에나 거치는 자가 되지 말고
33 나와 같이 모든 일에 모든 사람을 기쁘게 하
여 자신의 유익을 구하지 아니하고 많은 사
람의 유익을 구하여 그들로 구원을 받게 하라

11:1 내가 그리스도를 본받는 자가 된 것 같이 너
희는 나를 본받는 자가 되라

원 의미

마지막으로 바울은 우상에게 바쳐진 고기에 관해서 논의를 시작했던 곳으로 다시 돌아간다. 이교도의 예배 시간 동안에 먹는 독특한 경우를 제외하고서 신자들은 하나님의 영광과 다른 사람의 복리를 위한 것인 한, 먹을 자유가 있다. 23절은 6:12을 거의 문자적으로 재진술한다("모든 것이 가하다…"). 하지만 여기서 바울은 끝부분에 "하지만 모든 것이 유익한 것은 아니요"라고 덧붙인다. 지금 그는 그리스도 안에서 자유를 행사하는 개인의 영향에 관한 것보다는 공동적인 것에 관해서 더 생각하고 있다. 여전히 고린도인들의 슬로건에 대해서 "예, 하지만"의 접근 방식은 불변하다. 24절은 그 제한을 확장시킨다. 크리스천들은 자기를 넘어서서 다른 이들을 섬길 수 있어야 한다. 25-30절은 고린도의 시장에서 팔린 고기를 사서 먹을 수 있고(25-26절) 또 친구들의 집에서 그것을 먹을 수 있는(27-30절) 두 구체적인 상황에 대한 바울의 원리를 적용시킨다. 각각의 경우에 고기가 우상에게 바쳐졌을 가능성이 매우 높다. 시장에서 파는 음식의 경우에 바울의 명령은 제한적이지 않다: 그것을 자유롭게 사서 먹어라. 음식과 음료는 하나님의 선하신 창조의 일부이고(시 24:1), 그의 백성들이 누리도록 주어진 것이다(25-26절). 어느 음식도 본질적으로 불결하지 않다(참조. 롬 14:14). 친구의 집에서의 경우에, 심지어 먹는 음식에 대해서 양심의 가책을 갖지 않는 불신자의 경우에, 바울은 약간 덜 강력하지만 그의 일반적인 확증은 동등하게 확실하다—너희는 원하는 대로 가서 먹고 어느 의심도 갖지 말라(27절). 하지만 참석한 사람 중에 어떤 이가 우상에게 바쳐진 음식에 관한 문제를 꺼낸다면 절제할 것을 고려해야 한다(28a절). 불신자였다면, 우상에게 바쳐진 고기를 먹는 것에 전혀 양심의 억압을 받지 않을 것이기 때문에 아마도 이 사람은 "약한" 동료 크리스천일 것이다.[1] 이런 상황에서는 다른 이를 죄로 이끌거나 그의 양심을 혼란하게 하지 않도록 절제할 것을 결정할 수 있다.

28-29a절은 옛 RSV에서처럼 삽입구로서 강조해야한다. 그때에 29-30절은 바울의 주요한 사상의 흐름을 재개한다. 그는 하나님께 감사하고 참석한 다른 이들의 암암리의 생각이 무엇인지에 대해서 고민하지 않을 자유를 변호한다.[2]

고린도전서 10:31-11:1은 마지막으로 하나님의 영광이라는 맥락 속에서—하나님의 표준과 우선순위에 적합한—자유와 제한의 쌍둥이 원리를 재진술한다(31절). 바울은 교회 안이든 밖이든 가능한 한 사람들이 죄를 짓지 않도록 이끌려하지만, 그가 근본적으로 강조하는 동기는 가능한 한 많은 사람들이 구원을 얻는 것이다(32-33절; 9:19-23). 그리고 바울은 고린도인들이 그를 조심스럽게 닮을 수 있도록 그의 행위와 동기에 관한 다소 긴 논의를 포함시킨다. 적어도 그가 그리스도와 같은 행위를 성공적으로 모범을 보이고 있는 것에서 말이다(11:1).

---

1. Kistemaker, *First Corinthians*, 355은 문제제기를 한다: "하지만 크리스천은 먼저 그 음식에 대해서 묻고 식사를 위해 머물 수 있었는가? 물론 아니다." 유감스럽게도 그것은 전혀 명백하지 않다. 그것은 크리스천이 식사를 위해 역시 머물 수 있지만 단지 식단에 죄를 짓는 요리를 먹지 않는 것으로 삼갈 수 있었다는 것을 꽤 상정해 볼 수 있을 것이다.

2. 25-30절의 세 주요한 부분(25-27, 28-29a, 29b-30절)의 상관적인 이 해석에 대해서는 Bruce, *1 and 2 Corinthians*, 99-100을 보라. 이 단락의 구조에 관한 접근의 개요에 대해서는 Duane F. Watson, "1 Corinthians 10:23-11:1 in the Light of Greco-Roman Rhetoric: The Role of Rhetorical Questions," *JBL* 108(1989): 301-18을 보라. 아마도 왓슨이 새로운 의미로 변호하고 있는 가장 흔한 해결책은 31-33절이 간접적으로 반응한 또 다른 고린도인들의 슬로건을 29-30절이 반영하고 있다는 것이다. 하지만 그 연관성은 기껏해야 빈약하다. 왓슨은 내가 선호하는 삽입구적인 견해를 반대한다. 그는 "약한 자"에 대한 바울의 관심이 8:13; 9:19-23과 10:24에서 더 강한 것으로 보인다고 생각하기 때문이다. 하지만 내가 아래에서 주장하는 것처럼, 바울은 신자와 불신자의 혼합된 단체에서 복음전도적인 잠재성 때문에 제한보다는 자유를 선호해서 여기서 사실상 그 규모를 다루고 있다.

상황잇기

10:23-11:1의 배후에 있는 원리의 대부분은 이미 8장에서 논의했다. 분명히 두 근본적인 원리는 불변한다. 크리스천들은 도덕적으로 중립적인 문제들에서 본질적인 자유가 있지만 그들의 행위는 다른 이들의 관심과 상관이 있어야 한다. 요약적인 단락의 두 강조점(10:31-11:1)은 율법에 관한 예수의 두 요약을 상기시킨다: 하나님을 온 마음으로 사랑하고 네 이웃을 네 자신처럼 사랑하라(마 22:37-40). 여기서 바울은 하나님께 영광을 드리고 동료 인간들을 기쁘게 하는 측면에서 그것을 상술하고 있다. 이전처럼 25-26절에서 함축되어진 허락을 본질적으로 부도덕하거나 파괴적인 행위로까지 일반화시킬 수는 없다.

이 부분에서 주요한 새 항목은 25-30절에서 절제에 대한 것보다 자유를 선호해서 국면을 전환시키고 있다.[3] 하나님은 인간의 기쁨을 위해서 물질적인 세계를 창조하셨다. 물론 우리가 그것을 남용해서는 안 될지라도 말이다(창 1:28). 모든 피조물은 신자들을 위한 잠재적으로 유용한 목적을 가지고서 하나님의 주권 하에 있다(26절). 무엇보다도 바울은 많은 남녀들이 가능한 한 주 예수의 구원하는 지식에 이르기를 원한다(33b절). 여기에는 제할 수 없는 복음 메시지, 가장 중심적으로는 그리스도의 십자가라는 걸림돌이 있다(1:18-2:5). 하지만 그 길은 불필요한 장애를 제거해야 하고, 기독교를 하라 하지 말라는 식의 긴 목록에 굴복하는 것으로 묘사하는 율법적인 라이프스타일은 교회 역사의 대부분의 시기에서 불신자들이 믿음으로 나아오는데 주요한 장애 요인 중 하나였다.

이상적으로는 바울은 모든 이들을 기쁘게 하기를 원하지만 아브라함 링컨이 후대에 올바르게 말한 것처럼 "당신은 모든 사람을 항상 만족시킬 수는 없다."[4] 따라서 어떤 이가 바울이 행한 것으로 인해서 상처를 받는다면, 바울은 그 사람이 전적으로 잘못된 이유 때문에 그리스도에게서 떠나가는 불신자가 아니라 구세주의 손안에 안전하게 확보된 크리스천이 되기를 바란다. 이런 선호는 율법주의의 보다 심각한 형태에 대해서 다른 곳에서 바울이 격론한 것과(갈 2장; 빌 3장), 보수적인 종교 세력을 화나게 했던 방식으로 "세리와 죄인들"과 일관되게 같이 하신 예수의

3. 보다 일반적으로 바울의 문서에서 이 주제에 관해서는 특히 Peter Richardson, *Paul's Ethic of Freedom* (Philadelphia: Westminster, 1979)을 보라.

4. 더욱이 여기서 바울의 원리를 사람들을 기쁘게 하려는 것을 부인하는 갈라디아서 1:10과 혼돈을 일으켜서는 안 된다. Barrett, *First Corinthians*, 245). 갈라디아서에서 "사람들을 기쁘게 하는 것"은 악한데, "그것은 사람들을 좋게 하거나 박해를 피하기 위해서 행해지는 것이기" 때문이다. 여기서는 "믿음으로 사람들을 이끌기 위해서 행하는 것이기" 때문에 그것은 선하다.

라이프스타일과 완전히 일치한다.

고린도전서 11:1도 4:16과 연관에서 우리가 살폈던 도전적인 모델을 역시 제공해준다. 그것은 마치 바울이 "당신은 자유와 제한을 적절하게 균형 짓는 일관된 크리스천의 삶을 사는 것이 무엇을 의미하는지를 알기 원하는가. 그렇다면 나를 지켜보고, 나를 따르라. 그리고 나를 따라서 살라. 내가 완전하지 않을 수 있으나 나는 그리스도가 사셨던 비이기적인 삶을 닮으려고 애쓰고, 내가 성공한 정도로 당신도 동일하게 성공해야 한다"라고 말하는 것과 같다. 고대의 그리스도인의 행위가 당대의 이교도들 사이에서 자주 눈에 띄었던 것은 놀랍지 않다. 초대 교회 신자들은 그리스도 안에서 어느 누구도 더 이상 유대인이나 헬라인이 아니라 이 두 부류와는 질적으로 구분되는 "제삼의 인종"이 되었다는 개념으로 10:32을 자주 이끌어내었다.

현대적 의미

다시금 나는 독자들에게 8장의 적용을 언급하고자 한다. 하지만 약간 더 여기서 언급할 수 있다. 25절은 먹기에 용인되는 음식에 관한 원 이슈를 넘어서서 생태학과 환경 보전에 대한 의미를 담고 있다. 보다 일반적으로 이 주제에 관한 성경의 가르침처럼 바울은 피조된 세계가 오직 하나님의 형상으로 창조된 인간과는 범주적으로 구분됨을 인식한다. 따라서 우리는 선한 목적을 위해 피조물을 활용할 권리와 책임을 갖고 있다(창 1:28). 채식주의를 요구하거나 동물의 권리를 인간 권리의 수준으로 올려놓는 것은 인간과 나머지 피조물 사이에 이런 구분을 퇴색시키지만, 환경을 흑기사식으로 남용하는 보다 흔한 현대의 질병은 하나님이 보시기에 더 심각하게 잘못되었다.[5]

이 항목에서 더 핵심이 되는 것은 복음을 불신자들에게 전할 때 제한보다는 자유에 대한 바울의 선호다. 보수적인 기독교의 비기독교적인 단조로움은 우리를 완고하고 율법적인 기쁨을 죽이는 자로 일관되게 특징짓게 만든다. 그리고 적어도 이런 풍자의 일부는 적절하다. 복음주의자들도 도덕적으로 분명하지 않은 영역에서 경계를 이끌어내기 위해서 자주 논쟁한다. 피(Fee)는 이 문제에 대해서 보수주의자들은 바울의 견해가 실로 얼마나 '자유로운' 지를 계산하는데 실패한다. 바울

5. 크리스천의 환경적인 책임에 대한 일반적으로 균형 잡힌 관점을 Richard D. Land and Louis Moore, eds., *The Earth is the Lord's: Christians and the Environment*(Nashville: Broadman, 1992)에서 발견할 수 있다.

은 전통적인 규제에 거의 제한을 받지 않는다.[6]

이런 흐름의 기분 좋은 예외가 단조로움을 도전하고, 많은 재미있는 활동을 조직하며, 보통 훌륭한 대중들에게 매력을 주며, 많은 이들을 진정한 믿음으로 데려오며, 그들의 공동체에서 "입으로 고백만 하는 약한 형제들"의 비판을 뚫고 나아가는 창조적인 교회 젊은이 그룹과 파라처지 캠퍼스 사역에서 자주 나타나고 있다. 유감스럽게도 교회 안팎에서 더 나이든 어른들 사이에서 유사한 기쁨과 창조성과 자유의 많은 모델들이 나타나고 있지 않다는 것이다. 일부 예배 프로젝트와 "목표를 정한 그룹 사역"[7]은 삶의 다양한 걸음걸이에서 성인들에게 복음을 전하는데 효과적인 대안적 접근이 될 수 있을 것이다. 우리의 복음전도가 불신자들의 죄를 정죄하기보다 그들의 삶에서 나타나는 선과 진리를 확증하는데 더 빠른 태도와 라이프스타일을 적용한다면 더 효과적일 수 있다.[8]

다시 한 번 모든 차원에서 모델이 있을 필요가 분명히 있다. 행복하게도 일부 크리스천들은 개인주의와 분리주의의 지배적인 흐름을 강력히 저항하고 있다. 자신들의 가정을 손님이나 거주자들에게 공개하는 가정들, 자신의 사역에 젊은 크리스천들을 데리고 다니는 지도자들, 업무 시간 이외에 학생들과 고객들에게 관대한 시간을 내어주는 교사들과 상담자들, 그리고 일터와 가정에서 윤리적인 행위를 실천하는 사업가들이 있다. 그러나 그러한 사람들은 소수에 불과하다. 더 많은 멘토와 영적인 지도자들이 기독교 세계에 필요하다.[9]

---

6. Fee, *First Corinthians*, 491.
7. Frank R. Tillapaugh, *The Church Unleashed*(Ventura : Regal, 1982)을 보라.
8. 여기서 제기된 개념을 시행하기 위한 제안들과 더불어 기독교인의 자유의 충일함에 관한 잘 알려진 훌륭한 해석에 대해서는 Charles R. Swindoll, *The Grace Awakening*(Dallas : Word, 1990)을 보라.
9. 더 자세한 것은 Paul D. Stanley and J. Robert Clinton, *Connecting : The Mentoring Relationships You Need to Succeed in Life*(Colorado Springs : NavPress, 1992) ; Ron C. Davis with James D. Denney, *Mentoring : The Strategy of the Master*(Nashville : Thomas Nelson, 1991)을 참조하라.

고린도전서 11:2-16

2 너희가 모든 일에 나를 기억하고 또 내가 너희에게 전하여 준 대로 그 전통을 너희가 지키므로 너희를 칭찬하노라
3 그러나 나는 너희가 알기를 원하노니 각 남자의 머리는 그리스도요 여자의 머리는 남자요 그리스도의 머리는 하나님이시라
4 무릇 남자로서 머리에 무엇을 쓰고 기도나 예언을 하는 자는 그 머리를 욕되게 하는 것이요
5 무릇 여자로서 머리에 쓴 것을 벗고 기도나 예언을 하는 자는 그 머리를 욕되게 하는 것이니 이는 머리를 민 것과 다름이 없음이라
6 만일 여자가 머리를 가리지 않거든 깎을 것이요 만일 깎거나 미는 것이 여자에게 부끄러움이 되거든 가릴지니라
7 남자는 하나님의 형상과 영광이니 그 머리를 마땅히 가리지 않거니와 여자는 남자의 영광이니라
8 남자가 여자에게서 난 것이 아니요 여자가 남자에게서 났으며
9 또 남자가 여자를 위하여 지음을 받지 아니하고 여자가 남자를 위하여 지음을 받은 것이니
10 그러므로 여자는 천사들로 말미암아 권세 아래에 있는 표를 그 머리 위에 둘지니라
11 그러나 주 안에는 남자 없이 여자만 있지 않고 여자 없이 남자만 있지 아니하니라
12 이는 여자가 남자에게서 난 것 같이 남자도 여자로 말미암아 났음이라 그리고 모든 것은 하나님에게서 났느니라
13 너희는 스스로 판단하라 여자가 머리를 가리지 않고 하나님께 기도하는 것이 마땅하냐
14 만일 남자에게 긴 머리가 있으면 자기에게 부끄러움이 되는 것을 본성이 너희에게 가르치지 아니하느냐
15 만일 여자가 긴 머리가 있으면 자기에게 영광이 되나니 긴 머리는 가리는 것을 대신하여 주셨기 때문이니라
16 논쟁하려는 생각을 가진 자가 있을지라도 우리에게나 하나님의 모든 교회에는 이런 관례가 없느니라

원 의미

바울이 다루고 있는 다음 세 주제는 모두 예배 시의 행위를 다룬다. 그것들은 남자와 여자들이 머리를 덮어야 하는지의 문제(11:2-16), 성찬 시의 적절한 행위(11:17-34), 그리고 영적인 은사들의 사용과 남용(12-14장)을 포함한다. 이 가운데 마지막 주제만이 고린도로부터의 서신에 들어있는 항목에 직접적으로 답하고 있음을 암시하는 "이제…에 대해서는"(now about)으로 시작한다. 하지만

11:2은 고린도인들이 "모든 일에 나[바울]를 기억하고 또 내가 너희에게 전하여 준 대로 그 전통[가르침]을 너희가 지켰다"는 고린도인들의 확증에 대한 바울의 반응을 반영하고 있지 않다면 상당히 급격하고 어색한 것으로 보인다. 그것들이 여성과 남성에 대한 동등성(참조. 갈 3:28)에 대한 바울의 가르침과 성찬을 규칙적으로 실천하는 전통(참조. 23절)에 충실함을 상술하고 있었을 가능성이 있다.[1] 어쨌든 이 두 이슈들이 거명되고 있든 않든 간에, 바울은 모든 것이 잘 되고 있지 않음을 암시하는 정보(적어도 그들의 서신으로부터 일부 정보를 얻지 않았다면, 분명히 다른 사람의 보고로부터—18절)를 갖고 있다.

머리를 덮는 문제에 관한 경우에 바울은 "예, 하지만"의 논리를 계속한다. '예'로서 그는 그의 가르침에 그들이 신실함을 칭찬하지만(아마도 자유에 대한) 그들은 너무 멀리까지 그 일을 진전시켰다(3절에 "이제"[now]는 아마도 "그러나"[but]로 번역해야 한다—개역개정은 "그러나"로 번역하고 있다-옮긴이). 즉 남자와 여자가 그리스도 안에서 하나님 앞에 동등한 것은 사실이지만 그렇다고 성 간의 모든 차이가 사라짐을 의미하지 않는다.

3-16절의 배후에 있는 사건들은 다음과 같이 열거할 수 있을 것이다. 그리스도 안에서 여성들이 새롭게 자유를 찾았기 때문에 고린도 교회에서 여성들이 기도하고 예언하였다(5a절). 오순절로부터의 기독교 전통은 그러한 관행을 확증해주었고(행 2:18), 자유에 관해서 바울이 강조한 것과 조화된다. 하지만 여성들이 단순히 예배 시에 예언한 것만이 아니라 사회적인 통념과 창조의 질서를 불필요하게 깔보는 방식으로 그리 했다. 따라서 바울은 그들이 절제를 행할 것을 권면해야 했다. 8-10장에서처럼 지식이 사랑으로 조절되어야 한다.[2]

3-10절을 이해할 수 있는 열쇠 중에 하나는 "머리"란 단어에 대한 바울의 언어유희를 인식하는 것이다. 이 단락의 주요한 요지는 사람의 물리적인 머리를 덮거나 덮지 않는 것이 그 사람의 영적인 머리를 영예롭게 하거나 불명예스럽게 한다는 주장이다. 3절은 영적인 헤드십의 그러한 관계성을 설정하지만 머리(헬. '케팔레')란 용어가 여기서 의미하는 것이 뜨겁게 논쟁이 된다는 것은 사실이다. 그 용어는 자주 비유적으로 사용되지 않고(즉, 사람의 신체의 일부 이외에 다른 것을 언

---

1. 참조. Gail P. Corrington, "The 'Headless Woman': Paul and the Language of the Body in 1 Cor 11:2-16," *PRS* 18(1991): 225.
2. 특별한 곳에서는 자주 추상적일지라도, 넓은 윤곽에서 보통 설득적인 고린도 안에서 사건들에 대한 가장 상세한 재구성은 Antoinette Wire, *The Corinthian Women Prophets*(Minneapolis: Fortress, 1990)이다.

급하지 않는다), 만약 비유적으로 언급되었을 때, 그것의 두 주요한 의미는 "근원"이나 "권위"였던 것으로 보인다.[3] 바울은 다른 곳에서 이 두 의미를 사용한 것으로 보인다(예를 들어, 엡 4:15은 "근원"이고, 엡 1:22은 "권위"에 해당한다). 따라서 이 둘 중에 하나를 결정하는 것은 인접한 문맥에 달려 있다. 하지만 그럴 경우에도 여기서 바울은 8-9, 12절에서 남자와 여자의 기원으로부터 논증을 하면서 10절에서 권위(헬. '엑수시아')에 대해서 명백하게 언급함으로써 혼합된 표시를 전달하고 있다. 바울이 여자 위에 있는 "머리"로 남자를 칭하는 다른 단락은 남편에 대한 아내의 복종을 역시 가리킴으로(엡 5:22-24) 여기서도 역시 "권위"가 약간 더 가능해 보인다.

3절의 세 부분의 순서도 역시 의미가 있다. 어떤 주석가들은 이 순서가 바울이 "여자의 머리는 남자이고, 모든 남자의 머리는 그리스도이며, 그리스도의 머리는 하나님이라"고 썼던 것처럼 명령의 사슬을 형성하지는 않는다는 것을 강조한다. 다른 한편으로 고린도에서의 문제는 자신들의 머리를 존중하지 않는 남자와 여자(그리스도는 아니다)와 관련되어 있기 때문에 바울이 먼저 남자와 여자의 머리를 언급해야 했던 것은 자연스럽다. 마지막에 하나님과 그리스도의 관계를 설정한 합리적인 이유는 남자, 여자, 그리고 그들의 머리 사이에 관계성을 대한 유추로서 거의 하나님과 그리스도에 대한 것에 관심을 기울이고 있을 것이다(12절에서의 동일한 순서).

3절에서 "머리"란 용어에 "권위"의 의미를 두기를 거부하는 해석이 갖는 적어도 세 가지 부가적인 문제들이 있다. 첫째로 만약 "머리"를 단순히 "근원"으로 간주한다면, 그것은 하나님이 그리스도를 창조하셨다고 주장했던 고대의 아리안 이단을 피하기 위해서 성육신에 대한 언급으로서 "그리스도의 머리는 하나님이다"를 해석하는 일을 필요로 할 것이다. 하지만 이 단락의 어느 곳에서도 하늘에서 땅으로 오신 예수를 다루지 않고, 반면에 8-9절과 10-11절에서 바울의 신학적인 논증은 하나님이 창조의 시간에 만물을 형태 지우셨던 방식으로 명백하게 호소하고 있다. 둘째로 모든 교회 역사의 대다수가 "머리"를 "권위"로 이해했다. 물론 전통적

3. 짤막하면서도 좋은 자료의 제시가 Joseph A. Fitzmyer, "Another Look at ΚΕΦΑΛΗ in 1 Corinthians 11.3," *NTS* 35(1989): 503-11와 같은 저자의 "*Kephale* in 1 Corinthians 11.3," *Int* 47(1993): 52-59에서 나타난다. 더 길게 이 논의를 추적하는데 관심이 있는 사람들은 Wayne Grudem, "The Meaning of *Kephale*('Head'): A Response to Recent Studies," in *Recovering Biblical Manhood and Womanhood*, ed. John Piper and Wayne Grudem(Wheaton: Crossway, 1991), 425-68와 거기서 개관된 문헌을 참조하라.

인 일치는 발생하지 않지만, 그것을 뒤바꾸기 위해서는 상당한 논증을 필요로 한다. 셋째로 최근 몇 년까지 "근원"을 주장했던 거의 모든 사람들이 계급적인 구조 내에서 그렇게 했다. 말하자면, 바울이 3절에서 기원에 대한 것만을 말하고 있다할지라도, 그는 우리에 대해서 권위를 갖는 이들을 존중하라는 다음 명령을 설정하기 위해서 그렇게 하고 있다.[4] 그러나 다행히도 "머리"의 정확한 의미에 서로 일치를 보이지 않을 수 있을지라도, 이 단락의 전반적인 진의는 명백하다.

3-10절에서의 또 다른 논쟁되는 이슈는 NIV가 일관되게 "남자"('아네르')와 "여자"('구네')로 번역하고 있는 단어의 번역과 관련이 있다. 남자와 여자라는 용어가 동시에 나오는 다른 모든 곳에서 바울은 디모데전서 2:8-15을 제외하고서 그 용어를 남편과 아내를 가리키는 것으로 언급한다. 바울이 모든 여성에 대한 권위가 모든 남자에게 있다고 주장하고 있다고 이해하기는 훨씬 더 어렵고, 그 단락을 남편과 아내를 의미하는 것으로 계속 해석한다면(예를 들어, 5절) 훨씬 더 쉽다. 남자와 여자의 창조에 대한 언급(8-9절)은 전자 곧 남자와 여자에 대한 일반적인 언급으로 이해할 만하지만 아담과 하와는 전형적인 남자와 여자일 뿐만 아니라 처음으로 "결혼한" 커플이다. 바울이 7장에서 독신과 과부의 문제를 언급하고 있는 것으로 보건대, 우리는 고린도 교회에서의 모든 여성이 심지어 족장사회에서조차도 필연적으로 모든 경우에 구체적인 남성의 권위—즉, 남편이나 아버지—아래 살고 있다고 추론할 수는 없다. 따라서 NRSV가 3절의 중간 어절을 "남편은 아내의 머리다"라고 번역한 것은 정당할 것이다.

4-5a절은 바울의 언어유희를 계속 진행시킨다. 각각의 구절에서 "머리"란 말의 첫 번째 사용은 육체적인 부분을 일컫고, 두 번째 사용은 영적인 권위나 기원(권위인지 기원인지는 '케팔레'를 어떻게 해석하느냐에 달려 있다)을 일컫는다. 기도와

---

4. "근원"으로 '케팔레'를 지지하는 가장 널리 인용되는 문서(Stephen Bedale, "The Meaning of in the Pauline Epistles," *JTS* n.s 5[1984]: 211-15)는 이 요지를 명확히 하지만("즉, 남성은 여성과 관련한 '아르케'[시작]라는 점에서 '케팔레'이고, 성 바울의 견해에서 결과적으로 여성은 '종속적'[참조. 엡 23절]이다", 214), 베달의 견해는 그의 결론을 생략한 페미니스트 저자들에 의해서 자주 잘못 사용되었다. 또한 Elisabeth Schussler Fiorenza, *In Memory of Her*(New York: Crossroad, 1983), 229은 "하향적인 계급구조, 즉 하나님—그리스도—남자—여자로 내려가는 구조로 바울의 관점을 설명"하는데, 그 경우에 "머리"나 "근원"으로서 이전의 지체는 "다른 존재들을 확립했던 점에서 그보다 더 우위에 있다."

5. "남자가 머리에 무엇을 쓰고 기도하거나 예언하면 그는 자기 머리를 부끄럽게 하는 것입니다. 그리고 여자가 머리에 무엇을 쓰지 않은 채로 기도하거나 예언하면, 그는 자기 머리를 부끄럽게 하는 것입니다—그녀는 머리를 민 여자와 같습니다. 여자가 머리에 아무것도 쓰지 않으려거든 그는 머리를 깎으십시오, 그러나 머리를 깎거나 미는 것은 여자에게 부끄러운 일이기 때문에 그녀는 머리를 다시 기르십시오. 남자는 긴 머리를 가져서는 안 됩니다."

예언에 대한 언급은 문맥이 공중예배임을 보여주고, 특히 후자 곧 예언하는 일은 효력을 발생시키는 청중이 있어야 한다. 12-14장은 예언에 관한 바울의 이해를 설명해줄 것이다. 지금으로서는 특별한 회중을 위해서 그리스도인 전달자에게 하나님이 주신 메시지의 선포로 예언을 폭넓게 정의하는 것으로 충분하다. 예언자가 하나님이 그에게 어떤 메시지를 선포하도록 이끄셨음을 확신한다면, 예언은 즉각적인 언급과 세심하게 짜인 전달을 포함할 것이다(아래에 pp. 280-281을 참조하라).

4절에 "머리에 쓴 것"은 직역하면 "머리로부터 내려온 것"이라고 독법할 수 있다. NIV의 각주[5]가 명확하게 하고 있는 것처럼 이것은 가리개나 걸치개와 같은 외적인 덮개라기보다는 긴 머리를 가리킬 수 있다. 14-15절에서 바울은 남자와 여자의 상대적인 머리의 길이에 대해서 단정적으로 이야기할 것이다. 따라서 그것은 바울이 전반적으로 헤어스타일에 대해서 말하고 있다고 추정하는 것이 보다 자연스럽다. 헬라 남자에게서 긴 머리는 동성연애적인 행위를 하는 자로 의심받을 수 있었다.[6] 만약 이것이 외적인 덮개를 의미하는 것이라면, 바울은 로마의 사제들이 희생제사를 드리거나 종교적인 의식을 하고 있는 동안에 머리 위로 토가를 감아올린 것과 유사한 관행을 거부하고 있을 것이다.[7] 여전히 또 다른 가능성은 남자의 긴 머리가 그들의 모양을 소피스트들의 교묘한 머리와 유사한 것으로 만들었다는 것이다.[8]

그러나 아내들은 그들의 머리를 덮어야 한다(5a절). 다시금 여기서 덮개는 긴 머리를 가리킬 수 있었다. 바울은 결혼한 사람들의 관습이었던 것처럼 아내들이 풀어헤쳐지고 흘러내린 머리—어떤 범주에서는 결혼하지 않았거나, 나쁘게는 간음자(유대인들 사이에서)나 이교도 또는 예언적 열광자(헬라인들 사이에서)에 대한 표시—보다 "정돈되어 올리기"를 원하였을 것이다. 또는 아내들이 그들의 머리를 너무 짧게 하였을 수 있었다. 유대 범주에서 정죄 받은 간음녀의 머리나 헬라 세계에서 레즈비언(동성연애) 관계에 있는 "남성" 파트너의 머리를 짧게 깎은 것처럼 말이다. 대안적으로 만약 그것이 외적인 머리 덮개를 의미하는 것이라면, 아마도 헬라의 많은 여성들이 여전히 공중석상에서 그랬던 것처럼 바울은 결혼한 여

6. 특히 Jerome Murphy-O'Connor, "Sex and Logic in 1 Corinthians 11:2-16," *CBQ* 42(1980): 482-500을 보라.

7. 특히 Richard E. Oster, "When Men Wore Veils to Worship: The Historical Context of 1 Corinthians 11.4," *NTS* 34(1988): 481-505을 보라.

8. Stanley K. Stowers, "Social Status, Public Speaking and Private Teaching: The Circumstances of Paul's Preaching Activity," *NovT* 26(1984): 75을 보라.

성들이 머리에 걸치개를 할 것을 원했을 것이다. 바울은 인간의 욕정을 잠정적으로 초월하여 있음을 보여주기 위해서 이교도의 예배 동안에 머리 덮개를 없앴던 사람들을 모방하지 않기를 결혼한 여성들에게 바랐을 것이다.[9]

5b-6절에서 바울은 여성이 성욕이나 부적절한 머리 형태나 머리단장의 부족으로 종교적인 헌신에 대해서 모호한 신호를 보내고 있다면, 그때에 그들은 가서 머리를 밀고(또는 모든 머리 덮개를 벗어버리고) 명확하게 잘못된 신호를 보낼 것임을 아이러니하게 지적한다! 그러나 7-10절은 바울이 진정으로 원하는 것을 진술한다. 즉 고린도인들의 남편과 아내들은 한분 참되신 하나님에 대한 예배와 결혼의 신설성에 대한 문화적으로 적절한 표시로 돌아갈 것을 그는 말한다. 7절은 "하나님의 영광과 형상"으로 남편을 언급하고 아내를 "남편의 영광"으로 언급함으로써 이 요지를 만들어준다. 14-15절에서 "영광"은 "수치"의 정반대이고, 이 두 곳에서 그것은 "영예"의 의미를 전달할 것이다. 크리스천 남자가 게이나 이교도처럼 보인다면 하나님을 불명예스럽게 하고 여자가 레즈비언이나 불신실한 것으로 보인다면, 그녀의 남편을 불명예스럽게 한다. 부적절한 방식으로 남편과 아내가 행할 때 분명히 남편은 역시 아내를 불명예스럽게 하고 아내는 하나님을 불명예스럽게 하지만, 만약 권위의 구조가 이 단락에서 내재되어 있다면 바울의 덜 포괄적인 어휘는 이해할 만하다. 직접적인 영적 머리를 불명예스럽게 하지 않도록 사람들은 특히 관심을 가져야 한다.

8-9절은 4-7절의 명령을 창조에 의한 두 가지 논증으로 토대를 놓는다.[10] (1) 아담이 먼저 창조되었고, 그 다음에 하와가 창조되었다(8절), (2) 여자는 남자에게 적합한 돕는 자가 되기 위해서 창조되었지(창 2:18), 그 반대가 아니다(9절). 10절은 바울의 논증의 첫 부분을 절정으로 가져오지만 상당히 모호한 진술에 해당한다. "그러므로"(이 때문에)는 이 문장이 머리를 덮어야 하는 여자들에 대한 진전된 근거를 제공함을 암시한다(많은 머리로 덮든지, 가리개로 덮든지 간에 말이다). 따라서 NIV는 '엑수시아 에케인 에피'(직역하면, "너희에게 권위가 있는")을 "권위의

9. 이 경우에 각기 가능성 있는 유대적 배경에 대해서는 특히 James B. Hurley, *Man and Woman in Biblical Perspective*(Leicester: InterVarsity Press; Grand Rapids: Zondervan, 1981), 162-84, 254-71을 보라; 그리스도 로마의 배경에 대해서는 Dennis R. MacDonald, "Corinthian Veils and Gnostic Adrogynes," in *Images of the Feminine in Gnosticism*, ed. Karen L. King(Philadelphia: Fortress, 1988), 276-92와 함께 Fee, *First Corinthians*, 508-12을 참조하라.

10. 이에 관해서는 특히 L. Ann Jervis, "'But I Want You to Know…' Paul's Midrashic Intertextual Response to the Corinthian Worshipers(1 Cor 11:2-16)," *JBL* 112(1993): 231-46을 보라.

'표지' 를 갖는" 으로 번역한다. 하지만 헬라어에서 "표지" 란 단어는 없고, "권위를 갖는" 은 여자들이 적극적으로 활동하는 것을 가장 자연스럽게 의미한다. 고로 인기 있는 최근의 견해는 여인들의 머리를 덮는 것은 기도하고 예언하는 '여성의' 권위를 가리킨다는 것이었다.[11] 하지만 신약성경에서 이 세 용어를 사용한 구문의 모든 다른 사용들은 "…대해서 권위(제어)를 갖는" 을 의미한다(마 9:6[평행본문으로는 막 2:10; 눅 5:24]; 계 11:6; 14:18; 16:9; 20:6; 또한 눅 19:17에서 '에피' 대신에 '에파노' 를 갖고 고전 7:37에서 '에피' 대신에 '페리' 를 갖는 유사한 본문을 참조하라). 이것은 "이 때문에…한 아내는 그녀의 머리를 제어해야 한다[즉, 머리를 적절히 덮어야 한다]" 는 번역의 흐름을 암시한다.[12]

"천사로 말미암아" 는 동등하게 복잡하다. 이들이 성적으로 유혹을 당한 타락한 천사, 또는 인간 전달자나 교회 지도자들이라는 주장은 신약성경의 다른 곳에서 제한 없이 사용된 '앙겔로이' 의 일관된 의미에 반한다. 그 용어들을 하나님의 종으로서 피조물을 지키며 주의 백성들의 예배를 보호하는 천사들로 보는 것이 더 좋다. 그들은 특히 적절한 위엄과 예법으로 예배가 진행되기를 원할 것이다.[13]

11-12절은 바울의 논의에 중요한 제한을 도입한다. 강력한 대조로 시작한('플렌' -"그러나") 바울은 고린도인들에게 크리스천으로서 피조물임에도 불구하고 남편과 아내(아마도 더 일반적으로는 남자와 여자)는 근본적으로 상호의존적이라는 것을 상기시킨다. 창조의 질서는 뒤이은 생산으로 전환되고, 체계의 분류가 어떠하든지 간에 그것은 하나님이 구속하는 모든 것들의 기원이시라는 사실에 의해서 의미 있게 조절된다. 따라서 하나님은 우리의 궁극적이시고 가장 중요한 권위자이시다.

13-16절은 머리를 가리는 구체적인 문제로 되돌아가고, 이번에는 세 가지 진전된 논증을 갖고서 남자와 여자의 긴 머리에 대해서 명백하게 언급한다. 바울은 자신이 말하고 있는 것이 참이라는 것을 결론짓기 위해서 고린도인들에게 호소한 후에("너희 스스로 판단하라"(13a절)-참조. 10:15), 그는 경향(13b절), 본성(14-15절), 그리고 널리 퍼져 있던 모든 신자(16절)들의 1세기 관습을 논증한다.[14] 이 중에 첫

---

11. 특히 Morna D. Hooker, "Authority on Her Head: An Examination of 1 Cor. xi. 10," *NTS* 10(1966): 410-16와 더불어 시작되었다.
12. 특히 Jerome Murphy-O' Connor, "1 Corinthians 11:2-16 Once Again," *CBQ* 50(1988): 271을 보라.
13. 특히 Joseph A. Fitzmyer, "A Feature of Qumran Angelology and the Angels of 1 Cor. xi.10," *NTS* 4(1957): 48-58을 보라.

번째와 세 번째 논증은 바울의 시대에 있었던 "현상"을 분명히 가리킨다. "본성"은 하나님이 만물을 만드셨던 방식에 대한 호소처럼 들리지만 유대인이었던 바울은 하나님이 복 주셨던 나실인들에 대해서 알았을 것이다. 그들은 그들의 머리를 깎지 않았기 때문이다(이중에 삼손은 가장 유명한 사례가 될 것이다; 삿 13:5). 헬라 세계에서 스파르타 사람들은 어깨까지 내려온 긴 머리로 유명하였다. 하지만 대부분의 문화가 지금처럼 남자와 여자 사이에 긴 머리에 비교적 차이가 있었던 것은 사실이었다. 따라서 "본성"은 "오랜 습관 때문에 거의 본능적인", "오래도록 설정된 관습"으로 여기서 가장 잘 이해할 수 있다.[15]

15b절도 긴 머리나 헤어스타일이 2-16절의 이슈였음을 지원해준다. "가리는 것으로"는 더 직역하면 "둘러 입는 옷 대신에"로 번역할 수 있을 것이다. 즉 헬라여자들이 그랬던 것처럼 관습적인 머리 가리개를 하기보다는 정돈된 긴 머리가 크리스천 여성들에게 적합할 것이다. 한편으로 외적인 옷이 3-10절에서 고려되고 있다면, 바울은 여기서 유추를 이끌어내고 있을 것이다. "본성"이 여성들이 머리 가리개로 긴 머리를 해야 한다고 가르치는 것처럼, 여인들이 당대의 고정된 관습에 따라서 그들의 머리를 가리는 것이 적합하다. 하지만 이런 전환은 급격하고 4-7절에 대한 NIV 각주를 따라서 이 전체 단락의 주요한 주제를 머리로 보는 것이 약간 더 나아 보인다. 문법적으로 이 대안적인 번역의 가장 그럴법하지 않은 부분은 6절에서 "이제 그녀가 짧은 머리를 하게 하고" "그녀는 다시금 그것을 자라게 해야 한다"라는 식의 어구다. 하지만 여인들이 그들의 머리를 적절하게 "정돈하지" 않았다는 해석을 우리가 채택하면 번역의 문제는 해결된다. 그 때에 이 구절은 "만약 여인이 머리를 적절하게 하지 않는다면, 그녀는 머리를 역시 깎을 것이라, 그러나 여인이 남자들처럼 깎고 미는 것이 부끄럽다면, 그녀는 여성적인 형태로 머리를 해야 한다"라는 의미를 전달하고 있을 것이다. 그때에 15절은 "머리를 감아올릴 수 있도록 긴 머리가 여성에게 주어진다"로 번역할 수 있을 것이다.[16]

---

14. 16절은 직역하면 "우리는 그러한 관습을 갖고 있지 않고 하나님의 교회도 마찬가지다"라고 독법할 수 있다. 따라서 어떤 이들은 바울이 1세기 크리스천들은 머리 모양과 관련한 확립된 행동 양식을 갖지 않았음을 주장하고 있다고 제기한다. 이는 NIV의 "우리는 다른 관습을 갖고 있지 않다…"라고 제기한 것과 정반대의 의미다. 하지만 이런 번역은 바울이 특별한 관습에 대해서 주장하고 있는 13-15절에 비추어 볼 때 의미를 갖지 못한다. "'머리 덮개를 쓰기를 거부하는' 일부 고린도 여성들의 관습은 바울이 '우리가 그러한 관습을 갖고 있지 않다' 라고 말할 때 가리키고 있는 것이다." —Thomas R. Schreiner, "Head Coverings, Prophecies and the Trinity: 1 Corinthians 11:2-16," in *Recovering Biblical Manhood and Womanhood*, 138.
15. John T. Bristow, *What Paul Really Said About Women* (San Francisco: Harper and Row, 1988), 84.

상황잇기

이 단락은 신약성경의 동등한 길이의 본문에서 가장 복잡하고 논쟁적이며 모호할 것이다. 해석의 역사에 관한 개요는 이 본문이 무수한 질문에 대해서 얼마나 많은 주해적 선택들을 보여주고,[17] 해석자의 편에서 상당한 임의성을 부여했는지를 보여준다. 하지만 여전히 우리가 비교적 확신할 수 있는 몇몇 요지들이 있다. 바울이 이 단락을 쓰지 않았다는 주장은 거의 증거가 없으며, 또한 많은 현대 해석자들이 대체적으로 반대하고 있는 부분(3-7절이나 3-10절)이 사실상 바울이 11-16절에서 논박하고 있는 고린도인들의 입장이라는 주장은 거의 증거가 없다.[18] 전자의 입장은 후대에 부가한 것으로서 2-16절에 대한 사본학적인 증거를 완전히 결여하고 있다는데 기초하고, 후자의 입장은 13-16절이 3-10절에서 개요한 입장을 지원한다는 사실을 소홀히 하고 있다.

확실히 대부분의 해석자들은 이 단락에서 유추할 수 있는 한 가지 영원한 원리는 크리스천들이 성들 사이에 모든 구분을 모호하게 해서는 안 된다는 것에 일치한다. 영지주의는 원시적인 이상으로의 회귀로서 양성적인 인간존재를 소중히 여겼지만, 기독교는 하나님이 성적인 차이가 있는 성적 존재로 본래 남녀를 창조하셨다는 것을 인식한다. 따라서 우리는 어떤 이의 성을 인식할 수 없는 정도로 옷을 입거나 더 나쁘게는 성도착적인 행위로 성적인 모습을 바꿈으로써 이런 구분을 지우려고 해서는 안 된다. 베일, 숄, 모자, 그 어떤 것이든 간에 머리 가리개에 대해서 본질적으로 도덕적이거나 부도덕한 것이 없다는데 일반적으로 동의한다. 머리 형태에 대해서도 본질적으로 동일한 것이 적용되지만 남녀의 머리 형태에 내재되어 있는 사회적 함의라는 문화에 민감해야 한다. 때로 머리 가리개의 서로 다른 종류에 대해서도 마찬가지다.

이 단락에서 바울의 논증의 본질을 세심하게 주목하면 이런 일치된 견해를 얻

16. Murphy-O'Connor, "Sex and Logic," 499.
17. 칼빈에서부터 1970년대 후반에 이르기까지 선별적인 해석의 개관이 Linda Mercadante, From Hierarchy to Equality(Vancouver: G-M-H, 1978)에서 나타난다. Wire는 "Women's Head Covering," in *Prophets*, 220-23에서 이 개요를 간략하게 새롭게 한다. 각각의 모든 주요한 해석적인 선택의 대표적인 것들과 함께 핵심적인 이슈를 담고 있는 유익한 목록이 Sanford D. Hull, "Exegetical Difficulties in the 'Hard Passages,'" in Gretchen G. Hull, *Equal to Serve*(Old Tappan, N.J.: Revell, 1989), 252-57에 의해서 제공된다.
18. 각기 William O. Walker, Jr., "The Vocabulary of 1 Corinthians 11.3-16: Pauline or Non-Pauline," *JSNT* 35(1989): 75-88와 Thomas P. Shoemaker, "Unveiling of Equality: 1 Corinthians 11:2-16," *BTB* 17(1987): 60-63을 보라.

을 수 있다. 바울이 머리 길이에 대해서 명백하게 말하고 있을 때, 그는 적합한 것에 대한 그의 논증(13절), 통상적인 행위(14-15절), 그리고 당대의 관습(16절)에 기초하고 있다. 우리가 원 의미에 관한 논쟁에서 보았던 것처럼(특히 pp. 243-[illegible]를 보라) 이 구절들 중에 어느 것도 영원하고 초월적인 문화 명령을 함축하고 있지 않다. 설사 1세기에 이 관습들이 널리 퍼져 있었고 자주 다른 문화와 시대에서 모방되었을지라도 말이다. 바울이 창조의 질서와 목적에 그의 명령을 기초하고 있을 때(8-9절), 그는 남편이 하나님의 형상과 영광이며 아내가 남편의 영광이라는 그의 진술을 지원하기 위해서 그렇게 한다(7절). 특별한 문화에서 하나님과 남편에 대해서 적절한 존중을 갖는 것이 어떤 머리 가리개가 없이는 유지될 수 없을 때, 그러한 가리개는 사용되어져야 한다. 가리거나 벗은 머리, 길거나 짧은 머리는 그 사람의 종교적 헌신이나 결혼의 신실성에 대해서 어느 것도 함축하지 않을 때, 이런 방식으로 사람의 물리적인 머리의 모습에 대해서 염려하는 것은 불필요하다.

이 마지막 언급은 다른 중요한 역사적-문화적 관찰로 우리를 이끈다. 우리가 숄(걸치개)이나 머리카락이 주요한 문제라고 확신할 수 없을지라도, 또한 이 머리 가리개의 사용이나 비사용이 함축할 수 있는 많은 가능성이 있을지라도, 이 모든 선택들은 두 이슈 중에 하나로 귀결된다: 고린도인들이 그들의 머리에 대해서 했던 것은 그 모양의 '성적인' 또는 '종교적' 인(또는 둘 다) 의미 때문에 중요했다.

어느 문화에서도 신자들은 비그리스도인 세계의 성적인 잘못이나 우상숭배적인 예배 등과 잠재적으로 교류하는 옷의 형태를 적극적으로 피해야 한다. 실로 로마서 1:21-27은 불신앙의 신학적인 핵심을 우상숭배와 윤리적인 핵심을 성적인 죄와 동일시한다. 어떤 이가 그의 배우자에게 성적으로 불신실하고 문란하며, 동성연애적이고 또는 비기독교 종교나 이단적인 종파임을 제기하는 행위와 태도, 옷 그리고 머리 모양을 하는 것은 크리스천들, 특히 교회 안에서 전적으로 부적절하다.

이런 범주를 넘어서서 해석자들 사이에 분열이 일기 시작한다. 여성들이 그들의 남자들(남편들)을 부끄럽지 않게 해야 한다는 바울의 명령을 지원하기 위해서 8-9절이 여성(또는 적어도 아내들)의 복종에 기초한 논증을 제시할 때 "머리"의 의미에 관해서 여전히 널리 인식되는 불일치가 있다.

11-12절이 8-9절과 어떻게 관련이 있는지에 대해서도 전혀 일치가 없다. 어떤 이들은 11-12절을 단순한 삽입구로 다룸으로써 그 구절들이 강조하는 상호성을 간신히 유지한다. 또 다른 이들은 11-12절을 바울이 말했던 다른 모든 것을 취소시키는 것으로 간주한다. 그 구절들이 이 단락의 15절 가운데 오로지 두 절을 차지하고

있을지라도 말이다.

중간적인 견해가 선호된다. 그리스도인들이라는 "주안에서"가 창조의 본질을 상당히 제한하지만 결코 전체적으로 창조의 본질을 소멸시키지는 않는다.[19] 몇 가지 주목할 만한 점이 이런 견해에서 파생한다. (1) "창조의 법령"(하나님이 창 3장의 타락 전에 만물을 세우신 방법에 관한 논증들)은 신약성경에서도 모든 크리스천들이 따라야할 바람직하고 영원한 원리로서 규칙적으로 사용된다(예를 들어, 마 19:4-9에서 결혼 행위에 관한 예수의 논증). (2) 바울 자신은 8-9절을 구속받지 못한 사람들이 아니라 '크리스천들'에 대해서 명하는 행위의 근거로서 공급하고 있다. (3) 11-12절이 전적으로 8-9절을 취소시킨다면 8-9절은 무의미하고 불필요할 것이다. (4) '플렌'(11절에서 "그러나")을 "요지"(따라서 11-12절이 바울이 오랫동안 세우고자 하는 요지)로 번역하는 시도는 그 부사의 지극히 드문 용법에 의지한다. (5) 11-12절이 사실상 강조하고 있는 상호의존성은 아내가 그들의 남편을 욕되게 하지 않아야 한다는 이 단락의 전반부에서의 바울의 주장을 강화시킨다.

어떤 이들은 창조로부터 논증을 공급하고 있다는 것은 무의미하다고 주장한다. 창조의 순서는 권위의 체계와 논리적인 연관성을 갖고 있지 않다는 것이다. 만약 순서가 권위와 관련이 있다면, 동물들이 사람들 위에 있어야 한다. 창세기 1장에서 동물들이 사람들보다 먼저 창조되었기 때문이다. 하지만 바울은 창세기 1장으로부터 논증하고 있는 것이 아니라 창세기 2장으로부터 논증하고 있다. 그는 순서가 '항상' 서열을 함축한다고 주장하고 있지 않다. 단순히 그것은 그가 언급하고 있는 창조 기사의 일부일 뿐이다. 장자가 보유하고 있었던 특권에 익숙하였던 고대 세계의 사람들(왕조의 계승, 유산상속 등등)도 바울의 논증이 이상하다고 여기지 않았을 것이다.

이 논증은 두 번째 논증(하와가 아담을 돕는 자로 창조되었다—9절) 과 함께 고려해야 한다. "돕는 자"(helper)에 대한 히브리 용어가 자주 하나님에 대해서도 사용되었다는 사실(하나님이 구약성경의 페이지를 통해서 많은 어려운 환경 중에 있는 인간을 도왔던 것처럼)은 이 용어가 본질적으로 종속을 함축하고 있지 않음을 증거하지만 그렇다고 종속을 함축하고 있지 않다고 증거하지도 않는다. 어떤 돕는 자는 권위적인 인물일 수 있고, 다른 경우에는 동료일 수 있고, 많은 다른 경우에는 아랫사람일 수 있다. 그리고 3-7절의 문맥에서는 바울이 9절에서 역시 체계를 언

19. 특히 Talbert, *Corinthians*, 70을 참조하라.

급할 것을 의도했다는 감정을 피하기가 어렵다.

한편으로 3절과 11-12절은 부정할 수 없는 방식으로 그 체계를 근본적으로 재정의한다. 만약 3절이 아내에 대한 남편의 권위가 그리스도에 대한 하나님의 권위와 유사한 것으로 제기하고 있다면, 그것은 확실히 종속적인 행위에 의한 것보다도 관계성의 상호작용에 의한 것이라는 인상을 받는다. 따라서 여전히 이 둘 다가 내재되어 있다. 신약성경이 지원하고 있는 삼위일체에 관한 역사적이고 정통적인 견해는 기능적인 종속(역할 차이 내에서의 종속)과 조화된 존재론적인 동등성(본질과 존재의 동등성)과 관련이 있다.[20] 그리스도는 성육신에서 신의 독립적인 거룩한 속성을 스스로 비우셨다(빌 2:6-8). 하지만 그가 인간의 육체를 입기 전에 성부 하나님이 그를 보내셔야 했다. (성경은 성부 하나님을 보내시거나 명하시는 성자 하나님에 관해서는 말하지 않는다.) 그리고 그리스도의 부활과 승귀 이후에조차도 바울은 "만물을 저에게 복종하게 하신 때에는 아들 자신도 그 때에 만물을 자기에게 복종케 하신 이에게 복종케 되리니 이는 하나님이 만유의 주로서 만유 안에 계시려 하심이라"(고전 15:28)고 말한다. 예수는 전혀 모순이 없이 "아버지가 나보다 더 크시다"(요 14:28)와 "나와 아버지는 하나다"(요 10:30)라고 말씀하실 수 있다. 그리고 어느 인간 사회나 어느 크리스천 공동체도 다른 이들이 보여주는 권위에 대한 적절한 인식이 없다면 사실상 성공적으로 기능할 수 없음을 증거한다. 대부분의 크리스천들이 자신들이 본질적으로 동등하다고 믿는 권위에 스스로 복종하는 상황을 규칙적으로 경험한다.

여전히 이런 관점에 대한 합법적인 이의제기가 있다. 사회에서 가장 용인할 수 있는 종속이 성(性)과 같이 타고난 특성 때문에 단지 어떤 기능에서 사람의 범주를 영원히 차단하게 할 수 없다는 것이다. 여기서 '아네르'와 '구네'를 "남편"과 "아내"로 해석하는 것이 매력이 있게 된다. 모든 여성들이 그들의 삶에서 한 남자나 그 이상의 남자에게 영원히 종속된다면 부당해 보인다. 하지만 이 단락에서 권위와 종속이 결혼 제도로 제한된다면, 이런 관계성으로 살 수 없는 사람들은 그런 관계로 들어갈 필요가 없다.

하지만 바울이 에베소서 5:21-33에서 "체계"란 용어를 정의하는 것처럼 결혼의 "체계"는 순수할 뿐 아니라 경이롭다. 여기에는 부가적인 권위의 특권이 없고, 부가적인 책임의 특권이 있을 뿐이다. 어느 남편도 권위적인 리더십의 형태를 지

20. Barrett, *First Corinthians*, 249.

원하기 위해서 이 구절에 합법적으로 의뢰할 수는 없다. 오히려 바울은 남편에게 궁극적인 모델로서 인간에 대한 그리스도의 죽음이 갖는 희생으로 자기 아내를 사랑할 것을 명한다(25절). 자녀들과 노예들과 달리(6:1, 5), 아내는 그들의 남편을 "순종하도"(obey)록 명함 받는 것은 아니라 "복종할"(submit, 22-24절) 것을 명함 받는데, 이 용어는 어떤 문맥에서는 "존중하다"란 개념으로 온화하게 쓰인다.[21] 그리고 바울의 이런 체계는 심지어 상호적인 복종의 맥락으로 적절히 제한된다(21절).

바울의 가이드라인에 따른 결혼은 복음주의적인 페미니스들의 이상과 아주 유사한 삶으로 나타날 것이다—각 사람이 자기 자아를 넘어서서 다른 이가 가장 필요로 하는 관심을 추구하고 서로 간에 기도와 논의를 통해서 결정에 이르려는 관심을 보인다. 하지만 두 사람이 서로 동의할 수 있는 결정을 동시에 이를 수 없을 때 때로 발생할 수 있는 교착 상태를 헤쳐 나갈 수 있는 방법이 필요하다. 그때에 문제를 해결할 수 있는 권위를 남편이 행사할 수 있다—단순히 자기 자신의 이득을 위한 것이 아니라 '배우자의 가장 합당한 이득(그리고 자녀가 있다면 그들의 가장 합당한 이득)을 얻고자 말이다.[22] 어떤 이들은 두 사람이 일치하는 연합된 결정을 내릴 수 없다면, 결정을 유보하고 함께 기도하고 힘써야 한다고 주장한다. 이는 그렇게 하는 것이 가능할 때 훌륭한 조언이지만 항상 그것이 가능하지는 않다. 많은 종류의 문화들이 결정을 만들어야 하는 최종시한을 사람들에게 주고 자주 결정을 만들지 않는 것은 다른 사람에게 대안을 넘겨주는 것이 되기도 한다.

결혼한 남녀가 이런 점에서 "자유하는 전통주의자"가 될 때 하나님과 남편이 적절히 존귀히 여김을 받는다(7절). 교회 안에서 아내들의 모습과 행실이 이런 존귀를 혼란스럽게 하지 않을 때 하나님이 영광을 받으신다.

그러나 바울은 왜 여자를 남편의 "영광"으로 단지 일컬을지라도 남자를 하나님의 영광만이 아니라 "형상"이라고 칭하는가? 그는 여자가 하나님의 형상으로 역시 창조되었다고 그가 생각했다는 것을 우리가 믿을 것임을 알고 있다(창 1:27). 따라

---

21. 베드로전서 3:1에 관해서 J. Ramsey Michaels, *1 Peter*(Waco: Word, 1988), 154-58.

22. 5:21-33에 관한 더 자세한 것은 Klyne Snodgrass, *Ephesians*(Grand Rapids: Zondervan)을 보라. 크리스천의 결혼에 관해서 최근에 쏟아져 나오는 책들 가운데 가장 균형 잡힌 책 중에 하나는 Ronald and Beverly Allen, *Liberated Traditionalism: Men and Women in Balance*(Portland: Multnomah, 1985)이다. 적용에서 때로 일관성이 없을지라도 보다 일반적으로 유익한 것은 *Recovering Biblical Manhood and Womanhood*, 345-99에서 "적용과 의미"라는 제목이 붙은 항목의 글이다.

서 바울이 "형상"이란 용어를 반복하지 않은 것은 (아내가 남편의 형상이라고 결론내리지 않을 수 있도록) 남편과 함께 아내가 하나님의 형상과 모양을 연합해서 반영하는 것이기 때문이다. 하지만 논의에서 "형상"이란 개념이 왜 도입되고 있는가? 아마도 "형상"과 "영광"은 유대 사상에서 이미 유사한 것이기 때문이다. 특히 출애굽기 33:18-34:7이 이것을 암시하는데, 거기서 하나님은 모세에게 그의 본질 곧 그의 "영광"의 전조 하에 하나님의 형상의 도덕적이고 관계적인 속성을 보여주신다. 바울은 34:6-7이 설명하는 영역에서 정확히 하나님을 모형화 하고 있는 남편을 생각하였을 수 있다: "자비롭고 은혜롭고 노하기를 더디 하고 인자와 진실이 많은 하나님이로라 인자를 천대까지 베풀며 악과 과실과 죄를 용서하나 형벌 받을 자는 결단코 면죄하지 않으리라."[23]

이 모든 논의 가운데 우리는 5절의 관점을 상실해서는 안 된다. 바울은 여성들이 공중 예배 시에 기도하고 예언하는 것이 적절하다고 생각한다. 함께 모인 교회에 대한 유일하게 명백한 언급들이 11:2-14:40의 다음 두 항목에서 나오는 것은 사실이다(예. 11:18, 20, 33; 14:26). 즉 (1) 2절은 17절과 함께 11:3-16을 18-34절과 긴밀하게 연결시킨다. (2) 예언이 한 개인에게 주어졌을지라도, 그 사람의 외적인 모습에 대한 상세한 관심은 사적인 맥락에는 적합하지 않다. 사적인 맥락에서는 그러한 관습은 상관이 없다. (3) 유대인과 그리스 로마의 종교적 행위와의 유추는 모두 공적인 예배와 관련이 있다. (4) 바울은 교회에서처럼 영적인 은사를 실천하는 것을 규칙적으로 생각한다(특히 12-14장을 보라). (5) 기독교 범주에서 여성들이 일대일 상황에서 남자들에게 사역하는 많은 경우를 갖지 않았을 것인데, 그러한 만남이 가져올 수 있는 잘못된 인상 때문이다. (6) 성의 구체적인 행위에 대해서 관심이 있는 천사에 대한 말(10절)은 공중 예배 시에 그들의 역할에 대해서 유대적 신앙의 유추로 알 때 가장 의미 있어 보인다. (7) 16절은 함께 모인 회중에 대한 언급으로 보이는 다른 "교회들"의 행위를 언급한다.

그때에 14:33-38은 무엇을 말하는가? 우리는 나중에 이 서신에서 그 부분에 이를 때 보다 상세하게 그 본문에 관한 의미를 논의할 것이므로, 지금 주석가들은 거의 모두 바울이 교회 안에서 여성들이 모두 침묵하지 않는 것에 동의하고 있다고 말하는 것으로 충분하다. 14장에서 문맥적인 지침들은 여성이 교회 안에서 침묵할

---

23. 더 자세한 것은 R. Ward Wilson and Craig L. Blomberg, "The Image of God in Humanity: A Biblical-Psychological Perspective," *Themelios* 18(1993): 8-15을 참조하라.

것을 말하고 있지 않다. 사실상 그가 여기서 기도하고 예언할 것을 인정하였음을 인식하는 것은 우리가 나중에 14장의 본문에 이를 때 우리가 선택할 수 있는 폭을 넓어지게 만들어줄 것이다. 그리고 예언이 흔히 설교라 칭하는 것과 중복되는 한, 이 단락은 여성 설교자들을 지원하는 가장 분명한 신약성경 본문 중에 하나로 남는다.

하지만 12-14장은 바울이 예언을 영적인 은사로 간주하고 은사가 직무와 동일하지는 않다는 사실을 분명히 할 것이다. 바울이 허락하고, 심지어 여성들이 말씀을 전파하라고 격려하고 있다고 말하는 것—물론 그들의 문화에 적절한 방식으로—이 여성들이 장로나 감독이 될 수 있느냐 마느냐 하는 복잡한 문제를 해결하지는 못한다. 디모데전서(특히 2:8-15)에 관한 한 주해는 그 문제와 보다 상관성이 있다. 하지만 직무보다 은사에 더 바울이 관심이 있었던 것으로 보건대, 여기서 우리의 요지는 은사가 있는 여성은 공식적이든 비공식적이든 하나님이 그들을 부르시고 인도하실 때 그의 백성들에게 하나님의 말씀을 전파할 풍성한 기회가 주어져야 한다는 것이다.

14:33-38이 때로 11:2-16을 너무 좁게 적용하도록 해석자들을 유혹한다면, 갈라디아서 3:28은 그것을 너무 넓게 적용하도록 사람들을 자주 유혹한다. 바울이 "남자나 여자나 그리스도 안에서 모두 하나라"고 말할 때 그가 역할의 차이나 어느 종류의 체계에 대한 여지를 남기지 않다고 자주 주장하지만, 이런 전면적인 주장을 단순히 따를 수는 없다. 이는 유대와 그리스 로마의 다른 교사들이 성경에서 발견하는 것보다 훨씬 더 남자와 여자 사이에 극단적인 구분을 주장했을 때와 유사한 주장을 하는 것이다.

아울러 갈라디아서 3:28이 세례의 맥락에서 나타나고 있기 때문에 바울은 구원에 대해서 하나님 앞에서 단순히 동등성만을 의미하지 않는다. 우리는 1세기에 주어진 세례가 근본적으로 얼마나 포괄적인 사회적 진술이었는지를 자주 잊는다. 세례라는 기독교의 입문식은 남자들에게로 제한된 것—유대교의 할례—을 대신하는 것이다. 적어도 예수 그리스도의 교회는 성—그리고 인종과 계급—의 완전한 동등성을 확증하는 모든 문화에서 외적이고 공적인 표지를 추구해야 한다.[24] 특히 지역의 회중들이 어떤 사역이나 직무가 남자들에게만 보유되었다고 믿는 상황에서,

24. 위의 내용에 대해서는 특히 Ben Witherington III, "Rite and Rights for Women-Galatians 3.28," *NTS* 27(1981): 593-604을 참조하라.

이 공동체의 교제가 여성들이 열려 있는 모든 환경에서 충만하게 그들의 은사를 사용할 수 있도록 격려할 수 있는 길로 나아가게 해야 한다.

우리가 현대적인 적용에 관한 논의로 나아가고자 할 때 한 가지 부가적인 문제를 생각해 볼 가치가 있다. 이 단락에서 바울의 명령의 근거는 오해하기 쉬운 문화적 표지를 보임으로써 복음의 확산을 방해케 하는 것을 삼가는 것이다. 하지만 우리가 여성들의 역할을 교회의 '어떤' 영역이나 가정적인 삶으로만 제한한다면, 우리는 민주적이고 평등적인 문화에서 기독교의 확산에 불필요한 장벽을 세우는 것이 아니겠는가? 한편으로 바울의 논리가 창조의 섭리로부터 나오고 있다면, 그런 장애 중에 어떤 것은 불가피하고, 십자가의 치욕의 일부—우리가 마땅히 받을 수 있다고 느끼는 권리를 자발적으로 양도하는 것—가 될 것이다.

현대적 의미

분명히 머리 가리개는 사실상 현대의 서방 사회에서 성적이거나 종교적인 메시지와 상관이 없다. 아마도 유일한 예외는 여인들이 여전히 모자, 스카프, 또는 머리 덮개를 입을 것을 주장하는 몇몇 지극히 보수적인 교회들에 지나지 않을 것이다.

그리고 이런 교회들이 대체로 문화에 대해서 보내고 있는 메시지는 현대인들과 전혀 교감하지 못하는 것이다. 그들에게서 그런 관행들은 즉시 버리는 것이 가장 좋을 것이고, 그렇게 함으로써 가능한 한 많은 사람들을 구원하기 위해서 "여러 사람에게 여러 모습이 되고자" 했던 바울의 원리를 더 잘 시행할 수 있을 것이다(9:19-23). 그러나 다른 문화에서 머리 가리개는 종종 커다란 의미를 가질 수 있을 것이다. 무슬림에서의 크리스천 사역자들은 여인들로 하여금 일종의 가리개를 입는 것이 그들의 복음증거를 촉진할 수 있을지를 진지하게 생각해 보아야 할 것이다. 적어도 여인들이 어깨를 적절한 의상으로 덮지 않을 때 거의 보편적으로 파생할 수 있는 범법을 야기하는 일을 피할 수 있을 것이다. 많은 무슬림들에게서 어깨를 드러낸 여인은 성적으로 난잡한 것이고, 이런 모습은 서방에서 가슴을 드러낸 여인들에 거의 상응한다.

유대의 범주에서 크리스천 남자는 성지에 들어갈 때 두건이나 모자를 쓸 것을 준비해야 한다. 그렇게 하지 않는 것은 고린도에서 머리 덮개를 쓰지 않은 것이 파생시킬 수 있는 것과 동일한 기능을 형성하기 때문에 정확히 4절을 위반하는 것이다. 두건이나 모자를 쓰는 것은 거짓 신을 경배하거나 참되신 한 분 이스라엘의 하나님을 의도적으로 경외하지 않는다고 생각하는 것을 막아준다. 흥미롭게도 예배 동안에 남자가 머리를 덮는 유대적 관행은 4세기 이전에는 널리 퍼져 있지 않았지만, 바울 시대의 유대 회당에서 혁신적으로 처음 시작되었던 것으로 보인다. 아마도 유대교에서 이 관행은 유대교와 기독교를 구분 짓기 위해서 바울의 명령에 반대해서 사실상 부상했을 것이다.[25]

기독교가 새로운 문화에 들어갈 때마다 여기서 해석학적인 원리들을 논의할 필요가 있다. 예를 들어, 찰스 크래프트는 나이지리아에서 선교사역을 하고 있을 때에 있었던 이야기를 언급하는데, 그곳의 새 신자들은 서방의 크리스천들이 "도둑질하지 말라는 성경의 명령은 순종하면서 왜 머리 가리개에 대한 명령은 순종하지 않는지"를 이해할 수 없었다.[26] 한 가지 행위는 본질적으로 부도덕하고 다른 행위는 우리들에게 자명해보이지 않는데, 그 법들은 유대 기독교 전승과 깊이 관계가 있지만 꽤 다른 사람들에게는 전혀 투명해 보이지 않기 때문이다.

머리 형태도 역시 이즈음에 도덕적으로 중립적인 것으로 일반적으로 간주된다. 1960년대 이래로 우리는 남자들이 머리를 길게 기르고 또 다시 짧게 자르곤 했다. 그리고 우리는 지금 펑크 형태의 머리에 십대들이 빠져 있는 것을 보게 된다. 새로운 세대는 확실히 다른 패션을 가져올 것이고, 또 과거에 다른 사람들이 했던 것을 부활시킬 것이다. 차림새나 옷 가짐이 권위와 사회적 관습을 의도적으로 깔보는 한, 그러한 행위들을 기독교인들이 너그럽게 용인할 수는 없다. 그렇게 하는 것은 비그리스도인들 사이에서 불필요하게 나쁜 평판을 우리에게 가져다줄 것이기 때문이다. 확실히 이런 것들은 60년대와 펑크록에서 발생했다. 하지만 현명한 부모들처럼 현명한 크리스천들은 그들의 전쟁을 세심하게 선택해야 할 것이다. 우리는 사회에서 보다 근본적인 신학적이고 윤리적인 이슈를 우려해야 할 때, 사람들의 외적인 모습에 의해 너무 당황해서는 안 된다.

이런 원리에 대한 예외들이 어떤 상황에서 오해할 수 있는 성적 신호를 보내는 의상이나 머리 스타일과 관련이 있다. 남자들은 드레스를 입어서는 안 된다. 이는 대부분의 구경꾼들에게 성도착자를 암시하는 것이기 때문이다. 여성들은 과도한 성장을 함으로써 창기적인 옷의 형태를 드러내도록 해서는 안 된다. 아울러 남자와 여자들이 불필요하게 유혹적으로 보이는 옷을 삼가야 하는데, 특히 하나님을

25. Mare, "1 Corinthians," 255-56과 거기서 인용된 문헌.

26. Charles Kraft, *Christianity in Culture*(Maryknoll, N.Y.: Orbis, 1979), 138.

예배하는, 참여자들이 정신적인 산란함을 받지 않아야 하는 환경에서 더욱 그러하다. 특별하게는 남편과 아내는 자신들이 결혼하지 않았거나 상대 배우자에게 충실하지 않다는 것을 암시하는 신호를 보내지 않도록 신경을 써야 한다. 어떤 상황에서 우리가 결혼했다면, 결혼반지를 끼지 않는 것은 부적절하고 오해를 불러일으킬 수 있다. 배우자 이외의 사람과 음란한 대화나 행동을 하는 것은 문제를 불러일으킬 수 있는 소지가 있다.

옷과 치장이 오늘날 오해할 수 있는 종교적인 신호를 보통 보내지는 않는다. 하지만 여전히 예외가 있다. 9:19-23에 대한 현명치 않은 적용은 사실상 비그리스도인에게 비기독교적인 종교나 이단에게로 전향했다는 것을 확신시킬 수 있었다. 예를 들어, 신자들이 크리슈나 교도들처럼 암술 모양의 머리나 완전히 머리를 미는 행위는 좋지 않다. 왜냐하면 사람들이 그들을 바로 그 종교와 연관 지을 수 있기 때문이다. 길고 헝클어진 머리, 문신 그리고 어떤 범주에서 신체의 일부를 절단하는 일을 행하는 것도 이교나 사탄적인 그룹의 멤버임을 암시할 것이다. 이 단락은 목사의 복장을 구별되게 하는 것이 부적절함을 암시하는데, 목사와 평신도가 질적으로 구분되는 것과 같은 개념을 조장하기 때문이다.[27] 또한 목사와 평신도를 구분 짓게 하는 옷이 타당할 수 있는 곳에서, 목사 회원이 아닌 사람이 다른 사람이 그렇게 생각하도록 속일 수 있는 옷을 입는 것도 확실히 부적절할 것이다. 일반적으로 자신의 자유에 대한 표현으로서 단지 사회적 형태와 의례를 도전하기를 추구해서는 안 된다. 그렇게 하는 것은 다른 사람들을 나보다 낫게 여기라는 바울의 관심을 부정하는 것이다.

많은 현대의 크리스천들이 가정과 교회에서 여성들의 역할에 대해서 자신들의 고집스러운 입장을 주장함으로써 이런 관심을 거부한다. 오늘날 많은 이들이 바울의 말의 어떤 계급적인 해석에 불편을 갖는 것은 이해할 만하다. 현대사회가 모든 면에서 가부장적인 구조를 없애려고 하고 있기 때문이다. 복음적인 페미니스트(여성주의자)들은 바울이 타문화적으로 보존되어야 하는 권위와 복종의 남성/여성의 관계를 결코 의도하지 않았다고 주장한다.[28] 하지만 바울이 참으로 현대적인 평등주의자였다고 믿기는 어렵다. 바울의 사회와 성경의 나머지 부분에서 그리고 8-9절

27. Snyder, *First Corinthians*, 162.

28. 특히 Craig S. Keener, *Paul, Women and Wives*(Peabody, Mass.: Hendrickson, 1992), 19-69을 보라. 키너의 작품은 지금까지 바울을 다루고 있는 다양한 복음주의 여성주의자들의 책 중에서 가장 설득력이 있다.

에서 창조로부터의 그의 논증에서 가부장적인 요소가 스며있는 한 말이다.

흥미롭게도 비복음적인 여성주의자들은 바울이 여기서 아내들의 복종을 촉진하고 있다는 전통적인 복음주의자들에 자주 동의한다.[29] 하지만 그들은 복음주의자들이 취하는 것과 동일한 방식으로 성경의 모든 부분의 권위에 의탁하지 않기 때문에 우리가 바울의 가르침으로 용인할 수 있는 것을 보통 부인한다. 하지만 그들은 '바울'이 가부장제가 타문화적으로 보존되어야할 것을 원했을 것임을 인정한다. 그러므로 성경의 더 높은 견해를 붙잡는 사람들은 적어도 이 단락에서 모든 형태의 체계를 거부하는 것을 상당히 조심해야 한다.

우리의 문제의 일부는 복종과 동등성을 동시에 가능한 것으로 보지 못한다는데 있다. 얼리 엘리스는 이에 동의하는데, 그의 말은 오늘날 널리 인식하지 못하고 있는 통찰을 반영하고 있기 때문에 상당히 인용할 만한 가치가 있다.

> "동등성과 복종"을 서로 반대되는 것으로 두고 계급과 서열의 구분을 악한 것으로 간주하는 사고방식은 대단히 현대적인 현상이다. 자주(그리고 죄악된 사회에서 항상) 그러한 구분으로부터 흘러나오는 것은 오만과 엘리트주의적인 태도에 대한 정당한 분개를 반영할 수 있지만 그것은 평등주의 자체에 부수하는 반사회적인 악과 자아중심주의를 덜 인식하고, 경제적 또는 사회적 순응성에 대한 프로그램과 권위에 대한 자유주의적인 거부 그리고 섬김 정신을 "비열한" 역할로 간주하는 것에서 표현된 것으로 때로 보인다.
>
> 어느 경우에도, 일반적으로 바울은 신약성경처럼 가치의 평등성과 계급의 다양성을 꽤 조화롭게 묶어두고, 현대의 평등주의와는 전적으로 다른 방식으로 다양성의 문제를 해결한다. 다른 것들처럼 이런 이슈에서 바울 사도는 그의 기독론으로부터 문제의 열쇠를 발견한다…즉 하나님의 아들 예수는 성부 하나님과의 동등성을 아버지에 대한 복종의 역할을 이룸으로써 보여주셨다.[30]

29. 바울의 서신에서 일관되게. 특히 골로새서 3:18에 관한 Clark H. Pinnock, "Biblical Authority and the Issues in Question," in *Women, Authority and the Bible*, ed. Alvera Mickelsen(Downers Grove, Ill.: InterVarsity Press, 1986), 55을 참조하라: "급진적인 여성주의자들과 전통주의자들이 모두 그러한 본문들은 내용에서 여성주의적이 아니라고 주장하고, 나는 그렇게 널리 제기되는 '명백한 의미'의 독법에 동의할지라도, 그들의 견해가 우세하게 되고 성경적 여성주의자들에 의해서 성공적으로 논박되지 아니하리라는 것을 의심한다."

30. Ellis, *Pauline Theology*, 57.

현대의 기독교 결혼에 대해서 이런 "자유로운 전통주의"의 균형 잡힌 적용이 정확히 필요하다. 한편으로 남편들이 기독교의 헤드십의 명목으로 아내들을 육체적으로, 정신적으로, 언어적으로 학대하는 상당히 권위주의적인 관계들이 많이 있다. 여전히 더 비극적인 것은 여성들에게 그러한 남용을 인정하고 관용할 것을 요청하는 많은 교회와 목사들이 있다는 사실이다. 성경은 하나님의 백성들이 하나님의 법을 위반하고 있을 때 권위자들에게 순복하지 않아야 한다는 것을 명확히 하고 있고(단 1, 3장과 행 5:29), 남편들이 행하는 아내들에 대한 그러한 학대는 에베소서 5:25-29로 볼 때 하나님의 법을 위반하는 것에 해당한다. 유감스럽게도 결혼에서 남녀의 역할에 대한 보수적인 범주에서 많은 문학들이 정확히 성경의 진수와는 반대되는 것을 가르치고 있다.[31] 한편으로 크리스천 페미니즘의 보다 자유로운 진영은 양성(兩性)의 모든 크리스천들을 위한 모델로서 섬김의 주요한 성경적 원리를 경시하거나 전적으로 거부하는 방식으로 자기실현과 권리에 대한 주장을 끊임없이 촉진하고 있다.[32]

이런 양극단의 현상 사이에서 개인적인 다양성에 대한 많은 여지가 있다. "권위"로서 정의될 때조차도 남성 헤드십은 여성이 집 바깥에서 일하지 않아야 하거나 다양한 집안의 잡일만을 해야 한다거나 어린 자녀들을 주로 돌보는 일만을 해야 함을 함축하지 않는다. 오히려 그것은 남편의 책임에 대해서 많이 말해주는데, 그의 전 가족이 상호적인 영적 성장을 촉진하는 활동과 각자에게 영향을 미치는 주요한 결정에서 조화로운 일치(가능할 때) 와 관련이 있음을 보여준다. 그리고 물론 아내들도 남편에 대한 모든 책임에서 떠나지 않고 이런 목적을 향해서 나아가야 한다. 다시금 알렌스는 정확한 균형을 포착한 것으로 보인다. "이 시대에 페미니스트 작가들의 과도함을 무릅쓰지 않더라도 우리는 이 단락이 대변하는 동등성의 요소를 충분히 잘 강조할 수 있다. 사도의 논증에서 계급체계에 의존하는 상황

31. 극단적이지만 유감스럽게도 매우 대중적인 사례는 수많은 세미나와 그 세미나들에서 배포된 출판되지 않은 노트로 되어 있는 Bill Gothard의 가르침이다. 더 극단적이지만 때로 동등하게 일색인 것은 소위 "남성들의 운동"이라 일컫는 것에서 나오는 관점들이다. 성경적인 가치를 반영하는 훌륭한 자료는 Bill McCartney, et al., *What Makes a Man?*(Colorado Springs: NavPress, 1992)이다.

32. 복음주의자나 성경적인 여성주의자들의 글들(심지어 제목들)에서 범람하고 있는 주제-예를 들어, Letha Scanzoni and Nancy Hardesty, *All We're Meant to Be: A Biblical Approach to Women's Liberation*(Waco: Word, 1970); Patricia Gundry, *Woman Be Free!*(Grand Rapids: Zondervan, 1977)이 있다. 그러나 많은 보다 최근의 성경적 여성주의적인 저자들은 논조(그리고 제목에서)에서 보다 겸손하다. 두 두드러지는 모범적인 사례는 Hull, *Equal to Serve*; and Mary S. van Leeuween, *Gender and Grace*(Downers Grove: InterVarsity Press, 1990)이다.

에서도 우리는 동등성에 관한 그의 강조에 아주 인상을 받는다."[33]

동일한 맥락에서 많은 교회들이 이 단락에서 함축된 위임을 이해하여 여성들에게 공중 예배 시에 공적으로 참여할 수 있게 허락하고 격려해야 한다. 특히 기도와 복음전파에서 말이다. 은사가 있지만 좌절하고 있는 많은 크리스천 여성들이 바울이 말했던 것처럼 그들의 머리를 가릴 수 있다면 행복했을 것이라고 한탄한다. 다른 크리스천들이 이 여성들이 예언하거나 설교하는 것을 허락할 수만 있다면 말이다!

물론 우리가 이 구절들을 올바르게 이해한다면, 여성들이 설교할 때 머리 가리개에 대해서 염려하지 않을 것을 요구해야 할 것이다. 그리고 심지어 여성들이 어떤 리더십의 직무를 갖지 않아야 한다고 믿는 교회조차도 적어도 여성들이 안내를 하고, 성찬을 위해 봉사하며, 주일 예배에 기도하며, 성경을 봉독하고, 찬송을 인도하고, 그 역할이 가르치는 것이나 남성에 대한 권위를 행사하는 것과 관련이 없을지라도(딤전 2:12) 일반적으로 남성들에게 보유되었던 여타 다양한 역할을 감당할 수 있도록 고무시키는 것이 필요하다.

한편으로 우리 사회와 기독교 공동체에서 점증하는 여성화에 대항해서 남성의 머리됨이 교회와 가정의 양 상황에서 모형화될 수 있도록 교회가 가정의 흐름을 따를 것을 바울이 의도했다고 보는 것은 적어도 논쟁이 된다. 만약 여성들이 설교할 수 있고 설교해야한다면, 그들이 장로의 직무나 담임목사의 직무로 위임받을 수 있거나 받아야 한다는 것을 필연적으로 의미하지는 않는다(더 자세한 것은 14:33-38을 보라). 또는 바울이 남편과 아내만을 오로지 고려하고 있다면, 그때에 결혼한 여성들이 그들의 남편보다 "위에" 있는 교회 안에서의 권위의 직무가 주어졌다면, 그는 어떤 문제를 인식했을 것이다.[34]

계급주의자들과 평등주의자들의 관심을 균형 지으면서 오늘날 가장 설득력 있는 모델 중의 하나는 남성과 여성을 포함하여 교회 지도자들이 동등한 "팀"으로서 기능하지만 그 팀 리더가 남성인 존 스토트가 실천한 모델이다. 하지만 그때조차도 그의 리더십은 "군림하는" 것이라기보다는 사역을 위해서 팀의 다른 사람에게 권한을 위임하는 리더십이다.[35]

---

33. Allen and Allen, *Liberated Traditionalism*, 146.
34. 다시금 Ellis, *Pauline Theology*, 71-77을 보라.
35. John Stott, *Involvement: Social and Sexual Relationships in the Modern World*, vol. 2(Old Tappan, N.J.: Fleming Revell, 1985), 248-56.

유감스럽게도 훨씬 더 흔한 것은 여성들에게 모든 목회적 역할을 금하거나 여성들이 남성들이 할 수 있는 모든 것을 해야 한다고 생각하는 모델이다.[36] 그 이슈는 "여성들을 안수해야하는가"라는 질문으로 그 논쟁을 시작할 때에 보통 복잡해진다. 그러나 이 질문은 "무엇에 대한 안수인가"라는 반박질문에 대답할 때에만 대답할 수 있다. 그리고 그때조차도 우선 안수의 아주 발전된 개념에 대한 성경적인 지원이 거의 없기 때문에 그 정의를 내리는 것은 불필요하게 분열적이다.[37] 남성 헤드십에 관한 바울의 원리에 비추어 남편과 아내에게 어떤 역할이 적합한지를 묻는 것이 더 낫다.

고린도전서 11:2-16과 같은 단락은 비교적 복잡한 성경해석학의 원리에 대한 이해를 신자들이 가질 필요가 있음을 보여준다. 단락 내에서 핵심적인 용어들과 문법적 관계성에 대한 의미를 이해하고, 역사적-문화적 배경을 심사하며, 그 주제에 관한 바울의 다른 가르침과 이 단락을 조화시킬 수 있도록 말이다. 그때조차도 다른 곳에서 상당한 주해적인 일치성을 보여주는 해석자들이 감정적이거나 민감한 이슈가 작용할 때 노골적으로 어리석거나 무책임한 것들을 자주 말하곤 한다.

우리는 모두 가설이 우리의 해석에서 작용하고 있는 역할을 규칙적으로 상기할 필요가 있고, 건강한 겸손함으로 우리의 견해를 완화시켜야 한다. 우리는 남녀의 역할과 같은 주제와 관련한 모든 성경을 연구하고, 우리가 믿는 입장이 모든 성경적 데이터에 정당한지를 확증해야 한다. 요컨대, 우리는 때로 동의하지 않았던 것에 동의해야 한다.

성경적 여성주의자들과 온건한 전통주의자들은 이론적으로 불일치한 수사학이 제기하는 것보다 실천에서 서로 보통 더 가깝다. 우리는 우리가 잘못되었을 경우에 다른 모델들을 수용할 여지를 남겨야 한다. 하지만 계급주의와 평등주의의 보다 거슬리고 위험스러운 형태를 차단할 수 있는 노선에 관심을 가져야 한다. 어떤 계급주의자들의 논증의 상당수가 노예제도가 폐지되기 이전에 노예제도를 지원하였던 논증과 달라 보이지 않을 때, 우리는 이를 조심해야 한다.[38] 어떤 평등주의 논증의 상당수가 동성연애적인 행위를 지원하는 것과 유사할 때, 우리는 뒤로 물러

36. 다시금 이것은 직무와 은사를 혼돈한다(고전 12:11과 더불어 엡 4:11을 참조하라). 목회도 성령이 원하시는 자에게 주시는 은사다.

37. 특히 E. Margaret Howe, *Women and Church Leadership*(Grand Rapids: Zondervan, 1982)을 보라.

38. Willard Swartley, *Slavery, Sabbath, War and Women*(Scottdale, Pa.: Herald, 1983), 198-202에서의 유익한 제시를 보라.

서야 한다.[39] 그러나 우리들 중에 어느 것도 궁극적인 조명을 아직 받지 않았음을 믿으면서, 이들 사이에 우리가 사랑 안에서 관련된 본문들을 연구하기를 계속할 수 있는 넓은 적당한 장소가 있다.

39. 부분적으로 사실상 보다 보수적인 참여자들의 탈퇴와 '성경적인 동등성을 위한 크리스천' 의 창설로 이끈 '복음주의 여성회의' 의 경우에서처럼.

고린도전서 11:17-34

17 내가 명하는 이 일에 너희를 칭찬하지 아니
하나니 이는 너희의 모임이 유익이 못되고
도리어 해로움이라
18 먼저 너희가 교회에 모일 때에 너희 중에 분
쟁이 있다 함을 듣고 어느 정도 믿거니와
19 너희 중에 파당이 있어야 너희 중에 옳다 인
정함을 받은 자들이 나타나게 되리라
20 그런즉 너희가 함께 모여서 주의 만찬을 먹
을 수 없으니
21 이는 먹을 때에 각각 자기의 만찬을 먼저 갖
다 먹으므로 어떤 사람은 시장하고 어떤 사
람은 취함이라
22 너희가 먹고 마실 집이 없느냐 너희가 하나
님의 교회를 업신여기고 빈궁한 자들을 부끄
럽게 하느냐 내가 너희에게 무슨 말을 하랴
너희를 칭찬하랴 이것으로 칭찬하지 않노라
23 내가 너희에게 전한 것은 주께 받은 것이니
곧 주 예수께서 잡히시던 밤에 떡을 가지사
24 축사하시고 떼어 이르시되 이것은 너희를 위
하는 내 몸이니 이것을 행하여 나를 기념하
라 하시고
25 식후에 또한 그와 같이 잔을 가지시고 이르
시되 이 잔은 내 피로 세운 새 언약이니 이것
을 행하여 마실 때마다 나를 기념하라 하셨
으니
26 너희가 이 떡을 먹으며 이 잔을 마실 때마다
주의 죽으심을 그가 오실 때까지 전하는 것
이니라
27 그러므로 누구든지 주의 떡이나 잔을 합당하
지 않게 먹고 마시는 자는 주의 몸과 피에 대
하여 죄를 짓는 것이니라
28 사람이 자기를 살피고 그 후에야 이 떡을 먹
고 이 잔을 마실지니
29 주의 몸을 분별하지 못하고 먹고 마시는 자
는 자기의 죄를 먹고 마시는 것이니라
30 그러므로 너희 중에 약한 자와 병든 자가 많
고 잠자는 자도 적지 아니하니
31 우리가 우리를 살폈으면 판단을 받지 아니하
려니와
32 우리가 판단을 받는 것은 주께 징계를 받는
것이니 이는 우리로 세상과 함께 정죄함을
받지 않게 하려 하심이라
33 그런즉 내 형제들아 먹으러 모일 때에 서로
기다리라
34 만일 누구든지 시장하거든 집에서 먹을지니
이는 너희의 모임이 판단 받는 모임이 되지
않게 하려 함이라 그밖의 일들은 내가 언제
든지 갈 때에 바로잡으리라

원 의미

바울은 "예, 하지만"의 논리를 여기서 한 번 포기한다. 고린도인들이 성찬을 충실하게 기념하고 있다고 어떻게 그들의 서신에서 주장하였는지는 몰라도(2, 22c절), 바울은 자신을 괴롭게 하는 부가적인 소식을 들었다(18절—글로에의 삶 또는 다른 사람으로부터). 바울의 말은 매우 비판적이며 그들의 "악행"의 심각성을 강조한다. 17b절은 직역하면 "너희가 함께 더 좋은 것을 도모하고 있는 것이 아니라 더 나쁜 것을 도모하고 있다"라고 독법할 수 있다. 18-22절은 이 문제가 어떤 것과 관련이 있는지를 설명한다. 23-26절은 성찬에 대해서 꽤 다른 태도를 가르치는 근본적인 기독교 전승에 호소한다. 27-34절은 고린도 교회에 이에 따른 결과적인 의미를 설명한다.

다시 한 번 바울은 "분열"에 대해서 언급한다(1:10에서처럼 헬라어로는 '스키스마타'). 하지만 여기서 그는 다양한 회중들을 분리시키는 경쟁하는 당파들을 생각한 것이 아니라 상정된 가정 교회 내에서 부자와 가난한 자 사이에 간격을 생각하고 있다. 주요한 재정 후원자이자 신자들이 모임을 가졌던 집의 소유자들을 포함하는 소수의 유복한 신자들(1:26)은 일찍 도착하여 여흥을 즐길 수 있는 시간과 재원을 갖고 있었을 것이고, 회중의 다른 나머지 사람들보다 더 많고 훌륭한 음식을 가졌을 것이다. 고대의 고린도에서 축제적인 모임을 주재하는 관습을 따라서 그들은 재빨리 작은 개인 식당을 가득 채웠을 것이다. 늦게 온 사람들(아마도 토요일이나 주일 저녁에 오기 전에 일을 마쳐야 했던 다수의 사람들—하지만 로마 제국에서는 아직 공식적으로 인정되는 휴일은 없었다)은 인접한 안마당이나 뜰에서 따로 앉았을 것이다. 충분한 음식이나 매우 좋은 음식을 가져올 여유가 없었던 사람들은 기독교인들의 연합에서 필요한 방식으로 나머지 사람들과 먹을 것을 공유할 기회를 갖지 못했다.[1]

부유한 후원자(패트론)들의 피보호민들은 부당하게 대우를 받는 것에 익숙해 있었을 것이다. 부분적으로 가정 교회들은 교제의 음식을 먹는 자리에서 자신이 앉을 곳을 아는 것이 중요했던 고린도의 다른 종교적 단체들이나 친교조직과 유사했다.[2] "고린도 교회의 유복한 크리스천들은 확실히 그러한 차이가 사물의 본질의

1. 자세한 것은 Gerd Theissen, *The Social Setting of Pauline Christianity*(Philadelphia: Fortress, 1982), 145-74을 참조하라.
2. 특히 Wayne A. Meeks, *The First Urban Christians*(New Haven: Yale University Press, 1983), 77-80을 보라.

일부였던 것으로 당연시하였다."[3] 바울은 자신이 받았던 보고에서 편견이나 과장이 있을 수 있음을 알지라도, 그 보고를 일반적으로 믿을 수 있을 정도로 고린도의 나머지 문제들에 충분하게 일치한다는 것을 인식한다(18절).

아이러니하게도 바울은 어떤 이들이 성찬 의식의 의도에서 너무 멀리 일탈하였다면, 그 분열이 충실하게 남아있는 사람들의 진실성을 강화시켜줄 것이라고 말한다(19절). "차이"(differences)란 말은 나중에 "이단"의 개념으로 발전되었으나 여기서는 단순히 "파당"을 의미한다. 가난한 사람들을 부유한 사람들이 고려하지 않은 결과는 부자들이 주님의 성찬을 기념한 것이 아니라 단순히 "자기 자신의 식사"를 한 것임을 함축한다. (21절에서 NIV의 "너희 중에 다른 사람들을 기다리지 않고 먼저 갖다 먹는 자가 있도다"는 특이하게 의역한 것이다. 그것은 직역하면 "너희가 자신의 식사를 먼저 하는도다"라고 독법할 수 있다.)

일종의 먹을 것을 서로 가져와서 나누고 모든 이들이 풍성하게 먹고 마실 수 있게 하는 것이 아니라 어떤 이들은 나중에 덜 가져오는 사람들을 전혀 생각하지 않고 자기 자신만 배불리 먹고 마신다. 유다서 12절은 유사한 문제를 반영하고 언급하는 것으로 보이는데, 그것은 이런 교제의 식사를 일컫는 "사랑의 만찬"이란 초대 기독교 용어를 사용한다. 그것은 예수가 제자들과 함께 기념했던 마지막 유월절 축제에서 기원하는 예수의 모델에 기초한 성찬으로 절정을 이루었을 것이다(마 26:26-29; 막 14:22-25; 눅 22:14-20). 바울은 부자들이 사적으로 자신의 집에서 얼마나 많이 또 얼마나 좋게 먹는 것을 상관하지 않는다(22a절). 그러나 교회의 배경에서 "없는 자들"을 희생시켜 자신을 만족시키는 것은 단적으로 부적절하다(22b절).

예수의 마지막 만찬의 기사가 고린도인들의 행위에 관한 보고에서 두드러진다. 23b-26절은 공관복음에서 특히 누가복음에서 이전에 언급한 단락과 상당히 유사하다(눅 22:17-20). 23절에서 "전하고" "받는" 것은 구두 전승을 전달하는 기본적인 용어법을 반영한다. 따라서 바울이 주님으로부터 이 정보를 받았다고 말할 때 우리는 일종의 직접적인 계시를 생각해서는 안 된다. 오히려 바울은 주 예수가 살아계시는 동안에 말씀하셨던 것, 즉 제자들이 기억하고 초대 기독교 공동체에서 널리 암송되고 반복된 말들을 가리킨다(7:10에서 유사한 현상을 상기하라). 이 구절에서 "잡히시다"(betrayed)와 "전하다"(pass on)는 "전달하다"(deliver)란 동사에

3. Watson, *First Corinthians*, 118.

서 출원한다. 이런 의도적인 언어유희를 통해서 바울은 그리스도의 죽음을 기념하는 의식을 묵상하기에 적합한 서론이 될 수 있는 예수의 뒤이은 체포와 십자가 처형을 생각나게 한다.

이런 묵상의 초점은 떡과 포도주의 의미에 대해서 소위 예수가 "제정한 말씀"에 집중한다(24-26절). 유월절 동안에 유대인들은 하나님이 그들을 바로의 손에서 구원하셨을 때 애굽에서 급하게 나오던 것을 상기하기 위해서 무교병을 먹었다(출 12장). 가정의 우두머리는 기도로 식사 시간을 열고, 그 다음에 한 큰 떡에서 떼어낸 떡 덩어리를 나누어준다(10:17을 상기하라).[4] 이런 역사적 배경은 "이것은 나의 몸이니라"는 예수의 진술에서 "이다"(is)의 문자적 번역이 모순된 것으로 보이게 만든다. 그리스도와 함께 앉아 있던 사람들은 누구도 예수가 말씀하시고 있는 것이 글자 그대로 그의 육체나 영의 확장인지를 생각하지 못했다. 실로 떡은 그의 다가올 육체의 죽음, 곧 용서함을 받을 사람들을 위해 속죄의 희생을 가능하게 할 수 있는 것을 상징하고 대변했다.[5] 크리스천들이 매번 성찬의 떡을 먹을 때마다 그들은 이 죽음을 상기하고 그들을 위해서 한량없이 자기 자신을 주신 은혜와 일치하는 방식으로 행동해야 했다. 24절의 마지막 소절(그리고 25절)은 "나를 기념하여 이것을 행하라"로 가장 잘 번역할 수 있다.[6]

식사 후에 마시는 잔은 구속의 의미로 유월절 식사 시에 먹는 포도주의 네 잔 중에 세 번째 잔이다. 이것은 출애굽기 6:6에서 "내가 너를 구속하다"란 말로 읽을 수 있는 의식의 한 부분이다. 발효되지 않은 음료가 잔에 부어졌으리라는 것은 가능하지 않은데, 과도하게 마셨던 자들이 술에 취했기 때문이다(21절). 복음서의 저자들처럼 바울이 '포도주'란 말을 사용하기보다 "잔"이라고 부른 이유는 그 표현이 하나님의 진노의 "잔"을 먹는다는 의미로 구약성경과의 연관성을 상기시키기 때문이다(예. 시 75:8; 사 51:17). 그리스도의 흘린 피는 우리가 마땅히 받아야 하는 진노를 그가 대신해서 받으시고 우리를 위해서 하나님과의 화평을 가능케 하셨

4. 따라서 일부 고대의 사본들은 KJV에서 잘 알려진 독법인 사실상 "이것은 너희를 위해 '떼어낸 나의 몸이다"라고 독법한다. 하지만 이 독법이 원문일 가능성이 있는 충분한 텍스트적 증거가 없다.

5. Morris, *First Corinthians*, 158을 참조하라. 그는 이 해석을 위한 세 가지 부가적인 이유를 지적한다:(1) "이는"은 중성인 반면에 "떡"은 남성이므로 전자가 후자를 수식할 수 없고 오히려 그것은 떡을 축사하고 떼고 나누어주는 전체 행위를 가리켜야 한다, (2) 10:24에서 "이다"(is)는 "대변하다"와 같은 것을 의미한다(그리고 예수가 본래 말씀하셨던 아람어에서 그것은 문장에서 전적으로 없었을 것이다), (3) "잔"은 직접적으로 "피"가 아니라 새 언약과 동일시된다.

6. Fritz Chenderlin, *"Do This As My Memorial"* (Rome: BIP, 1982).

다는 것을 보여주었다. 그렇게 하심으로써 그리스도는 이미 예언되었던 새 언약을 시작시키셨다(특히 렘 31:31-34). 25절에서 "너희가 그것을 마실 때마다"는 포도주가 일상적인 식사와 함께 매일 나온 것이 아니라는 사실을 암시한다. 또는 포도주가 성찬의 핵심을 형성해야한다는 것을 의미한다. 그것을 기념할 때마다 말이다. 이 예식이 재현하고 있는 그리스도의 죽음의 의미에 대한 메시지는 교회 역사를 통해서 선포되어야 한다. 주님이 오실 때만이(26절), 고린도인들이 아직 분명하게 배우지 못했던 사실인 십자가 중심적인 기독교가 필요 없게 된다(1:18-2:5을 상기하라).

27-34절에서 바울은 전통에 대한 그의 호소에 관한 의미를 고린도인들에게 설명한다. 그들을 위한 예수의 자기를 주는 사랑은 그들의 행동(21절에서 묘사된 것처럼)을 더욱 부끄럽게 만든다. 27절에서 "합당하지 않게"는 헬라어 부사인 '아낙시오스'("무가치하게")로 번역할 수 있다. 바울은 사람의 성품을 언급할 수 있었던 형용사인 "무가치한"을 사용하지 않고, 대신에 사람들의 행동의 본성을 조명하고 있다. 따라서 그의 "경고는 무가치한 삶을 살다가 용서를 바랐던 사람들에 대한 것이 아니라 식사 시에 그들의 행동에 의해서 가장 거룩하고 경건해야 했던 것을 조롱거리로 만든 사람들에 대한 것이다."[7] 27b절의 "주의 몸과 피"는 다시금 예수의 십자가 처형과 그 의미를 가리킨다. 다른 이들을 생각하지 않고 먹고 마시지 말고 고린도인들은 서로 공유하고 적당히 나누어야 한다.

29절("주의 몸을 분별하지 못하고"[8])은 27절에서 묘사된 것과 동일한 문제를 반영하는 것으로 보인다(무가치하게 먹는 것). 나아가서 그것은 그리스도의 집합적인 몸, 즉 교회를 일컬을 것이다. 특히 바울이 26절에서처럼 몸과 피를 동시에 언급하고 있지 않기 때문이다.[9] 교제에서 다른 사람들의 물질적인 필요를 상관하지 않고 무도하게 먹고 마시는 사람들은 하나님의 벌을 받을 위험성이 있다. 다른 대안

---

7. I. Howard Marshall, *Last Supper and Lord's Supper*(Grand Rapids: Eerdmans, 1980), 116. 마샬의 책은 일반적으로 성찬의 역사적 배경, 성찬을 가리키는 성경 본문의 주해, 그리고 현대적 적용에 대한 제시에서 가장 좋은 개관을 담고 있다.

8. 주요한 초기 사본들이 "주의"(Lord)를 생략한다. 이 용어는 "몸"의 의미를 명확히 하기 위해서 후대에 필사자들이 추가한 것으로 보인다.

9. 참조. Talbert, *Corinthians*, 79: 몸을 식별하지 못하는 것은 그리스도의 희생에 근본이 되고 성스러운 식사에서 실현된 크리스천의 연합을 인식하지 못하는 것을 의미할 수 있다(고전 10:16-17; 참조. Didache 14.2, "자기 동료와 다투는 자들은 너희들의 희생이 더럽혀지지 않도록 그들이 화해할 때까지 너희들의 모임에 참여하지 못하게 하라").

으로 "몸"이 "몸과 피"에 대한 축약일 수가 있을 것이고, 다시금 그리스도의 속죄하는 죽음을 가리킬 것이다. 그러나 어느 경우에도 "몸을 분별하는 것"을 "그리스도가 떡과 잔에 사실상 내재해 있음을 인식하는" 것을 의미하는 것으로 해석할 수 있는 문맥적인 지원은 없다.

30절은 고린도인들을 하나님의 성찬을 소홀히 한 것 때문에 하나님이 그들을 벌하시는 것과 관련된 것을 풀어놓는다. "약한"과 "병든"은 육체적인 병에 대해 말하는 비교적 유사한 동의어다. "잠자는"은 죽음에 대한 흔한 완곡어법이다. 후자의 경우에 사도행전 5:1-11에서 아나니아와 삽비라의 비극적인 종말을 생각해볼 수 있다. 그러한 비극을 피할 수 있는 방법은 자신의 행위를 점검하는 것이다(31절). 그리고 바울은 독자들에게 그들의 행동으로 인해서 죽었던 사람들이 곧 정죄를 받은 것은 아님을 상기시킴으로써 다소 격앙된 논조를 끝낸다(반대로는 29절에서 "판단, 심판"에 관한 본래의 KJV의 번역은 "정죄"였다). 오히려 하나님은 사랑하시는 자를 징계하신다(참조. 히 12:5-11). 그들이 해를 입거나 다른 이들을 해되게 하지 못하게 하기 위해서다(32절).

33-34절은 성찬 시에 고린도인들의 거룩하지 못한 행동에 대한 해결을 재진술하고 요약함으로써 이 장을 결론으로 가져온다. "기다리다"(33절)는 "환영하다"로 번역할 수도 있다. 진정으로 배고픈 사람들은 개인적으로 만족스럽게 먹고 마실 수 있으므로(34a절), 공식성상에서 크리스천의 식사는 자신의 필요를 만족시키려 하기보다는 서로에게 나누어주어야 한다. 이것이 바울의 가르침에 대한 핵심이고, 다른 문제들에 관한 것은 고린도에 그가 도착할 때까지 그들이 기다릴 수 있다.

상황잇기

정확히 그리스도인의 연합을 촉진하기 위해서 의도된 성찬이 고린도인들을 분열시켰을 뿐 아니라 그때 이래로 쭉 신자들을 분열시켰다. 초기와 중기의 로마 가톨릭은 화체설(떡과 포도주가 눈에 보이지는 않을지라도 문자 그대로 그리스도의 몸과 피로 화한다)과 불완전한 희생(성찬이나 미사가 그리스도가 못 다한 보속의 사역을 완성한다)이란 정교한 교리를 발전시켰는데, 이는 성경의 명백한 가르침과는 거리가 멀고 오히려 모순된다. 개신교의 종교개혁자들이 가톨릭이 해왔던 많은 행위들을 상당히 개선했지만, 루타파와 성공회파 전통은 적어도 성찬과 관련해서는 꽤 유사성을 유지했다. 루터파의 성체공존설은 그리스도의 몸과 피를 "포도주 안에, 포도주와 함께, 포도주 아래에 사실상 내재해" 있다고 보았다. 츠

빙글리와 소위 급진적인 개혁파들은 반대편 극단으로 내달려서는 성찬을 오로지 기념의 양상에서만 보았다. 칼빈주의와 메도디즘은 성찬 요소들의 강력한 상징주의가 상기시키는 특별한 영적 임재를 인식함으로써 가장 훌륭한 균형을 포착했지만 그들조차도 성경이 명백하게 다루고 있는 영역을 넘어서서 자주 논쟁했다.[10]

하지만 논쟁적인 이슈들은 그리스도의 몸과 피에 대한 떡과 포도주의 관계와 완전한 또는 불완전한 보속이란 관계의 영역을 넘어서서 나아갔다. 그 두 가지가 가장 중요할지라도 말이다. 거의 모든 교단들은 의식을 어떻게 수행할지에 대해서 독특한 전통을 가지고 있다. 즉 그들은 어떤 예식서를 부수적으로 사용할지, 누가 참여할 수 있는지, 누가 성찬의 요소들을 배분할 수 있는지, 어떤 형태의 음식과 음료를 사용해야 하는지 등에 대한 것들을 갖고 있다. 심판에 대한 바울의 경고가 한 교단의 독특한 전승들에 동의하지 않는 사람들에게 자주 미치고 있다. 많은 크리스천들이 바울의 이런 경고의 실제적인 의미를 전적으로 놓치고 있는데, 우리가 이미 보았던 것처럼, 바울의 우려는 크리스천 형제와 자매들을 적절히 사랑하지 않고 다른 이들의 물질적 또는 신체적 필요를 제공하지 않는 사람을 향해 있다.

바울의 말이 복음서 기사들에 의해서 보충될 때조차도, 성찬이 어떤 방식으로 기념되어야 한다고 주장할 수 있는 것이 성경에는 거의 없다. 어느 본문도 누가 성찬을 주재하거나 떡과 잔을 나누어줄 수 있음을 제한하지 않는다. 언급해야할 특별한 말씀도 따로 없다. 감사의 기도가 적절하겠지만 이것도 어떤 교회 전승에서 보관되어온 공식적인 "복"의 요소들로부터 나온 외침은 아니다. 얼마나 자주 성찬을 기념할지에 대한 것도 특별히 언급된 것이 없다. 단지 사도행전 2:42과 20:7에서 "떡을 떼는 것"에 대한 언급이 크리스천들이 성찬을 매일 그리고 나중에는 매주 참여했음을 암시하고 있을 뿐이다. 사도행전 2:42는 성찬이 기도, 교제, 그리고 가르침과 더불어 초대교회의 예배에서 네 중심적인 요소 중에 하나였음을 암시한다. 따라서 모든 예배의 일부로서 성찬을 포함시키는 것에는 잘못된 것이 없다. 하지만 어떤 공표한 시간에 성찬식을 갖는 것으로 보존할 수 있는데, 이는 특별히 의도되어 있는 성찬이 틀에 박힌 것이 될 위험성을 줄여줄 수 있다. 그런데 성찬을 대충 일 년에 네 번이나 두 번만 기념하는 교회는 성찬의 역할을 축소시킴으로써

10. 기독교 전승에서 성찬의 사상에 관한 다양한 요소들의 짤막하고 훌륭한 역사들에 대해서는 Donald Bridge and David Phypers, *Communion: The Meal That Unites?*(Wheaton: Harold Shaw, 1983)과 Gary Macy, *The Banquet's Wisdom: A Short History of the Theologies of the Lord's Supper*(New York: Paulist, 1992)을 보라.

예배에서 성찬의 중심성을 상실할 수도 있다.

고린도전서 5:8에서는 크리스천들이 그들의 떡에서 누룩을 문자적으로가 아니라, 모든 종류의 악을 그들의 삶에서 제거해야 하는 것으로서 영적으로 제거해야 한다는 사실을 이미 명확히 했다. 따라서 성찬의 떡은 발효하지 않는 것이어야 한다고 주장할 필요는 없다. 유대인들의 유월절 식사와의 연관이 그렇게 할 것을 조명하고 있을지라도 말이다. 고로 어떤 교회들은 살짝 구운 얇은 과자를 사용하고, 다른 교회는 크래커를 사용하며, 또 다른 교회는 부풀어 오른 떡을 사용한다. 모든 것을 용인할 수 있다. 그러나 공동으로 먹는 떡은 이 의식이 의미하고자 하는 연합을 대부분의 모든 문화에서 강력하게 상징하고, 따라서 이 구체적인 상징을 보존할 만한 많은 것들이 언급된다. 건강에 대한 염려가 사실상 떡 덩어리를 돌리고 각 사람이 그 덩어리에서 한 조각을 떼어 먹는 것을 할 수 없게 만든다면, 같이 모여 있는 사람들이 친교의 외적 표현으로서 동시에 떡 덩어리를 먹는 것은 적절한 대안으로 역할할 수 있다.

"포도주"를 발효해야만 한다는 신학적 이유는 없다. 그리스도의 피에 대한 상징을 보존할 수 있는 포도 주스나 다른 붉은 음료를 대신할 수도 있다. 다시금 공동으로 먹을 수 있는 잔이 바람직할 것이다. 말하자면 각 사람이 포도주를 먹은 다음에 입을 댄 부분을 깨끗한 수건으로 닦고 다음 사람에게 그 잔을 넘길 수 있다. 하지만 개별적인 잔을 동시적으로 마시는 것이 더 위생적일 수 있다. 아울러 실제 포도주의 작은 잔을 사용하지 못할 이유가 없고, 또 이런 작은 한 잔에 취할 사람도 없을 것이다. 그러나 온전한 금주를 채택한 사람들을 위해서 가장 이상적인 타협은, 쉽게 구분할 수 있는, 포도주를 담은 잔과 포도주스를 담은 잔을 포함하는 용기를 사용하는 것이다.

다른 음식이나 음료를 사용할 수 있는가? 유월절과 성찬의 목적의 일부가 고대 세계에서 매일의 통상적인 자양분과 일상적인 음료를 가장 잘 상징하는 것을 사용했다고 한다면, 그 대답은 아마도 '예' 일 것이다. 어떤 문화들에서는 다른 음식(예를 들어, 쌀)이나 다른 음료(예를 들어, 차)가 전형적인 것이 될 수 있다.[11] 그러나 떡처럼 떼어낼 수 있는 것이나 포도주처럼 붉은 것에서 더 멀어지면 질수록, 원래

11. Eugene E. Uzukwu, "Food and Drink in Africa, and the Christian Eucharist," *African Ecclesial Review* 22(1980): 370-85에서의 유사한 논의를 참조하라. 그는 한 아프리카의 통상적인 문화를 위해서 그 요소로서 기장과 야자주를 제시한다.

의 충분한 상징을 보존하는 것에서 멀어질 것이다. 아마도 우리가 글자 그대로의 떡과 포도주에서 어떻게 하면 멀어질 수 있느냐를 묻는 것은 후퇴하는 질문일 수 있다. 그렇게 하는 대신에, 다른 것들에 대한 터무니없는 희생도 아니고 원 형태를 보존하기 위한 실제적 의미를 상실함도 없이 첫 그리스도인들이 했던 것을 얼마나 근접하게 보존할 수 있느냐를 물어야 한다고 본다.

일찍이 교회 역사에서 성찬을 완전한 식사의 일부로서 포함시켜야 하는 것은 사라졌다. 다시금 성찬을 완전한 식사의 일부로서 포함시켜야 한다고 정할 수는 없지만 모든 시간에는 아닐지라도 적어도 부분적으로 이런 관습을 회복시켜야 한다는 강력한 논증이 있다.[12] 대부분의 문화들은 성경 사회가 그랬던 정도로는 항상 아닐지라도, 밀접하고 상호적인 교제의 중요한 시간은 식사를 같이 하는 것으로 생각했다. 크리스천 공동체가 그들 가운데 가난한 사람들을 포함하고 있을 때, 식사를 같이 하는 것은 그렇지 않았다면 가난한 이들에게 허용될 수 없는 음식의 양과 질을 가난한 사람들과 나눌 수 있는 기회를 가질 수 있다. 어떤 교회들은 성찬과는 별개로 교인들에게 매 주간 식사로 섬기는 일을 하는데, 성찬과 식사가 함께 조합될 때 훨씬 더 의미가 있을 것이다.

또한 가난한 이들을 위한 헌금을 모으는 것은 성찬의 상황에서 매우 적절할 것이다. 22절과 34절의 바울의 말은 그를 사회주의자와 자본주의자의 이상을 가진 자와는 거리가 있게 만든다. 그는 개인적으로 부자가 부수적인 물질적 혜택을 누리는 것을 정죄하지 않지만, 그는 궁핍한 자들을 고려하지 않고 재산 축적과 방종을 일삼는 기독교인들의 공적인 행동을 제한한다.

성찬은 자기 심사의 시간이 되어야 하는데, 과거의 죄들을 돌아보는 것만이 되어서는 안 된다. 물론 과거의 죄에 대한 회개는 항상 적절하다. 하지만 크리스천들은 그들 자신보다도 더 궁핍한 사람들을 향한 현재의 태도를 상고해야 한다. 이것이 통상적으로 나타나는 것보다 성찬으로 인해 삼가야 하는 사람들의 근본적으로 또 다른 그룹으로 이끌 것이다. 모든 회개하는 죄인들은 최근에 하나님으로부터 얼마나 멀리 떨어져 있었는가를 느끼든 간에 환영을 받는다. 그들 가운데 있는 가난한 이들을 관대하게 도울 준비가 되어 있지 않은 말뿐인 신자들이나 낮은 계층의 사람들을 이류 시민인 것으로 대하는 입으로 고백하는 신자들은 성찬을 통해

12. 특히 J. Timothy Coyle, "The Agape/Eucharist Relationship in 1 Corinthians 11," *GTJ* 6(1985): 411-24을 보라.

자숙해야 한다. 다소 유추적인 상황과 관련한 예수의 말씀은 여기서 상당히 관계가 있다. "그러므로 예물을 제단에 드리다가 거기서 네 형제에게 원망들을 만한 일이 있는 줄 생각나거든 예물을 제단 앞에 두고 먼저 가서 형제와 화목하고 그 후에 와서 예물을 드리라"(마 5:23-24). 무엇보다도 자기반성과 관련된 것이 연합이라는 지배적인 상징을 억눌러서는 안 된다.

우리가 이미 지적했던 29절의 해석은 참된 신자라 하더라도 성찬에 참여하는 것을 제한받을 수 있음을 지원해준다. 먹는 사람이 교회나 대속의 죽음을 가리키는 "주님의 몸"을 인식해야 한다. 정의상 불신자들은 그리스도의 죽음이라는 성경적 의미를 받아들이지 않고, 또한 그들은 그리스도의 백성을 위해 적절히 관심을 갖지도 않는다.

한편으로 바울의 말은 어떤 지역 교회, 교단, 또는 신학적 전통에 속한 사람들로 성찬을 제한할 수 없음을 포함한다. 믿음을 고백하기에 충분히 나이가 든 어린이들도 역사 환영해야 한다. 그들이 성찬에서 외부자처럼 느끼지 않도록 말이다. 또한 성경은 성찬과 세례 사이에 어떤 연관도 암시하지 않는다. 세례 받지 못한 신자들이 성찬에 참여하지 못하게 하지도 않는다. 공식적이든 비공식적이든 의식의 의미에 관한 가르침이 분명히 중요할지라도 교리 교육이나 견진성사를 먼저 받아야 한다는 어떤 주장도 없다. 성찬에 참여할 수 없을 만큼 너무 어린 아이들이 아니라면 예수께서 어린이들을 환영한 방식을 따라 안수를 수반하는 복을 그들이 받을 수 있다(마 19:13-15). 이는 성찬의 고결성을 보호하면서도 어린이들이 수용되었음을 느끼게 만들 것이다.

18절은 교회를 의도적으로 분열케 하는 것으로 적용할 수는 없다. 더 커다란 맥락에서 바울의 전반적인 요지는 잘못 행하는 사람들이 그들의 방식을 바꾸어 다른 사람과의 적절한 교제를 회복하도록 요청하는 것이다. 어떤 한 그룹이 교회를 떠난 후에나 바울의 말이 신학적으로 어떤 일이 발생했는지를 설명할 수 있도록 도울 것이다. 하지만 자주 교회들은 두 개나 그 이상의 분열된 그룹으로 나뉜다. 한 그룹이 올바른 교리와 실천을 분명히 보존하고, 다른 그룹은 그렇지 않기 때문이 아니다. 흔히 1장에서 고린도 교회의 분열에서처럼 주변적인 이슈와 각 그룹에서 강력한 개성들이 분열의 주요한 영향을 제공한다.

24-26절은 과거와 미래를 균형 짓는 성찬의 신학을 제기한다. 어느 것이 더 지배적이어야 하는 문제는 의미가 없다—과거와 현재 모두가 중요하다. 그리스도의 마지막 만찬을 회고하면서 십자가를 묵상해야 한다. 또한 메시아의 잔치를 고대하

면서 그의 재림을 고대해야 한다(참조. 사 25:6-9; 65:13-14; 마 22:1-14; 계 19장). 반면에 우리는 서로 그리고 부활하신 주님과 함께 우리의 현재의 교제를 즐겨야하고(10:16-17을 보라), 성찬의 복음적인 기능으로 더 많은 사람들이 포함되도록 노력해야 한다. 26b절은 성찬에 수반하는 설명과 복음전도의 명백한 메시지를 매우 적절하게 만든다. 하지만 이 선포의 말이 항상 언급되어야 한다는 것은 아니다. 바울의 용어는 그 의식 자체가 "주님의 죽음을 선포하는" 것임을 암시한다.[13]

하나님의 백성들 사이에서 분별없는 행동으로 인한 하나님의 심판에 대한 우려는 신약성경에서도 이례적이고 병과 죽음이 교회 내에서 발생할 때 하나의 선택으로 드물게 인정된다. 우리가 개인이나 단체적인 고난이 그리스도인의 사랑 없음에 대한 반응일 가능성을 더욱 열어놓는다면, 우리는 더 자주 그런 연관성을 보게 될 것이다. 하지만 하나님은 은혜로우시고 보통 인과응보의 형태로 반응하지 않으신다.

대부분의 시대에 신자들이 보통 묻는 질문은 "하나님이 아무리 드문 일이라 할지라도 어찌 그렇게 그의 백성을 가혹하게 다루실 수 있는가?"이다. 물론 32절은 이런 상황에서 바울의 대답을 제공한다: 그들은 징계 곧 훈련을 받고 있다. 그러나 그 질문은 잘못된 것이다. 모든 인간은 그들의 모든 죄에 대해서 징계를 마땅히 받아야 한다. 따라서 크리스천들이 물어야 하는 것은 "우리는 어째서 더 직접적으로 더 자주 벌을 받지 않는가"이다. 그렇게 함으로써 하나님의 은혜—그의 백성들에게 내리시는 과분한 호의—가 크게 확장된다.

마이클 그린은 바울이 17-34절에서 강조한 성찬의 신학에 대한 훌륭한 여섯 가지 요약을 전달해준다. 즉 뒤를 보라(그리스도의 죽음), 안을 보라(자기 성찰), 위를 보라(하나님과의 교제), 주변을 보라(서로의 교제), 고대하라(그리스도의 재림), 그리고 밖을 보라(다른 사람들에게 하나님의 말씀을 선포하라).[14]

현대적 의미

현대 에큐메니컬 운동의 아이러니 가운데 하나는 많은 교단들이나 교회의 부류들이 신앙의 근본적인 교리를 기꺼이 포기하려고 한다(그리스도의 신성, 성경적인 이적을 믿음, 성경의 역사적 신뢰 등등)는 것이다. 따라서 자유로운 신학

13. 특히 Beverly R. Gaventa, "'You Proclaim the Lord's Death': 1 Corinthians 11:26 and Paul's Understanding of Worship," *RevExp* 80(1983): 377-87을 보라.
14. Green, *Corinth*, 46-49.

적 관점을 따라 상당한 연합을 일구어내고 있지만, 그들을 분열시키는 순전히 인간적인 전통으로부터 유래하는 문제들에서는 일치를 주저하고 있다. 이런 분열적인 이슈들 중에 한 가지는 성찬의 의미와 성찬을 어떻게 기념해야하는가에 관한 것이다. 최근에 이 주제에 관한 가장 의미 있는 에큐메니칼 문서는 희생 요소들 속에 있는 그리스도의 실제 임재, '에케클레시스'(주님이 오셔서 임재해 달라는 요청), 성찬과 세례의 관계, 그리고 이 요소들이 변화될 수 있는 것인지의 관한 유카리스트의 문제까지는 아직 일치의 영역에 이르지 못했다는 것을 지적한다.[15] 하지만 이 이슈들 중에 어느 것도 성경에 명확하게 언급되지 않는다.

다른 영역에서 의미 있는 발전이 이루어졌다. 개신교도들은 지금 가톨릭이나 동방 정교에서의 성찬 예배에 참여하는 것을 때로 환영하고 있다. 특히 서방에서 말이다. 그리고 일부 가톨릭과 정통교회는 개신교도들이 좋은 양심으로 성찬에 참여하는 것을 때로 가능하다는 신학적 재해석을 갖고 있다. 대부분의 복음주의파들이 모든 "거듭난" 크리스천들이 교단과 상관없이 성찬에 참여할 수 있음을 허락한다. 보수적인 교회와 자유로운 교회에서 늘어나고 있는 추세는 안수 받은 목사들만 성찬을 주재할 수 있는 사람이 아니라는 것이다. 많은 신학적 전승들이 성찬에서 그리스도의 임재의 본질을 다소 막연하게[16] 그냥 두거나 비유적으로 그것을 단순히 설명하는 것을 더욱 취하고 있다.[17] 하지만 애석하게도 이런 분위기에도 널리 퍼진 예외들이 여전히 남아 있다.

성찬을 의례 또는 성사라고 불러야할지를 놓고 여전히 논쟁이 있다. 후자 곧 성사는 유사한 기계적인 "은혜의 수단"이란 비성경적 개념을 역사적으로 암시했다. 전자 곧 의례는 성찬의식을 그리스도에 대한 순종의 행위로 제한하는 것으로 보인다. 미국의 문화는 전통, 의식, 상징 그리고 종교적인 드라마의 방대한 가치에 대한 존중을 상실한 세상 역사에서 몇 안 되는 곳 중에 하나다. 놀랍지 않게도 이런 상실에 좌절한 많은 사람들에게 복음적인 교회들이 상당히 호소력을 갖는다. 자신의 전통 내에서 그러한 교회들을 찾을 수 없었던 일부 복음주의자들은 그러한 강조를

---

15. *Baptism, Eucharist and Ministry*, Faith and Order Paper #111(Geneva: World Council of Churches, 1982), 10-17.

16. 참조. Rovertson and Plummer, *First Corinthians*, 245: "행복하게도 성찬식에서 그리스도의 임재의 방식에 관한 이론은 성찬의 생산적인 수용에 필요하지 않다."

17. 특히 Marshall, *Supper*, 152을 보라. 그는 그리스도가 그의 백성들 가운데 항상 내재하시지만 성찬에서 특별한 방식으로 내재하신다는 것을 지적하는데, 이는 마치 자기 자녀들을 항상 사랑하는 부모가 자녀들을 안아서 특별한 포옹을 하는 것과 같다.

발견하기 위해서 점차적으로 성공회, 가톨릭, 심지어 희랍정교로 회귀하고 있다. 우리가 필요로 하는 것은 성찬에서, 보다 일반적으로는 예배에서, 예전과 자연스러움 사이에서 균형을 이루는 것이다. 우리는 과거와 우리의 연결을 강조하기 위한 동일성과, 우리 사회에서 서로 다른 하부 문화에 의미가 있고 신선하게 예배를 유지하는 창조성의 기회 사이에 균형을 역시 필요로 한다. 우리는 하나님의 은혜를 정식으로 권위 있는 형태로 수행된 의식으로 제한하는 매우 형식적인 교회들의 잘못과 하나님의 은혜를 "기묘한 경험"들로 측정하는 매우 비형식적인 교제들의 잘못을 동시에 피해야 한다.[18] 전자는 매우 보수적이거나 전통적인 가톨릭, 성공회, 루터파 교도의 맥락에서 오늘날 가장 언급되고, 후자는 은사주의자들의 범주에서 가장 눈에 띤다. 하지만 어느 정도 모든 전통들에서 조만간 양쪽의 문제들이 보통 나타나기 시작한다.

성찬의 시간적인 강조에 대해서 오늘날 일반적으로 교회는 대체로 십자가를 되돌아보는 것을 강조한다. 가장 소홀히 되는 것은 천국 잔치에 대한 우리의 기대다. 이 양자의 개념 사이에 있는 것이 하나님과 다른 사람들과의 현재의 교제에 관한 우리의 초점이다. 가정과 가정 교회에서 성찬을 기념하는 것은 이 세 가지 개념 중에 마지막의 개념(현재의 교제)을 향상시킬 수 있었고, 은사주의적인 범주에서 특히 그런 현상이 늘어나고 있다. 또 다른 교회들은 교제하는 식당에 많은 식탁을 둘러싸고 소그룹으로 참여자들이 앉는다. 이런 형태는 형식적인 의식만이 아니라 비공식적인 대화를 할 수 있는 시간을 줄 수 있는 식사나 각자가 음식을 가져와서 같이 나누어먹을 수 있는 식사와 쉽게 조화될 수 있다. 특히 예수를 믿는 유대교인들에 의해 인도되는 기독교의 유월절 예배는 성찬의 원 배경을 인식하는 일을 확장하는데 특히 의미가 있다.[19]

많은 교회들이 오늘날 회중 안에 재정적인 궁핍한 자들을 위해 사용되는 "집사의 자금" 또는 유사한 기금을 형성하는 헌금을 적절히 포함시킨다. 이런 강조는 "지나친 순종"이란 위험성이 없이 강조되어질 수 있다. 성찬에서 수반되고 자주 내용에서 불필요하게 반복되는 경향이 있는 메시지는 주변 세상의 가난한 크리스천의 절박한 곤경을 강조할 수 있고, 대부분의 서방 크리스천들이 국내와 해외의 소

18. Bridge and Phypers, *Meal*, 181.
19. 성찬의 기념에서 다양성과 창조성과 관련한 적절한 제기에 대해서는 Roger Lovette, *Come to Worship*(Nashville: Broadman, 1990), 128-41을 보라.

외된 사람들에게 그들의 돈과 여타 도움을 주는데 더욱 관대해야할 필요를 강조할 수 있다.

성찬의 예배에서 이런 관심에 모범을 보이는 한 가지 방식은 여성들(그리고 다른 소외된 사람들)을 성찬의 요소들을 나누어주고 기도하는 사람들 가운데 의도적으로 포함시키는 것이다. 성경에서 "여성에 관한 문제 단락들"에 대해서 가장 보수적으로 해석하는 자들도 이런 역할에 여성들이 참여하는 것을 논리적으로 차단하지 못한다. 문화적으로 그리스도인의 교제에 적합한 상징들—평화의 입맞춤, 따뜻한 포옹이나 악수 등등—도 성찬에서 바람직하다.

성찬을 속되게 하고 하나님의 심판을 유발하는 행위에 대한 바울의 경고는 잘못된 상황에 자주 적용되고 있다. 사람들이 하나님을 최근에 가까이 느끼지 못했다면, 특히 불순종했다면, 기독교인의 성숙의 어떤 차원에 이르지 못했다면, 그들이 회개하거나 성장하기를 준비한 것과 상관없이 성찬에 참여하는 것을 자제해야함을 느끼게 만든다. 이런 강박감보다는 오히려 목사들은 사람들이 삶에서 가난한 이들을 돕는데 관대하지 않았는지, 또는 동료 크리스천들과 어떤 개인적인 분쟁이나 싸움을 한 후에 화해하지 않고 성찬에 참여하고 있지는 않는지를 조심시켜야 한다.

세례나 견진을 받은 사람들로 성찬을 제한하는 교회는 그 강조를 진정으로 그리스도를 주와 구세주로 받아들인 사람들에게로 성찬을 제한하는 것으로 바꾸어야 한다. 물론 고린도 교회의 문제와 가장 근접해 있는 사람들에 대한 비유는 가장 분열적인 사람들에게 있다. 이들은 성찬에 적어도 참여를 제한받아야할 신자들이다. 아이러니하게도 이들은 그 방식을 바꾸려 하지 않을 때 가장 출교를 받아야하는 사람들이다(딛 3:10). 하지만 오늘날 많은 교회들에서 가장 분열적인 사람들은 자신을 훈련하기보다 의견을 달리하는 교인들을 선동하거나 소란을 일으키는 파워 브로커들이다.[20]

죄가 병이나 죽음과 연관되는 것은 그것을 자주 과도하게 이용하는 은사주의자들의 범주를 제외하고는 보통 무시되고 있다. 바울은 고난이 자주 개인의 죄에 따른 결과가 아니라는 것을 알고 있다(고후 4:7-12; 6:4-10; 12:7-10). 그러나 평균

20. Otfried Hofius, "The Lord's Supper and the Lord's Supper Tradition: Reflections on 1 Corinthians 11:23b-25," in *One Loaf, One Cup: Ecumenical Studies of 1 Corinthians 11 and Other Eucharistic Texts*, ed. Ben F. Meyer(Macon, Ga.: Mercer, 1993), 113-14: "그리스도가 위해서 죽으셨던 형제를 향한 무관심과 사랑 없음과 무정함은 당신을 위해서['휘페르 휘몬'] 몸을 버리신 것에 결과적으로 못 미치는 것입니다…이런 식으로 행하는 누구나 그런 행위들이 의미하는 것을 이해하지 못하는 것입니다."

적인 비은사주의적인 교회들은 이즈음에 '때로' 그러한 연관성이 있을 수 있음을 역시 고려해야 할 것이다. 약함과 병은 "완벽하신 하나님의 현명하고, 사랑스럽고, 고통스럽지만 생산적인 징계의 일부"일 수 있다.[21]

사회적인 분열을 넘어서 연합하는 교회에 관한 바울의 이상은 동질적인 그룹의 가치를 과도하게 강조하는 교회 성장 운동파들에게 의문을 던진다. 고린도인들은 확실히 성찬 시에 이런 종류의 동질적인 그룹을 형성하고 있었는데, 그것은 바울이 분명히 정죄하는 것이었다. 오늘날 우리는 서로 다른 사회경제적 그룹을 위한 구별된 자리를 넘어서서 전적으로 분리되는 교회를 형성한다—인종적, 언어적 또는 지리적인 선이 있다. 놀랍지 않게 예배가 부자와 가난한 자 사이에 서로 공유하는 것을 거의 보이지를 못한다. 도심의 교회는 나눌 수 있는 많은 물질적 자원들을 갖기에는 너무 적은 수의 부자만 있는 경향이 있고, 도시 외곽의 교회들은 부자가 나눌 수 있는 가난한 사람들이 너무 적은 경향이 있다. 두 모델들이 다 그리스도를 욕되게 것이다.

현대의 한 가톨릭 작가는 성경과 초대교회에서 성찬은 그 주간에 혹독하고 박해받는 세상으로 나아가기 위한 준비의 시간으로 자주 역할했다.[22] 우리도 역시 사회적인 정의와 근본적인 인권이 많은 사람들에게서 더욱더 거부되고 있는 세상 속에 살고 있다. 이런 시점에서 교회 연합적인 명령의 말은 일찍이 대단히 관련성이 있는 것을 언급했다.

> 성찬의 기념은 하나님의 한 가족 속에 있는 형제와 자매들로 간주된 모든 사람들 사이에서 화해하고 나눌 것을 명하고, 사회적이고 경제적이며 정치적인 삶에서 적절한 관계성을 찾을 것을 끊임없이 도전한다. 모든 종류의 부정의, 인종차별주의, 자유의 제한과 결여는 우리가 그리스도의 몸과 피를 공유할 때 근본적으로 도전을 받는다…. 그러므로 성찬의 참여자로서 우리는 세상의 상황과 인간의 조건을 계속해서 회복하는 일에 적극적으로 참여하지 않는다면, 그리고 무엇보다도 그리스도의 몸 안에서 고백적인 신앙에 부적합한 완고함을 개선하는 일에 적극적으로 참여하지 않는다면, 우리는 일관성이 없는 사람이 될 것이다.[23]

---

21. Prior, *1 Corinthians*, 190.
22. Xavier León-Dufour, *Sharing the Eucharistic Bread: The Witness of the New Testament* (New York: Paulist, 1987), 301.
23. *Baptism, Eucharist and Ministry*, p. 14.

고린도전서 12:1-31a

1 형제들아 신령한 것에 대하여 나는 너희가 알지 못하기를 원하지 아니하노니

2 너희도 알거니와 너희가 이방인으로 있을 때에 말 못하는 우상에게로 끄는 그대로 끌려 갔느니라

3 그러므로 내가 너희에게 알리노니 하나님의 영으로 말하는 자는 누구든지 예수를 저주할 자라 하지 아니하고 또 성령으로 아니하고는 누구든지 예수를 주시라 할 수 없느니라

4 은사는 여러 가지나 성령은 같고

5 직분은 여러 가지나 주는 같으며

6 또 사역은 여러 가지나 모든 것을 모든 사람 가운데서 이루시는 하나님은 같으니

7 각 사람에게 성령을 나타내심은 유익하게 하려 하심이라

8 어떤 사람에게는 성령으로 말미암아 지혜의 말씀을, 어떤 사람에게는 같은 성령을 따라 지식의 말씀을,

9 다른 사람에게는 같은 성령으로 믿음을, 어떤 사람에게는 한 성령으로 병 고치는 은사를,

10 어떤 사람에게는 능력 행함을, 어떤 사람에게는 예언함을, 어떤 사람에게는 영들 분별함을, 다른 사람에게는 각종 방언 말함을, 어떤 사람에게는 방언들 통역함을 주시나니

11 이 모든 일은 같은 한 성령이 행하사 그의 뜻대로 각 사람에게 나누어 주시는 것이니라

12 몸은 하나인데 많은 지체가 있고 몸의 지체가 많으나 한 몸임과 같이 그리스도도 그러하니라

13 우리가 유대인이나 헬라인이나 종이나 자유인이나 다 한 성령으로 세례를 받아 한 몸이 되었고 또 다 한 성령을 마시게 하셨느니라

14 몸은 한 지체뿐만 아니요 여럿이니

15 만일 발이 이르되 나는 손이 아니니 몸에 붙지 아니하였다 할지라도 이로써 몸에 붙지 아니한 것이 아니요

16 또 귀가 이르되 나는 눈이 아니니 몸에 붙지 아니하였다 할지라도 이로써 몸에 붙지 아니한 것이 아니니

17 만일 온 몸이 눈이면 듣는 곳은 어디며 온 몸이 듣는 곳이면 냄새 맡는 곳은 어디냐

18 그러나 이제 하나님이 그 원하시는 대로 지체를 각각 몸에 두셨으니

19 만일 다 한 지체뿐이면 몸은 어디냐

20 이제 지체는 많으나 몸은 하나라

21 눈이 손더러 내가 너를 쓸 데가 없다 하거나 또한 머리가 발더러 내가 너를 쓸 데가 없다 하지 못하리라

22 그뿐 아니라 더 약하게 보이는 몸의 지체가 도리어 요긴하고

23 우리가 몸의 덜 귀히 여기는 그것들을 더욱 귀한 것들로 입혀 주며 우리의 아름답지 못한 지체는 더욱 아름다운 것을 얻느니라 그런즉

24 우리의 아름다운 지체는 그럴 필요가 없느니라 오직 하나님이 몸을 고르게 하여 부족한 지체에게 귀중함을 더하사

25 몸 가운데서 분쟁이 없고 오직 여러 지체가 서로 같이 돌보게 하셨느니라

26 만일 한 지체가 고통을 받으면 모든 지체가 함께 고통을 받고 한 지체가 영광을 얻으면 모든 지체가 함께 즐거워하느니라

27 너희는 그리스도의 몸이요 지체의 각 부분이라

28 하나님이 교회 중에 몇을 세우셨으니 첫째는 사도요 둘째는 선지자요 셋째는 교사요 그

다음은 능력을 행하는 자요 그 다음은 병 고
치는 은사와 서로 돕는 것과 다스리는 것과
각종 방언을 말하는 것이라
29 다 사도이겠느냐 다 선지자이겠느냐 다 교사
이겠느냐 다 능력을 행하는 자이겠느냐
30 다 병 고치는 은사를 가진 자이겠느냐 다 방
언을 말하는 자이겠느냐 다 통역하는 자이겠
느냐
31a 너희는 더욱 큰 은사를 사모하라

원 의미

바울은 이제 그에게 전해진 고린도인들의 서신에서 분명히 그들이 제기한 이슈들을 언급하기를 재개하지만 예배 시에 행동에 관한 주제는 11장에서부터 넘어오고 있다. 고린도인들의 예배는 다소 혼란스러웠고, 보다 자유로운 진영의 사람들이 영성을 멋진 은사의 사용과 명확히 동일시하였다. 따라서 12장은 몸의 연합에서 은사들의 다양성이 필요함을 주장한다. 13장은 사랑이 없는 은사는 무가치하다고 강조한다. 그 다음에 14장은 보다 논쟁적인 은사들 중에 두 가지—예언과 방언—에 초점을 맞추어 고린도인들에게 예언이 방언보다 더 선호되는 것임을 말하는데, 이는 예언이 보다 직접적으로 이해되는 은사이기 때문이다(1-25절). 또한 바울은 14장에서 교회 안에서 질서를 촉진할 수 있도록 은사의 사용에 대한 가이드라인을 제공한다(26-40).

12장에서 바울은 다른 영들의 행위와 성령의 역사를 구분할 수 있는 근본적인 기준을 조명하는 서론으로 시작한다(1-3절). 그 다음에 4-6절은 영적인 은사의 다양성을 삼위 하나님의 연합에 기초한다. 7-11절은 은사들이 각기 동일하신 주권적인 성령으로부터 나온다는 것을 강조할지라도 다양한 은사들의 사례를 제공한다. 12-26절은 그리스도의 몸에 대한 비유를 보다 상세하게 발전시키고, 반면에 27-31절은 각자에게 주어진 은사가 있음을 강조하면서 두 번째 대표적인 은사의 목록을 가지고 이 장을 마감한다. "바울의 논증의 잇따른 흐름은 다음과 같이 요약할 수 있다: (1) 비통일성이 아닌 (2) 통일성, 하지만 (3) 획일성이 아닌 (4) 상호적인 관심과 사랑의 통일성.[1]

1절에서 "영적인 은사들"은 형용사 '영적인'의 중성이나 남성형이고 따라서 "영적인 것"이나 "영적인 사람"으로 역시 번역할 수 있었다. 14:1에서 그것은 명확

1. Ellingworth and Hatton, *First Corinthians*, 252.

히 중성이지만 "것들"(things)은 "사람"을 포함한다. 이 용어는 아마도 고린도의 지도자들이 스스로 자신을 언급했던 교만한 방식을 반영한다. 따라서 역시 바울은 지식에 대한 그들의 주장을 선택하여 아이러니한 색채로 사실상 그가 그들의 "무지"를 쫓아낼 필요가 있음을 염려한다(10:1을 상기하라).

그들이 갖고 있는 문제의 일부는 그들이 이교적 배경에서 근본적으로 벗어나지 못하고 있다는 것이다. 여기에 언급된 논쟁적인 많은 은사들 특히 방언과 예언의 은사들은 그들의 이교적 배경에 상응하고 있다. 그들 중에 어떤 이들은 그리스 로마의 종교적 의식 동안에 겉으로 보기에 영감을 부여받은 언급들을 확실히 말하였다(2절).[2] 하지만 그런 배경에서 그리스도의 주장에 대해서 들었던 참여자들이 역시 그를 저주할 수 있었음으로 바울은 신실한 자로서 어느 누구도 예수를 '저주할 자'('아나데마')라고 말할 수 없음을 지적한다(3a절). 역으로 말해서 오직 크리스천들—성령이 내주하는 사람들—만이 예수를 주라 인식할 수 있다. 여기에 이교도의 다른 신성이나 황제를 신으로 확증하거나 여호와만이 이 신의 칭호를 받을 수 있다는 유대인들의 주장에 직면해서 대답할 수 있는 근본적인 초기 기독교 믿음의 고백이 들어 있다(참조. 롬 10:9-10).

4-6절은 세 가지 유사한 평행적인 진술을 계속한다. 바울은 세 가지 서로 다른 각도에서 영적인 은사들을 설명한다. 즉 그것들은 성령의 은사에 의해 은혜로 주어졌고(4절), 그리스도와 같은 섬김의 태도로 사용되어야 하며(5절), 사람들의 삶에서 하나님의 능력의 역사에 따른 결과다(6절). 하지만 7절은 네 번째 용어인 "나타내심"(manifestation)을 사용하여 모든 고린도의 크리스천들이 상호적인 교화를 위해 사용해야 하는 그러한 은사들을 적어도 하나씩 갖고 있다고 강조한다(참조. 엡 4:11-13).[3]

8-10절에서 "다른"이란 용어는 헬라어에서 '알로스'("동일한 종류에서 다른")에서 '헤테로스'("다른 종류에서 다른")로 전환함으로써 이 구절들이 세 부류로 나뉜다: 지혜와 지식(8절); 믿음, 치유, 이적, 예언, 영을 구별함(9-10a절); 방언과 그 해석(10b절). 이것은 언어의 은사에서 행위의 은사로 그 다음에 다시 언어의 은

2. Terence Paige, "1 Corinthians 12.2: A Pagan *Pompe?*" *JSNT* 44(1991): 57-65은 종교적 행위에서 말로 참여하는 것이 특히 고려되고 있다고 생각하고, "당신이 [그 과정으로] 이끌림을 받을 때, 당신은 [참으로] 포로로 사로잡혔다"라고 번역한다.

3. Barrett, *First Corinthians*, 284: 7절은 "교회의 각 지체가 은사를 갖고 있고 어느 누구도 배제되지 않는다"는 "지금까지의 논증을 요약한다." 그러므로 "나타내심"은 "은사"에 대한 또 다른 동의어로 간주되어져야 한다.

사로 전환하는 ABA 구조를 암시한다. 물론 예언은 이 두 항목에 모두 포함될지라도 말이다.[4] 베드로는 은사에 대한 유사한 두 분류를 인식한다: 말씀과 봉사(벧전 4:11). 모든 아홉 개의 은사는 보다 기적적인 은사들을 대변하는데, 이것들은 고린도인들이 분열적인 방식으로 과도하게 강조하는 것들이기 때문이다. 한편으로 바울은 그 은사들 모두가 동일하신 성령으로부터 출원한다는 것을 반복해서 강조한다. 그리고 어떤 이가 어떤 은사를 얻을 것을 결정하는 분은 개인의 자격 때문이 아니라 성령이시기 때문에(11절), 그들은 고린도의 교회 내에서 특별한 위치와 신분에 대해서 자랑할 수 없다.

지혜나 지식의 "말씀"(문자적으로는 "언어")은 구체적인 기독교인의 상황에서 적절하게 유익한 형태로 영적인 통찰을 가져올 수 있는 능력을 반영한다. 만약 바울이 지혜의 말씀과 지식의 말씀에 어떤 차이를 의도하고 있다면 특히 도덕적인 상황에서 적용되는 지식일 것이다(잠 1:7을 보라). 13:2에서 지식은 신비를 이해하는 것과 연관되어 있으므로 역시 불가사의한 것을 설명하는 요소와 관련이 있을 수 있다. 9절에서 "믿음"은 모든 사람들이 구원 받기 위해서 가져야 하는 그리스도 안에서의 믿음이 아니라 하나님이 기적을 행사하실 수 있는 특별한 믿음의 정도를 나타낸다. "치유의(병 고치는) 은사"(헬라어는 복수다)는 육체적인 질병을 초자연적으로 치유하는 것을 가리킨다. 복수는 이 은사가 다양한 경우에 사용할 수 있거나 더 그럴듯한 것은 다양한 종류의 질병에 대한 다양한 은사가 있을 수 있음을 암시한다. "기적의 능력들"(10절—헬., "능력 행함")은 사도와 다른 초대 교회 크리스천들이, 아주 두드러지게는, 축사를 포함하는 것들을 행할 수 있었던 부가적인 종류의 기적을 포함한다.

신약성경의 예언은 구약성경과 그리스 로마 종교의 예언적인 활동에 배경을 두고 있지만 중요한 방식에서 각기 다르다. 정경의 안팎에서 예언은 끊임없이 "미리 알려주는"(미래의 사건을 예견함) 것과 더 많게는 "고발하는"(하나님의 사람들과 때로 하나님의 대적자들에게 그들의 현 상태에 대해서 하나님의 뜻으로 권면함) 것을 포함했다. 예언은 상대적으로 하나님으로부터 직접 받았다고 믿는 메시지를 선포한다는 감정의 공통된 특징을 공유한다(참조. 14:30).[5] 따라서 신약성경의 예

---

4. 참조. Ellis, *Pauline Theology*, 36. '알로스'와 '헤테로스'는 신약성경에서 항상 서로 다르지는 않지만, 여기서와 15:39-41에서 그 구분이 잘 유지되는 것으로 보인다.

5. 특히 David E. Aune, *Prophecy in Early Christianity and the Ancient Mediterranean World*(Grand Rapids: Eerdmans, 1983)을 보라. 그의 연구는 지금까지 고대의 이 현상에 관해서 가장 철저하게 다루고 있다.

언은 설교자가 하나님의 메시지에 대해서 성령에 사로잡히고 성령에 의해 확증을 입었다는 의식을 가졌을 때 의례적인 설교와 미리 생각하지 않은 보다 즉흥적인 말을 포함했다. 힐(Hill)은 이런 개념을 예언에 대한 그의 정의에서 포착했다: 기독교 예언자들은 "성경의 의미를 이해하고 개인과 교회와 사회의 사람과 강력한 관계를 인식하고 두려움 없이 그 메시지를 선언한 사람들"이다.[6] 그들의 예언은 성경과 동등하지 않으며, 다른 영적인 은사들의 시행처럼 그 은사의 시행은 잘못과 오해가 있을 수 있다(참조. 특히 행 21:11, 13-14절과 더불어 행 21:4).[7]

"영들 분별함"은 아마도 분명히 영감된 화자가 성령의 능력에 의해서 사역하고 있는지 아니면 모조적인 능력으로 행하고 있는지를 분별할 수 있는 하나님이 주신 능력을 가리킨다. 이는 주장된 예언의 내용을 평가하는 것과 동일하지는 않다. 14:29이 다른 예언자나 전체 회중에게 그 책임을 할당하고 있기 때문이다.

"방언을 말함"은 오순절에 제자들에게 발생했던 것과 혼돈을 일으켜서는 안 된다. 오순절 시에는 청중들이 해석자가 없이도 선포된 것을 이해했는데(행 2:1-13), 여기서는 해석자가 요구된다. 다양한 그리스 로마 종교들이 유사한 현상을 가졌음으로 고린도인들의 경험을 이해할 수 없는 어떤 종류의 말과 관련된 것으로 이해하는 것이 가장 좋다. 이는 식별할 수 있는 언어적 구조를 갖지 못한 것으로 보이고, 이 "방언"이란 말은 귀에 들리는 모든 소리를 포함할 만큼 충분히 넓은 의미를 가진다.[8]

방언을 "해석하는" 것은 참석한 사람들이 이해할 수 있는 용어로 이해할 수 없었던 메시지를 전달하는 것을 가리킨다.[9] 14장은 더 자세하게 예언과 방언 그리고 이에 대한 적절한 반응을 설명할 것이다.

12-26절에서 바울은 교회를 그리스도의 몸으로 확장시키는 비유를 전개한다. 바울은 최초의 비유적인 진술(12절)을 받쳐주는 것으로 ABBA 구조를 보여주고 있는데, 이는 연합(13절)에서 다양성(14절)의 주제로 이동하고, 그 다음에 더 상세하

---

6. David Hill, *New Testament Prophecy*(London: Marshall, Morgan & Scott, 1979), 213.
7. 특히 Wayne A. Grudem, *The Gift of Prophecy in 1 Corinthians*(Washington, D.C.: University Press of America, 1982)과 같은 저자의 책인 *The Gift of Prophecy in the New Testament and Today*(Westchester, Ill.: Crossway, 1988)을 참조하라.
8. 이 현상에 관한 아주 균형 잡힌 취급이 Watson E. Mills, *A Theological/Exegetical Approach to Glossolalia*(Grand Rapids: Eerdmans, 1986)에서 나타난다. 부가적인 연구에 관한 지침을 같은 저자의 책인 *Speaking in Tongues*(Lanham, Md.: University Press of America, 1985)에서 발견할 수 있다.
9. Anthony C. Thiselton, "The 'Interpretation' of Tongues: A New Suggestion in the Light of Greek Usage in Philo and Josephus," *JTS* 30(1979): 15-36.

게 먼저 다양성을 설명하고 그 다음에 연합을 묘사한다(22-26절).[10]

13-14절은 연합 안에 다양성을 허락할 수 있는 두 가지 합리적인 이유를 제시한다. 첫째는 구원받은 사람들이 고대 세계의 모든 인종적 사회 경제적 범주에서 출원한다는 것이다. 둘째는 그것이 인간의 몸이 작용하는 방식이라는 것이다. 13절은 그리스도의 몸에 포함된 것을 "한 성령으로 세례를 받은 것"으로 언급한다(NIV 각주—"또는 with 또는 in"—가 본문의 "by"보다 더 낫다. 그것은 "물 속(in)에서의 세례"라는 유추를 보존하고 있기 때문이다). 성령 세례는 물세례와 동일하지 않고 회심의 순간에 발생한다(참조. 롬 8:9). 그러나 바울은 그 개념을 아주 긴밀하게 연관시켰다. 초대교회에서 물세례가 신앙을 갖자마자 보통 재빨리 뒤따랐기 때문이다. "다 한 성령을 마시게 하셨느니라"도 "한 성령으로 마셨다"로 번역할 수 있었다(3:6-7에서 동일한 동사를 바울이 사용한 것을 참조하라). 어쨌든 13절의 양 어절들은 구속받은 자들의 무리에 합해지는 동일한 영적 행위를 가리키고, 이는 성령이 우리 안에 거하고 머무신다는 것을 암시한다.

15-20절은 인간의 몸과 관련하여 식별할 수 있는 것을 강조한다: 각기 주장하는 것과 상관없이 모든 기관들이 중요한 기능을 한다. 기능의 특별함에서 나오는 다양성이 없다면 더 이상 그것은 유기체가 아니라 단지 어느 것도 할 수 없는 거대한 기관일 뿐이다.

21-26절은 유추를 계속하지만 그것을 교회에 적용하기를 시작한다. 몸 안에서 겉으로 보기에 덜한 가치와 능력이나 영예가 있는 곳에 적절한 동등성을 보존할 수 있는 균형이 발생한다. 사실상 특별한 몸의 기관의 진정한 가치는 외적인 모습과 자주 반비례한다. 바울이 몸의 더 약한 기관을 말할 때(22절), 그는 손가락이나 발가락 또는 눈과 같이 덜 보호되는 기관을 생각하였을 수 있다. "덜 귀히 여기는" 기관(23a절)은 보통 옷으로 덮혀 있는 내장 기관을 가리킬 수 있다. "대하다"(treat)란 동사가 "옷"을 의미할 수 있기 때문이다. "아름답지 못한" 기관(23b절)은 가장 자연스럽게 생식기와 배설기관을 가리킨다. 바울의 근본적인 관심은 고린도인들이 천하게 여기고 있는 은사와 또는 사람을 세워주는 반면에, 그들이 과대하게 높이고 있는 사람과 은사들이 더욱더 균형 잡힌 관점 속에서 두어져야 한다는 것이다. 아마도 그는 보다 눈에 띄고 극적인 은사들을 염두에 두고 있을 것이나 역시

---

10. 참조. Thomas A. Jackson, "Concerning Spiritual Gifts: A Study of 1 Corinthians 12," *Faith and Mission* 7(1989): 61-69.

교회 안의 부유한 파워 브로커(권력을 좇는 사람들)들을 생각하고 있을 것이다—11:17-34을 상기하라. 따라서 26절은 상호성과 상호의존성을 다시 상기시키며 몸에 대한 바울의 논의를 아우른다. 현대 의학이 고대 의학보다 더 잘 이해하게 된 것—몸은 전체적인 심신을 가리킨다는 것—을 신자들의 교제에 더 많이 적용해야 한다.11) 한 개인의 기쁨이나 고난은 전염적이다.[11]

27-31절은 몸의 비유와 다른 샘플적인 은사 목록에 관한 마지막 진술로 이 장을 완성시킨다. 하지만 이번에는 바울의 주요한 요지는 이 은사들 중에 어느 하나가 모든 신자들을 위해 의도되어 있지는 않다는 것이다. 29-30절에서 수사적인 질문은 모두 헬라어의 '메'를 사용하고 있는데, 이는 각 질문에 함의된 대답이 "아니오"임을 보여준다.

이 목록은 8-10절과 동일한 은사와 또한 일부 다른 은사들을 포함하고 있다. 바울이 "사도"를 사용한 것은 열두 제자들만이 아니라 자기 자신(1:1)과 디도(고후 8:23), 에바브라디도(빌 2:25), 주님의 형제인 야고보(갈 1:19), 그리고 안드로니고와 아마도 여성의 이름인 유니아(롬 16:7)를 포함한다. 분명히 바울은 사도란 용어를 이 경우에 하나님이 위임한 사람들로서 선교로 보냄 받은 사람들이란 근원적인 의미로 사용하고 있다. 크리스천들은 나중에 그러한 사람들을 선교사나 교회 개척자들을 부르는데 사용하였을 것이다. 고대 세계에서 "교사들"은 오로지 기계적인 암기를 통해서 자주 그들의 학생들에게로 정보를 전달하는 것으로 자신을 제한시켰다. "다른 이들을 돕는 자"는 헬라어에서 모호한 것만큼 영어에서도 모호하지만 가난한 자와 궁핍한 자들을 특히 돕는 행위들을 포함할 것이다. "다스리는 것"은 "감독"과 "지도"로 번역할 수 있을 것이고, 교회 지도부의 통치하는 측면을 포함한다.

"첫째", "둘째", "셋째"가 중요한 순서를 말하는 것으로 간주하는 것은 지금까지 바울의 논의의 전반적인 요지를 분명히 벗어나는 것이다. 따라서 이 순서에서 시간적인 우선성을 보는 것이 가장 좋다(참조. 엡 2:20).[12] 지역의 교회를 세우려면 교회 개척자가 있어야 한다. 그 다음에 하나님의 말씀의 규칙적인 선포가 뒤따라야 한다. 그 다음에 교사들은 복음 전도에 믿음의 핵심적인 진리를 전달하고 사람들을 제자화하는 일을 지원해야 한다. 오직 이 시점에서 눈에 보이는 크리스천의

---

11. 보다 일반적으로 바울의 사상에서 "그리스도의 몸"에 관해서는 Andrew Perriman, "'His body, which is church…': Coming to Terms with Metaohor," *EvQ* 62(1988): 123-42을 참조하라.

12. 참조. Talbert, *Corinthians*, 85; Watson, *First Corinthians*, 137.

교제가 모든 다른 은사들을 작용하게 할 수 있다. 방언이 목록의 맨 마지막에 나오는데, 고린도인들이 이 은사의 가치를 과도하게 평가하였기 때문일 것이나 그렇다고 바울이 이 은사를 본질적으로 열등하게 여겼음을 증거하는 것은 아니다.

이후에 31a절은 그 자리가 적합해 보이지 않는다. 바울이 어떻게 지금 사람들이 '더 큰' 은사를 사모하라고 격려할 수 있는가? 따라서 혹자는 그의 말을 진술("하지만 너희는 [소위] 더 큰 은사를 열심히 사모하고 있다"나 질문("그러나 너희는 더 큰 은사를 열심히 사모하고 있는가")로 번역했다. 하지만 이런 번역들은 14:1에서 바울의 유사한 진술과 조합되지 못하고, 이 구절을 문맥적인 증거가 없이 아이러니한 독법으로 만든다. 따라서 NIV가 "더 큰"을 특별한 영광과 존귀가 주어져야 하는(23절) 덜 눈에 띄는 은사들이나 방언보다 우월한 예언을 가리키는 것으로(14장) 이해하고 있는 것처럼 그것을 번역하는 것이 더 낫다. 이 구절은 역시 고린도인들에게 11절이 운명주의로 이끌지 않는다는 것을 상기시킨다. 그들이 은사를 위해 기도하고 어떤 은사들을 배양하려고 하는 것은 전적으로 적절하다. 성령이 그렇게 하기를 선택한다면, 그가 그들이 바라는 것을 부여하지 않으실 수 있는 여지를 남겨둔다면 말이다.

상황잇기

영적인 은사의 실천은 1세기 고린도와는 다른 배경에 있는 곳에서도 분열적인 것으로 나타난다. 우리가 피해야 하는 것이 바로 이런 것들이다. 사실상 고린도의 크리스천들의 분열과 은사주의자들에 대한 현대의 논쟁은 상당히 밀접하다. 그러므로 바울의 가르침의 대부분은 현대 세계에 곧바로 적용할 수 있다. 바울이 말하는 것을 기꺼이 듣고 따르려고만 한다면 말이다.

영적인 은사에 대한 연구는 고린도전서 12-14장만이 아니라 로마서 12:3-8과 에베소서 4:7-13도 역시 포함해야 한다. 바울이 이런 성경의 장들에서 제공하고 있는 다양한 은사의 목록은 동일한 것들이 아니다. 은사들 중에 어느 것도 포괄적인 것으로 의도되어 있지 않다. 다른 곳에서 '카리스마'란 용어에 대한 바울의 사용(예를 들어 7:7에서 독신과 결혼에 은사란 용어를 그가 사용한 것)은 12:1-6에서 영적인 은사들에 대해서 그가 다양한 용어를 사용한 것처럼 그 개념이 어떤 이들이 주장하는 것처럼 고정되거나 전문적인 표현으로서 말한 것이 아님을 암시한다.[13] 은사에 대한 바울의 다양한 목록을 망라하고 있는 기능의 범위는 그것이 갑자기 주어지거나 느슨하게 육성된다할지라도, 달란트, 능력, 그리고 재능의 어느 조합도 만약 신자들이 그것들을 이 세상에서 하나님의 영광과 그의 일을 위해 사용한다면 영적인 은사로서 자격이 있을 것이다.[14] 확실히 헬라적인 유대인과 로마의 시민으로서 기독교 사역을 위한 바울의 독특한 준비는 그가 전파와 설교를 포함하는 그의 영적인 은사들(행 13:1)의 모든 것을 그의 회심 후에만 획득한 것으로 간주했으리라고 믿기 어렵게 만들어준다. 하지만 이 모든 은사들이 비기독교적인 비유를 가질 수 있기 때문에 재능이나 능력은 "공통된 선"을 위해서 신자들이 사용할 때만 '카리스마'(은사)가 된다(7절).

3절("하나님의 영으로 말하는 자는 누구든지 예수를 저주할 자라 하지 아니하고 또 성령으로 아니하고는 누구든지 예수를 주시라 할 수 없느니라")은 모조적인 영적인 발언에서 참된 발언을 결정하기 위한 유일한 기준일 수는 없다. 대부분의 상황에서 우리는 그것으로 충분치 않을 수 있다. 하지만 그 기준은 가장 근본적인 검증으로 여전히 남아 있다. 또 다른 성경적인 도움은 교리적인 정통성, 특히 그리스도의 위격과 관련하여 심사하고(요일 4:1) 전달하는 자의 사역의 열매나 결과를 관찰함으로써 검증해볼 수 있다(마 7:15-20). 만약 주어진 예언이 예견적이고 참으로 하나님에 의해 영감된 것이라면 그것은 실제가 될 것이다(신 18:22). 하지만 이런 기준을 적용한 후에라도 여전히 모호성이 남아 있는데, 성령의 은사의 명백한 표현도 결코 "신적인 것"이나 오류가 없는 상태와 동일시할 수는 없기 때문이다.

4-6절은 중요한 삼위일체 의미를 담고 있는데, 그 구절들이 이 단락의 주요한 요지가 아니기 때문에 더욱더 의미가 있다. 여기서 바울의 말의 주요한 기능은 하나님의 본질에 기초하여 고린도인들이 인식하지 못하고 있는 합법적인 은사의 다양성을 제기하는 것이다.

7a절은 모든 크리스천들이 적어도 한 영적인 은사를 받는다는 중요한 원리를 가르친다. 어떤 이들은 동일한 시기에 또는 인생에서 서로 다른 때에 하나 이상의 은사를 받을 수 있다. 개인의 은사들이 철회될 가능성이 있기는 하지만(예를 들어, 그 은사의 남용으로 말미암아, 하지만 그것이 다른 문맥에서일지라도 롬 11:29을 참조하라), 모든 은사들이 신자에게서 떠나가지는 않는다. 1:7처럼 7a절은 영원히

---

13. 고로 올바르게는 Enrique Nardoni, "The Concept of Charism in Paul," *CBQ* 55(1993): 68-80.
14. 참조. Ralph P. Martin, *The Spirit and the Congregation* (Grand Rapids: Eerdmans, 1984), 37: "삶의 어떤 상태가 하나님으로부터 그 사람에게 온 은사가 될 수 있는데, 그것은 주님이 내게 그 은사를 주셨고, 내가 이 은사를 나에 대한 그의 소명과 명령으로 인식할 때이다. 다시금 어느 '은사'도 본질적으로 카리스마적이지 않지만 그리스도의 지배 아래서 그것을 이용하고 주장한다면, 그것은 그렇게 은사가 될 수 있다. 그러므로 자연적인 상태를 주님을 위해 소유함으로써 그것이 '성스럽게' 된다."

새로운 은사나 경험을 찾거나 회심만으로는 교회에 직접적인 봉사를 위해 신자들이 구비되기에 부적합하다고 주장하는 접근을 크리스천들이 하지 못하게 만든다. 8-11절에서 "같은 성령"이란 말을 반복함은 다양성이 필연적으로 연합을 위협하지 않는다는 요지를 명확히 한다. 지혜와 지식, 치유와 기적의 연합으로 보건대, 우리는 영적인 은사들의 짝을 너무 구분하려는 것을 조심해야 한다. 바울은 다른 곳에서 예언과 지식(13:2), 목사와 교사(엡 4:11)를 긴밀하게 연관시키고, 누가는 선지자와 교사를 유사하게 연관시킨다(행 13:1).

일반적으로 특별한 은사를 특이하게 초자연적인 증거로 제한하는 접근이나 은사를 자연적인 재능과 사실상 구분하지 않는 접근을 모두 추천할 수 없다. 예언에 대한 카롤린 오시엑크의 말은 특히 유익하다: "우리가 더 큰 사랑과 믿음으로 다른 사람들에게 나아갈 수 있도록 건설적인 행동을 하게하고, 교만한 마음을 부수며, 삶과의 더 깊은 연관성을 갖게 하는 것은 살아 있는 말씀이다." 그녀는 계속해서 "오늘날 많은 상황에서 예언이 바울의 교회들에서 그랬던 것과 동일한 형태를 취하지 않는다면, 그것은 예언의 성령이 변화된 문화적 형태와 행위에 충분히 재빨리 적용하고 있기 때문일 뿐이다"[15]라고 말한다. 예언에 대해서 참인 것은 가르침과 돕는 것과 행정 등등에 있어서도 그러하다. 하나님은 타고난 능력을 사용하고 배양하거나 사람들에게 아주 새로운 능력을 주실 수 있다. 그것은 전적으로 하나님께 달려 있다.[16]

은사를 분류하는 일은 바울이 부여하지 않는 본문의 데이터에 인위적인 범주를 부과할 위험성이 자주 있다. 그럼에도 불구하고 우리는 어떤 은사들은 다른 것보다 더욱 직접적인 초자연적 능력을 필요로 하는 것으로 보인다는 것을 지적할 수 있다(예를 들어, 방언, 해석, 치유, 이적). 다른 은사들은 모든 크리스천들에게 어느 정도 있는 덕성에 부가적으로 추가되는 것으로 보인다(예를 들어, 지혜, 지식, 믿음, 돕는 것, 주는 것, 봉사와 권면, 자비). 여전히 또 다른 은사들은 교회에서 리더십의 역할을 하는 것과 상당히 연관되어 있고(예를 들어, 사도, 교사, 행정가), 어떤 은사는 두 세 곳의 범주에서 발생한다(예를 들어, 첫 번째와 두 번째의 범주에 걸쳐 있는 예언, 또는 두 번째와 세 번째 범주에 걸쳐 있는 복음전도).

15. Carolyn Osiek, "Christian Prophecy: Once Upon a Time?" *CTM* 17(1990): 296-97.

16. 참조. Prior, *1 Corinthians*, 198: "성령의 은사를 하나님이 이용하시고 풀어놓으신 자연적인 능력으로 '제한하는' 것이나 성령의 '진정한' 은사가 명백히 초자연적인 것이라고만 주장하는 것도 역시 잘못된 것으로 보인다."

이런 종류의 분류는 은사와 직무의 상관성이란 중요한 질문을 제기한다. 바울은 교회 리더들의 두 확립된 직무를 인정한다: 장로로서도 알려져 있는 감독들과 집사들(참조. 예를 들어, 행 20:17-28; 빌 1:1; 딤전 3:1-13). 하지만 이런 직무의 범주는 어떤 특별한 은사의 측면으로라기보다는 일반적으로 영적인 성숙으로서 표현된다(딤전 3:2-12; 딛 1:6-9). 따라서 어떤 은사들이 다른 은사들보다 어떤 직무에 더 적합할지라도(장로들을 위한 예언이나 가르치는 은사, 집사를 위한 돕는 은사 등등), 두 범주들을 혼돈해서는 안 된다. 한 특별한 교회의 목사가 되지 않고서도 목회의 은사를 사용할 수 있다. 주어진 회중 속에서 "전파자"가 될 필요가 없이 성령으로 인도된 복음전파를 포함하여 예언의 은사를 활용할 수 있다. 어떤 이들은 은사로 인해서 이적의 치유를 행사할 수 있고, 다른 이들은 장로의 직무로 인해서 아픈 자를 위해서 기도하고 안수할 수 있도록 부름을 받는다(약 5:14). 하나님은 은사들을 성을 차별하거나 구분하지 않고 주시지만(참조. 행 2:17-18), 각각의 지역교회의 회중은 그 직무가 성경적인 기준에 대한 이해에 따라서 이루어지고 있는지를 결정해야 한다.[17]

로마서 12:3-8은 어떤 이의 영적인 은사를 결정하고 신실하게 사용하는 것은 회심에 수반하는 근본적인 인식적 도덕적 변화(롬 12:1-2)에 이어서 그리스도인의 삶에서 그 다음으로 가장 중요한 임무라고 제기한다. 우리는 이미 고린도전서 1:7에서 교회 시대를 통해서 그리스도인의 사역의 특징적인 표현으로서 은사들을 지적한 방식을 이미 보았다. 확실히 그때에 모든 시대와 문화에서 신자들에게 중요한 질문은 그들의 개인적인 은사가 무엇인지를 결정하는 방식이다. 비교적 단순한 것에서 꽤 복잡한 것에 이르기까지 다양한 진단 도구가 발전되었고, 이것들은 의심을 확증하고 새로운 가능성을 제기하는데 유익할 수 있다.[18] 하지만 역사를 통해서 교회의 대부분은 이런 도구들에 접근하지 않았고, 하나님은 다양한 진단 테스트들이 드러내는 자연적인 욕구나 능력을 뒤집으실 수도 있다. 그러므로 모든 크

17. 은사와 직무의 중복과 구분에 대해서는 특히 Ronald Y. K. Fung, "Ministry, Community and Spiritual Gifts," *EvQ* 56(1984): 3-20을 보라.

18. 예를 들어, 단순한 한 페이지의 질문서로는 Eddie Gibbs, *I Believe in Church Growth*(Grand Rapids: Eerdmans, 1983), 452-53을 참조하라. Clyde B. McDowell, *How to Discover Your Spiritual Gifts*(Littleton, Col.: Lay Action Ministry Program, 1988; Elgin, Ill: David C. Cook, 1988)은 다양한 은사들에 반응하는 간략한 진술들을 전해준다. Don and Katie Fortune, *Discover Your God-Given Gifts*(Old Tappan, N.J.: Fleming Revell, 1987)은 성인, 십대 그리고 어린이들을 위해 만들어진 세 가지 서로 다른 형태에서, 일곱 가지 주요한 은사의 범주들에 대한 정교한 설명들을 창출한다. 또한 Bruce Bugbee, Bill Hybels, Don Cousins이 쓴 '네트워크' 자료들(Grand Rapids: Zondervan, 1994)을 보라.

리스천들은 기도하여 그들의 마음을 찾고, 사역을 시도하고, 그들의 독특한 은사들을 확증할 수 있도록 성숙한 신자들로부터 사랑스럽지만 진실한 피드백을 추구할 책임이 있다.

일단 자신이 어떤 은사가 있는지를 합리적으로 확신한다면, 그 사람은 봉사를 위한 출구를 찾을 필요가 있다. 이 사실은 교회가 조직되어야 하는 방식에 대한 놀라운 의미를 갖는다. 작은 그룹이든 큰 그룹이든 간에 성령이 인도하시는 방식으로 모든 구성원들이 참여하는 예배에서 기회가 만들어져야 한다. 설사 그것이 예배의 순서 속에서 기획되지는 못한다할지라도 말이다(더 자세한 것은 14:26을 참조하라). 지도부는 교인들이 은사를 활용할 수 있도록 격려하고 신자들로 구성된 지역 교회의 몸 안에서 그 은사들을 사용할 수 있는 방법을 찾을 수 있도록 도와야 한다. 교회 안에서 책임을 감당할 자리가 났을 때, 교인들은 그들의 약점이 아니라 장점의 영역에서 일할 수 있어야 한다. 아울러 교인들은 은사를 활용할 수 있도록 요청을 받을 때까지 기다릴 것이 아니라 장점이 있는 영역에서 스스로 기꺼이 일할 수 있도록 자원해야 한다.[19]

11절은 다른 사람들도 자신과 같은 영역에서 은사가 있어야 한다고 기대하거나 원하는 인간의 자연적인 경향에 대해서 중요한 경고를 한다. 그것은 어떤 이가 크리스천이 되기 위해서 또는 성숙한 크리스천이 되기 위해서 또는 세상의 어떤 부분에서 하나님의 활동의 중심이 되기 위해서 어느 한 은사가 반드시 필요하다는 모든 주장들을 완벽하게 논박한다. "한 교인만이 있는 교회가 없는 것처럼 어느 누구도 가져야 하는 은사는 없다."[20]

13절에서 성령세례는 물세례와 혼돈해서는 안 된다. "성령으로[안에/의해] 세례 받다"라는 표현은 신약성경에서 일곱 번 나타난다. 모든 다른 여섯 번의 사용은 예수가 성령으로 또 성령 안에서 세례할 것이라는 세례요한의 예언과 관련이 있다(마 3:11; 막 1:8; 눅 3:16; 요 1:33; 행 1:5; 11:16). 이 예언은 사도행전 1:5의 언급이 분명히 하는 것처럼 오순절날에 성취되었다. 고대 세계에서 세례에 관한 말과 현상은 바울이 여기에서 염두에 둔 것이 성령의 영역으로 어떤 이가 들어가는 입문적인 경험임을 암시한다. 바울이 모든 고린도의 신자들이 세례를 받았다고

---

19. 이 단락의 개념들을 시행하는 것에 관한 많은 실제적인 제안들에 대해서는 Paul Stevens, "Equipping for Spiritual Gifts," in George Mallone, ed., *Those Controversial Gifts*(Downers Grove, Ill.: InterVarsity Press, 1983), 121-43을 보라.

20. J. W. MacGorman, "Glossolalic Error and Its Correction: 1 Corinthians 12-14," *RevExp* 53(1983): 394.

말한 것으로 보건대, 또한 그들 중에 적어도 어떤 이들은 미성숙한 상태에 있었던 것으로 보건대, 성령 세례가 회심과 어떤 이의 삶에서 성령의 최초의 도래와는 구분되는 일종의 두 번째 축복이거나 하나님에 대한 뒤이은 경험이라는 것은 거의 불가능하다. 사도행전 8장에서 사마리아인들의 이야기가 사도행전 19장에서 세례 요한의 제자들이 의미하는 바가 무엇이든지 간에 각각의 경우에 누가가 성령의 첫 번째이자 유일한 도래, 즉 바울이 크리스천이 되는 것과 동일시한 성령의 도래를 묘사하고 있음이 분명하다(롬 8:9).[21]

갈라디아서 3:28처럼 13절도 다양성 속에서 연합으로 세상을 놀라게 하는 이질적인 그룹들을 교회가 모델로 삼았다는 모든 시대에 중요한 필요성을 우리들에게 상기시킨다(참조. 엡 4:4-11). 교회는 사람들이 같이 모이고, 또 그렇게 해야 할 인간적인 이유가 없는 다른 사람들과 같이 조화로이 지내는 곳이어야 한다.

14-26절은 자명하고 확실한 원리다. 몸의 기관은 서로 보완적이고, 각자 독립적이지 않다. 신약성경은 지역의 그리스도인의 교제와 상관이 없는 개인적이거나 "홀로 있는" 크리스천들이 아님을 인식한다. 교제하지 않으면 구원을 받지 못한다고 말하는 것은 아니고, 서로 연관되어 있지 않으면 건강치 못하다는 것이다. 개인주의를 공동체적인 책임보다 더 높게 사는 사회에서 몸으로서 그리스도의 교회에 대한 비유의 중요성은 말로 다할 수 없다. 모든 다른 신자들을 필요로 한다는 우리 모두에 대한 바울의 강조는 만약 그렇지 않았다면 세우려고 했을 지위, 서열, 또는 특권의 계급구조를 상당히 무력화시킨다. 만약 어떤 사람에게 부여되어야 하는 존귀의 양에서 차이가 있다면, 오히려 덜 눈에 띄고 덜 공개적으로 인정된 은사, 말하자면 돕고, 봉사하고, 주는 것과 같은 은사가 더 칭찬을 받을 것이다.

특히 강력한 기도의 전사에 의해서 실천되는 믿음의 은사도 역시 여기에 속할 것이다. 이런 은사를 가진 사람들은 지도자들, 프로그램들, 공적인 행사들이 오고 갈 때조차도 교회와 사역을 결합시키는 접착제 역할을 형성한다. 모든 신자들을 그들의 장점의 영역과 밀접한 상호의존적 상황에 있도록 고무시키는 것은 26절에 대한 순종을 가능하게 만든다. 교인들이 밀접한 감정을 느끼지 않는 사람들과 같

---

21. 사도행전과 바울서신에서 이 주제에 관해서는 특히 J. D. G. Dunn, *Baptism in the Holy Spirit*(Philadelphia: Westminster, 1970), 38-172을 보라. 던에 대한 오순절파의 반응에 대해서는 Howard M. Ervin, *Conversion-Initiation and the Baptism in the Holy Spirit*(Peabody, Mass.: Hendrickson, 1984)을 보라. 얼빈은 던의 주해에서 일부 약점들을 지적하지만 일반적으로 그의 책의 주요한 요지들을 뒤집지는 못한다.

이 울고 기뻐하기는 어렵다.

28절에서 바울은 8-10절의 목록과는 다른 은사목록을 열거하는데, 특히 그것은 고린도인들의 초점의 범위를 폭넓게 만든다. 오로지 보다 기적적인 은사에 집중하지 않고, 바울은 교회지도자들과 여타 덜 눈에 띄는 자리에 있는 역할들의 샘플을 추가한다. 그러나 이런 분류는 다소 시대착오적으로 보이는데, 첫 그리스도인들은 확실히 모든 은사들을 기적적인 것으로 생각했을 것이다. 그럼에도 불구하고 봉사의 모든 일상적인 행위들이 성령의 초자연적이고 눈에 띄는 현상과 동등한 것으로 이제 설정된다.[22] 29-30절은 11절과 연관된 원리를 강화시킨다: 모든 신자는 적어도 한 은사를 갖고 있으나 모든 크리스천들에게 어느 한 은사가 주어지지는 않는다. 31a절은 어떤 은사, 특히 교만으로 이끌지 않고 즉시 효용적인 은사들을 추구하는 것은 바람직하고 합당한 것임을 신자들에게 상기시킴으로써 바울의 논의를 결론으로 가져온다. 하지만 우리는 하나님의 주권을 넘볼 수 없고 우리가 요구한 것을 하나님이 우리에게 다 주신다고 가정해서도 안 된다.[23]

현대적 의미

영적인 은사들에 대한 바울의 논의는 우리 시대에 대단히 적합하다. 은사들, 특히 보다 초자연적으로 보이는 은사들이 1세기 고린도에서처럼 오늘날 논쟁적이고 분열적인 경향이 있다. 성령의 사역을 상당히 소홀이 했던 세월이 흐른 후에 대체로 현대의 오순절주의자와 뒤이은 은사 운동의 자극으로 인해서 거의 모든 기독교의 범주에서, 항상은 아닐지라도, 주기적으로 영적인 은사들에 집중하고 있다. 교회들이 모든 교인들이 사역한다는 성경적 모델을 회복시키고 있는 긍정적인 표지들이 많은 부분에서 나타나고 있다. 큰 교회에서는 소그룹에 대한 강조를 통해서, 그리고 가정 교회는 교회가 되는 작은 그룹을 통해서 말이다.[24] 하지만 많은 발전이 여전히 많은 전선에서 필요하다.

2-3절은 자동적으로 모든 영적인 은사들을 하나님으로부터 온 것으로 가정하는 것을 경고하는데, 우리는 소위 신예언적 운동이라 불리는 것을 조심할 필요가 있

22. 참조. Hans Conzelmann, *First Corinthians* (Philadelphia: Fortress, 1974), 215.
23. 이 장들에서 영적인 은사들과 관련한 원리에 대해서 더 자세한 것은 특히 Kenneth Hemphill, *Spiritual Gifts: Empowering the New Testament Church* (Nashville: Broadman, 1988)과 Siegfried Schatzmann, *A Pauline Theology of Charismata* (Peabody, Mass.: Hendrickson, 1987)을 보라.
24. 특히 Robert Banks, *Paul's Idea of Community* (Grand Rapids: Eerdmans, 1980); Christian Smith, *Going to the Root: 9 Proposals for Radical Church Renewal* (Scottdale, Pa.: Herald, 1992)을 보라.

다. 아울러 더욱 초자연적인 은사들을 인간의 조작이나 더 나쁜 것과 자동적으로 동일시하는 것을 경고하는데, 우리는 특히 은사중단주의자들을 조심할 필요가 있다. 한편으로 은사는 많은 현대의 종파와 종교들에 의해서 모조될 수 있고 모조되어 왔다. 다른 한편으로 제3세계의 은사주의 기독교와 개신교 유럽의 다양한 국가교회들 그리고 넓게는 로마 가톨릭 교회의 일부 부류에서 자주 발생하고 있는 것처럼 악마적인 것은 사람들을 그리스도에게로 데려오지 못한다.

통일성 속에서의 다양성에 관한 바울의 모든 강조는 구원 받기 위해서 또는 영적으로 성숙하기 위해서는 방언(또는 예언과 치유와 그밖에 어떤 경험)을 말해야 한다고 주장하는 은사운동의 극단적인 진영을 잘못된 것으로 드러나게 만든다. 교회의 가장 근본적인 임무로서 복음전도나 선교를 열심히 주장하는 사람들 사이에서도 이와 동일한 불균형이 있다. 평신도보다 목회자를 다른 세계에 속한 사람으로 높이 올려놓는 것도 유사하게 부적절하다.

다양성 속에서 통일성에 관한 바울의 모든 강조는 종교적이라고 주장하고 하나님 심지어 그리스도를 믿는다고 주장하지만, 조직된 교회 생활을 하지 않거나 적어도 주변부에만 위치하는 점증하는 미국인들의 행위도 역시 의문을 불러일으킨다.[25] 위험한 개인주의의 유산에 상당히 영향을 받은 땅에서 신자들은 기독교가 개인적인 종교일 뿐 아니라 근본적으로 공동체적이라는 것을 더 열심히 보여주는 것이 필요하다. 회심에 대한 복음적인 용어가 이런 편견을 드러낸다: "예수 그리스도와의 개인적인 관계." 물론 이것은 반드시 필요한 출발점이지만 관계성이 다른 크리스천들과의 친밀한 '상호'적인 관계성으로 인도될 때까지 멈추어서는 안 된다.

개인의 은사에 관한 정의가 (은사주의자들 사이에서) 보다 초자연적인 개념들의 노선과 (비은사주의자들 사이에서) 보다 자연적인 개념으로 양극화되는 경향이 있다. 두 진영은 그들의 정의를 넓힐 필요가 있다. 하나님은 그렇게 많이 제한하지 않으신다. 특별한 상황에서 논쟁적인 은사에 대한 싸움을 해결하는데 유익한 지침은 적용된 동일한 원리가 덜 논쟁적인 은사에도 유효한가를 보는 것이다. 예를 들어, 구약의 선지자들에게서 예상되었던 것처럼 현대적 예언자들은 100퍼센트 정확해야한다고 혹자는 주장한다. 그러나 가르침의 은사를 가진 사람들에게 누가 무

---

25. 특히 Robert Bellah, et al., *Habits of the Heart*(Berkeley: University of California, 1985), 특별히 219-49에서 논의된 경향을 보라.

오류의 기준을 요구할 수 있는가? 다른 한편으로 교사로 은사가 있다고 주장하는 사람이 끊임없이 잘못을 저지르고 있다면, 그는 그 은사가 없음을 인정해야 한다. 주님으로부터 보다 직접적인 말씀을 가져왔다거나 치유의 은사가 있다고 주장하지만 정확하게 효과적으로 그들의 "은사"를 사용할 수 없는 것으로 입증된 사람들도 역시 자신들이 그러한 은사를 갖고 있지 않음을 깨달아야 한다.[26]

또한 은사가 연합이냐 분열이냐를 촉진하는 것이 참된 것과 모조적인 것을 가려내게 한다. 많은 상황에서 은사주의자들은 다른 덜 멋진 은사보다도 그들이 가진 은사의 가치를 높이 세우는 방식을 주장함으로써 교회를 분열시킨다. 하지만 다른 많은 상황들에서 그들은 비은사적이거나 반은사적인 환경에서 활로를 찾기 위해서 그들의 은사에 아주 정중하게 호소하는데, 이때에 발생하는 분열은 교회 지도부나 여타 비공식적인 파워 그룹의 비타협성 때문이다. 이러한 경우에 은사적인 신자는 여전히 나타나는 불화에도 불구하고 "참된 것"을 찾으려는 것일 수 있다. 이상적으로는 교회가 모든 은사들의 실천을 관용할 수 있을지를 사랑 속에서 함께 결정해야 하고, 그럴 수 없다면, 연합을 위해서 분열적인 것들로 나타난 것을 삼가기를 동의해야 한다. 여전히 더 좋은 것은 자격이나 성숙의 종류에 대한 기준을 정하지 않고 그 모든 것들을 허락하는 것이다.[27]

13절에 대한 우리의 분석은 "성령 세례"란 표현이 고전적인 오순절 범주에서 적용하는 것처럼 회심 후의 "더 깊은" 경험에 적용시켜서는 안 된다는 것을 보여준다. 그렇다고 그리스도인들이 하나님에 대한 경험을 활성화하고 그 경험들을 그들의 삶에서 성숙의 새로운 차원으로 가져오는 일을 추구하지 않아도 된다는 것을 의미하지 않는다. 비은사파들은 이것을 더 자주 인식할 필요가 있다. 하지만 우리가 성경적이기를 원한다면, 누가의 인도를 따르고 성령의 반복된 "충만"으로 이 사건을 언급하는 것이다(참조. 예. 행 4:8, 31; 9:17).

통일성 속에서 다양성은 동질적인 그룹의 원리를 강조하는 교회 성장의 지배적인 모델을 도전한다. 아마도 어떤 근본적인 차원에서 전도와 교제는 아마도 우리들과 같은 사람들 사이에서 가장 잘 발생할 것이다. 그러나 복음의 가장 왕성한 전

26. 비교적 균형 잡힌 논의에 대해서는 Jack Deere, *Surprised by the Power of the Spirit*(Grand Rapids: Zondervan, 1993), 67과 그 전반을 보라.

27. D. A. Carson, *Showing the Spirit*(Grand Rapids: Baker, 1987), 183-88에서의 목회적인 묵상을 특히 참조하라. 전체적으로 칼슨의 책은 고린도전서 12-14장에 관한 너무 학문적이지도 통속적이지도 않은 해석과 적용으로 가장 좋다.

도의 능력은 인간적인 예상으로는 설명할 수 없는 방식으로 서로 사랑하고 교제하는 것을 보게 될 때 발생한다. 미국에서 백인과 흑인이 주님을 위해서 함께 예배하고 봉사할 때 특히 이런 일이 사실로 나타난다.[28] 하지만 마틴 루터 킹이 자주 관찰했던 것이 여전히 나타나고 있다—주일날 아침 11시는 미국인의 생활에서 가장 분열적인 시간이다. 거의 모든 인종 그룹 가운데 현대 기독교에 대한 가장 비극적인 고발 중에 하나가 바로 그것이다.

실로 강력한 복음전도의 결여가 현재의 서방 기독교에 많은 영향을 미치고 있다. 바울이 더 큰 은사를 사모하라고 간절히 신자들을 격려할 때, 고린도에서 충분히 관심이 주어지지 않았던 은사를 그가 의미하고 있음을 우리는 인식할 수 있다. 교외 지역의 미국 크리스천들의 많은 모임이 영적인 은사개발 중에서 복음전도에 강한 크리스천들이 적다. 확실히 우리는 하나님이 우리에게 이 은사를 주실 것을 기도함으로써 이 갭을 메우고, 이미 그 은사를 갖고 있는 우리의 교제에 다른 이들을 데려오기를 추구할 필요가 있다.

하나님이 모든 지역 교회가 더욱더 초자연적 은사를 가질 것을 바라시는지는 불분명하다. "'모든' 은사를 구하라"는 은사주의적인 범주에서 자주 들을 수 있는 슬로건은 바울이 직접 말하지 않은 것이다. 하지만 우리는 적어도 모든 은사들에 열려 있어야 한다. 모든 신학적인 유형의 크리스천들이 오늘날 "하나님, 당신이 원하신다면, 저에게 방언(또는 치유, 또는 주어진 맥락에서 논쟁적인 어떤 은사이든 간에)을 주세요"라고 기도할 수 있었다면, 은사를 추구하는 자와 그렇지 않은 자 사이에서 그들을 서로 갈라놓는 갭을 상당히 메울 수 있었을 것이다.

경력과 지식에서 전문성이 강화되고 있는 시대에 크리스천들이 영적인 은사를 가능한 한 폭넓게 간주하는 것이 더욱더 중요하다. 우리는 신자들이 주님의 일에 바쳐진 모든 종류의 능력을 영적인 은사로 생각할 것을 격려해야 한다. 확실히 음악적 재능도 이런 범주에 속하고(참조. 엡 5:18-19), 거래를 하는 기술도 마찬가지다(참조. 출 31:1-5). 바클레이는 "벽돌공, 목수, 전기기술자, 화가, 엔지니어, 배관공은 모두 하나님으로부터 와서 하나님을 위해 사용할 수 있는 그들의 특별한 은사를 갖고 있다"라고 올바르게 말한다.[29] 확실히 많은 다른 사람들을 이 목록에 추

---

28. 이 주제에 관한 최근의 강력한 해석이 Spencer Perkins and Chris Rice, *More Than Equals*(Downers Grove, Ill.: InterVarsity Press, 1993)에서 나타난다. 또한 Raleigh Washington and Glen Kehrien, *Breaking Down Walls*(Chicago: Moody, 1993)을 참조하라.
29. Barclay, *Corinthians*, 109.

가할 수 있다. 전문성은 대형교회가 더욱더 인식하고 있는 것처럼 교회 직원들 내에서도 마찬가지다. 그 일을 단순히 설교, 기독교 교육, 젊은이, 음악, 그리고 복음 전도로 나누는 대신에 우리는 행정 목사, 컴퓨터 담당자, 교인들의 은사를 확인하고 그들이 봉사에 참여할 수 있도록 돕는 영성 기획가를 생각할 수 있다. 프랭크 틸라파우에 의해서 제일 먼저 유명해진 집단 표적 사역은 모든 구성원들이 자신의 개인적인 은사와 열정을 발견할 수 있도록 격려하고, 그들이 가장 흥분할 수 있는 영역에서 실제적인 사역을 할 수 있도록 그들을 "풀어놓는다."[30]

그러나 이 모든 것 가운데서 우리는 "숨어 있는" 사람들의 의미를 과소평가하지 않도록 조심해야 한다. 우리는 크리스천 명사를 높이고, 우리의 목사들이 은사적인 개성을 갖고 있고, 어느 성경의 인물보다도 더 많은 영적 은사를 보여줄 것을 요구하기를 좋아하는 시대에 살고 있다. 전임 사역자들 가운데서 탈진율이 높고, 그들의 도덕적인 실패는 자주 스트레스로 인한 것임은 놀랍지 않다. 우리는 종의 리더십의 모델을 배우고(4장을 상기하라) 우리의 지도자와 우리 자신이 가장 탁월한 것에 가장 많은 시간을 보낼 수 있게 해야 한다.[31]

26절의 실천은 서로를 위해서 기도하는 크리스천 친구들의 소통과 밀접하게 규칙적으로 연계하고, "변함없이" 서로 함께 고난을 당하고 기뻐하는 일을 배울 것을 모든 신자들에게 요구한다. 한 지역교회의 이상적인 결과물인 이런 짝과 소그룹은 폭넓은 관심의 목록, 자매 교회 간의 의사소통, 지역 사이에 예수 그리스도의 교회에 대한 정보의 교류, 규칙적인 서신, 전화, 팩스, 세계 곳곳으로의 여행을 포함하는 역동적인 선교적 관심을 통해서 그들 자신을 넘어서서 세상을 바라볼 수 있다.[32]

28절은 새로운 영역과 미전도 종족으로 복음을 확장시켜야 하는 현재의 필요를 우리에게 상기시킨다. 다양한 방송과 전파의 시대에 많은 방법들이 유용할 수 있겠지만, 어느 것도 지역 교회의 맥락에서 성령으로 인도된 말씀 선포의 예언적 사역을 대신할 수는 없다. 이 선포가 성경 문학의 모든 다른 장르의 내용과 적용을 일관되게 가르침으로써 물론 지원되어야 한다. 성장하는 건강한 교회들은 이런 과

---

30. Frank R. Tillapaugh, *Unleashing the Church*(Ventura: Regal, 1982).

31. 특히 John Bradley and Jay Carty, *Unlocking Your Sixth Suitcase: How to Love What You Do and Do What You Love*(Colorado Springs: NavPress, 1991)을 보라.

32. 특히 John Ronsvalle and Sylvia Ronsvalle, *The Poor Have Faces: Loving Your Neighbor in the 21st Century*(Grand Rapids: Baker, 1992)을 보라.

정을 반복하는 자녀교회를 낳을 것이다.

더욱더 "예배"가 "구도자에게 민감한" 형태로 부드러운 전략의 복음전도로 바뀌고 있는 시대에 탄탄한 교육적 요소가 있는 "주일 학교"나 그것에 상응하는 것들을 수반하는 일이 더욱더 필요하다. "내부적인" 교육에 주로 관심을 두던 보다 전통적인 교회들은 교회 개척과 복음 선포에 더 많은 초점을 가지고 그들의 사역을 보충할 것을 격려 받을 필요가 있다.

고린도전서 12:31b-13:13

31b 내가 또한 가장 좋은 길을 너희에게 보이리라

13:1 내가 사람의 방언과 천사의 말을 할지라도
2 내가 예언하는 능력이 있어 모든 비밀과 모
든 지식을 알고 또 산을 옮길 만한 모든 믿음
이 있을지라도 사랑이 없으면 내가 아무 것
도 아니요
3 내가 내게 있는 모든 것으로 구제하고 또 내
몸을 불사르게 내줄지라도 사랑이 없으면 내
게 아무 유익이 없느니라
4 사랑은 오래 참고 사랑은 온유하며 시기하지
아니하며 사랑은 자랑하지 아니하며 교만하
지 아니하며
5 무례히 행하지 아니하며 자기의 유익을 구하
지 아니하며 성내지 아니하며 악한 것을 생
각하지 아니하며
6 불의를 기뻐하지 아니하며 진리와 함께 기뻐
하고
7 모든 것을 참으며 모든 것을 믿으며 모든 것
을 바라며 모든 것을 견디느니라
8 사랑은 언제까지나 떨어지지 아니하되 예언
도 폐하고 방언도 그치고 지식도 폐하리라
9 우리는 부분적으로 알고 부분적으로 예언하니
10 온전한 것이 올 때에는 부분적으로 하던 것
이 폐하리라
11 내가 어렸을 때에는 말하는 것이 어린 아이
와 같고 깨닫는 것이 어린 아이와 같고 생각
하는 것이 어린 아이와 같다가 장성한 사람
이 되어서는 어린 아이의 일을 버렸노라
12 우리가 지금은 거울로 보는 것 같이 희미하나
그때에는 얼굴과 얼굴을 대하여 볼 것이요
지금은 내가 부분적으로 아나 그때에는 주께
서 나를 아신 것 같이 내가 온전히 알리라
13 그런즉 믿음, 소망, 사랑, 이 세 가지는 항상
있을 것인데 그 중의 제일은 사랑이라

원 의미

사랑은 모든 은사들보다 더 중요하다(12:31b). 고린도전서 13:1-3은 사랑이 없이는 모든 은사들이 무용하다는 요지를 만든다. 4-7절은 고린도인들이 관심을 기울이지 못한 방식을 지적하는 것으로 의도된 용어로 사랑의 본질을 묘사한다. 8-13절은 사랑의 영원성과 대조되는 모든 은사들의 잠정적인 본질을 조명한다. 이 전체 단락은 대칭과 평행의 정교한 구조를 갖는 시와 유사한 본질을 갖고 있다.[1]

1. 이 구조에 관한 좋은 설명에 대해서는 Watson, *First Corinthians*, 140-41을 보라. 찬미(수사적인 칭송)으

1-3절은 같은 원리를 설명하는 것으로서 영적인 은사들 가운데 다섯 가지를 사용하여 반복적으로 동일한 진리를 명확히 한다: 사랑이 없이는 특별한 은사의 가장 모범적인 사용도 신자들에게 아무 유익이 없다. 1절에서 바울은 방언에 대한 언급으로 요지를 만든다. "천사의 말(방언)"은 아마도 이 방언 은사에 대한 고린도인들의 평가를 가리키고 있을 것이다. "소리 나는 구리(징)"는 그리스의 극장에서 확성기로 사용된 전자장치를 사용하지 않은 "음향시설"을 가리키는 것으로 더 잘 간주할 수 있다. "울리는 꽹과리"와 조합해서 바울은 사랑 없이는 방언이 텅 빈 반향만을 남길 뿐이라는 것을 생생하게 조명한다.[2]

2절에서 바울은 영적인 통찰의 은사와 기적을 행사하기 위한 믿음의 은사의 사례를 사용한다. 여기서 그는 마태복음 21:21에서 예수가 말씀하신 것의 전통을 반영하는 것일 수 있다. 이 표현이 위대한 행위를 행하기 위해서는 하나님을 신뢰해야 하는 것에 잠언적으로 사용될지라도 말이다. 3절은 한 번 더 가장 극단적인 사례를 들어 그 요지를 명확히 한다—자기의 몸 전체를 주어 구제의 은사를 실천하는 것. NIV의 각주("내가 자랑하는 나의 몸을 포기하다")가 "나의 몸을 불사르다"는 독법 대신에 사실상 더 원래의 독법일 수 있다.[3] 그 경우에 "자기의 몸을 포기하는 것"은 자기희생을 포함하는 것일 수 있었으나 가난한 자들에게 나누어주기 위한 자금을 일으키기 위해서 자신을 노예로 파는 고대의 관습을 가리키는 것일 수도 있었다.

4-7절에서 다양한 용어에 대한 NIV의 번역은 보통 아주 훌륭하여 따로 설명할 필요가 없다. 하지만 우리는 몇 가지 부차적인 것들을 추가할 수 있을 것이다. "참다"(4절)는 "오랜 고난"의 의미를 전달한다. "자랑하다"는 "스스로 추켜 세우다"라는 부정적인 의미를 가리킨다. "교만"은 더 직역하면 "득의양양해하다"이다. "무례히 행하다"(5절)는 12:23에서 "떳떳하지 못한"으로 번역될 수 있는 것과 동일한 단어를 사용하고 있고, 사회적 도덕적 기준을 무시하고 행동함으로써 결과적으로 수치와 부끄러움을 가져오는 행동을 가리킨다.[4] "쉽게 성내다"(7절)는 영어에서 "발작적 행동"에서 유래하는 용어를 번역하는 것일 수 있다. "참으며"(7절)는 "인내하

로서 이 장의 전반적인 장르에 관해서는 James D. Sigountos, "The Genre of 1 Corinthians 13," *NTS* 40(1994): 246-60을 보라.

2. William W. Klein, "Noisy Gong or Acoustic Vase? A Note on 1 Corinthians 13.1," *NTS* 32(1986): 286-89.
3. 특히 J. H. Petzer, "Contextual Evidence in Favour of καυχήσωμαι in 1 Corinthians 13.3," *NTS* 35(1989): 229-53을 보라.
4. Louw and Nida, *Lexicon*, 759.

다"나 "괴롭힘을 참아내다"를 의미할 수 있었고, 그것은 대체로 "참다"와 동의어로 보인다. "믿으며"는 "믿다"에 대한 흔한 신약성경의 용어이다. 따라서 7절은 각기 동일한 것을 적절히 의미하는 동사의 안팎의 짝으로 이루어진 작은 교차대구법(ABBA 패턴)을 형성한다. 종합해서 4-7절은 사랑을 우선해서 다른 이들의 선을 구하는 비이기적인 것으로 묘사한다. "사랑은 죄인으로서 무력한 곤경과 불행한 상태에 있는 다른 이들을 위해서 하나님이 그리스도 안에서 행하시고 보여주신 것이다. 사랑 안에서 우리는 하나님의 편에 서고, 하나님의 관점을 공유하며, 그의 의도를 실천한다. 그리고 우리는 하나님이 우리에게 대하신 것이라고 알고 있는 대로 우리의 이웃을 대한다(롬 15:1-7을 보라)."[5]

8절은 8-13절의 논지를 진술한다. 다시금 바울은 고린도에서 특히 중요했던 은사들의 사례를 가지고 요지를 만든다. 믿음, 소망, 사랑이 영구적이지만, 영적인 은사들은 그렇지 못하다. NIV는 같은 동사인 '카타르게오'("사라지다"나 "폐지되다")를 8-11절에서 네 가지 다른 방식으로 번역하는데(8a절에서 "멈추다", 8c절에서 "지나가다", 10절에서 "사라지다", 11절에서 "버렸노라"), 이 번역들은 각기 그 용어의 중요한 뉘앙스를 포착하고 있다. 바울은 방언과 함께 다른 동사('파우오마이', NIV는 "말이 없는"—8b절)를 사용하지만, 아마도 형태적인 변화를 위해서일 것이다(8절의 세 평행적 요소들을 위한 ABA 형태를 창출하면서 말이다). 그것이 중간태일지라도(때로 마쳐진 행위로 번역된다), 신약성경 헬라어에서 이 특별한 동사는 사실상 이태(능동태의 끝마침이 없는 동사)가 되었으므로, 여기서 이 특별한 문법적 형태에 많은 것을 독법하는 것은 위험스럽다.

이 은사들이 왜 중단될 것인가? 그것들은 완전한 것이 올 때 불필요하게 되는 불완전한 세상의 불완전한 것들이기 때문이다(9-10절). 하지만 "완전"은 무엇을 가리키는가? 그 용어의 다른 주요한 성경적 의미(헬. '텔레이오스')는 "성숙"(참조. 11절의 비유)이지만 완전하거나 일관된 성숙은 예수 그리스도의 교회에 아직 오직 않았다.[6] 후대의 해석자들이 때로 다르게 느꼈을지라도, 바울은 어느 것에서도 사도 시대의 끝이나 성경 정경의 마감에 임박해서 그가 글을 쓰고 있다는 어떤 인식

---

5. Martin, *Spirit*, 56. 참조. Chafin, *1 and 2 Corinthians*, 161: 크리스천의 사랑은 "하나님의 본성의 핵심인 돌보시고, 용서하시고, 자발적이시며, 구속하시는 사랑을 의미한다."

6. 달리 생각하는 사람들에 대항해서 Fee, *First Corinthians*, 645, n. 23는 "초자연적인 은사들의 측면에서 '성숙'을 성령의 동반하는 임재가 없이 우리의 전적으로 뇌의 내부적인 믿음의 상표로 생각하는 것은 서방 기독교의 폐단일 것이다"라고 지적한다. 결국에 서방의 합리주의가 아니라 성령이 이 시대의 전환을 특징짓는다.

도 지원하지 않는다. 그리고 12절의 비유는 그러한 해석과는 잘 맞지 않는다. 성경이 완성된 후에도 그리스도인들은 하나님을 "대면해서" 보지 못했다(오직 "책을 대면해서" 보았을 뿐이다). 또는 하나님이 그들을 아는 정도로 그를 알 수 없었다. 1:7이 그리스도의 재림 때까지 은사의 계속된 역할을 지적했음을 우리가 상기할 때, "완전"에 대한 유일한 한 가지 해석이 있을 수 있다—그것은 예수가 이 땅에 다시 오신 후에 있게 될 세상의 삶이다.

하지만 사랑은 영원히 거한다. 믿음과 소망도 역시 그러할 것이다(13a절). 믿음이 예수를 믿고 그에 대한 신실한 봉사를 입을 수 있다면, 또한 소망이 하나님이 우리들을 위해서 장래에 가지시는 선한 것들을 고대하는 것을 가리킨다면 말이다. 바울은 삼총사인 "믿음과 소망과 사랑"이 그가 가장 좋아하는 것이기 때문에 믿음과 소망이라는 두 덕성을 여기에 추가한다(참조. 살전 1:3; 5:8; 골 1:4-5; 엡 1:15-18).[7] 하지만 사랑이 가장 위대하다(13b절). 사랑은 크리스천 윤리에 대한 바울의 이해에 가장 근본적이고 본질적이며 핵심적이기 때문이다(예를 들어, 갈 5:6, 14, 22-23을 참조하라).

상황잇기

더 큰 은사들보다도 더 뛰어나다면, 사랑 자체는 영적인 은사가 될 수 없다. 오히려 사랑은 성령의 "열매"의 목록에 첫 번째가 되는 핵심적인 크리스천의 덕성을 대변한다(갈 5:22). 사랑은 은사들이 하나님을 기쁘시게 하고 영원한 가치를 갖는 방식으로 사용되려면 모든 은사들 속에 내재되어야 한다. 13장을 이해할 수 있는 열쇠는 바로 그런 맥락 속에서 사랑을 간직하는 것이다. 사랑에 대한 독립적인 시나 찬미로서 이 말씀이 어떤 영감을 가졌든 간에, 바울은 고린도인들이 그들의 영적인 은사들을 사용하였던 비건설적인 방식의 구체적인 문제를 해결하려고 이 용어를 사용하려고 의도했다. 따라서 1-3절과 8-9절에서 언급한 방언과 예언과 믿음, 그리고 여타 은사들은 다른 은사들로 대치할 수 있는 것은 확실히 합법적이다. 따라서 4-7절의 묘사에 추가할 수 있었던 사랑의 다른 양상들이 확실히 있지만, 이것들은 고린도인들이 가장 부족하였던 영역이기 때문에 여기에 나타나고 있다.

어떤 은사들이 사랑 안에서만 그 은사를 사용할 때 사람들에게 유익을 가져온

7. Wolfgang, Weiss, "Glaube—Liebe—Hoffnung: Zu der Trias bei Paulus," *ZNW* 84(1993): 196-217.

다고 말한다고 해서 우리가 흠이 없을 때까지 그 은사들을 사용하기를 기다려야 한다는 것은 아니다. 하나님의 백성들에게 말씀을 전달하는 것은 그 지식이 나누어지는 방식이 완전하지 못하다할지라도 그들에게 유익하다. 우리의 재산을 가난한 사람들에게 나누어주는 것은 우리의 태도와 상관없이 그들에게 도움이 된다! 하지만 이 장의 말씀은 우리가 여전히 부족한 가운데 있다는 것을 고통스럽게 인식할 때조차도 우리가 항상 진력해야 하는 이상을 대변하고 있다.

물론 고린도전서 13장에 나오는 사랑의 용어는 '아가페'이다. 하지만 우리는 이 용어를 과장하지 않도록 조심해야 한다. 거룩한 사랑의 의미를 전달하는 것은 용어 자체가 아니라 문맥이다. 1세기 헬라어에서 '필리아'란 언어군(자주 "형제"나 "친구"간의 사랑에 대해서 사용됨)이 점점 더 어떤 상황에서 "입맞춤"을 의미하는 것이 되었을 때, '아가페'가 더 자주 사용하게 되었다. 따라서 '아가파오'란 동사는 '필레오'와 상호 교환적으로 사용될 수 있고(예를 들어, 요 21:15-17에서), 반면에 70인경에서 '아가파오'는 암논이 자기의 누이인 다말에게 사랑/욕정을 품었던 것을 가리킬 수 있었다(삼하 13:1).[8] 하지만 바울이 고린도전서 1장에서 이 개념을 풀어놓은 방식은 분명히 꽤 다르다. 우리는 "사랑"을 더 커다란 신학적 맥락과 분리하지 않도록 역시 조심해야 한다. 사랑은 예수 안에서 믿음의 성장이다(갈 5:6). (갈라디아인들과 같은) 다른 배경에서 바울은 율법의 요약으로서 사랑이 믿음 없이는 가치가 없다는 것을 강조하는데 역시 관심이 있다.

4-7절에서 "사랑"이란 용어가 "예수"로 대치할 수 있었다고 자주 제기되었다. 실로 인간 역사에서 유일하게 죄 없으신 분으로서 예수는 인내와 온유와 시기심이 없는 것 등등의 덕성들이 무엇인지를 이해하게 만드는 완벽한 모델이시다. 하지만 그렇게 함으로써 우리는 이런 속성들을 오해하지 않도록 조심해야 한다. 예수가 사랑이시지만 의로운 분노를 가지시고 성전을 청결케 하시고(막 11:15-18) 당대의 보수적인 종교 지도자들의 위선에 대해서 강력한 독설을 퍼부으셨다면(마 23장), 사랑에 대한 우리의 개념을 유사한 행위에 대한 여지를 남겨야 한다.

루이스 스메데스는 이 장에 관한 그의 탁월한 연구에서 이런 접근을 개요한다. 다른 통찰들 중에서 하나님이 그의 인내에 대한 제한을 가지셨다고 지적하고, 우리도 역시 그러해야 한다고 스메데스는 말한다. 하지만 그는 "내가 '나의' 쾌락을 위해서 고난을 외면할 때, 나는 너무 빨리 고난을 꺼버리는 것이다"라고 부연한

8. 더 자세한 것은 D. A. Carson, *Exegetical Fallacies*(Grand Rapids: Baker, 1984), 30, 51-54을 참조하라.

다.[9] 인내는 악의 관용을 포함하지 않는다. 친절은 지성과 힘을 동시에 수반한다. 만약 "지혜와 정직함이 없다면, 친절은 쉽게 동정이 되고, 이는 사람들에게 도움이 되기보다 해를 끼치게 된다."[10] '아가페'는 시기심을 파괴하기보다는 초월한다. 예를 들어, 어떤 이가 자기 배우자의 외도를 보고서 화를 내는 것은 옳다. "사랑은 스스로를 위한 정의를 추구하기보다는 하늘과 땅에서 다른 이들의 정의를 구하는 것이 되어야 한다."[11] '아가페'는 화를 위장하거나 표현하지도 않는 것이 아니다. 우리의 삶에서 성가신 것들을 제거하거나 화를 금함으로써 그것들을 축소하려고 하지 않는다. 오히려 '아가페'는 화가 나게 하는 상황에 환경에 따라 반응함으로써 우리의 가장 깊은 필요를 충족시키고, 좌절에 대한 잠재성을 축소시키고, 화를 적절하게 전달할 수 있는 능력을 가지며, 하나님이 우리의 삶에서 행하신 방식에 대해서 감사를 증진시킨다.[12]

악과 진리 사이에 6절의 대조가 두드러진다. 어떤 이는 악과 선이 짝이 된다거나 진리와 거짓이 짝이 된다고 예상했을 것이다. 하지만 기독교의 진리와 선은 인식적이면서도 의지적이다. 사랑 없음의 많은 경우가 이 둘 중의 하나를 상실한 것에 따른다. 에베소서 4:15에서 바울은 사랑 안에서 진리를 말할 것을 우리에게 명한다. 크리스천들이 친절하지만 다른 이들이 소홀히 하고 있는 중요한 진리를 전달하는데 실패한다면, 그 사람에게 호의가 될 수 없다. 세상의 모든 진리가 민감성과 긍휼의 영으로 전달되지 않을 때 들리지 않는 귀에 떨어지는 소리와 같다.

8-13절에 대한 오해에서 나오는 주요한 신학적 잘못은 성령 은사의 모든 것이 이미 중단되었다고 믿는 것이다. 우리가 이미 보았던 것처럼, 이런 생각은 12절에 대한 모든 민감한 독법을 위반하는 것이고, 교회 역사를 통해서 발생한 사건의 실제적인 기록을 왜곡시켜야 한다. 방언이나 예언이나 이적이 1세기 말에 중단되지 않았고, 그 은사들은 3세기에도 적어도 계속되었고 그때 이래로 자주는 아닐지라도 가끔씩 발생했다. 후대의 교부 시대에 이 은사들이 상대적으로 줄어든 것은 어떤 분파적인 범주에서 그것을 남용한 데에 대체로 원인이 있다.[13] 더욱 나쁘게는

---

9. Lewis B. Smedes, *Love Within Limits*(Grand Rapids: Eerdmans, 1978), 6.

10. Ibids., 18.

11. Ibid., 37.

12. Ibid., 61-65.

13. 방언의 훌륭한 역사가 Morton Kelsey, *Tongue Speaking: The History and Meaning of Charismatic Experience*(New York: Crossroad, 1981)에서 나타난다. 3세기 교회의 영향력 있는 부분에서 예언에 관한 좋은 연구는 Cecil M. Robeck, Jr., *Prophecy in Carthage: Perpetua, Tertullian, Cyprian*(Cleveland:

은사가 중단되었다는 견해를 가진 사람들이 지난 세기 동안에 눈에 보이는 성령의 많은 강력한 역사들을 인간의 조작으로 귀속시키거나 너 나쁘게는 악마적인 세력의 조작이라고 여기는 것이다.

그러나 지난 백여 년 동안에 이 은사들의 "회복"을 종말과 관련한 표지로 간주하는 것도 동등하게 부적절하다. 은사들이 전적으로 중단되지 않았다면, 그리고 은사들이 교회의 권위적이고 비성경적인 제도에 의해 수세기동안 억눌러져 왔다면, 그 은사들의 소생은 일반적으로 어떤 건강함과 균형이 기독교에 회복되고 있다는 표지인 것이지 그리스도의 재림 이전에 역사의 시기나 마지막 세대가 필연적으로 내재되어 있는 것은 아니다. 교회 역사의 모든 시대에서 우리는 "거울로 보는 것처럼 희미하게 볼 수 있을 뿐이다." 그리스도가 재림하실 때만이 우리가 직접 "대면해서" 볼 것이다. 이 사실을 상기하는 것이 사람들과의 관계성과 지적인 노력 그리고 우리의 영적인 주장들에 겸손의 영을 불어넣을 것이다.

그리스도인의 윤리의 중심으로서 사랑은 모든 시대와 문화에서 신자들의 초점이어야 한다. 그러나 사랑은 다른 주요한 성경적 주제와 협력하여 조화를 이루어야 한다. 구약성경과 신약성경의 올바른 독법은 구약의 율법과 신약의 사랑 간의 근본적인 대조를 허락해서는 안 된다. 이중적인 사랑-명령(신 6:4-5; 레위 19:18)은 율법에 대한 예수의 요약일 뿐 아니라(막 12:29-31과 평행들), 바울도 갈라디아서 5:14에서 예수의 말씀의 후반부를 반영한다. 그리고 바로 이 고린도전서에서도 우리는 크리스천 윤리가 "그리스도의 법"이 없다면 아무것도 아니라는 것을 상기했다(9:21).

유사하게 요한은 다른 두 평행적인 검증의 측면에서 정의된 인생에 대한 세 평행적인 검증을 설명한다: 신인(神人)으로서 예수에 대한 믿음, 계명에 대한 순종, 그리고 사랑(요일 3:23-24와 그 서신 전반). 신학자들은 사랑과 정의가 연합해서 "전할 수 있는 하나님의 속성들", 즉 하나님의 백성들이 하나님처럼 되기 위해서 전력해야 하는 속성들을 요약한다고 올바르게 강조했다. 그러나 궁극적으로 자비처럼 사랑이 심판보다 우세하기 때문에(약 2:13), 사랑과 정의에는 비대칭이 있다. 만약 그렇지 않았다면, 우리 중에 누구도 구원 받지 못하였을 것이다.

Pilgrim, 1992)이다. 더 간략하게 하지만 보다 일반적으로는 Talbert, *Corinthians*, 82-83, 88-90에서 교회 역사의 초기 세기에서 초자연적인 은사들의 계속된 임재를 언급한 목록들을 참조하라.

현대적 의미

참되고 그리스도와 같은 사랑에 대한 필요는 오늘날 어느 때보다도 절실하다. 하지만 가장 커다란 문제 중의 하나는 사랑에 관한 정의다. 대중문화—문학, 음악, 광고, 그리고 시각 예술—는 성경이 사랑으로 의미하는 것과는 다른 것으로 그 용어를 사용한다. 따라서 크리스천들조차도 사랑이 들어왔다 나갔다 하는 감정인 것으로 주로 잘못 생각하고 있다. 우리는 그 사랑을 탐욕이나 성적인 합일과 동일시하여 "연인"(적절하게 결혼하지 않았다면 사실상 그 용어는 적합할 것이다)이나 "사랑 만들기"를 언급한다. 그러나 성경 전반과 마찬가지로 이 장에서 사랑은 무엇보다도 행동이며 무조건적인 헌신이며, 깰 수 없는 약속이다.[14]

우리는 바울이 1-3절에서 경고한 문제에 역시 직면한다. 어떤 방언하는 사람들은 모든 사람들이 그들을 닮아야 한다고 주장하는데, 이는 하나님이 그러한 은사를 주시지 않은 사람들에게 가장 무심한 행위다. 하나님의 말씀을 선포하는 많은 사람들이 가르침은 긍휼이 스며 나오게 하는 것보다 크게 소리를 치는 억양과 크기의 변화를 필요로 한다고 생각하는 것으로 보인다. 크리스천들을 포함한 많은 지성인들이 몸으로, 문서로, 경직된 조롱조의 거의 구분되지 않는 형태로, 반대자들의 논증을 분쇄한다. 어떤 박애주의자들은 구제가 믿음을 대치하게 만드는데, 지체의 다수와 사랑스럽고 인격적인 연관을 맺지 않고 돈을 던져주는 자비의 모습을 스스로 자랑하는 우애적인 단체에 속한 사람들이 종종 이런 부류에 속한다. 자유주의적인 "크리스천들"은 때로 사회적인 행동이 구원의 확신으로부터 흘러나오는 진정한 그리스도인의 사랑을 대신하게 만든다. 현대의 전쟁은 수많은 젊은 사람들이 그들의 생명을 전쟁과 테러에 희생하게 만드는데, 자주 종교의 이름으로 때로 이슬람에서처럼 천국에 재빨리 들어갈 수 있다는 희망 속에서 그리한다. 유감스럽게도 참된 크리스천의 사랑의 기초가 없이는 그러한 순교도 지옥으로 가는 여행을 빠르게 할 뿐이다.

권리를 요구하는 것이 덕성인 것으로 생각되는 시대에 우리는 되풀이해서 사랑이 "자기를 추구하는 것이 아니라"(5절)는 것을 유념해야 한다. 동시에 우리가 사랑의 한계를 알 때, 지나친 의존을 피할 수 있을 것이다. 반복적으로 남용하는 사람, 즉 끊임없이 술을 먹는 남편을 위해서 해야 할 가장 사랑스러운 일은 그를 덮어주거나 변화에 대한 그의 텅 빈 약속을 믿는 것이 아니라 그가 전문적인 도움을

14. 더 자세한 것은 Josh McDowell, *The Secret of Loving* (San Bernardino: Here's Life, 1985)을 참조하라.

추구할 것을 강조하고 만약 그렇게 하지 않는다면, "통상적인 거래"를 계속할 수 없음을 강조해야 한다.[15]

우주에 살아계신 삼위 하나님께 객관적인 기초를 두지 않는 "사랑"은 과격할 수 있다. 하나님이 사랑이시라(요일 4:16)는 요한의 확증은 "사랑이 있는 곳에 하나님이 있다"라는 유명한 슬로건으로 왜곡되었다. 사랑은 "진리와 함께 기뻐한다"(6절)고 바울이 주장하였는데, 현대의 다원주의는 "사랑"을 보존한다는 명목 하에 양립할 수 없는 종교와 이념의 경쟁적인 진리 주장을 실제적으로 논하기를 회피한다. 현대인은 모든 종류의 방식에서 "악과 기뻐한다." 스메데스는 특히 네 가지를 지적한다—어떤 커다란 구조 내에서 사실상 악을 선으로 재정의해야 한다는 일원론적 철학, 악을 허용하시는 하나님과 사실상 악의 원인이 되는 것 사이에 구분을 흐리게 하는 신학적 체제(이에 대한 반대로는 약 1:13), 종종 애국이나 유사한 충성이란 명목 하에 국가(또는 특별한 지역, 문화, 또는 인종 그룹)에 하나님께만 해당하는 영예를 일치시키는 시민 종교, 그리고 대적자들이 고통을 당하고 지도자들이 쓰러지며 일반적으로 다른 이들이 우리들보다 잘못될 때 기뻐하는 만연된 태도.[16] 다른 사례는 미디어가 동성연애와 이성의 모든 생각할 수 있는 죄의 형태를 사실상 바람직한 것으로 묘사할 때 성적인 영역에서 특히 이런 문제를 추가할 수 있는데, 이런 이들은 긍정적인 결혼 생활과 가족 관계 특히 그리스도인의 확신에 근거한 관계들을 인식하거나 묘사하기를 종종 거절한다.

8-12절은 은사들이 더 이상 우리에게 거하지 않는다는 근거 위에서 성령의 명백한 표증을 다른 어떤 것으로 신속하게 명명하는 것을 조심시킨다. 이 사실은 그리스도가 용서받을 수 없는 것으로 확인시킨 죄가 성령의 임함의 표지가 마귀의 역사라고 유대 지도자들이 주장한 것이었음을 상기할 때 특히 정신이 번쩍 들게 한다(막 3:29-30). 하지만 이 구절들은 현재의 모든 은사 시행의 불완전성을 명확히 한다. 따라서 우리는 예언, 방언, 그리고 그와 같은 것들을 성경보다 높이거나 성경과 동등한 가치를 주는 모든 주장들을 신속히 배격해야 한다. 종종 그런 사실을 부인하기는 하지만, 소위 '새예언 운동'이라 불리는 것은 이런 경계를 넘나드는 위험성을 보인다. '현대의 이적과 표적 운동'은 시도된 치유 행위에서 5퍼센트의 성공률도 올리지 못한다.[17] 따라서 그들의 영적인 은사에 대한 주장은 적어도 과도

15. 특히 Margaret J. Rinck, *Can Christians Love Too Much?* (Grand Rapids: Zondervan, 1989)을 참조하라.
16. Smedes, *Love*, 74-79.

하게 과장되었다는 것을 알 수 있다.

바울이 이 장을 믿음과 소망을 사랑과 연계함으로써 마치고 있음으로 이 논의를 오늘날 신자들이 다가올 날에 무슨 일이 있을지를 궁금해 하는 것처럼 미래에 사랑의 역할에 대한 언급으로 마치는 것이 적절하다. 우리가 그리스도의 초림과 재림, 하나님 나라나 하나님의 통치의 시작과 완성 사이에 살고 있는 한, 성령을 통해서 이웃을 사랑하고 세상에 선을 만드는 우리의 잠재성에 대해서 실제적인 낙관주의를 유지해야 한다. 예언의 해석을 현재의 사건에 맞추어 끊임없이 개정하는 학자들이 지금은 마지막 세대라는 말이 옳든 그르든 간에, 역사는 분명히 어딘가로 가고 있다.

우리는 현대 세계의 끔직한 사건들—전쟁, 기근, 생태적 재앙, 또는 반 기독교적인 적대—에는 하나님이 규정하신 제한이 있음을 믿을 수 있다. 때로 우리는 실패하기도 하고 때로 성공하기도 한다는 것을 깨달으면서, 사회에서 하나님의 기준을 시행하기 위해서 조심스럽게 소망하고 기도하고 역할할 수 있다. 후천년설적인 형태의 과도하게 낙천적인 승리주의(가장 두드러지게는 개조주의: 현대문화의 위기의식 속에서 문화의 개조를 교육의 기능으로 삼을 것을 주장하는 20세기 미국사회의 교육사조-옮긴이)도 과도하게 비관적인 전천년설 형태(가장 두드러지게는 고전적인 세대주의)의 패배주의는 정당화될 수 없다. 하나님은 타락한 인간과 정부를 통해서 역사 속에서 일하신다. 우리의 세대는 공산주의와 남아프리카 인종차별주의의 몰락 속에서 상상할 수 없는 것들을 이 세상에서 보았지만, 고대의 인종 경쟁자들의 끔직한 공포가 동유럽과 동아프리카의 인종 학살에서 재생되는 것을 역시 목도했다. 우리가 하나님의 능력과 악한 것들의 깊이를 알 때 그렇게 놀라워할 필요가 없다. 우리는 그리스도의 재림 후에 그리스도의 사랑 속에서 하나님의 능력의 궁극적인 승리를 고대해야 한다.[18]

---

17. Kevin Springer, *Power Healing* (San Francisco: Harper & Row, 1989), 158과 함께 John Wimber는 "가장 근본적인 이유—사람들이 오늘날 기도할 때 치유가 되지 않는 이유"는 "우리가 마땅히 해야 하는 것처럼 하나님을 전심으로 찾지 않는다는 것이다." 하지만 부활하신 주님은 바울에게 고린도후서 12:8-9에서 정 반대의 이유를 주셨다.
18. 1997년에 중국과의 통합을 기다릴 때, 현재의 홍콩에 이 원리를 적용한 좋은 사례에 대해서는 Emily Wong, "1 Corinthians 13.7 and Christian Hope," *Louv Stud* 17(1992): 232-42을 보라.

고린도전서 14:1-25

1 사랑을 추구하며 신령한 것들을 사모하되 특
별히 예언을 하려고 하라
2 방언을 말하는 자는 사람에게 하지 아니하고
하나님께 하나니 이는 알아 듣는 자가 없고
영으로 비밀을 말함이라
3 그러나 예언하는 자는 사람에게 말하여 덕을
세우며 권면하며 위로하는 것이요
4 방언을 말하는 자는 자기의 덕을 세우고 예
언하는 자는 교회의 덕을 세우나니
5 나는 너희가 다 방언 말하기를 원하나 특별
히 예언하기를 원하노라 만일 방언을 말하는
자가 통역하여 교회의 덕을 세우지 아니하면
예언하는 자만 못하니라
6 그런즉 형제들아 내가 너희에게 나아가서 방
언으로 말하고 계시나 지식이나 예언이나 가
르치는 것으로 말하지 아니하면 너희에게 무
엇이 유익하리요
7 혹 피리나 거문고와 같이 생명 없는 것이 소
리를 낼 때에 그 음의 분별을 나타내지 아니
하면 피리 부는 것인지 거문고 타는 것인지
어찌 알게 되리요
8 만일 나팔이 분명하지 못한 소리를 내면 누
가 전투를 준비하리요
9 이와 같이 너희도 혀로써 알아 듣기 쉬운 말
을 하지 아니하면 그 말하는 것을 어찌 알리
요 이는 허공에다 말하는 것이라
10 이같이 세상에 소리의 종류가 많으나 뜻 없
는 소리는 없나니
11 그러므로 내가 그 소리의 뜻을 알지 못하면
내가 말하는 자에게 외국인이 되고 말하는
자도 내게 외국인이 되리니
12 그러므로 너희도 영적인 것을 사모하는 자인
즉 교회의 덕을 세우기 위하여 그것이 풍성
하기를 구하라
13 그러므로 방언을 말하는 자는 통역하기를 기
도할지니
14 내가 만일 방언으로 기도하면 나의 영이 기
도하거니와 나의 마음은 열매를 맺지 못하
리라
15 그러면 어떻게 할까 내가 영으로 기도하고
또 마음으로 기도하며 내가 영으로 찬송하고
또 마음으로 찬송하리라
16 그렇지 아니하면 네가 영으로 축복할 때에
알지 못하는 처지에 있는 자가 네가 무슨 말
을 하는지 알지 못하고 네 감사에 어찌 아멘
하리요
17 너는 감사를 잘하였으나 그러나 다른 사람은
덕 세움을 받지 못하리라
18 내가 너희 모든 사람보다 방언을 더 말하므
로 하나님께 감사하노라
19 그러나 교회에서 내가 남을 가르치기 위하여
깨달은 마음으로 다섯 마디 말을 하는 것이
일만 마디 방언으로 말하는 것보다 나으니라
20 형제들아 지혜에는 아이가 되지 말고 악에는
어린 아이가 되라 지혜에는 장성한 사람이
되라
21 율법에 기록된 바 주께서 이르시되 내가 다
른 방언을 말하는 자와 다른 입술로 이 백성
에게 말할지라도 그들이 여전히 듣지 아니하
리라 하였으니
22 그러므로 방언은 믿는 자들을 위하지 아니하
고 믿지 아니하는 자들을 위하는 표적이나
예언은 믿지 아니하는 자들을 위하지 않고
믿는 자들을 위함이니라
23 그러므로 온 교회가 함께 모여 다 방언으로
말하면 알지 못하는 자들이나 믿지 아니하는

자들이 들어와서 너희를 미쳤다 하지 아니하
겠느냐
24 그러나 다 예언을 하면 믿지 아니하는 자들
이나 알지 못하는 자들이 들어와서 모든 사
람에게 책망을 들으며 모든 사람에게 판단을
받고
25 그 마음의 숨은 일들이 드러나게 되므로 엎
드리어 하나님께 경배하며 하나님이 참으로
너희 가운데 계신다 전파하리라

원 의미

14장에서 바울은 고린도인들이 방언보다 예언을 더 선호할 것을 고무시킴으로써 영적인 은사들에 관한 논의를 절정에 이르게 한다. 그러나 그는 그 은사들이 알아들을 수 있고(1-25절), 질서정연한 형태로 행사된다면(26-40절), 이 두 은사들이 바람직함을 인식한다. 1-25절은 ABBA 패턴을 형성한다. 1-6절은 예언을 선호하는 이유를 제공하고 6-12절은 방언이 갖는 문제들의 일부를 개요한다. 13-19절은 이 문제들에 대한 해결책을 언급하고, 20-25절은 예언을 선호하는 이유로 회귀한다.

1절은 12:31의 두 주제(사랑과 더 큰 은사를 사모하라)를 역순으로 선택함으로써 그 구절의 주제를 재개한다. 바울은 "더 큰" 은사, 즉 예언의 은사를 지금 거명한다. 2절은 방언의 남용이 예배 시간에 고린도인들의 영적인 은사의 활용에서 주요한 문제 중 하나였음을 합리적으로 추론하게 만든다. 분명히 그들은 통역이 없이 방언을 하고 있었다. 5b절은 2-5a절의 모든 것을 '통역이 없을 때' 방언을 하는 것에 대한 바울의 비판으로 이해해야함을 보여준다. 방언은 통역이 있을 때, 예언처럼 근본적으로 교훈적이고 권면적인 요소를 담는다(3, 4b, 5b절). 예언과 방언의 본질에 관한 더 자세한 내용은 12:8-10과 27-31에서 이루어진 논의를 참조하라(이전의 pp. 280-281, 283을 보라).

"비밀"(2절)은 "누구도 이해할 수 없는 것"을 단순히 가리킨다. 문법적으로 NIV의 각주("성령으로")가 NIV 본문보다("그의 영으로") 더 그럴듯하다. 헬라어에서 "그의"에 상응하는 단어가 없기 때문이다.

해석되지 않은 방언과 달리 예언은 개인 전달자만이 아니라 전체 회중을 교화시킨다(3-4절). 따라서 바울은 예언이 왜 더 큰지에 관한 두 가지 이유를 든다: 하나님만이 아니라 사람들에게 호소되고, 그들은 더 적극적으로 영향을 받을 수 있다. 5절은 12:30과 모순을 일으키지 않는다. 바울은 고린도인들에게 모두 방언을 말할 수 있었다면 좋았을 것이라고 인정하면서, 공개적으로 방언을 구할 것을 명하고 있다. 하지만 그들이 방언을 남용한 것으로 보건대, 그는 교회에 더 적합한 은사들(예언처럼)을 구하는 일의 중요성과 "보다 극적이지만 덜 교화적인(방언처럼) 은사들"과 대조시키고 있다.[1]

6절은 알아들을 수 있어야 한다는 말을 반복하면서 다음 단락(6-12절)의 논지를 제시한다. 6b절의 네 요소들("계시나 지식이나 예언이나 가르치는 것")은 통역되지 않은 방언과 달리 모두 이런 속성을 공유하고 있다. "훈계의 말씀"은 가르침을 의미하고, 바울은 분명한 전달의 중요성을 강조하기 위해서 다소 여러 이적의 은사들을 함께 모아둔 것으로 보인다.

7-11절은 이런 원리의 세 사례를 제공한다. 이해하거나 감상하기 위해서 음악 도구들은 알아들을 수 있는 멜로디를 연주해야 한다(7절). 전쟁에서 부는 트럼펫은 병사들이 "전진"과 "후퇴"를 구분할 수 있도록 분명해야 한다(8절). 그리고 외국어는 그 언어를 배우지 않은 사람들에게는 이해할 수 없는 말이다(9-11절). 11절에서 "외국어"는 '바바로스' 인데(우리는 그 용어에서 "야만인"[바바리안]이란 말을 얻는다), 그것은 본래 그리스인이나 로마인이 아닌 사람들을 가리키는 경멸적인 용어였고, 여기서도 역시 비하적인 뜻을 내포하고 있다.

12절은 이 장의 첫 단락이 의도했던 요지(5절)를 반복함으로써 결론을 맺는다. NIV는 여기서 우리를 잘못 인도하고 있다. "교회를 세우는 은사에서 뛰어나라" (Excel in gift that build up the church)는 어떤 은사들은 교회를 세우지 못하는 것처럼 들인다! 하지만 헬라어는 단순히 "당신이 교회에 대한 교화로 풍성할 수 있는 것을 구하라"고 말한다.

그러므로 하나님이 방언의 은사를 주신다면 사람들은 무엇을 해야 하는가? 13-19절은 이 문제를 언급한다. 13절은 어떤 기적을 추구하는데 있어서 12:31의 격려를 이 상황에 적용시킨다. 방언을 말하는 자는 방언을 해석할 수 있는 능력을 얻기 위해 기도해야 한다. 14-15절은 무엇보다도 통역의 은사를 받는 것이 자기 자신에게 유익하다는 것을 보여준다. 통역이 없다면 방언을 말하는 자는 자신이 방금 말한 말씀의 의미를 몸소 알 방도가 없다(14절). 영으로 기도하는 것과 마음으로 기도하는 것(15a절)은 방언으로 말하는 것과 통역에 관한 13-14절의 구분과 동등할 것이다. 방언과 그 통역은 노래 형태로 올 수도 있다(15b절). 또한 "마음으로" 기도

1. Hemphill, *Spiritual Gifts*, 97.

하고 노래하는 것은 역시 일반적인 예배를 포함하는 것일 수도 있다.

16-17절에서 바울은 같이 참석하고 있는 다른 사람들에 대한 영향으로 방향을 돌린다. 회중의 나머지 사람들이 동의하려면, 다시금 방언을 통역하는 일이 중요하다. "아멘"(16절)은 "이는 아주 확실히 사실입니다"와 대략 동일한 히브리 감탄사다. "알지 못하는 사람들"은 전문가가 아니거나 주어진 활동 영역에 처음으로 들어온 사람을 가리키는 헬라어를 번역한 것이다. 따라서 NIV의 각주에 대안적인 번역("탐구자")이 가능하다. 어떤 이교도의 범주에서 그러한 사람은 주어진 종교나 철학에 충분히 헌신하기 전에 가르침을 받는 자라는 의미에서 "입문자"였다. 그러나 이런 맥락에서 NIV의 본문은 더 의미가 있다(참조. REB의 "평범한 사람"). 심지어 성숙한 크리스천도 해석되지 않은 방언을 들을 때 충분한 경험이 없는 사람처럼 행동할 수 있다. 그들은 무슨 말씀을 의미하는지를 알 수가 없다.[2]

18-19절은 방언을 사용하지 않는다고 바울을 비판하고 있었던 바울의 원 독자들을 아마도 놀라게 했을 것이다. 바울이 공적인 활동에서는 거의 전적으로 방언을 삼가고 있다면, 이 구절들은 "기도의 언어"로 방언을 개인적으로 상당히 많이 사용하였음을 인식하게 만든다. "알아들을 수 있는"("깨달은 마음으로"—개역개정, 19절)은 직역하면 "내 마음에"이다. "일만"은 "수많은"으로 번역할 수 있었고, 5/10,000은 정확한 비율을 대변하지는 않는다. 27절에서 바울은 예배에서 몇몇 방언들을 확실히 허락하고 있고, 이는 그가 자신처럼 모든 사람들이 방언을 극단적으로 삼갈 것을 기대하지 않았음을 보여준다.

20절은 14장의 첫 항목에서 마지막 단락으로의 전환을 형성한다. 자기 자신과 다른 사람들에 대한 영향에 관심이 없이 방언에 사로잡히는 것은 어린아이와 같다. 크리스천들이 어린아이와 같아야 하는 때가 있지만(예를 들어, 악에 대해서 순진한—참조. 마 10:16), 영적인 은사의 사용에서는 그와 같아서는 안 된다. 성숙한 믿음은 인식적인 것을 희생시키는 비인식적인 것이 아니다. "생각"(thinking, "지혜"—개역개정)은 "현명하고 선견적인 의미를 자주 갖는 사려 깊은 계획의 정신적인 능력"을 의미하는 용어('프렌')다.[3]

21-25절은 방언보다 예언을 선호하라는 바울의 호소를 정당화시키는 것을 더욱 진전시킨다. 바울은 이사야 28:11-12의 일부를 인용함으로써 시작한다. 이 단락은

2. 참조. F. W. Grosheide, *Commentary on the First Epistle to the Corinthians*(Grand Rapids: Eerdmans, 1953), 326-27.

3. Louw and Nida, *Lexicon*, 325.

하나님이 불순종하는 이스라엘을 앗수르의 이방 제국의 손으로 심판하실 것을 선언하는 내용이다(21절). 이사야서에 이 인용을 감싸는 구절들은 무의미한 소리와 유사한 히브리 음절을 사용한다(10, 13절—히브리어로는 '사브 라사브 사브 라사브', '카브 라카브 카브 라카브'). 따라서 바울은 방언이 만들어내었던 유사한 인상을 이사야의 예언에 적용시키기 위해서 이 문맥에서 영감을 얻었을 것이다.

22절로 보아서 바울이 언급하고 있는 표적은 다시금 '심판'의 표적이어야 한다. 고로 23절은 22절을 설명해준다: 방언은 불신자들에 대한 심판의 표적이다. 믿지 않는 이스라엘 백성들처럼 고린도의 비그리스도인들은 해독되지 않은 용어로 말하는 사람들에 의해서 (우연일지라도) 정죄 받는 상황에 처하게 될 것이다. 그들은 정신없는 주절거림의 생산물이라고 복음을 거부할 것이기 때문에 그들의 죄 속에서 잃어버린바 될 것이다.

24-25절은 22b절을 설명하기를 계속한다. 예언은 불신자들에게 그 죄를 깨닫게 하고 그들을 회개하게 함으로써 그리스도인을 만드는 긍정적인 의미에서 신자들을 위한 심판의 표적이다(25b절은 사 45:14을 반영한다). 어떤 이들이 "탐구자"(NIV의 각주를 보라)로 번역하는 용어를 다시금 사용하고 있는데, 그것은 문맥에 약간 더 잘 맞을 것이다. 그러나 16절에서 그 용어의 사용에 비추어, NIV 본문처럼 그것을 일관되게 번역하는 것이 가장 좋을 것이다. 비그리스도인들은 확실히 방언을 알아들을 수 없는 사람들의 한 중요한 부류이다.[4] "모든 사람에게 책망을 들으며" "모든 사람에게 판단을 받고"(24절)라는 표현에서 "모든"은 가장 자연스럽게는 "모든 사람들"이 아니라 "언급된 모든 것"을 가리킨다. 그리고 24-25절은 방언보다 예언을 듣는 모든 사람들이 구원을 받을 것임을 보증하지는 않는다. 알아들을 수 있는 복음의 선포는 구원받지 못한 사람들을 일깨우고 그들의 마음을 새롭게 만드는 훨씬 더 좋은 기회가 된다는 것만을 단지 강조한다.[5]

---

4. 물론 소수는 그들이 이교도에서와 유사한 현상을 가진 것으로 방언을 간주했을 것이다. 하지만 기독교의 방언과 아주 유사한 종류들은 이 서신의 연대보다 후대에 주로 출원한다. Christopher Forbes, "Early Christian Inspired Speech and Hellenistic Popular Religion,: *NovT* 28(1986): 257-70을 보라.

5. 21-25절과 여기서 채택한 해석의 노선에 관해서 더 자세한 것은 David E. Lanier, "With Stammering Lips and Another Tongue: 1 Cor 14:20-22 and Isa 28:11-12," *CTR* 5(1991): 259-85을 보라. 22절이 23-25절이 배격하는 고린도에서 바울의 반대자들의 입장이라는 견해(B. C. Johanson, "Tongues, A Sign for Unbelievers," *NTS* 25[1979]: 180-203)는 22-23절 사이에 접속사("고로"나 "그러므로")를 적절히 설명하지 못한다. 이것은 여기서 "예, 하지만"의 논리가 아니라 오히려 "A 그러므로 B다."

상황잇기

11장에서처럼 14장의 보다 논쟁적인 부분의 성공적인 적용은 용어들을 성공적으로 적용하고 풍부한 경쟁적인 해석들에서 어떤 것을 선택하느냐에 상당히 달려 있다. 예언이 해설적인 설교만을 또는 갑작스런 즉석의 계시만을 언급했다면, 이중에 어느 하나를 규칙적으로 경험하지 못하는 교회들은 여기에 유념할 여지가 없을 것이다. 방언이 오순절에서와 동일한 현상이라면, 해석에 대한 바울의 모든 말은 쓸모없는 것이 될 것이다. 그러나 예언과 방언이 우리가 묘사했던 영적인 은사들의 모형이라면, 현대적인 적용은 풍부하다.

예언이 사전의 준비와 기도의 양과 상관없이 하나님에 의해 주어진 메시지의 선포라면, 14장은 비은사주의와 은사주의 범주에서 모두 의미 있는 방식으로 적용된다. 광범위한 연구와 준비 이후에만 전형적으로 설교하는 사람들은 하나님이 먼저 그들 자신에게 적용시켰던 것만을 설교할 것을 확실히 해야 한다.[6] 성경의 갑작스런 충동을 말하는데 익숙했던 사람들은 참석한 사람들에게 은혜가 되는 가장 분명한 방식으로 그들의 메시지를 전달하는데 집중해야 한다. 어떤 유형의 설교자도 이 가이드라인을 따르지 않는다면 자동적으로 그들의 말이 예언을 형성한다고 가정해서는 안 된다. 두 유형 모두 그들의 메시지가 "덕을 세우며 권면하며 위로하는" 것을 보기 위해서 커다란 고통을 취해야 한다(3절).

6절은 성령으로 영감된 말을 어떻게 획득했든지 간에 그것은 알아들을 수 있어야 하는 것에 바울이 관심이 있다는 결론을 지원해준다. 따라서 그는 초자연적인 "계시"를 보다 일반적인 "가르침"과 조합하려고 이 둘 사이에 현상을 연결할 수 있는 예언과 지식을 언급한다. 7-11절에서 음악과 외국어와 관련한 예증은 분명성에 대한 이런 요청을 강화시킨다. 실로 많은 기독교 설교자들이 미리 말하려고 준비했던 것을 말하는 것과 참석한 실제 청중들에 기반해서 미리 준비한 설교와 사상의 흐름에서 벗어나는 것 사이에 그 경계가 매우 유동적이라는 것을 증거할 것이다.

은사주의자들과 비은사주의자들은 특별한 시간에 특별한 회중에게 하나님이 말씀하기를 원하시는 것을 사려 깊게 생각해야 하지만, 말씀을 전할 때 청중들에게 가장 적절하고 명료해 보이는 것을 말하기 위해서 충분히 성령에 대해서 민감

6. 참조. Barclay, *Corinthians*, 129-30: "어느 누구도 하나님이 먼저 그에게 말씀하시지 않는다면 다른 이에게 말할 수 없고", "우리는 우리가 생산하거나 심지어 발견한 진리를 사람들이나 학생들에게 전달할 수 없다. 우리는 우리에게 주어진 진리를 발한다." 참조. John R. W. Stott, *I Believe in Preaching* (London: Hodder & Stoughton, 1982), 220-24.

해야 한다. 사실상 준비는 사전에 생각한 풍부한 사상들에서 "즉석에서" 선택할 때 자연스러움을 돕기 위해서 사실상 기능한다. 역으로 말해서 준비의 부족은 어떤 말이나 논리적인 사상의 흐름을 상실하여 "의식의 흐름"이 단절될 때, 말씀의 성공적인 전달을 자주 방해할 수 있다.

5b절은 바울이 방언을 얕보는 듯한 중요한 제한을 제공한다. 해석이 주어질 때,[7] 그 방언은 기능상 예언과 거의 유사하다. 그때에 왜 바울은 여전히 고린도의 심란한 상황에 속하지 않는 특히 그 자신의 행위에서도 그토록 방언을 상대적으로 취급하는가?(18-19절) 아마도 23절이 이 질문에 대답한다. 통역이 있을 때조차도, 방언의 현상은 어떤 이들에게 아주 기묘해서 그들이 복음을 진지하게 청취하는 것을 방해한다. 하지만 이런 관찰 속에서도 바울은 방언을 금지하는 것을 거부하고 오직 방언이 순차를 따라 행해지도록 규제한다(27-28절).

10절은 바울이 이 땅의 어느 곳에서 사람들이 대화하고 있는 실제적인 외국어나 비교할 수 있는 언어적 구조를 가진 것으로 방언을 인식했음을 시사하지 않는다. 7-8절이 방언이 사실상 피리, 거문고, 나팔처럼 들려졌다거나 그런 도구들을 사용했다는 것을 시사하지 않는 것과 마찬가지다. 오히려 두 사례에서 바울은 부수적인 설명을 포함하지 않는 비유의 중심 요지를 만들기 위해서 유추를 사용하고 있는 것이다. 음악도구와 사람의 언어처럼 방언이 효과적이 되기 위해서는 이해할 수 있는 것이어야 한다. 다양한 그리스 로마 종교들은 "무의미한" 어절을 알아들을 수 없게 반복하고 엑스타시적인 말을 한 것으로 잘 알려져 있었다.[8] 바울이 피하기를 원했던 것은 바로 이런 것들이다.

이전에 지적했던 것처럼(pp. 309-310 참조.), 14-19절은 기도와 찬미에서 방언의 핵심적인 역할을 강조하는데, 이는 예언이 행하는 방식처럼 교인들을 가르치는 것과는 다르다. 이 구절들은 보다 교훈적인 메시지를 전달하는 방언을 차단하지는 않지만 바울은 그런 용법의 측면을 강조하지 않는다. 18-19절은 방언의 가치를 정의상 다른 사람에 관한 교훈이 작용할 수 없는 사적인 기도 용어로 강조한다. 바울이 방언의 이런 사용을 방언의 "영적인 은사"와 구분하고 있는지는 확실하지 않다.

7. 가장 자연스러운 번역은 해석자가 방언을 말하는 자와 동일한 사람이라는 NIV의 번역이다. 하지만 NRSV처럼("'어떤 이'가 통역하지 않는다면") 이 어절을 취하는 것도 가능하다

8. 예언에 관해서는 Terrence Callan, "Prophecy and Ecstasy in Greco-Roman Religion and 1 Corinthians," *NovT* 27(1985): 125-40을 보라. 방언에 관해서는 H. Wayne House, "Tongues and the Mystery Religions of Corinth," *BSac* 140(1983): 134-50을 참조하라.

은사들이 교회의 공적인 교화를 위해서 사용되어야하기 때문에 그가 그렇게 구분했을 것 같지는 않다.

하지만 어떻게 칭하든 간에, 사적인 기도 용어는 그것을 사용하는 사람들에게 매우 유익하고 치료적임이 입증된다. 실로 방언을 이런 방식으로 사용하는 것은 "성령이 우리 연약함을 도우시나니 우리가 마땅히 빌 바를 알지 못하나 오직 성령이 말할 수 없는 탄식으로 우리를 위하여 친히 간구하시느니라"(롬 8:26)는 성경의 사례를 확증해준다.[9] 역사를 통해서 특히 지난 몇 세기에서 크리스천들이 기도 속에서 방언으로 말했던 곳에서 영적인 "타개"의 감정을 끊임없이 경험했다. 하나님이 단순히 인식적인 예배의 제한 속에서 오는 점증된 좌절을 극복케 하셨다.

그러나 20절은 이런 강조를 균형 있게 만드는데, 인식적인 측면이 크리스천의 삶에서 중요한 역할을 계속해야한다는 것을 신자들에게 상기시키고 그것이 보다 효과적인 요소들에 의해 보충되어야 한다는 것이다. 우리는 로마서 12:2에서 크리스천들이 "오직 마음을 새롭게 함으로 변화를 받아야" 한다는 기본적인 명령과 바울이 고린도인들에게 나중에 한 말인 "모든 이론을 파하며 하나님 아는 것을 대적하여 높아진 것을 다 파하고 모든 생각을 사로잡아 그리스도에게 복종케 하니"(고후 10:4c-5)라는 말씀을 생각할 수 있다.

인식적인 심리학은 마음에 관한 바울의 강조를 재발견했다: 역기능적인 행위는 자주 왜곡된 생각에서 기인한다. 올바르게 생각하는 것을 배운다면, 경건한 행동이 자주 뒤따른다. 그렇다면, 공식적이든 비공식적이든 우리는 과거와 현재의 성숙하고 현명한 신자들과의 대화 속에서 사려 깊은 기도와 연구 그리고 기독교 교육의 가치를 과소평가할 수 없다. 따라서 14장의 전반부에서 "놀라운 의미를 가지고 한 교훈이 파생한다. 심오한 개인적 경험이든, 집합적인 감정적 경험이든 간에 함께 모인 교회는 듣고 보는 것을 서로 이해할 수 있는 곳이어야 한다. 우리의 하나님은 생각하고 말씀하시는 하나님이시고, 우리가 하나님을 안다면, 하나님을 좇아서 그의 사상을 생각하는 것을 배워야 한다."[10]

21-25절은 기독교 예배가 적어도 불신자들과 직접 주기적으로 관련이 있어야 한다는 것을 상기시킨다. 이것은 비그리스도인들이 기독교 예배에 자주 참석할 것임을 전제한다. 보통은 크리스천 친구가 그들을 초대했기 때문일 것이다. 십자가

9. 하지만 로마서의 단락을 이런 유형의 경험으로 제한할 수는 없다. 특히 Emmanuel A. Obeng, "The Origins of the Spirit Intercession Motif in Romans 8:26," *NTS* 32(1986): 621-32을 보라.

10. Carson, *Spirit*, 106.

의 핵심적인 치욕을 부정함이 없이(1:18-2:5), 예배 인도자와 참여자들은 기독교가 관심 있는 외부자들에게 반발적이 되기보다는 매력적이 될 수 있도록 그들의 사역과 메시지를 가장 잘 "담아내야" 한다. 그때에 사람들은 그들의 봉사로 인해서 그리스도께 나아올 것을 기대할 수 있다. 물론 그런 역사는 인간들에게 죄를 깨닫게 하시고 그 마음을 중생케 하시는 성령의 주권적인 손에 전적으로 달려 있을지라도 말이다. 방언이 불신자들에게 '심판'의 표적이라면(22절), 이 단락을 오순절파들이 주장하는 것처럼 방언을 말하는 것이 불신자들을 회심케 하기 위해서 의도된 것으로 적용할 수는 없다.

현대적 의미

크리스천들은 현대적인 문제들에 대해서 직접적으로 상세하게 말하는 성경의 상관된 단락을 찾는데 때로 어려움을 겪는다. 그러한 사례에는 예를 들어 유산, 환경, 핵전쟁과 같은 것들이 있다. 그러나 14장에서 우리는 오늘날 교회에서 가장 분열적인 이슈 중에 하나—소위 은사주의나 초자연적인 은사에 대한 논쟁—와 직접적으로 관련이 있는 가르침을 상당히 분명하고 상세하게 발견할 수 있다.

은사적 운동은 방언의 가치를 강조하는 것으로 잘 알려져 있다. 이런 운동을 주창하는 많은 사람들에게 바울은 보다 직접적으로 알 수 있고 인식할 수 있는 은사에 더 큰 강조가 필요하다고 확실히 말할 것이다. 은사파나 오순절파의 많은 설교들이 성경의 일관되고 명확한 해석에서 부족하다. 최근의 신은사운동은 방언에서 예언으로의 변화를 주도했다. 하지만 이 운동은 예언을 매우 좁고 대단히 초자연적인 의미로 생각하는 경향이 있고, 주님으로부터의 계시를 회중들의 평가와 적절히 인정된 교회 지도자들의 그룹에 맡기지 못한다. 은사파의 세계에서 결정을 하는 일은 매우 주관적이어서 사람들은 "주님이 그러저러한 일을 행할 것을 나에게 말씀하셨다"라는 논리로 그들의 행동을 설명한다. 하지만 그들이 들은 것이 주님으로부터 온 것이었음을 어떻게 확실히 알 수 있는가? 설사 주님으로부터 온 것이었다 하더라도 그들이 그것을 전적으로 올바르게 해석했다는 것을 어떻게 확신할 수 있는가? 이런 은사 운동의 범주에 있는 권위적인 지도자들은 그들 밑에 있는 사람들이 "주님의 이름으로" 언급된 모든 것을 믿기 때문에 모순의 두려움도 없이 때로 막무가내로 지배한다. 크리스천들은 오늘날 하나님이 인간의 오류로 인해서 비난을 받지 않도록 "주님이 나에게 말씀하셨다"라고 말하기보다는 "나는 주님이

나에게 말씀하셨다고 '믿습니다'"라는 말로 서두를 여는 것이 좋을 것이다.[11]

비은사파 교회들도 역시 성경의 내용에 기초한 단단한 교훈적인 메시지에서 점차적으로 멀어지고 있다. 많은 사람들이 예배의 보다 기분 좋은 유형과 "구도자에게 민감한" 형태를 선호한다. 따라서 설교가 아니라 다른 많은 것들을 제공하는 예배의 가치로 지역 교회를 판단하는 불신자와 교회를 자주 옮겨 다니는 자에게 매력을 줄 수 있는 동기를 갖는다.[12] 그러한 교회들은 외부자들이 이해하기 어렵거나 이상하게 여기는 신학적인 용어나 기독교인들이 주로 쓰는 "전문어"를 피할 필요를 인식한다.

하지만 대그룹의 예배가 이런 형태를 취한다면, 성경과 기독교 교리, 윤리 등등과 같은 것들을 상세하게 가르치는 부차적인 활동에 이들 구성원이 참여할 것을 교회가 강조하는 것이 중요하다. 이것은 주일학교와 특별 세미나, 또는 소그룹의 형태를 취할 수 있다. 은사파와 비은사파의 범주에서 방언과 같은 특이한 현상보다도 하나님의 말씀의 분명한 선포에 가치를 두는 것은 여전히 논쟁이 있다. 바울의 세계에서 적어도 보다 환상적인 현상은 다른 종교에서의 유추적인 행위를 사람들에게 상기시킴으로써 그들은 사실상 전적으로 문외한은 아니었다. 오히려 우리의 현대 시대에서 처음으로 방언을 목격한 많은 불신자들이 크리스천들이 "미쳤다"(23절)라고 더욱 확신할 것이다. 특히 방송을 통한 은사 운동의 과도함은 모든 보수적인 기독교가 우화되고, 진부하다고 거부되는 주요한 이유들 중에 하나이다. 많은 현대의 서방 사람들에 의해서 특히 미디어 속에서 이런 기독교는 이상하고 실제와 교감하지 못하는 것으로 배격된다.[13]

은사파 교회가 그리스도를 믿는 많은 숫자의 부흥을 경험하는데, 이는 그들의 이상한 현상에도 불구하고 현대 시대에 이 운동이 자주 진심으로 따뜻하고 사랑스러운 상호적인 관계가 수반되는, 14:26에서 개요된, 예배와 교제의 형태를 회복하였기 때문이다. 오늘날 가장 빠르게 성장하는 어떤 은사파 교회는 방언의 역할을 이해하고, 대부분의 예배에서 방언을 포함시키지 않으며, 대다수의 교인들이 공식석상에서 방언으로 말하지 않을 정도로 그 역할을 경시한다.

---

11. 현대 카리스마 운동의 영향력 있는 진영에서 균형 잡힌 관점에 대해서는 Wayne Grudem, *Power and Truth*(Anaheim, Calif.: The Association of Vineyard Churches, 1993)을 보라.
12. 특히 Bruce Shelley and Marshall Shelley, *Consumer Church*(Downers Grove, Ill.: InterVarsity Press, 1992)을 보라.
13. TV를 이용한 복음전도와 현대 문화에 관해서는 특히 Quentin J. Schultze, *Televangelism and American Culture*(Grand Rapids: Baker, 1991)을 보라.

방언의 훨씬 더 긍정적인 사용은 그것이 사적인 기도의 용어임을 발견하는 그리스도인들 속에서 나타나고 있다. 여러 증언들이 열매 없는 경건의 시간, 활력 없는 예배, 또는 일관성 없는 주님과의 동행에서 좌절한 사람들을 성령이 어떻게 간섭하시어 자유케 하셨는가를 묘사한다. 죽은 것 같이 형식적이고 전통적인 교회들 가운데, 실로 은사 운동의 바람이 아주 새롭고 순전하게 불어왔는데, 이 교회들은 회중들에게 결코 은사파에게로만 제한되지 않는 그러한 "근본적인" 개념들, 즉 열정적인 찬양, 피아노나 오르간 이외의 음악 도구들의 사용, 손으로 박수를 치고 높이 드는 경배, 찬양과 기도의 요청, 그리고 대화적인 기도와 같은 것들을 가져왔다.

고린도전서 14:26-40

26 그런즉 형제들아 어찌할까 너희가 모일 때에
각각 찬송시도 있으며 가르치는 말씀도 있으
며 계시도 있으며 방언도 있으며 통역함도
있나니 모든 것을 덕을 세우기 위하여 하라
27 만일 누가 방언으로 말하거든 두 사람이나
많아야 세 사람이 차례를 따라 하고 한 사람
이 통역할 것이요
28 만일 통역하는 자가 없으면 교회에서는 잠잠
하고 자기와 하나님께 말할 것이요
29 예언하는 자는 둘이나 셋이나 말하고 다른
이들은 분별할 것이요
30 만일 곁에 앉아 있는 다른 이에게 계시가 있
으면 먼저 하던 자는 잠잠할지니라
31 너희는 다 모든 사람으로 배우게 하고 모든
사람으로 권면을 받게 하기 위하여 하나씩
하나씩 예언할 수 있느니라
32 예언하는 자들의 영은 예언하는 자들에게 제
재를 받나니
33 하나님은 무질서의 하나님이 아니시요 오직
화평의 하나님이시니라 모든 성도가 교회에
서 함과 같이
34 여자는 교회에서 잠잠하라 그들에게는 말하
는 것을 허락함이 없나니 율법에 이른 것 같
이 오직 복종할 것이요
35 만일 무엇을 배우려거든 집에서 자기 남편에
게 물을지니 여자가 교회에서 말하는 것은
부끄러운 것이라
36 하나님의 말씀이 너희로부터 난 것이냐 또는
너희에게만 임한 것이냐
37 만일 누구든지 자기를 선지자나 혹은 신령한
자로 생각하거든 내가 너희에게 편지하는 이
글이 주의 명령인 줄 알라
38 만일 누구든지 알지 못하면 그는 알지 못한
자니라
39 그런즉 내 형제들아 예언하기를 사모하며 방
언 말하기를 금하지 말라
40 모든 것을 품위 있게 하고 질서 있게 하라

원 의미

무슨 뜻인지 아는 것이 모인 회중들에게 우선된다면, 예배는 어떻게 진행해야 하는가? 26-40절은 이 질문에 대답해 주는데, 그것을 세 부분으로 나눌 수 있다: 26-33a절에서 질서를 따른 자발적 행위에 대한 묘사, 33b-38절에서 예언의 평가 시에 여성들의 침묵, 그리고 39-40절에서 결론적인 요약. 26절은 고린도인들이 대단히 참여적이고 자발적인 형태로 예배를 드리기를 계속해야 한다고 주장한다. "너희가 모일 때에 각각 찬송시도 있으며 가르치는 말씀도 있으며 계시도 있으며 방언도 있으며 통역함도 있나니." 이것은 참석한 모든 사람들이 각기 모든 은사들을 행할 수 있다는 것을 의미하지도 않고, 또한 모든 사람들이 모든 예배에서 적어도 하나의 은사를 행할 수 있음을 의미하지도 않는다. 하지만 성령이 주어진 시간에 이끄시는 모든 사람들에게 기회가 주어진다.

이 목록은 예증적인 기여를 하고 있으며, 또 초대 기독교인들의 예배의 또 다른 표준적인 요소들은 사도행전 2:42-47에 나타나 있다: 사도의 훈계, 교제, 성찬, 기도, 이적, 재정을 나눔, 하나님에 대한 찬미, 그리고 복음전도. 하지만 다시 한 번 바울은 동료 신자들을 세우기 위해서 모든 것을 해야 할 필요가 있음을 강조한다. 22-25절의 비그리스도인들을 전도하는 것에서, 대단히 참여적이고 보다 비공식적인 형태와 더불어 26절에 신자들을 교화하는 것으로 초점이 전이된 것은 이것이 규칙적인 작은 가정의 교제 모임의 형태임을 가리키고, 이전의 구절들은 다양한 가정 교회들의 주기적이고 더 큰 공적인 모임을 반영한다.[1]

27-32절은 방언과 예언의 두 주요한 은사들로 초점을 다시 좁힌다. 아주 유사한 형태로 27-28절과 29-32절은, 이 두 특별한 은사들의 행위를 규제함으로써, 26절에서 묘사된 즉석에서의 자발적 행위를 완화시킨다. 주어진 예배 시간에 두 세 사람만이 방언을 말할 수 있는데(또는 덜 가능하게는, 어떤 사람이 해석하기 전에는), 그들은 동시적으로가 아니라 순차적으로 해야 하며 반드시 통역이 있어야 한다(27-28절). 만약 통역이 불가능하다면, 방언을 말하려고 했던 화자는 침묵하거나 다른 사람이 듣지 않게 하나님께만 기도를 드려야 한다.

29-32절은 본질적으로 예언이 얼마나 가치가 있든지 간에 그 예언이 남용되지 않도록 유사한 형태로 그것을 규제한다. 다시금 오직 두 세 명이 한 번에 한 사람씩 말해야 하고, 그들의 메시지는 평가되어야 한다. 마지막에 두어진 메시지에 대한 평가는 방언의 통역에도 역시 적용될 것인데, 통역을 겸한 방언은 기능상 거의 예언과 유사하기 때문이다.

29절의 "다른 이들"은 단지 다른 예언하는 자들만이 아니라 회중의 나머지 사람들을 자연스럽게 가리키는 것으로 취할 수 있다.[2] "조심스럽게 생각하다"가 분별의 은사를 행사하는 것을 의미했다면(12:10), 예언의 은사를 가졌던 사람들이

1. Prior, *1 Corinthians*, 249-50. 보다 일반적으로 초기 기독교 가정 교회 운동의 분석과 어울리는 이 견해는 Vincent Branick, *The House Church in the Writings of Paul*(Wilmington: Glazier, 1989)에서 상세히 설명된다.

2. Carson, *Spirit*, 120: "만약 바울이 '(예언자들의) 나머지 사람들'을 말하기를 원했다면, 헬라어가 '호이 알로이'보다는 '호이 로이포이'가 되었어야 했다.

필연적으로 식별의 은사도 역시 가졌다는 것을 보증할 수 없었을 것이다. 하지만 우리가 이미 제기했던 것처럼 식별의 은사를 행사하는 것이 예언을 조심스럽게 상고하는 것을 바울이 의미하는 것이 아니라 할지라도, 예언한 사람들이 서로의 메시지를 평가하는 가장 좋은 사람이었을 것 같지는 않다. 확실히 예언이 성령으로 충만한 설교를 포함하는 것으로 취할 때, 보통의 "평신도"가 신학의 요지나 메시지 전달의 기술을 터득한 동료 설교자보다도 그 설교자가 얼마나 잘 또는 정확하게 말씀을 전달했는가를 결정할 수 있는 더 좋은 위치에 자주 있는 것으로 보인다.[3]

30절은 방언을 말하는 자처럼 예언하는 자들이 그들의 은사를 순서를 따라 행사할 것을 주장함으로써 27절과 유사하다. 31절은 모든 이들이 이 은사들을 사용할 수 있으리라는 바울의 바람을 설명하는 것으로서 5절과 유사하다. 물론 모든 이들이 이 은사들을 행할 수 있고 행할 수 있으리라고 함축하지는 않고 있지만 말이다. 32절은 그리스도인의 예언(그리고 아마도 방언과 방언 통역)이 "환상적"인 의미와는 다르다는 것을 입증한다. 다시 말해서 영적인 은사를 행사하는 과정에서 신자들은 자신들의 행위를 멈추거나 규제할 수 없을 만큼 "정신이 없지는" 않다. 33a절은 26절에서 시작된 사상의 단위를 결론짓는데, 방금 명기한 방언과 예언의 규제에 대한 근거를 제공한다: 질서와 화평.

34-35절은 이 시점에서는 꽤 어색해 보인다. 바울은 여성들이 침묵할 수 있게 하기 위해서 이 두 영적인 은사들에 대한 논의를 중단시키고 있는 것으로 보인다. 37절과 39-40절에서 그는 분명히 방언과 예언의 은사를 여전히 언급하고 있다. 이 때문에 몇몇 후대의 사본들은 34-35절을 40절 이후에 둔다. 적어도 이런 위치에서는 그들은 새로운 논의를 시작하는 것으로 나타날 수 있었다. 보다 자유로운 범주에서의 인기 있는 견해는 오늘날 바울이 이 말들을 하지 않았다는 것이다. 오히려 그 구절들은 바울보다도 훨씬 더 보수적인 서기관들에 의해서 후대에 첨가되었다는 것이다.[4] 그러나 이 구절들이 나타나지 않는 현존하는 사본은 없고, 몇몇 사본들에서 보이는 본문의 이동은 방금 언급한 흐름을 따라 설명할 수 있다. 말하자면 문맥상의 흐름을 방해하지 않게 하기 위해서 이동시킨 것이다. 어느 것도 바울이

3. 더 자세한 것은 Grudem, *Prophecy*, 58-67을 참조하라.
4. 예를 들어, Winsome Munro, "Women, Text and the Canon: The Strange Case of 1 Corinthians 14:33-35," *BTB* 18(1988): 26-31을 보라. 복음주의자들은 이 견해를 고려하는데 오랜 시간을 투자하지 않았지만, 탁월한 본문 비평가인 피(Fee)가 사실상 그 견해를 채택하고 길게 그것에 대해 논증한다(*First Corinthians*, 699-708).

본래 34-35절을 쓰지 않았다고 의뢰할 만한 근거가 없다.

또 다른 최근의 주장은 이 두 구절들이 바울이 36-38절에서 반박하기 위해서만 인용한 또 다른 고린도인의 슬로건을 대변한다는 것이다.[5] 이 견해는 대단히 그럴 것 같지 않다. 그것에 대해서 일곱 가지 정도의 이유를 들 수 있다. 고린도전서의 모든 다른 널리 인정되는 슬로건과 달리 이 구절들 (1)은 형태상 잠언이나 간결하게 되어 있지 않다, (2) 교회의 자유주의적인 측면을 반영하지 않는다, (3) 이 서신의 다른 곳에서는 거의 지지되지 않는 교회의 유대주의적인 요소가 있다는 가정을 필요로 한다, (4) 바울에 의해서 인정되지 않고 노골적으로 거부된다. (5) 우리가 말할 수 있는 가장 좋은 것은 20세기까지 교회 역사에서 결코 제기되지 않았던 설명을 대변한다, 아울러 (6) 이 견해는 36절의 시작에 헬라어 접속사 '에'("또는"은 NIV에서 해석되지 않은 채로 두어진다)를, 바울에게서 '에'의 다른 사용에서는 이런 식으로 기능하지 않을지라도, 이전에 있었던 것의 완전한 거부로서 취할 것을 요구한다, 마지막으로 (7) 36절에서 남성 복수 형용사('모누스')인 "너희에게만"(the only people)이 남자와 여자라기보다는 단지 남자들만을 가리키는 것을 전제한다. 고린도인들에 대한 다른 복수적인 언급들이 명백하게 그렇게 말하지 않고서는 이런 식으로 남자들만을 추려내지 않을지라도 말이다.

34-35절이 고린도의 예배 시간에 모든 면에서 여자들이 침묵해야 한다는 절대적인 명령이라는 더 오래되고 극단적인 관점도 역시 동등하게 불가능하다. 이런 견해는 11:5이 여성들이 공개적으로 기도하거나 예언할 수 있다는 바울의 인정을 사실상 함축하지 않는다고 가정해야 하는데, 만약 그렇다고 한다면, 바울은 분명히 여성들이 공적으로 기도하거나 예언하는 것을 하지 말아야 한다고 말했을 것이다. 또는 어떤 문맥적인 지원이 없이, 크리스천 모임의 두 다른 종류가 두 단락에서 고려되고 있음을 가정해야 한다. 또는 바울의 이 말이 영감을 받지 않았을 뿐 아니라 그가 최근에 썼던 것을 기억하지 못하는 것으로 바울에 대한 지극히 저급한 견해를 갖는다면, 단순히 모순을 인정할 뿐이다. 확실히 이런 접근들은 14:34-35에 대한 대단히 극단적인 해석을 지원하는 막다른 의뢰를 반영한다.

---

5. 이런 접근을 한 두 주요한 초기 해석은 Neal M. Flanagan and Edwina H. Snyder, "Did Paul Put Down Women in 1 Cor 14:34-36?" *BTB* 11(1981): 10-12과 David W. Odell-Scott, "Let the Women Speak in Church: An Egalitarian Interpretation of 1 Cor 14:33b-36," *BTB* 13(1983): 90-93이었다. 더 상세하게는 Robert W. Allison, "Let Women Be Silent in the Churches(1 Cor. 14.33b-36)," *JSNT* 32(1988): 27-60을 참조하라.

어느 견해도 문제가 없는 것은 아니지만 해석의 또 다른 부류는 더 그럴듯하다. 문화적인 배경의 요인들이 바울의 명령을 설명할 수 있을 것이다.[6] 아마도 당대에 상당히 교육을 받지 못한 여성들이 가정에서 더 잘 다루어질 수 있었던 상관없는 질문들로 진행을 방해하고 있었다. 이것은 35절의 용어를 설명해 줄 수 있을 것이다.[7] 아마도 그들은 "잡담을 하거나" 심지어 험담을 하고 있었을 것인데, 따로 구별된 유대 회당의 발코니에 앉아 있던 유대 여성들이 이런 일을 하기를 좋아했었다. 또는 그들은 거짓 가르침을 교묘하게 조장하는데 사로잡혀 있었을 것이다. 하지만 이 견해가 역사적으로 문맥적으로 가능할지라도, 바울이 왜 '모든' 여성들은 침묵하고, 남성들은 침묵하지 않아도 된다고 하는지를 설명하지 못한다. 적어도 훌륭하게 교육을 받고 예절이 바르거나 정통적인 여성들이 있었고, 또 예도가 없거나 교리적으로 정도를 벗어난 교육받지 못한 남성들이 적어도 있었는데도 말이다.[8]

여전히 또 다른 사람들은 바울이 일반적으로 말하는 것이 아니라 방언으로 말하는 것에서 여성들을 차단하고 있다고 생각한다. 이런 관점은 34절에 "말하다"(speak)란 동사가 이 장 전체를 통해서 은사적인 말에 규칙적으로 사용되고 있음을 인식하는 이점이 있다. 하지만 방언이 영적인 은사라면 성령은 확실히 그 은사를 성과 상관없이 그가 선택하는 누구에게나 주신다(참조. 12:11; 11:15).

따라서 아마도 가장 좋은 관점은 바울의 명령을 주어진 예언에 대한 합법성을 따지는 교회의 최종적인 결정에 여성이 참여하지 말라는 명령으로 취하는 것이다. 34-35절 이외에 이 장에서 이 동사의 21번의 출현 가운데 20번이 직접적으로 또는 유추적으로 말의 네 특별한 종류 중 하나를 가리킨다: 방언, 그 방언의 해석, 예언이나 그 예언의 평가. 그러나 이 네 가지 중에 첫 번째 셋은 성과 상관없이 가능했다. 그러나 예언에 대한 권위적인 평가는 전체 회중으로부터 전해지는 정보가 요구되었을지라도, 교회 지도부(바울이 다른 곳에서 장로나 감독이라 불렸던 사람

6. 고대 그리스 로마 세계의 주요한 문서에 반영된, 여성과 관련한 관습과 태도의 철저한 샘플에 대해서는 Mary R. Lefkowitz and Maureen B. Fant, *Women's Life in Greece and Rome*(Baltimore: Johns Hopkins, 1982)을 보라.

7. 이 견해는 지금까지 나타났던 여성에 관한 가장 평등주의적인 바울의 취급으로 적절히 변호된다(Keener, *Paul, Women, and Wives*, 70-100).

8. D. A. Carson은 이 단락에서 개요된 해석들을 "참을 수 없는 성차별주의자"라고 칭할 때 그것을 더 강력하게 제기한다("'Silent in the Churches': On the Role of Women in 1 Corinthians 14:33b-36," in John Piper and Wayne Grudem, eds., *Recovering Biblical Manhood and Womanhood*[Wheaton: Crossway, 1991], 147.

들)의 책임이었을 것이다. 그들은 적어도 1세기에 독점적으로 남성이었던 것으로 보인다. 이런 해석은 이 구절들이 왜 여기에 있게 되는지에 대한 이유를 설명해준다. 27-33절로부터의 주제의 흐름이 명확해진다: 순서에 있어서 방언, 그 해석, 예언, 그리고 그 평가. 이 접근의 분명한 약점은 바울이 말하지 않고 있는 "말"(speaking)의 의미를 추론해야 한다는 것이다. 하지만 이 문제는 이 지점에서 바울의 말을 절대적인 것으로 취하지 않는 모든 견해를 곤란케 하고, 이 견해는 부가적인 난제를 가장 적게 갖는 것으로 보인다.[9]

그때에 우리는 33b절을 어떻게 취할 것인가? 우리가 그것을 33a절에서 시작된 문장을 결론짓는 것으로든 34-35절을 도입하는 것으로 취하든지 간에 어쨌든 어색하다. NIV의 접근은 약간 더 그럴 듯하다. "하나님의 질서정연함의 원리와 같은 그러한 광범위한 원리를 교회의 관습인 것처럼 한정해야하는 것은 상상하기가 어렵다."[10] 34절에서 33b절을 취함으로써 창출되는 어색한 반복(직역하면 "성도의 모든 교회들에서처럼 교회 안에 여성들이 말하지 않게 하라")은 바울이 비고린도인들의 교회에서 다른 고린도인들의 가정교회로 이동하고 있다고 이해함으로써 아마도 설명할 수 있다. 그들은 다른 이들이 채택하지 않았던 행위와 관련하여 진리의 한 측면을 갖고 있다고 생각하였을 것이므로, 바울은 다른 곳에서 행해진 것은 역시 '그들의' 회합에서 관찰되어야 한다는 것을 그들에게 상기시키고 있다.[11]

11:2-16에서처럼 바울이 잠잠하라는 여성들은 오직 남편의 아내들이었을 것이다. 이것은 그들이 교회의 예언을 공개적으로 도전하지 말고 집에서 "그들의 남편"에게 문의해야하는 이유를 설명해준다(35절, NIV에서처럼 확실히 남편들에 대한 언급). 아내들이 그렇게 하지 않는다면, 그들에 대하여 하나님이 규정하신 복종과 모순되는 방식으로 교회에서 남편들을 도전하는 일이 될 것이다(34절).[12] "율법"은 공적 예배에서 침묵하라고 여인들에게 말하고 있는 구체적인 구약성경의 단락을 가리키지 않는다. 그러한 단락이 존재하지 않기 때문이다. 그것은 창세기 3:16을 가리키지도 않는다. 바울이 바람직한 '크리스천'의 행위에 대한 근거로 타락의 결과를 어느 곳에서도 인용하지 않기 때문이다.[13] 오히려 그는 창세기 2장에서 질서

9. 더 자세한 것은 Grudem, *Prophecy*, 239-55; Hurley, *Man and Woman*, 185-94; Kistemaker, *First Corinthians*, 511-15을 참조하라.

10. Morris, *First Corinthians*, 196.

11. 참조. Bruce, *1 and 2 Corinthians*, 135.

12. 참조. E. Earle Ellis, "The Silenced Wives of Corinth(1 Cor. 14:34-5)," in *New Testament Textual Criticism*, ed. Eldon J. Epp and Gordon D. Fee(Oxford: Clarendon, 1981), 213-20.

와 창조의 목적을 암시하고 있을 것이다. 그가 11:8-9에서 아내들이 그들의 머리를 존중할 것과 관련하여 암시했던 것처럼 말이다.

따라서 36-38절은 고린도인들이 바울의 조언을 가볍게 내치지 않을 것을 도전한다. 모든 다른 기독교회가 바울이 이 문제에 대해서 말씀한 것을 실천했다면 그들만이 예외가 될 수는 없다(36절). 바울의 가르침을 항거한 사람들은 성령의 인도를 주장함으로써 그들의 불순종을 정당화했다(37a절). 그러므로 바울은 그들이 참으로 성령의 이끌리심을 받고 있다면, 그들이 그의 견해를 주님으로부터 온 것으로 인식할 것임을 부연한다(37b절). 그들이 그들의 길로 가기를 계속한다면, 그들은 성령과 교감하지 못한다는 것을 보여주는 것이고, 주님은 그들을 무시하고 그들 없이 그의 일을 완수하실 것이다(38절). (NIV의 각주["그가 이것에 무지한다면, 그를 무지하게 하라"]는 문맥을 고르게 하려는 덜 입증되는 텍스트적 변형을 반영한다.)

마지막으로 39-40절은 자유와 구조에 대한 바울의 이중적인 관심을 균형 잡으면서 모든 세 장(12-14장), 특히 마지막 장을 적절한 결론으로 가져온다. 모든 은사들은 그 자리가 있으며 각기 연합과 사랑 속에서 교회를 세우는데 사용해야 한다.

상황잇기

아주 현대적인 교회의 봉사와 26절에서 고린도인들의 예배에 관한 모습의 차이는 이 구절의 적용을 어렵게 만든다. 바울이 34-35절에서 여성들이 잠잠해야 한다고 말한 것과 관련한 혼란한 질문은 우리의 적용을 임의적이게 만든다. 그럼에도 불구하고 전반적으로 타문화적인 가치를 갖는 이 단락에서 나타나고 있는 많은 주요한 원리들이 있다.

26-33a절은 크리스천의 예배에 관한 주요한 양상들을 설명해준다. 12장에서처럼 바울은 모든 교인들의 참여와 은사의 사용을 강력하게 격려한다. 놀랍지 않게 교회는 역사적으로 작고 비공식적인 교제 속에서 가장 효과적이었고, 가장 빠르게 성장했다. 이것들은 갓 태어난 "개척교회"이거나 더 크고 확립된 교회 내에 작은 그룹일 수도 있다.[14] 대형 집회에서 대량으로 반응하는 것과 같은 이런 흐름에 대

13. 디모데전서 2:14도 예외가 아니다. 그 구절이 흔히 그 반대로 해석될지라도 말이다. Craig L. Blomberg, "Not Beyond What Is Written: A Review of Aída Spencer's *Beyond the Curse: Women Called to Ministry*," *CTR* 2(1988): 413-14.
14. 참조. Gibbs, *Church Growth*, 234-74.

한 예외도 사실 계속된 양육과 제자도를 위해서 지역 교회와 연계되어 있다.[15] 양육에서 중요한 것은 새 신자들이 그들의 은사를 활용할 수 있게 연관 짓는 것이다. 이 단락의 전반부의 "표제"로서 26절은 27-38절에서 예언과 방언에 대한 바울의 원리가 모든 은사들에 적용된다는 것을 우리들에게 상기시켜준다. 그리고 그들 중에서 가장 두드러진 것은 하나님이 '모든' 교인들에게 몸의 성장에 기여하게 하는 은사를 주신다는 원리다(12절).

27-33a절은 예배에서 질서에 대한 필요를 강조함으로써 26절을 균형 잡는다. 바울이 교회 지도자들을 결코 언급하지 않는다는 사실이 그들이 아직 존재하지 않는다는 것을 의미하지 않는다. 사도행전 14:23은 바울과 바나바가 개척한 모든 교회들에 장로들을 세우는 것을 묘사한다. 고린도에서 후원자들의 역할에 관한 우리의 재구성은 교회가 실로 강력한 리더들을 가졌다는 것을 제기한다(서론의 pp. 26-27를 보라). 기독교가 일반적으로 새로운 종교적 그룹처럼 처음 몇 세기에 점증하는 제도화를 경험했을지라도, 처음부터 세워진 구조가 있었다는 증거가 있다. 감독과 집사의 직무에 관한 논의는 이 직무를 감당할 사람들을 선택하는 기준을 설명하고 있는데(딤전 3:1-13; 딛 1:6-9), 이는 바울이 목회서신을 작성하지 않았다는 전제하에서 후대의 바울 이후의 작품으로 단순히 격하시킬 수는 없다. 결국, 바울의 논쟁할 수 없는 진정한 서신인 빌립보서가 정확히 교회 직무의 두 범주의 사람들에게 인사하면서 시작한다(빌 1:1). 이 작품은 고린도전서를 쓴 후에 7년밖에 지나지 않은 A.D. 62년보다 늦지 않은 시기에 작성되었다.[16]

27절은 13절과 조합하여 방언 통역이 발생할 수 있는 두 방식을 보여준다. 어떤 신자들이 방언 통역의 은사를 갖고 있음을 알고 있다면 그들은 더 큰 확신을 갖고 방언으로 말할 수 있을 것이다. 연이어서 그들이 해석을 줄 수 있다고 믿기 때문이다. 방언이 하나님의 사람들에게 메시지를 전달하는 것이 아니라 하나님께 기도하고 하나님을 찬미하기 위해서 기능한다는 글로소라리아(방언)에 관한 단락을 13절이 도입하고 있음은 흥미롭다. 아마도 그러한 상황에서 방언 하는 자가 자신의 메시지를 해석할 수 있을 것을 예상하는 것이 보다 자연스럽다. 어쨌든 방언 통역의 은사를 받은 사람들은 자신들이 말하고 있는 것의 의미를 이해할 수 있을지라도, 역시 개인적으로 방언으로 말할 수 있었다. 한편으로 28절은 모든 방언하는 자들

---

15. Christopher Catherwood, *Five Evangelical Leaders* (Wheaton: Harold Shaw, 1985).
16. 바울의 교회에서 은사의 자연스러운 행사와 권위적인 구조의 양립에 관한 좋은 논의에 대해서는 Ellis, *Pauline Theology*, 87-121을 보라.

이 필연적으로 해석할 수는 없다는 12:30의 진리를 인식한다. 통역의 은사를 가진 자가 있는지를 알 수 없는 크리스천 모임에서는 방언하는 일을 항상 조심해야 한다.

방언을 전에는 경험하지 못했던 상황에서 하나님이 그들을 방언으로 말하라고 이끄신다고 믿는 사람들은 다른 이들을 방해하지 않는 적절한 순간에 앞으로 나가서 방언을 말하는 것은 합당하다. 그러나 그들은 특별한 모임에서 방언에 사람들이 열려 있는지를 감지할 수 없다면 조심스럽게 이를 행하기를 원할 것인데, 만약 방언을 통역하는 자가 앞으로 나서지 않는다면, 통역자가 참석했는지를 믿을 만한 이유를 가질 때까지 그들은 회중 속에서 방언으로 말하는 것을 삼가야 한다. 예를 들어, 교회의 다른 멤버가 그 메시지를 이해했지만 단지 두렵거나 부끄러워서 말하지 않으려는 감정을 가질 때 이런 일이 발생할 수 있을 것이다.

5a절과 31절의 해석으로 보건대, 우리는 신자들이 어떤 종류의 영성의 기준을 어느 한 은사로 만들려고 해서는 안 된다는 것을 주장해야 한다. 모든 크리스천들이 예언을 말하거나 방언으로 말하거나 또는 어떤 다른 특별한 영적 은사를 경험한다고 주장하는 것은 합법적이지 않다. 그러나 이 구절들은 모든 신자들이 방언과 예언을 포함하여 어떤 특별한 은사를 잠재적으로 받을 수 있음을 보여준다. 그러므로 우리가 솔직하게 느끼기에 교회에 혜택을 줄 수 있는 은사를 위해 기도하는 것은 적절하지만 하나님이 그것을 마땅히 우리에게 주셔야 한다고 주장할 수는 없다.

이 구절들은 12:11에서처럼 성과 관계없이 성령이 그의 은사를 주권적으로 배분하심을 바울이 예상하고 있음을 확실히 암시한다. 모든 신자들이 때로 예언하거나 방언을 말하지만 오직 일부 사람들만이 이 영역에서 실제로 은사가 된다고 생각할 수 있을 정도로 다른 사람들을 위해서 자주 이 은사를 행한다고 주장함으로써, 이 구절들과 12:29을 구분하려고 애쓸 필요는 없다. 은사가 그것의 사용 빈도에 기반해 있다는 성경의 어느 지침도 없다. 동일한 용어법이 어떤 경우에 은사와 직무를 언급하는데 사용되어질 수 있는 것은 사실이지만(가르침/교사, 목회/목사, 예언/예언자), 고린도전서 12-14장에서 바울이 어떤 직무를 고려하고 있다는 암시는 없다.[17]

27-32절은 방언, 통역, 그리고 예언의 은사를 실천할 때에 "환상" 속에 있다고 하는 모든 주장을 논박한다. 어떤 이가 그러한 은사를 행할 때에 "자기를 주체할

---

17. 더 자세한 것은 Grudem, *The Gift of Prophecy*, 234-38을 참조하라.

수 없었다"면 그는 성령에 의해 제어를 받은 것이 아니다! 또 이 구절들은 보다 초자연적인 은사들이라도 성경과 같은 동일한 권위를 간직하지 못한다는 것을 보여준다. 바울이 제기한 가이드라인을 조심스럽게 따르지 않는다면, 어떤 특별한 계시를 발한 것이라고 생각할 수 없기 때문이다. "진리는 양에 의해서 도달하지는 않는다."[18] 아울러 신자들은 참된 방언이나 예언이 필연적으로 무오류하게 전달되거나 해석된다고 가정할 수 없다. 그렇지 않았더라면, 회중은 예언이나 방언하는 자들이 "말한 것들을 조심스럽게 생각할"(29절) 이유가 없을 것이다.

이런 문제의 좋은 사례가 사도행전 21:4에 나타난다. 거기서 누가는 두로의 크리스천들이 "성령을 통해서"(행 11:28에서 아가보의 예언적 연설에서도 사용된 표현) 바울이 예루살렘으로 가지 말 것을 바울에게 촉구한 방식을 묘사한다. 21:11에서 아가보는 가이사랴에 도착해서 성령의 이름으로 바울이 예루살렘으로의 여행계획을 계속 진행한다면 감옥에 잡혀 들어가게 될 것임을 선언한다. 그러나 바울은 이에 설득되지 않고, 그의 여행 계획을 계속 진행시킬 때, 바울의 동료 크리스천들이 "주의 뜻대로 이루어지이다"라고 반응한다. 어떤 이들이 주의 뜻을 오해했는데, 그것이 바울일 것 같지는 않다! 더욱 그럴 법한 것은 두로에서 크리스천들은 아가보가 그랬던 것과 동일한 메시지를 받았으나 바울의 운명에 대한 예언을 그가 그곳에 가지 말 것을 명하는 것으로 잘못 해석했다. 하지만 그들은 성령이 바울이 그 일을 계속 진행시키지 말 것을 말했던 것처럼 주로부터 온 것으로 그들의 말을 대변했다.[19] 분명히 크리스천들은 어떤 다른 신자들이 하나님이 사적으로 드러냈던 것을 사람들에게 말한다고 하는 것을 검증하고 거부할 수 있는 자유를 가져야 한다. 하나님이 그들을 몸소 인도하신다고 그들이 믿는 방식과 그것이 일치하지 않는다면 말이다.

그렇다면 어떤 기준을 기독교의 예언을 평가하는데 추론해낼 수 있는가? 마이클 그린은 일곱 가지를 주장한다: (1) 예언의 말씀이 말하는 자, 교회, 또는 교단보다 하나님을 더 영화롭게 하는가? (2) 성경과 일치하는가? (3) 교회를 세워주는가? (4) 사랑 속에서 말하는가? (5) 말하는 자가 영적인 겸손으로 다른 이들의 판단과 여론에 순복하는가? (6) 말하는 자기 자신을 제어하고 있는가? (7) 가르침에 합리성이 있는가 아니면 그 메시지가 지나치게 과도한가?[20] 이러한 기준을 사용한 후

18. Harrisville, *1 Corinthians*, 242.

19. 이런 샘플에 관해서는 특히 Murray J. Harris, "Appendix: Prepositions and Theology in the Greek New Testament," in *NIDNTT*, vol. 3, 1183을 보라.

에도 그 메시지를 완벽하게 신뢰할 수 없다는 생각이 강화되면서 모호한 채로 자주 남아 있을 수 있다. 그러나 그 예언이 이런 원리들의 몇 가지를 분명하게 위반하고 있다면, 교회는 사랑스럽게 그리고 확고하게 예언을 말하는 자가 영감된 말의 은사를 발하고 있다고 주장하는 것을 중단하거나 적어도 더 정확하거나 적절하게 그 예언들을 사용할 수 있도록 그의 은사를 배양하는 더 작고 덜 공개적인 배경 속에서 멘토와 이야기를 나누고 제련할 것을 조언해야 한다.

34-35절의 타당한 적용은 이 구절들의 원 의미에 관해서 채택한 선택에 분명히 달려 있다. 바울이 그 구절들을 쓰지 않았다면, 또는 구 구절들이 바울이 반박하는 고린도인의 슬로건을 반영하는 것이라면, 그때에 분명히 우리는 그 구절들이 담고 있는 명령을 무시할 수 있고, 심지어 현대 기독교에서 유사한 사고방식을 가진 사람들과 싸우기를 힘써야 한다. 그러나 만약 그 구절들이 상당히 가능해 보이는 것처럼 바울의 관점을 반영하는 것이라면, 쉽게 그 구절들을 무시할 수는 없다(36-38절). 그렇다고 그 구절들이 적지 않게 오늘날 모든 세부적인 것들에서 규범이 된다는 것을 필연적으로 의미하지는 않는다. 바울이 여성들이 잠잠할 것을 명한 이유에 대한 문화적인 설명 중에 하나는 현대의 크리스천들이 유사한 문제들—교육의 부재, 방해적인 잡담, 또는 거짓 가르침의 선동—이 존재하는 교회에서만 여성들이 잠잠하게 해야 할 것이다. 그리고 그 구절들은 역시 이런 문제 중에 하나를 갖고 있는 남성들에게도 똑같이 침묵을 부과할 것이다.

예언에 대한 평가가 고려되고 있는 것으로 간주한다면, 몇 가지 선택이 작용할 수 있다. 예언을 보다 즉석의 특징으로 제한하는 해석자들에게 34-35절의 적용은 그러한 특징이 나타날 수 있는 보다 은사적인 회중들에게로 제한될 것이다. 예언에 대한 폭넓은 이해를 채택하는 해석자들은 다시금 리더십의 높은 수준에 여성들을 둘 수 있느냐에 관한 문제를 제기한다. 장로/감독이 회중들에 대한 가르침과 권위를 행사하는 유일한 책임이 있는 직무라면(딤전 3:2; 5:17), 아마도 바울은 여성들이 이런 직무의 자리를 갖는 것을 차단하고 있을 것이다. 이런 해석은 우연하게도 디모데전서 2:12에서 조합된 동사들("가르치다"와 "권위를 행사하다")을 설명할 수 있는 좋은 기회를 제공한다. 그 구절에서 바울은 3장의 서두절들에서 즉시 명확하게 하고 있는 감독의 직무를 언급하고 있다.[21] 하지만 "여자들"이 "아내"로

20. Green, *Corinth*, 77-78.

21. Blomberg, "Not Beyond," 411-13을 보라

더 잘 해석된다면, 이 제한은 독신 여성들은 장로가 되는 것을 차단하지 못할 것이고, 남편과 아내는 동시에 리더십의 같은 자리에 오를 수 있으며, 남편이 멤버가 아닌 교회에서 관장하는 직무를 아내들이 갖는 것을 막지 못할 것이다(하지만 이 중에 마지막 부분은 다른 근거에 비추어 볼 때 덜 바람직할 것이다).[22] 그리고 11:2-16에서 지적했던 것처럼, 여성의 사역과 같은 민감한 주제에 대한 우리의 이해는 궁극적으로 이 문제와 관련한 모든 성경 자료를 종합해서 관장해야 할 것이다.

흥미롭게도 바울은 11:2-16에서 머리를 영화롭게 하는 일에 대해서 말했던 것처럼, 33b-35절에서 그의 명령에 대한 동일한 세 가지 근거를 제공한다. 이 근거들은 문화적인 수치(35절), 바울 당대에 교회들의 보편적인 실천(33b절), 그리고 창조의 질서에 대한 호소(34절)를 포함한다. 11장에서처럼 복종의 폭넓은 원리는 영원한 위임에 대한 호소에 의해 지원되지만, 구체적인 명령은 구체적인 상황의 논증에 의해 지원된다.[23] 그러므로 여성들이 하나님이 규정하신 남편에 대한 존중을 곤란하게 하는 리더십의 직무의 이점에서 그렇게 하지 않는 한, 다른 시간에 다른 장소에서 결혼한 여성들은 예언의 평가에서조차도 자유롭게 참여할 수 있는 마음을 느껴야 하고, 심지어 29절에서 이미 함축된 일반적인 수준을 넘어설 수 있는 자유를 느껴야 한다.

39-40절은 상당히 균형 잡힌 결론으로 바울의 논의를 아우른다. 우리는 영적인 은사들의 어느 것도 이전 시대에 제한된 것으로 또는 특별한 신자들이나 회중의 미성숙함의 표지로서 배제할 수는 없다. 그러나 우리는 어떤 은사, 특히 방언과 예언을 다른 모든 것의 기준으로 만들 수는 없다. 연합과 상호적인 교화가 항상 최우선되는 목표다. 모든 것이 단정하고 질서가 있어야 한다. 그러나 바울의 마지막 말은 여기서 죽은 형식주의를 승인하지 않는다. 예도는 대단히 문화적인 특별성을 갖고 있다. 14장의 의미는 여전히 자연스러움과 자유를 조명한다.[24] 교회는 기쁨과 생명이 흘러나오는 장소가 되어야 하지만, 아웃사이더가 쫓겨나거나 인사이더가 서로 소외되는 그런 식으로는 아니다.

---

22. 참조. Craig L. Blomberg, "The Globalization of Biblical Understanding," in *The Globalization of Theological Education*, ed. Robert A. Evans, Alice F. Evans and David Roozen(Maryknoll: Orbis, 1993), 219.

23. 참조. Stephen Clark, *Man and Woman in Christ*(Ann Arbor: Servant, 1980), 183-89.

24. William Richardson, "Liturgical Order and Glossolalia in 1 Corinthians 14.26c-33a," *NTS* 32(1986): 150: "바울은 열정적인 요소를 제한하는 것을 거의 말하지 않는다. 그의 방향은 그 경험을 그룹과 나누는 방식과 오직 관련이 있다."

현대적 의미

하나님의 활동에서 중심에 있기를 원하는 모든 사람들은 겉으로 보기에 더욱 초자연적인 은사들 중의 어느 하나를 경험해야 한다고 기독교 세계의 주요한 부문들이 주장하기를 계속하고 있는데, 이는 이 후반부의 장(chapter)에서 바울의 신학과 단호히 모순되는 주장이다. 또 다른 경우에 교회들은 이 명령에 부족하지는 않지만, 방언과 예언을 규제하기 위한 바울의 규칙을 위반하기를 계속해서 되풀이 한다. 주님의 말씀이라고 주장된 것들이 검증이나 도전이 없고, 그 일을 하기 위한 방법이 없다. 어떤 주어진 예배에서 두세 사람보다 훨씬 많은 사람들이 방언으로 말한다. 사람들은 기도하라는 것을 배우고 기도하라는 말을 들을 때, 그들의 머리 위에 두어진 손을 갖게 되는데, 어떤 은사를 받을 것을 믿음으로 요청하기 위해서다. 바울이 그 경우에 하나님이 특별한 은사를 부여하실 것을 선택한다는 보증을 그들이 가질 수 없음을 분명히 하고 있는데도 말이다.

더욱 미묘하게는 어떤 교회들은 대그룹의 사람들이 동시에 방언으로 크게 기도하는 정규적인 시간을 갖는데, 이런 관행을 개인기도 시간의 언어에 대한 연습으로 정당화시킨다. 그러나 불신자들은 규칙적인 방언들과 마찬가지로 이런 행동에 대해 동일한 반응을 가질 수 있으므로(23절을 상기하라), 이런 신학적인 손재주는 옹호할 수가 없다. 바울이 "두세 사람이" "차례를 따라"(27절) 하라고 말할 때, 그는 있는 그대로를 의미했다. 그리고 개인적인 기도의 용어는 개인의 사적인 교화를 위한 것이다. "공동체를 세우는 것이 예배의 집합적인 배경을 위한 근본적인 이유다. 방언을 수많은 개인들의 예배 경험을 위한 것으로 집합적인 모임에서 한꺼번에 말하는 것으로 사용할 수는 없다.[25]

다른 한편으로 비은사적인 교회는 26절에서 배워야할 많은 교훈들이 있다. 은사가 모인 공동체의 집합적인 교화를 위해 모든 신자들에게 주어진다면, 교인들은 공중 예배 시에 이 은사들을 활용할 수 있는 기회가 있어야 한다. 이런 강조를 포착한 아주 소수의 현대 교회 가운데 하나가 플리머스 형제단인데, 그들의 "자발적인" 나눔은 꽤 바람직하다.

> 바울이 오늘날 평균적인 회중에게 글을 썼다면, 그의 조언은 거리의 다른 한쪽에 작용해야 했을 것이다. 요란함을 창출해내는 직제화되지 않은 자발성이 있는 곳보다는 그

25. Fee, *First Corinthians*, 667.

는 자주 지루함을 발생시키는 예배의 잘 규제된 순서를 갖는 곳을 도전했을 것이다. 아주 작은 교회일지라도 예배 시간 동안에 있게 될 프로그램과 순서를 모든 교인들에게 인쇄물로 제공한다. 그리고 일단 이 인쇄물이 나오게 되면, 그것을 계획한 사람에게 그것은 성스러운 것이 된다. 따라서 이 등사물이 있을 때 화요일에 예상할 수 없었던 어떤 것을 어떤 이가 성령의 인도를 따라 말하거나 행할 가능성은 매우 멀어진다.[26]

예배의 순서는 필연적으로 나쁜 것은 아니지만 만약 그것을 사용한다면, 주님이 교인들로 하여금 예배에 기여할 수 있도록 이끄는 방식에 보다 자연스럽게 열려 있는 기회를 형성해야 한다. 어떤 교회들은 사람들이 찬송을 부를 것을 요청하거나 인도하거나, 짤막한 메시지를 나누고, 기도를 하고, 기도의 응답을 나누는 일 등을 포함시킴으로써 효과적으로 이 일을 행한다. 주일 아침 예배가 대부분의 사람들이 이 과정에 편안하게 들어가는데 불편함을 느낀다면, 다른 배경에서 그런 기회를 찾을 수 있다—예를 들어, 주일학교에서, 다른 예배 시간에, 또는 교인의 가정에서 모이는 소그룹에서 말이다. 은사적인 범주와 점차 비은사적인 범주에서 가정 교회 운동의 재유행은 아주 의미가 있다. 상당히 지역적으로 가까우면서 유사한 생각을 가진 몇몇 가정교회들이 주기적으로 더 큰 예배와 가르침의 모임을 위해 연합하여 그들 스스로는 접근할 수 없었던 자원을 함께 누리는 것은 바람직하다.[27]

아울러 27-33절은 예배의 구조가 아무리 창조적이거나 융통성이 있을지라도, 성경과 모순되거나 성경을 불순종할 때 적절히 인정된 리더가 이에 간섭하여 바로잡는 권위를 가져야 한다는 것을 상기시킨다. 어떤 이가 방언으로 크게 말할 때 어느 누구도 해석을 주지 않는다면, 예배 리더는 통역할 수 있는 사람이 있는지를 요청해야 한다. 만약 여전히 그런 사람이 나타나지 않는다면, 리더가 지금의 특별한 예배 시간에는 더 이상 방언으로 말하지 않아야 한다고 요청해야 한다. 이것은 사실상 많은 교회가 오늘날 따라야 하는 절차다. 때로 통역되지 않는 방언을 반응 없이 일부 관용할 수 있을지라도 말이다.

또 다른 경우에 어느 누구도 통역을 위한 요청에 응답하지 않는다면, 예배 리더

26. Chafin, *1 and 2 Corinthians*, 173.

27. 후자는 점증적으로 소위 "셀교회"라 부르고 전자는 "메타처치"라고 부른다. 셀교회의 더 자세한 것에 대해서는 1992년에 시작된 잡지인 *Cell Church Magazine*을 보라. 메타처치에 관한 상세한 설명에 대해서는 Carl F. George, *Prepare Your Church for the Future* (Old Tappan, N.J.: Fleming Revell, 1991)을 보라.

가 자주 그런 사람을 공급한다. 그럴 경우에 "통역"이 조작된 것이라는 의심을 받기가 쉽다. 하나님이 우선해서 그 사람에게 해석의 영을 주셨다면, 그는 즉시 그것을 말했어야 했다. 아무도 그렇게 하지 않으려고 한 후에 예배 리더가 통역자를 지목하는 것은 체면을 세우기 위한 방책처럼 보인다.

주어진 상황에서 방언을 통역하는 행위의 진정성을 검증하기 위한 다소 과감하지만 확실히 믿을 만한 방법은 회중 가운데 어느 누구도 알지 못하는 어떤 '진짜' 외국어를 아는 화자가 그 언어로 짤막한 메시지를 전달하는 것이다. 그러한 검증이 시행될 때 때로 발생하는 것처럼 그 말의 의미와 관계가 없는 것이 뒤따른다면, 우리는 그것이 성령이 제공하시는 "통역"이 아니라는 것을 확신할 수 있다.[28]

1-33a절을 현대적인 크리스천의 행위와 비교할 때 많은 예외가 있기는 하지만 두 가지 포괄적인 총칙을 상정할 수 있다. 첫째로 은사적인 기독교의 커다란 부류가 본질상 아주 진부하고, 반복적이며, 통상적인 다양한 명칭 아래서 인간의 조작으로부터 그 대부분이 출원한다고 의심할 수밖에 없는 하나님의 말씀에 의존한다. 하지만 하나님은 명백하거나 통상적인 것에 관심을 끌기 위해서 이적의 수단을 일관되게 사용하시는 분이 아니시다. 아마도 이런 범주에 있는 소수의 사람들은 진정한 은사를 경험했을 것이지만, 다른 이들은 이에 "편승"할 것을 격려 받고, 따라서 스스로의 힘으로 진정한 은사를 모방한다. 둘째로 비은사적인 기독교의 커다란 부류가 예배의 전통적인 패턴에 노예로 사로잡혀, 성령이 상당한 혼란을 야기함이 없이는 뚫고 들어갈 수가 없다. 교회 멤버들의 상당한 다수가 그들의 은사가 중요하지 않다고 생각한다. 놀랍지 않게, 그들은 비교적 서로 연관되지 않는다. 이 양 그룹들은 그들의 예배를 철저히 검사하여 고린도전서 14장과 조화를 이루려하기보다는 그들의 이전에 영적인 전임자들의 모델을 따르는 예배만을 전형적으로 창출한다.[29]

우리가 33b-38절을 살필 때, 또 다른 혼란한 경쟁적인 적용에 들어가게 된다. 놀랍지 않게 많은 평등주의자들이 적어도 두 그럴 듯한 해석 중 하나를 인정하는데 재빨리 뛰어든다—34-35절은 보간법이거나 고린도인의 슬로건이다. 동등하게 예상할 수 있는 것은 일부 계급주의자들은 11:5의 말씀에도 불구하고 이 구절의 절

---

28. 참조. Carson, *Spirit*, 87. 그러나 사람들은 방언을 "모조하는 것"이 해석을 "모조하는 것"보다 덜 문제가 있는지를 의문한다.
29. 좋은 시작을 위해서는 Ronald Allen and Gordon Borror, *Worship: Rediscovering the Missing Jewel*(Portland: Multnomah, 1982)을 보라.

대적인 해석을 변호하기를 계속하고, 그 과정에서 주해적인 상식을 저버린다. 이전에 개요한 어느 하나를 지원함으로써 평등주의든, 계급주의든지 간에 이 가운데 어느 하나에 더 큰 신빙성을 부여할 수는 있을 것이다(pp. 322-325을 보라). 만약 바울이 잡담한다든지 거짓 가르침의 문제나 교육의 부족에 대해서 반응하고 있다면, 우리는 현대적인 유추를 찾아야 한다. 신자들이 덜 교육적이어서 그들의 질문이 예배나 교육 시간의 진행을 과도하게 산란하게 할 때, 그들을 개인적으로 가르치는 과외 시간이 있어야 한다. 많은 교회들이 예비 신자나 새로운 구성원들을 위한 특별 시간과 보다 발전된 논의에 들어가기 전에 믿음의 기초를 배울 필요가 있는 성인들을 위한 "등급" 커리큘럼을 가지고 효과적으로 이런 필요를 충족시킨다. 유감스럽게도 어떤 교회들은 어른들과 십대들이 주변 사람들이 실제 예배에 온전히 집중하는데 방해가 될 정도로 예배 시간에 끊임없이 잡담하거나 오가게 놔두는데, 이럴 경우에 강대상에서 그러한 행위를 하지 못하게 하는 말씀이 매우 유익할 수 있다.

34-35절의 이슈가 고린도에서 남성 지도부에 의한 예언에 대한 평가라면, 우리는 오늘날 장로들에 상응하는 기능이 무엇인지를 물어야 한다. 장로들의 회가 회중의 일을 지시하고 가르치는 책임에서 진정으로 동등한 개인들로 구성되어 있는 드문 경우를 제외하고는, 이 직무는 적어도 회중들에 의해 운영되는 교회에선 거의 담임목사에 가깝다. 교회 통치에서 장로교와 성공회는 심지어 담임목사도 그들 위에 있는 권위들의 더 큰 구조에 순복함으로써 아마도 여성들의 복종은 회중교회의 차원에서 여성 담임목사에게도 보존될 수 있었다. 그리고 일반적으로 교회 지도부에 대한 여성들의 기여와 특히 하나님으로부터 왔다는 논쟁되는 메시지에 대한 평가에 대한 여성들의 기여는 그들이 영적인 은사들을 충분히 행사하지 못하게 가로막는 방식으로 억눌려져서는 안 된다.

남자와 여자는 역시 그들의 리더들이 그들에게 매주 선포하는 메시지를 일관성과 통찰력을 가지고 평가할 필요가 있다. 우리는 전문적인 기독교 리더십의 시대에 살고 있다. 많은 자유주의적 교회에서 이단적인 사상과 많은 보수적인 교회들에서 인종차별과 여타 차별적인 형태, 그리고 자유주의와 보수주의 양 진영에서 덜 심각한 실수들과 고루한 것들을 설교가 촉진하고 있을지라도, 속기 쉬운 평신도들은 이런 설교를 그냥 지나친다. 주일 아침 메시지들은 주일 저녁에 질문과 대답이나 대화적인 형태로 논의되는 모델이 더 좋다. 또는 목사들이 설교 전후에 준비와 임무를 수행하는데 도움이 되기 위해서 훈련된 평신도 그룹과 함께 대화를

하는 모델은 더 좋다.[30]

동등하게 곤란한 것은 자신이 속한 지역교회의 목사보다 일부 순회하는 크리스천 명사를 더 신뢰하는 교인들의 현상이다. 때로 교회에 강사를 초빙하여 새로운 관점과 열정을 배우는 것은 좋지만, 많은 교회들이 직접 교인들을 배양해야하는 전문적인 차원을 외부에 의존하는 경향이 있다. 예를 들어, 신학교 교수는 지역교회의 사람들이 접근할 수 없었던 폭넓은 성경적 신학적 지식을 제공할 수 있지만, 오늘날 서방 세계에서 구입할 수 있는 풍부한 주석과 다른 여타 성경공부 도구를 가지고 교인들이 규칙적인 차원에서 이런 자료들을 사용하도록 격려하는 것이 바람직하다.

36-38절은 현대의 복음주의 교회가 강력한 연합을 이루지 못하게 만드는 교단적인 구분에 계속해서 매달리는 것을 의문한다. 현대 기독교의 한 작은 부류가 특별한 교리나 행위를 고수한다면, 그것은 분명히 성경에서 위임되지 않은 것이고, 따라서 신자들을 나눌 만큼 그리 중요하지 않다. 이런 원리에 대한 주요한 예외는 인종차별주의, 성차별주의와 같은 것들인데, 차별을 당하는 그룹들이 소수파이기 때문이다! 하지만 파라처치 운동의 많은 조직에서 이루어지고 있는 믿음의 근본에 대해서 폭넓게 기초한 일치는 교회에서도 역시 모방할 필요가 있다.[31] 세례, 교회 정치, 종말론, 등등에 대한 견해가 하나님 나라의 일을 교회가 우선해서 촉진하는 협력적인 일을 가로막는 것으로 작용해서는 안 된다. 확실히 여성들의 역할에 대한 견해도 이런 범주에 속한다.

우리는 동의할 수 없었던 것을 동의하고 대안적인 모델을 설정하며, 성경에 대한 가장 좋은 이해에 따라서 남녀가 가정과 교회에서 해야 할 것과 하지 않아야 할 것을 스스로 결정하는 지역의 교제를 고무시킬 필요가 있다. 평등주의자와 계급주의자들은 서로를 비성경적이라고 비난하기를 멈추고, 보다 겸손하게 성경의 자료가 양쪽 편에 교리를 충분히 지원할 만큼 명확하지 않다는 것을 인정하는 것이 필요하다.

은사적인 교회와 비은사적인 교회에서도 동일한 것을 확실히 적용할 수 있다. 39-40절은 현대 교회의 커다란 부분들에서 아직 순종하지 못하고 있는 매우 분명한 말씀으로 끝나고 있다. 많은 비은사적인 교회들이 방언을 단호하게 금하지만

30. 예를 들어, Roger E. van Harn, *Pew Rights*(Grand Rapids: Eerdmans, 1992), 149-59을 참조하라

31. 사람들은 특히 '복음주의연합회', '국제적인 복음주의학생회', '세계복음주의로잔위원회'의 다양한 문서들에서 널리 인식된 교리적 진술을 특히 생각한다.

많은 은사적인 교회들은 질서와 평화를 따른 예배에 접근하지 못한다. 피(Fee)는 이렇게 말한다.

> 성경을 하나님의 말씀으로 아주 강력하게 믿는 사람들이 39-40절의 명백한 말씀을 이해하는데 아주 많은 에너지를 소비하고 있는 것은 흥미롭다. 확실히 그것은 아이러니다. 바울은 이 장에서 쓴 것을 주님의 명령이라고 주장한다. 완벽하게 이 명령을 거부한 사람들에게 그가 어떻게 38절을 적용했는지가 궁금하다.[32]

다른 한편으로 기독교인의 다수가 바울의 명령을 순종했다면 은사적인 현상에서 나타나는 대부분의 분열은 막을 수 있었을 것이고, 신자들이 서로 세워주어야 한다는 바울의 지배적인 관심은 확장되었을 것이다. 어떤 범주에서 바울이 명하고 있는 균형의 가장 좋은 사례는 예전적인 교회 내에서 은사적인 갱신 운동이 나타나는 것이다. 그러나 조직과 자유함의 모범적인 조화를 이룬 곳에서도 다른 문제들이 때로 침범한다. 그중에 적지 않은 것이 권위적인 카리스마 지도자의 위험성인데, 그들의 강압과 그들 위에 있는 정교한 교단적인 계급 구조의 무게가 복합된다. 예배에서 자발성과 조직의 균형이 있는 참된 신자들의 통치의 조합은 바울의 이상을 반영해야 할 것이다. 그러나 그러한 교회들이 적고, 자발성과 조직의 균형과는 거리가 멀다.

32. Fee, *First Corinthians*, 713.

고린도전서 15:1-34

1 형제들아 내가 너희에게 전한 복음을 너희에
게 알게 하노니 이는 너희가 받은 것이요 또
그 가운데 선 것이라
2 너희가 만일 내가 전한 그 말을 굳게 지키고
헛되이 믿지 아니하였으면 그로 말미암아 구
원을 받으리라
3 내가 받은 것을 먼저 너희에게 전하였노니
이는 성경대로 그리스도께서 우리 죄를 위하
여 죽으시고
4 장사 지낸 바 되셨다가 성경대로 사흘 만에
다시 살아나사
5 게바에게 보이시고 후에 열두 제자에게와
6 그 후에 오백여 형제에게 일시에 보이셨나니
그 중에 지금까지 대다수는 살아 있고 어떤
사람은 잠들었으며
7 그 후에 야고보에게 보이셨으며 그 후에 모
든 사도에게와
8 맨 나중에 만삭되지 못하여 난 자 같은 내게
도 보이셨느니라
9 나는 사도 중에 가장 작은 자라 나는 하나님
의 교회를 박해하였으므로 사도라 칭함 받기
를 감당하지 못할 자니라
10 그러나 내가 나 된 것은 하나님의 은혜로 된
것이니 내게 주신 그의 은혜가 헛되지 아니
하여 내가 모든 사도보다 더 많이 수고하였
으나 내가 한 것이 아니요 오직 나와 함께 하
신 하나님의 은혜로라
11 그러므로 나나 그들이나 이같이 전파하매 너
희도 이같이 믿었느니라
12 그리스도께서 죽은 자 가운데서 다시 살아나
셨다 전파되었거늘 너희 중에서 어떤 사람들
은 어찌하여 죽은 자 가운데서 부활이 없다
하느냐
13 만일 죽은 자의 부활이 없으면 그리스도도
다시 살아나지 못하셨으리라
14 그리스도께서 만일 다시 살아나지 못하셨으
면 우리가 전파하는 것도 헛것이요 또 너희
믿음도 헛것이며
15 또 우리가 하나님의 거짓 증인으로 발견되리
니 우리가 하나님이 그리스도를 다시 살리셨
다고 증언하였음이라 만일 죽은 자가 다시
살아나는 일이 없으면 하나님이 그리스도를
다시 살리지 아니하셨으리라
16 만일 죽은 자가 다시 살아나는 일이 없으면
그리스도도 다시 살아나신 일이 없었을 터
이요
17 그리스도께서 다시 살아나신 일이 없으면 너
희의 믿음도 헛되고 너희가 여전히 죄 가운
데 있을 것이요
18 또한 그리스도 안에서 잠자는 자도 망하였으
리니
19 만일 그리스도 안에서 우리가 바라는 것이
다만 이 세상의 삶뿐이면 모든 사람 가운데
우리가 더욱 불쌍한 자이리라
20 그러나 이제 그리스도께서 죽은 자 가운데서
다시 살아나사 잠자는 자들의 첫 열매가 되
셨도다
21 사망이 한 사람으로 말미암았으니 죽은 자의
부활도 한 사람으로 말미암는도다
22 아담 안에서 모든 사람이 죽은 것 같이 그리
스도 안에서 모든 사람이 삶을 얻으리라
23 그러나 각각 자기 차례대로 되리니 먼저는
첫 열매인 그리스도요 다음에는 그가 강림하
실 때에 그리스도에게 속한 자요
24 그 후에는 마지막이니 그가 모든 통치와 모
든 권세와 능력을 멸하시고 나라를 아버지

하나님께 바칠 때라
25 그가 모든 원수를 그 발 아래에 둘 때까지 반
드시 왕 노릇 하시리니
26 맨 나중에 멸망 받을 원수는 사망이니라
27 만물을 그의 발 아래에 두셨다 하셨으니 만
물을 아래에 둔다 말씀하실 때에 만물을 그
의 아래에 두신 이가 그 중에 들지 아니한 것
이 분명하도다
28 만물을 그에게 복종하게 하실 때에는 아들
자신도 그때에 만물을 자기에게 복종하게 하
신 이에게 복종하게 되리니 이는 하나님이
만유의 주로서 만유 안에 계시려 하심이라
29 만일 죽은 자들이 도무지 다시 살아나지 못
하면 죽은 자들을 위하여 세례를 받는 자들
이 무엇을 하겠느냐 어찌하여 그들을 위하여
세례를 받느냐
30 또 어찌하여 우리가 언제나 위험을 무릅쓰
리요
31 형제들아 내가 그리스도 예수 우리 주 안에
서 가진 바 너희에 대한 나의 자랑을 두고 단
언하노니 나는 날마다 죽노라
32 내가 사람의 방법으로 에베소에서 맹수와 더
불어 싸웠다면 내게 무슨 유익이 있으리요
죽은 자가 다시 살아나지 못한다면 내일 죽
을 터이니 먹고 마시자 하리라
33 속지 말라 악한 동무들은 선한 행실을 더럽
히나니
34 깨어 의를 행하고 죄를 짓지 말라 하나님을
알지 못하는 자가 있기로 내가 너희를 부끄
럽게 하기 위하여 말하노라

원 의미

이 단락은 고린도인들이 글을 썼다는 어떤 암시도 담고 있지 않은 고린도인들의 서신에서 발생한 문제들(7:1-16:4)을 다루는, 바울이 작성한 이 서신의 후반부의 첫 주요한 주제다. 그렇지만 그것은 7:1; 8:1; 12:1에서처럼 "이제…대해서는"으로 시작하지는 않는다. 고린도전서 16:1은 다시 그 어구를 다시 사용하는데 아마도 바울은 다양하게 하기 위해서 여기서 그 어구를 생략하고 있을 것이다. 또는 이 단락은 고린도 교회의 예언하는 자들과 방언하는 자들이 선포하고 있었던 것들을 반영하면서 12-14장과 보다 긴밀하게 연관되어 있음을 의미할 것이다. 세 번째 가능성은 15장이 고린도인들이 직면했던 모든 다른 문제들의 원인이었던 다른 진술하지 않은 이슈를 언급하고 있다는 것이다.

어쨌든 고린도 교회에서 일부 사람들의 입장이 12절에서 거명되고("너희 중에서 어떤 사람들은 어찌하여 죽은 자 가운데서 부활이 없다 하느냐"), 바울은 이에 도전해서 반응한다. 부활을 부인한다고 해서 고린도인들이 죽음 이후에 삶을 확실히 거부하고 있는 것은 아니다. 사실상 고대 세계의 모든 사람들이 죽음 이후의 삶을 믿었다. 그들이 믿지 않은 것은 '육체의' 부활에 관한 유대와 기독교의 교리인데, 그들은 죽음 이후의 삶을 몸이 없는 영의 불멸성으로 제한한 헬라적인 믿음의 형태를 승인하였을 것이다(참조. 딤후 2:17-18). 과도하게 실현된 종말론과 일치하여(p. 32를 보라), 그리고 후대의 영지주의자들처럼 그들은 부활의 용어를 그들이 이미 이 세상의 삶에서 이루었다고 믿었던 영적인 변화의 상태에 적용시켰을 것이다.[1]

15장은 두 주요한 항목으로 나뉜다. 1-34절은 육체 부활의 확실성에 대한 바울의 논증을 제시하는 반면에, 35-38절은 육체 부활의 본질을 논한다. 첫 항목도 역시 두 부분으로 나뉜다. 1-11절은 그리스도의 육체 부활의 사실을 재진술한다. 12-34절은 이 사실을 믿는 것과 안 믿는 것에 따르는 결과를 개요한다. 아울러 이 항목의 첫 부분은 세 요소를 갖는다. 1-2절은 부활에 대한 바울의 취급의 서론을 제공한다. 3-8절은 그리스도의 죽음과 부활에 대한 초대 기독교인들의 신조나 고백을 열거한다. 그리고 9-11절은 부활한 주님을 "제 때가 아닌 때에" 만난 바울의 독특한 역할을 조명한다.

바울은 고린도인들이 기억해야하는 것을 상기시킴으로써 시작한다. 아이러니하게 꼬집으면서 바울은 그들이 전에는 결코 이 중심적인 교리를 한 번도 들어본 적이 없었던 것처럼, 그들이 좋아하는 지식('그노시스')이란 용어를 사용하여, "내가 너희에게 알게 한다"고 말한다(1절). 그러나 이 사실은 그들이 처음 그리스도인이 되었을 때 이미 믿었던 것이고, 오직 육체로 부활하신 예수를 믿음으로써만이 믿음의 실체를 알 수 있고, 끝까지 인내할 수 있다(2절). 2절의 끝에서 "헛되이"는 "생각 없이"나 "분별없이"로 번역할 수 있었다.[2]

3-7절에서 바울은 고린도인들에게 맨 처음 가르쳤던 근본적인 전승을 반복한다. 그가 다메섹도상에서 부활하신 주님을 직접 만남으로써 크리스천이 되었고, 근본적인 교리에 맞추어 그의 사상을 바꾸었을지라도(갈 1:12), 그가 여기서 언급한 모든 증인들은 이 증인에 포함되어 있는 베드로와 야고보 이 두 사람과 나중에 이야기를 하기 전까지는 알지 못하였을 것이다(갈 1:18-24).[3] 초대교회 전승은 확

---

1. 이런 배경에 관한 보다 상세한 설명에 대해서는 특히 Richard A. Horsley, "'How Can Some of You Say That There Is No Resurrection of the Dead?': Spiritual Elitism in Corinth," *NovT* 20(1978): 203-11을 보라.

2. Robertson and Plummer, *First Corinthians*, 332.

3. 갈라디아서 1장과 고린도전서 15장의 조화에 관해서는 특히 Ronald Y. K. Fung, "Revelation and Tradition: The Origin of Paul's Gospel," *EvQ* 57(1985): 23-41을 보라. 거의 일치는 없었을지라도, 바울이 얼마나 많이 전승으로부터 받은 것을 3-7절이 반영하고 있는가하는 문제를 둘러싸고 상당한 학문적 논쟁이 있었다. 개요를 위해서는 John Kloppenborg, "An Analysis of the Pre-Pauline Formula in 1 Cor 15:3b-5 in Light of Some Recent Literature," *CBQ* 40(1978): 351-67을 보라.

실히 그리스도의 죽음, 장사, 부활, 그리고 몇 번의 출현에 대한 언급을 포함하였을 것이다. 여기에 바울이 그것을 포함시킨 것은 부활에 대하여 최초로 기록된 구전이나 작성된 증언, 곧 "가장 중요한"(3절, NIV의 각주에 "먼저"보다 더 그럴법한 번역) 전승으로 그것을 만들어준다.

"그리스도가 죽었다"(3절)는 그리스도가 인간인 것처럼 보였을 뿐이라고 믿었던 가현설자들(도케티즘)을 논박한다(가현설자들은 물질이 본질적으로 악하다는 믿음을 가졌다). "우리의 죄를 위하여"란 것은 대속적인 속죄를 가리킨다—우리가 마땅히 받아야할 벌을 예수가 우리를 대신해서 지불하셨다. "성경대로"는 아마도 하나님의 고난 받는 종을 언급하는 이사야 52-53장에서와 같은 단락들을 염두에 두었을 것이다. 예수의 장사(4절)는 다시 그가 실제로 죽으셨음을 보증하고, 빈 무덤과 부활의 실체를 가리킨다. "사흘만에"는 포괄적인 계산을 사용하고 있다: 성금요일이 한 날이고, 토요일이 두 날이고, 부활절 아침이 세 날이다. 성경이 3일째 날에 '부활'을 가리키고 있는지는 덜 분명하다. 아마도 바울은 시편 16:8-11과 110:1-4과 같은 단락들을 생각하여 성경이 그리스도의 부활을 증거 했다는 것만을 의미할 것이다(참조. 행 2:24-36). 그 경우에 "성경대로"는 "다시 살아나셨다"만을 수식하는 것이지 "사흘만에"는 수식하지 않는다. 그러나 그는 역시 창세기 42:18, 출애굽기 19:16, 여호수아 2:22, 에스라 8:32, 에스더 5:1, 요나 1:17(참조. 마 12:40), 그리고 특히 호세아 6:2과 같은 본문들에서 하나님이 자기 백성들에 대해서 변호하는데 언급하신 "3일만에"의 어떤 모형론적인 의미를 발견하였을 수도 있다.[4]

5-7절은 예수의 부활의 진리를 보증하는 핵심적인 증인들의 목록을 제공한다. 예수는 첫 부활주일에 몸소 베드로에게 나타나셨다(눅 24:34). "열두 제자"(5절)는 유다와 도마가 포함되지 않을 수 있을지라도(요 20:19-20), 본래의 사도들의 무리를 일컫는다. 오백 명에게 동시에 출현한(6절) 것에 대해서 다른 언급은 없지만, 아마도 이 사람들 중에 많은 이들이 여전히 살아서 바울의 주장에 대한 강력한 확증을 주었을 것이다. 야고보에 대한 출현도 다른 곳에서는 언급되지 않지만, 그에 대한 예수의 부활 출현이 그를 회심케 했을 것이다(요 7:5에서 예수에 대한 그의 태도와는 대조된다). 모든 사도들에 대한 출현은 여러 경우를 가리킬 수 있었다: 부

4. B. de Margerie, "Le troisieme jour, selon les Ecritures, il est ressuscite," *RSR* 60(1986): 158-88은 고대의 랍비가 그러한 본문들을 창세기 22:4의 초기 미드라쉬에 어떻게 연결시켰는가를 보여준다.

활 아침에 뒤이은 주일 밤(요 20:24-29), 대위임을 하신 때(마 28:16-20), 또는 그리스도가 승천하신 날(행 1:1-11).

예수의 부활 출현이 끝났음을 나타내는 그의 승천 이후에는 어느 누구도 예수가 다시 이런 식으로 나타나실 것을 예상하지 못했다. 따라서 바울에게 "개인적으로 보이신 것"(8절; 참조. 행 9:1-31)은 충격과 같았다. "만삭되지 못하여 난 자"는 "유산"에 대한 헬라어를 번역한 것이다. 물론 유산은 만삭되지 못하고 태어난 것과 같은 의미다. 여기서 바울에 대한 예수의 부활 출현은 특이하게 늦었다. 따라서 NIV는 이 비유의 요지를 단순히 통상적이지 않은 것을 가리키는 비유로 취한다. 하지만 바울은 그리스도가 자신에게 나타나셨을 때 그의 삶에 대한 하나님의 목적이 아직 성취되지 않았음을 염두에 두었을 것이다. 게다가 "예수의 사역 동안에 그를 따라다녔던 다른 사도들에 비해서 바울은 임신의 적절한 기간이 없이 태어났다."[5]

9-11절에서 바울은 첫 그리스도인들을 박해했기 때문에 사도로서의 그의 열등감을 인정한다(9절; 참조. 행 8:1; 9:1-2). 하지만 그는 약점에 대한 이런 인정을 하나님의 은혜를 극대화하는 기회로 전환시킨다. 그리고 그 은혜는 게으름으로 이끈 것이 아니라 더 큰 노력과 상당한 성취로 이끌었다(10절). 하지만 그의 말이 자랑이나 경쟁이 되지 않도록 그는 모든 사도들이 부활의 메시지에 동의하고 있고, 이 믿음이 역시 고린도인들의 구원으로 본래 이끌었음을 강조함으로써(11절) 이 단락을 마감한다. 11b절은 1절의 사상을 반복하여 15장의 이 첫 항목을 결론으로 가져온다.

12-34절은 ABA 형태를 형성한다. 12-19절과 29-34절은 부활이 사실이 아니라면 기독교 신앙과 실천이 터무니없는 것임을 논증한다. 이 두 단락 사이에서 20-28절은 몸의 부활이 사실이며 이 장엄한 교리의 결과가 무엇인지를 영광스럽게 재확증한다. 12-19절의 주요한 요지는 모든 크리스천이 육체의 부활이 없다면 예수 자신도 몸으로 부활하지 않았을 것이고, 그렇게 되면 기독교는 무익하다는 것이다. 바울은 이 구절들에서 여러 다른 각도에서 이 사상을 계속해서 반복한다. 결론적으로 육체의 부활이 없다면 귀결될 수 있는 모든 것은 사도의 가르침과 고린도인들의 믿음이 쓸모없으며(14절), 바울과 그의 동역자들은 거짓말쟁이며(15절), 모든

5. 각기 George W. E. Nickelsburg, "An Ἔκτρωμα, though Appointed from the Womb: Paul's Apostolic Self-Description in 1 Corinthians 15 and Galatians 1," *HTR* 79(1986): 198-205; Barrett, *First Corinthians*, 344을 보라.

인간은 죄 때문에 정죄를 받을 것이며(17절), 신자들을 포함하여 이미 죽었던 사람들은 영원히 소실되었다(18절). 따라서 그리스도인들이 모든 사람들 가운데 가장 불쌍한 사람이 되는데, 그들은 헛된 약속을 위해서(19절) 세상적인 안락도 포기하고 박해를 감수하는 것이기 때문이다(30-32절).[6]

그러나 이 중에 어느 것도 사실이 아님을 바울은 반박한다. 그리스도가 실제 몸으로 부활하셨고, 하나님의 절대적인 주권의 우주적인 시연에서 절정에 이를 사건들의 움직일 수 없는 사슬을 작동시켰다(20-28절). 20-22절은 그리스도의 육체 부활이 추수의 "첫 열매"로서 뒤이을 대량의 수확을 전조하는(참조. 레 23:9-14), 모든 신자들의 장래에 육체 부활을 어떻게 보증하는지를 설명한다. 바울은 모든 인간의 죄로 이끈 아담의 죄(참조. 롬 5:12-21)와 따르는 모든 자들의 부활로 이끈 그리스도의 부활 사이에 유사성을 지적한다(21-22절). 아담은 뒤를 이을 모든 인간 종족을 대변하기 때문에 죄는 전 세계로 퍼졌다. 온전하신 인간으로서 그리스도는 그 죄를 짊어짐으로써 모든 인간 종족을 대변하셨기 때문에, 그는 그의 죽음과 부활을 믿는 모든 이들에게 그 혜택을 제공하신다(참조. 바울이 여기서 26절에서 그리하는 것처럼 시 8편에 호소하는 히 2:5-9). "모든 사람이 죽다"란 진술에서 "모든"은 "아담과 관련한 모든 사람"을 의미한다. "모든 사람이 살 것이다"(22b절)란 선언에서 "모든"은 23절이 분명히 하는 것처럼(그에게 속한 사람들) "그리스도와 관련한 모든 사람들"을 가리킨다.

그러나 그리스도의 재림 시에 신자들의 총체적인 부활이 시작된다(23절). 24-28절은 연이어서 어떤 일이 일어날지를 설명한다. 특정되지 않은 기간이 있은 후에 인간 역사의 "끝"이나 목표가 도래할 것이다. 이때에 그리스도는 우주에서 그의 통치를 반대하던 모든 자들을 멸하실 것이다—인간이든 천사든(즉, 마귀—24-25절). 마지막으로 죽음을 파괴하실 것이다. 하나님의 백성들이 영원히 두려워할 것이 없도록 말이다(26절).[7] 그러나 마지막 결정은 그리스도에게 속한 것이 아니라 하나님에게 속한 것이다(27-28절).

27a절에서 "그"는 하나님을 가리키고, 27b절이 명확히 하고 있는 것처럼 "그의"

---

6. 19절에서 헬라어 "오직"(only)은 전체 문장(NIV에서처럼)을 수식하거나 "우리가 소망을 갖다"라는 동사를 수식할 수 있다. 후자의 경우에 19절의 대조는 "'오직' 믿음을 갖는 것[즉, 소망]과 그리스도의 부활하신 삶의 실제에 의해 지원을 받는 믿음을 갖는 것 사이에 있을 것이다."—Nigel Turner, *Grammatical Insights into the New Testament*(Edinburgh: T & T Clark, 1965), 113.

7. 이 주제에 관한 철저한 연구를 위해서는 Martinus C. de Boer, *The Defeat of Death: Apocalyptic Eschatology in 1 Corinthians 15 and Romans 5*(Sheffield: JSOT, 1988)을 보라.

는 그리스도를 가리킨다. 인간이 하도록 상정되어 있었으나 하지 못한 것(즉 우주를 정복하라—창 1:28)을 인간의 대표로서 행하신 예수는 궁극적으로 하나님께 순복하신다. 성육신에서 예수를 포함하는 인간(히 2:9)이 천사보다 약간 더 못하게 만들어졌다는 시편 8:5과 비교해보라. 여기서 바울은 시편 8:6을 인용하여 역시 그리스도의 상응하는 승리를 강조한다. 결과적으로 하나님은 "만유의 주", 곧 "절대적으로 주권적"이시라는 것이다.[8] 성자 하나님이 '본질적으로' 아버지와 동등되실지라도, 그는 '기능적으로' 낮아지셨다. 그의 영광스러운 인성은 성육신 전에 있었던 것과는 구분되기 때문이다.[9]

29-34절에서 바울은 육체의 부활을 부정하는 것이 얼마나 터무니없는 일인지를 논증하는 것으로 되돌아간다. 여기서 바울은 자신과 고린도인들이 경험하였던 것(29절에서 "그들이"[NIV의 "those"와 "people"], 30-32절에서 "us", "we", 그리고 "I", 그리고 33-34절에서 명령에 함축된 주어처럼 "you")에 기초하여 세 가지 적절한 논증을 사용한다.[10]

이 중에 가장 혼란스러운 것은 첫 번째다. 제기되었던 모든 종류의 교묘한 대안들에도 불구하고, 29절의 평범한 의미는 일종의 대리적인 세례다. 초기 교회 교부들은 2세기 영지주의와 그와 유사한 그룹들 중에 그러한 관행이 있었음을 암시한다. 따라서 세례를 받지 못하고 죽은 그룹이나 종파의 사람들을 위해서 생존하고 있는 신자들이 세례를 받았다(참조. 터툴리안의 *Against Marcion* 5.10; 크리소스톰의 *Homily on* 1 Cor. 40:1; 에피파니우스의 *Heresies* 28; 필라스터의 *Heresies* 49). 초기 영지주의의 믿음과 행위에 대한 고린도인들의 경향으로 보아서 1세기에 이미 고린도에 적어도 일부 사람들 중에서 시작한 유사한 일들을 상상하기는 그리 어렵지 않다. 바울은 그러한 관행을 정죄하거나 용서하지는 않지만, 그리스도가 다시 살아나시지 않았다면 그것이 아무런 상관이 없음을 논증한다. 다시 말해서 죽은 이들을 위해서 사람들을 세례 하는 사람들은 부활을 부인하는 자신의 신학과 모순을 일으킨다. 고린도인들은 육체가 없는 영혼을 위해서 그러한 세례를 행했다고 반응할지도 모르지만, 바울은 몸이 없다면 더 이상 생명이 없는 것이라

8. Martin, *Spirit*, 107.
9. 여기서 바울의 명백한 논의를 넘어서는 신학의 역사라는 주제에 관해서는 John F. Jensen, "1 Cor. 15.24-28 and the Future of Jesus Christ," *SJT* 40(1987): 543-70을 보라.
10. '애드 호미넴' 논증은 사람의 감정에 호소하고, 필연적으로 엄격하고 논리적인 추론을 사용하지 않는다. '애드 호크' 논증은 모든 상황에 일반적이 아니라 구체적인 경우를 위해서 작성된 것이다.

고 설득한다.

30-32절에서 바울은 그의 경험에서 나오는 논증의 유사한 쌍들에 의뢰한다. 그에게 부활이 소망이 없다면 어째서 그가 다른 이들로부터의 적대를 참아내고 복음을 위해서 생명을 무릅쓰겠는가? 고린도후서 11:23b-29은 그가 인내해야 했던 시련의 종류를 보여준다. 31절에서 "나는 그것을 의미한다"("I mean that", "단언하노니"—개역개정)는 특별한 진술의 진리에 관한 경건한 선언이나 맹세를 도입하기 위해 사용하는 헬라어를 번역한 것이다. "내가 너희에 대해서 확실히 영광스럽기 때문에"(NIV, "너희에 대한 나의 자랑을 두고"—개역개정)는 "너희의 자랑으로"("by your boast")란 세 헬라어를 번역한 것이고, 더 자연스럽게는 바울 안에 있는 고린도인들의 자랑을 가리킨다. 하지만 그들이 그런 일을 하고 있다는 증거가 없기 때문에 NIV가 옳을 것이다.[11]

32절은 거의 확실히 있는 그대로 취하면 안 된다. 로마 시민들은 검투사들의 링 안에서 야수들과 싸우라고 던져지지는 않으며, 바울이 그러한 일을 만났다면 쉽게 살아남지 못하였을 것이다. 사실상 야수들과의 싸움에 대한 용어는 자주 인간 대적자들에 대해서 비유적으로 사용되었다(참조. 특히 이그나티우스의 *Romans* 5:1). 어떤 이들은 바울이 에베소에서의 폭동을 언급하고 있다고 생각하지만(행 19:23-41), 그 일은 바울이 그 도성을 떠나기 직전에 발생했던 것으로 보인다. 그러므로 그것은 이 고린도서신을 쓴 후에 일이다(참조. 고전 16:8). 바울은 그의 생명을 위협하는 달리 알려져 있지 않은, 개인적으로 공격받고 박해받은 일을 암시하고 있을 것이다. 고린도후서 1:8-11은 그러한 사건을 회고하는 것으로 보인다. 한 초기 전승은 바울이 일시적으로 에베소에 갇혀 있었다고 주장하고, 어떤 현대 학자들은 그가 빌립보서와 다른 옥중서신들(골로새서. 에베소서, 빌레몬서)을 그러한 감옥에 있는 동안에 썼다고 믿는다. 우리는 그가 여기서 어떤 위험을 회상하고 있는지를 확실히 알 만한 증거가 충분치 않다.

32b절은 19절의 논리의 다른 면을 반영한다. 인생이 이 땅에서의 삶이 전부라면, 에피큐로스파들이 그랬던 것처럼 "되는 대로" 살아야 한다. 바울은 선지사 이사야와 전도서의 저자가 수세기 전에 그랬던 것처럼(사 22:13; 전 2:24) 그들의 가장 유명한 슬로건을 인용하고 있다. 하지만 그는 즉시 그러한 논리를 배격한다.

---

11. 전문적인 용어로 이것은 목적 소유격의 대용으로서 소유 대명사의 사용일 것이다. 더 자세한 것은 Donald S. Deer, "Whose Pride(Rejoicing/Glorying) in 1 Corinthians 15.31?" *BT* 38(1987): 126-28을 보라.

그리스도가 실제로 다시 사셨기 때문이다. 대신에 그는 다른 유명한 헬라 잠언을 인용하는데(33절), 이것은 B.C. 4세기의 코믹 작가인 메난더(Menander)가 가장 처음 한 말이다. 부활을 부인하는 사람들은 "악한 동무들"이고, 그들의 이중적인 전제("물질을 중요하지 않다")는 (5-6장에서처럼) 부도덕한 행위를 조장한다. 바울은 다시 그들의 '지식'('그노시스')의 부족을 책망함으로써 그리고 그들을 회개에 이를 수 있도록 부끄럽게 함으로써 이런 노선을 배격할 것을 고린도인들에게 호소한다(참조. 6:5).

상황잇기

부활은 기독교 신앙의 핵심으로 우리를 데려간다. 바울이 유대 지도자들 앞에서 그의 생명을 놓고 재판을 받을 때, 그는 자신에 대한 고발을 "죽은 자의 부활의 소망"으로 요약했다(행 23:6; 참조. 24:21; 26:6-8). 그가 거의 전적으로 다른 옷으로 복음을 아테네 사람들을 위해 입혔을 때, 그럼에도 불구하고 그는 여전히 "예수와 부활"(행 17:18)에 초점을 맞추었다. 고린도전서 15장에서 부활에 관한 그의 강조는 2:2과 전혀 모순이 되지 않는다—그리스도의 죽음과 부활은 불가분리다. 부활이 없다면 그리스도의 십자가상에서의 죽음은 영원한 의미를 갖지 못한다. 예수의 종 되심과 연약하심을 경시하는 사람들에게 맞서기 위해서 바울은 십자가를 강조하지만, 신자들과 우주의 장래 소망을 부인하는 사람들을 논박하기 위해서 예수의 육체적 부활을 강조한다. 역사적으로 동방 정교는 부활을 가장 많이 조명했고, 로마 가톨릭은 십자가를 가장 많이 강조했다. 개신교는 교대로 부활과 십자가를 극대화했는데, 이 둘은 기독교의 양대 축에 해당한다.

문화마다 부활에 대한 강조가 다를지라도, 부활 신앙에 대한 반론에 맞서서 이 교리는 기독교 신학의 핵심이 되어야 한다. 이 장을 적용할 때, 사후 생명에 대한 1세기의 믿음과 다른 문화에서의 유사한 믿음을 비교하는 것이 필요하다. 그때에 부활에 대한 기독교 교리의 유일성과 그 의미가 보다 분명하게 나타날 수 있다. 바울의 시대에 거의 모든 사람들이 적어도 죽은 뒤에도 생명이 있음을 고무시킨 초자연적인 세계관을 가졌다. 하지만 대부분의 헬라인들과 로마인들은 이것이 육체적인 부활과 관련이 있다고 보지 않았다. 계몽주의적인 회의주의에 영향을 받은 현대 문화에서 우리는 육체적인 부활의 '가능성'과 '필연성'을 변호해야 한다.[12]

---

12. 이에 관해서는 특히 Gary Habermas, *The Resurrection of Jesus* (Grand Rapids: Baker, 1980)을 보라.

1-2절은 이 장이 계속해서 반복하는 것을 강조하는데 가장 주목할 만한 것은 12-19절과 29-32절이다. 즉 육체 부활의 교리가 없는 기독교 신앙은 무가치하다는 것이다. 3-7절은 그리스도의 부활의 실제에 대한 강력한 변증을 시도한다. 고린도전서의 초기 연대(약 A.D. 55)와 바울이 이 서신에 앞서 있었던 공식적인 구두 전승에 바울이 의존하고 있을 가능성을 고려할 때, 실로 우리는 매우 초기의 증언과 교감하고 있는 것이다.[13] 물론 바울은 이 전승을 사용하여 변덕스러운 신자들로 하여금 언젠가 그들이 확고하게 기반을 두었던 것으로 되돌아올 것을 요청하고 있다. 하지만 우리는 이 구절을 불신자들과 부활의 사건을 논증하기 위해서 사용할 수 있다. 또한 우리는 주변적인 문제로 자꾸 유혹을 당하는 성숙한 신자들을 위한 핵심적인 교리로 이 구절을 되새길 수 있다. 신앙의 절대적인 근본은 (참된 죽음과 참된 부활을 가능케 만드는) 진정한 그리스도의 신성과 인성, 그의 대속적인 속죄, 그의 육체적 부활, 그리고 묘사된 역사적 사건의 의미를 강화시키기 위해서 3-4절에서 두 번이나 호소되고 있는 성경의 권위를 포함한다.

신약성경의 다른 곳에서처럼 구약성경에 대한 이런 호소는 우리에게 질문을 제기하고, 첫 기독교 저자들이 그리스도를 가리키는 성경의 모든 것을 보았음을 우리에게 상기시킨다. 참으로 예수는 그의 부활 출현 동안에 제자들의 마음에 그러한 해석을 강화시켰다(눅 24:25-27). 이는 모형론, 미드라쉬, 페세르 등과 같은 잘 알려진 유대적 기교들의 사용과 관련이 있다. 오늘날 우리가 부활을 "예견하는" 구체적인 성경을 발견하기 위해서 찾아나갈 때, 역사에서 후대에 문자적으로 이루어진 직설적인 예언보다도 훨씬 더 많은 예언의 세계에 들어갈 수 있음을 인식한다.[14] 동시에 우리는 베드로가 주장한 사도행전 2:30-31의 의미를 간과하지 않아야 하는데, 적어도 다윗은 메시아 부활의 예언을 더 직접적으로 이해했다. 다윗이 그의 후손 가운데 한 분이 그의 보좌에 항상 앉게 될 것이라는 것을 들었기 때문에 (삼하 7:13-14), 그는 다가올 그리스도의 사역에 관해서 당대의 어느 누구보다도 더 분명하게 이해하고 있었다.[15]

---

13. 예를 들어, Peter J. Kearney("He Appeared to 500 Brothers [1 Cor. xv 6]," *NovT* 22[1980]: 264-85)은 스데반의 순교 이전에 예루살렘에서 헬라적인 유대 전승으로 추적할 수 있는 핵심적인 고백을 재구성한다. 이것은 그 고백이 열거하고 있는 바로 그 사건들이 일어난 2년간의 기간에 우리를 있게 만든다.
14. 유대적 맥락에서 성장한 구약성경에 대한 신약성경 저자들의 사용을 소개하는 표준적인 개요는 Richard N. Longenecker, *Biblical Exegesis in the Apostolic Period* (Grand Rapids: Eerdmans, 1975)이다.
15. 더 자세한 것은 Walter C. Kaiser, Jr., *The Uses of the Old Testament in the New* (Chicago: Moody, 1985), 25-41을 참조하라.

3-7절에서 구현된 초기 기독교 "신경"의 내용도 실제적인 몸의 부활과 동떨어진 부활 신앙의 기원을 설명하기 위해서 만들어진 모든 고전적인 주장들을 논박한다. "그리스도가 죽었다"는 그가 단순히 정신을 잃었다고 무덤에서 다시 소생했다는 주장을 논박한다. "그가 장사되었다"는 제자들이 그의 몸을 훔쳐갔거나 여인들이 잘못된 무덤을 찾아갔다는 견해를 터무니없는 것으로 만든다. 궁극적으로 몸이 다시 살아날 수 없었다면 제자들의 이야기는 뒤이어 발생할 수 없었다.[16] '오퓌데'("나타났다", appeared)란 동사는 주관적인 환상(아마도 '호라마'[환상]란 용어가 여기에 더욱 해당할 것이다)보다는 제자들이 보았던 객관적인 실체를 보다 자연스럽게 가리킨다. 많은 증인들과 그리스도가 나타내셨던 많은 경우는 대량으로 환영을 보았을 가능성을 배제시킨다.[17] 이전에는 예수를 믿지 않았던 두 사람(바울과 야고보)에게 예수가 나타나신 것을 언급함으로써, 바울은 예수가 단순히 죽으리라는 것을 상상할 수 없었던, 그리스도에게 몹시 사로잡혀 있었던, 사람들의 투사였으리라는 주장을 논박한다.

우리는 여기서 인용된 다양한 부활 출현이 사복음서의 모든 기사에 어떻게 적합한지를 보여줄 충분한 자료를 갖고 있지는 못하지만, 이 자료 중에 어느 것도 필연적으로 다른 자료와 모순되지 않는다는 사실을 강조하는 것이 중요하다. 가능성 있는 조화가 제시되었다.[18] 신약성경의 저자들이 세부적으로 일치하지 않는다는 비난은 상당히 오도된 것이다.

그러나 증인의 목록을 주는 바울의 주요한 목적은 부활하신 그리스도를 자신이 직접 만났다는 사실을 준비하는 것이다. 그는 예수가 만나주셨던 여인들에 대한 언급은 생략하는데(마 28:8-10; 요 20:10-18), 아마도 그들을 권위적인 것으로 고려하지 않았거나 고대 세계의 상당 부분에서 합법적인 증인으로 여성들을 고려하지 않을 것이기 때문이기도 하다. 5절과 7a절에서 베드로와 야고보에 대한 예수의 출현을 설명함으로써 그는 7b절에서 자신이 몸소 그리스도를 만났다는 것을 미리 예기(豫期)해준다. 부활을 목격한 것이 그들에게(또는 어떤 다른 사도들에게) 어떤

---

16. 보다 일반적으로 이 어절의 변증적 가치에 대해서는 특히 William L. Craig, "The Empty Tomb of Jesus," in *Gospel Perspectives*, vol. 2 ed. R. T. France and David Wenham(Sheffield: JSOT, 1981), 173-200을 참조하라.
17. 보다 상세한 것들과 부활의 실제와 의미에 관한 아주 훌륭한 전반적인 취급에 대해서는 George E. Ladd, *I Believe in the Resurrection*(Grand Rapids: Eerdmans, 1975)을 보라.
18. 특히 John Wenham, *Easter Enigma: Do the Resurrection Stories Contradict One Another?*(Grand Rapids: Zondervan, 1984)을 보라.

권위를 부여했는지 몰라도, 그는 동등하게 합법적인 권위를 주장할 수 있다. 다메섹 도상에서 예수에 대한 그의 경험이 다소 주관적일 수 있다는 것(참조. 행 9:7에서 그와 함께 있던 자들의 다른 경험)이 승천 이전에 예수의 출현들도 역시 주관적이라는 것은 아니다. 오히려 바울은 이런 독특한 요소들에도 불구하고 그의 경험이 이전의 사도들이 경험한 것처럼 객관적이었다는 것을 강조하고 있다.

10절은 바울이 선한 행실을 장려했다는 것을 상기시킨다. 에베소서 2:10에서처럼 그는 행함이 없는 믿음은 죽은 것이라는 야고보의 주장에 동의한다(참조. 약 2:14-16). 또는 바울의 용어를 사용하면, 믿음은 필연적으로 사랑을 통해서 역사한다(갈 5:6). 값싼 은혜란 없다. 오히려 그가 하나님의 은혜를 무자격으로 얻었을지라도, 하나님의 자비는 바울의 편에서 더 근면한 노력을 생산케 했다.

12-19절은 기독교 신앙이 참되고 타당하기 위해서 그리스도와 신자들의 육체 부활에 대한 절대적인 필연성에 관한 주제로 되돌아간다. 바울은 예수를 단지 선하고 도덕적인 선생으로 간주하는 예수에 관한 관점이나 기독교를 단지 살아가는 방식에 대한 잠언적인 진리를 경탄스럽게 모아놓은 것으로 생각하는 기독교에 관한 관점을 허용하지 않는다. 부활이 거짓이라면 기독교는 무가치하다. 그리스도가 다시 살아나지 않았다면 죄에 대한 벌인 죽음을 정복할 수가 없다. 그리고 특히 그의 죽음은 우리의 죄에 대한 용서를 제공할 수가 없었다. 죽음을 근절시키지 못하였을 것이기 때문이다(참조. 롬 3:23-25; 4:25). 무엇보다도 바울은 만약 부활이 신화라면 그가 온갖 박해와 고통 속에서 투쟁할 때 진정한 기쁨이나 "자기실현"을 체험하지 못하였을 것이다.

부활의 실제는 바울에게 커다란 소망을 준다(20-28절). 이 삶은 이것으로 끝이 아니고, 죽음 이후의 삶은 단순히 영혼의 불멸이 아니다. 물론 영혼 불멸도 포함한다(참조. 53절).[19] "잠자다"(18, 20절)란 말이 고대 세계에서 널리 사용될지라도, 그것은 기독교 범주에서 죽음에 대해 특히 적절한 완곡어법이다. 우리는 어느 날 새로운 육체로 "깨어날" 것을 고대하기 때문이다. 하지만 이 비유는 "영혼-잠"—즉 죽음과 부활의 중간 시기에 하나님의 임재를 의식적으로 인식하지 못하는 것—의 교리를 함축하지는 않는다. 그리고 고린도후서 5:8과 빌립보서 1:23은 의식적인 몸이 없는 존재와 관련한 이 두 사건 사이에 중간기적인 상태를 언급하는 것으로

19. 특히 불멸과 육체적 부활과 관련한 부활의 균형 잡힌 취급은 Murray J. Harris, *Raised Immortal*(Grand Rapids: Eerdmans, 1985)이다.

더 자연스럽게 해석된다.[20]

22절은 보편주의의 교리(궁극적으로 모든 사람들이 구원받으리라는 것)를 지원하는 것으로 취할 수는 없다. 이미 우리는 이전의 논의에서 "모든 사람들이 살리라"가 "그리스도 안에 있는 모든 사람들"임을 주목했다. 바울은 이 단락에서 불신자들의 운명에 관한 문제를 언급하고 있지 않다. 그러나 다른 성경들은 역시 불신자들의 육체의 부활을 지적하는데, 그것은 영화로운 부활이 아니라 영원한 벌을 위한 부활이다(예. 단 12:2; 마 25:46; 요 5:29; 살후 1:9; 계 20:11-15). 23절은 천년왕국의 교리를 필연적으로 지원하지는 않지만 적어도 그런 의미를 허용해준다. 23b-24a절에서 부사들인 헬라어 '에페이타…에이타'(then…then)는 항상은 아닐지라도 자주 그 기간들 사이에 일련의 사건들을 가리킨다. 그리스도의 부활과 재림 사이에 상당한 갭이 있었던 것으로 보아서(23b절), 요한계시록 20장이 가리켜주는 것처럼 그리스도의 모든 대적들의 마지막 파괴에 앞서서 유사한 갭을 상정하는 것이 자연스럽다(24a절). 그러나 우리는 확실히 알 수는 없고, 천년왕국에 관한 입장에 도달하기 전에 성경의 많은 다른 부분에 관한 견해를 상고해야 한다.[21]

24-28절은 11:2-16에서 다루었던 여성들의 문제에 관한 논의를 상기시킨다. 분명히 바울은 여기서 아버지에 대한 아들의 궁극적인 복종(본질상이 아니라 기능상에 의한 것이다)을 가르쳐준다. 따라서 그가 남성과 여성 또는 남편과 아내 사이에 관계를 신성의 유추에 근거하는 정도로 기능적인 복종이 역시 가정과 사역의 영역에서 적절하다. 아마도 바울은 그 유추를 긴밀하게 그리려고 하고 있지는 않지만, 만약 그가 그러려고 한다면, 아버지에 대한 그리스도의 복종을 이 땅에서의 시간으로만 한정된 것으로 간단히 처리하려고 하지 않을 것이다. 한편으로 우리는 하나님의 본질에 대한 그의 동등성을 버리거나 아리안주의로 돌아가거나 그리스도를 피조된 존재로 간주하는 문을 열어놓아서도 안 된다. 28절은 "만유의 주로서 만유 안에 계신" 하나님의 존재가 창조된 질서와 구분되지 않는 것을 의미하는 것처럼 범신론적인 견해로 해석해서도 안 된다. 오히려 우리가 이미 관찰했던 것처럼 (p. 342), 이 본문은 하나님의 궁극적인 주권과 주되심에 대한 절대적인 주장을 만들어준다.

---

20. 특히 Joseph Osei-Bonsu, "The Intermediate State in the New Testament," *SJT* 44(1991): 169-94을 보라.
21. Robert G. Clouse, ed., *The Meaning of the Millennium: Four Views*(Downers Grove: InterVarsity Press, 1977)와 Stanley J. Grenz, *The Millennial Maze*(Downers Grove: InterVarsity Press, 1992)에서 유익한 개요를 보라.

29절을 해석하기 위한 주장이 많은 것으로 보건대,[22] 우리는 그 주장들 중에 어느 하나를 단언함으로써 교조적이 되어서는 안 된다. 30-32절에서 바울의 유사한 추론으로 보아서, 적절한 이해가 가장 좋아 보인다. 바울은 이렇다고 판단하지 않고 고린도인들의 행위에 관한 논리적인 의미를 지적한다. 우리는 다른 문제들도 역시 갖고 있는 고린도인들의 일부가 세례 받지 못하고 죽은 신자들이나 믿음의 탐구자들을 위해서 사람들을 세례하고 있었음을 인정하는 것을 삼갈 필요가 없다. 우리는 바울이 날마다 죽는다거나(30-31절) "에베소에서 맹수와 싸웠다"(32절)다는 사실을 그대로 인정할 수 없는 것처럼 세례 받지 못하고 죽은 신자들을 위한 그런 관행을 바울이 인정하고 있지 않다는 것을 단순히 주장해야 한다. 이것들은 바울이 부활의 진리에 대한 논증을 진전시키기 위한 발판으로 사용하고 있는 잘못된 실제일 뿐이다. 무덤을 넘어서는 소망이 없다면 왜 그런 것들을 계속하고 있는가? 그러므로 이런 관행을 단순히 설명하고 있는 것이지 당연시하고 있는 것이 아니며, 확실히 크리스천들이 전체 불신자들에게 타당한 유사 세례를 생각하였다는 증거란 없다. 따라서 이 말씀 중에 어느 것도 몰몬교 신앙의 관행과 모순된다. 몰몬교도들이 자신들의 교리를 지원하기 위해서 29절에 호소하지만 말이다. 성경은 구원이 이 세상에서 각자의 신앙과 동떨어져서 한 개인에서 다른 개인에게로 전이된다고 어느 곳에서도 주장하고 있지 않으며, 마태복음 25:9은 그러한 전이를 그럴듯하게 배제시킨다.

어떤 독자들은 바울이 31절에서 맹세를 사용하고 있다는데 놀란다. 그리스도가 마태복음 5:33-37에서 모든 맹세를 분명히 금지시켰는데도 말이다. 하지만 이 금지는 얼핏 보이는 것처럼 전면적이지 않다. 바울은 다른 곳에서도 역시 맹세를 사용하는데(고후 1:18과 갈 1:20), 예수는 1세기의 전형적인 유대적 관습인 결의법(궤변으로 도덕적·법률적 문제를 해결하는 방식-옮긴이)을 피하시는데 관심이 있으셨다. 예수를 따르는 자들은 그 말의 고결함으로 인해서 그들을 신뢰하기 위해서 그 진실을 믿을 수 있는 다른 어떤 형식적인 보증을 필요로 하지 않아야 한다.[23] 하지만 고린도인들에게 편지를 쓸 때(갈라디아서에서처럼) 바울은 자신에 대한 점증하는 불신에 맞설 만한 극단적인 조치를 취해야 했다.

32b절은 방종이 어떻게 부활의 생명을 부인하는 물질적인 철학의 결과물인지

---

22. 간단한 개요를 위해서는 Fee, *First Corinthians*, 763-67을 보라.
23. 참조. Craig L. Blomberg, *Matthew*(Nashville: Broadman, 1992), 112, 345.

를 지적한다. 고대의 에피큐로스학파는 보통 폭식과 술취함을 장려하는 것으로 그들의 슬로건을 해석하지 않았다. 오히려 그들은 정교한 식단과 음악과 예술, 고귀한 친구관계를 배양하는 "훌륭한 삶"을 추구했다. 하지만 궁극적으로 이 모든 것은 자기중심적이었다. 그들은 죽음을 넘어선 어떤 기쁨도 바라보지 않았기 때문이다. 자기 관심은 인본주의와 박애적인 관심으로 이끌 수는 있지만, 궁극적으로 이 삶이 존재하는 모든 것이라면, 영구적으로 만족할 만한 것을 생산하지 못한다.

크리스천들은 근본적으로 다른 사고방식을 가져야 한다. 훨씬 더 좋은 삶이 그들을 기다리고 있다는 것을 인식한 크리스천들은 복음을 위해서 다른 이들이 필적할 수 없었던 방식으로 생명과 안위를 무릅썼다. 기독교 윤리에서 육체적인 죽음은 인간의 행위를 결정짓는 가장 커다란 비극일 수가 없다. 오히려 우리는 가장 많은 사람들을 영적인 구원으로 이끌게 하고 가장 많은 불신자들을 육체적 죽음(고로 영적인 죽음)에서 피하게 하는 것이 무엇인지를 물어야 한다. 쉬나이더는 그것을 잘 기록한다.

> 부활은 개인과 기관과 국가의 안위와 보호를 주장하는 사람들에게 말한다. 그러한 사람들은 경제와 인종과 국가의 노선을 따라 변호의 기술을 세운다.
>
> 이와는 아주 대조되게, 부활의 소망이 있는 성령의 삶은 육체(개인, 기관, 국가)의 보존에만 머물지 않는다. 오히려 크리스천의 삶은 위험을 무릅쓴다. 기독교 병원은 경제적으로 득이 되는 것보다 복지적인 지원을 받는 환자를 더 받을 수 있다. 가난한 자들을 위한 하나님의 사랑이 현재의 존재에만 달려 있지 않기 때문이다…크리스천은 냉전 중에서도 전적인 무기 해체를 요청할 수가 있다. 세상의 미래가 국가의 생존에만 달려 있지 않음을 알고 있기 때문이다. 크리스천은 개인의 생명을 무릅쓴다. 이 삶이 끝이 아니라는 것을 알고 있기 때문이다.[24]

33절은 넓게 적용할 수 있고, 크리스천들이 자동적으로 세상의 소금과 빛이(마 5:13-16) 되지 않는다는 것을 우리에게 상기시킨다. 우리의 끊임없는 죄악된 본성은 죄악된 행위를 하는 사람들에 둘러싸여 있을 때 우리를 부패케 한다. 우리가 그 반대로 의도적이고 의식적인 행위를 하려고 하지 않는다면 말이다. 34a절은 불멸이 거짓된 신학으로부터 자주 나온다는 것을 조명해준다. 우리는 고린도인들이 몸

---

24. Snyder, *First Corinthians*, 211.

과 영혼을 분리한 것에서 성적인 죄가 유래한다는 것을 알게 된다(5-6장). 우리가 수치스러운 행위에 참여하고 실제로 죄를 지을 때, 34b절은 수치나 죄책감이 올바른 행위에 대한 적절한 동기부여가 될 수 있음을 다시금 상기시킨다. 그러나 그것이 과도하거나 잘못 적용되어질 수가 역시 있다.

마지막으로 이 전반부의 장에서 바울의 사상의 노선에 대한 주요한 이의제기를 고려해야 한다. 고린도에서 많은 헬라인들과 로마인들은 오늘날 많은 사람들처럼 "왜 영혼의 불멸로 충분하지 않은가?"라고 물었을 것이다. 그리스도의 영이 사셨고, 우리의 영이 그와 더불어 영원히 사는 것으로 왜 단순히 확정하지 않는가? 고린도전서는 이 질문에 직접적으로 대답하지는 않는다. 바울은 청중들이 그의 유대적 배경을 알거나 그 주제에 관한 그의 이전 가르침을 상기할 수 있는 것으로 간주했다.

그러나 다른 곳에서 성경의 가르침은 직접적인 대답을 우리에게 제공한다. 물질을 본질적으로 악한 것으로 취급했던 그리스 로마의 이원론과 달리 성경은 인간의 몸을 포함하여 하나님이 물질세계를 선하게 창조하셨다고 선언한다(창 1:10, 12, 18, 21, 25, 31). 인간은 물질적인 세계에서 육체의 형태로 살도록 의도되었다. 요한계시록 21-22장은 새 하늘과 '새 땅'의 하나님의 궁극적인 재창조를 동등하게 물질적인 용어로 묘사한다. 다시 말해서 하나님은 그의 본래의 창조적인 목적이 중단되는 것을 보기 원치 않으신다. 온전한 몸의 부활과 온전한 우주의 재창조와 다른 것이 여전히 신자들에게 기쁨의 경험을 가져다줄 수 있을지 몰라도, 그것은 모든 하나님의 대적자들에 대항해서 하나님을 변호하는 것이 아니거나 하나님이 그의 백성들에게 의도하신 절대적인 완전성을 제공하지 못한다.[25]

현대적 의미

부활의 실제를 부인하는 것은 현대 문화에서 중심적인 문제가 된다. 무신론은 현대과학의 "발견"을 자주 맹신하여 모든 초자연적인 능력이 존재할 가능성을 보통 부정한다. 하지만 아인쉬타인과 하인스버르그와 관련한 현대 물리학의 혁명과 더불어 그들의 학문을 이해하는 과학자들은 인문학과 심지어 세계 종교의 학도들보다도 하나님과 초자연을 과학적인 근거 위에서 배제하는 것을 더욱더

25. Eugene H. Peterson, *Reversed Thunder*(San Francisco: HarperCollins, 1988), 168-85의 유익한 논의를 참조하라.

마지못해 한다![26] 역사가들은 부활에 대해서 제기된 주장들의 대부분이 터무니 없다는 것을 보통 인식하지만—예수의 기절설, 훔친 몸이나 잘못된 무덤, 대량 환영 등등—인기 있는 작가들이 그러한 난센스를 갖는 일이 아직도 중단되지 않고 있다.[27]

그러나 학문적인 세계에서 훨씬 더 흔한 것은 신학적인 진리를 신화론적인 옷으로 부활의 용어가 표현하고 있고, 제자들의 신앙적인 일종의 주관적 경험이 시간과 더불어 객관적인 실제를 묘사한다고 주장하는 성경 이야기로 전환되었다는 견해다. 이런 접근에는 많은 문제들이 있지만[28] 가장 중요한 것은 (1) 제자들은 부활 신앙에 호의적인 심리적 상태에 있지 않았다(요 20:19), (2) 진정으로 빈 무덤이 없다면, 기독교인들은 다른 세상의 종교들의 대부분이 그러했던 것처럼 창시자가 묻혀 있다는 성지를 숭배하기 위해서 오지 않은 것은 믿을 수 없는 일이다, (3) 처음부터 예수의 제자들은 안식일(토요일)을 지키기를 멈추고 일요일(주일) 즉, 주간의 첫날을 지키기를 시작했다(예. 행 20:7). 하지만 부활과 같은 참된 역사적 사건이 변화를 위한 강력한 자극으로서 다른 날에 발생하지 않았더라면, 그들이 유대교에 핵심적인 십계명 중에 하나를 왜 포기했겠는가? (4) 영적인 부활에서 육체적인 부활로의 발전이, 헬라 세계에서 유대 세계로 기독교가 이동했다면 일리가 있을 것이나 사실상 반대편 방향으로 발전되었다.

시공간 속에서 참된 역사적 사건으로서 그리스도의 죽음과 부활은 기독교를 주요한 종교들과 구분지어 주었다. 후대에 기독교에 반응해서 일부 발전했던 서방 종교들은 창시자의 신성이나 부활을 주장하지 않고, 단지 예언적인 신분만을 주장한다(예, 이슬람의 모하멧이나 몰몬교의 조셉 스미스). 고대의 동방 종교들은 그 믿음과 실천을 의미 있게 하기 위해서 그 종교들의 창시자의 실제 역사적인 존재를 요구하지 않는다. 어떤 면에서 이 종교들은 역사적인 진리 주장보다는 철학에 더 가깝다(예를 들어, 힌두교, 불교, 유교).[29] 하지만 기독교는 그리스도의 부활의 주장으로 인해 서기도 하고 무너지기도 한다. 예수의 부활을 믿고서도 그리스도인

---

26. 특히 Peter Carnley, *The Structure of Resurrection Belief*(Oxford: Clarendon, 1987)을 보라.
27. 확실히 20세기의 후반부에서 가장 유명하고 영향력 있는 모범은 Hugh J. Schonfield, *Passover Plot*(New York: Bantam, 1965)이었다.
28. 보다 상세한 설명과 심사에 대해서는 Craig L. Blomberg, *The Historical Reliability of the Gospels*(Downers Grove, Ill.: InterVarsity Press, 1987), 100-110과 거기서 인용된 문헌을 보라.
29. 더 자세한 것은 Norman Anderson, *Christianity and World Religions*(Downers Grove: InterVarsity Press, 1984)을 참조하라.

이 되지 않을 가능성이 있으나, 육체의 부활이 없다면 기독교는 무너진다.[30] 예수의 뼈를 발견한다면 우리의 신앙은 허무한 것이 된다!

따라서 현대 신앙의 핵심으로서만이 아니라 현대 변증학의 핵심으로서 부활을 주장하는 것은 적절하다.[31] 하지만 최근에 복음주의 변증학은 때로 일방적으로 합리적이다. 바울이 습득했던 역사적 사실을 균형 짓기 위해서 부활하신 그리스도에 대한 그의 개인적인 경험을 호소한 것(8절)은 우리도 역시 예수와의 개인적인 만남을 우리 신앙을 변호하는 일에 동등하게 합법적인 부분으로 생각할 수 있음을 역시 의미한다. 한편으로 역사적인 사실에 대한 호소가 없이는 우리가 상당히 유사한 개인적인 경험에 관한 경쟁적인 주장들 사이에서 해결책을 일구어낼 수 없다. 몰몬교도들, 불교도들, 그리고 기독교도들은 그들의 믿음의 진리를 "확증하는" 강력한 감정이나 영적 체험을 오늘날 유사하게 자주 증거한다. 하지만 이 세 종교들이 중요한 점에서 서로 모순을 일으키고 있기 때문에 모두가 동시에 참일 수는 없다. 기독교인들은 개인적인 간증 이상의 것을 호소해야 하고, 그들 편에 있는 역사적 증거를 인식해야 한다.

가장 슬픈 것은 구식의 신화론으로 부활을 강등시킴으로써 과학 시대에 믿음을 보강한다고 생각하는 특히 자유주의 내에서 크리스천이라고 말하는 사람들의 사례다. 그렇게 함으로써 그들은 자신들이 지원하기를 추구하는 바로 그 핵심을 손상시키고 있기 때문에 가장 잘못 인도하는 것으로 나타난다.[32] 하지만 복음주의는 사후에 발생하는 것과 상관없이 기독교가 바람직한 라이프스타일로 보이는 세상적인 믿음의 혜택을 아주 강조하는 사람들처럼, 자유주의에 속한 일부 사람과 유사한 대응부를 갖는다.[33] 그러한 관점을 조장하는 사람들은 바울의 신발이나, 당시에 받았던 고난에 대한 영원한 보상의 소망이 없었다면 교회 역사에서 그들의 믿

30. 예수가 여전히 메시아됨과 관련한 예언들의 모든 것을 성취하지 못했다고 제기하는 독일의 랍비인 핀차스 라피데(*The Resurrection of Jesus*[Minneapolis: Augsburg, 1983])의 유명한 현대적 사례에서처럼 말이다.

31. 예를 들어, 학문적인 수준에서는 William L. Craig, *Assessing the New Testament Evidence for the Historicity of the Resurrection*(Lewiston, N.Y.: Mellen, 1989)를 대중적인 수준에서는 Josh McDowell, *The Resurrection Factor*(San Bernardino: Here's Life, 1981)에서처럼 말이다.

32. 어떤 다른 단일한 20세기 학자나 신학자보다도 이런 접근의 지속적인 능력은 Rudolf Bultmann("New Testament and Mythology," in *Kerygma and Myth*, ed. H.-W. Bartsch [London: SPCK, 1953], 4, 7) 때문이다.

33. 예를 들어, 사람들은 놀만 빈센트 필과 로버트 슐러의 사역과 관련한 소위 긍정적인(가능성의) 사고의 능력에 관해서 생각한다.

음을 재빨리 포기했을 순교자와 많은 그리스도인들의 발자국을 따라가지 않는다(참조. 19, 30-32절).

오늘날 서방에 비그리스도들은 32b절의 에피큐로스학파의 행위를 점차적으로 시행하고 있다. 보다 기독교적인 사회에서 불신자들은 적어도 외적으로는 자주 기독교인의 라이프스타일을 모방하거나 아주 과도한 부도덕적 행위들을 억제하기 위한 사회적 압박을 느꼈다. 하지만 점차적으로 우리는 어떤 브레이크도 두기를 거절하는 문화를 보고 있다. 입으로 기독교인이라고 고백하는 많은 사람들을 포함하여 "베이비부머들"은 이에 대해서 철저히 빚을 지고 있다. 광고주들은 즉시 소유해야 하는 것으로 매일 우리에게 공세를 퍼붓고 있다. 성적인 도덕성은 악화되고 있으므로 다른 시대에는 대부분의 비그리스도인들에게도 상상할 수 없던 것—포르노그라피 중독, 간음의 반복된 행위, 또는 근친상간적인 행위—이 이제는 거듭났다고 고백하는 사람들 사이에서도 널리 관행화되고 있다. 전 세계적인 자기 방종은 무신론의 공산주의가 한때에 제어했던, 인본주의적인 발전으로는 설명할 수 없는, 윤리 전쟁과 부족의식을 발생시켰다.

그러나 산업화와 기술의 발전이 "발전된" 민족의 개념을 상승시킨 곳에서조차도 물질주의 철학이 만족을 가져다주지는 못했다.[34] 따라서 뉴 에이지 운동의 상승, 곧 많은 면에서 범신론이나 고대의 영지주의 그리고 풍요의 여신 종교로의 회귀를 우리는 목도하고 있다. 환생이 유행하고 있다. 제의와 이교에 대한 관심이 붐을 일으키고 있다. 진정한 크리스천 영성을 거부할 때, 파스칼의 유명한 표현인 "하나님의 형상의 빈자리"를 채우기 위해서 그런 모조적인 것들이 발생하고 있다. 인기 있는 문화와 미디어는 죽음 이후의 삶에 강력한 매력을 갖는다. 특히 죽음에 가까운 경험에 대한 퀴버로스의 연구가 이를 처음에 주도했다.[35] 블록버스터 영화들은 죽었지만 살아 있는 사람들, 또는 이 땅에 여전히 살고 있는 사람들과 다양한 방식으로 소통하기 위해서 돌아오는 사람들의 가공적인 기사를 창출한다.

하지만 예외 없이 사후 세계에 대한 이런 매료는 정통 기독교보다도 고린도인들의 거짓된 가르침과 아주 유사하다. 사람들은 다음 세상에서 완전한 인간의 몸

---

34. 참조. Kôshi Usami, " 'How Are the Dead Raised?' (1 Cor 15, 35-58)," *Bib* 57(1976): 493: "현대 산업사회는 우리의 몸을 모든 육체적 욕구의 성취와 약속된 성취의 인위적인 새장에 가둘 위험성이 있다. 우리의 '몸'이 반항할 것이다. 우리의 전체 존재가 차가운 이성의 과도한 지배에 반발할 것이다. 고린도전서 15:35-38에서 바울은 세상의 많은 부분에서 종교적 경험에 낯설지 않는 경험들을 통해서 육체의 부활에 대한 믿음을 설명한다."

35. Elisabeth Kübler-Ross, *On Death and Dying* (New York: Macmillan, 1969).

을 가진 것으로 묘사되지 않는다. 다음 세상은 현재의 세상보다 더 바람직한 것으로 보이지 않는다. 그리고 기독교인과 비기독교인의 운명이 사실상 적절히 구분되지 않는다. 모든 사람들이 "천국"에 가는 것으로 보이거나 이 세상에서 선했느냐 나빴느냐에 따라서 사람들이 구분된다.

부활에 대한 잘못된 신학이 다른 면에서 서로 경쟁하는 세상 종교들에 영향을 미치고 있다. 젊은 수많은 회교도들이 전쟁과 테러를 일으키며 스스로 죽기를 자처하고 있는데, 이들은 이런 순교가 천국으로 가는 일을 빠르게 한다고 믿는다. 몰몬교도들은 외계적인 특권과 능력을 얻는 사다리를 놓기 위해서 애쓴다. 여호와의 증인들은 완전한 순종이 새 하늘과 새 땅에서 누리는 144,000명 중에 한 사람이 되게 한다고 소망한다. 동방 종교주의자들은 '너바나'—존재하는 모든 것인 우주적 의식 속으로 흡수되는 것—를 소망한다. 이런 모든 관점과 달리 바울의 절대적인 교리는 다원주의적인 시대에 범람하는 관용을 도전한다. 기독교가 옳다면, 바울은 사실상 다른 관점들은 정죄를 받을 것이고 사람들은 가장 노골적인 용어로 경고를 받아야 한다고 외칠 것이다. 하지만 부활에 대한 기독교인의 소망이 잘못되었다면, 이 모든 다른 관점도 '여전히 잘못되었는데', 이 다른 대안은 죽음에 이르는 전적인 소멸에 해당하는 것이기 때문이다. 그때에 우리는 먹고 마시고 결혼할 것이고 내일은 죽을 것이다. 대안적인 세계관들의 만연은 인간의 본능이 그러한 허무주의로 어떻게 되돌아가는지를 보여준다. 하지만 이는 인간이 하나님의 형상으로 창조되었지만 죄를 짓고 그 형상이 왜곡되어서 끊임없이 부적합한 대체물을 찾고 있음을 보여주는 기독교 진리의 반대편 측면을 보여주고 있는 것이다.

그러나 복음주의 기독교인들은 다가올 세상에 대한 성경적인 가르침을 널리 알리지 못한 것에 대한 책임을 져야 한다. 현대의 보수적인 교회들에서 너무 많은 청중들이 천국을 실제로는 고대할 수 없는 일종의 정신적인 존재인 "공상적인 이야기"로 생각하고 대변한다. 단순히 다가올 삶을 "하늘"로 언급하는 것은 심각한 오해를 불러온다. 성경적인 소망은 신자들이 온전히 재창조된 하늘과 '땅'의 경이와 영광의 모든 것을 경험하는 것이다(계 21-22장). 우리는 완전한 행복 속에서 하나님의 임재만이 아니라 성도들의 교제를 즐길 것이다. 우리는 우리의 개별적인 구름 위에 앉아서 하프를 연주하며 주기적으로 영원한 지루함을 내쫓지 않을 것이다. 새 땅은 바쁘게 활동하는 도시인 새 예루살렘에 중심하고 있다.

그리스도인들은 다가올 삶을 매력적이지 못하게 만드는 경향이 있을 뿐 아니라 서방의 세대들은 이 땅에서 파라다이스를 만들려고 끊임없이 애썼던 인간 역사의 소수 무리들 중에 속한다. 이전 세대들은 기독교인들을 너무 하늘에 사로잡혀서 세상적으로 좋지 않은 사람이라고 자주 비아냥거렸다. 50년대의 그러한 많은 사람들이 현재에 이 나라에 존재하고 있기는 어렵다. 오히려 지금 우리 세대는 많은 크리스천들이 너무 세상에 사로잡혀서 천상적으로 좋지가 않다. 우리의 사회와 이 사회에 다른 사람들과 마찬가지로 크리스천들이 자주 육체적인 건강, 음식, 오락, 그리고 모양꾸미기에 사로잡혀서 영적인 건강과 구원에 대한 관심과 같은 것들을 희생시키고 있다.

하지만 고칠 수 없는 질병, 예기치 못한 사건, 그리고 빈곤한 세상의 다른 편에서 나타나는 주기적인 공포는 세상적인 관심의 순전한 부적절성을 가리켜준다. 조만간에 우리는 죽을 것이고, 그중에 어떤 이들은 죽기 전에 꽤 고통을 당할 것이다. 우리는 다가올 삶에 대한 간절함을 재포착할 필요가 있다. 그런 사고가 바울로 하여금 그의 지극한 곤란의 순간에도 확신 있게 선언할 수 있게 했다: "생각건대 현재의 고난은 장차 우리에게 나타날 영광과 족히 비교할 수 없도다"(롬 8:18). 또한 다시금 "우리의 잠시 받는 환난의 경한 것이 지극히 크고 영원한 영광의 중한 것을 우리에게 이루게 함이니"(고후 4:17)라고 말하게 했다. 우리 대부분은 사소한 육체적 고통을 바울의 끔찍한 고통의 목록보다도 더 심각한 것으로 생각하지만, 그는 그런 것들을 "잠시 받는 환난의 경한 것"이라고 부를 수 있었다!

다가올 삶에 대한 적절한 관점은 국내와 해외의 위험스러운 상황에서 그리스도를 담대하게 증거하기 위해서 목숨의 위험을 무릅쓰게 할 것이다. 그것은 역시 우리가 담대하게 전파하는 복음에 균형 있는 관점을 제공해 줄 것이다. 많은 현대의 자유주의 신학에서처럼 오늘날 이 세상에서 가난을 일소하고 육체적으로 억압된 자들을 자유케 하는 사회적 활동을 포함하는 것으로 우리의 임무를 설정하는 것은 중요하다. 하지만 많은 이들이 우리가 그런 일들을 이루기 전에 매일 죽고 있고, 어떤 이들은 그리스도가 다시 올 때까지 그 일을 계속할 것이다. 따라서 많은 자유주의 신학과 대비되게 우리는 우리의 복음을 자르지 않고 오직 예수만이 주실 수 있고, 인간이 이 세상에서 경험했던 것보다 더 불유쾌한 것을 영원히 면제시켜 줄 수 있는 영적인 구원을 동시에 제공해야 한다.[36]

더 적절한 방식으로 바울의 부활 신학을 이해한다면, 그것은 우리의 개인적이

---

36. 요컨대 우리는 "복음적인 해방신학"을 필요로 한다. 더 자세한 것은 Craig L. Bloberg, "'Your Faith Has Made You Whole': The Evangelical Liberation Theology of Jesus," in *Jesus of Nazareth: Lord and Christ*, ed. Joel B. Green and Max Turner(Grand RapidS: Eerdmans, 1994), 75-93을 보라.

고 집합적인 기도 생활에 영향을 주어야 한다. 우리의 기도 요청 목록이 얼마나 자주 거의 천편일률적으로 육체적이거나 물질적인 필요와 관련이 있는가? 우리 많은 사람들은 사도 요한이 "네 영혼이 잘됨 같이 네가 범사에 잘되고 강건하기"(요삼 2)를 기도한다고 가이오에게 말했던 것처럼 서로를 격려할 수 있어야 하지 않는가?

부활의 소망은 모든 인간 역사에 목적과 의미를 제공해준다. 크리스천들은 세상이 핵전쟁으로 끝날 것을 두려워할 필요가 없다. 성경은 이 시대의 종말이 그리스도의 재림과 함께 있을 것임을 가르치고 있기 때문이다. 그리고 세상의 군대들이 마지막 전쟁을 위해 축적하는 것처럼 묘사될지라도, 그리스도가 그의 백성들이 최종적인 재난을 당하기 전에 개입하실 것이다(계 19:17-19). 그렇지만 우리는 일찍이 경험했던 것보다도 이 땅에 더 많은 고통과 손상을 입힐 수 있는 제한적인 핵 사건에 대한 경계를 늦추지 않아야 한다. 우리는 인간고통의 탈출구로서 유산이나 안락사를 생각할 수는 없다. 하나님은 생존케 하시는 인간의 목적을 갖고 항상 계신다.

한편으로 하나님의 궁극적인 목적은 예수가 재림하신 후에만 실현될 것이다. 우리는 그리스도의 재림이 우리가 점차적으로 이 땅을 기독교화하는데 달려 있다는 식의 순진한 낙관주의에 빠져서는 안 된다. 오히려 우리는 우주를 통해서 인식되는, 하나님의 절대적인 주권으로 정점을 이룰 일련의 사건들을 시작시키는, 그리스도의 보편적이고 공적이며 모두 볼 수 있는 재림으로 끝나는 세상을 고대해야 한다(24-28절).

그러나 이런 맥락에서 우리는 점증하는 보편주의에 대한 복음주의자들의 환상과 불신자들의 운명과 관련한 다른 그럴법하지 않은 대안들(예를 들어, 죽은 후에 두 번째 기회, 영혼멸절설, 또는 조건적인 불멸)을 조심해야 한다.[37] 사람들은 예수에 대한 태도와 상관없이 구원 받지는 못할 것이다. 여전히 복음주의자들은 불신자의 운명에 관한 질문이 왔을 때 지난 몇 세대에서 너무 좁거나 근시안적이었다. 정통주의 기독교는 최근의 보수적인 신학보다도 복음을 듣지 못했던 사람들의 운명에 관해서 더 다양한 관점을 역사적으로 보유했다.[38] 진정으로 구분 짓는 요소

37. William V. Crockett, ed., *Four Views on Hell*(Grand Rapids: Zondervan, 1992)에서 반영된 서로 다른 관점들을 참조하라.

38. John Sanders, *No Other Name*(Grand Rapids: Eerdmans, 1992)에서의 철저한 개요를 보라.

는 어떤 이가 예수의 이름을 들었느냐가 아니라 그가 어떤 식으로 이해했든 간에 하나님의 은혜를 의존하였느냐 아니면 자기 자신의 의를 의존했느냐에 있다.[39] 그러한 원리는 하나님 나라를 듣지 못했던 사람들이 하나님 나라에 있게 만들어줄 것이다(그리고 그들이 그 나라를 들었다면 그들이 적극적으로 응답했을 것이라는 가정이 있게 만든다). 그것은 일부 크리스천이라고 스스로 고백하는 사람들을 포함하여 자신들이 그 나라에 있다고 '생각하는' 많은 사람들이 그 나라에 있지 못하는 것을 거의 확실히 의미한다!

---

39. 특히 Norman Anderson, *The World's Religions*(Grand Rapids: Eerdmans, 976), 234-35을 보라.

고린도전서 15:35-58

35 누가 묻기를 죽은 자들이 어떻게 다시 살아
나며 어떠한 몸으로 오느냐 하리니
36 어리석은 자여 네가 뿌리는 씨가 죽지 않으
면 살아나지 못하겠고
37 또 네가 뿌리는 것은 장래의 형체를 뿌리는
것이 아니요 다만 밀이나 다른 것의 알맹이
뿐이로되
38 하나님이 그 뜻대로 그에게 형체를 주시되
각 종자에게 그 형체를 주시느니라
39 육체는 다 같은 육체가 아니니 하나는 사람
의 육체요 하나는 짐승의 육체요 하나는 새
의 육체요 하나는 물고기의 육체라
40 하늘에 속한 형체도 있고 땅에 속한 형체도
있으나 하늘에 속한 것의 영광이 따로 있고
땅에 속한 것의 영광이 따로 있으니
41 해의 영광이 다르고 달의 영광이 다르며 별
의 영광도 다른데 별과 별의 영광이 다르도다
42 죽은 자의 부활도 그와 같으니 썩을 것으로
심고 썩지 아니할 것으로 다시 살아나며
43 욕된 것으로 심고 영광스러운 것으로 다시
살아나며 약한 것으로 심고 강한 것으로 다
시 살아나며
44 육의 몸으로 심고 신령한 몸으로 다시 살아
나나니 육의 몸이 있은즉 또 영의 몸도 있느
니라
45 기록된 바 첫 사람 아담은 생령이 되었다 함
과 같이 마지막 아담은 살려 주는 영이 되었
나니
46 그러나 먼저는 신령한 사람이 아니요 육의
사람이요 그 다음에 신령한 사람이니라
47 첫 사람은 땅에서 났으니 흙에 속한 자이거
니와 둘째 사람은 하늘에서 나셨느니라
48 무릇 흙에 속한 자들은 저 흙에 속한 자와 같
고 무릇 하늘에 속한 자들은 저 하늘에 속한
이와 같으니
49 우리가 흙에 속한 자의 형상을 입은 것 같이
또한 하늘에 속한 이의 형상을 입으리라
50 형제들아 내가 이것을 말하노니 혈과 육은
하나님 나라를 이어 받을 수 없고 또한 썩는
것은 썩지 아니하는 것을 유업으로 받지 못
하느니라
51 보라 내가 너희에게 비밀을 말하노니 우리가
다 잠 잘 것이 아니요 마지막 나팔에 순식간
에 홀연히 다 변화되리니
52 나팔 소리가 나매 죽은 자들이 썩지 아니할
것으로 다시 살아나고 우리도 변화되리라
53 이 썩을 것이 반드시 썩지 아니할 것을 입겠
고 이 죽을 것이 죽지 아니함을 입으리로다
54 이 썩을 것이 썩지 아니함을 입고 이 죽을 것
이 죽지 아니함을 입을 때에는 사망을 삼키
고 이기리라고 기록된 말씀이 이루어지리라
55 사망아 너의 승리가 어디 있느냐 사망아 네
가 쏘는 것이 어디 있느냐
56 사망이 쏘는 것은 죄요 죄의 권능은 율법이라
57 우리 주 예수 그리스도로 말미암아 우리에게
승리를 주시는 하나님께 감사하노니
58 그러므로 내 사랑하는 형제들아 견실하며 흔
들리지 말고 항상 주의 일에 더욱 힘쓰는 자
들이 되라 이는 너희 수고가 주 안에서 헛되
지 않은 줄 앎이라

원 의미

35-38절은 35절이 지적한 잠재적인 반대에 반응하고 있다. "죽은 자들이 어떻게 다시 살아나며"는 진정한 질문이라기보다는 몸의 부활에 관한 전체 개념을 조롱하는 방식이다. 바울의 반응은 다시금 세 부분으로 나뉜다. 36-44a절은 부활의 몸을 묘사하기 위해서 창조된 세계로부터 유추를 제공한다. 44b-49절은 세상적 몸의 존재로부터 천상의 몸의 필요성을 논증한다. 50-57절은 그러한 변화가 필요한 이유를 설명한다. 그러고 나서 바울은 참된 믿음과 행위로 확고히 설 것을 명함으로써 이 장을 마감한다(58절).

바울이 부활의 몸을 설명하기 위해서 사용하는 첫 번째 유추는 씨와 식물의 유추다(참조. 요 12:24, 하지만 예수의 요지는 이와는 약간 다르다). 땅에 묻힘으로써 씨는 겉으로 보기에 죽은 것이고 확실히 썩게 된다. 하지만 그 지점에서 새로운 생명이 나타나고, 그것은 씨와는 모양에서 전적으로 다르지만, 다 자란 식물은 동일한 생명의 실체가 된다(36-38절). 사실상 세상은 하나님이 창조하신 다른 종류의 몸으로 가득하다(39절—여기서 "육체"는 "죄악된 본성을 의미하지 않는다). 따라서 하나님이 여전히 다른 한 종류—부활한 인간의 몸—를 더 만드신 것을 왜 불가능하다고 생각해야 하는가? 또한 역시 하늘에 속한 형체—해, 달, 별—는 본질과 광휘에서 서로 다르다(41절). 그리고 모두 어떤 공통된 특징을 갖고 있는 땅에 속한 형체와 어떤 면에서 서로 유사한 하늘에 속한 형체들 사이에는 훨씬 더 큰 갭이 존재한다(40절).[1]

42-44a절은 바울이 이 모든 유추를 어디로 진행시키고 있는지를 분명히 알게 한다. 고린도인들은 그들의 현재 몸보다 훨씬 더 영광스러운 부활의 몸을 기다리고 있다. 현재의 몸과 달리 이 새로운 몸은 영원에 적합하고 다시는 죽지 않으며 죄와 무기력으로 제한을 받지 않는다(42-43절). 이 세상에서 인간이 단순히 육체적인 생명으로 활성화되어 있지만 신자들은 어느 날 성령에 의해서 완전히 능력을 입게 될 것이다(44a절). 44절에서 "육"과 "영"은 바울이 그리스도인과 비그리스도인의 차이를 보여주기 위해서 2:6-16에서 이미 사용했던 것과 동일한 용어를 사용하고 있다. 이런 맥락에서 "자연"과 "초자연"으로 이 형용사들을 번역함으로써 그

1. '알로스'("동일한 종류에서 서로 다른")와 '헤테로스'("다른 종류에서 서로 다른") 간에 고전 헬라어의 구분을 보존하고 있는 좋은 사례가 여기에 나온다. 바울은 39절과 41절에서 서로 땅의 형체들과 서로 하늘의 형체들을 구분하기 위해서 '알로스'를 사용한다. 그러나 그는 40절에서 하늘의 형체들과 땅의 형체들을 구분하기 위해서 '헤테로스'를 사용한다.

대조를 명확히 할 수 있었을 것이다.[2]

44b-49절은 유대와 헬라의 범주에서 널리 퍼져 있던 고대의 사상, 즉 세상적인 존재와 천상적인 존재인 두 주요한 인간 존재를 취한다. 예를 들어, 플라톤은 천상적인 원형의 희미한 그림자로서 모든 창조물을 생각했다. 필로는 창세기 1-3장을 우화적으로 해석하여 하나님이 본래 두 인간, 즉 이 땅에서 살면서 불순종한 인간(창 2-3장)과 완전한 천상적인 대응부(1장)를 창조하셨다고 생각했다. 바울은 인간의 원조가 있다는 것을 동의한다(44b절). 하지만 그는 예수를 완전한 "아담"(아담이 "사람"을 의미하는 히브리어의 언어유희를 사용하여)이라고 하고, 그가 첫 아담 이전이 아니라 '이후에'(즉, 그리스도의 성육신)오셨다는 것을 강조한다(46-47절).

따라서 첫 아담의 유한하고 타락한 형상을 공유한 신자들은 예수가 구현하신 완전한 인간의 종류를 공유할 것을 고대할 수 있다. 예수가 다시 오실 때에 말이다(48-49절; NIV의 각주["우리로 그렇게 되다"]는 본문["우리가 그렇게 될 것이다"]보다는 부족하다). 이 요지를 명확히 하기 위해서 바울은 창세기 2:7을 인용하고, 그 다음에 그것을 인간 생명의 호흡을 가지셨을 뿐 아니라, 다른 이들에게 영원한 영적 자양분을 주실 수 있는 예수의 훨씬 더 영광스러운 인성과 비교하기 위한 발판으로 사용한다(45절).[3]

50-57절은 육체 변화의 필요성에 대해서 설명한다. 연약하고 죽을 수밖에 없는 인간은 하나님의 영원하시고 완전하신 거룩한 임재를 견뎌낼 수가 없다. 50절에서 "혈과 육"은 "단순한 죽을 몸"에 대한 유대 범주에서의 흔한 관용구였고, 이것은 바울이 이미 강조했던 것, 즉 부활의 경험은 육체의 부활이라는 것과 모순을 일으키지 않는다(참조. 눅 24:39에서 "살과 뼈"를 가지신 것에 대한 예수의 언급). 하지만 "썩지 아니할 것"과 "죽지 않을 것"(52b-54a절)은 몸이 되어야 한다.

51절은 이 변화가 발생할 시기에 대한 정보를 더욱 준다. "비밀"이란 용어에 관해서는 2:7에 대해서 보라(pp. 76-77을 보라). 바울이 여기서 드러내고 있는 비밀은 신자들의 몸의 부활이 그리스도가 재림하실 때 발생할 것이라는 사실이다. 모든 크리스천들이 다 죽지는 않을 것인데, 어떤 이는 예수가 다시 오실 때 살아 있

---

2. William L. Craig, "The Bodily Resurrection of Jesus," in *Gospel Perspectives*, vol. 1, ed. R. T. France and David Wenham(Sheffield: JSOT, 1980), 58-59.

3. 44b-49절의 누구도 인정하는 복잡한 논리에 관해서는 특히 James D. G. Dunn, "1 Corinthians 15:45-Last Adam, Life-Giving Spirit," in *Christ and Spirit in the New Testament*, ed. Barnabas Lindars and Stephen S. Smalley(Cambridge: Cambridge University Press, 1973), 127-41을 보라.

을 수 있을 것이기 때문이다. 하지만 모든 이들이 어떤 변화를 겪을 것인데, 그들이 영광스러운 몸으로 변화하는 것이 필요하기 때문이다. 이 변화는 점차적인 것이 아니라 즉각적인 것이다. 나팔소리(52a절)는 종말을 알리는, 성경 문헌에서 흔한 은유다(참조. 욜 2:1; 슥 9:14; 마 24:31; 살전 4:16; 그리고 계 8:2-9:14에서 일곱 번의 나팔소리).

이 모든 일이 일어날 때, 24-28절에서 전개되는 사건을 위한 길을 놓게 될 것이다. 신자들을 위한 사건들의 이 시리즈의 절정은 이사야가 예언했던 것처럼 죽음의 멸망이다(사 25:8을 인용하고 있는 54b절). 바울은 이 놀라운 전망을 생각하며, 호세아 13:14을 약간 개작하여 인용한 광시곡을 집어넣는다(55절). 그리고 로마서 6-8장에서처럼 그는 죄가 육체적이고 영적인 죽음으로 이끄는 주요한 범인이며, 반면에 율법이 그리스에게로 사람들을 가리키는 것을 제외하고는 하나님의 표준에 대항하는 의식적인 불순종을 증가시킴으로써 죄를 조장한다는 사실을 상기시킨다(56절; 참조. 갈 3:19-24).[4] 하지만 이 치명적인 순서는 하나님이 예수의 죽음과 부활을 통해서 역사하신 죽음으로부터의 승리에 의해 방해를 받게 되었음을 찬양하라!(57절)

적절하게 바울은 이 신학적인 묵상의 고매한 사상으로부터 고린도인들을 위한 실제적인 의미로 되돌아온다(58절). 그리스도가 몸으로 부활하셨기 때문에 그들도 어느 날 육체적으로 변화될 것이다. 그러므로 그들은 흔들림 없이 정통 신학에 헌신하고 전적으로 복음의 역사를 붙들어야 한다—정결한 삶과 그들의 영역에서 신실한 봉사의 행위. 이 삶에서 그 대가가 무엇이든지 간에 그들은 모든 하나님의 백성들의 궁극적인 승리와 하나님의 모든 목적을 의존할 수 있다.

상황잇기

35-38절에 스며있는 핵심적인 주제는 신자들의 육체적인 몸과 부활의 몸 사이에 동시적으로 나타나는 연속성과 불연속성이다. 하지만 더 강조가 되고 있는 것은 후자 곧 부활의 몸이다. 씨와 식물 사이에 연속성이 있으나 씨를 심는 것과 씨가 심겨진 장소에서 나온 새로운 생명을 보는 것 사이에 나타나는 원인과 결과의 관계성이 없었다면, 누가 그 연속성을 생각할 수 있었겠는가? 사람들은 자연

4. 이 문맥에서 56절의 논리에 관해서는 특히 H. W. Hollander and J. Holleman, "The Relationship of Death, Sin, and Law in 1 Cor 15:56," *NovT* 35(1993): 270-91을 보라.

적인 몸과 영적인 몸 사이에 계속된 동질성의 종류를 언급하면서도 육체의 실제적인 변화를 예상할 수 있다.[5]

이외에도 성경은 이 새 몸이 어떠할지에 대한 보다 상세한 질문들에 우리가 대답할 수 있는 단서를 제공해준다. 우리는 그리스도의 부활하신 몸에서 아는 것으로부터 어떤 추측을 해볼 수 있다—그것은 만질 수 있었고, 먹을 수 있었으나 먹지 않아도 되었으며, 나타나고 사라질 수 있었으며, 잠긴 문을 그대로 통과할 수 있었다(눅 24장; 요 20-21장). 하지만 예수가 아직 승천하시지 않았고, 완전히 승귀하시고 영화롭게 되시지 않았기 때문에 복음서들이 묘사하는 것처럼 예수의 몸은 그가 종국에 갖게 될 것과 정확하게 일치하지는 않는다. 예를 들어, 그는 궁극적으로 더 이상 그의 손과 옆구리에 상처를 갖지 않을 것을 우리는 상상할 수 있다.[6]

어떤 이들은 40절에서 땅에 속한 몸과 하늘에 속한 몸에 대한 언급을 39절과 41절에서 주어진 사례들과는 다른 것으로 본다. 그 경우에 바울은 예를 들어, 다양한 땅의 영역들(산, 강, 계속, 바다)과 다양한 초자연적 피조물들(천사, 악마) 사이에서의 차이를 생각하는 부가적인 유추를 주고 있을 것이다. 하지만 이 특별한 본문을 설명하는 것으로 확실히 의도된 중심 구절들에 비추어 볼 때 그것은 그럴 것 같지 않다.

어쨌든 몰몬교에서처럼 신자들이 받을 천상의 몸의 종류에 서로 구분이 있다는 견해를 지원할 만한 것은 없다. 해, 달, 별을 대조시키는 전체 요지는 세 가지 서로 다른 종류의 부활한 몸을 제기하고 있는 것이 아니라 하나님이 일반적으로 어떻게 서로 다른 종류의 육체적 실체를 창조하실 수 있느냐는 사례를 제공하고 있을 뿐이다.

42-44a절은 바울이 인간의 몸의 오직 '두' 종류를 비교하고 대조시키고 있음을 명확히 한다—이 세상에 살고 있는 몸과 다음 세상에 살게 될 몸. 이 구절들에서 묘사한 속성들은 요한계시록 21:4에서 가장 잘 요약된다: "모든 눈물을 그 눈에서 씻기시매 다시 사망이 없고 애통하는 것이나 곡하는 것이나 아픈 것이 다시 있지 아니하리니 처음 것들이 다 지나갔음이러라."

---

5. 참조. Morris, *First Corinthians*, 220: "죽은 것이 나타날 것과 같지 않을 것이라는 것은 중요하다." Bruce, *1 and 2 Corinthians*, 151: "개인의 정체성은 그러한 물질적인 재구성을 요구하지 않는다…유추를 위해 필요한 모든 것은 차이가 있는 정체성의 조화다."

6. 연속성과 불연속성과 씨름하는 용감한 시도를 위해서는 Robert Sloan, "Resurrection in 1 Corinthians," *SWJT* 26(1983): 69-91을 보라.

44b-49절은 사후의 삶에 대한 경쟁적인 견해들에 반응한다. 그것들은 보존해야 하는 세 가지 중요한 진리들을 확증해준다. 첫째로 새 몸은 다가올 세상을 경험하기 위해서 반드시 필요하다. '영원히' 육체가 없는 상태로의 도피는 선택적이 아니다. 둘째로 존재의 새 형태는 그리스도의 재림 때까지 발생하지 않는다. 이것은 영적으로 말해서 이런 삶에 이미 "도달했다"는 신자들의 모든 주장들을 논박한다. 셋째로 이 새 하늘에 속한 몸은 우리가 현재에 경험하거나 상상할 수 있는 어느 것보다 훨씬 더 영광스러울 것이다.

50절은 우리의 현재의 죄악 되고 죽을 운명의 몸은 무한하시고 거룩하신 하나님과 공존할 만한 가치가 없고 불가능하다는 것을 우리에게 상기시킨다.

51-52절은 데살로니가전서 4:13-18과 아주 유사한 용어와 심상을 포함하고 있는데, 그것은 죽음을 잠이 든 것으로 그리고 마지막 나팔소리와 함께 부활이 있는 것으로 묘사한다. 후자의 단락, 즉 데살로니가전서 4:13-18은 "휴거"의 개념을 불러일으키고 "전", "중간", 또는 "후환난설"에 대한 무수한 논쟁을 야기한 구절을 포함하고 있다(17절). 두 단락들 사이에 유사한 상호관계성 때문에 그리고 고린도전서 15장에서 바울이 그리스도의 공적인 재림의 시간에 발생하는 변화를 특히 언급하였기 때문에(23절), 어떤 분리된 이전의 사건으로 데살로니가전서의 휴거를 생각하는 것은 부자연스럽다. 성경의 다른 곳에서 그리고 유대 사상에서 보다 일반적으로 주님의 날에 나팔소리의 심상을 사용한 것(이전의 p. 364을 보라)은 이런 분석을 강화시킨다. 하지만 다시금 성경의 많은 본문들을 이 논쟁을 증거하기 위해서 가져와야 한다. 고린도전서만의 주해만으로는 이 문제를 풀지 못할 것이다.[7] 그리고 모든 측면에서 어느 단일한 단락이 동시에 휴거와 고난을 논할 수 없다는 것에 동의하고 있기 때문에 어떤 교회나 기독교 단체에 참여하려면 어떤 한 관계된 견해를 보유해야 한다고 주장하는 것은 너무 제한적이다.

데살로니가전서 4:15은 고린도전서 15장과 모순된다고 말들을 하는데, 바울이 처음에는 그리스도의 재림 때까지 자신이 살아있을 것을 믿었지만 여기서는 그가 아무 지식도 없음을 드러내고 심지어 고린도후서 1:8-11에서는 그 견해를 반박하고 있다고 주장한다. 하지만 바울이 51절에서 자신을 어느 그룹으로 분류하고 있는지는 덜 확실하다. 바울의 신학에서 "발전"에 대한 정교한 가정이 자주 제기된

7. 더 자세한 것은 Richard Reiter, Paul D. Feinberg, Gleason L. Archer, and Douglas J. Moo, *The Rapture: Pre-, Mid-, or Post-Tribulational?*(Grand Rapids: Zondervan, 1984)을 보라.

다.[8] 하지만 이런 모든 것들이 본문들과는 훨씬 거리가 있다. 문법적으로 "주 강림하실 때까지 우리 살아남아 있는 자"(살전 4:15)란 어구는 "어느 크리스천이든지 여전히 살아 있는"을 단순히 의미하고 어느 곳에서도 바울은 자신이 신자들의 이 그룹에 속할 것임을 알고 있다고 명확히 주장한 적이 없다.

우연히 나타나고 있는 56절은 죄와 죽음을 생산하는데 있어서 율법의 역할에 관한 바울의 신학은 갈라디아서 3장이나 빌립보서 3장 또는 그의 후대 사상의 산물인 로마서 6-7장의 논쟁적인 문맥으로 제한되지 않는다. 율법에 관한 문제가 여기서 우연히 나타나고 있다는 사실은 그것이 초기에 바울의 사상에 이미 확고히 자리 잡은 역할이었음을 증거한다. 아마도 그는 고린도에서 이미 이 주제에 대해서 가르쳤고, 그들이 여전히 그것을 이해하고 있다고 가정하였을 것이다. 범법함을 더하는 것이 율법의 유일한 목적은 아니다. 실로 종교개혁의 신학은 율법의 세 용법을 전통적으로 이해했고, 그중에 다른 두 용법은 훨씬 더 긍정적이다—죄를 억제하는 것으로서 그리고 그리스도인을 위한 도덕적 지침으로서 말이다.[9] 하지만 첫 번째 것이 중요한 용법이고, 율법과 복음 간에 고전적인 루터파의 이분법을 어느 정도 지원해준다.

신학을 윤리와 분리한 고린도인들의 경향으로 보아서 바울의 결론(58절)은 의미가 있다. 그는 논의를 매우 실제적인 적용으로 끝내고 있다. 여기서 그는 그것이 부활의 소망이요 모든 시공간의 좌절에서 신자들을 보호해주고 그리스도인의 봉사를 신실하게 하는 소망을 우리에게 상기시킨다. 사실상 부활은 삶의 모든 것에 영향을 주는 네 포괄적인 원리를 증거한다: 진리는 거짓보다 더 강하고, 선은 악보다 더 강하며, 사랑은 미움보다 더 강하고, 생명은 죽음보다 더 강하다.[10]

현대적 의미

부활의 몸의 본질은 아주 논쟁이 뜨거운데, 그리스도인들이 성경에 내재해 있는 것보다 더 상세하게 성경을 가지고 씨름하려고 하기 때문이다. 소수적인 관점은 예수가 부활하신 후 40일 동안의 대부분을 제자들과 함께 계시지 않았기 때문에 우리의 부활한 몸의 모범이 되는 것으로서 그리스도의 부활하신 몸은 보통 보이지 않으며 비물질적이었다고 주장한다.[11] 다른 범주에서 일부 크리스천들은

8. Klein, Blomberg, and Hubbard, *Biblical Interpretation*, 365-66과 거기서 인용된 문헌을 보라.
9. F. F. Bruce, *Paul: Apostle of the Heart Set Free* (Grand Rapids: Eerdmans, 1977), 191을 보라.
10. Barclay, *Corinthians*, 146-48.

신자들의 몸을 재건하고 변화시키는 하나님의 능력이 시신이 비교적 보전된 상황으로 제한되는 것처럼 화장하는 것을 반대하기를 계속한다.[12] 두 논쟁들은 과도하게 승리주의적인 교회론으로 이끄는 무리한 실현된 종말론을 조심하는 바울의 주요한 관심을 혼란케 한다—즉 다가올 시대의 많은 복과 승리를 현재 시대에 주장하는 것(설명과 예증을 위해서는 pp. 32-34을 보라).

이 승리주의가 성령의 영감으로 말한다고 주장하는 고린도인들의 태도와 메시지를 반영했다고 생각하는 것이 옳다면, 현대 세계에서 가장 비교되는 위험성은 우리가 이 세상에서 이룰 수 있는 영적인 성숙의 정도에 대해서 과도하게 주장하는 은사주의적인 운동 내에 있는 사람들과 특히 관련이 있다. 비은사적인 범주에서는 기독교인의 완전성과 죄를 짓지 않고, 몇 날, 몇 달 몇 년을 살 수 있을 가능성을 가르치는 것이 이에 상응한다. "번영복음"은 이 세상에서 넉넉한 건강과 자금을 가질 수 있다고 생각하도록 사람들을 속인다. 이런 풍조에 반하여 바울은 우리가 아직 "도달하지" 않았고, 또한 우리는 그리스도의 재림 이전에는 이런 측면에 이르지 못할 것임을 강조한다.

유감스럽게도 보수적인 기독교는 분열적인 방식으로 천년왕국과 휴거에 관한 서로 다른 입장을 논증하기를 계속하고 있다. 다행히도 요즈음 이런 흐름이 잦아들고 있기는 하다. 많은 파라처지 단체들이 믿음의 진술에 이런 천년왕국과 휴거를 포함시키기에 충분할 만큼 성경에 그것이 나타나 있지 않음을 인식한다. 주요한 예외들은 제도적인 타성으로 인해서 아주 천천히 변화를 이루는 교육적이거나 선교적인 단체들과 보통 관련이 있다. 교회는 파라처지 운동에서 좋은 교훈을 배울 수 있고, 교리적인 진술, 정통에 관한 검증, 또는 다른 신자들과의 교제나 협력의 일부에 '전, 후, 또는 무 천년설이나 전, 중간, 또는 후 환난설을 주장하기를 거절하는데 합세할 수 있다. 많은 성장하는 교회들이 이미 이 사실을 인정했지만 다른 교회들은 여전히 가야할 먼 길이 있다.

49절의 NIV 각주("그렇게 하다", so let us)는 본문("그렇게 될 것이다", so shall

---

11. Murray J. Harris, *Raised Immortal*(Grand Rapids: Eerdmans, 1977), 53. 나아가서 이 견해는 특히 Norman L. Geisler, *The Battle for the Resurrection*(Nashville: Thomas Nelson, 1989)과 몇몇 반(反) 이단 사역에 관한 비공식적인 문헌에서 이단과 유사한 가르침에 관한 비난으로 가득한 심각한 반작용을 낳았다. 해리스는 이런 비난들에 적절하게 대답했다(그의 *From Grave to Glory*[Grand Rapids: Zondervan, 1990]을 보라).
12. John J. Davis(*What About Cremation: A Christian Perspective*[Winona Lake, Ind.: BMH, 1989])은 다른 이보다 더 낙관적이지만 여전히 가능한 한 매장을 선호하는 것을 발견한다.

we)과는 다를지라도, 그것은 우리가 어느 날 하나님의 완전한 반영이신 그리스도의 형상을 온전히 닮게 될 것이기 때문에 우리는 서로서로 지금 그 형상을 재창조하는 일을 격려해야 한다. 에베소서 4:24은 이 과정을 "하나님을 따라 의와 진리의 거룩함으로 지으심을 받은 새 사람을 입는" 것으로 묘사한다.

현대의 기독교는 도덕적이고 관계적인 것으로서 하나님의 형상에 관한 종교개혁의 강조를 재발견할 필요가 있다. 우리는 하나님의 형상을 인간 심리의 삼분적인 분리로 정의하는 경향이 있는 통속적인 심리학, 남성과 여성의 창조를 형상의 신정통적인 동일시, ('이마고 데이'의 맥락에서—창 1:27-28) 이 땅을 정복하라는 명령에 대한 반생태학적인 왜곡에 사로잡혀 있다.

흥미롭게도 바울은 11:7에서처럼 여기서 하나님의 형상("모양")을 그의 영광(43절)과 관련짓는다. 그리고 고린도후서 3:7-8은 하나님의 영광을 시내산에서 모세에 대한 계시, 즉 소통하시는 하나님의 속성이란 측면에서 그 영광을 드러내었던 계시와 연관짓는다(출 33:18-34:7). 하나님의 진리를 보존하려고 애쓰는 많은 범주에서 크리스천은 출애굽기 34:6-7a가 진술하는 하나님의 형상의 양상들을 닮고 그의 자비를 보일 수 있도록 열심히 노력해야 한다: "여호와로라 여호와로라 자비롭고 은혜롭고 노하기를 더디하고 인자와 진실이 많은 하나님이로라 인자를 천대까지 베풀며 악과 과실과 죄를 용서하나 형벌 받을 자는 결단코 면죄하지 않고 아비의 악을 자녀손 삼사 대까지 보응하리라."[13]

고린도전서 15장이 절정에 이르고 있는 죽음에 대한 궁극적인 소탕은 오늘날 죽음을 두려워하며 살고 있는 사람들에게 많은 말을 해준다. 논증해야할 유일하게 심각한 질문으로서 자살의 공포를 제기한 것은 사르트르만이 아니다. 존재론적이고 생태적인 두려움이 비그리스도인 세계의 많은 부분에 범람하고 있다.[14] 크리스천들은 덜 두려움을 가져야 한다. 우리는 사랑하는 자의 상실을 슬퍼하고 자신의 죽음을 둘러싼 알 수 없는 요인들과 관련한 어떤 염려를 가질 수 있으나 "소망 없는 다른 이와 같이" 반응해서는 안 된다(살전 4:13). 크리스천의 장례식은 무엇보다도 "본향"으로 가는 축제가 되어야 한다. 문화적으로 적절한 경건을 유지할지라도, 그럼에도 불구하고 기쁨의 영과 소망의 메시지가 장례 예식을 지배해야 한다.

---

13. 더 자세한 것은 R. Ward Wilson and Craig L. Blomberg, "The Image of God in Humanity: A Biblical-Psychological Perspective," *Themelios* 18(1993): 8-15을 참조하라.
14. 참조. J. Davis McCaughey, "The Death of Death(1 Corinthians 15:26)," in *Reconciliation and Hope*, ed. Robert Banks(Grand Rapids: Eerdmans, 1974), 257.

이는 참석한 불신자들에게 복음을 맛보게 하는 말을 포함할 수 있다. 그리고 부활의 소망은 살아 있는 사람들에게 "견실하며 흔들리지 말고 항상 주의 일에 더욱 힘쓰는 자들이 되도록" 인내할 것을 격려해야 한다(58절).[15]

---

15. Friedrich Nietzche, *Beyond Good and Evil*, tr. R. J. Hollingdale(New York: Penguin, 1973), 109; Eugene Peterson, *A Long Obedience in the Same Direction* (Downers Grove, Ill.: InterVarsity Press, 1980)에서 인용되고 기독교적인 맥락에서 재적용됨.

고린도전서 16:1-4

1 성도를 위하는 연보에 관하여는 내가 갈라디아 교회들에게 명한 것 같이 너희도 그렇게 하라
2 매주 첫날에 너희 각 사람이 수입에 따라 모아 두어서 내가 갈 때에 연보를 하지 않게 하라
3 내가 이를 때에 너희가 인정한 사람에게 편지를 주어 너희의 은혜를 예루살렘으로 가지고 가게 하리니
4 만일 나도 가는 것이 합당하면 그들이 나와 함께 가리라

원 의미

바울은 서신의 본론의 마지막 주제로 진행한다. 마지막에서 두 번째로 그는 "이제…대해서"(now about)를 소개하는데 이것은 아마도 고린도인들이 그들의 서신에서 물었던 마지막에서 두 번째 질문을 반영할 것이다(참조. 7:1). (마지막의 그러한 이슈는 신학적이 아니라 개인적이다: 16:12을 보라). 바울의 언급이 아주 짧기 때문에 많은 배경들을 사도행전, 로마서, 고린도후서에서 공급한 부가적인 정보를 통해서 채워야 한다.[1]

바울이 1절에서 언급한 헌금은 그의 3차 선교여행의 주요한 목적을 형성했다. 상당히 많은 예루살렘의 유대 크리스천들이 가난하였고(3절; 참조. 롬 15:26), 바울은 그들의 필요를 충족시켜 주기 위해서 아시아와 유럽의 다양한 이방 교회들에서 자금을 일으키는데 상당한 에너지를 소비했다(행 20:4). 그러나 바울은 물리적인 고난을 완화시키는 것과 더불어 이 헌금이 유대인과 이방인의 장벽을 넘어서 교회 안에 더 커다란 연합을 가져오고, 이방인 교인들이 예루살렘의 "모 교회"에 지었던 일종의 영적인 빚을 갚을 수 있으며(롬 15:27), 회의적인 유대 크리스천들

---

1. Verlyn D. Verbrugge, *Paul's Style of Church Leadership Illustrated by His Instructions to the Corinthians on the Collection* (San Francisco: Mellen Research University Press, 1992), 25-94은 1-2절을 자신의 권위에 대한 호소를 넘어서서 수령자들에게 동기부여를 하거나 자신의 요청을 정당화하는 어떤 시도도 없이 어떤 저자가 적어도 한 2인칭 명령형을 사용하는 "명령적인 서신"과 비교한다.

에게 이방인 크리스천들(참조. 행 24:17)의 진정성을 보여줄 수 있는 기회로 보았다. 아울러, 이 헌금은 참여한 사람들의 믿음과 사랑을 구원받지 못한 세계와 모든 곳의 크리스천들에게 증거할 수 있었을 것이다. 보다 많은 사람들이 그리스도에게 나아올 수 있고, 어떤 이들은 그들의 믿음에서 성장할 것이고, 하나님께 감사를 전할 수 있었을 것이다(고후 9:12-15).

이 헌금의 신학적인 풍부한 의미는 바울이 이 프로젝트에 적용한 용어의 다양성에 의해서도 상당히 알 수 있다: "선물"(3절; 여기서 사용된 어휘는 "은혜"도 역시 의미한다), "교제"나 "나눔"(고후 8:4), "관 대한" 헌금(8:20; 9:5), "헌물"의 드림(행 24:17), "봉사"(고후 9:1), 심지어 "거룩한 봉사"(9:12). 고린도인들이 스스로 최초에 관대하게 기부하였고, 다른 교회들이 고린도 교회를 모방하였지만 이제는 이런 헌신을 하는데 뒤처져 있었다(8:1-12; 9:1-5). 애석하게도 바울의 간략한 말들은 여기서 그들에게 충분히 동기부여를 줄 수 없었다. 그가 고린도후서 8-9장에서 보다 상세하게 이 주제로 돌아와야 했기 때문이다.[2] 하지만 로마서 15:26은 궁극적으로 고린도 교회가 이 헌금에 통참하였음을 보여준다.

1a절에서 "하나님의 사람들"은 "성도"에 대한 용어를 번역한 것이고, 이는 일반적으로 크리스천을 가리킨다—이 경우에 예루살렘의 성도들. 1b절에도 불구하고 갈라디아서에는 이 헌금에 대한 언급이 없으므로, 바울이 여기서 언급하고 있는 지침은 갈라디아 서신이 약 A.D. 49년(6년 더 일찍이)에 작성된 이후에 여기서 발생하였다고 가정해야 한다. 하지만 갈라디아서 2:10은 바울, 베드로, 야고보가 바울의 사역에 대해서 이야기하기 위해서 예루살렘에서 서로 만났을 때 모두 일치했던 중요한 원리로서 "가난한 자를 생각하라"는 것을 포함한다. 아울러 바울이 헌금과 함께 보냈던 대표자들 중에 한 사람(행 20:4을 보라)이 남 갈라디아의 도성들 중에 한 지역 출신의 사람인 더베의 가이오였다.

"매주 첫날에"(2a절)는 일요일을 가리킨다. 따라서 이 구절을 기독교 예배의 일부로서 주일 헌금에 대한 첫 언급으로 간주하는 것이 자연스럽다. 하지만 "얼마의 돈을 모아두라"는 말은 직역하면, 마치 각 사람이 자신의 헌금을 집에서 모아두는 것처럼, "스스로 저축하여 모아두라"고 번역할 수 있다. 바울은 자신이 고린도에 도착하였을 때 헌금을 하지 않기를 바란다고 말한 것으로 보아서, 그가 가장 의도

---

2. 바울의 헌금 모금에 관한 두 가장 중요하고 상세한 연구서들은 Dieter Georgi, *Remembering the Poor: The History of Paul's Collection for Jerusalem*(Nashville: Abingdon, 1992)과 Keith F. Nickle, *The Collection*(Naperville, Ill.: Allenson, 1966)이다.

했던 것은 "핵심적인 자금을 위해서 각 지체는 준비된 돈을 가질 것"을 희망했다는 것이다.[3] 하지만 고린도인들이 필연적으로 자신들의 돈을 매주 예배 시간에 가져오지 않았다할지라도, 이 헌금이 주일날에 발생했다는 사실은 일곱째 날 곧 안식일이 아니라 주간의 첫날이 이미 크리스천들에게 가장 특별한 날이 되었음을 암시한다. 바울이 사도행전 20:7에 드로아에서 가르쳤던 것처럼—이 서신을 쓴 후 일이년 뒤에 있었던 사건—이 날에는 예배 시간을 포함했다.

"각 사람이 수입에 따라"(2b절)는 "잘 사는 정도에 따라서"로 더 잘 독법할 수 있는 표현이다. 바울이 추천서와 대표자를 언급한 것(3절)은 재정적인 고결성과 책임에 대한 그의 관심을 보여준다. 사도행전 20:4은 이 대표자들이 바울이 사역했던 수많은 교회와 지역으로부터 왔음을 보여준다. 특히 아가야(고린도가 위치했던 지방)와 관련한 대표자들이 없는 것을 아주 다양하게 해석들을 한다. 아마도 그것은 누가의 목록이 바울의 다른 곳에서의 목록처럼(롬 15:26) 일부분에 불과하였음을 의미할 것이다. 다소 덜 가능성이 있기는 하지만, "편지"가 "너희가 인정한"이란 동사를 수식하는 것으로 취하는 것인데, 이 경우에 우리는 "너희가 이를 때에 너희의 선물과 함께 소개의 서신으로 너희가 인정한 사람을 보낼 것이다"라고 독법해야 한다. 바울이 같이 가는 것을 무엇이 "합당하게"(또는 "적절하게") 만들 것인가?(4절) 아마도 그 시간을 정당하게 하고 예루살렘의 교회 지도자들 앞에서 자신을 당황스럽게 하지 않을 정도의 적합한 양의 돈을 염두에 두었을 수 있다![4]

상황잇기

바울은 예루살렘을 위한 헌금의 지침에 기초한 크리스천의 기부 행위에 대한 강력한 원리를 제공한다. 물론 이 중에 많은 지침들을 고린도후서 8-9장에서 발견할 수 있고, 그것을 그 책에 대한 주석으로 미뤄야하지만 말이다. 그럼에도 불구하고 그 배경에 대한 몇 가지 논쟁과 함께 몇 가지 원리들이 이 네 구절에서 나타난다. 배경에 대한 논쟁을 먼저 살펴보면, 예루살렘 교회는 어째서 가난하였는가? 가난하게 된 원인을 공동주의(곧 공산주의)에 대한 실패한 실험으로 돌리는 사람들이 있다(참조. 행 2:44-47; 4:32-37). 확실히 우리는 초대교회가 공동적인

3. Barrett, *First Corinthians*, 387.

4. 참조. Robertson and Plummer, *First Corinthians*, 387: "그는 하찮은 돈을 전달하기 위해서 다른 사역을 포기할 수 없었고, 사도는 그렇게 가치가 있지 않은 사역을 이끌 수는 없었다. 그것은 쩨쩨한 것처럼 보일 수 있었을 것이다."

나눔의 습관을 얼마나 오래 지속했는지를 알 수가 없고, 이 주제에 대한 침묵은 교회의 탄생과 고린도전서를 쓸 시기의 25년간의 갭 동안에 이미 이 공동적인 나눔이 포기되었던 것으로 생각할 수도 있다. 한편으로 누가는 하나님이 이 "실험"을 복주셨다고 알려줌으로(2:47; 5:11-16), 우리는 가난한 자들에게 기부하는 것을 자본주의를 촉진하기 위한 부차적인 대안인 것으로 경시할 수는 없다. 자주 그런 것처럼 크리스천들이 제어할 수 없는 어떤 외적인 요인들이 가난으로 이끌 수 있다. 조직적인 변화가 그들에게 도움이 될 수 있으나, 그들은 부유한 하나님의 백성들의 편에서 관대하게 나누어주는 것에 대한 대안이 없다.[5]

아마도 예루살렘 교회의 궁핍은 40년대 후반의 기근, 처음에 예루살렘의 비교적 가난한 수준, 초대교회로 몰려온 많은 가난한 사람들(예. 행 6:1의 과부들), 기독교로 전향한 유대인들이 다른 유대인들이 열렬히 실천했던 가난한 자들을 위한 음식과 쓸 것에 대한 공급을 삭감했을 것이라는 사실을 포함하는 일련의 요인들의 결과였을 것이다. 우리는 피할 수 있었던 특이한 문제에 대한 독특한 반응으로서가 아니라 궁핍한 자들의 유사한 상황에 넓게 적용할 수 있는 것으로 기부에 대한 바울의 원리를 취할 수 있다.

실로 이 헌금에 대한 바울의 두 주요한 근거는 거의 모든 시대에 기독교인의 기부에 두 주요한 초점—우리의 영적인 부모들이나 전임사역에서 우리보다 권위가 있는 사람들을 지원하고 세상에서 특히 그리스도의 몸 안에서 좌절한 사람들의 육체적 영적 필요를 충족시키는 일을 돕는 것—을 제공할 정도로 교회 역사에 영향을 미쳤다. 다른 상세한 것들은 보다 구체적인 상황에 따를 것이지만 유익한 가이드라인을 제공할 수 있다. 예를 들어, 매주 헌금은 체계적이고 자기 훈련적이며, 일관된 관대성 속에서 세워져야 한다. 그 돈이 개인적으로 단순히 모아둔 것이라 할지라도, 교회의 규칙적인 예배와의 연관은 청지기 정신이 기도, 찬양, 교제, 교훈, 등등과 같이 하나님에 대한 순종과 헌신의 일부임을 상기시킨다. 또한 그것은 기독교 지도자들이 특별한 요청을 발하거나 규칙적인 예산의 부족을 줄이기 위해서 부가적인 운동을 벌여야 한다는 것을 말하는 것 같지는 않다.

"수입에 따라"(2절)란 바울의 어구는 여기서도 어느 다른 신약성경의 본문에서도 십일조를 크리스천의 의무인 것으로 가르치고 있지 않음을 상기시킨다. 실로

5. 고전적인 작품인 Abraham Kuyper의 *The Problem of Poverty*(Grand Rapids: Baker, repr. 1991), 특히 pp. 59-79을 보라.

10퍼센트를 내는 신약성경의 유일한 언급은 예수가 유대 서기관들과 바리새인들에게 '옛 언약 하에서 어떻게 살아야 하는지에 대해서 가르치시고 십일조가 "율법의 더 중요한 문제들"—정의, 자비와 신실(마 23:23)—에 종속된다고 말씀하시는 단락에서 나온다. 반면에 바울의 이상적인 생각은 고린도후서 8:13-15에서 나타난다: 보다 유복한 크리스천들이 남은 것을 궁핍한 자들과 나눔으로써 어느 누구도 너무 부하거나 너무 가난하지 않게 해야 한다. 십일조가 갖는 문제는 많은 가난한 자들에게 그것이 너무 부담이 되는 반면에 대부분의 중산층과 상류층의 크리스천들은 너무 쉽게 그 고리를 벗어버린다는 것이다! 따라서 바울은 어떤 퍼센트를 법제화하지 않는다. 실로 2절은 여기서 "누진 십일조"의 개념을 지지하는 것으로 취할 수 있다. 즉 더 많이 버는 자가 더 많은 퍼센트를 통상적으로 내야 한다는 것이다.[6] 하지만 그는 "각각의 사람이" 내야 한다는 것을 강조하는데, 이 의무는 부유한 후원자에게로만 제한될 수 없다. 그들이 다시금 그들의 기부로 권력을 살 수 있다고 생각하지 않도록 하기 위해서다. 바울은 가난한 자들을 돌보기 위한 유사한 유대와 그리스 로마의 모델을 잘 인식하고 있었을 것이고, 자신을 돌보는데 열심인 것처럼 적어도 크리스천들을 생각하는 것에 관심을 가졌을 것이다.[7]

3절은 돈을 다루는데 있어서 책임의 중요성을 명확히 한다. 바울은 고린도후서 8:16-24에서 이런 관심에 대해서 강조하는 커다란 고통을 취한다. 그는 헌금을 잘못 운영하거나 자금을 잘못 사용한다는 비난을 받지 않아야함을 확실히 하기를 원한다. "구제할 때에 오른손의 하는 것을 왼손이 모르게 하라"(마 6:3)는 예수의 유명한 말씀과 바울의 가르침은 서로 모순을 일으키지 않는다. 오히려 예수의 말씀은 공개적으로 자신의 경건을 보이려는 것을 비유적으로 경고하시고 있고, 이 경우에 예수의 비판은 궁핍한 자들에게 얼마나 많은 것을 기부하는가를 과시하려고 하는 것에 있다(1-2절).

---

6. 이 요지에 관해서는 특히 Ronald J. Sider, *Rich Christians in An Age of Hunger*(Downers Grove, Ill.: InterVarsity Press, 1984), 163-77을 보라. 하지만 특별한 퍼센트를 필연적으로 쓰지는 않는다.
7. 참조. Barclay, *Corinthians*, 162: "헬라 세계에서는 '에라노이'라 불리는 회가 있었다. 어떤 이가 곤란한 날을 겪고 있거나 갑작스런 곤궁에 빠졌다면, 친구들이 그를 돕기 위해서 이자 없이 돈을 빌려주기 위해 기금을 모았다. 회당은 있는 사람들로부터 헌금을 모아서 없는 사람들에게 나누어주는 임무를 하는 관리가 있었다…바울은 기독교회가 유대와 이교 세계보다도 관대함에서 뒤처지기를 원치 않았다." 이러저러한 모형들에 대한 상세한 설명에 대해서는 Verbrugge, *Church Leadership*, 145-83을 보라.

현대적 의미

신자들이 이 헌금과 관련한 바울의 권면을 오늘날 크리스천의 기부에 왜 적용하지 않아야 하는가 하는 모든 종류의 반대들을 가져올 수 있다—그것은 "하나의" 이벤트였고, 우리는 복지를 위해 세금을 지부하는 다른 경제 구조를 갖고 있고, 오늘날 가난한 사람들은 자주 자신의 문제를 스스로 만들었다는 등등. 하지만 이런 반대 중에 어느 것도 세심하게 살필 필요가 없다. 분명한 사실은 '현대의' 전세계적인 기준에 의해서조차도 대부분의 서방 크리스천들의 삶의 전반적인 표준은 대부분의 다른 시대와 문화에서 신자들의 표준보다 많이 우월하여 이 세상의 다른 가난한 사람들은 말할 것도 없고 수많은 궁핍한 '크리스천들'을 돕지 않는데 대한 변명이 과도하게 텅 빈 소리에 불과하다. 우리는 이 도움을 제공하는 가장 좋은 방법에는 의견이 있을 수 있으나[8] 관대한 기부가 우선순위에 있어야 한다.

청지기 정신의 원리에 대한 더 좋은 이해와 이 원리들의 보다 일관된 적용은 현대의 서방 교회에 정확히 필요하다. 미국인들이 매년 스포츠, 레저, 레크리에이션, 과도한 음식과 의복 등등에 쓰는 돈은 절망적으로 가난한 이 세상의 2/3의 최악의 고통을 경감시키기 위해서 매년 필요로 하는 돈의 양을 훨씬 초과한다.[9] 그리고 이 세상의 가난한 2/3의 사람들과 유복한 서방 사람들의 상당한 비율이 크리스천이다! 분명히 부패한 정부, 시민전쟁, 공급의 차단, 그리고 다양한 다른 장애들이 모든 인간의 비참함을 경감시키는데 방해를 놓을 수 있지만 훨씬 더 의미 있는 진보가 현재에 행해지고 있는 가난한 사람들을 돕는 일에 이루어질 수 있었다. 정부는 때로 그 힘이 미치는 더 많은 수단을 강구할 수 있지만, 보통 그리스도의 이름으로 구조를 하지 않거나 교회와 크리스천들이 할 수 있는 영적이고 육체적인 질병에 대한 거룩한 해독제의 형태를 제시하지는 않을 것이다.

그러나 유감스럽게도 미국의 크리스천들은 종합해서 평균적으로 약 수입의 3퍼센트를 자선을 위해 기부한다. 교회들은 여전히 많은 교인들에게 십일조를 요구하고 받기도 한다. 우리는 이런 관습을 반대해서는 안 된다. 그러한 기부자들이 7퍼센트로 평균을 웃돌기 때문이다! 하지만 우리 대부분이 정직하였다면, 더 여유를 가질 수 있었고, 상당한 희생이 없이도 더 많은 것을 기부할 수 있었을 것이다. 이

---

8. 예를 들어, John A. Bernbaum, ed., *Economic Justice and the State: A Debate Between Ronald J. Nash and Eric H. Beversluis*(Grand Rapids: Baker; Washington, D.C.: Christian College Coalition, 1986)을 보라.

9. John Ronsvalle and Sylvia Ronsvalle, *The Poor Have Faces: Loving Your Neighbor in the 21st Century*(Grand Rapids: Baker, 1992), 45-54에서 제시된 정신이 번쩍 들게 만드는 통계치를 보라.

런 아이디어 목록은 끝이 없다: 더 작은 집에서 살고, 덜 비싼 차를 사고, 덜 많이 먹고, 덜 외식하고, 덜 옷을 사고, 벼룩시장을 이용하고, 동승하는 차를 이용하고, 물을 아끼고, 재활용품을 활용하고, 영화관에 가기보다 집에서 비디오를 시청하며, 케이블 티브이를 삼가며, 도매시장을 이용하고, 자전거가 가능할 때 차로 덜 여행하며, 차가 가능할 때 비행기로 덜 여행하며, 동일한 단지의 가정들 사이에서 드물게 사용하는 가재도구와 설비를 나누어 사용하고, 음식을 아끼며, 애완용 개에 덜 돈을 소비하고, 집과 건물에서 에너지를 아끼고, 더 검소한 결혼식과 장례식을 기획하고, 생일이나 크리스마스 선물로서 기독교 단체에 기부금을 전달하고, 일회용품을 삼가고, 사용하지 않는 옷, 책, 장난감, 그리고 다른 소유물들을 규칙적으로 처분하는 것 등등.[10]

때로 신자들은 주의 일을 하는데 사용되어지기 위해서 그들의 자금의 보다 근본적인 방향을 수정할 필요가 있다. 톰 시네는 어떤 교회에서 처음으로 집을 소유하는 자들이 이자를 받지 않고 돈을 빌릴 수 있는 자금을 설정하고 그 보답으로 돈을 빌린 사람이 교회의 다양한 사역에 일할 수 있도록 계약하거나 융자금에 소비할 수 있었던 돈을 바울이 여기서 상정한 거룩한 사역에 바치게 한 교회의 모델을 설명한다.[11] 집을 위해서 5만 달러의 현금을 지불해야 했던 개인이나 가정은 30년에 걸쳐서 거의 15만 달러의 융자금을 절약하여 하나님 나라에 우선권을 두는데 재투자할 수 있었다. 현재의 설비로는 교인들을 모두 수용할 수 없게 성장한 많은 교회들이 자녀교회를 시작하고, 근처에 어려운 교회들에 새 생명을 주입할 수 있도록 교인들을 보내주며, 쇼핑몰의 빈 공간에서 모임을 가지며, 더 큰 건물 프로그램에 사로잡혀 흔히 내야하는 부채 상환금의 커다란 돈의 양을 만들지 않고 많은 다양한 전환을 창출해내는 이점들을 진지하게 생각해 보아야 한다.[12]

요컨대 "베이비부머들"과 "베이비버스트들"(출생률 격감기에 태어나 사람들-옮긴이)은 주는 것을 배울 필요가 있다. 그들이 그렇게 하지 않는다면 많은 교회와

---

10. 나는 나의 가정이 이런 저런 때에 시행했던 아이디어만을 여기에 열거했다. 수많은 실제적인 제안들이 Doris J. Longacre, *Living More with Less*(Scottdale, Pa.: Herald, 1980)와 Ronald J. Sider, ed., *Living More Simply: Biblical Principles and Practical Models*(Downers Grove, Ill.: InterVarsity Press, 1980)에 나타난다. 이런 일들 중에 어느 것도 시대에 뒤떨어져 있지 않다. 그들이 담고 있는 제안들은 15년 전보다 오늘날 '더' 관계가 있다.
11. Tom Sine, *Wild Hope*(Dallas: Word, 1991), 274-76.
12. 이런 저런 실천적인 적용에 대해서는 나의 글인 "On Wealth and Worry: Matt 6:19-34-Meaning and Significance," *CTR* 6(1992): 73-89에서 pp. 84-89을 보라.

기독교 단체들은 할 일이 없게 될 것이다. 이 나라에서 기부자의 태반이 노년층에 상당히 의존하고 있기 때문이다.[13] 게다가 그들(그리고 모든 크리스천들)은 우선순위가 확실한 개인, 단체, 그리고 교회들에 기부하는 것을 배워야 한다. 전 세계에 상처 입은 사람들의 육체적 영적 필요를 충족시키기 위한 거룩한 사역과 전임 기독교 사역자들의 과도하지 않은 합리적인 라이프스타일을 지원하기 위해서 기부금을 극대화하는 교회에 헌금하는 것을 배워야 한다. 거룩한 선교에 교회 예산의 50퍼센트가 전달되고 있다는 사실을 서부 유럽에서 듣게 된다. 보다 유복한 미국의 교회들이 교회 예산을 의미 있게 재조정하려고만 한다면 이보다 더 나을 수 있다. 바울이 세상에 경쟁하는 모델들에 의해 수치를 당할 것을 두려워했던 것처럼, 우리는 대부분의 크리스천이 하는 것보다 더 신실하게 자신의 사람들을 돌보기 위해서 십일조를 거두고 물건을 비축하는 몰몬교도들로부터 오늘날 교훈을 배워야 한다. 우리는 이런 영역에서 그들이 우리보다도 더 훌륭하게 복음의 원리를 모범적으로 시행하도록 계속 허용해야만 하는가?

매주 헌금은 좋은 모델이지만 법적으로 부과할 필요는 없다. 좋은 청지기정신(장부를 쓰고 좋은 잔고를 유지하며 책임의식을 갖는 것 등)은 기독교 사역에 기부하는 것을 사실상 매달 또는 분기로 확장할 수 있다. 하지만 헌금하는 행위가 자주 이루어지지 않아서 예배의 일부로서 규칙적인 청지기 정신의 가치를 상실하지 않도록 조심해야 한다. 아울러 우리는 월급을 사용할 때, 헌금하기로 결정한 것에 따라서 그 헌금을 "최우선"으로 삼아야 한다. 다른 필요와 바람을 충족시키고 나서 남은 것으로 헌금함으로써 그 기준이 오르내리지 않게 해야 한다.

돈을 사용하는 일에서 고결성과 책임성을 갖는 것은 관대하게 희생적으로 기부하는 일만큼이나 부족한 상태에 있다. 소속 교회와 파라처치 그룹에 재정적인 투명성과 책임의 원리를 고수케 하는 조직들은 이런 범주에서 유익하고 널리 장려되어야 한다. 어쩔 수 없는 경우를 제외하고는 개인이든 교회가 빚을 지지 않으려는 양심적인 저항은 새롭게 되새겨야할 필요가 있다. (어떤 일을 이루기 위해서 빚을 짐으로써 갚는 이자율보다 투자하는 동안에 더 큰 이윤을 생산할 수 있는 잉여금이 한 가지 합법적인 이유가 될 수 있을 것이다.) 신용카드의 이자율의 과도한 비율로 보건대, 매달 이자 없이 지불할 돈이 없다면 물건을 구입할 합법적인 이유가 거의 없다.

---

13. 인구 통계의 흐름에 관한 신랄한 평가에 대해서는 Sine, *Wild Hope*, 136-70을 보라.

건물을 세우는데 들어가는 돈을 미리 갖고 있지 않다면 그것을 위해서 융자해야할 많은 상황들은 없다. 교회 예산은 모든 교인들이 기도하면서 살필 정도로 공개적이고 상세해야 한다. 세목은 목사의 사례를 포함해야 한다. 그것이 깊이 생각해야할 가장 미묘한 주제일지라도, 지도자에게 너무 많이 지불하거나 너무 적게 지불함으로써 우리의 지출 가운데 가장 남용하는 영역이 될 수 있기 때문이다.

각각의 신자들은 서로의 라이프스타일에 책임을 질 수 있도록 그들의 청지기 정신의 상세한 부분을 나눌 수 있는 동료 크리스천을 필요로 한다. 이런 것들을 노출함으로써 너무 많은 비판을 받을 것으로 생각하는 사람들은 종종 우선순위를 잘못 사용하고 있다.[14]

14. 교회의 재정적인 고결성에 관해서는 Robert R. Thompson and Gerald R. Thompson, *Organizing for Accountability*(Wheaton, Ill.: Harold Shaw, 1991)을 참조하라. 개인의 재정에 관한 성경에 기초한 실제적인 수많은 제안들에 대해서는 Malcolm MacGregor with Stanley G. Baldwin, *Your Money Matters*(Minneapolis: Bethany, 1977)과 Howard L. Dayton, Jr., *Your Money: Frustration or Freedom*(Wheaton, Ill.: Tyndale House, 1979)을 보라.

고린도전서 16:5-12

5 내가 마게도냐를 지날 터이니 마게도냐를 지
난 후에 너희에게 가서
6 혹 너희와 함께 머물며 겨울을 지낼 듯도 하
니 이는 너희가 나를 내가 갈 곳으로 보내어
주게 하려 함이라
7 이제는 지나는 길에 너희 보기를 원하지 아
니하노니 이는 만일 주께서 허락하시면 얼마
동안 너희와 함께 머물기를 바람이라
8 내가 오순절까지 에베소에 머물려 함은
9 내게 광대하고 유효한 문이 열렸으나 대적하
는 자가 많음이라
10 디모데가 이르거든 너희는 조심하여 그로 두
려움이 없이 너희 가운데 있게 하라 이는 그
도 나와 같이 주의 일을 힘쓰는 자임이라
11 그러므로 누구든지 그를 멸시하지 말고 평안
히 보내어 내게로 오게 하라 나는 그가 형제
들과 함께 오기를 기다리노라
12 형제 아볼로에 대하여는 그에게 형제들과 함
께 너희에게 가라고 내가 많이 권하였으되
지금은 갈 뜻이 전혀 없으나 기회가 있으면
가리라

원 의미

서신의 본론은 이미 끝났다. 바울은 이제 개인적인 언급(5-12절)과 마지막 인사(13-24절)로 그의 서신을 끝맺는다.

그의 서신에서 자주 그러한 것처럼, 바울의 개인적인 언급은 그의 현재의 사역 여행과 관련이 있다(또는 그가 나중에 감옥에 갇혔을 때 그를 대신하는 자들에 대해서 관심이 있다). 이것은 그의 서신의 공식적인 끝맺음으로 전환시키는 기능을 한다(예. 롬 15:14-33; 고후 13:1-10; 엡 6:19-22; 골 4:7-9; 몬 22절). 마게도냐를 재방문한 후에 고린도로 가려는 그의 목표(5절)는 마침내 이루어졌으나(행 20:1-6), 그가 처음에 소망했던 것만큼 빨리 이루어지지는 않았다. 고린도후서에 나타나는 증거는 바울이 사도행전에서 묘사된 두 여행들 사이에 고린도로 잠시 방문했음을 보여주고(고후 12:14; 13:1), 아마도 교회의 특별한 대적자들을 다루기 위해서 고린도전서와 고린도후서 사이에 부가적인 서신을 썼을 것이다(고후 1:15-17; 1:23-2:4).[1] 고린도후서 8:10과

1. 이 사람은 고린도전서 5장의 근친상간한 범죄자와 동일한 사람이거나 아닐 수 있다. 그러나 동일한 사람

9:2은 헌금에 대해서 방금 개요한 지침들이 "지난 해"에 발생했음을 진술한다. 이는 고린도전서를 쓴 이후에 몇 달이 지났음을 암시한다. 여기서 그가 곧 에베소를 떠날 것을 예상하고 있을지라도, 바울을 고린도로 가는 도상에 있음을 알게 하는 고린도후서 7:5에서 묘사된 여행은 적어도 9개월 뒤에 발생했음이 틀림없다. 고린도전서가 A.D. 55년에 작성되었다면, 바울은 같은 해에 본래 고린도에 가기를 희망했지만 실상은 56년의 어느 날까지 장기적인 체류를 위해서 그곳에 도착하지 못했다.

그러나 고린도에서 온 겨울을 나고자 하는 그의 최초의 바람(6a, 7a절)은 한해가 늦어졌을지라도 여전히 성취되었다. (이웃하는 겐그라에서에서 작성한 로마서는 아마도 A.D. 57년으로 연대를 가장 잘 매길 수 있을 것이다.) 바울의 동기는 적어도 두 가지였다. (1) 그는 교회의 상황을 호전시키려는 바람으로 문제가 있는 고린도에서 상당한 시간을 보내기를 원했다, (2) 그는 높은 파도로 인해서 일반적으로 통행이 불가능하고 육로 여행이 상당히 힘들었던 기간 동안에 여행을 삼가기를 원했다. "나의 여행을 도울 수 있도록"(6b절)이라고 번역된 동사는 "나를 갈 곳으로 보내어주라"는 것을 의미하고 이는 아마도 물질적인 도움을 함축한다–음식, 돈, 그리고 그의 여행에 동반자. "내가 어디로 가든지"(Wherever I go)는 4절과 동일하게 불확실함을 반영하고, 이전에 지적했던 것처럼 바울은 나중에 예루살렘으로 헌금을 가져갈 것을 명확히 결정한다. 하지만 이 모든 계획에서 그는 그의 여행 계획을 바꾸실 수 있는 주님의 결정에 문을 열어놓아야 한다는 것을 충분히 잘 알고 있다(7b절).

8-9절은 바울이 지금 어디에 있는지에 관한 정보를 주고, 우리가 이 서신 작성의 연대를 사도행전 19장의 사건과 연관 지을 수 있게 한다(서론의 pp. 27-28을 보라). 사도행전 19장에서는 9절의 두 원리–"광대하게 유효한 문"과 "나를 대적하는 많은 자들"–에 관한 충분한 사례를 볼 수 있다. 전자는 우상을 숭배하던 일에서 돌아오는 놀라운 회심들을 포함하고, 후자는 이교의 반대와 마을에서의 폭동들을 포함한다. 그러나 데메드리오가 선동한 폭동은 아직 발생하지 않았을 것인데, 바울은 그 사건 후에 곧바로 그 마을을 떠났는데 여기서는 그가 한동안 머물기를 바라고 있기 때문이다(행 20:1). "오순절"(8절)은 매년 행해지는 유대의 추수절(칠

일 가능성이 더 높다. 두 서신들 사이에 사건들의 충분한 재구성에 대해서는 특히 Colin Kruse, *The Second Epistle of Paul to the Corinthians* (Grand Rapids: Eerdmans, 1987), 19-24을 보라. 더 구체적으로 바울의 반대에 대해서는 pp. 41-45를 보라.

칠절)이었다. 예수가 부활하신 후 50일째 되던 그날에 성령이 예수를 따라다니던 120문도에게 임하여 새 언약의 시대를 열었다(행 2장). 크리스천들이 그날을 축제로 기념하기를 시작했는지는 이 언급에서 결정하기는 불가능하다. 그것은 단순히 늦은 봄의 시기를 언급하는 바울의 자연스러운 방법이었을 것이다.

10절에 "디모데가 온다면"(If Timothy comes)은 그가 디모데를 '보낸다'고 말한 이전의 진술(4:17)에 비하여 너무 불명확해 보인다. "그가 올 때마다"(Whenever he comes)가 더 좋은 번역일 것이다.[2] 디모데를 영접하는 방식에 대한 바울의 관심은 확실히 바울 자신과의 갈등과 관련이 있고, 그것은 아마도 디모데의 연소함과 그의 성품에 의해서 가중될 수 있었을 것이다(딤전 4:12). 디모데후서 1:7은 디모데가 본성적으로 소심한 사람임을 암시하는 것으로 보이지만 그것은 너무 많이 추론한 것이다. "받기를 거부하고"(Refuse to accept, 11절)는 직역하면 "멸시하다"이다. "그를 평안히 보내라"는 6절에 "나의 여행을 돕게 하라"와 같은 동사를 사용하고 있다. 언명되지 않은 "형제들"은 아마도 에라스도(행 19:22), 즉 고린도 마을의 서기(롬 16:23)를 포함할 것이고, 이 형제들은 고린도 교인들에게는 잘 알려져 있었을 것이다.

12절은 고린도인들이 바울에게 보낸 서신에서 제기했던 마지막 질문에 반응하는 것으로 보인다(참조. 7:1). 바울은 다시금 "대하여는"(now about)을 말하고 있을 뿐 아니라, 분파적인 분열을 촉진할 위험에 비추어 볼 때, 오직 바울만이 아볼로가 고린도로 돌아올 것을 주도적으로 촉구한 것으로 보이지 않는다. 고린도인들은 참으로 아볼로를 보기 원하였을 때 바울이 아볼로가 고린도에 오는 것을 방해하고 있다고 의심하였는가?[3] "강력하게"("많이"—개역개정)는 "자주"로 역시 번역할 수 있었다. "형제들"은 11절과 동일하고, 디모데를 포함한다. 아볼로가 가기를 꺼려한 것은 고린도에서의 문제가 해결될 더 좋은 기회를 기다리고 있었다는 그의 관심을 반영할 수 있었다. "그가 갈 뜻이 꽤 없었다"는 직역하면 "전적으로 뜻이 없었다"이며, 이는 사람들이 우리가 아볼로의 뜻 대신에 하나님의 뜻을 생각해야 한다고 주장하도록 이끌었다. 아마도 바울은 이 경우에 하나님의 뜻과 아볼로의 뜻이 동시에 이루어지는 것을 생각했을 것이다.

---

2. Watson, *First Corinthians*, 184.
3. 고로 Talbert, *Corinthians*, 106.

상황잇기

5-7절에서 바울이 바라는 것은 그의 영적인 자녀들과 단지 "질적인" 시간만이 아니라 "양적인" 시간을 갖는데 관심이 있음을 반영해준다. 그가 일관되게 그의 사역에서 행했던 것처럼, 자신이 세웠던 이 교회를 재차 방문하기를 원한다. 그들을 제자도로 훈련시키는 후속조치를 취하는 사역을 할 수 있도록 말이다. 바울은 단순히 복음을 전하는 것만이 아니라 회심케 하고, 후속조치를 취하는 것까지 의도하고 있다. 설사 그가 이전에 사역했던 도성으로 돌아가는 것이 그의 생명을 위험하게 하는 것일 수 있을지라도 말이다. 가장 두드러진 것으로는 사도행전 14:19-20에서 루스두라에서의 그의 사역과 비교해 보라. 이곳은 그가 세 번의 선교여행에서 매번 방문했던 지역이다.

(6절에서 함의된) 재정적인 지원을 요구하는데 바울이 적극적이었던 것은 그가 고린도에서 사역하는 동안에 빌립보 교회로부터 양식을 공급받았던 관행에 잘 들어맞는다(이전의 9:1-18을 보라). 그가 고린도성에 있을 때에 사역을 위한 돈을 받지 않음으로써 아마도 고린도 교회 안에 강력한 후원자들을 포함하는 몇몇 고린도 교인들의 기분을 나쁘게 하였을지라도, 그는 "긴장"이 덜했던 다른 지역에서 사역하는데 그들의 도움을 기꺼이 사용할 준비가 되어 있다.

"주께서 허락하시면"(7절)은 모든 크리스천들의 계획과 기도를 적합하게 만드는 핵심적인 조건이다(참조. 마 6:10; 약 4:13-15). 하지만 이것은 우리가 적용할 수 있는 모든 상황에서 공식적으로 그 말을 해야 한다는 것을 필연적으로 의미하지는 않는다. 대화에서 "하나님의 뜻"을 과도하게 강조하는 사람들은 단순히 이 말의 의미를 상투적인 문구로 자주 사용할 수 있다. 하지만 믿음에서 흔들리는 것으로 인식될 만큼, 기도자에게서 이런 제한을 의도적으로 배제할 만한 성경적인 증거는 없다.

9절에서 고린도에서 머물려는 바울의 두 가지 이유는 사역을 어디에서 행하고 영적인 은사들을 어디에서 행해야할 지를 결정하려는 크리스천들을 위한 시기와 장소의 강력한 모델을 제공해준다. 열린 문과 많은 박해는 자주 동시에 발생하고, 그것들은 하나님의 영이 능력 있게 역사하는 것을 연합해서 보여준다. 확실히 때로 하나님은 의미 있는 대적자가 없이 단기간의 번영과 복을 가져오신다. 한편으로 다른 때에 하나님은 겉으로 보기에 끝임 없는 적대를 허락하시고 심지어 그것이 다소 긴 기간일 수도 있다. 그러나 사역에서 장기적으로 결과가 부족한 것은 종종 다른 곳으로 이동할 때가 되었음을 암시하는 반면에 아무런 고난이 없는 오랜 번영은 요구사항이 있는 완전한 복음을 분명히 전파하고 있는지를 자문해 보아야 한다.

10-11절은 바울의 대리자적인 모델로서 디모데에 대한 바울의 강조를 진전시킨다(4:16-17과 11:1을 보라). 그의 말은 여기서 우리가 리더에게 주어야 하는 동일한 존중과 고려를 리더의 대리자와 돕는 자에게도 동일하게 주어야 한다는 것을 상기시킨다.

12절은 바울이 자신의 개인적인 바람과 두려움을 넘어서서 교회의 연합과 동역자들의 이득을 얼마나 바랐는지를 보여준다. 우리는 빌립보서에서 동등한 상황을 접하게 되는데, 그는 경쟁하는 사람들로부터 복음이 전파되고 있다는 소식을 들었을 때에 기뻐했다(빌 1:15-18). 그들을 통해서 복음의 말씀이 전파되고 구원받는 자가 발생하고 있기 때문이다. 그러나 아볼로의 민감성은 분파를 가속시킬 만한 기회를 발생케 한다면, 사람들의 모든 요구를 들어주는 것이 교회의 가장 좋은 이득이 항상 되지는 못한다는 것을 우리에게 상기시켜준다.

현대적 의미

제자도는 오늘날 기독교 세계의 많은 부분에서 잊혀져 가고 있는 기술이다. 우리는 겉으로 보기에 말씀이 많은 이들을 그리스도에게로 데려오는 유명한 수많은 복음전도자들을 갖고 있으나 그들의 후속적인 조치는 유감스럽게도 다른 길로 다수가 빠져나가게 한다. 우리가 자주 제도화하고 있는 제자도 프로그램은 중요한 인격적인 모델과 친밀성을 단지 프로그램과 순서로 대치시키고 있다. 크리스천으로서 우리는 서로 질적인 시간만이 아니라 양적인 시간도 필요하다. 급속하게 진행되고, 순간적이며, 구조화된 사회에서는 더욱더 그렇다. 우리는 평균적인 목회 재직 기간이 늘어나는 것이 아니라 줄어드는 시대에 살고 있다. 젊은 목사들은 긴 기간의 목회를 필요로 하는 성인 그룹들에서 비교적 짧은 기간만을 사역하고 있다. 확실히 우리는 동일한 그룹의 신자들에게 "역경에 굴하지 않고" 꾸준히 오랫동안 사역하는 것을 강조하는 일이 필요함을 재발견한다. 유사하게 교회 지체들은 어려운 일이 있을 때 "교회를 쉽게 옮기는" 성향을 떨쳐버리고 문제가 긍정적으로 해결되리라는 희망을 갖고 어려운 상황에서도 머물러 봉사하는 일에 헌신해야 한다.[4]

4. 제자도를 실천하기 위한 훌륭하고 적절한 제안들이 Billie Hanks, Jr., and William A. Shell, eds.,

순회 기독교 사역자들에게 쓸 것을 공급하고 그들이 마을에 올 때 환대하는 것은 바울이 그의 교회들에 여전히 주입하려고 애썼던 친밀감의 영을 점화시키는 일을 할 수 있다. 교회에 기부하고 헌금하는 것은 관대해야 하고 좋은 일이지만, 사역을 위한 기금을 만들려는 개인에게 기부하고 방문하는 선교사들을 위해서 묵을 곳과 먹을 것을 제공함으로써 이를 보충하는 것은 바람직하다.

교회 사역자들을 계급구조로 인식하여 부목사와 돕는 사역자들을 담임목사보다 덜 존중해도 되는 것으로 여기는 것을 삼가야 한다. 우리는 조용하고 요란함이 없는 사역자들보다 활동적이고 카리스마적인 리더를 본질적으로 더 존경할 가치가 있는 것으로 간주하는 것을 조심해야 한다. 은사가 있고 헌신적인 많은 신학교 졸업자들이 겸손하여 잘난 척을 잘하지 않으면 전임사역자로 일할 곳을 찾기 어렵다는 이야기를 듣게 되는 것은 슬픈 일이다. 분명히 사역의 상황과 분명히 상관관계가 있는데, 필연적으로 나이가 든 것을 사역의 성숙이나 효과의 기준으로 삼아서도 안 된다. 때로 젊은 목사들이 어떤 사역에서는, 특히 두드러지게는 젊은이들의 세계에서 더 좋은 사역을 할 수 있다.

악의가 없는 단서인 "주님이 원하시면"은 현재보다도 더 우리의 생각과 계획의 대부분에서 주요한 역할을 차지해야 한다. 확실히 우리는 단순히 "주장하고 요구할" 것을 명하고 때로 하나님의 뜻에 대한 어절을 추가하는 것이 실제로 그 뜻을 위반하는 것이라고 선언하기조차 하는 이단들을 조심해야 한다.[5]

더 많은 교회와 크리스천들이 하나님의 뜻의 일부가 그들의 "라이벌"을 통해서 사역이 이루어지는 것과 자주 관련이 있음을 안다면 놀라울 것이다. 사역의 동기가 항상 모범적이지는 않을지라도(예를 들어, 오늘날 재정적인 보상이 어떤 이에게 가져다주는 강력한 영향), 진정한 복음이 긍정적인 결과로 전파되고 있다면 우리는 기뻐해야 한다. 특히 서방에서 사역의 중복이 판을 치고 있는데, 교회가 동일한 교구민들을 대상으로 경쟁하고 있고, 출판사들이 성경이나 주석 시리즈의 가장 최근판을 앞 다투어 내려고 하고 있으며, 선교 단체들이 새로이 열려진 선교 영역에 좋은 발판을 놓기 위해서 서로 싸우고 있다. 기타 등등. 우리는 사역의 영역에서 아직 이르지 못한 많은 세계가 있음으로 서로 중복되지 않도록 격려할 필요가 있

Discipleship(Grand Rapids: Zondervan, 1993)와 Alice Fryling, ed., *Disciple Makers' Handbook*(Downers Grove, Ill.: InterVarsity Press, 1989)에 나타난다.

5. 예를 들어, Bruce Barron, *The Health and Wealth Gospel*(Downers Grove, Ill.: InterVarsity Press, 1987), 103이 인용하고 있는 Kenneth Hagin에서처럼.

다. 그때에 우리는 다른 이들이 우리와 약간 다른 신학적 관점을 갖고 있을지라도 그들이 성공적일 때 기뻐할 수 있다. 한편으로 설사 어떤 좋은 의도를 가졌을지라도 노골적인 이단은 사랑 안에서 잘못된 것을 드러나게 할 필요가 있다.[6]

6. 때로 약간 "지나친" 점이 있을지라도 Michael Horton, ed., *The Agony of Deceit*(Chicago: Moody, 1990)에 의해서 행해진 것처럼 말이다.

고린도전서 16:13-24

13 깨어 믿음에 굳게 서서 남자답게 강건하라
14 너희 모든 일을 사랑으로 행하라
15 형제들아 스데바나의 집은 곧 아가야의 첫
열매요 또 성도 섬기기로 작정한 줄을 너희
가 아는지라 내가 너희를 권하노니
16 이같은 사람들과 또 함께 일하며 수고하는
모든 사람에게 순종하라
17 내가 스데바나와 브드나도와 아가이고가 온
것을 기뻐하노니 그들이 너희의 부족한 것을
채웠음이라
18 그들이 나와 너희 마음을 시원하게 하였으니
그러므로 너희는 이런 사람들을 알아 주라
19 아시아의 교회들이 너희에게 문안하고 아굴
라와 브리스가와 그 집에 있는 교회가 주 안
에서 너희에게 간절히 문안하고
20 모든 형제도 너희에게 문안하니 너희는 거룩
하게 입맞춤으로 서로 문안하라
21 나 바울은 친필로 너희에게 문안하노니
22 만일 누구든지 주를 사랑하지 아니하면 저주
를 받을지어다 우리 주여 오시옵소서
23 주 예수 그리스도의 은혜가 너희와 함께 하고
24 나의 사랑이 그리스도 예수 안에서 너희 무
리와 함께 할지어다

원 의미

바울은 마지막 인사와 "끝맺음"을 짤막한 권면의 두 구절로 시작한다(13-14절). 네 평행적인 명령은 군사적인 비유를 사용하여 믿음의 결의를 고무시킨다(13절). "남자답게 강건하라"는 "어른이 되라" 즉, "당신의 문제들로 이끌었던 미성숙함을 벗어버리고 주님 안에서 성장하라"로 번역할 수 있다. 강건하라는 이 명령을 균형 잡아 주는 것은 14절에서 사랑에 대한 요청이다. 12-14장에서 영적인 은사들에 관한 바울의 논의에서처럼, 모든 크리스천의 활동은 자기 위에 다른 사람들을 두는 영역 안에서 발생해야 한다.

15-18절에서 바울은 에베소에 있는 자신에게 와서 격려해주었던 세 고린도 교인들에게 감사를 표한다. 스데바나에 대해서는 1:16을 보라. 브드나도와 아가이고에 대해서는 이곳 외에는 알려진 것이 없다. 하지만 브도나도는 자유롭게 된 노예가 자주 채택했던 ("행운"을 의미하는) 헬라 이름이었다. 따라서 이 두 사람은 한때는 그 집의 종이었으나 이제는 "고용인"이 된 스데바나의 권속에 속한 사람들일

가능성이 있다. 물론 이것을 확증할 방도는 없다.

"아가야의 첫 회심자요"("아가야의 첫 열매요"—개역개정, 15절)는 "첫 열매"를 의미하는 표현을 번역한 것이고, 이는 사도행전 17:34과 분명히 모순되는 문제를 불러일으키는데, 그 구절에서 몇몇 아테네 사람들이 바울의 아레오바고 연설 후에 즉 그가 고린도에 도착하기 전에 믿음을 가지게 된 것으로 나타나기 때문이다. 이 문제에 대한 몇 가지 가능한 해결책이 있다. 즉 바울은 사실상 이 사람들을 아테네에 도착하기 전에 다른 지역에서 이미 만났다, 그는 개인 회심자들보다 첫 "가정"을 언급하고 있다, 또는 아테네에서 반응했던 소수의 사람들은 "첫 열매" 즉, 더 많은 것을 얻게 될 약속처럼 보이지 않았다.[1] 하지만 가장 가능한 것은 바울이 어떤 고대의 작가들이 다른 데서 그러했던 것처럼 "아가야"란 용어를 그리스의 남부 절반을 칭하기보다는 고린도와 주변지역들(펠로폰네소스)의 보다 제한된 영토를 가리키는 것으로 단순하게 사용하고 있을 것이다.[2]

15절에 "헌신하기로"("섬기기로"—개역개정)는 직역하면 "임명된"이다. "성도들"은 1절에서처럼 유대의 신자들이 아니라 이 세 사람들이 사역했던 고린도의 크리스천들(그들 이외의 사람들)을 주로 가리킨다. "순종하다"란 의미에 대해서 상당한 논쟁이 있음에도 불구하고, 16절에서 이 용어의 사용은 아마도 어떤 이의 권위 아래 자발적으로 자신을 두는 것을 의미한다.[3] 15b절과 16a절 사이에 언어유희는 NRSV에서 가장 잘 제기된다: "그들이 성도들을 '봉사하는' 일에 헌신하였다, 나는 너희들이 스스로 그러한 사람들의 '봉사에' 자신을 내려놓기를 촉구한다." "함께 일하는 모든 사람들"(16b절)은 헬라어의 "동역자"를 번역한 것이다. "수고하는 자"는 '고된' 일을 함축하는 보통의 사역과는 다르다. "부족한 것을 채웠음이라"(17절)는 무엇보다도 스데바나와 그의 동역자들이 바울에게 주었던 영적인 새로움과 격려를 일컫는다(18a절). 이 사람들은 바울의 영을 새롭게 하였을 뿐 아니라 고린도의 나머지 사람들도 격려해 주었다. 이것은 고린도에서의 동료 신자들에 대한 그들의 이전 사역을 조명하는 것으로 보다 자연스럽게 취할 수 있지만, 바울을 격려하던 바로 그 행위로 그들이 역시 유사한 고린도 신자들을 격려하였음을

1. 일련의 선택들에 대해서는 Morris, *First Corinthians*, 239을 보라.
2. Fee, *First Corinthians*, 829, n. 19.
3. 예를 들어, George W. Knight III, "Husbands and Wives as Analogues of Christ and the Church," in *Recovering Biblical Manhood and Womanhood*, ed. John Piper and Wayne Grudem(Wheaton, Ill.: Crossway, 1991), 특히 pp. 166-75을 보라. 균형 잡힌 관점을 위해서는 Keener, *Paul, Women and Wives*, 164-72을 보라.

의미할 수 있었다. "그러한 사람들을 대접하라"("이런 사람들을 알아주라", 18b절)는 보다 강한 헬라어 명령법인 "그러한 사람들을 인정하라"는 것을 부드럽게 말한 것이다. 그러한 인정은 그들의 봉사에 대한 인정과 16절에서 묘사했던 것처럼 동반된 순종의 공경을 포함하는 것이었다.

19-20절은 동료 신자들의 네 그룹으로부터 고린도 교회에 인사를 전달하고 있다. (1) 거의 확실히 골로새와 에베소 교회와 아마도 주변에 세워졌던 다른 일곱 교회의 일부를 포함하는 소아시아의 다양한 교회들(계 2-3장), (2) 고린도에서 바울의 동역자이자(행 18:2-3) 나중에 에베소에서 그의 사역에 동역자가 되었던 (18:18-19) 바울의 좋은 친구들인 아굴라와 브리스길라, (3) 그들의 가정에서 만났던 특별한 가정 교회, 그리고 (4) 복음사역에서 바울의 다른 동반자들. "거룩한 입맞춤"은 종교적이든 세속적이든 간에 유대와 이방에서 흔했던 고대 관습에서 빌려왔을 것이다. 관습적으로 남성들은 다른 남성과 여성들은 다른 여성과 서로 포옹하며 서로 볼에 키스를 하며 인사를 했다.[4]

20절 이후에 바울은 서신을 필사하게 하는 것(서신을 "서기"를 통해 쓰게 하는 것)을 멈춘다—소스데네가 이 서신을 받아 적었는가?(1:1) 바울은 이제 펜과 파피루스를 취하여 그의 습관대로(참조. 갈 6:11; 살후 3:17; 다른 고대 서신의 저자들도 자주 동일한 방식을 사용했다) 자신이 직접 끝맺는 말을 작성한다(21절). 우리가 바울의 필사자의 이름을 알고 있는 서신은 로마서인데, 더디오라는 사람이 그 서신의 끝에 자신의 인사를 담고 있기 때문이다(롬 16:22).

22절의 두 부분이 투박하게 뒤따라 나오고 있는데, 그것은 초대교회의 관습적이었던 예전적 언급을 반영할 수 있다.[5] 바울의 "저주"는 12:3에서처럼 '아나데마'란 표현을 이용하고 있다(참조. 갈 1:8). "주여 오시옵소서"는 아람어 '마라나타'의 두 가능성 있는 번역 중에 더 그럴듯한 번역에 해당한다(다른 한 번역은 "주님이 오시었다"이다). 종합해서 이 두 표현은 초대교회가 그리스도에 대한 충성을 그의 임박한 재림에 비추어 간직했음을 보여주는 심오한 진지성을 반영한다.

23절은 보다 의례적인 헬라어인 "안녕"("goodbye", '에르로소')을 바울이 좋아

---

4. 불확실할지라도, 남자와 여자가 때로 서로 키스를 했을 가능성이 있다. 이런 관행에 대해서 더 자세한 것은 William Klassen, "The Sacred Kiss in the New Testament: An Example of Social Boundary Lines," *NTS* 39(1993): 122-35을 보라.

5. 많은 학자들이 예전적인 것으로 바울의 끝마침에서 전체적인 일련의 요소들을 보았다(Talbert, *Corinthians*, 106-7과 거기서 인용된 참고문헌들). 그것이 가능성이 있을지라도, 사실상 증명할 수는 없다.

하는 말인 "은혜"('카리스')로 대체한다. 그리고 서론적인 인사말에서처럼 바울은 주 예수에 대한 언급으로 그의 기독교적인 관점의 인사말을 명확히 한다. 24절은 고린도에서 자주 말썽을 일으키는 크리스천들에 대해서 마지막으로 그의 사랑을 상기시킴으로써 낙관적인 논조로 끝을 맺는다. "아멘"은 가장 오래된 사본에서는 나타나지 않는데, 초기 서기자에 의한 경건한 부과물을 반영할 것이다.

상황잇기

바울이 이 서신을 열 때와 마찬가지로, 그가 마무리에서 무엇을 가장 강조하고 있는가를 아는 방법은 가장 독특한 것이 무엇인지를 아는 것이다. 고대 그리스 로마의 서신들은 서두와 같이 의례적이거나 공식적인 끝마침을 갖지는 않았지만, 공통된 요소들은 "인사, 건강에 대한 바람, 시기, 결론적인 자필, 그리고 후기"를 포함했다.[6] 거의 항상 적어도 마감하는 소원의 형태가 있었다. 바울은 통상적으로 권면, 평화에 대한 기원, 수신하고 있는 교회에 대한 인사말(그의 다양한 친구들로부터의 인사말을 포함하여), 그리고 축원을 포함한다. 고린도전서의 끝마침에서 이런 패턴과 가장 두드러지게 다른 것은 22절에서 주님의 재림에 대해서 요청하면서 저주의 말을 첨가한 것이다. 한편으로 여기서 바울이 고린도인들이 알고 있었던 기존의 예전에 의존하고 있다면, 이 구절의 독특성은 다소 완화될 것이다.

13-14절의 권면은 바울의 결론적인 언급에서조차도 긴급함을 드러낸다. 이 두 구절들 사이에 연관성의 부족은 이 구절들의 두드러진 병렬을 조명해준다. 능력이 없는 사랑은 단순한 감상주의로 약화되고, 사랑이 없는 능력은 전제적이 될 위험성이 있다.

15-18절은 초대교회에서 기독교 사역의 발전적인 개념에 대한 핵심적 의미를 담고 있다. 2세기의 초기 가톨릭주의로의 제도화와는 아직 거리가 있지만 우리는 바울이 다른 이들이 순종해야하는 어떤 권위들을 상정하고 있다는 암시, 곧 우리가 14:26의 독법에서는 필연적으로 받지 못했던 암시를 보게 된다.[7] 그러나 바울이 인정하고 있는 권위의 종류는 가장 합법적인 종류인 것으로 보통 고려되어지는 것이고, 그것은 직무를 가짐으로 부과되거나 전문적인 지식 또는 카리스마적인 개

6. Fee, *First Corinthians*, 825,

7. 참조. Andrew D. Clarke, *Secular and Christian Leadership in Corinth* (Leiden: Brill, 1993), 132. 고린도의 교회에 지도부가 있었던 것은 분명하다. 실로 바울의 가장 커다란 관심 중에 하나는 지도부가 권력을 휘두른 방식과 관련이 있었다.

성에 오로지 의존하는 것이 아니라 겸손한 봉사로 말미암아 얻어지는 권위다. 여기서 우리는 심지어 상호적인 순종을 말할 수도 있었다. 고린도인들은 자신들의 동료 크리스천들을 섬기기 위해서(또는 순종하기 위해서) 뽑은 사람들에게 순종해야 한다.

바울의 일반적인 용어(16절에서 "이 같은 사람들에게 순종하라")는 유사한 모든 종-리더에 널리 그의 원리를 적용할 수 있게 한다. "직분이 아니라 기능이 교회 사역에서 중요한 일이었다. 즉 그 일을 했던 사람들은 적절한 인식과 존경을 받아야 했다."[8] 히브리서 13:17은 약간 더 일반화하지만("너희를 인도하는 자들에게 순종하고, 그들의 권위에 복종하라"), 그 명령조차도 7절에서 히브리 저자의 이전 언급에 의존하고 있다: "너희를 인도하던 자들을 생각하며 저희 행실의 종말을 주의하여 보고 저희 믿음을 본받으라." 어느 때와 어느 곳에서든지 크리스천들은 신실한 봉사로 말미암아 존경을 얻는 교회 지도자들을 존중하고 협력해야 하지만, 어느 신약성경의 본문도 권위주의자나 무능한 기독교 직무자들에게 맹목적인 복종을 명하지는 않는다. 바울이 전적으로 계급구조를 폐하지는 않을지라도, 특권보다는 봉사의 측면에서 권위를 근본적으로 재정의하고 있다.

브드나도와 아가이고가 언젠가 노예였다면, 바울이 그들에게 고린도인들이 역시 순종할 것을 요청하고 있다는 사실은 한 사회의 사회경제적 계층을 초월하여 복음의 근본적으로 동등한 기능을 우리에게 상기시킨다. 스데바나의 권속은 더 젊은 사람들이나 어린이들을 포함할 수 있었고, 이런 가능성은 젊은이들이 아주 열심히 열정적으로 섬길 수 있다는 것을 우리에게 상기시킨다.

때로 바울은 자신이 편지를 보내고 있는 특별한 교회의 몇몇 개인들의 이름을 거명하여 인사를 보내는데 여기서는 아굴라와 브리스길라만을 언급한다(19절). 아마도 그들은 15-18절의 세 사람 이외에 고린도인들에게 잘 알려져 있었던 바울의 다른 가까운 사람이었을 것이다. 하지만 그들은 사도행전과 바울 서신에서 바울의 동역자로서 특출한 역할을 행한다. 흥미롭게도 이 남편과 아내에 대한 여섯 번의 신약성경의 언급 가운데 네 번이 브리스길라의 이름이 먼저 나온다(행 18:18, 26; 롬 16:3; 딤후 4:19; 여기서 표현하고 있는 순서를 보존하고 있는 다른 언급은 행 18:2이다). 남편보다 아내를 먼저 언급하는 것은 고대의 서신에서 흔치 않은 것이며, 이는 브리스길라가 어떤 면에서 더 중요한 파트너였음을 암시한다. 바울은 당

8. Bruce, *1 and 2 Corinthians*, 161.

대의 사회적 배경과 무관하게 여성들의 역할을 소중하게 여긴다. 설사 그가 완전한 평등주의를 촉진하는 일에는 미치지 못했을지라도 말이다.[9]

고대 예배의 가정 교회의 모델에 관한 의미에 대해서는(19절) 14:26-33a절을 보라. 거룩한 입맞춤(20절)은 기독교 전통의 예전적인 일부가 되었다. 이성의 기독교 공동체에 동성의 파트너로 입맞춤을 대체로 제한한 것은 성적인 뉘앙스를 갖는 것을 경계한 것이다. 교회 역사에서 많은 문화들이 보다 일반적으로 공적인 인사에서 이런 관습과 유사한 것들을 보존했다. 부적절한 행동이나 욕구를 불러일으킬 위험이 있는 곳에는 다른 문화적인 변화를 추구할 수 있다. 요지는 크리스천들이 서로 따뜻하고 성에서 자유로운 친화적인 제스처로 사랑을 표현해야 한다는 것인데, 이것은 많은 방식으로 이루어질 수 있다.

21절의 인사는 고대에 서신을 작성하는 관행을 따른 것이고, 따라서 그것에 너무 많은 의미를 두고 독법하지 않아야 한다. 하지만 바울이 이 말을 개인적인 교감, 서신의 진정성에 대한 보증(살후 2:1-2에서 그의 이름으로 순환하였던 거짓 문서에 대한 그의 우려를 참조하라), 그리고 그의 사도적 권위의 반복을 부연하는 것으로 보았다고 결론짓는 것이 안전할 것이다.

22절은 교회 역사의 많은 다른 세대에 신약성경의 기독교가 어떤 면에서 생소했음을 상기시킨다. 주님을 사랑하지 않는 사람들에 대해서 바울이 혹독하게 말한 것은 문화적인 관습으로 돌릴 수 있을 것이다. 실로 바울의 저주('아나데마')는 랍비, 쿰란, 또는 그리스 로마의 범주에서 발견되는 것과 유사한 것으로 간주할 수 있다.[10] 우리는 바울이 개척한 교회들에 독특한 감정을 갖고 있었다는 것을 상기해야 하고, 그는 여기서 크리스천이라고 고백하고 있음에도 불구하고 불신자와 유사한 행위나 믿음을 보이는 사람들을 이야기하고 있다. 바울은 오직 여기서와 디도서 3:15에서 '아가페오'(크리스천의 사랑에 대한 가장 흔한 동사)보다 (형제적인 사랑을 의미하는) '필레오'란 동사를 사용한다. 그의 선택은 20절에서 동족어인 '필레마'("입맞춤")에 의해서 단순히 영향을 받았을 것이나 그는 "심지어 어느 사람이 '필레인'(즉, 평범한 친구간의 사랑이나 서로를 위한 형제간의 사랑)과 같은 사랑을 갖지 못한다면"을 함축할 것이다.[11] 하지만 이 모든 것에도 불구하고 바울의

9. 특히 균형 잡힌 연구에 대해서는 Ben Witherington III, *Women in the Earliest Churches*(Cambridge: Cambridge University Press, 1988), 24-127을 보라.

10. Hans Dieter Betz, *Galatians*(Philadelphia: Fortress, 1979), 50-52에서 인용된 참고 문헌들을 보라.

11. Robertson and Plummer, *First Corinthians*, 400.

저주는 초대교회의 선교를 특징지었던 열심과 배타성을 상기하는 것으로 두드러진다.

한편으로 22b절의 '마라나 타'("아람어에서 '마라나 타'가 '오소서 오 주님'이란 표현"임을 알라)는 이 땅의 삶에서 충분한 박해를 경험하였기에 불필요하게 그 박해를 연장하기를 원치 않는(참조. 빌 1:21-24) 주의 종의 한 사람이 그리스도의 재림을 간절히 바라고 있음을 반영해준다. 바울은 현재의 고난을 무색하게 만들 다가올 날을 고대하였다(롬 8:18; 고후 4:17). 이 용어는 야훼('마르')를 대신해서 일부 유대 범주에서 사용된 "주님"(Lord)이란 아람어 용어를 사용하고 있다. 이것은 고(高) 기독론(예수는 완전한 하나님이시다)이 단지 교회의 후대에 헬라적인 발전의 산물이 아니라 초기 시대부터 아람어를 말하는 유대 기독교의 믿음의 일부였음을 생생하게 상기시킨다.

22절의 강력한 용어에도 불구하고, 바울은 격려의 긍정적인 논조로 끝을 맺는다. 어떤 다른 서신에서도 그는 이런 사랑의 진술로 끝맺지 않지만 분열된 고린도 교회에서는 심오하게 필요하였다. "바울은 고린도의 신자들에게 엄격하였지만 그들에게 그의 사랑을 확신시키면서 이 서신을 끝맺는다. 결국에 '친구의 통책은 신실함 때문이다'(잠 27:6)."[12]

현대적 의미

13-14절에서 반영된 확고함과 부드러움, 능력과 사랑 사이에 균형은 오늘날도 역시 중요하다. 많은 사람들이 심판이 없는 사랑을 설교하고, 어떤 이들은 사랑이 없는 심판을 설교한다. 성경은 끊임없이 사랑과 심판을 동시에 강조한다.

스데바나와 그의 두 동역자들(15-18절)은 우리 시대에 교회 리더십과 권위의 가장 합법적인 형태가 성도들에 대한 헌신된 봉사에서 유래하는, 동료 크리스천들의 인정임을 상기시킨다(15절). 어떤 이들은 계급구조를 폐하기를 원하고 다른 이들은 권위주의적인 형태로 계급구조를 사용하기를 바라지만, 동료 크리스천들이 순종해야하는 종의 리더들은 사랑의 모범으로 인도한다(더 자세한 것은 4장의 적용, 즉 pp. 109-110을 보라). 이 세 사람들의 모델은 모든 크리스천들에게 도전이 되어야 하고, 어떤 직무를 가졌든지 간에 충족시켜야 할 요건들이 있다. 오늘날 목사와 평신도간에 건강치 못한 장벽들이 무너지고 있고, 이 본문에서 나오는 유익

12. Warren W. Wiersbe, *Be Wise* (Wheaton, Ill.: Victor, 1983), 172.

한 원리는 가장 헌신된 종들로서 회중 내에서 부상하는 사람들을 리더로 인정하는 것이다. 자신들의 지체 가운데서 그러한 헌신을 이루는 자들을 확인하고 이들을 리더로 훈련하는(또는 훈련을 지원하는) 대형교회들은 이 원리의 적용을 잘 붙잡아야 할 것이다.

아굴라와 브리스길라가 그들이 살았던 각각의 공동체에서 가정 교회를 세우기 위해서 자주 이동한 것처럼 스데바나와 브드나도와 아가이고의 오고감은 초대교회가 국제적이지만 상호의존적이었던 방식을 우리에게 상기시킨다.[13] 우리 시대에 여행과 의사소통이 그리스도의 몸의 다양한 부분들 사이에서 서로 소통하고 협력하는 것을 훨씬 더 쉽게 만들고 있을 때, 우리는 이런 기술의 혜택을 취하는 것이 더욱더 필요하다. 그리고 크리스천의 삶과 행위가 이런 기술을 둘러싸고 있을수록 바울과 그의 동역자들에 의해서 모형화 된 신자들 사이에 가능한 친밀성과 인격적인 교감의 소통에 대한 필요가 급속하게 성장하고 있다.

22절의 양 부분은 신자들로 거짓 행세하면서 오늘날 교회를 부패시키고 파괴하려는 사람들에 대한 거룩한 분노를 상기시킨다. 우리는 그러한 사람들에 대한 하나님의 다가올 심판을 경고하면서도(바울의 '아나데마'), '마라나 타'란 외침은 그리스도의 재림으로 있게 될 하나님의 심판에 그것을 맡길 것을 상기시킨다. 우리는 예수의 이름으로 사람들을 유리케 하는 다양한 종파와 이단들을 자연스럽게 생각할 수 있다. 이 가운데 많은 것들을 직간접적으로 고대의 헬라 철학과 영지주의에게로 그 뿌리를 추적할 수 있다(특히 종교 과학들—크리스천 사이언스, 기독교 연합학교 등등). 하지만 우리는 바울의 가장 혹독한 말이 당대의 율법주의자들, 특히 보수적인 유대주의적 분파들에게도 일관되게 적용될 수 있음을 역시 상기할 수 있다(참조. 갈 1:6-10; 빌 3:2-4:1). 어떤 경우에 그는 분열주의자들을 출교하라고까지 선언한다(딛 3:10-11). 따라서 우리의 현대적 적용도 역시 가까운 데서 찾을 수 있다. 우리는 우리의 복음주의 기독교 영역에서 율법주의자들을 조심하고 피해야 한다. 그리스도인의 라이프스타일에 관한 정책에서 하라와 하지 말라의 긴 목록이 성경적인 명령을 넘어서는 사람들은 우리 가운데 극도의 "마녀사냥"을 하는 사람들처럼 그들이 끊임없이 공격하고 있는 자들보다 그들 자신이 오히려 교회의 징계를 더욱더 필요로 한다.[14]

---

13. Prior, *1 Corinthians*, 279.
14. Bob and Gretchen Passantino, *Witch Hunt*(Nashville: Thomas Nelson, 1990)이 설명한 건전한 논의와 주의해야 할 것들을 참조하라.

'마라나 타' 에 대한 바울의 외침은 얼마나 우리의 세계, 심지어 크리스천 세계가 다가올 시대에 대한 간절함이 없이 현재에 살고 있는가를 상기시킨다. 우리는 그리스도의 재림과 뒤이어 창조될 완전한 새 하늘과 새 땅을 진정으로 바라기보다 이 땅에 낙원을 세우려는 세대의 시도에 대해서 이미 언급했다(이전의 pp. 356-357을 보라). 1970년대의 영화인 '하늘이 기다릴 수 있다' 는 자동차 사고로 죽어서 자신이 천국에 있음을 발견하고, 자신이 슈퍼볼에 참석하지 못한 것 때문에 실망한 프로 미식축구 커터백에 대한 이야기를 담고 있는 것으로 아주 유명하다. 그 이야기의 흐름은 이 시대의 종말관을 적절히 보여주고, 아주 독설적이다.

적절하게 바울은 "은혜"와 "사랑"(23-24절)의 핵심적인 말로 마지막으로 상기시킨다. 우리는 이 둘 다를 필요로 한다. 참으로 우리는 은혜와 사랑을 갈망해야 한다. 세부적인 적용에 대해서는 13장을 보라. 만약 우리의 시대가 하나님을 사랑의 개념에서 때로 제외시켰다면, 어떤 실현 가능한 인간 윤리를 위해서 사랑의 중심성을 적어도 올바르게 포착했을 것이다. 사랑이 세상을 "돌아가게 하지만", 지속하게 될 오직 참된 생명과 세계를 변화시키는 사랑은 예수 그리스도의 구원하는 관계에 기초한다.